Code des relations entre le public et l'administration

2023

Annoté – Sans commentaires

DISPOSITIONS PRÉLIMINAIRES

(Ord. n° 2015-1341 du 23 oct. 2015, en vigueur le 1er janv. 2016)

⚹⚹⚹Art. L. 100-1⚹ Le présent code régit les relations entre le public et l'administration en l'absence de dispositions spéciales applicables.

⚹Sauf dispositions contraires du présent code, celui-ci est applicable aux relations entre l'administration et ses agents.

⚹⚹

Plan des annotations

I. NOTION D'AGENT n°s 1 et 2

II. DÉCISIONS RÉGIES PAR DES DISPOSITIONS SPÉCIFIQUES n° 3

I. NOTION D'AGENT

1. Sous l'empire de l'art. 18 de la L. n° 2000-321 du 12 avril 2000 relative aux droits des citoyens dans leurs relations avec les administrations, ont pu être regardés comme des agents au sens de cette loi: un enseignant associé auprès d'un établissement d'enseignement supérieur. • CE 23 oct. 2006, *M. A,* n° 272150. ... Un élève d'une école d'administration. • CE 21 mai 2008, *Min. de l'Économie, des Finances et de l'Industrie c/ Mme A,* n° 302013. ... Un conseiller prud'homme salarié. • CE 30 janv. 2013, *M. R. O et a.,* n° 342702. ... Un agent public admis à la retraite. • CE 24 févr. 2006, *Mme A,* n° 269291 B.

2. Sous l'empire de l'art. 4 du Décr. du 28 nov. 1983, a pu être regardé comme un agent au sens de cette disposition un agent admis à la retraite. • CE 28 juill. 1989, *Mme Biscay: Lebon* • 1er mars 2000, *Jouany,* n° 195749 B.

II. DÉCISIONS RÉGIES PAR DES DISPOSITIONS SPÉCIFIQUES

3. La décision par laquelle le maire rapporte la délégation qu'il a consentie à l'un de ses adjoints, prise sur le fondement de l'art. L. 2122-18 CGCT, ne relève pas du champ d'application du code des relations entre le public et l'administration tel qu'il est défini par ses art. L. 100-1 et L. 100-3. • CE , avis, 27 janv. 2017, *M. T.,* n° 404858. Les dispositions particulières des art. L. 222-2 et L. 222-8 du C. énergie relatives aux sanctions administratives et pénales auxquelles s'expose l'auteur d'un manquement aux dispositions législatives et règlementaires relatives aux certificats d'économies d'énergie, font obstacle à l'application des dispositions générales de l'art. L. 241-2 du CRPA. • CE 24 févr. 2021, *Sté Thévenin et Ducrot Distribution,* n° 447326 B.

Art. L. 100-2 L'administration agit dans l'intérêt général et respecte le principe de légalité. Elle est tenue à l'obligation de neutralité et au respect du principe de laïcité. Elle se conforme au principe d'égalité et garantit à chacun un traitement impartial.

Applications jurisprudentielles. Lorsque l'administration prend l'initiative d'organiser une procédure de consultation non prévue par un texte, elle est soumise aux principes généraux qui régissent l'action administrative et notamment aux principes d'égalité et d'impartialité. ● CE , sect., 19 juill. 2017, *Assoc. citoyenne pour Occitanie Pays Catalan et a.*, nᵒˢ 403928 et 403948: *Lebon.*

Art. L. 100-3 Au sens du présent code et sauf disposition contraire de celui-ci, on entend par:

1° Administration: les administrations de l'État, les collectivités territoriales, leurs établissements publics administratifs et les organismes et personnes de droit public et de droit privé chargés d'une mission de service public administratif, y compris les organismes de sécurité sociale;

2° Public:

a) Toute personne physique;

b) Toute personne morale de droit privé, à l'exception de celles qui sont chargées d'une mission de service public lorsqu'est en cause l'exercice de cette mission.

Plan des annotations
I. NOTION D'ADMINISTRATION nᵒ 1
II. RELATIONS ENTRE UN MAIRE ET SES ADJOINTS nᵒ 2
I. NOTION D'ADMINISTRATION

1. V. par analogie, jurisprudence sous art. 1ᵉʳ de la L. nᵒ 2000-321 du 12 avr. 2000 relative aux droits des citoyens dans leurs relations avec les administrations, App., *vᵒ Droits des citoyens dans leurs relations avec les administrations.*
II. RELATIONS ENTRE UN MAIRE ET SES ADJOINTS

2. La décision par laquelle le maire rapporte la délégation qu'il a consentie à l'un de ses adjoints, prise sur le fondement de l'art. L. 2122-18 CGCT, est une décision à caractère réglementaire qui a pour objet la répartition des compétences entre les différentes autorités municipales. Elle ne relève pas du champ d'application du code des relations entre le public et l'administration tel qu'il est défini par ses art. L. 100-1 et L. 100-3. ● CE , avis, 27 janv. 2017, *M. T.,* nᵒ 404858.

LIVRE PREMIER LES ÉCHANGES AVEC L'ADMINISTRATION

(Ord. n° 2015-1341 du 23 oct. 2015, en vigueur le 1er janv. 2016; Décr. n° 2015-1342 du 23 oct. 2015, en vigueur le 1er janv. 2016)

TITRE PREMIER LES DEMANDES DU PUBLIC ET LEUR TRAITEMENT

(Ord. n° 2015-1341 du 23 oct. 2015, en vigueur le 1er janv. 2016; Décr. n° 2015-1342 du 23 oct. 2015, en vigueur le 1er janv. 2016)
🞑🞑🞑

Art. L. 110-1🞑 Sont considérées comme des demandes au sens du présent code les demandes et les réclamations, y compris les recours gracieux ou hiérarchiques, adressées à l'administration. — *[L. n° 2000-321 du 12 avr. 2000, art. 18, al. 1er.]*
🞑🞑

Jurisprudence rendue, sauf indication contraire, ss. l'empire de l'art. 18 de la L. du 12 avr. 2000, abrogé.

1. Renversement de la solution antérieure. L'art. 18 met fin à la jurisprudence antérieure, qui considérait que les recours gracieux et hiérarchiques n'avaient pas le caractère de demandes. • CE 29 mars 1991, *SA Laboratoire Lafon,* n° 101719: *Lebon 113; RFDA 1992. 72, concl. Hubert; AJDA 1991. 582, obs. Prétot* • CE , sect., 26 févr. 1993, *Serfaty,* n° 117454: *Lebon 36; RJF avr. 1993, n° 598.* Les silences gardés pendant plus de deux mois sur les recours gracieux ou hiérarchiques adressés aux autorités administratives à compter du 1er nov. 2000 (date d'entrée en vigueur de la présente loi) font naître une décision implicite de rejet. • CE 19 févr. 2003, *Préfet de la Seine-Maritime,* n° 237321.

2. Notion de «demande». Le recours administratif d'un tiers par rapport à une décision créatrice de droits n'est pas une «demande» au sens de ces dispositions. • CE , sect., 15 juill. 2004, *M. et Mme Damon*, n° 266479: *AJDA 2004. 1926, chron. Landais et Lénica; D. 2005. 35; ibid. 26, obs. Frier; RDI 2004. 465, obs. Soler-Couteaux; RFDA 2004. 890, concl. Stahl.* V. déjà • CE 19 févr. 2003, *Préfet de l'Hérault c/ Houdane*, n° 243427: *AJDA 2003. 1407* • 19 févr. 2003, *Préfet de la Seine-Maritime*, n° 237321. Le régime de notification applicable aux cessions de créances détenues sur des personnes morales de droit public, régi par les art. L. 313-23, L. 313-27, L. 313-28 et R. 313-17 C. mon. fin. et l'art. 108 C. marchés, ne prévoit pas la prise d'une décision mais seulement une information et n'entre dès lors pas dans le champ d'application des art. 18, codifié à l'art. L. 110-1 CRPA, et 20, codifié à l'art. L. 114-2 CRPA, de la L. n° 2000-321 du 12 avr. 2000. • CE 9 mars 2018, *Sté Banque Delubac et Cie*, n° 407842 B.

3. Cessions de créances. Le régime de notification applicable aux cessions de créances détenues sur des personnes morales de droit public, régi par les art. L. 313-23, L. 313-27, L. 313-28 et R. 313-17 C. mon. fin. et l'art. 108 C. marchés, ne prévoit pas la prise d'une décision mais seulement une information et n'entre dès lors pas dans le champ d'application des art. 18, codifié à l'art. L. 110-1 CRPA, et 20, codifié à l'art. L. 114-2 CRPA, de la L. n° 2000-321 du 12 avr. 2000. • CE 9 mars 2018, *Sté Banque Delubac et Cie*, n° 407842 B.

4. Salariés protégés. Il résulte des dispositions de la loi du 12 avr. 2000 que les délais de recours contre une décision administrative prise en matière d'autorisation de licenciement d'un salarié protégé ne sont opposables qu'à la conditions d'avoir été mentionnés, soit dans la notification de la décision si elle est expresse, soit dans l'accusé de réception de la demande l'ayant fait naître si elle est implicite. Il en va ainsi y compris s'agissant de la décision prise sur recours hiérarchique. • CE 19 févr. 2003, *Préfet de l'Hérault*, n° 243327. Le recours administratif par lequel un salarié protégé obtient du ministre l'annulation de la décision de l'inspecteur du travail autorisant son licenciement constitue le retrait d'une décision créatrice de droit mais ne constitue pas, en dépit de la lettre de l'art. 18 de la présente loi, la demande envisagée à l'art. 24 de cette même loi. • CE 3 sept. 2009, *Min. de l'Emploi, de la Cohésion sociale et du Logement c/ Sté Orléans Gestion*, n° 301095: *AJDA 2009. 2288, concl. Keller.*

5. Action en reconnaissance de droits. La réclamation préalable qu'il incombe à l'auteur d'une action en reconnaissance de droits, en vertu de l'art. R. 77-12-4 CJA, de former auprès de l'autorité compétente pour lier le contentieux a la nature d'une réclamation, au sens et pour l'application de l'art. L. 110-1 CRPA et, par suite, d'une demande, au sens de l'art. L. 114-2 CRPA. • CE 15 nov. 2021, n° 454125 A.

6. ICPE. La procédure prévue à l'art. R. 515-53 C. envir. sur les élevages autorisés au titre des ICPE doit dans son ensemble être regardée comme constituant une demande de modification des conditions d'exploitation d'une ICPE au sens de l'art. 18 de la L. n° 2000-321 du 12 avr. 2000, désormais repris à l'art. L. 110-1 CRPA. • CE 23 sept. 2021, n° 437748 B.

CHAPITRE PREMIER RÈGLES GÉNÉRALES

(Ord. n° 2015-1341 du 23 oct. 2015, en vigueur le 1er janv. 2016)
⚅⚅⚅
Art. L. 111-1⚅ L'usage de la langue française est prescrit dans les échanges entre le public et l'administration, conformément aux dispositions de la loi n° 94-665 du 4 août 1994 relative à l'emploi de la langue française.
⚅⚅⚅
Art. L. 111-2⚅ Toute personne a le droit de connaître le prénom, le nom, la qualité et l'adresse administratives de l'agent chargé d'instruire sa demande ou de traiter l'affaire qui la concerne; ces éléments figurent sur les correspondances qui lui sont adressées. Si des motifs intéressant la sécurité publique ou la sécurité des personnes le justifient, l'anonymat de l'agent est respecté. — *[L. n° 2000-321 du 12 avr. 2000, art. 4, al. 1er.]*
⚅⚅
Si cet art. garantit à toute personne, dans ses relations avec une autorité administrative, le droit de connaître le prénom, le nom, la qualité et l'adresse administratives de l'agent chargé d'instruire sa demande ou de traiter l'affaire qui la concerne, est applicable à toutes les procédures dans le cadre desquelles un agent est chargé du traitement d'une affaire, y compris les procédures disciplinaires, sa méconnaissance est, par elle-même, sans incidence sur la légalité de la décision prise, au terme de la procédure, par l'autorité administrative compétente. ● CE 1er mars 2021, n° 436013 B.

⚅⚅⚅Art. L. 111-3⚅ Les correspondances de l'administration sont adressées aux personnes concernées sous leur nom de famille, sauf demande expresse de ces dernières de voir figurer leur nom d'usage sur les correspondances qui leur sont adressées. — *[L. n° 2000-321 du 12 avr. 2000, art. 16-2.]*

CHAPITRE II MODALITÉS DE SAISINE ET D'ÉCHANGES

(Ord. n° 2015-1341 du 23 oct. 2015, en vigueur le 1ᵉʳ janv. 2016; Décr. n° 2015-1342 du 23 oct. 2015, en vigueur le 1ᵉʳ janv. 2016)

SECTION PREMIÈRE RÈGLES GÉNÉRALES

SOUS-SECTION 1 CERTIFICATION DE LA DATE D'ENVOI

◻◻◻Art. L. 112-1◻ Toute personne tenue de respecter une date limite ou un délai pour présenter une demande, déposer une déclaration, exécuter un paiement ou produire un document auprès d'une administration peut satisfaire à cette obligation au plus tard à la date prescrite au moyen d'un envoi de correspondance, le cachet apposé par les prestataires de services postaux autorisés au titre de l'article L. 3 du code des postes et des communications électroniques faisant foi.

◻Ces dispositions ne sont pas applicables:

◻1° Aux procédures d'attribution des contrats administratifs ayant pour objet l'exécution de travaux, la livraison de fournitures ou la prestation de services, avec une contrepartie économique constituée par un prix ou un droit d'exploitation;

◻2° Aux procédures pour lesquelles la présence personnelle du demandeur est exigée en application d'une disposition particulière. — *[L. n° 2000-321 du 12 avr. 2000, art. 16, al. 1ᵉʳ, en ce qui concerne la voie postale.]*

◻◻

Jurisprudence rendue, sauf indication contraire, sous l'empire de l'art. 16 de la L. du 12 avr. 2000, abrogé.

1. Inapplicabilité aux recours juridictionnels. Ces dispositions ne régissent pas les recours contentieux formés devant les juridictions, fussent-elles administratives.
• CE 26 oct. 2001, *Él. mun. de la Cne «Le Donjon»,* n° 233290 B. Elles sont inapplicables à la présentation des requêtes contentieuses devant les juridictions même lorsqu'un texte spécial permet de les déposer auprès d'une autorité administrative, comme en matière électorale; la protestation contre le résultat d'une élection municipale, adressée au Préfet mais postée le jour même de l'expiration du délai de cinq jours prévu par l'art. R. 119 C. élect. est donc irrecevable. • CE 23 janv. 2002, *Él. mun. de Neschers,* n° 236044 • 28 nov. 2001, *Él. mun. de Saverdun,* n° 235285.

2. Recours administratifs. Étant sans incidence sur l'application des règles relatives à la recevabilité des recours contentieux, ces règles ne sauraient donc régir les conditions de délai dans lesquelles l'exercice d'un recours administratif, gracieux ou hiérarchique, a pour effet de conserver le délai de recours contentieux. • CE 21 mars 2003, *Préfet de police c/ Xiaowei Pan,* n° 240511: *AJDA 2003. 1345, concl. Austry* • 2 avr. 2004, *Mme Barthe,* n° 50403 • CE 30 janv. 2019, *Mouanfoulou,* n° 410603 B.

3. Recours administratifs préalables obligatoires (RAPO). Constituent des demandes au sens des dispositions de l'art. 16 de la L. du 12 avr. 2000, qui sont applicables aux relations entre l'administration et ses agents, les recours administratifs dont l'exercice constitue un préalable obligatoire au recours contentieux, au nombre desquels figurent les recours formés par les militaires, devant la Commission de recours des militaires, à l'encontre d'actes relatifs à leur situation personnelle. • CE 27 juill. 2005, *Mme Houdelette,* n° 271916: *AJDA 2005. 2087* • 8 févr. 2006, *Andrieux,* n° 275739. Aux termes de l'art. R. 421-30 C. éduc., les contestations du résultat des élections des représentants de parents d'élèves, qui font d'ailleurs partie des recours administratifs dont l'exercice est un préalable obligatoire au recours contentieux, doivent être formées devant le recteur d'académie dans un délai de cinq jours ouvrables à compter de la proclamation des résultats. De telles contestations constituant des demandes dont la présentation est soumise au respect d'un délai, au sens de l'art. 16, l'auteur d'une telle contestation peut satisfaire à cette condition de délai en adressant sa réclamation au recteur d'académie au plus tard cinq jours ouvrables à compter de la proclamation des résultats, quand bien même sa réclamation ne parviendrait au recteur qu'après l'expiration de ce délai. • CE 30 mars 2011, *Min. de l'Éducation nationale, de la Jeunesse et de la Vie associative c/ Assoc. des parents d'élèves des collèges du canton de Saint-Lys,* n° 344811: *AJDA 2011. 715.*

4. Applications particulières. Application de l'art. 16 pour le dépôt des comptes des partis politiques devant la Commission nationale des comptes de campagne et de financement des partis politiques; cependant la constatation du dépôt tardif ne peut fonder le retrait de l'agrément de l'association de financement du parti. ● CE 6 juill. 2007, *Assoc. Free Dom,* n° 300606: *AJDA 2007. 1384 et 2207, note Malignier; JCP Adm. 2007. Actu. 682, n° 29.* Application de l'art. 16 combinée à la loi du 31 déc. 1968 sur la prescription quadriennale: la date à prendre en compte pour savoir si la prescription est interrompue par la demande, en application de l'art. 2 de la loi du 31 déc. 1968, est la date d'envoi du courrier. ● CE 5 oct. 2015, *Min. de l'Agriculture, de l'Agroalimentaire et de la Forêt,* n° 384884: *Lebon.*

SOUS-SECTION 2 DÉLIVRANCE D'UN ACCUSÉ DE RÉCEPTION PAR L'ADMINISTRATION

▨▨▨**Art. L**. 112-2▨ Les dispositions de la présente SOUS-SECTION ne sont pas applicables aux relations entre l'administration et ses agents.
▨▨

Plan des annotations
I. RELATIONS ENTRE L'ADMINISTRATION ET SES AGENTS n°s 1 à 4
II. RELATIONS ENTRE PERSONNES PUBLIQUES n° 5
Jurisprudence rendue, sauf indication contraire, sous l'empire des art. 21 s. de la L. du 12 avr. 2000.
I. RELATIONS ENTRE L'ADMINISTRATION ET SES AGENTS

1. Pour un ex. d'applicabilité de l'art. 21 et d'inapplicabilité de l'art. 24 à la situation d'un militaire: ● CE 27 nov. 2002, *Bourrel, Assoc. de défense des droits des militaires,* n°s 234748 et 235859: *Dr. adm. 2003. 55; AJDA 2003. 442, note Roulot; AJFP 2003. 50, concl. Le Chatelier.*

2. Dès lors qu'un complément de rémunération versé à un militaire en opérations extérieures, destiné à compenser les charges spécifiques découlant de cette affectation, est versé par l'administration entre les mains de l'épouse de celui-ci, cette dernière doit être regardée comme étant la personne intéressée au sens des dispositions de l'art. 24 de la L. du 12 avr. 2000 et non comme un agent du ministère de la Défense dont les relations avec ce ministère seraient exclues par l'art. 18. • CE 26 oct. 2011, *Min. de la Défense*, n° 340847: *AJDA 2011. 2096.* Un litige relatif à la pension de réversion de l'ayant droit d'un militaire ne saurait être regardé comme un litige entre l'administration et l'un de ses agents au sens de ces dispositions. • CE 3 juin 2020, *Mme E*, n° 428222 B. Le litige entre l'administration et les membres de la famille d'un fonctionnaire aux fins de réparation des préjudices propres, qu'ils estiment avoir subis du fait de l'accident de service de celui-ci, ne saurait être regardé comme un litige entre l'administration et l'un de ses agents au sens et pour l'application de l'art. L. 112-2. • CE 10 déc. 2021, n° 440845 B.

3. Les dispositions des art. 19 à 24 de la L. du 12 avr. 2000 relative aux droits des citoyens dans leurs relations avec les administrations ne s'appliquent pas, ainsi que le précise l'art. 18 de cette loi, aux relations entre les autorités administratives et leurs agents. Elles ne peuvent donc être invoquées ni par les agents en activité, ni par ceux qui ont été admis à la retraite. • CE 24 févr. 2006, *Magnan*, n° 269291: *AJDA 2006. 520; AJFP 2006. 194.*

4. Le grief tiré à l'appui d'une question prioritaire de constitutionnalité (QPC) de ce que les dispositions de l'art. 18 de la L. n° 2000-321, dite DCRA, du 12 avr. 2000 sont, en tant qu'elles privent les agents publics de la garantie de procédure contentieuse instituée par l'art. 19 de la même loi, relatives aux conditions de déclenchement du délai de recours contentieux, contraires au principe d'égalité devant la justice résultant des art. 6 et 16 de la DDH ne présente pas de caractère sérieux. • CE 2 juill. 2012, *Azzano*, n° 355871: *AJDA 2012. 1903, concl. Landais.*

II. RELATIONS ENTRE PERSONNES PUBLIQUES

5. Le présent art., et plus généralement les art. 18 à 20, concernent le traitement des demandes adressées par les usagers des administrations et ne sont pas applicables aux demandes adressées par le représentant de l'État aux collectivités territoriales dans le cadre du contrôle de légalité. • CE 1er juill. 2005, *Ville de Nice*, n° 258509: *Lebon 304; JCP Adm. 2005, n° 1362, note Linditch.* ... Ni aux relations contentieuses entre l'État et les collectivités territoriales. • CE 16 janv. 2006, *Région Haute-Normandie*, n° 269384.

▨▨▨
Art. L. 112-3▨ Toute demande adressée à l'administration fait l'objet d'un accusé de réception.
▨Les dispositions de l'alinéa précédent ne sont pas applicables:
▨1° Aux demandes abusives, notamment par leur nombre ou leur caractère répétitif ou systématique;

▢2° Aux demandes, définies par décret en Conseil d'État, pour lesquelles l'administration dispose d'un bref délai pour répondre ou qui n'appellent pas d'autre réponse que le service d'une prestation ou la délivrance d'un document prévus par les lois ou règlements.

▢Les modalités d'application du présent article sont fixées par décret en Conseil d'État. *[L. n° 2000-321 du 12 avr. 2000, art. 19, al. 1ᵉʳ, 2 et 5.]*

▢▢

Jurisprudence rendue, sauf indication contraire, sous l'empire de l'art. 19 de la L. du 12 avr. 2000, abrogé.

1. Champ d'application. V. les annotations ss. l'art. L. 112-2.

2. Entrée en vigueur. Il résulte de la combinaison des art. 18 et 19 de la présente loi avec celles du Décr. du 28 nov. 1983 que, jusqu'à l'entrée en vigueur du Décr. n° 2001-492 du 6 juin 2001, le délai de recours n'a couru à l'encontre des décisions qui émanent de l'État et de ses établissements que si le recours gracieux ou hiérarchique adressé après le 1ᵉʳ nov. 2000 a fait l'objet d'un accusé de réception comportant les indications exigées par l'art. 5 du Décr. du 28 nov. 1983. ● CE 12 mars 2003, *Préfet de la Seine-Maritime,* n° 237321. Après l'entrée en vigueur du Décr. n° 2011-492 du 6 juin 2001, le délai de recours ne court que si l'accusé de réception du recours (en l'espèce, gracieux) comporte les mentions exigées par l'art. 1ᵉʳ de ce Décr. ● CE 19 févr. 2003, *Préfet de l'Hérault,* n° 243327.

3. Demandes abusives. Si les dispositions de l'art. 19 de la loi du 12 avr. 2000 dispensent les autorités administratives d'accuser réception des demandes abusives dont elles sont saisies, la CNIL ne peut cependant rejeter ainsi des plaintes sans examen préalable de chacune d'elles. ● CE 10 avr. 2015, *M. Houvet,* n° 376575.

▢▢▢

Art. R. 112-4▢ L'accusé de réception prévu à l'article L. 112-3 n'est pas délivré:

▢1° Lorsqu'une décision implicite ou expresse est acquise en vertu des lois et règlements au profit du demandeur, au terme d'un délai inférieur ou égal à quinze jours à compter de la date de réception de la demande;

▢2° Lorsque la demande tend à la délivrance d'un document ou au service d'une prestation prévus par les lois et règlements pour laquelle l'administration ne dispose d'aucun autre pouvoir que celui de vérifier que le demandeur remplit les conditions légales pour l'obtenir. — *[Décr. n° 2001-492 du 6 juin 2001, art. 3.]*

▢▢

Jurisprudence rendue, sauf indication contraire, sous l'empire du Décr. du 6 juin 2001, abrogé.

V. sur la légalité du Décr. n° 2001-492 du 6 juin 2001: ● CE 13 janv. 2002, *Camara et a.,* n° 237034: *AJDA* 2003. 327, concl. *Fombeur.*

▢▢▢Art. R. 112-5▢ L'accusé de réception prévu par l'article L. 112-3 comporte les mentions suivantes:

◻1° La date de réception de la demande et la date à laquelle, à défaut d'une décision expresse, celle-ci sera réputée acceptée ou rejetée;

◻2° La désignation, l'adresse postale et, le cas échéant, électronique, ainsi que le numéro de téléphone du service chargé du dossier;

◻3° Le cas échéant, les informations mentionnées à l'article L. 114-5, dans les conditions prévues par cet article.

◻Il indique si la demande est susceptible de donner lieu à une décision implicite de rejet ou à une décision implicite d'acceptation. Dans le premier cas, l'accusé de réception mentionne les délais et les voies de recours à l'encontre de la décision. Dans le second cas, il mentionne la possibilité offerte au demandeur de se voir délivrer l'attestation prévue à l'article L. 232-3. — *[Décr. n° 2001-492 du 6 juin 2001, art. 1ᵉʳ.]*

◻◻◻

Art. L. 112-6◻ Les délais de recours ne sont pas opposables à l'auteur d'une demande lorsque l'accusé de réception ne lui a pas été transmis ou ne comporte pas les indications exigées par la réglementation.

◻Le défaut de délivrance d'un accusé de réception n'emporte pas l'inopposabilité des délais de recours à l'encontre de l'auteur de la demande lorsqu'une décision expresse lui a été régulièrement notifiée avant l'expiration du délai au terme duquel est susceptible de naître une décision implicite. — *[L. n° 2000-321 du 12 avr. 2000, art. 19, al. 3 et 4.]*

◻◻

Jurisprudence rendue, sauf indication contraire, sous l'empire de l'art. 19 de la L. du 12 avr. 2000, abrogé.

1. Toute personne est informée, par un accusé de réception, des délais et voies de recours contre la décision, implicite ou explicite, qui sera prise sur sa demande; à défaut d'une telle mention, les délais de recours ne lui sont pas opposables. • CE 13 janv. 2002, *Camara et a.,* n° 237034. Il résulte des dispositions de la loi du 12 avril 2000 que les délais de recours contre une décision administrative prise en matière d'autorisation de licenciement d'un salarié protégé ne sont opposables qu'à la condition d'avoir été mentionnés, soit dans la notification de la décision si elle est expresse, soit dans l'accusé de réception de la demande l'ayant fait naître si elle est implicite. Il en va ainsi y compris s'agissant de la décision prise sur recours hiérarchique. • CE 7 déc. 2015, *M. Felouki,* n° 387872 B. Il résulte des art. 19 et 19-2 de la L. n° 2000-321 du 12 avr. 2000 (respectivement repris aux art. L. 112-3 et L. 112-6 CRPA, d'une part, et à l'art. L. 412-3 de ce même code, d'autre part), de l'art. 1er du Décr. n° 2001-492 du 6 juin 2001 (repris à l'art. R. 112-5 CRPA) et de l'art. R. 421-5 CJA qu'en matière de communication de documents administratifs, pour que les délais prévus à l'art. 17 du Décr. n° 2005-1755 du 30 déc. 2005 (repris aux art. R. 311-12, R. 311-13 et R. 311-15 CRPA) soient opposables, la notification de la décision administrative de refus, ou l'accusé de réception de la demande l'ayant fait naître si elle est implicite, doit nécessairement mentionner l'existence d'un recours administratif préalable obligatoire (RAPO) devant la Commission d'accès aux documents administratifs (CADA), ainsi que les délais selon lesquels ce recours peut être exercé. • CE 11 juill. 2016, *CH Louis-Constant-Fleming,* n° 391899 B.

2. Le manquement à l'obligation de mention des voies et délais du recours contentieux, telle que celle prévue s'agissant de l'accusé de réception mentionné par l'art. 1er du Décr. n° 2001-492 du 6 juin 2001, pris pour l'application de l'art. 19, a pour conséquence de faire obstacle à ce que le délai à l'intérieur duquel doit en principe être exercé le recours contentieux contre une décision administrative soit opposé au requérant. Toutefois, la formation d'un recours juridictionnel tendant à l'annulation d'une décision administrative établit que l'auteur de ce recours a eu connaissance de cette décision au plus tard à la date à laquelle il a formé le recours. Dans ce cas, le délai de recours contentieux court à compter de la date d'introduction de la requête. Ce délai est opposable au demandeur pour l'application des dispositions de l'art. 5 de la loi n° 79-587 du 11 juill. 1979 permettant à toute personne de demander la communication des motifs de la décision implicite rejetant sa demande. • CE 17 déc. 2010, *Mme Tissot,* n° 314431: *AJDA 2010. 2462.*

3. Lorsque la publication d'un acte suffit à faire courir à l'égard des tiers, indépendamment de toute notification, le délai de recours contre cet acte, les dispositions des articles 18 et 19 de la loi du 12 avril 2000, aujourd'hui codifiées aux articles L. 110-1, L. 112-3 et L. 112-6 du CRPA n'ont ni pour objet ni pour effet de faire obstacle à ce que, en cas de recours gracieux formé par ces tiers contre l'acte en cause, le délai de recours contentieux recommence à courir à leur égard à compter de l'intervention de la décision explicite ou implicite de rejet de ce recours gracieux, même en l'absence de délivrance d'un accusé de réception mentionnant les voies et délais de recours. • CE 8 juin 2016, *M. et Mme Derenemesnil,* n° 387547 B.

4. La nouvelle règle, issue du Décr. n° 2016-1480 du 2 nov. 2016, selon laquelle, sauf disposition législatives ou règlementaires qui leur seraient propres, le délai de recours de deux mois court à compter de la date où les décisions implicites relevant du plein contentieux sont nées, est applicable aux décisions nées à compter du 1er janvier 2017 mais doit être combinée avec la règle d'inopposabilité des délais de recours de l'art. L. 112-6 CRPA lorsque l'accusé de réception ne porte pas les mentions prévues à son art. R. 112-5. • CE 30 janv. 2019, *M. Fernandez,* n° 420797: *Lebon.* Il résulte des art. L. 110-1, L. 112-3, L. 112-6, R. 112-5, R. 421-1 et R. 421-5 CRPA que le délai pour présenter un recours tendant à la mise en jeu de la responsabilité d'une personne publique n'est opposable qu'à la condition d'avoir été mentionné, soit dans la notification de la décision rejetant la réclamation indemnitaire préalablement adressée à l'administration si cette décision est expresse, soit dans l'accusé de réception de la réclamation l'ayant fait naître, si elle est implicite. En particulier, lorsque, à la suite d'une décision ayant rejeté une demande indemnitaire en mentionnant les voies et délais dans lesquels pouvait être introduite une action indemnitaire et ayant, ainsi, fait courir le délai de recours contentieux, le demandeur forme, avant l'expiration de ce délai, un recours gracieux contre cette décision, le délai de recours pour former une action indemnitaire, interrompu par le recours gracieux, ne recommence à courir qu'à compter, soit de la notification d'une nouvelle décision expresse de refus mentionnant les voies et délais d'un recours indemnitaire, soit, en cas de silence de l'administration, à compter de la naissance de la décision implicite qui en résulte, à la condition que l'accusé de réception du recours gracieux ait mentionné la date à laquelle cette décision implicite était susceptible de naître, ainsi que les voies et délais de recours qui lui seraient applicables. • CE 27 déc. 2021, n° 432032 B.

5. L'art. L. 112-6 CRPA est applicable dans le cadre d'un litige relatif à la pension de réversion de l'ayant droit d'un militaire, lequel ne saurait être regardé comme un litige entre l'administration et l'un de ses agents au sens de l'art. L. 112-2. En l'absence d'accusé de réception, application de la jurisprudence Czabaj («Czabaj»). ● CE , ass., 13 juill. 2016, n° 387763 A ● CE 3 juin 2020, *Mme E.,*n° 428222 B. Le litige entre l'administration et les membres de la famille d'un fonctionnaire aux fins de réparation des préjudices propres, qu'ils estiment avoir subis du fait de l'accident de service de celui-ci, ne saurait être regardé comme un litige entre l'administration et l'un de ses agents au sens et pour l'application de l'art. L. 112-2. L'art. L. 112-6, selon lequel les délais de recours ne sont pas opposables à l'auteur d'une demande contre une décision implicite lorsque l'accusé de réception ne lui a pas été transmis ou ne comporte pas les indications exigées par la réglementation, leur est par suite applicable. ● CE 10 déc. 2021, n° 440845 B.

6. Modalités particulières de déclenchement du délai au regard de l'information exigée par les textes. La notification par un établissement public de santé d'une décision rejetant la demande indemnitaire d'un patient fait courir le délai de recours contentieux dès lors qu'elle comporte la double indication que le tribunal administratif peut être saisi dans le délai de deux mois et que ce délai est interrompu en cas de saisine de la commission de conciliation et d'indemnisation. En application de l'art. L. 1142-7 du CSP, la saisine de la commission de conciliation et d'indemnisation interrompt le délai lorsque l'intéressé présente devant cette commission une demande d'indemnisation amiable ou une demande de conciliation. ● CE 5 juin 2019, *M. Cissoko,* n° 424886 B. Cas de la décision implicite: Eu égard aux dispositions des art. L. 112-6 et R. 112-5 du CRPA, le délai de recours contentieux contre la décision de l'établissement ne peut courir que si, lorsqu'il a été informé par la commission de la demande de l'intéressé, l'établissement a porté à la connaissance de celui-ci les conditions de naissance d'une décision implicite de rejet ainsi que les voies et délais de recours ouverts contre cette décision, y compris l'effet suspensif s'attachant à la saisine de la commission. ● CE 29 mai 2019, *M. et Mme Blard: Lebon T.*

SECTION II RÈGLES PARTICULIÈRES À LA SAISINE ET AUX ÉCHANGES PAR VOIE ÉLECTRONIQUE

▢▢▢Art. L. 112-7▢ Les dispositions de la présente section, à l'exception de celles de la SOUS-SECTION 4, ne sont pas applicables aux relations entre l'administration et ses agents.

SOUS-SECTION 1 DROIT DE SAISINE PAR VOIE ÉLECTRONIQUE

⬜⬜⬜Art. L. 112-8⬜ Toute personne, dès lors qu'elle s'est identifiée préalablement auprès d'une administration, peut, dans des conditions déterminées par décret en Conseil d'État, adresser à celle-ci, par voie électronique, une demande, une déclaration, un document ou une information, ou lui répondre par la même voie. Cette administration est régulièrement saisie et traite la demande, la déclaration, le document ou l'information sans lui demander la confirmation ou la répétition de son envoi sous une autre forme. — *[Ord. n° 2005-1516 du 8 déc. 2005, art. 2.]*

⬜⬜⬜Art. L. 112-9⬜ L'administration met en place un ou plusieurs téléservices, dans le respect des dispositions de loi n° 78-17 du 6 janvier 1978 relative à l'informatique et aux libertés et des règles de sécurité et d'interopérabilité prévues aux chapitres IV et V de l'ordonnance n° 2005-1516 du 8 décembre 2005 relative aux échanges électroniques entre les usagers et les autorités administratives et entre les autorités administratives.

⬜Lorsqu'elle met en place un ou plusieurs téléservices, l'administration rend accessibles leurs modalités d'utilisation, notamment les modes de communication possibles. Ces modalités s'imposent au public.

⬜Lorsqu'elle a mis en place un téléservice réservé à l'accomplissement de certaines démarches administratives, une administration n'est régulièrement saisie par voie électronique que par l'usage de ce téléservice.

⬜Un décret en Conseil d'État détermine les conditions d'application du présent article. — [Ord. n° 2005-1516 du 8 déc. 2005, art. 3 et art. 4, phr. 1, en ce qui concerne l'art. 3.]

⬜⬜⬜Art. R. 112-9-1⬜ *(Décr. n° 2016-1411 du 20 oct. 2016, art. 1er-1° et 4, en vigueur le 7 nov. 2016)* Pour exercer son droit de saisir une administration par voie électronique, toute personne s'identifie auprès de cette administration dans le respect des modalités d'utilisation des téléservices définies en application du deuxième alinéa de l'article L. 112-9.

⬜A cet effet, elle indique dans son envoi, s'il s'agit d'une entreprise, son numéro d'inscription au répertoire des entreprises et de leurs établissements, s'il s'agit d'une association, son numéro d'inscription au répertoire national des associations et, dans les autres cas, ses nom et prénom et ses adresses postale et électronique.

⬜Les modalités peuvent également permettre l'utilisation d'un identifiant propre à la personne qui s'adresse à l'administration ou celle d'autres moyens d'identification électronique dès lors que ceux-ci sont acceptés par l'administration.

⬜⬜⬜

Art. R. 112-9-2⬜ *(Décr. n° 2016-1411 du 20 oct. 2016, art. 1er-1° et 4, en vigueur le 7 nov. 2016)* L'administration informe le public des téléservices qu'elle met en place afin que le droit pour celui-ci de saisir l'administration par voie électronique puisse s'exercer. Cette information figure dans les modalités d'utilisation mentionnées au deuxième alinéa de l'article L. 112-9 et peut en outre être portée à la connaissance du public par tout moyen.

⬜A défaut d'information sur le ou les téléservices, le public peut saisir l'administration par tout type d'envoi électronique.

⬜Les téléservices peuvent prendre la forme d'une téléprocédure ou d'une procédure de saisine électronique, soit par formulaire de contact, soit par une adresse électronique destinée à recevoir les envois du public.

⬜⬜⬜Art. L. 112-10⬜ L'application des articles L. 112-8 et L. 112-9 à certaines démarches administratives peut être écartée, par décret en Conseil d'État, pour des motifs d'ordre public, de défense et de sécurité nationale, de bonne administration, ou lorsque la présence personnelle du demandeur apparaît nécessaire. — *[Ord. n° 2005-1516 du 8 déc. 2005, art. 4, phr. 2.]*

⬜ (Abrogé par L. n° 2016-1321 du 7 oct. 2016, art. 58-II et III, à compter du 25 mai 2018) (L. n° 2016-1321 du 7 oct. 2016, art. 58-II) «Le premier alinéa du présent article s'applique lorsque, en application de l'article 43 bis de la loi n° 78-17 du 6 janvier 1978 relative à l'informatique, aux fichiers et aux libertés, l'autorité administrative doit permettre à toute personne d'exercer les droits prévus au Chapitre V de la même loi, si cela est possible, par voie électronique.»

SOUS-SECTION 2 DÉLIVRANCE D'UN ACCUSÉ DE RÉCEPTION PAR L'ADMINISTRATION

▢▢▢Art. L. 112-11▢ Tout envoi à une administration par voie électronique ainsi que tout paiement opéré dans le cadre d'un téléservice au sens de l'article 1ᵉʳ de l'ordonnance n° 2005-1516 du 8 décembre 2005 relative aux échanges électroniques entre les usagers et les autorités administratives et entre les autorités administratives fait l'objet d'un accusé de réception électronique et, lorsque celui-ci n'est pas instantané, d'un accusé d'enregistrement électronique. Ils sont émis selon un procédé conforme aux règles fixées par le référentiel général de sécurité mentionné au I de l'article 9 de l'ordonnance précitée.

▢ *(L. n° 2016-1321 du 7 oct. 2016, art. 89)* «L'administration est également tenue de respecter l'obligation prévue au premier alinéa du présent article pour les envois par voie électronique effectués par tout usager résidant en France ou à l'étranger ou par toute autorité administrative étrangère lorsque celle-ci agit pour le compte d'un Français établi à l'étranger.»

▢Les conditions et délais d'émission de l'accusé de réception et de l'accusé d'enregistrement ainsi que les indications devant y figurer sont déterminés par décret en Conseil d'État.

▢L'administration n'est pas tenue de respecter l'obligation prévue à l'alinéa premier pour les envois abusifs, notamment par leur nombre ou leur caractère répétitif ou systématique, ou les envois susceptibles de porter atteinte à la sécurité de son système d'information.

▢Après en avoir, si possible, informé la source des envois en cause, un système d'information peut être configuré pour bloquer la réception des envois provenant de sources identifiées comme ayant émis un nombre significatif d'envois abusifs ou émis des envois susceptibles de porter atteinte à la sécurité du système d'information.

▢Les dispositions des articles L. 112-3 et L. 112-6 ne s'appliquent pas aux demandes relevant du présent article. — *[Ord. n° 2005-1516 du 8 déc. 2005, art. 5, al. 1ᵉʳ, 4, 5 et 6.]*

▢▢▢Art. R. 112-11-1▢ *(Décr. n° 2016-1411 du 20 oct. 2016, art. 1ᵉʳ-2° et 4, en vigueur le 7 nov. 2016)* L'accusé de réception électronique prévu à l'article L. 112-11 comporte les mentions suivantes:

▢1° La date de réception de l'envoi électronique effectué par la personne;

▢2° La désignation du service chargé du dossier, ainsi que son adresse électronique ou postale et son numéro de téléphone.

▢S'il s'agit d'une demande, l'accusé de réception indique en outre si la demande est susceptible de donner lieu à une décision implicite d'acceptation ou à une décision implicite de rejet ainsi que la date à laquelle, à défaut d'une décision expresse, et sous réserve que la demande soit complète, celle-ci sera réputée acceptée ou rejetée.

▢Dans le premier cas, l'accusé de réception mentionne la possibilité offerte au demandeur de recevoir l'attestation prévue à l'article L. 232-3. Dans le second cas, il mentionne les délais et les voies de recours à l'encontre de la décision.

▢▢▢

Art. R. 112-11-2⬚ *(Décr. n° 2016-1411 du 20 oct. 2016, art. 1ᵉʳ-2° et 4, en vigueur le 7 nov. 2016)* Lorsque l'accusé de réception électronique n'est pas instantané, un accusé d'enregistrement électronique, mentionnant la date de réception de l'envoi, est instanément envoyé à l'intéressé ou, en cas d'impossibilité, dans un délai d'un jour ouvré à compter de la réception.

⬚L'accusé de réception électronique est envoyé au plus tard dans un délai de dix jours ouvrés à compter de la réception de l'envoi de l'intéressé. Ce délai ne s'applique qu'à compter de la saisine, au besoin par application de l'article L. 114-2, de l'administration compétente.

⬚⬚⬚Art. R. 112-11-3⬚ *(Décr. n° 2016-1411 du 20 oct. 2016, art. 1ᵉʳ-2° et 4, en vigueur le 7 nov. 2016)* L'accusé de réception électronique et l'accusé d'enregistrement électronique sont adressés à l'intéressé, sauf mention d'une autre adresse donnée à cette fin, à l'adresse électronique qu'il a utilisée pour effectuer son envoi.

⬚Les modalités d'utilisation mentionnées au deuxième alinéa de l'article L. 112-9 précisent les adresses électroniques utilisées pour l'envoi des accusés de réception et d'enregistrement électroniques.

⬚⬚⬚Art. R. 112-11-4⬚ *(Décr. n° 2016-1411 du 20 oct. 2016, art. 1ᵉʳ-2° et 4, en vigueur le 7 nov. 2016)* Lorsqu'une saisine par voie électronique est incomplète, l'administration indique à l'intéressé, dans l'accusé de réception électronique ou dans un envoi complémentaire, les pièces et informations manquantes exigées par les textes législatifs et réglementaires en vigueur ainsi que le délai fixé pour la réception de celles-ci.

⬚L'administration lui indique en même temps le délai prévu, selon le cas, au deuxième ou au troisième alinéa de l'article L. 114-5, au terme duquel la demande est réputée acceptée ou rejetée.

⬚⬚⬚Art. L. 112-12⬚ Les délais de recours ne sont pas opposables à l'auteur d'une demande lorsque l'accusé de réception ne lui a pas été transmis ou ne comporte pas les indications prévues par le décret mentionné à l'article L. 112-11. Le défaut de délivrance d'un accusé de réception n'emporte pas l'inopposabilité des délais de recours à l'encontre de l'auteur de la demande lorsqu'une décision expresse lui a été régulièrement notifiée avant l'expiration du délai au terme duquel est susceptible de naître une décision implicite. — *[Ord. n° 2005-1516 du 8 déc. 2005, art. 5, al. 2 et 3]*

SOUS-SECTION 3 CERTIFICATION DE LA DATE D'ENVOI

Art. L. 112-13 Toute personne tenue de respecter une date limite ou un délai pour présenter une demande, déposer une déclaration, exécuter un paiement ou produire un document auprès d'une administration peut satisfaire à cette obligation au plus tard à la date prescrite au moyen d'un envoi par voie électronique. Dans ce cas, fait foi la date figurant sur l'accusé de réception ou, le cas échéant, sur l'accusé d'enregistrement adressé à l'usager par la même voie conformément aux dispositions de l'article L. 112-11.

Ces dispositions ne sont pas applicables:

1° Aux procédures d'attribution des contrats administratifs ayant pour objet l'exécution de travaux, la livraison de fournitures ou la prestation de services, avec une contrepartie économique constituée par un prix ou un droit d'exploitation;

2° Aux procédures pour lesquelles la présence personnelle du demandeur est exigée en application d'une disposition particulière. — *[L. n° 2000-321 du 12 avr. 2000, art. 1ᵉʳ, en ce qui concerne la Voie électronique.]*

SOUS-SECTION 4 AUTRES MODALITÉS D'ÉCHANGES PAR VOIE ÉLECTRONIQUE

Art. L. 112-14 L'administration peut répondre par voie électronique:

1° A toute demande d'information qui lui a été adressée par cette voie par une personne ou par une autre administration;

2° Aux autres envois qui lui sont adressés par cette même voie, sauf refus exprès de l'intéressé. — *[Ord. n° 2005-1516 du 8 déc. 2005, art. 5-1.]*

Art. L. 112-15 Lorsqu'une personne doit adresser un document à l'administration par lettre recommandée, cette formalité peut être accomplie par l'utilisation d'un téléservice au sens de l'article 1ᵉʳ de l'ordonnance n° 2005-1516 du 8 décembre 2005 relative aux échanges électroniques entre les usagers et les autorités administratives et entre les autorités administratives *(L. n° 2016-1321 du 7 oct. 2016, art. 93-III-1°)* «, d'un envoi recommandé électronique au sens de l'article L. 100 du code des postes et des communications électroniques» ou d'un procédé électronique, accepté par cette administration, permettant de désigner l'expéditeur et d'établir si le document lui a été remis.

Lorsque l'administration doit notifier un document à une personne par lettre recommandée, cette formalité peut être accomplie par l'utilisation *(L. n° 2016-1321 du 7 oct. 2016, art. 93-III-2°)* «d'un envoi recommandé électronique au sens du même article L. 100 ou» d'un procédé électronique permettant de désigner l'expéditeur, de garantir l'identité du destinataire et d'établir si le document a été remis. L'accord exprès de l'intéressé doit être préalablement recueilli.

⬚Les modalités d'application du présent article sont fixées par décret en Conseil d'État. — *[Ord. n° 2005-1516 du 8 déc. 2005, art. 5-2.]*

⬚⬚⬚Art. R. 112-16⬚ *(Décr. n° 2017-1728 du 21 déc. 2017, art. 1er)* Dans les cas prévus au premier alinéa de l'article L. 112-15, l'administration informe le public du ou des procédés électroniques, équivalents à la lettre recommandée et conformes aux règles fixées par le référentiel général de sécurité prévu à l'article 9 de l'ordonnance n° 2005-1516 du 8 décembre 2005 relative aux échanges électroniques entre les usagers et les autorités administratives et entre les autorités administratives, qu'elle accepte.

⬚⬚⬚Art. R. 112-17⬚ *(Décr. n° 2017-1728 du 21 déc. 2017, art. 1er)* Lorsqu'une administration souhaite recourir à un procédé électronique, prévu au deuxième alinéa de l'article L. 112-15 et ne relevant pas de l'article L. 100 du code des postes et des communications électroniques, elle informe les personnes intéressées, dont il lui appartient de recueillir l'accord exprès, des caractéristiques du procédé utilisé, conforme aux règles fixées par le référentiel général de sécurité prévu à l'article 9 de l'ordonnance du 8 décembre 2005 précitée, ainsi que des conditions de mise à disposition du document notifié, de garantie de l'identité de son destinataire et de prise de connaissance par ce dernier. Elle leur indique également les modalités de mise à jour des coordonnées et le délai de préavis prévu à l'article R. 112-18 ainsi que le délai, fixé à l'article R. 112-20, au terme duquel, faute de consultation du document par le destinataire, celui-ci est réputé lui avoir été remis.

⬚⬚⬚Art. R. 112-18⬚ *(Décr. n° 2017-1728 du 21 déc. 2017, art. 1er)* Après accord exprès de la personne recueilli par voie électronique, celle-ci choisit, le cas échéant, parmi les moyens que lui propose l'administration, celui par lequel elle désire recevoir les avis de dépôt qui lui sont adressés. Elle maintient à jour, par la même voie, ses coordonnées afin que les avis de dépôt puissent lui parvenir.
⬚Si elle ne souhaite plus bénéficier du procédé électronique, elle en informe l'administration par voie électronique dans un délai de préavis, fixé au préalable par cette dernière, qui ne peut excéder trois mois.

⬚⬚⬚Art. R. 112-19⬚ *(Décr. n° 2017-1728 du 21 déc. 2017, art. 1er)* L'administration adresse à la personne un avis l'informant qu'un document est mis à sa disposition et qu'elle a la possibilité d'en prendre connaissance par le procédé prévu au deuxième alinéa de l'article L. 112-15. Cet avis mentionne la date de mise à disposition du document, les coordonnées du service expéditeur et le délai prévu à l'article R. 112-20.

⬚⬚⬚Art. R. 112-20⬚ *(Décr. n° 2017-1728 du 21 déc. 2017, art. 1er)* Le document notifié est réputé avoir été reçu par son destinataire à la date de sa première consultation. Cette date peut être consignée dans un accusé de réception adressé à l'administration par le procédé prévu au deuxième alinéa de l'article L. 112-15.

⬜A défaut de consultation du document par son destinataire dans un délai de quinze jours, le document est réputé lui avoir été notifié à la date de mise à disposition.

CHAPITRE III CONTENU DES DOSSIERS

(Ord. n° 2015-1341 du 23 oct. 2015, en vigueur le 1er janv. 2016; Décr. n° 2015-1342 du 23 oct. 2015, en vigueur le 1er janv. 2016)

SECTION PREMIÈRE FORMULAIRES ADMINISTRATIFS

⬜⬜⬜Art. D. 113-1⬜ Les dispositions de la présente section ne sont applicables qu'à l'État et à ses établissements publics administratifs.

⬜⬜⬜Art. D. 113-2⬜ Les formulaires dont l'usage est nécessaire pour accomplir une démarche auprès d'une administration sont tenus gratuitement à la disposition du public, sous forme numérique, par le site public dénommé "service-public.fr". Lorsqu'un formulaire a été homologué, il est mis en ligne sur le site "service-public.fr" et peut l'être par le service émetteur sur son site. Les autres sites publics qui souhaitent le rendre accessible établissent un lien avec l'adresse électronique de ce formulaire sur le site "service-public.fr" ou, le cas échéant, sur celui du service émetteur. — [Décr. n° 99-68 du 2 févr. 1999, art. 1er.]

⬜⬜⬜Art. D. 113-3⬜ L'administration ne peut refuser d'examiner une demande présentée au moyen d'un formulaire disponible sur l'un des sites mentionnés à l'article D. 113-2, dès lors que ce formulaire, dûment rempli, n'a fait l'objet d'aucune altération par rapport aux données figurant sur le site. — [Décr. n° 99-68 du 2 févr. 1999, art. 4.]

SECTION II PIÈCES JUSTIFICATIVES

☐☐☐Art. L. 113-4☐ Les dispositions des sous-sections 1 et 2 de la présente section sont applicables aux procédures administratives instruites par l'administration ainsi que par les organismes et personnes chargés d'une mission de service public industriel et commercial.

SOUS-SECTION 1 JUSTIFICATION DE L'IDENTITÉ, DE L'ÉTAT CIVIL, DE LA SITUATION FAMILIALE, DE LA NATIONALITÉ FRANÇAISE ET DU DOMICILE

☐☐☐Art. R. 113-5☐ Dans les procédures administratives, les personnes justifient, lorsqu'une disposition législative ou réglementaire l'exige, de leur identité, de leur état civil, de leur situation familiale ou de leur nationalité française par la présentation de l'original ou la production ou l'envoi d'une photocopie lisible du document figurant dans le tableau ci-dessous, en colonne A, qui les dispense de la production des documents figurant dans le même tableau, en colonne B.
☐

A Documents produits	B Documents que le public est dispensé de produire
Livret de famille régulièrement tenu à jour.	Extrait de l'acte de mariage des parents.Extrait de l'acte de naissance des parents ou des enfants.Copie de l'acte de décès des parents ou des enfants morts avant leur majorité.
Livret de famille régulièrement tenu à jour et revêtu de l'une des mentions prévues à l'article 28 du code civil pour le ou les titulaires du livret de famille et, le cas échéant, pour leurs enfants mineurs.	Certificat de nationalité française.
Carte nationale d'identité en cours de validité.	Certificat de nationalité française. Extrait de l'acte de naissance du titulaire.
Passeport en cours de validité.	Extrait de l'acte de naissance du titulaire ou de ses enfants mineurs qui y sont mentionnés.
Carte d'ancien combattant, ou Carte d'invalide de guerre, ou Carte d'invalide civil.	Extrait de l'acte de naissance du titulaire.
Copie ou extrait de l'acte de	Certificat de nationalité française. Une des

naissance revêtu de l'une des mentions prévues à l'article 28 du code civil.	pièces justificatives de la nationalité mentionnées aux articles 34 et 52 du décret n° 93-1362 du 30 décembre 1993 relatif aux déclarations de nationalité, aux décisions de naturalisation, de réintégration, de perte, de déchéance et de retrait de la nationalité française.

La légalisation ou la certification matérielle des signatures apposées sur les pièces qui sont remises ou présentées ne peut être exigée.

Ces pièces sont restituées sans délai et, en tout état de cause, dès l'achèvement des procédures au titre desquelles elles ont été produites. — *[Décr. n° 2000-1277 du 26 déc. 2000, art. 2.]*

Art. R. 113-6 En cas de doute sur la validité de la photocopie produite ou envoyée, l'administration peut demander de manière motivée par lettre recommandée avec demande d'avis de réception la présentation de l'original.

La procédure en cours est suspendue jusqu'à la production des pièces originales. — *[Décr. n° 2000-1277 du 26 déc. 2000, art. 3.]*

Art. R. 2019–31 Sauf dispositions législatives ou réglementaires contraires, les pièces d'état civil sont prises en compte quelle que soit la date de leur délivrance. — *[Décr. n° 2000-1277, art. 5.]*

Art. R. 113-8 Les personnes physiques qui déclarent leur domicile dans les procédures mentionnées à l'article R. 113-5 ne sont pas tenues de présenter des pièces justificatives, sauf dans les cas où le domicile est déclaré en vue de la délivrance d'un certificat de nationalité française, de l'obtention d'un titre d'identité, de voyage, de séjour, d'un certificat d'immatriculation d'un véhicule ou de la délivrance d'une attestation d'accueil ou en vue de l'inscription volontaire sur les listes électorales ou sur les fichiers d'immatriculation consulaire. La justification du domicile peut être exigée pour les formalités d'inscription dans les établissements scolaires et les établissements d'enseignement supérieur.

La déclaration ainsi faite leur est opposable, sauf notification faite par écrit d'un nouveau domicile.

Les pièces justificatives de domicile présentées en vue de l'obtention d'un titre d'identité, de voyage, de séjour, d'un certificat d'immatriculation d'un véhicule ou de la délivrance d'une attestation d'accueil ou de l'inscription volontaire sur les listes électorales, comportant un dispositif technique en assurant l'authenticité, ne peuvent être refusées par les services chargés de l'instruction de ces procédures.

Un arrêté du ministre de l'intérieur fixe les conditions de mise en œuvre de ce dispositif. — *[Décr. n° 2000-1277 du 26 déc. 2000, art. 6.]*

Art. R. 113-8-1 *(Décr. nº 2020-732 du 15 juin 2020, art. 1ᵉʳ)* Pour la délivrance d'une carte nationale d'identité, d'un passeport, d'un permis de conduire ou d'un certificat d'immatriculation d'un véhicule, le demandeur peut justifier de son domicile par la production, à l'administration en charge de l'instruction de sa demande, d'une information permettant son identification auprès d'un fournisseur d'un bien ou d'un service attaché à ce domicile.

Un arrêté du ministre de l'intérieur fixe la liste de ces fournisseurs pour chacun des titres mentionnés ci-dessus après la conclusion d'une convention avec chacun de ces fournisseurs. Cette convention définit les conditions dans lesquelles le fournisseur de bien ou de service communique à l'administration, aux seules fins mentionnées à l'alinéa précédent, les données à caractère personnel lui permettant de vérifier le domicile déclaré par le demandeur.

Art. R. 113-9 Les dispositions de la présente sous-section ne sont pas applicables aux procédures d'acquisition de la nationalité française ou de changement de nom.

Les dispositions de l'article R. 113-5 ne sont pas applicables pour la délivrance des titres et actes suivants:

1º La carte nationale d'identité;

2º Le passeport;

3º Le document de circulation pour étranger mineur, le titre d'identité républicain ainsi que l'ensemble des documents de voyage français;

4º Les titres de séjour pour étranger, quel qu'en soit le régime;

5º Le livret de famille;

6º Les copies ou extraits d'actes de l'état civil;

7º La carte d'ancien combattant;

8º La carte d'invalide de guerre;

9º Le certificat de nationalité française;

10o L'attestation d'inscription sur le registre des pactes civils de solidarité;

11o La copie des décisions judiciaires. — [Décr. no 2000-1277 du 26 déc. 2000, art. 4 et 7.]

SOUS-SECTION 2 CERTIFICATION CONFORME À L'ORIGINAL

Art. R. 113-10 L'administration ne peut exiger, dans les procédures administratives qu'elle instruit, la certification conforme à l'original des photocopies de documents délivrés par une administration et pour lesquelles une simple photocopie n'est pas déjà admise par un texte réglementaire.

Toutefois, l'administration continue à certifier conformes, à la demande du public, des copies demandées par des autorités étrangères. — *[Décr. nº 2001-899 du 1ᵉʳ oct. 2001, art. 1ᵉʳ.]*

░░░Art. R. 113-11░ En cas de doute sur la validité de la photocopie produite ou envoyée, l'administration peut demander de manière motivée par lettre recommandée avec une demande d'avis de réception la présentation de l'original.
░La procédure en cours est suspendue jusqu'à la production des pièces originales. — [Décr. n° 2001-899 du 1er oct. 2001, art. 2.]

SOUS-SECTION 3 INFORMATIONS DÉJÀ PRODUITES OU POUVANT ÊTRE OBTENUES AUPRÈS D'UNE AUTRE ADMINISTRATION

░░░Art. L. 113-12░ (L. n° 2022-217 du 21 févr. 2022, art. 162) «Une personne présentant une demande ou produisant une déclaration à une administration ne peut être tenue de produire des informations ou des données que celle-ci détient ou qu'elle peut obtenir directement auprès d'une administration participant au système d'échange de données défini à l'article L. 114-8»
░ (Abrogé par L. n° 2018-727 du 10 août 2018 art. 41) «Elle informe par tout moyen l'administration du lieu et de la période de la première production du document.» — [L. n° 2000-321 du 12 avr. 2000, art. 16 A, al. 5.] — V. L. n° 2018-727 du 10 août 2018, art. 40, ss. art. L. 114-8, infra.

░░░Art. L. 113-13░ (L. n° 2016-1321 du 7 oct. 2016, art. 90) Lorsque les informations ou données nécessaires pour traiter la demande présentée par une personne ou la déclaration transmise par celle-ci peuvent être obtenues directement auprès d'une autre administration, dans les conditions prévues aux articles L. 114-8 et L. 114-9, la personne ou son représentant atteste sur l'honneur de l'exactitude des informations déclarées. (Abrogé par L. n° 2022-217 du 21 févr. 2022, art. 162) «Cette attestation se substitue à la production de pièces justificatives.
░«Un décret fixe la liste des pièces que les personnes n'ont plus à produire.» — [L. no 2000-321 du 12 avr. 2000, art. 16 A, al. 6.] — V. art. D. 113-14, infra.
░░░
Art. D. 113-14░ (Décr. n° 2019-33 du 18 janv. 2019, art. 1er) I. — Dans les cas prévus par l'article L. 113-13, les entreprises et les organismes à but non lucratif ne sont pas tenus de produire à l'appui des procédures relatives aux marchés publics, pour ce qui concerne la constitution du dossier de candidature, et aux aides publiques:
░1o L'attestation de régularité fiscale émanant de la direction générale des finances publiques;

2o Les déclarations de résultats soumis aux bénéfices industriels et commerciaux selon les régimes réels normal ou simplifié d'imposition et leurs annexes prévues aux articles 53 A, 302 septies A bis du code général des impôts, 38 à 38 B, 38 ter à 38 quaterdecies de l'annexe III du même code. Sont concernées pour le régime simplifié d'imposition les annexes no 2033-A du bilan simplifié, no 2033-B du compte de résultats simplifié, no 2033-C relatif aux immobilisations, amortissements, plus ou moins-values, no 2033-D portant relevé des provisions, des amortissements dérogatoires, des déficits reportables et divers, no 2033-F sur la composition du capital social et no 2033-G sur les filiales et participations. Sont concernées pour le régime normal les annexes no 2050 relative à l'actif du bilan, no 2051 sur le passif du bilan, no 2052 et no 2053 sur le compte de résultats, no 2054 sur les immobilisations, no 2055 sur les amortissements, no 2056 sur les provisions, no 2057 portant l'état des échéances et des dettes à la clôture de l'exercice, no 2058-C relatif au tableau d'affectation du résultat et renseignements divers, no 2059-F sur la composition du capital social et no 2059-G sur les filiales et participations;

3o Les déclarations de bénéfices non commerciaux soumises au régime de la déclaration contrôlée prévues aux articles 97 du code général des impôts et 40 A et 41-O-bis de l'annexe III du même code pour ce qui concerne les annexes no 2035-A relative au compte de résultat fiscal, no 2035-F relative à la composition du capital social et no 2035-G concernant les filiales et participations;

4o Les déclarations de résultats soumis aux bénéfices agricoles selon les régimes réels normal ou simplifié d'imposition et leurs annexes prévues aux articles 53 A, 74 A du code général des impôts, 38 sexdecies Q, et 38 sexdecies R de l'annexe III du même code. Sont concernées pour le régime simplifié d'imposition les annexes no 2139-A relative au bilan simplifié, no 2139-B relative au compte de résultat simplifié, no 2139-C concernant la composition du capital social, no 2139-D sur les filiales et participations et no 2139-E portant relevé des provisions. Pour le régime réel normal, sont concernées les annexes no 2144 relative à l'actif du bilan, no 2145 sur le passif du bilan, no 2146 sur le compte de résultat, no 2147 relative aux immobilisations, no 2148 relative aux amortissements, no 2149 concernant les provisions inscrites au bilan, no 2150 portant l'état des échéances, des créances et des dettes à la clôture de l'exercice, no 2151 ter relative aux renseignements divers, no 2153 concernant la composition du capital social et no 2154 sur les filiales et participations;

5° Les déclarations de résultats soumis à l'impôt sur les sociétés selon les régimes réels normal ou simplifié prévues aux articles 53 A, 223, 302 septies A bis du même code et 38 de l'annexe III du même code. Les annexes concernées sont les mêmes que celles prévues pour les déclarations de résultats soumis aux bénéfices industriels et commerciaux selon les régimes réels normal ou simplifié d'imposition;

6° Les déclarations prévues à l'article 223 U du même code pour les sociétés mères et les filiales de groupe. Sont concernées les annexes n° 2058-A *bis* concernant la détermination du résultat de la société comme si elle était imposée séparément, n° 2058-B *bis* portant état de suivi des déficits et affectation des moins-values à long terme comme si la société était imposée séparément et n° 2058-RG concernant la détermination du résultat fiscal et des plus-values d'ensemble;

7° L'extrait d'immatriculation au registre du commerce et des sociétés et les statuts de la personne morale;

8° Les attestations de régularité sociale et de vigilance délivrées par les organismes chargés du recouvrement des cotisations sociales;

9° La carte professionnelle d'entrepreneur de travaux publics délivrée par la fédération nationale des travaux publics;

10° Le certificat attestant la régularité de la situation de l'employeur au regard de l'obligation d'emploi des travailleurs handicapés prévue aux articles L. 5212-2 à L. 5212-5 du code du travail délivrée par l'association de gestion du fonds de développement pour l'insertion professionnelle des handicapés.

II. — Dans les cas prévus par l'article L. 113-13, les personnes physiques ne sont pas tenues de produire à l'appui de leurs démarches administratives:

1° L'avis d'imposition à l'impôt sur le revenu ou l'avis de situation déclarative à l'impôt sur le revenu émanant de la direction générale des finances publiques;

2° L'attestation de droit aux prestations délivrées aux bénéficiaires par les organismes de sécurité sociale;

3° Le justificatif d'identité, lorsque le téléservice de l'administration propose le dispositif "FranceConnect" mis en œuvre par l'administration chargée du numérique et du système d'information et de communication de l'État sous réserve des dispositions de l'article R. 113-9.

Les dispositions introduites par le Décr. n° 2019-33 du 18 janv. 2019 s'appliquent aux procédures engagées postérieurement au 21 janv., date de son entrée en vigueur (Décr. préc., art. 2).

CHAPITRE IV DILIGENCES DE L'ADMINISTRATION

(Ord. n° 2015-1341 du 23 oct. 2015, en vigueur le 1er janv. 2016)

Art. L. 114-1 Les dispositions des sections I et II du présent chapitre ne sont pas applicables aux relations entre l'administration et ses agents.

SECTION PREMIÈRE TRANSMISSION À L'AUTORITÉ COMPÉTENTE

⌧⌧⌧
Art. L. 114-2⌧ Lorsqu'une demande est adressée à une administration incompétente, cette dernière la transmet à l'administration compétente et en avise l'intéressé. — *[L. n° 2000-321 du 12 avr. 2000, art. 20, al. 1ᵉʳ.]*
⌧⌧

Plan des annotations
n° 1
I. CHAMP D'APPLICATION nᵒˢ 2 à 6
II. PORTÉE DE L'OBLIGATION nᵒˢ 7 à 9
1. Jurisprudence rendue, sauf indication contraire, sous l'empire de l'art. 20 de la L. du 12 avr. 2000, abrogé. La jurisprudence antérieure était rendue ss. l'empire de l'art. 7 du Décr. du 28 nov. 1983, aujourd'hui abrogé par l'art. 5 du Décr. n° 2001-492 du 6 juin 2001 (*JO 10 juin*).
I. CHAMP D'APPLICATION

2. Application aux autorités administratives. L'art. 20 ne trouve pas à s'appliquer dans le cas du refus du Premier ministre d'ordonner la réouverture d'une ligne de chemin de fer aux voyageurs, dont le tracé est partiellement en Espagne qui relève de la compétence, ou bien de Réseau ferré de France ou de la SNCF qui constituent l'un et l'autre des établissements publics industriels et commerciaux, et non des autorités administratives (au sens de la présente loi) auxquelles il aurait dû retransmettre cette demande. • CE 7 mai 2008, *Comité pour la réouverture de la ligne Oloron-Canfranc,* n° 299013: *AJDA 2008. 1670.* Les organismes certificateurs chargés des opérations de contrôle du respect des règles applicables aux signes d'identification des produits devant être regardés comme chargés d'une mission de service public administratif, il leur appartenait, en vertu de l'art. 20, de transmettre à l'INAO les demandes dont ils étaient saisis. • CE 20 oct. 2014, *OABA,* n° 365447. Pour l'application des art. 20 et 21 de la L. du 12 avr. 2000, les opérateurs en charge de la fourniture d'électricité ou de la gestion du réseau auquel les consommateurs finals d'électricité sont raccordés, qui sont chargés de calculer le montant de cette contribution et de la percevoir, doivent être regardés, compte tenu de la mission de service public qui leur est ainsi dévolue, comme des autorités administratives au sens de l'art. 1er de la loi du 12 avr. 2000. • CE , sect., 22 juill. 2015, *Sté Praxair,* n° 388853: *Lebon.* Une demande d'allocation d'assurance-chômage d'un agent de l'État (art. L. 5424-1 C. trav.) adressée à Pôle emploi alors que l'État est compétent doit être regardée comme implicitement rejetée par l'État, auquel cette demande est réputée avoir été transmise en application en application des art. L. 114-2, L. 114-3 et L. 231-4 combinés du CRPA. Eu égard à la nature de ce contentieux, il appartient dans ce cas au juge, saisi d'un recours dirigé contre le refus des prestations sollicitées, de communiquer la requête tant à Pôle emploi qu'à l'autorité compétente au sein de l'État. • CE 14 oct. 2020, n° 427696 B. La réclamation préalable qu'il incombe à l'auteur d'une action en reconnaissance de droits, en vertu de l'art. R. 77-12-4 CJA, de former auprès de l'autorité compétente pour lier le contentieux a la nature d'une réclamation, au sens et pour l'application de l'art. L. 110-1 CRPA et, par suite, d'une demande, au sens de l'art. L. 114-2 du même code. Ainsi, en l'absence de dispositions législatives ou réglementaires dérogatoires applicables à l'action en reconnaissance de droits, dans le cas où la réclamation préalable a été adressée par l'auteur d'une telle action à une autorité incompétente, il incombe à l'autorité saisie à tort de transmettre cette demande à l'autorité compétente. • CE 15 nov. 2021, n° 454125 B.

3. Organismes acquérant le caractère d'une autorité administrative. Le directeur général d'un établissement public industriel et commercial n'est pas au nombre des autorités administratives astreintes à l'obligation de transmission à l'autorité compétente, la loi excluant ce type d'établissement public de son champ d'application. ● CE 12 mars 2003, *Synd. nat. des agents forestiers de l'ONF,* n° 237613 ● 7 mai 2008, *Comité pour la réouverture de la ligne Oloron-Canfranc,* n° 299013: *AJDA 2008. 1670, note Pacteau* ● 22 juin 2011, *Assoc. Cerafel,* n° 330147: *AJDA 2011. 1805; JCP Adm. 2011. Actu. 476.* En revanche, lorsqu'un établissement public industriel et commercial est transformé, pendant l'examen de la demande, en établissement public administratif auquel s'applique l'art. 20, l'autorité incompétemment saisie est soumise à l'obligation de transmission de la demande. ● Même arrêt. L'obligation de transmission d'une demande à l'autorité compétente, qui pèse sur l'autorité incompétente initialement saisie, en application de l'art. 20 de la L. du 12 avr. 2000 relative aux droits des citoyens dans leurs relations avec les administrations, s'apprécie à la date de réception de cette demande par l'autorité initialement saisie. Toutefois, l'autorité saisie de la demande est également soumise à l'obligation de transmission lorsque, pendant l'examen de la demande, l'organisme dont relève l'autorité compétente pour statuer sur la demande devient une autorité administrative entrant dans le champ d'application des dispositions de la loi du 12 avr. 2000. ● Même arrêt.

4. Application en cas de recours administratif préalable obligatoire institué par une législation spéciale. Si le CASF organise la contestation des indus de revenu de solidarité active (RSA), notamment en imposant un recours administratif préalable, les dispositions du CRPA sur l'obligation de transmission sont néanmoins applicables. Par suite, ce recours administratif préalable adressé à une autorité administrative incompétente est réputé, à l'issue du délai de deux mois courant à compter de la date de sa réception par cette autorité, avoir été implicitement rejeté par l'autorité administrative compétente. ● CE 6 avr. 2018, *Mme Ghobni,* n° 403339 B.

5. Relations entre personnes publiques. L'art. 20 concerne le traitement et la transmission des demandes adressées par les usagers des administrations et n'est pas applicable aux demandes adressées par le représentant de l'État aux collectivités territoriales dans le cadre du contrôle de légalité. ● CE 1ᵉʳ juill. 2005, *Ville de Nice,* n° 258509: *JCP Adm. 2005, n° 1362, note Linditch; AJDA 2005. 1488.*

6. Notion de demande. Le régime de notification applicable aux cessions de créances détenues sur des personnes morales de droit public, régie par les art. L. 313-23, L. 313-27, L. 313-28 et R. 313-17 C. mon. fin. et l'art. 108 C. marchés ne prévoit pas la prise d'une décision mais seulement une information et n'entre dès lors pas dans le champ d'application des art. 18, codifié à l'art. L. 110-1 CRPA, et 20, codifié à l'art. L. 114-2 CRPA, de la loi n° 2000-321 du 12 avr. 2000. ● CE 9 mars 2018, *Sté Banque Delubac et Cie,* n° 407842 B.

II. PORTÉE DE L'OBLIGATION

7. Point de départ du délai. Les autorités peuvent être réputées avoir transmis la demande à l'autorité compétente, de sorte que la décision implicite de rejet a pu prendre naissance à l'issue du délai de deux mois à compter de la réception par l'autorité incompétente. ● CE 27 juill. 2005, *Mme Ghenim,* n° 267084: *AJDA 2005. 1966.*

8. Exception en cas de dossier incomplet. La date de réception de la demande faisant courir le délai en vue de la décision implicite s'entend comme la date de réception du dossier complet, c'est-à-dire accompagné des pièces exigées par les lois et règlements en vue de sa justification. ● CE , sect., 4 juin 1982, *Hensel,* n° 37007: *Lebon 213; D. 1983. 260, note Moderne; Dr. soc. 1982. 641, concl. Stim* ● CE 9 déc. 1983, *Florentin,* n° 38117: *Lebon 504.* – V. aussi ● CE , sect., 26 juill. 1982, *Maillet et a. (2 esp.),* n° 34388: *Lebon 287; AJDA 1982. 705, chron. Lasserre et Delarue.* ... Mais l'administration doit réclamer la production des pièces complémentaires nécessaires. ● CE 8 févr. 1978, *Audon,* n° 05275: *Lebon 60; D. 1978. 709, note Charles; JCP 1979. 19234, note Liet-Veaux.* Ainsi un dossier incomplet peut être à l'origine d'une décision implicite d'acceptation du fait de la négligence de l'administration. ● CE , sect., 30 oct. 1998, *Czekaj,* n° 155137: *Lebon 372; AJDA 1999. 122, chron. Raynaud et Fombeur; Dr. adm. 1999, n° 1, obs. C. M.*

9. *Responsabilité.* L'autorité ne peut se soustraire à sa responsabilité en soutenant la saisine d'une autorité incompétente, dès lors que l'art. 20 fait obligation de transmettre à l'autorité compétente: ainsi le ministre ne peut échapper à sa responsabilité pour refus du concours de la force publique en soutenant que la demande de réquisition avait été adressée à un service de police local et non au préfet. ● CE 20 avr. 2007, *Min. Int. et Aménag. terr.*, n° 291410: *AJDA 2007. 1263.* De même, pour une demande d'indemnisation du préjudice causé par une décision prise par le maire au nom de l'État, pour laquelle le silence gardé par le préfet a fait naître une décision implicite de rejet, alors même que la demande de responsabilité de l'État ne lui avait effectivement pas été transmise. ● CE 20 juill. 2007, *Sté Immobart*, n° 278611: *AJDA 2007. 1943, concl. Landais; JCP Adm. 2007. Actu. 745, nos 31-35.* Une autorité administrative indépendante, en l'espèce le Conseil de prévention et de lutte contre le dopage, est susceptible d'engager la responsabilité de l'État par les décisions illégales qu'il est amené à prendre, mais elle n'a pas qualité pour se prononcer sur les demandes de répartition des préjudices; il lui appartient donc de transmettre la demande indemnitaire au ministre. ● CE 26 juill. 2006, *M. A.*, n° 285247 B. Lorsqu'un organisme de droit public ou un organisme de droit privé chargé d'une mission de service public est chargé d'un service de prestations au nom et pour le compte de l'État, une réclamation préalable adressée à cet organisme en vue d'obtenir la réparation des préjudices nés de fautes commises dans le service d'une telle prestation doit, en principe, être regardée comme adressée à la fois à cet organisme et à l'État, lequel, en l'absence de décision expresse de sa part, est réputé l'avoir implicitement rejetée à l'expiration du délai de deux mois suivant la date de réception de la demande par l'organisme saisi, alors même que ce dernier l'aurait également rejetée au titre de sa responsabilité propre. ● CE 23 mai 2018, n° 405448 A. De même, les conclusions tendant à la condamnation d'une ARS à réparer le préjudice résultant d'une décision prise par son directeur général au nom de l'État doivent être regardées comme dirigées à la fois contre l'ARS et contre l'État, lequel, en l'absence de décision expresse de sa part, est réputé avoir implicitement rejeté la réclamation préalable à l'expiration du délai de deux mois suivant la date de sa réception par l'ARS, alors même que cette dernière l'a également rejetée au titre de sa responsabilité propre. ● CE 26 févr. 2020, n° 422344 B. Une réclamation préalable à l'ANTS tendant à la réparation de préjudices qu'une personne estime avoir subis en raison de dysfonctionnements ou de retards lors de la délivrance d'un titre sécurisé, doit être regardée comme adressée à la fois à l'agence et à l'État. Cette réclamation doit être transmise par l'agence à l'autorité compétente de l'État, qui est réputée, en vertu de l'art. L. 231-4 CRPA, l'avoir implicitement rejetée à l'expiration du délai de deux mois suivant sa réception par l'agence. En outre, il appartient au juge, saisi d'une action indemnitaire, de regarder des conclusions tendant à l'obtention de dommages et intérêts de la part de l'ANTS comme étant également dirigées contre l'État et de communiquer la requête tant à l'agence qu'à l'autorité compétente de l'État. ● CE 27 mai 2021, n° 439199 B.

⬜⬜⬜Art. L. 114-3⬜ Le délai au terme duquel est susceptible d'intervenir une décision implicite de rejet court à compter de la date de réception de la demande par l'administration initialement saisie.

⬜Le délai au terme duquel est susceptible d'intervenir une décision implicite d'acceptation ne court qu'à compter de la date de réception de la demande par l'administration compétente. Si cette administration informe l'auteur de la demande qu'il n'a pas fourni l'ensemble des informations ou pièces exigées par les textes législatifs et réglementaires en vigueur, le délai ne court qu'à compter de la réception de ces informations ou pièces. — *[L. n° 2000-321 du 12 avr. 2000, art. 20, al. 2 et 3.]*

⬜⬜⬜
Art. L. 114-4⬜ L'accusé de réception est délivré dans tous les cas par l'administration compétente. — *[L. n° 2000-321 du 12 avr. 2000, art. 20, al. 4.]*

SECTION II DEMANDES DE RÉGULARISATION DES DOSSIERS INCOMPLETS OU IRRÉGULIERS

⬜⬜⬜Art. L. 114-5⬜ Lorsqu'une demande adressée à l'administration est incomplète, celle-ci indique au demandeur les pièces et informations manquantes exigées par les textes législatifs et réglementaires en vigueur. Elle fixe un délai pour la réception de ces pièces et informations.

⬜Le délai mentionné à l'article L. 114-3 au terme duquel, à défaut de décision expresse, la demande est réputée acceptée ne court qu'à compter de la réception des pièces et informations requises.

⬜Le délai mentionné au même article au terme duquel, à défaut de décision expresse, la demande est réputée rejetée est suspendu pendant le délai imparti pour produire les pièces et informations requises. Toutefois, la production de ces pièces et informations avant l'expiration du délai fixé met fin à cette suspension.

⬜La liste des pièces et informations manquantes, le délai fixé pour leur production et la mention des dispositions prévues, selon les cas, au deuxième ou au troisième alinéa du présent article figurent dans l'accusé de réception prévu à l'article L. 112-3. Lorsque celui-ci a déjà été délivré, ces éléments sont communiqués par lettre au demandeur. — *[Décr. n° 2001-492 du 6 juin 2001, art. 2.]*

⬜⬜

Jurisprudence rendue, sauf indication contraire, sous l'empire de l'art. 19 de la L. du 12 avr. 2000, abrogé.

1. Légalité de ces dispositions. L'art. 2 du Décr. n° 2001-492 du 6 juin 2001 qui donne à l'autorité administrative la possibilité de suspendre ce délai de deux mois, lorsqu'elle estime incomplète la demande qui lui est présentée est légal. ● CE 13 janv. 2002, *Camara et a.*, n° 237034: *AJDA 2003. 327, concl. Fombeur.*
2. Champ d'application. Cet art. n'est pas applicable à la situation particulière de l'étranger tenu de faire établir un rapport médical pour l'instruction de sa demande de séjour présentée sur le fondement du 11° de l'art. L. 313-11 CESEDA laquelle est entièrement régie par ce code et l'Arr. du 9 nov. 2011. ● CE 9 nov. 2015, *Min. de l'Intérieur c/ Smith*, n° 380864 B.
3. Régime. Le délai de deux mois n'est suspendu que lorsque l'instruction de la demande est rendue impossible par l'absence de certaines pièces et à la condition que le demandeur soit avisé, par l'accusé de réception de sa demande ou par lettre si un accusé de réception a déjà été délivré ou n'est pas requis par les textes, de la liste des pièces indispensables à l'instruction de sa demande, du délai dans lequel il lui appartient de les produire et de la suspension du délai au terme duquel intervient une décision implicite de rejet; la suspension prend fin de plein droit dès réception des pièces demandées et, au plus tard, à l'expiration du délai fixé par l'administration pour les produire. ● CE 13 janv. 2002, *Camara et a.*, n° 237034: *préc. note 1.* Cet art. impose à l'administration, à peine d'illégalité de sa décision, d'indiquer dans l'accusé de réception adressé au demandeur les pièces manquantes dont la production est requise pour l'instruction de sa demande, lorsque la demande est incomplète. ● CE 18 juill. 2008, *Dijon*, n° 285281. Lorsqu'un recours formé contre l'avis défavorable de l'architecte des Bâtiments de France ne comporte pas le dossier complet de la demande de permis de construire, qui est seul de nature à mettre le préfet de région à même de se prononcer sur le recours dont il est saisi, il appartient au préfet d'inviter le pétitionnaire à compléter ce dossier, dans le délai qu'il fixe, et d'en informer l'autorité d'urbanisme compétente pour statuer sur la demande de permis de construire. Le délai au terme duquel le recours est réputé admis, en vertu de l'art. R. 423-68 C. urb., est alors interrompu et ne recommence à courir qu'à compter de la réception des pièces requises, conformément à l'art. 2 du Décr. n° 2001-492 du 6 juin 2001, repris à l'art. L. 114-5 CRPA. ● CE 4 mai 2018, *Cne de Bouc-Bel-Air*, n° 410790 B.

▨▨▨**Art. L. 114-5-1**▨ (*L. n° 2018-727 du 10 août 2018, art. 4*) L'absence d'une pièce au sein d'un dossier déposé par un usager en vue de l'attribution d'un droit ne peut conduire l'administration à suspendre l'instruction de ce dossier dans l'attente de la transmission de la pièce manquante.
▨Si la pièce fait toujours défaut au moment de la décision d'attribution du droit concerné, cette attribution n'est effective qu'après la réception par l'administration de cette pièce.
▨Le présent article ne s'applique pas dans le cas où la pièce manquante est indispensable à l'administration pour instruire valablement le dossier.
▨▨

☐Art. L. 114-6☐ Lorsqu'une demande adressée à une administration est affectée par un vice de forme ou de procédure faisant obstacle à son examen et que ce vice est susceptible d'être couvert dans les délais légaux, l'administration invite l'auteur de la demande à la régulariser en lui indiquant le délai imparti pour cette régularisation, les formalités ou les procédures à respecter ainsi que les dispositions légales et réglementaires qui les prévoient.

☐Les délais de recours ne sont pas opposables à l'auteur de la demande lorsque la réponse de l'administration ne comporte pas les indications mentionnées à l'alinéa précédent. — *[L. n° 2000-321 du 12 avr. 2000, art. 19-1.]*

☐☐

Jurisprudence rendue sous l'empire de l'art. 19-1 de la L. du 12 avr. 2000, abrogé.

L'art. 19-1 de la loi du 12 avr. 2000, dont l'obligation d'invitation à régulariser n'est applicable qu'aux demandes adressées à l'administration, ne fait pas obligation à la Commission nationale des comptes de campagne et des financements politiques, lorsqu'un compte de campagne n'est pas présenté par un membre de l'ordre des experts comptables et des comptables agréés, d'inviter le candidat à en régulariser la présentation. ● CE 8 juill. 2015, *M. Delafontaine*, n° 387041.

SECTION III COMMUNICATION DES AVIS PRÉALABLES

☐☐☐Art. L. 114-7☐ Ainsi qu'il est dit à l'article L. 311-2 et dans les conditions posées à cet article, les avis au vu desquels est prise, sur demande, une décision individuelle créatrice de droits sont communicables à l'auteur de la demande dès leur envoi à l'administration compétente.

SECTION IV ÉCHANGES DE DONNÉES ENTRE ADMINISTRATIONS

V. L. n° 2018-727 du 10 août 2018, art. 40 et Décr. du 18 janv. 2019, infra.

Art. L. 114-8 *(L. n° 2022-217 du 21 févr. 2022, art. 162)* I. — Les administrations échangent entre elles toutes les informations ou les données strictement nécessaires pour traiter une demande présentée par le public ou une déclaration transmise par celui-ci en application d'une disposition législative ou d'un acte réglementaire.

En application de l'article L. 114-10, lorsque, en raison d'une impossibilité technique, la transmission des informations ou des données, par les collectivités territoriales et les groupements de collectivités territoriales, dans le cadre des échanges prévus au premier alinéa du présent I, ne peut être réalisée, ces collectivités ou groupements ne sont pas tenus de procéder à cette transmission.

L'administration chargée de traiter la demande ou la déclaration fait connaître à la personne concernée les informations ou les données qui sont nécessaires à cette fin et celles que l'administration se procure directement auprès d'autres administrations françaises, qui en sont à l'origine ou qui les détiennent en raison de leur mission.

Le public est informé du droit d'accès et de rectification dont dispose chaque personne intéressée concernant les informations et les données mentionnées au présent article.

II. — Les administrations peuvent échanger entre elles les informations ou les données strictement nécessaires pour informer les personnes sur leur droit au bénéfice éventuel d'une prestation ou d'un avantage prévus par des dispositions législatives ou des actes réglementaires et pour leur attribuer éventuellement lesdits prestations ou avantages. Les informations et les données ainsi recueillies et les traitements mis en œuvre en application du présent article pour procéder à ces échanges ne peuvent être ultérieurement utilisés à d'autres fins, en particulier pour la détection ou pour la sanction d'une fraude.

Au plus tard au moment de la première communication individuelle avec la personne concernée, celle-ci est avisée de ses droits d'accès et de rectification ainsi que, le cas échéant, de son droit de s'opposer à la poursuite du traitement des données. En cas d'opposition exprimée par la personne de poursuivre le traitement ou si ce traitement révèle que la personne n'a pas droit à la prestation ou à l'avantage, les informations et les données obtenues à la suite de cet échange sont détruites sans délai.

Un décret en Conseil d'État, pris après un avis motivé de la Commission nationale de l'informatique et des libertés rendu public, détermine les conditions d'application du présent II, notamment la durée et les modalités de conservation des informations et des données collectées à cette occasion.

III. — Les administrations destinataires de ces informations ou de ces données ne peuvent se voir opposer le secret professionnel dès lors qu'elles sont, dans le cadre de leurs missions légales, habilitées à avoir connaissance des informations ou des données ainsi échangées.

La liste des administrations qui se procurent directement des informations ou des données auprès d'autres administrations françaises en application du présent article, la liste des informations ou des données ainsi échangées et le fondement juridique sur lequel repose le traitement des procédures mentionnées au I du présent article font l'objet d'une diffusion publique dans les conditions prévues à l'article L. 312-1-1.

Art. L. 114-9 Les échanges d'informations ou de données entre administrations prévues à l'article L. 114-8 s'effectuent selon des modalités prévues par décret en Conseil d'État, pris après avis motivé et publié de la Commission nationale de l'informatique et des libertés.

Ce décret détermine:

(L. no 2022-217 du 21 févr. 2022, art. 162) «1o Les conditions de mise en œuvre des échanges, notamment les critères de sécurité, de traçabilité et de confidentialité nécessaires pour garantir leur qualité, leur fiabilité et leur traçabilité;»

(Abrogé par L. no 2022-217 du 21 févr. 2022, art. 162) «2o La liste des administrations auprès desquelles la demande de communication s'effectue en fonction du type d'informations ou de données;

«3o Les critères de sécurité et de confidentialité nécessaires pour garantir la qualité et la fiabilité des échanges;»

2o Les informations ou données qui, en raison de leur nature, notamment parce qu'elles touchent au secret médical et au secret de la défense nationale, ne peuvent faire l'objet de ces échanges entre administrations; — Anc. 4o.

3o Le délai de conservation des informations et données applicable à chaque système d'échanges. — Anc. 5o.

(L. no 2022-217 du 21 févr. 2022, art. 162) «Un décret détermine, pour chaque type d'informations ou de données, la liste des administrations chargées de les mettre à la disposition des autres administrations.» — [L. no 2000-321 du 12 avr. 2000, art. 16 A, al. 4.]

Art. R. 114-9-1 (Décr. no 2019-31 du 18 janv. 2019, art. 1er) Lorsqu'elles portent sur des informations relatives aux entreprises et aux organismes à but non lucratif, les demandes de communication mentionnées au 2o de l'article L. 114-9 sont adressées, selon la nature des informations demandées, aux services et organismes suivants:

1o Identité de l'entreprise ou de l'organisme à but non lucratif:

a) Agence centrale des organismes de sécurité sociale, pour les informations relatives aux professions libérales;

b) Institut national de la propriété industrielle, pour celles du répertoire national du commerce et des sociétés ainsi que les statuts et bilans;

c) Institut national de la statistique et des études économiques, pour celles du répertoire des entreprises et de leurs établissements;

d) Greffes des tribunaux de commerce, pour celles du registre du commerce et des sociétés ainsi que les statuts et bilans;

e) Préfectures de département et direction de la jeunesse, de l'éducation populaire et de la vie associative, pour celles concernant les statuts et l'identité des dirigeants des organismes à but non lucratif;

2o Situation fiscale de l'entreprise ou de l'organisme à but non lucratif, à la direction générale des finances publiques;

3o Situation sociale de l'entreprise ou de l'organisme à but non lucratif et données relatives à ses salariés et dirigeants sociaux, aux organismes mentionnés au premier alinéa de l'article L. 133-5 du code de la sécurité sociale et à la direction de l'animation de la recherche, des études et des statistiques du ministère en charge du travail;

4o Accréditations ou agréments, à toutes les administrations et organismes chargés d'une mission de service public qui les délivrent;

5o Régularité de la situation de l'employeur au regard de l'obligation d'emploi des travailleurs handicapés prévue aux articles L. 5212-2 à L. 5212-5 du code du travail, à l'association de gestion du fonds de développement pour l'insertion professionnelle des handicapés;

6o Détention d'un numéro EORI (Economic Operator Registration and Identification) en application du règlement (CE) no 312/2009 du 16 avril 2009 relatif à l'attribution d'un numéro unique d'identifiant communautaire pour les opérateurs économiques devant accomplir des formalités douanières, à la direction générale des douanes et des droits indirects;

7o Protection liée aux marques, brevets, dessins et modèles déposés, à l'Institut national de la propriété industrielle;

8o Diplômes, titres et qualifications professionnelles, aux organismes publics chargés de leur délivrance ou de leur reconnaissance.

Art. R. 114-9-2 (Décr. no 2019-31 du 18 janv. 2019, art. 1er) Les demandes formulées sur le fondement de l'article R. 114-9-1 concernent les procédures qui interviennent dans les domaines suivants:

1o Réglementations particulières en matière d'agriculture et de forêt, de bâtiments et de travaux publics, de culture, d'environnement, de recherche et développement, de santé, de sécurité, de transports, de tourisme ainsi que d'urbanisme;

2o Aides publiques régies par la réglementation européenne et le décret no 2018-514 du 25 juin 2018 relatif aux subventions de l'État pour des projets d'investissement;

3o Création, cessation, modification, reprise et transmission d'entreprise, prévention de ses difficultés et leurs traitements;

4o Fiscalité;

5o Gestion des ressources humaines et formation professionnelle, notamment aides à l'emploi, protection sociale, recrutement et réglementation du travail;

6o Législation sur les baux commerciaux et professionnels;

7o Comptabilité, financement et assurance de l'entreprise;

8o Marchés publics, pour ce qui concerne la constitution du dossier de candidature;

☐9o Règlementation en matière commerciale, notamment celles relatives aux autorisations pour installation, aux commerces spécifiques, à l'import et à l'export, aux pratiques commerciales, à la publicité extérieure et aux ventes particulières.

☐☐☐

Art. R. 114-9-3☐ (Décr. no 2019-31 du 18 janv. 2019, art. 1er) Lorsqu'elles portent sur des informations relatives aux particuliers, les demandes de communication mentionnées au 2o de l'article L. 114-9 sont adressées, selon la nature des informations demandées, aux services et organismes suivants:

☐1o Situation du foyer fiscal, à la direction générale des finances publiques;

☐2o Justification de l'identité par voie électronique par l'intermédiaire du téléservice "FranceConnect" à la direction interministérielle du numérique et du système d'information et de communication de l'État;

☐3o Droits sociaux (Décr. no 2021-464 du 16 avr. 2021, art. 1er) «, revenus» et prestations, aux organismes de protection sociale (Décr. no 2021-464 du 16 avr. 2021, art. 1er) «et aux organismes mentionnés au premier alinéa de l'article L. 133-5 du code de la sécurité sociale;

☐«4o Situation de la personne scolarisée, au ministère de l'éducation nationale, de la jeunesse et des sports, au ministère de l'enseignement supérieur, de la recherche et de l'innovation ou aux organismes publics mentionnés au 5o;

☐«5o Diplômes, titres et qualifications professionnelles, aux organismes publics chargés de leur délivrance ou de leur reconnaissance;

☐«6o Situation du demandeur d'emploi, à Pôle Emploi;

☐«7o Situation de la famille, aux organismes de protection sociale;

☐«8o Situation au regard des obligations prévues à l'article L. 111-2 du code du service national, à la direction du service national et de la jeunesse.»

Les dispositions du Décr. no 2021-464 du 16 avr. 2021 sont applicables aux procédures engagées postérieurement à son entrée en vigueur (Décr. préc., art. 4).

☐☐☐

Art. R. 114-9-4☐ (Décr. no 2019-31 du 18 janv. 2019, art. 1er) Les demandes formulées sur le fondement de l'article R. 114-9-3 concernent les procédures qui interviennent dans les domaines suivants:

☐1o Consommation, notamment assurances, banques, surendettement, épargne;

☐2o Enseignement et études supérieures;

☐3o Emploi, chômage, formation, santé et sécurité au travail, rupture contractuelle des relations de travail;

☐4o Famille, notamment enfance, protection des personnes, succession, union et séparation;

☐5o Identité, notamment état civil, titres d'identité sous réserve des dispositions de l'article R. 113-9, (Décr. no 2021-464 du 16 avr. 2021, art. 2) «élections et recensement citoyen obligatoire»;

☐6o Impôts, taxes et droits de douane;

7o Justice, notamment aide juridictionnelle (Décr. no 2020-1717 du 28 déc. 2020, art. 185 et 190, en vigueur le 1er janv. 2021) «et aide à l'intervention de l'avocat dans les procédures non juridictionnelles»;

8o Logement et urbanisme, notamment les procédures relatives à l'achat d'un bien et aux aides financières y afférentes, copropriété, location et protection de l'habitat;

9o Santé et solidarité, notamment aides sociales, handicap, perte d'autonomie, retraite, sécurité sociale et soins;

10o Transport, notamment cartes de transport et permis de conduire.

Les dispositions du Décr. no 2021-464 du 16 avr. 2021 sont applicables aux procédures engagées postérieurement à son entrée en vigueur (Décr. préc., art. 4).

Art. R. 114-9-5 *(Décr. nº 2019-31 du 18 janv. 2019, art. 1ᵉʳ)* Les informations relevant de la présente section sont mises à disposition sous forme électronique, par le biais de traitements automatisés assurant la traçabilité des échanges, par les services et organismes mentionnés aux articles R. 114-9-1 et R. 114-9-3 ou, à défaut, par l'intermédiaire de la direction interministérielle du numérique et des systèmes d'information et de communication de l'État.

Art. R. 114-9-6 *(Décr. nº 2019-31 du 18 janv. 2019, art. 1ᵉʳ)* Afin d'assurer la sécurité et la confidentialité des informations, les organismes chargés d'opérer les échanges mettent en œuvre les fonctions de sécurité prévues par le référentiel général de sécurité mentionné à l'article 9 de l'ordonnance nº 2005-1516 du 8 décembre 2005 relative aux échanges électroniques entre les usagers et les autorités administratives et entre les autorités administratives, qui sont assurées par des moyens cryptographiques.

En fonction de la sensibilité des données échangées, ces organismes déterminent les niveaux de sécurité appropriés conformément aux dispositions du décret nº 2010-112 du 2 février 2010 pris pour l'application des articles 9, 10 et 12 de l'ordonnance nº 2005-1516 du 8 décembre 2005 relative aux échanges électroniques entre les usagers et les autorités administratives et entre les autorités administratives. Ils mettent en œuvre notamment les fonctions d'identification de l'administration demanderesse, d'horodatage, de confidentialité et d'intégrité des informations échangées.

Seuls peuvent accéder aux informations ainsi échangées les agents habilités des services *[et]* administrations compétents pour mettre en œuvre les procédures mentionnées aux articles R. 114-9-2 et R. 114-9-4.

Art. R. 114-9-7 *(Décr. no 2019-31 du 18 janv. 2019, art. 1er)* Les données relatives à la traçabilité des échanges sont conservées pendant une durée de trente-six mois, sans préjudice des obligations de conservation incombant aux administrations destinataires des informations échangées. Elles sont mises à la disposition de l'intéressé par le responsable des échanges.

▢▢▢Art. L. 114-10▢ *(L. n° 2018-727 du 10 août 2018, art. 41)* «Lorsqu'en raison de leur nature ou d'une impossibilité technique, les informations» ou données nécessaires pour traiter la demande ou la déclaration ne peuvent être obtenues directement par une administration auprès d'une autre dans les conditions prévues aux articles L. 114-8 ou L. 114-9, il revient à la personne concernée de les communiquer à l'administration. — *[L. n° 2000-321 du 12 avr. 2000, art. 16 A, al. 7.]*

▢▢▢

Art. L. 114-10-1▢ *(L. n° 2020-1525 du 7 déc. 2020, art. 67)* Lorsqu'à l'occasion de la délivrance d'un titre ou d'une autorisation à une personne physique, il peut être justifié du domicile par la production d'une information permettant l'identification soit auprès d'un fournisseur de bien ou de service, soit auprès d'un service public n'ayant pas la qualité de fournisseur de bien ou de service pouvant attester du domicile, ce fournisseur ou ce service sont tenus de répondre aux sollicitations de l'administration en lui communiquant les données à caractère personnel lui permettant de vérifier le domicile déclaré par le demandeur. L'administration assure la confidentialité et la protection de ces informations.

SECTION V CERTIFICAT D'INFORMATION

(L. n° 2018-727 du 10 août 2018, art. 23)

▢▢▢Art. L. 114-11▢ *(L. n° 2018-727 du 10 août 2018, art. 23)* Tout usager peut obtenir, préalablement à l'exercice de certaines activités, une information sur l'existence et le contenu des règles régissant cette activité.

▢L'administration saisie délivre à l'usager mentionné au premier alinéa un certificat d'information sur l'ensemble des règles qu'elle a *[pour]* mission d'appliquer. Toute information incomplète ou erronée figurant dans le certificat à l'origine d'un préjudice pour l'usager engage la responsabilité de l'administration.

▢Un décret dresse la liste des activités mentionnées au même premier alinéa, le délai de délivrance du certificat d'information, qui ne saurait être supérieur à cinq mois*[,]* ainsi que ses conditions et modalités de délivrance.

▢▢▢Art. D. 114-12▢ (Décr. no 2018-729 du 21 août 2018, art. 1er et 3, en vigueur le 1er sept. 2018) Les activités pour lesquelles un usager peut obtenir un certificat d'information sur les normes applicables sont les suivantes:

▢1o L'exportation de biens à double usage;

▢2o L'enseignement de la conduite à titre onéreux et la sensibilisation à la sécurité routière;

▢3o L'exercice de la profession d'expert en automobile;

⬜4o La dispense de la formation portant sur l'éducation et le comportement canins, ainsi que sur la prévention des accidents et permettant la délivrance de l'attestation d'aptitude mentionnée à l'article L. 211-13-1 du code rural et de la pêche maritime;

⬜5o L'exercice de l'activité de représentant en douane enregistré;

⬜6o L'exercice de l'activité de laboratoires agréés pour les prélèvements et analyses du contrôle sanitaire des eaux, en application de l'article L. 1321-5 du code de la santé publique;

⬜7o La commercialisation de compléments alimentaires.

⬜⬜⬜

Art. D. 114-13⬜ (Décr. no 2018-729 du 21 août 2018, art. 1er et 3, en vigueur le 1er sept. 2018) La demande de certificat d'information comporte:

⬜1o L'identité et l'adresse de la personne physique ou morale concernée;

⬜2o L'objet et les caractéristiques principales de l'activité qu'elle entend exercer.

⬜⬜⬜Art. D. 114-14⬜ (Décr. no 2018-729 du 21 août 2018, art. 1er et 3, en vigueur le 1er sept. 2018) Sans préjudice des dispositions de l'article L. 114-2, l'administration saisie indique, le cas échéant, à l'usager les autres administrations ayant également pour mission d'appliquer les règles relevant de sa demande de certificat.

⬜⬜⬜Art. D. 114-15⬜ (Décr. no 2018-729 du 21 août 2018, art. 1er et 3, en vigueur le 1er sept. 2018) L'administration saisie délivre le certificat d'information par tout moyen dans un délai maximum de cinq mois à compter de la réception de la demande.

TITRE DEUXIÈME LES PROCÉDURES PRÉALABLES À L'INTERVENTION DE CERTAINES DÉCISIONS *(L. nᵒ 2018-727 du 10 août 2018, art. 2).*

(Ord. nº 2015-1341 du 23 oct. 2015, en vigueur le 1er janv. 2016)

⬜⬜

⬚Art. L. 120-1⬚ Le présent titre est applicable, outre aux administrations mentionnées au 1o de l'article L. 100-3, aux organismes et personnes chargés d'une mission de service public industriel et commercial, pour les décisions qu'ils prennent au titre de cette mission.

CHAPITRE PREMIER DÉCISIONS SOUMISES AU RESPECT D'UNE PROCÉDURE CONTRADICTOIRE PRÉALABLE

(Ord. n° 2015-1341 du 23 oct. 2015, en vigueur le 1er janv. 2016)
⬚⬚⬚Art. L. 121-1⬚ Exception faite des cas où il est statué sur une demande, les décisions individuelles qui doivent être motivées en application de l'article L. 211-2, ainsi que les décisions qui, bien que non mentionnées à cet article, sont prises en considération de la personne, sont soumises au respect d'une procédure contradictoire préalable. — [L. no 2000-321 du 12 avr. 2000, art. 24, al. 1er, phr. 1, sur le principe du contradictoire.]
⬚⬚

Y compris jurisprudence rendue sous l'empire de l'art. 24 de la L. du 12 avr. 2000, aujourd'hui abrogé, ou encore de l'art. 8 du Décr. du 28 nov. 1983 abrogé. 1. Décisions diverses. Retrait de l'autorisation de créer une officine pharmaceutique. ● CE 12 juin 1995, Min. Solidarité c/ Scrémin, no 117244 B. Arrêté réduisant sur recours gracieux la durée de fermeture d'une discothèque. ● CE 22 nov. 1995, Ollier, no 138181 B. Décision de radier un expert de la liste d'aptitude prévue à l'art. R. 294-1 C. route. ● CE 9 oct. 1996, Min. Équip. c/ Moigno, no 147899 B. Sanction pécuniaire pour non-respect des obligations relatives à l'emploi des handicapés. ● CE 4 juin 1997, Sté Cap Île-de-France, no 169051: Lebon 203. Décision de l'inspecteur du travail, prise sur recours du salarié, infirmant l'avis d'inaptitude émis par le médecin du travail et déclarant ce salarié apte, sous certaines réserves, à occuper son emploi. ● CE 21 janv. 2015, SNC LIDL, no 365124. Décision du ministre du Travail saisi d'un recours hiérarchique contre une décision autorisant ou refusant d'autoriser le licenciement d'un salarié protégé. ● CE 19 juill. 2017, Sté l'Agence du bâtiment, no 391402 B. Sanction du reversement des aides à la prophylaxie. ● CE 12 nov. 1997, SCI du Boulain et a., no 150816 B. Retrait provisoire d'une autorisation de mise sur le marché d'un insecticide et décision d'interdiction de mise en culture des semences traitées. ● CE 29 déc. 1999, Stés Rustica Prograin, Monsanto et a., no 206687 B: RFDA 2000. 266, étude Rouyère. Décision imposant au bénéficiaire d'une aide agricole versée en application d'un texte de l'Union européenne de reverser les montants indûment perçus. ● CE , sect., 13 mars 2015, Office de développement de l'économie agricole d'outre-mer, no 364612: Lebon. Décision d'un jury de concours retirant le bénéfice de l'inscription sur la liste complémentaire. ● CE 29 sept. 2004, Homand, no 249543 B: AJDA 2004. 2112, note Favier; AJFP 2005. 31. Décision de reconduite à la frontière d'un étranger non ressortissant de l'Union européenne ayant fait l'objet d'un signalement aux fins de non-admission (CESEDA, art. L. 531-3, 1er al.). ● CE 24 nov. 2010, Eddomairi, no 344411: Lebon. Décision préfectorale de suspension d'un permis de conduire sur le fondement de l'art. L. 224-7 C. route. ● CE 28 sept. 2016, Min. Intérieur c/ M. A., no 390438 B. Ou sur le fondement de l'art. L. 224-2 C. route. ● CE 18 déc. 2017, Min. de l'Intérieur c/ Mme R., no 409694 B.

2. Décisions des autorités de régulation. Mesures de police conservatoire prises par la commission de contrôle des mutuelles et des institutions de prévoyance. • CE 12 juin 2002, Caisse de décès «Union d'épargne d'Alsace et de Lorraine», no 240741 B: Dr. adm. 2003. Comm. 1, note Cassia. Mesures d'urgence prises par la commission de contrôle des assurances, des mutuelles et des institutions de prévoyance. • CE 30 mars 2007, Union dptale des Mutuelles de Guadeloupe, no 269102 B: AJDA 2007. 718. Décision de l'Autorité de contrôle des assurances et des mutuelles plaçant une mutuelle ou une union sous administration provisoire et désignant un administrateur provisoire. • CE 23 déc. 2011, Union Groupe Vittavi Mutualité et Mutuelle Landes Mutualité, no 335511: AJDA 2012. 670. Décision de suspension provisoire d'une activité prise par l'Autorité de sûreté nucléaire en cas d'urgence tenant à la sécurité des personnes. • CE 26 janv. 2015, SCP Nodee-Noël-Nodee-Lanzetta, no 372839 B. Décision d'injonction de la Commission bancaire. • CE 21 oct. 2011, Banque Delubac et Cie, no 339207: Lebon.
3. Décisions en matière sanitaire. Décision de suspension d'un produit prise par le directeur général de l'Agence française de sécurité sanitaire des produits de santé. • CE 3 avr. 2002, Sté Labo'Life España, no 232628: Lebon. Mesure d'interdiction de publicité prononcée par l'Agence française de sécurité sanitaire des produits de santé. • CE 29 oct. 2008, Sté Laboratoire GlaxoSmithKline, no 307035 B. Sanction financière prononcée par le Comité économique des produits de santé. • CE 30 janv. 2008, Sté Laboratoires Mayoly Spindler, no 297828: Lebon. Agrément de transport sanitaire délivré par le directeur général de l'agence régionale de santé, • CE 5 févr. 2020, Sté Les Taxis Hurié: Lebon T.
4. Décisions en matière d'urbanisme. Arrêté motivé interruptif de travaux pris par un maire. • CE 10 mars 2010, M. et Mme Thévenet c/ Cne de Jacou, no 324076 B: AJDA 2010. 1217, note Miranda. Retrait d'un permis de construire, exprès ou tacite. • CE 23 avr. 2003, Sté Bouygues immobilier, no 249712 B: BJDU 2003. 95, concl. Séners; RDI 2003. 472, obs. Solers-Couteaux et Robineau-Israël • 24 mars 2014, Cne du Luc-en-Provence, no 356142 B. • 30 déc. 2015, Sté Polycorn, no 383264 B. Retrait d'une décision implicite de non-opposition à une déclaration de travaux. • CE 30 mai 2007, SCI AGYR, no 288519 B.
5. Décisions en matière d'installations classées. Suspension d'une installation classée qui n'a pas fait l'objet de la déclaration ou de l'autorisation requise. • CE 13 févr. 2012, Sté Terreaux service Varonne, no 324829: AJDA 2012. 297. Édiction de prescriptions complémentaires prises sur le fondement de l'art. L. 512-20 C. envir. • CE 16 oct. 2017, Sté chimique de Oissel, no 395303 B.

6. Décisions concernant les détenus. Décision de transfert d'un détenu d'un établissement pour peines à une maison d'arrêt. ● CE 14 déc. 2007, Garde des Sceaux, Min. de la Justice c/ M. Boussouar, no 290730: Lebon 495; AJDA 2008. 128, chron. Boucher et Bourgeois-Machureau; D. 2008. 820. Mais pas la décision d'affectation provisoire d'un détenu du régime différencié dans un secteur de détention dit «portes fermées». ● CE 28 mars 2011, Garde des Sceaux, Min. de la Justice c/ Bennay, no 316977: Lebon 137. ... Ni la décision de le maintenir un détenu en régime différencié. ● CE 6 déc. 2012, Garde des Sceaux, Min. de la Justice et des Libertés c/ David, no 344995: Lebon; AJDA 2012. 2352. ... Ni les «mesures de bon ordre» appliquées aux personnes détenues mineures, prévues par une note du garde des Sceaux du 19 mars 2012. ● CE 24 sept. 2014, Assoc. Ban public, no 362472: AJDA 2015. 19.

7. Décisions relatives aux personnes atteintes de troubles mentaux. Décisions de maintien d'une mesure d'hospitalisation d'office prises sur le fondement de l'art. L. 3213-4 CSP. ● CE 27 mai 2011, Mme Kupferstein, no 330267 B: AJDA 2011. 1116, obs. Grand; ibid. 1786, concl. Landais; D. 2001. 2565, obs. Laude; Constitutions 2011. 400, obs. Bioy. Mesures provisoires prises sur le fondement de l'art. L. 3213-2 CSP. ● CE 13 mars 2013, Préfet de police c/ Mme Ravier, no 354976: AJDA 2013. 601. Initialement, l'art. 8 du Décr. du 28 nov. 1983 avait été regardé comme inapplicable aux décisions de placement en hospitalisation d'office. ● CE 3 mars 1995, R.S., no 126013: Lebon 118 ● CE , sect., 28 juill. 2000, E. A., no 151068: D. 2000. 241; RFDA 2001. 1239, concl. Boissard.

II. DÉCISIONS SUSCEPTIBLES D'ÊTRE REGARDÉES COMME PRISES EN CONSIDÉRATION DE LA PERSONNE (DANS L'ACCEPTION QUE LA JURISPRUDENCE DONNE À CETTE EXPRESSION)

Y compris jurisprudence rendue avant l'intervention de la codification.

A. APPLICATION

1o DÉCISIONS D'ÉVICTION OU DE LICENCIEMENT, PRISES EN CONSIDÉRATION DE LA PERSONNE, CONCERNANT DES AGENTS PUBLICS OU DES MILITAIRES

8. Décision mettant fin aux fonctions, qu'il s'agisse ou non d'un emploi à la discrétion du Gouvernement ou d'une autre autorité: révocation du directeur général de l'Agence France Presse. ● CE , sect., 24 juin 1949, Nègre: Lebon 304. Décision mettant fin aux fonctions du directeur général des Hospices civils de Lyon. ● CE 14 mai 1986, Rochaix: Lebon. Décision mettant à la retraite d'office un agent d'une chambre de commerce et d'industrie avant l'âge limite. ● CE 15 mars 1989, CCI de Paris c/ Mme Currat, nos 81330 et 92003: Lebon. Décision mettant fin aux fonctions de procureur général près la cour d'appel de Paris. ● CE , sect., 19 avr. 1991, Monnet, no 102016: Lebon. Décision mettant fin aux fonctions du directeur, chef de service de l'inspection de la police nationale. ● CE 17 juin 1992, Leclerc, nos 102839 et 107582 B. Décision mettant fin aux fonctions du chef du service des finances et de la comptabilité du territoire de la Polynésie française. ● CE 3 mai 1993, Président du gouvernement du territoire de la Polynésie française c/ Buisson, no 106977 B. Décision mettant fin aux fonctions d'un Ambassadeur. ● CE 12 nov. 1997, Fessard de Foucault, no 173293 B. ● 27 juill. 2001, Jolivet, no 228275 B. Décision licenciant un collaborateur de cabinet d'une autorité territoriale. ● CE 11 déc. 2000, Cne de Villeparisis, no 202573 B. Décision de mettre fin au détachement d'un agent territorial occupant un emploi fonctionnel. ● CE 10 nov. 2004, Noddings, no 257032 B.

9. Licenciement non disciplinaire, pour cause d'insuffisance professionnelle. ● CE , sect., 9 déc. 1955, Min. des PTT c/ Garysas: Lebon 585. ... Ou pour inaptitude physique. ● CE , sect., 26 oct. 1984, CH régional de Firminy c/ Mme Chapuis, no 54263: Lebon 342.

10. Licenciement en cours de stage. ● CE 19 mars 1965, Ville de Bordeaux c/ Rivière, no 61917: Lebon 184 ● 21 févr. 1973, MEN c/ Larribe, no 87152: Lebon 162 ● 4 janv. 1985, Canton, no 38464 B.

11. Mise en congé spécial. ● CE , ass., 23 oct. 1964, d'Orian: Lebon 486.

2o AUTRES DÉCISIONS CONCERNANT DES AGENTS PUBLICS OU DES MILITAIRES

12. Déplacement d'office non disciplinaire prononcé en considération de faits personnels à l'intéressé: pour un capitaine de gendarmerie. ● CE , ass., 21 juin 1974, Gribelbauer, no 88543: Lebon 356. ... Pour un magistrat. ● CE 27 juill. 1979, Jéol, no 03748: Lebon 339. ... Pour un agent muté pendant son congé maladie. ● CE 30 déc. 2009, Institut de France, no 304379 B.

13. Placement d'office en disponibilité: pour un officier général. ● CE , sect., 23 juin 1967, Mirambeau, no 55068: Lebon.

14. Retrait de fonctions ou d'attributions: retrait de charges d'enseignement. ● CE 13 févr. 1974, Dlle Tribalat, no 89271: Lebon 105. ... Retrait de la direction d'un laboratoire. ● CE 20 avr. 1988, Guiart, no 23133 B. ... Retrait d'attributions commandé par un placement en mi-temps thérapeutique. ● CE 11 mars 1991, Rivellini, no 81697 B.

15. Avertissement adressé à un magistrat par le chef de juridiction. ● CE 24 juill. 1987, Vaulot-Pfister, no 53676: Lebon 270 ● 6 avr. 2001, Fahet, no 218264 B. ● 16 janv. 2006, Mme Barret, no 272313: Lebon 23.

16. Refus de l'honorariat: pour un magistrat. • CE 27 juill. 2005, Mme Roubiscoul, nos 267077 et 267078 B.

3o AUTRES DÉCISIONS

17. Refus du procureur de la République d'agréer un agent de police municipale pour des motifs liés à sa personne. • CE 6 avr. 1992, Procureur de la République près le tribunal de grande instance d'Aix-en-Provence c/Pirozelli, no 119653: Lebon.

18. Refus du garde des Sceaux de nommer un notaire pour des motifs liés à sa personne. • CE 25 nov. 1994, Palem, no 129381 B.

B. NON-APPLICATION

1o DÉCISIONS CONCERNANT DES AGENTS PUBLICS OU DES MILITAIRES

19. Refus de titularisation en fin de stage. • CE , sect., 14 mars 1958, Bigoin: Lebon 165 • 16 mars 1979, Min. du Travail c/ Stephan: Lebon 120 • CE 3 juin 2002, M. Le Duvéhat, no 232286 B. • CE , sect., 3 déc. 2003, Mme Mansuy, no 236485: Lebon • 3 déc. 2003, Synd. intercommunal de restauration collective, no 256879: Lebon • CE 11 déc. 2020, no 427522 B.

20. Refus de renouveler un détachement lorsqu'il arrive à expiration • CE 21 oct. 2011, Mme Bartolo, no 325699: Lebon .

21. Non-renouvellement d'un contrat à durée déterminée d'un agent public décidé pour des motifs non disciplinaires. • CE , sect., 15 juill. 1964, Dame Gontarbert: Lebon 431 • CE 23 févr. 2009, Moutterlos, no 304995 B.

22. Versement au dossier d'un magistrat des extraits d'un rapport d'inspection contenant des appréciations sur son comportement. • CE 21 oct. 2009, Turk, no 312628: Lebon.

23. Mesures prises à titre conservatoire à l'encontre d'un agent public: arrêté suspendant le président d'une chambre des métiers. • CE 3 déc. 1986, Noviello, no 58091 B. Arrêté suspendant un professeur des universités en application de l'art. L. 951-4 C. éduc. • CE 18 juill. 2018, no 418844: Lebon.

24. Octroi d'une prime tenant compte de la manière de servir. • CE 23 nov. 2005, Mme Bel, no 275515 B.

25. Refus d'autoriser un candidat à participer aux épreuves d'un concours de recrutement de magistrats judiciaires. • CE 10 juill. 2020, Mme L., no 428857: inédit.

2o AUTRES DÉCISIONS

26. Dissolution d'un établissement public. • CE 29 avr. 2002, Chambre de métiers de la Haute-Corse, no 235000: Lebon.

27. Dissolution du conseil d'administration d'un organisme de sécurité sociale. • CE 30 mars 2005, Union régionale des synd. CFTC de La Réunion, no 260782 B.

28. Refus de renouveler le mandat arrivé à son terme d'un expert appréciateur placé auprès d'une caisse de crédit municipal. • CE 8 juin 2005, Caisse de crédit municipal de Marseille, no 266736 B.

29. Refus de la commission des sanctions de l'Autorité des marchés financiers d'homologation d'un accord de composition administrative validé par l'Autorité des marchés financiers. Décision prise sur demande. ● CE , ass., 20 mars 2020, Président de l'Autorité des marchés financiers et Sté Arkéa direct bank, no 422186 A.

30. Avis négatif de la Haute Autorité pour la transparence de la vie publique sur un projet de contrat susceptible d'être conclu entre un fonctionnaire et une entreprise publique. Avis pris sur demande. ● CE 4 nov. 2020, M. X., no 440963 B; AJDA 2021. 571.

⸋⸋
⸋Art. L. 121-2⸋ Les dispositions de l'article L. 121-1 ne sont pas applicables:
⸋1o En cas d'urgence ou de circonstances exceptionnelles;
⸋2o Lorsque leur mise en œuvre serait de nature à compromettre l'ordre public ou la conduite des relations internationales;
⸋3o Aux décisions pour lesquelles des dispositions législatives ont instauré une procédure contradictoire particulière;
⸋4o Aux décisions prises par les organismes de sécurité sociale et par l'institution visée à l'article L. 5312-1 du code du travail, sauf lorsqu'ils prennent des mesures à caractère de sanction.
⸋Les dispositions de l'article L. 121-1, en tant qu'elles concernent les décisions individuelles qui doivent être motivées en application de l'article L. 211-2, ne sont pas applicables aux relations entre l'administration et ses agents. — [L. no 2000-321 du 12 avr. 2000, art. 24, al. 2, 3, 4 et 5.]

⸋⸋

Plan des annotations
I. EXCEPTION DE L'URGENCE (1°)nos 1 à 4
II. EXCEPTION DE L'ORDRE PUBLIC (2°)nos 5 et 6
III. EXISTENCE DE RÉGIMES SPÉCIAUX (3°)nos 7 à 10
IV. EXCEPTION DES RELATIONS ENTRE L'ADMINISTRATION ET SES AGENTSn° 11
Jurisprudence rendue, sauf indication contraire, ss. l'empire des art. 18 et 24 de la L. du 12 avr. 2000, aujourd'hui abrogés, ou encore de l'art. 8 du Décr. du 28 nov. 1983, également abrogé.
I. EXCEPTION DE L'URGENCE (1°)

1. Appréciation in concreto de l'urgence. Obligation d'apprécier l'urgence *in concreto.* ● CE 26 janv. 2015, *SCP Nodee-Noël-Nodee-Lanzetta,* n° 372839. Pour un arrêté interruptif de travaux, l'urgence s'apprécie ainsi tant au regard des conséquences dommageables des travaux litigieux que de la brièveté d'exécution de ces travaux. ● CE 10 mars 2010, *M. et Mme Thévenet,* n° 324076 B. Pour les mesures prises par le maire en cas d'obstacle qui s'oppose à la circulation sur un chemin rural, ● CE 24 févr. 2020, *Sté civile immobilière et forestière des Fourneaux et a.,* n° 421086 B. Pour les mesures prises par le maire en cas d'obstacle qui s'oppose à la circulation sur un chemin rural, ● CE 24 févr. 2020, *Sté civile immobilière et forestière des Fourneaux et a.,* n° 421086 B. Mais *a contrario.* ● CE 18 déc. 2017, *Min. de l'Intérieur c/ Mme Radelet,* n° 409694 B. (qui semble retenir une acception *in abstracto* de l'urgence).

2. Condition de l'urgence se distinguant de celle de l'urgence absolue justifiant l'absence de motivation écrite (CRPA, art. L. 211-6). Une même situation peut à la fois revêtir un caractère d'urgence au sens de l'art. L. 121-2 CRPA, et, partant, dispenser de la mise en œuvre préalable d'une procédure contradictoire, et ne pas pouvoir être analysée comme une urgence absolue justifiant l'absence de motivation écrite en application de l'art. L. 211-6 CRPA ● CE 6 juin 2018, *M. A... C...,* n° 410985 B.

3. Applications: urgence non admise. Pour la dissolution d'une association, à la suite de l'annulation, deux mois auparavant, par le Conseil d'État, d'une précédente décision de dissolution. ● CE 26 juin 1987, *Féd. d'action nationale et européenne (FANE),* n° 67077: *Lebon.* Pour la fermeture d'un débit de boissons, plus d'un mois après que les faits la justifiant aient été connus du préfet. ● CE 1er oct. 1993, *Min. Intérieur c/ Mme Gomez,* n° 116772 B: *RD publ. 1994. 585.* Pour la suspension conservatoire d'une activité comportant un risque d'exposition des personnes aux rayonnements ionisants prononcée par l'Autorité de sûreté nucléaire (ASN) le 27 mai 2011 à la suite de manquements constatés les 28 mars et 14 avr. 2011. ● CE 26 janv. 2015, *SCP Nodee-Noël-Nodee-Lanzetta,* n° 372839. Les mesures prises par un maire en vertu de l'art. D. 161-11 C. rur. lorsqu'un obstacle s'oppose à la circulation sur un chemin rural ne traduisent pas nécessairement l'existence d'une situation d'urgence alors même que le maire est tenu de prendre «sans délai» les mesures propres à remédier à la situation. Appréciation de la situation d'urgence concrètement, en fonction des circonstances de l'espèce. ● CE 24 févr. 2020, *Sté civile immobilière et forestière des Fourneaux et a.,* n° 421086 B.

4. Applications: urgence admise. Pour le décret plaçant une œuvre sous le régime de l'instance de classement parmi les monuments historiques, en cas de menaces imminentes d'exportation. • CE 24 janv. 1990, *Amon,* n° 103292: *Lebon 13; AJDA 1990. 420, concl. de Saint-Pulgent; Dr. adm. 1990, n° 139.* Même solution pour une décision d'interdiction d'une manifestation sur la voie publique, au regard du bref délai dont l'administration disposait pour prendre les mesures qu'imposait la préservation de la tranquillité publique. • CE 25 juin 2003, *Assoc. «SOS tous petits»,* n° 223444 B: *AJDA 2003. 1675.* Pour une mesure provisoire d'hospitalisation à l'infirmerie psychiatrique de la préfecture de police. • CE 13 mars 2013, *Préfet de police c/ Mme Ravier,* n° 354976 B. Décision par laquelle le directeur général d'une agence régionale de santé fait usage des pouvoirs qu'il tient de l'art. L. 6231-3 CSP. • CE 6 déc. 2017, *Conseil national de l'ordre des médecins,* n° 398289. Décision par laquelle le préfet suspend un permis de conduire sur le fondement de l'art. L. 224-2 C. route. • CE 18 déc. 2017, *Min. de l'Intérieur c/ Mme Radelet,* n° 409694: *préc. note 1.* Décision par laquelle un chef d'établissement pénitentiaire prend une décision de retenue d'un bien en possession d'un détenu sur le fondement de l'art. D. 449-1 C. pr. pén. • CE 6 juin 2018, *M. A... C...,* n° 410985: *préc. note 2.*
II. EXCEPTION DE L'ORDRE PUBLIC (2°)

5. Applications: exception non admise. Pour la dissolution d'une association, à la suite de l'annulation, deux mois auparavant, par le Conseil d'État d'une précédente décision de dissolution. • CE 26 juin 1987, *Féd. d'action nationale et européenne (FANE),* n° 67077: *préc. note 3.*
6. Applications: exception admise. Pour une décision de fermeture d'un débit de boissons en raison de l'existence, en son sein, d'un trafic de stupéfiants. • CE 13 juin 1990, *Pentsch SA Restaurant des Écoles,* n° 83939: *Lebon 161.* Pour une décision de fermeture d'un débit de boissons où s'étaient déroulées des rixes. • CE 13 juin 1990, *SARL «Pub 90»,* n° 92523: *Lebon 162.* Pour un refus d'admission sur le territoire national d'un étranger constituant une menace pour l'ordre public, en raison d'activités présumées de trafic de stupéfiants et de blanchiment d'argent. • CE 3 mars 2003, *Min de l'Intérieur c/ M. Rakhimov,* n° 238662: *Lebon.*
III. EXISTENCE DE RÉGIMES SPÉCIAUX (3°)

7. Étrangers. Inapplicabilité de l'art. 8 du décret du 28 août 1983 aux arrêtés de reconduite à la frontière, l'ensemble des règles de procédure administrative et contentieuse auxquelles sont soumises l'intervention et l'exécution des arrêtés de reconduite étant déterminé par l'Ord. du 2 nov. 1945 relative aux conditions d'entrée et de séjour des étrangers en France [V. désormais CESEDA]. ● CE , sect., 19 avr. 1991, *Préfet de police de Paris c/ M. Demir,* n° 120435: *Lebon 149; AJDA 1991. 641* ● CE 8 juill. 1991, *Giuseppe Palazzi,* n° 95461: *Lebon 276; AJDA 1991. 827, note Julien-Laferrière; LPA 17 juill. 1992, note de Béchillon; JCP 1992. 21870, note Haïm* ● 15 févr. 1993, *Préfet du Val-d'Oise c/ Touré,* n° 138096 B. Inapplicabilité de l'art. 24 de la loi du 12 avr. 2000 aux arrêtés de reconduite à la frontière pour les mêmes motifs. ● CE 19 oct. 2007, *Hammou et Benabdlhak,* n° 306821: *Lebon 426; AJDA 2007. 2009.* Inapplicabilité, pour les mêmes motifs, de l'art. 24 de la loi du 12 avr. 2000 aux décisions portant obligation de quitter le territoire français, quel que soit le type de décision dont cette obligation de quitter le territoire français découle (refus ou retrait de titre de séjour, de récépissé de carte de séjour ou d'autorisation provisoire de séjour). ● CE 28 nov. 2007, *Barjamaj,* n° 307999: *Lebon 451; AJDA 2008. 590, chron. Gros.* Même solution pour une décision prise sur le fondement du I de l'art. L. 511-1 CESEDA, y compris à l'encontre d'un ressortissant communautaire, et même si celui-ci n'a pas sollicité la délivrance d'un titre de séjour. ● CE 26 nov. 2008, *Silidor,* n° 315441: *Lebon 442; AJDA 2009. 270, concl. Guyomar; RFDA 2009. 145, chron. Santulli.* A l'inverse, application de l'art. 24 de la loi du 12 avr. 2000 à une décision de reconduite à la frontière d'un étranger non ressortissant de l'Union européenne ayant fait l'objet d'un signalement aux fins de non-admission (art. L. 531-3 du CESEDA, 1er al.). ● CE 24 nov. 2010, *Eddomairi,* n° 344411: *Lebon 454; AJDA 2011. 804, note Lecucq.* De même, obligation d'une procédure contradictoire préalable lorsque la détermination du pays de renvoi fait l'objet d'une décision distincte, sauf si l'étranger a eu la possibilité de déférer cette décision au juge en même temps que l'arrêté de reconduite. ● CE 14 mars 2001, *Boulahas,* n° 208923: *Lebon.*

8. Installations classées. Inapplicabilité des dispositions de l'art. 24 de la loi du 12 avr. 2000 aux sanctions susceptibles d'être prises à l'égard d'un exploitant d'installation classée en application des art. L. 514-1 et L. 514-5 C. envir. ● CE 28 déc. 2009, *Min État, min. Écologie, Dévelop. durable et Amén. territ. c/ Abadie,* n° 319736: *Lebon 533; AJDA 2010. 13; ibid. 1152, note Desfonds-Farjon.* A l'inverse, applicabilité de ces dispositions à la décision de suspension de l'exploitation d'une installation classée. ● CE 13 févr. 2012, *Sté Terreaux service Varonne,* n° 324829: *Lebon.*

9. Autres législations – Non-applicabilité. En matière d'extradition. • CE , ass., 8 mars 1985, *Garcia Henriquez,* n° 64106: *Lebon 70.* Devant la Commission nationale des comptes de campagne. • CE 13 nov. 1992, *Grosjean,* n° 134360: *Lebon 403.* A une mesure de suspension de l'activité d'une association de supporters de football. • CE 9 nov. 2011, *Assoc.* «*Butte Paillade 91*» *et Morgavi,* n°s 347359 et 348040: *Lebon 545; AJDA 2012. 655, note Cresp.* Ou à la décision de récupération des sommes indûment versées au titre de l'allocation de revenu de solidarité active (RSA). • CE 16 oct. 2013, *Baillemont,* n° 368174. Ou à la suspension de l'agrément d'un assistant maternel ou familial, qui constitue une mesure de police administrative, dès lors que le législateur a entendu, par les art. L. 421-6 et L. 423-8 CASF, déterminer entièrement les règles de procédure auxquelles sont soumises de telles mesures. • CE 31 mars 2017, *Mme Z.,* n° 395624 B. Ou à la décision par laquelle un maire rapporte la délégation consentie à l'un de ses adjoints sur le fondement de l'art. L. 2122-18 CGCT, dès lors qu'elle ne relève pas du champ d'application du code des relations entre le public et l'administration tel qu'il est défini par ses art. L. 100-1 et L. 100-3. • CE , avis, 27 janv. 2017, *M. T.,* n° 404858 B. Ou à la décision de suspension provisoire d'un sportif par l'Agence française de lutte contre le dopage, l'art. L. 232-23-4 C. sport prévoyant une procédure contradictoire particulière. • CE 28 févr. 2020, *M. S,* n° 433886 *au Rec.*

10. Autres législations – Absence d'exclusion. En ce qui concerne les sanctions prises par le Comité économique des produits de santé car si l'art. L. 162-17-4 CSS précise que l'entreprise doit avoir été mise en mesure de présenter ses observations, cette disposition, qui se borne à rappeler le principe du respect des droits de la défense, n'instaure pas une «procédure contradictoire particulière» au sens de l'art. 24 de la loi du 12 avr. 2000. • CE 30 janv. 2008, *Sté laboratoires Mayoli Splindler,* n° 297828: *Lebon 11; AJDA 2008. 227.* Bien que les dispositions du code du travail relatives aux cas dans lesquels peut être prise par le préfet une décision de réduction ou de suppression du revenu de remplacement ne mentionnent pas la possibilité pour le demandeur d'emploi de se faire assister par une personne de son choix pour présenter ses observations, elles ne l'excluent pas pour autant et ne font donc pas obstacle à l'application des dispositions de l'art. 24 de la loi du 12 avr. 2000. • CE 9 avr. 2010, *CGT-FO,* n° 323246 B: *AJDA 2010. 760.*

IV. EXCEPTION DES RELATIONS ENTRE L'ADMINISTRATION ET SES AGENTS

11. V. les annotations ss. l'art. L. 100-1.

CHAPITRE II MODALITÉS DE MISE EN ŒUVRE DE LA PROCÉDURE CONTRADICTOIRE PRÉALABLE

(Ord. n° 2015-1341 du 23 oct. 2015, en vigueur le 1er janv. 2016)
⚅⚅⚅
Art. L. 122-1 ⚅ Les décisions mentionnées à l'article L. 211-2 n'interviennent qu'après que la personne intéressée a été mise à même de présenter des observations écrites et, le cas échéant, sur sa demande, des observations orales. Cette personne peut se faire assister par un conseil ou représenter par un mandataire de son choix.

⚅L'administration n'est pas tenue de satisfaire les demandes d'audition abusives, notamment par leur nombre ou leur caractère répétitif ou systématique. — *[L. n° 2000-321 du 12 avr. 2000, art. 24, al. 1er, phr. 1, sur les modalités du contradictoire, phr. 2 et 3.]*

⚅⚅

Y compris jurisprudence rendue avant l'intervention de la codification.
1. Engagement de la procédure. La notification au bénéficiaire d'un permis de construire d'un recours administratif formé par un tiers ou par le préfet agissant dans le cadre du contrôle de légalité ne saurait tenir lieu du respect, par l'autorité administrative, de la procédure contradictoire prévue par les dispositions de l'art. 24 de la L. du 12 avr. 2000. ● CE 24 mars 2014, *Cne du Luc-en-Provence,* n° 356142 B.
2. Notion de personne intéressée. Les entreprises productrices de semences font partie des personnes concernées, au sens du 2e al. de l'art. 8 du Décr. du 28 nov. 1983, par le retrait de l'autorisation de mise sur le marché d'un insecticide destiné au traitement des semences et l'interdiction de la mise en culture des semences ainsi traitées. ● CE 29 déc. 1999, *Sté Rustica Prograin Génétique SA et a.,* n°s 206687 et 207303 B. L'épouse d'un militaire recevant à la demande de ce dernier un complément de rémunération versé aux militaires en opérations extérieures est regardée comme la personne intéressée au sens de l'art. 24 de la L. du 12 avr. 2000. ● CE 26 oct. 2011, *Min. de la Défense,* n° 340847 B.

---

3. Délai laissé à l'intéressé. Un délai de huit jours est trop bref, s'agissant du retrait d'une autorisation de créer une officine pharmaceutique. • CE 12 juin 1995, *Min. Protection sociale c/ Scrémin,* n° 117244 B. Un délai d'un mois est suffisant pour une décision d'interdiction de vente aux mineurs d'une revue. • CE 19 janv. 1990, *Sté fr. des revues SFR et Éditions de La Fortune,* n° 87314: *Lebon 553; AJDA 1990. 93, chron. Honorat et Baptiste.* Un délai de dix jours est suffisant pour un projet de dissolution d'une association: • CE 2 juill. 2021, *Assoc. «Génération identitaire»* n° 451741: *inédit.* Un délai de quelques heures est insuffisant pour la décision fixant le pays de destination d'un étranger. • CE 29 oct. 2007, *Min. d'État, min. de l'Intérieur et de l'Aménagement du territoire c/ Bendiaoshvili,* n° 304411 B. Un délai de quelques jours, en l'absence d'urgence, est insuffisant pour une décision de suspension de la mise sur le marché d'un dispositif médical. • CE 29 juill. 2002, *Sté Polytech Silimed Europe GmbH,* n° 232829 B. Le retrait d'un permis de construire étant enserré dans un délai de trois mois en application de l'art. L. 242-5 C. urb., l'administration doit avertir de son projet de retrait le titulaire du permis dans un délai suffisant pour lui permettre de présenter des observations et ne pas le priver de la procédure contradictoire préalable prévue à l'art. 24 de la loi du 12 avr. 2000 qui constitue pour lui une garantie. A ce titre, le délai s'apprécie à compter du retrait du courrier d'information et non de sa présentation. • CE 30 déc. 2015, *Sté Polycorn,* n° 383264 B. L'administration doit respecter le délai qu'elle a fixé pour la présentation des observations, sauf urgence. • CE 4 avr. 2005, *Ste BASF-AGRO,* n° 266665 B.

4. Observations orales. Elles peuvent être régulièrement présentées devant un collaborateur de l'autorité qui doit décider, et non obligatoirement devant l'autorité elle-même, dès lors que celle-ci, avant de se prononcer, prend connaissance des observations écrites et orales formulées par l'intéressé. • CE 30 déc. 2003, *Sté Harab Bank plc,* n° 257546: *Lebon 522* • 21 oct. 2011, *Banque Delubac et Cie,* n° 339207 B: *AJDA 2011. 2040.*

5. Si une personne détenue peut, en application de l'art. 24 de la L. du 12 avr. 2000 relative aux droits des citoyens dans leurs relations avec les administrations, devenu l'art. L. 122-1 CRPA, faire valoir ses observations sur le projet d'inscription ou de maintien au répertoire dont elle fait l'objet, il ne résulte ni de ces dispositions ni de l'instruction ministérielle qu'elle doive être entendue par la commission locale ou par la commission nationale dont les avis sont requis préalablement à la décision du ministre. • CE 29 janv. 2018, *Colonna,* n° 402506.

6. Assistance d'un défenseur. Bien que les dispositions du code du travail relatives aux cas dans lesquels peut être prise par le préfet une décision de réduction ou de suppression du revenu de remplacement ne mentionnent pas la possibilité pour le demandeur d'emploi de se faire assister par une personne de son choix pour présenter ses observations, elles ne l'excluent pas pour autant et ne font donc pas obstacle à l'application des dispositions de l'art. 24 de la loi du 12 avr. 2000. • CE 9 avr. 2010, *CGT-FO*, n° 323246 B: *AJDA 2010. 760.* L'absence du défenseur n'affecte pas la régularité de la procédure si celle-ci n'est pas imputable à l'administration. • CE 23 févr. 2011, *Bouaffou*, n° 313965 B.

7. Combinaison avec un régime spécial. Il résulte des art. L. 512-20, L. 514-5, R. 512-25, R. 512-26 et R. 512-31 C. envir. et de l'art. 24 de la L. n° 2000-321 du 12 avr. 2000, désormais codifié à l'art. L. 121-1 CRPA, que l'exploitant doit être mis à même de présenter des observations et d'obtenir également communication, s'il le demande, des pièces du dossier utiles à cette fin. • CE 16 oct. 2017, *Sté chimique de Oissel*, n° 395303 B.

⏹⏹

⏹Art. L. 122-2⏹ Les mesures mentionnées à l'article L. 121-1 à caractère de sanction ne peuvent intervenir qu'après que la personne en cause a été informée des griefs formulés à son encontre et a été mise à même de demander la communication du dossier la concernant.

⏹⏹

Y compris jurisprudence rendue avant l'intervention de la codification.

1. Sur l'ensemble des garanties préalables au prononcé d'une sanction. Le respect du principe général des droits de la défense suppose que la personne concernée soit informée, avec une précision suffisante et dans un délai raisonnable avant le prononcé de la sanction, des griefs formulés à son encontre et puisse avoir accès aux pièces au vu desquelles les manquements ont été retenus, à tout le moins lorsqu'elle en fait la demande. L'art. L. 122-2 du CRPA le précise d'ailleurs désormais. Le silence des textes figurant au code du travail ne saurait donc faire obstacle à la communication du procès-verbal d'infraction à l'employeur poursuivi pour avoir employé un étranger non muni d'un titre l'autorisant à travailler, certaines des mentions du procès-verbal pouvant toutefois être occultées ou disjointes lorsqu'elles sont étrangères à la constatation de l'infraction. • CE 29 juin 2016, *Eurl DLM Sécurité*, n° 398398 B. Il résulte du principe des droits de la défense ainsi que des dispositions des art. L. 342-12 et L. 342-14 du CCH que l'Agence nationale de contrôle du logement social ne peut régulièrement proposer au ministre chargé du logement de prononcer une sanction contre un organisme qu'elle a contrôlé qu'après que l'organe délibérant de cet organisme a été mis en mesure de présenter ses observations sur le rapport de contrôle établi par l'agence, en ayant été informé de ceux des constats du rapport pour lesquels l'agence envisage de proposer une sanction. • CE 16 juin 2021, *OPH Aménagement Habitat*, n⁰ˢ 432682 et 436311 B.

2. Sur la communication du dossier. Ni l'art. 24 de la loi du 12 avr. 2000, ni aucun principe général du droit, et en particulier celui des droits de la défense, n'imposent, avant le prononcé d'une sanction, la communication préalable de l'avis d'une commission à la personne concernée. ● CE 30 janv. 2012, *Min. de l'Intérieur c/ Sté Aéroports de Paris,* nᵒˢ 349009, 349010 et 349011: *Lebon T., concl. contraires Botteghi.* Le respect du principe général des droits de la défense implique qu'un exploitant susceptible d'être sanctionné pour perception d'une aide agricole indue soit mis à même d'avoir accès aux pièces au vu desquelles les manquements ont été retenus s'il en fait la demande. ● CE 30 déc. 2013, *Min. de l'Agriculture c/ Sté Laurenti,* nᵒ 354587: *Lebon.*

CHAPITRE III DROIT À RÉGULARISATION EN CAS D'ERREUR

(L. nᵒ 2018-727 du 10 août 2018, art. 2)

⬜⬜⬜Art. L. 123-1⬜ *(L. nᵒ 2018-727 du 10 août 2018, art. 2)* Une personne ayant méconnu pour la première fois une règle applicable à sa situation ou ayant commis une erreur matérielle lors du renseignement de sa situation ne peut faire l'objet, de la part de l'administration, d'une sanction, pécuniaire ou consistant en la privation de tout ou partie d'une prestation due, si elle a régularisé sa situation de sa propre initiative ou après avoir été invitée à le faire par l'administration dans le délai que celle-ci lui a indiqué.

⬜La sanction peut toutefois être prononcée, sans que la personne en cause ne soit invitée à régulariser sa situation, en cas de mauvaise foi ou de fraude.

⬜Les premier et deuxième alinéas ne sont pas applicables:

⬜1° Aux sanctions requises pour la mise en œuvre du droit de l'Union européenne;

⬜2° Aux sanctions prononcées en cas de méconnaissance des règles préservant directement la santé publique, la sécurité des personnes et des biens ou l'environnement;

⬜3° Aux sanctions prévues par un contrat;

⬜4° Aux sanctions prononcées par les autorités de régulation à l'égard des professionnels soumis à leur contrôle.

⬜⬜

Manquement non régularisable en cas de fraude. Les manquements mentionnés à l'art. L. 5412-1 et au II de l'art. L. 5426-1-2 du C. trav. qui concernent les cas dans lesquels le demandeur d'emploi s'est rendu coupable de fraude ou a fait une fausse déclaration dans le but de percevoir indument le revenu de remplacement sont exceptés de l'obligation, à la charge de l'administration, d'inviter la personne à régulariser sa situation, en vertu de l'al. 2 de l'art. L. 123-1 du CRPA. Le pouvoir réglementaire a donc pu prévoir des sanctions dès le premier manquement sans méconnaître cette disposition. • CE 14 oct. 2020, *Union syndicale Solidaires et M. Pailhas,* nᵒˢ 428524, 429333 B: *BJCL, nᵒ 1/2021, p. 58 à 62.* Le retrait d'un décret ayant accordé la nationalité française n'ayant pas le caractère d'une sanction, les dispositions de l'art. L. 123-1 du CRPA ne peuvent être invoquées par la personne à laquelle il est reproché d'avoir obtenu la nationalité française par mensonge ou fraude. • CE 31 mai 2021, *M. A.,* nᵒ 445007: *inédit.*

▢▢▢

Art. L. 123-2▢ *(L. nᵒ 2018-727 du 10 août 2018, art. 2)* Est de mauvaise foi, au sens du présent titre, toute personne ayant délibérément méconnu une règle applicable à sa situation.

▢En cas de contestation, la preuve de la mauvaise foi et de la fraude incombe à l'administration.

CHAPITRE IV DROIT AU CONTRÔLE ET OPPOSABILITÉ DU CONTRÔLE

(L. nᵒ 2018-727 du 10 août 2018, art. 2)

▢▢▢**Art. L. 124-1▢** *(L. nᵒ 2018-727 du 10 août 2018, art. 2)* Sous réserve des obligations qui résultent d'une convention internationale et sans préjudice des obligations qui lui incombent, toute personne peut demander à faire l'objet d'un contrôle prévu par les dispositions législatives et réglementaires en vigueur. La demande précise les points sur lesquels le contrôle est sollicité.

▢L'administration procède à ce contrôle dans un délai raisonnable, sauf en cas de mauvaise foi du demandeur, de demande abusive ou lorsque la demande a manifestement pour effet de compromettre le bon fonctionnement du service ou de mettre l'administration dans l'impossibilité matérielle de mener à bien son programme de contrôle.

▨▨▨Art. L. 124-2▨ *(L. n° 2018-727 du 10 août 2018, art. 2)* Sous réserve des droits des tiers, toute personne contrôlée peut opposer les conclusions expresses d'un contrôle effectué en application de l'article L. 124-1 à l'administration dont elles émanent.

▨Ces conclusions expresses cessent d'être opposables:

▨1° En cas de changement de circonstances de droit ou de fait postérieur de nature à affecter leur validité;

▨2° Lorsque l'administration procède à un nouveau contrôle donnant lieu à de nouvelles conclusions expresses.

▨Les premier à quatrième alinéas du présent article ne peuvent faire obstacle à l'application des dispositions législatives ou réglementaires préservant directement la santé publique, la sécurité des personnes et des biens ou l'environnement.

▨Lorsque l'administration constate, à l'issue de son contrôle, une méconnaissance des règles applicables à la situation de la personne contrôlée, celle-ci peut régulariser sa situation dans les conditions prévues aux articles L. 123-1 et L. 123-2.

L'art. L. 124-2 du CRPA est applicable aux contrôles initiés à compter de la publication de la L. n° 2018-727 du 10 août 2018 (L. préc., art. 2, JO 11 août).

TITRE TROISIÈME L'ASSOCIATION DU PUBLIC AUX DÉCISIONS PRISES PAR L'ADMINISTRATION

(Ord. n° 2015-1341 du 23 oct. 2015, en vigueur le 1er janv. 2016;
Décr. n° 2015-1342 du 23 oct. 2015, en vigueur le 1er janv. 2016)

CHAPITRE PREMIER PRINCIPES GÉNÉRAUX

(Ord. n° 2015-1341 du 23 oct. 2015, en vigueur le 1er janv. 2016)

▨▨▨Art. L. 131-1▨ Lorsque l'administration décide, en dehors des cas régis par des dispositions législatives ou réglementaires, d'associer le public à la conception d'une réforme ou à l'élaboration d'un projet ou d'un acte, elle rend publiques les modalités de cette procédure, met à disposition des personnes concernées les informations utiles, leur assure un délai raisonnable pour y participer et veille à ce que les résultats ou les suites envisagées soient, au moment approprié, rendus publics.
▨▨

1. Obligations de l'administration. L'autorité administrative qui organise une consultation dans les cas qui relèvent de l'art. L. 131-1 CRPA doit en déterminer les règles d'organisation conformément aux dispositions de cet article et dans le respect des principes d'égalité et d'impartialité, dont il découle que la consultation doit être sincère. Elle doit notamment mettre à disposition des personnes concernées une information claire et suffisante sur l'objet de la consultation et ses modalités afin de leur permettre de donner utilement leur opinion, leur laisser un délai raisonnable pour y participer et veiller à ce que les résultats ou les suites envisagées soient, au moment approprié, rendus publics. La régularité de la consultation implique également, d'une part, que la définition du périmètre du public consulté soit pertinente au regard de son objet, et, d'autre part, qu'afin d'assurer sa sincérité, l'autorité administrative prenne, en fonction de cet objet et du périmètre du public consulté, toute mesure relative à son organisation de nature à empêcher que son résultat soit vicié par des avis multiples émanant d'une même personne ou par des avis émis par des personnes extérieures au périmètre délimité. Il incombe enfin à l'autorité administrative de veiller au bon déroulement de la consultation dans le respect des modalités qu'elle a elle-même fixées. ● CE , ass., 19 juill. 2017, *Assoc. citoyenne Pour Occitanie Pays Catalan et a.,* n° 403928: *Lebon.*

2. Contrôle du juge. Lorsque la consultation peut être regardée, notamment au vu de son objet, de son calendrier et de ses conditions de réalisation, comme formant partie intégrante d'un même processus décisionnel, le juge saisi d'une critique de la régularité de la consultation ouverte au soutien de la contestation de l'acte pris à l'issue de la procédure comportant cette consultation apprécie, notamment, si les conditions de mise en œuvre de la consultation ont pu être de nature à en vicier le résultat. Dans l'hypothèse où il relèverait l'existence d'une irrégularité, il appartient au juge administratif, avant d'en tirer les conséquences sur la légalité de l'acte pris à l'issue de la procédure comportant cette consultation, d'apprécier si elle a privé les intéressés d'une garantie ou a été susceptible d'exercer une influence sur l'acte attaqué. ● CE , ass., 19 juill. 2017, *Assoc. citoyenne Pour Occitanie Pays Catalan et a.,* n° 403928: *préc. note 1.*

CHAPITRE II CONSULTATION OUVERTE SUR INTERNET

(Ord. n° 2015-1341 du 23 oct. 2015, en vigueur le 1ᵉʳ janv. 2016; Décr. n° 2015-1342 du 23 oct. 2015, en vigueur le 1ᵉʳ janv. 2016)

SECTION PREMIÈRE CONSULTATION OUVERTE SE SUBSTITUANT À LA CONSULTATION D'UNE COMMISSION

⸹⸹⸹
Art. L. 132-1⸹ Lorsque l'administration est tenue de procéder à la consultation d'une commission consultative préalablement à l'édiction d'un acte réglementaire, elle peut décider d'organiser une consultation ouverte permettant de recueillir, sur un site internet, les observations des personnes concernées.

⸹Cette consultation ouverte se substitue à la consultation obligatoire en application d'une disposition législative ou réglementaire. Les commissions consultatives dont l'avis doit être recueilli en application d'une disposition législative ou réglementaire peuvent faire part de leurs observations dans le cadre de la consultation prévue au présent article.

⸹Demeurent obligatoires les consultations d'autorités administratives indépendantes prévues par les textes législatifs et réglementaires, les procédures d'avis conforme, celles qui concernent l'exercice d'une liberté publique, constituent la garantie d'une exigence constitutionnelle, traduisent un pouvoir de proposition ou mettent en œuvre le principe de participation. — *[L. n° 2011-525 du 17 mai 2011, art. 16, al. 1ᵉʳ, phr. 1, al. 3 et 4.]*

⸹⸹

> Il est toujours loisible à l'autorité administrative qui a, préalablement à l'édiction d'un acte réglementaire, choisi d'organiser une consultation ouverte sur le fondement de l'art. L. 132-1 CRPA, lui permettant de se dispenser de la consultation obligatoire d'une commission consultative, de renoncer à cette procédure et de procéder à la consultation de la commission consultative à laquelle elle est en principe tenue. Dans un tel cas, les irrégularités susceptibles d'entacher la consultation ouverte sont dépourvues d'incidence sur la légalité de l'acte réglementaire adopté après consultation de la commission consultative. • CE 2 mars 2022, *FNAIM*, n° 438805 B.

⸹⸹

⬚Art. L. 132-2⬚ L'administration qui décide d'organiser une consultation ouverte prévue à l'article L. 132-1 fait connaître par tout moyen les modalités de cette consultation.

⬚Au terme de la consultation, elle établit une synthèse des observations qu'elle a recueillies, éventuellement accompagnée d'éléments d'information complémentaires. Cette synthèse est rendue publique. — *[L. n° 2011-525 du 17 mai 2011, art. 16, al. 1ᵉʳ, phr. 2, al. 2.]*

⬚⬚⬚Art. L. 132-3⬚ La consultation ouverte prévue à l'article L. 132-1 ne peut être d'une durée inférieure à quinze jours. Ses conditions et modalités d'organisation sont fixées par décret en Conseil d'État. — *[L. n° 2011-525 du 17 mai 2011, art. 16, al. 5.]*

⬚⬚⬚Art. R.* 132-4⬚ La décision d'organiser une consultation ouverte en application de l'article L. 132-1 est publiée:

⬚1° Sur un site internet du Premier ministre lorsqu'elle est prise par une autorité de l'État ou d'un de ses établissements publics;

⬚2° Par tout moyen, dont au moins une publication sur le site internet choisi par l'autorité intéressée pour le déroulement de la consultation, lorsqu'elle est prise par une collectivité territoriale, un groupement de collectivités territoriales ou un établissement public rattaché à ces dernières. — *[Décr. n° 2011-1832 du 8 déc. 2011, art. 1ᵉʳ.]*

⬚⬚⬚

Art. R.* 132-5⬚ La décision mentionnée à l'article R.* 132-4 indique la date d'ouverture et de clôture de la consultation. Elle précise si les observations formulées apparaîtront sur le site choisi pour le déroulement de la consultation.

⬚Sa publication est assortie du projet d'acte concerné et d'une notice explicative précisant l'objet et le contenu de celui-ci ainsi que, en tant que de besoin, la ou les dates prévues pour l'entrée en vigueur des mesures envisagées. — *[Décr. n° 2011-1832 du 8 déc. 2011, art. 2.]*

⬚⬚⬚Art. R.* 132-6⬚ La synthèse des observations recueillies lors de la consultation ouverte est rendue publique par l'autorité organisatrice au plus tard à la date de la signature de l'acte ayant fait l'objet de la consultation.

⬚Cette publicité est assurée:

⬚1° Sur le site du Premier ministre mentionné à l'article R.* 132-4 lorsque l'autorité organisatrice est une autorité de l'État ou de l'un de ses établissements publics;

⬚2° Sur le site ayant permis le recueil des observations lorsque l'autorité organisatrice est une collectivité territoriale, un groupement de collectivités territoriales ou un établissement public rattaché à ces dernières. — *[Décr. n° 2011-1832 du 8 déc. 2011, art. 3.]*

⬚

⁇⁇Art. R.* 132-7⁇ La publication de la décision d'organiser une consultation ouverte sur le site internet mentionné à l'article R.* 132-4 précise si la procédure de consultation est organisée en application de l'article L. 132-1 et indique, dans ce cas, qu'elle se substitue à la consultation des commissions consultatives dans les conditions prévues par ce même article. — *[Décr. n° 2011-1832 du 8 déc. 2011, art. 4, al. 3.]*

SECTION II AUTRES CONSULTATIONS OUVERTES SUR INTERNET

⁇⁇
⁇Art. R.* 132-8⁇ Les consultations organisées sur un site internet par les administrations de l'État, en application de dispositions législatives ou réglementaires qui imposent la consultation du public préalablement à l'adoption d'un acte réglementaire ayant un champ d'application national, font l'objet d'une publication sur le site internet mentionné à l'article R.* 132-4. — *[Décr. n° 2011-1832 du 8 déc. 2011, art. 4, al. 1er, phr. 1.]*
⁇⁇⁇
Art. R.* 132-9⁇ Les consultations organisées sur un site internet sur des projets de loi font l'objet d'une publication sur le site mentionné à l'article R.* 132-4. — *[Décr. n° 2011-1832 du 8 déc. 2011, art. 4, al. 1er, phr. 2.]*
⁇⁇
⁇Art. R.* 132-10⁇ Les administrations de l'État et ses établissements publics peuvent décider de rendre publiques sur le site mentionné à l'article R.* 132-4 les procédures de consultation du public qu'elles organisent préalablement à l'adoption d'un acte réglementaire en dehors des cas prévus à l'article R.* 132-8. — *[Décr. n° 2011-1832 du 8 déc. 2011, art. 4, al. 2.]*

CHAPITRE III COMMISSIONS ADMINISTRATIVES À CARACTÈRE CONSULTATIF

(Décr. n° 2015-1342 du 23 oct. 2015, en vigueur le 1er janv. 2016)

SECTION PREMIÈRE CHAMP D'APPLICATION

⚇⚇⚇Art. R.* 133-1⚇ Les dispositions du présent chapitre s'appliquent aux commissions administratives à caractère consultatif, quelle que soit leur dénomination, placées auprès des autorités de l'État et des établissements publics administratifs de l'État, à l'exception des autorités administratives indépendantes et des commissions créées pour l'application de l'ordonnance n° 58-1270 du 22 décembre 1958 portant loi organique relative au statut de la magistrature, de l'article 9 de la loi n° 83-634 du 13 juillet 1983 portant droits et obligations des fonctionnaires et des articles L. 4124-1 et R. 4124-1 à R. 4124-25 du code de la défense.

⚇Constituent des commissions administratives à caractère consultatif au sens du présent chapitre toutes les commissions ayant vocation à rendre des avis sur des projets de texte ou de décision même si elles disposent d'autres attributions.

⚇Les dispositions du présent chapitre ne s'appliquent ni aux commissions administratives à caractère consultatif composées exclusivement d'agents de l'État, ni aux instances d'étude ou d'expertise, ni aux organes créés au sein des établissements publics administratifs de l'État ou des services à compétence nationale pour assister leurs autorités compétentes dans l'exercice de leurs missions. *(Décr. n° 2016-663 du 24 mai 2016, art. 2)* «Elles ne s'appliquent pas non plus aux comités constitués pour entendre les personnes susceptibles d'être nommées à certains emplois publics.» — *[Décr. n° 2006-672 du 8 juin 2006, art. 1er.]*
⚇⚇

Jurisprudence rendue sous l'empire du Décr. n° 2006-672 du 8 juin 2006 relatif à la création, à la composition et au fonctionnement de commissions administratives à caractère consultatif, abrogé.

Le «comité des usagers» dont l'art. R. 216-8 C. aviat. prévoit la mise en place sur un aérodrome lorsque l'autorité compétente est amenée à prendre certaines décisions en matière de services d'assistance en escale entre dans le champ d'application du Décr. n° 2006-672 du 8 juin 2006. ● CE 10 juin 2011, *Sté Air France,* n°s 334011 et 334012 B.

SECTION II DURÉE MAXIMALE D'EXISTENCE

⚇⚇⚇Art. R.* 133-2⚇ Sauf lorsque son existence est prévue par la loi, une commission est créée par décret pour une durée maximale de cinq ans.
⚇Cette création est précédée de la réalisation d'une étude permettant notamment de vérifier que la mission impartie à la commission répond à une nécessité et n'est pas susceptible d'être assurée par une commission existante.

Cette commission peut être renouvelée dans les conditions prévues aux alinéas précédents.

La règle de durée limitée prévue au premier alinéa ne s'applique pas:

1° Aux commissions qui, outre leurs attributions consultatives, sont investies du pouvoir de prendre des décisions, de donner des avis conformes ou de faire des propositions ayant une portée contraignante à l'égard de l'autorité compétente;

2° Aux commissions mentionnées au Chapitre II du titre Ier du décret n° 2006-665 du 7 juin 2006 relatif à la réduction du nombre et à la simplification de la composition de diverses commissions administratives. — *[Décr. n° 2006-672 du 8 juin 2006, art. 2.]*

SECTION III RÈGLES DE FONCTIONNEMENT

Art. R. 133-3 Sous réserve de règles particulières de suppléance:

1° Le président et les membres des commissions qui siègent en raison des fonctions qu'ils occupent peuvent être suppléés par un membre du service ou de l'organisme auquel ils appartiennent;

2° Un membre désigné en raison de son mandat électif ne peut être suppléé que par un élu de la même assemblée délibérante;

3° Les personnalités qualifiées ne peuvent être suppléées. — *[Décr. n° 2006-672 du 8 juin 2006, art. 3.]*

Art. R. 133-4 Le membre d'une commission qui, au cours de son mandat, décède, démissionne ou perd la qualité au titre de laquelle il a été désigné est remplacé pour la durée du mandat restant à courir par une personne désignée dans les mêmes conditions. — *[Décr. n° 2006-672 du 8 juin 2006, art. 4.]*

Art. R. 133-5 La commission se réunit sur convocation de son président, qui fixe l'ordre du jour. Cette convocation peut être envoyée par tout moyen, y compris par télécopie ou par courrier électronique. Il en est de même des pièces ou documents nécessaires à la préparation de la réunion ou établis à l'issue de celle-ci.

La commission peut être également réunie dans les conditions prévues par le décret qui l'institue. — *[Décr. n° 2006-672 du 8 juin 2006, art. 5.]*

Art. R. 133-6 La commission peut, sur décision de son président, entendre toute personne extérieure dont l'audition est de nature à éclairer ses délibérations. Les personnes ainsi entendues ne participent pas au vote. — *[Décr. n° 2006-672 du 8 juin 2006, art. 6.]*

⬚⬚⬚Art. R. 133-7⬚ Lorsqu'une délibération destinée à recueillir l'avis de la commission sur un projet de texte législatif ou réglementaire est organisée selon les modalités prévues à l'article 3 de l'ordonnance n° 2014-1329 du 6 novembre 2014 relative aux délibérations à distance des instances administratives à caractère collégial, chaque membre peut demander que son opinion, telle qu'il l'aura exprimée par voie électronique, soit jointe au procès-verbal de la délibération.

⬚Le procès-verbal de la délibération rend compte de l'ensemble des votes exprimés et précise le sens de l'avis qui en résulte. Il comporte, en annexe, le projet soumis à la commission ainsi que les opinions mentionnées à l'alinéa précédent. Il est communiqué par voie électronique à l'ensemble des membres de la commission. — *[Décr. n° 2006-672 du 8 juin 2006, art. 8.]*

⬚⬚⬚Art. R. 133-8⬚ Sauf urgence, les membres de la commission reçoivent, cinq jours au moins avant la date de la réunion, une convocation comportant l'ordre du jour et, le cas échéant, les documents nécessaires à l'examen des affaires qui y sont inscrites. — *[Décr. n° 2006-672 du 8 juin 2006, art. 9.]*
⬚⬚

Plan des annotations
A. JURISPRUDENCE RENDUE SOUS L'EMPIRE DE L'ARTICLE 9 DU DÉCRET N° 2006-672 DU 8 JUIN 2006 RELATIF À LA CRÉATION, À LA COMPOSITION ET AU FONCTIONNEMENT DE COMMISSIONS ADMINISTRATIVES À CARACTÈRE CONSULTATIF, ABROGÉn[os] 1 et 2
B. JURISPRUDENCE RENDUE SOUS L'EMPIRE DE L'ARTICLE 11 DU DÉCRET DU 28 NOVEMBRE 1983, ABROGÉn[os] 3 et 4
A. JURISPRUDENCE RENDUE SOUS L'EMPIRE DE L'ARTICLE 9 DU DÉCRET N° 2006-672 DU 8 JUIN 2006 RELATIF À LA CRÉATION, À LA COMPOSITION ET AU FONCTIONNEMENT DE COMMISSIONS ADMINISTRATIVES À CARACTÈRE CONSULTATIF, ABROGÉ

1. Les dispositions du règlement intérieur d'une commission administrative ne peuvent déroger aux délais de convocation posés à l'art. 9 du Décr. n° 2006-672 du 8 juin 2006 relatif à la création, à la composition et au fonctionnement de commissions administratives à caractère consultatif. ● CE 10 juin 2013, *Cne de Conflans-Sainte-Honorine et a.*, n° 355791 B.
2. La portée de la méconnaissance des dispositions de l'art. 9 s'apprécie au regard de la grille d'analyse posée par la jurisprudence.● CE , ass., 23 déc. 2011, *Danthony et a.*, n° 335033: *Lebon* ● CE 10 juin 2013, *Cne de Conflans-Sainte-Honorine et a.*, n° 355791: *préc. note 1* ● CE 30 déc. 2015, *Centre indépendant d'éducation des chiens guides d'aveugles et a.*, n° 382756 B. ● CE 16 juill. 2014, *Féd. dptale des chasseurs de la Charente-Maritime et a.*, n° 363446 B.
B. JURISPRUDENCE RENDUE SOUS L'EMPIRE DE L'ARTICLE 11 DU DÉCRET DU 28 NOVEMBRE 1983, ABROGÉ

3. La procédure est régulière dès lors qu'est annexé à l'ordre du jour adressé aux membres de la commission départementale des carrières, dans le délai de cinq jours, le rapport de la direction régionale de l'industrie qui contient une analyse détaillée du projet et notamment de l'avis du commissaire-enquêteur, et ce même si les membres de la commission départementale des carrières n'ont reçu le rapport du commissaire-enquêteur que la veille du jour de la réunion.● CE 7 juill. 1997, *Cne de Villeparisis,* n° 159002 B. Même solution dès lors que les documents envoyés en temps utile étaient, par leur nature et leurs détails, suffisamment informatifs. ● CE , sect., 13 mars 1992, *Diadema,* n° 98709 B.

4. La procédure est irrégulière et l'arrêté pris à la suite doit être annulé, alors même que les visas de cet arrêté relatif aux programmes des enseignements des classes de seconde générale et technologique mentionnent que le conseil national des programmes a rendu son avis sur ce texte lors d'une séance particulière, alors qu'il ressort du compte rendu de cette séance que ledit texte, qui n'était d'ailleurs pas mentionné sur l'ordre du jour adressé aux membres, n'a pas été examiné par le conseil national des programmes au cours de cette séance.● CE 29 juill. 2002, *Sté des agrégés de l'université,* n° 237379. Annulation d'un arrêté abrogatif, pris à la suite d'une procédure irrégulière en violation de cet art. 11, alors même que des avis auraient été rendus antérieurement par l'organisme consultatif sur le précédent arrêté ainsi abrogé: impossibilité de se prévaloir d'avis antérieurs. ● Même décision.

☐☐☐

Art. R. 133-9☐ Lorsqu'il n'est pas suppléé, le membre d'une commission peut donner un mandat à un autre membre.

☐Sauf dispositions contraires, nul ne peut détenir plus d'un mandat. — *[Décr. n° 2006-672 du 8 juin 2006, art. 10.]*

☐☐

Art. R. 133-10☐ Le quorum est atteint lorsque la moitié au moins des membres composant la commission sont présents, y compris les membres prenant part aux débats au moyen d'une conférence téléphonique ou audiovisuelle, ou ont donné mandat.

☐Lorsque le quorum n'est pas atteint, la commission délibère valablement sans condition de quorum après une nouvelle convocation portant sur le même ordre du jour et spécifiant qu'aucun quorum ne sera exigé. — *[Décr. n° 2006-672 du 8 juin 2006, art. 11.]*

☐☐

Plan des annotations
A. JURISPRUDENCE RENDUE SOUS L'EMPIRE DE L'ARTICLE 11 DU DÉCRET N° 2006-672 DU 8 JUIN 2006 RELATIF À LA CRÉATION, À LA COMPOSITION ET AU FONCTIONNEMENT DE COMMISSIONS ADMINISTRATIVES À CARACTÈRE CONSULTATIF, ABROGÉn° 1
B. JURISPRUDENCE RENDUE SOUS L'EMPIRE DE L'ARTICLE 12 DU DÉCRET DU 28 NOVEMBRE 1983, ABROGÉnos 2 et 3

A. JURISPRUDENCE RENDUE SOUS L'EMPIRE DE L'ARTICLE 11 DU DÉCRET N°
2006-672 DU 8 JUIN 2006 RELATIF À LA CRÉATION, À LA COMPOSITION ET AU
FONCTIONNEMENT DE COMMISSIONS ADMINISTRATIVES À CARACTÈRE
CONSULTATIF, ABROGÉ

1. La délibération prise par une commission administrative lors d'une seconde
réunion, organisée en raison de l'absence de quorum lors de la première, dans
laquelle le quorum n'est pas atteint n'est pas régulière si l'ordre du jour de la
première réunion n'avait pas été régulièrement établi. ● CE 10 juin 2013, *Cne de
Conflans-Sainte-Honorine et a.,* n° 355791 B. Les vices ayant affecté,
préalablement à l'adoption d'un arrêté portant modification du dispositif de la
circulation aérienne en région parisienne, le déroulement de la consultation de
la commission consultative de l'environnement de l'aérodrome Paris-Charles de
Gaulle, qui ont conduit à ce que cette commission se prononce sans que la
condition de quorum ne soit remplie et alors que le mandat d'un grand nombre
de ses membres avait expiré, sur un projet complexe tardivement inscrit à
l'ordre du jour et soumis à la commission dans une version différente de celle
qui lui avait été précédemment présentée, ont été de nature à priver les
populations, les collectivités territoriales et les associations de riverains
concernées par les modifications de trajectoires des aéronefs, de la garantie que
constitue la consultation de cette commission. ● Même décision.
B. JURISPRUDENCE RENDUE SOUS L'EMPIRE DE L'ARTICLE 12 DU DÉCRET DU 28
NOVEMBRE 1983, ABROGÉ

2. Cette fixation du quorum coexiste avec la règle jurisprudentielle qui fixe le
quorum à la majorité des membres en exercice, soit à «plus de la moitié» ou «la
moitié plus un». ● CE , ass., 18 avr. 1969, *Meunié: Lebon 208* ● CE 12 oct. 1983,
Moreau: Dr. adm. 1983, n° 443 ● 5 juill. 1985, *Sarl Ipsos,* n° 61668: *Lebon 219;
AJDA 1985. 555, concl. Jeanneney; Dr. adm. 1986, n° 431* ● 11 juill. 1986, *Cne de
Montigny-le-Bretonneux: Dr. adm. 1986, n° 475* ● 27 mars 1987, *Sté des pompes
funèbres PLM,* n° 57573: *Lebon 112; Quot. jur. 28 nov. 1987. 9, note Moderne* ●
19 mai 2003, *Min. de la Défense,* n° 243787 .
3. La règle du quorum ne saurait s'appliquer aux organismes juridictionnels, pour
lesquels la loi seule peut fixer un quorum inférieur à la majorité de l'effectif de
ces organismes. ● CE , sect., 20 févr. 1953, *Armelin: Lebon 88; S. 1953. 3. 77,
note M. L.*
☐☐☐Art. R. 133-11☐ La commission se prononce à la majorité des voix des
membres présents ou représentés. Lorsqu'il a droit de vote, le président a voix
prépondérante en cas de partage égal des voix. — *[Décr. n° 2006-672 du 8 juin
2006, art. 12.]*
☐☐
Jurisprudence rendue sous l'empire de l'art. 12 du Décr. n° 2006-672 du 8 juin
2006 relatif à la création, à la composition et au fonctionnement de commissions
administratives à caractère consultatif, abrogé.

Ces dispositions n'ont ni pour objet ou pour effet d'imposer nécessairement qu'un vote soit organisé sur chacune des questions soumises à la consultation, mais seulement de préciser les modalités d'un tel vote lorsqu'il est organisé. • CE 8 juill. 2009, *Confédération générale du travail et a.*, n°s 317937, 318481, 318641, 319072, 319073 et 319074 B.

▨▨▨Art. R. 133-12▨ Les membres d'une commission ne peuvent prendre part aux délibérations lorsqu'ils ont un intérêt personnel à l'affaire qui en est l'objet. — *[Décr. n° 2006-672 du 8 juin 2006, art. 13.]*

▨▨

Jurisprudence rendue sous l'empire de l'art. 12 du Décr. du 28 nov. 1983, abrogé.

Art. proche de la jurisprudence antérieure relative à l'impartialité des organismes administratifs. • CE 5 oct. 1955, *Bernard: Lebon 463* • 20 janv. 1960, *Mazières: Lebon 37* • 7 juill. 1965, *Féd. nat. des transporteurs routiers: Lebon 413.*

▨▨

▨Art. R. 133-13▨ Le procès-verbal de la réunion de la commission indique le nom et la qualité des membres présents, les questions traitées au cours de la séance et le sens de chacune des délibérations. Il précise, s'il y a lieu, le nom des mandataires et des mandants.

▨Tout membre de la commission peut demander qu'il soit fait mention de son désaccord avec l'avis rendu.

▨L'avis rendu est transmis à l'autorité compétente pour prendre la décision. — *[Décr. n° 2006-672 du 8 juin 2006, art. 14.]*

▨▨

Jurisprudence rendue sous l'empire de l'art. 14 du Décr. du 28 nov. 1983, abrogé.

Dès lors qu'une commission a siégé dans une composition régulière, il importe peu que le procès-verbal ne mentionne pas la qualité de tous les membres ayant siégé. • CE 18 déc. 1991, *Synd. nat. de l'industrie pharmaceutique*, n° 86552: *Lebon 446.*

▨▨▨Art. R.* 133-14▨ Lorsqu'une commission administrative, quelle que soit sa dénomination, doit être obligatoirement consultée sur un projet de loi, de décret ou d'arrêté ministériel réglementaires, son avis est réputé rendu en l'absence d'avis exprès émis par elle dans un délai de cinq semaines à compter de sa saisine.

▨En cas d'urgence, notamment pour l'application d'une loi ou la mise en œuvre d'un règlement, d'une directive ou d'une décision de l'Union européenne, ce délai peut être fixé à quinze jours par le Premier ministre pour les avis sollicités sur les projets de loi ou de décret ou par le ministre compétent pour les avis sollicités sur les projets d'arrêté.

⬚En cas d'extrême urgence dûment motivée, ce délai peut être fixé à une durée inférieure par l'autorité mentionnée à l'alinéa précédent. La consultation des membres de la commission peut alors intervenir par tout moyen approprié permettant leur identification et leur participation effective à une délibération collégiale.

⬚Un délai supérieur à celui mentionné au premier alinéa du présent article peut, par exception et sans pouvoir excéder dix semaines, être prévu par décret en Conseil d'État et conseil des ministres.

⬚Les dispositions qui précèdent ne s'appliquent pas aux commissions prévues aux articles L. 1211-1, L. 1211-4-1 et L. 1212-1 du code général des collectivités territoriales. — *[Décr. n° 2006-672 du 8 juin 2006, art. 15.]*

⬚⬚

⬚Art. R.* 133-15⬚ L'abrogation ou la caducité des dispositions créant une commission dont l'avis est requis préalablement à une décision prise par l'autorité administrative entraîne celle des dispositions réglementaires prévoyant sa consultation. — *[Décr. n° 2006-672 du 8 juin 2006, art. 18.]*

⬚ *(Décr. n° 2018-785 du 12 sept. 2018, art. 24)* «Sauf dispositions législatives y faisant obstacle, lorsqu'elles ont pour seul objet de tirer les conséquences de l'abrogation ou de la caducité des textes créant une commission ou prévoyant sa consultation, les modifications des textes réglementaires relatifs à cette commission et à sa consultation peuvent être adoptées par décret.»

CHAPITRE IV ENQUÊTES PUBLIQUES

(Ord. n° 2015-1341 du 23 oct. 2015, en vigueur le 1ᵉʳ janv. 2016; Décr. n° 2015-1342 du 23 oct. 2015, en vigueur le 1ᵉʳ janv. 2016)

SECTION PREMIÈRE OBJET ET CHAMP D'APPLICATION

Art. L. 134-1 Sans préjudice de dispositions particulières figurant dans d'autres textes, le présent chapitre régit les enquêtes publiques qui doivent être organisées par l'administration et qui ne relèvent ni du code de l'expropriation pour cause d'utilité publique ni du code de l'environnement. — *[C. expr., art. L. 110-2.]*

Art. L. 134-2 L'enquête publique a pour objet d'assurer l'information et la participation du public ainsi que la prise en compte des intérêts des tiers lors de l'élaboration d'une décision administrative. Les observations et propositions recueillies au cours de l'enquête sont prises en considération par l'administration compétente avant la prise de décision.

SECTION II OUVERTURE DE L'ENQUÊTE

SOUS-SECTION 1 AUTORITÉ COMPÉTENTE

§ 1er AUTORITÉ PRÉFECTORALE

Art. R. 134-3 Lorsque l'enquête publique porte sur une opération qui concerne le territoire d'un seul département, elle est ouverte et organisée jusqu'à sa clôture par le préfet de ce département.

Art. R. 134-4 Lorsque l'enquête publique porte sur une opération qui concerne le territoire de plusieurs départements ou de départements de plusieurs régions, elle est ouverte par arrêté conjoint des préfets compétents.

Si le projet concerne principalement le territoire d'un de ces départements, le préfet de ce département est désigné dans l'arrêté pour coordonner l'organisation de l'enquête publique et en centraliser les résultats.

Dans les autres cas, l'arrêté conjoint peut désigner le préfet chargé de coordonner son organisation et d'en centraliser les résultats.

§ 2 AUTRES AUTORITÉS

Art. R. 134-5 Lorsqu'en application d'un texte particulier, l'enquête publique est ouverte par une autorité autre que l'une de celles mentionnées aux articles R. 134-3 et R. 134-4, cette autorité en assure également l'organisation jusqu'à la clôture, dans les conditions prévues par le présent chapitre, à l'exception de celles posées à l'article R. 134-14.

SOUS-SECTION 2 MODALITÉS

▢▢▢Art. R. 134-6▢ L'enquête publique est ouverte, selon les règles définies aux articles R. 134-7 à R. 134-9, soit à la préfecture du département, soit à la mairie de l'une des communes où doit être réalisée l'opération projetée en vue de laquelle l'enquête est demandée.

▢▢▢Art. R. 134-7▢ Lorsque l'opération projetée en vue de laquelle l'enquête publique est demandée doit être réalisée sur le territoire et pour le compte d'une seule commune, l'enquête est ouverte à la mairie de cette commune.

▢▢▢Art. R. 134-8▢ Lorsque l'opération projetée doit être réalisée sur le territoire d'une seule commune mais que l'enquête publique n'est pas ouverte à la mairie de cette commune, un double du dossier d'enquête est transmis au maire de cette commune par les soins du préfet afin qu'il soit tenu à la disposition du public.

▢▢▢Art. R. 134-9▢ Lorsque l'opération projetée doit être réalisée sur le territoire de plusieurs départements mais qu'elle concerne principalement l'un d'eux, l'enquête publique est ouverte à la préfecture du département sur le territoire duquel la plus grande partie de cette opération doit être réalisée.

▢▢▢Art. R. 134-10▢ Le préfet, après avoir consulté le commissaire enquêteur ou le président de la commission d'enquête, prévoit les conditions d'ouverture et de déroulement de l'enquête publique, par un arrêté, pris conformément aux modalités définies, selon les cas, à l'article R. 134-3 ou à l'article R. 134-4.
▢A cette fin, il définit l'objet de l'enquête, la date à laquelle celle-ci sera ouverte et sa durée, qui ne peut être inférieure à quinze jours. Il détermine également les heures et le lieu où le public pourra prendre connaissance du dossier et formuler ses observations sur un registre ouvert à cet effet. Ce registre, à feuillets non mobiles, est coté et paraphé par le commissaire enquêteur, le président de la commission d'enquête ou l'un des membres de celle-ci. Enfin, il désigne le lieu où siégera le commissaire enquêteur ou la commission d'enquête.
▢S'il en existe un, il peut indiquer l'adresse du site internet sur lequel les informations relatives à l'enquête pourront être consultées. Si cela lui paraît approprié, il peut prévoir les moyens offerts aux personnes intéressées afin qu'elles puissent communiquer leurs observations par voie électronique.

▢▢▢Art. R. 134-11▢ L'arrêté prévu à l'article R. 134-10 peut, en outre, ordonner le dépôt, pendant le délai et à partir de la date qu'il fixe, dans chacune des mairies des communes qu'il désigne à cet effet, d'un registre subsidiaire, à feuillets non mobiles, coté et paraphé par le maire, et d'un dossier sommaire donnant les caractéristiques principales des ouvrages les plus importants.

Lorsque certaines de ces communes sont situées dans un autre département que celui où l'opération projetée doit avoir lieu ou lorsque l'opération doit se dérouler sur le territoire de plusieurs départements, le préfet du département concerné fait assurer le dépôt des registres subsidiaires et des dossiers d'enquête, sauf si l'arrêté prévu à l'article R. 134-4 confie le soin d'y procéder au préfet désigné pour coordonner l'organisation de l'enquête.

Art. R. 134-12 Le préfet qui a pris l'arrêté prévu à l'article R. 134-10 fait procéder à la publication, en caractères apparents, d'un avis au public l'informant de l'ouverture de l'enquête dans deux journaux régionaux ou locaux diffusés dans tout le département ou tous les départements concernés. Cet avis est publié huit jours au moins avant l'ouverture de l'enquête. Il est ensuite rappelé dans les huit premiers jours suivant le début de celle-ci.
Lorsque l'opération projetée est d'importance nationale, cet avis est, en outre, publié dans deux journaux à diffusion nationale huit jours avant le début de l'enquête.

Art. R. 134-13 Huit jours au moins avant l'ouverture de l'enquête et durant toute la durée de celle-ci, l'avis prévu à l'article R. 134-12 est, en outre, rendu public par voie d'affiches et, éventuellement, par tout autre procédé, dans au moins toutes les communes sur le territoire desquelles l'opération projetée doit se dérouler. Cette mesure de publicité peut être étendue à d'autres communes.
Son accomplissement incombe au maire, qui doit le certifier.

Art. R. 134-14 Toutes les communes où doit être accomplie la mesure de publicité prévue à l'article R. 134-13 sont désignées par l'arrêté prévu à l'article R. 134-10.
Lorsque l'opération projetée doit se dérouler sur le territoire de plusieurs départements, le préfet de chaque département concerné, qui en est avisé, fait assurer la publication de l'avis dans ces communes selon les modalités prévues à l'article R. 134-13, sauf si l'arrêté prévu à l'article R. 134-4 confie le soin d'y procéder au préfet désigné pour coordonner l'organisation de l'enquête.

SECTION III DÉSIGNATION ET INDEMNISATION DU COMMISSAIRE ENQUÊTEUR OU DES MEMBRES DE LA COMMISSION D'ENQUÊTE

SOUS-SECTION 1 DÉSIGNATION

Art. R. 134-15 Sous réserve des cas où une autre autorité administrative est compétente pour y procéder, le préfet du département où doit se dérouler l'opération projetée en vue de laquelle l'enquête publique est demandée désigne, par arrêté, un commissaire enquêteur.

Lorsque cette opération doit se dérouler sur le territoire de plusieurs départements, cette désignation s'effectue par arrêté conjoint des préfets concernés. — *[C. expr., art. R. 111-2.]*

Art. R. 134-16 Le préfet peut désigner une commission d'enquête dont il nomme le président, le cas échéant selon les modalités prévues au second alinéa de l'article R. 134-15. Les membres de la commission d'enquête sont nommés en nombre impair. — *[C. expr., art. R. 111-3.]*

Art. R. 134-17 Le commissaire enquêteur ou les membres de la commission d'enquête sont choisis parmi les personnes figurant sur les listes d'aptitude prévues à l'article L. 123-4 du code de l'environnement.

Ne peuvent être désignées pour exercer les fonctions de commissaire enquêteur ou de membre de la commission d'enquête ni les personnes appartenant à l'administration de la collectivité ou de l'organisme bénéficiaire de l'opération projetée ou participant à son contrôle ni les personnes intéressées à celle-ci, soit à titre personnel, soit en raison des fonctions qu'elles exercent ou qu'elles ont exercées depuis moins de cinq ans. — *[C. expr., art. R. 111-4.]*

SOUS-SECTION 2 INDEMNISATION

⬜⬜⬜Art. R. 134-18⬜ Le commissaire enquêteur et les membres de la commission d'enquête ont droit à une indemnité, à la charge du maître d'ouvrage, qui comprend des vacations et le remboursement des frais qu'ils engagent pour l'accomplissement de leur mission. — *[C. expr., art. R. 111-6.]*

⬜⬜⬜Art. R. 134-19⬜ Sous réserve des cas où une autre autorité administrative les a désignés, le préfet ayant désigné le commissaire enquêteur ou les membres de la commission d'enquête détermine le nombre de vacations qui leur sont allouées sur la base du nombre d'heures que le commissaire enquêteur ou les membres de la commission déclarent avoir consacrées à l'enquête, en tenant compte des difficultés de l'enquête ainsi que de la nature et de la qualité du travail fourni.

⬜Il arrête, sur justificatifs, le montant des frais qui sont remboursés au commissaire enquêteur ou aux membres de la commission d'enquête.

⬜Il fixe le montant de l'indemnité, par un arrêté qu'il notifie au commissaire enquêteur ou aux membres de la commission d'enquête et au maître d'ouvrage.

⬜Lorsque le projet en vue duquel l'enquête publique est demandée doit se dérouler sur le territoire de plusieurs départements, la détermination de l'indemnisation s'effectue par arrêté conjoint des préfets concernés selon les modalités définies par les alinéas qui précèdent. — *[C. expr., art. R. 111-7.]*

⬜⬜⬜Art. R. 134-20⬜ Le maître d'ouvrage verse sans délai au commissaire enquêteur ou aux membres de la commission d'enquête le montant de l'indemnité arrêté conformément à l'article R. 134-19. — *[C. expr., art. R. 111-8.]*

⬜⬜⬜Art. R. 134-21⬜ Un arrêté conjoint des ministres chargés, respectivement, de l'environnement, de l'équipement et du budget et du ministre de l'intérieur fixe les modalités de calcul de l'indemnité. — *[C. expr., art. R. 111-9.]*

SECTION IV DOSSIER SOUMIS À L'ENQUÊTE PUBLIQUE

⬜⬜⬜Art. R. 134-22⬜ Le dossier soumis à l'enquête publique comprend au moins:

⬜1° Une notice explicative, qui indique l'objet du projet et les raisons pour lesquelles, parmi les partis envisagés, le projet soumis à l'enquête a été retenu, notamment du point de vue de son insertion dans l'environnement;

⬜2° Un plan de situation;

⬜3° La mention des textes qui régissent l'enquête publique et la ou les décisions pouvant être adoptées au terme de celle-ci;

⬜4° Les autorités compétentes pour prendre la ou les décisions pouvant être adoptées au terme de l'enquête;

5° Lorsqu'ils sont rendus obligatoires par un texte législatif ou réglementaire préalablement à l'ouverture de l'enquête, les avis émis sur le projet, sauf à organiser un autre mode de consultation s'ils sont très volumineux.

Art. R. 134-23 Lorsque l'enquête publique s'inscrit dans le cadre d'un projet de réalisation de travaux ou d'ouvrages, le dossier soumis à l'enquête comprend, outre les documents mentionnés à l'article R. 134-22, au moins:
1° Le plan général des travaux;
2° Les caractéristiques principales des ouvrages les plus importants;
3° L'appréciation sommaire des dépenses.

SECTION V OBSERVATIONS FORMULÉES AU COURS DE L'ENQUÊTE

Art. R. 134-24 Pendant le délai fixé par l'arrêté prévu à l'article R. 134-10, des observations sur le projet peuvent être consignées, par toute personne intéressée, directement sur les registres d'enquête, ou être adressées par correspondance, au lieu fixé par cet arrêté, au commissaire enquêteur ou au président de la commission d'enquête. Il en est de même des observations qui seraient présentées par les chambres d'agriculture, les chambres de commerce et d'industrie et les chambres de métiers et de l'artisanat. Les observations peuvent, si l'arrêté prévu à l'article R. 134-10 le prévoit, être adressées par voie électronique.
Toutes les observations écrites sont annexées au registre prévu à l'article R. 134-10 et, le cas échéant, au registre subsidiaire mentionné à l'article R. 134-11.
Indépendamment des dispositions qui précèdent, les observations sur le projet sont également reçues par le commissaire enquêteur, par le président de la commission d'enquête ou par l'un des membres de la commission qu'il a délégué à cet effet aux lieu, jour et heure annoncés par l'arrêté prévu à l'article R. 134-10, si l'arrêté en a disposé ainsi.

SECTION VI CLÔTURE DE L'ENQUÊTE

SOUS-SECTION 1 DISPOSITIONS GÉNÉRALES

▢▢▢Art. R. 134-25▢ A l'expiration du délai fixé par l'arrêté prévu à l'article R. 134-10, le ou les registres d'enquête sont, selon les lieux où ils ont été déposés, clos et signés soit par le maire, soit par le préfet qui a pris l'arrêté mentionné ci-dessus, soit par le préfet chargé de centraliser les résultats de l'enquête désigné conformément à l'article R. 134-4.

▢Le préfet ou le maire en assure la transmission, dans les vingt-quatre heures, avec le dossier d'enquête, au commissaire enquêteur ou au président de la commission d'enquête.

▢▢▢Art. R. 134-26▢ Le commissaire enquêteur ou le président de la commission d'enquête examine les observations recueillies et entend toute personne qu'il lui paraît utile de consulter. Pour ces auditions, le président peut déléguer l'un des membres de la commission.

▢Le commissaire enquêteur ou le président de la commission d'enquête rédige un rapport énonçant ses conclusions motivées, en précisant si elles sont favorables ou non au projet.

▢Le commissaire enquêteur ou le président de la commission d'enquête transmet le dossier et les registres assortis du rapport énonçant ses conclusions soit au préfet qui a pris l'arrêté prévu à l'article R. 134-10, soit au préfet chargé de centraliser les résultats de l'enquête désigné conformément à l'article R. 134-4.

▢▢▢Art. R. 134-27▢ Les opérations prévues aux articles R. 134-25 et R. 134-26 sont terminées dans un délai d'un mois à compter de l'expiration du délai d'enquête fixé par l'arrêté prévu à l'article R. 134-10. Il en est dressé procès-verbal soit par le préfet qui a pris l'arrêté prévu à l'article R. 134-10, soit par le préfet chargé de centraliser les résultats de l'enquête désigné conformément à l'article R. 134-4.

▢▢▢Art. R. 134-28▢ Une copie du rapport dans lequel le commissaire enquêteur ou la commission d'enquête énonce ses conclusions motivées est déposée à la mairie de la commune où s'est déroulée l'enquête ainsi que dans la ou les communes sur le territoire desquelles l'opération projetée faisant l'objet de l'enquête doit avoir lieu, par les soins soit du préfet qui a pris l'arrêté prévu à l'article R. 134-10, soit du préfet chargé de centraliser les résultats de l'enquête désigné conformément à l'article R. 134-4.

▢Une copie est, en outre, déposée dans toutes les préfectures des départements où sont situées ces communes selon les mêmes modalités.

SOUS-SECTION 2 DISPOSITIONS PARTICULIÈRES

▢▢▢Art. R. 134-29▢ Lorsque l'opération projetée doit être réalisée sur le territoire et pour le compte d'une seule commune, le registre d'enquête est clos et signé par le commissaire enquêteur ou le président de la commission d'enquête.

▢Le commissaire enquêteur ou le président de la commission, dans un délai d'un mois à compter de la date de la clôture de l'enquête, transmet au maire le dossier et le registre accompagnés de ses conclusions motivées.

▢▢▢Art. R. 134-30▢ Dans le cas prévu à l'article R. 134-29, si les conclusions du commissaire enquêteur ou de la commission d'enquête sont défavorables à l'opération projetée, le conseil municipal est appelé à émettre son avis par une délibération motivée dont le procès-verbal est joint au dossier transmis au préfet.

▢Faute de délibération dans un délai de trois mois à compter de la transmission du dossier au maire, le conseil municipal est regardé comme ayant renoncé à l'opération projetée.

SECTION VII COMMUNICATION DES CONCLUSIONS DU COMMISSAIRE ENQUÊTEUR OU DE LA COMMISSION D'ENQUÊTE

☐☐☐Art. L. 134-31☐ Les conclusions du commissaire ou de la commission chargée de l'enquête publique sont communiquées, sur leur demande, aux personnes intéressées.

☐☐☐Art. R. 134-32☐ Les demandes de communication, formées en application de l'article L. 134-31, des conclusions motivées du commissaire enquêteur ou de la commission d'enquête sont adressées au préfet du département où s'est déroulée l'enquête. Celui-ci peut soit inviter le demandeur à prendre connaissance de ces conclusions à l'une des mairies dans lesquelles une copie de ce document a été déposée, soit lui en adresser une copie, soit assurer la publication de ces conclusions, qui tient lieu de diffusion aux demandeurs.

SECTION VIII DISPOSITIONS SPÉCIFIQUES À LA PROTECTION DE SECRETS DE LA DÉFENSE OU DE LA SÉCURITÉ NATIONALES

(L. n⁰ 2020-1525 du 7 déc. 2020, art. 46-IV).

☐☐☐Art. L. 134-33☐ *(Ord. n° 2020-7 du 6 janv. 2020, art. 10)* Ne peuvent figurer dans un dossier soumis à enquête publique, ni être communiqués en application de l'article L. 134-31, mis à disposition du public ou soumis à consultation ou à participation du public:
☐1° Des éléments soumis à des règles de protection du secret de la défense nationale;
☐2° Des éléments nécessaires à la sauvegarde des intérêts de la défense *(L. n° 2020-1525 du 7 déc. 2020, art. 46-IV)* «ou de la sécurité nationales».

☐☐☐Art. L. 134-34☐ Lors d'une enquête publique organisée en application des dispositions du présent chapitre, le commissaire enquêteur ou le président et les membres de la commission d'enquête ne peuvent pénétrer dans les établissements, installations, terrains ou ports militaires mentionnés par l'article 413-5 du code pénal ou dans les zones protégées créées en application de l'article 413-7 du code pénal et des dispositions réglementaires prises pour son application que s'ils sont titulaires d'une autorisation délivrée dans les conditions prévues par ces dispositions.

☐☐☐Art. L. 134-35☐ *(Ord. n° 2020-7 du 6 janv. 2020, art. 10)* Il peut être dérogé à l'accomplissement d'une enquête publique régie par les dispositions de l'article L. 134-1, lorsqu'elle est rendue obligatoire par les dispositions qui lui sont applicables:

1° Pour les opérations soumises à des règles de protection du secret de la défense nationale et les servitudes qui leur sont associées;

2° Pour les opérations qualifiées d'opération sensible intéressant la défense nationale en application de l'article L. 2391-1 du code de la défense *(L. n° 2020-1525 du 7 déc. 2020, art. 46-IV)* «ou d'opération sensible intéressant la sécurité nationale en application de l'article L. 112-3 du code de la sécurité intérieure» et, le cas échéant, les servitudes qui leur sont associées.

CHAPITRE V PARTICIPATION DU PUBLIC AUX DÉCISIONS LOCALES

(Ord. n° 2015-1341 du 23 oct. 2015, en vigueur le 1er janv. 2016)

SECTION PREMIÈRE RÉFÉRENDUM LOCAL

Art. L. 135-1 Dans les conditions et selon les modalités prévues aux articles LO 1112-1 et suivants du code général des collectivités territoriales, l'assemblée délibérante d'une collectivité territoriale peut soumettre à référendum local tout projet de délibération tendant à régler une affaire de la compétence de cette collectivité.

SECTION II CONSULTATION LOCALE

Art. L. 135-2 Dans les conditions et selon les modalités prévues aux articles L. 1112-15 et suivants du code général des collectivités territoriales, les électeurs d'une collectivité territoriale peuvent être consultés sur les décisions que les autorités de cette collectivité envisagent de prendre pour régler les affaires relevant de la compétence de celle-ci.

LIVRE DEUXIÈME LES ACTES UNILATÉRAUX PRIS PAR L'ADMINISTRATION

(Ord. n° 2015-1341 du 23 oct. 2015, en vigueur le 1er janv. 2016;
Décr. n° 2015-1342 du 23 oct. 2015, en vigueur le 1er janv. 2016)

▨▨▨Art. L. 200-1▨ Pour l'application du présent livre, on entend par actes les actes administratifs unilatéraux décisoires et non décisoires.

▨Les actes administratifs unilatéraux décisoires comprennent les actes réglementaires, les actes individuels et les autres actes décisoires non réglementaires. Ils peuvent être également désignés sous le terme de décisions, ou selon le cas, sous les expressions de décisions réglementaires, de décisions individuelles et de décisions ni réglementaires ni individuelles.

TITRE PREMIER LA MOTIVATION ET LA SIGNATURE DES ACTES ADMINISTRATIFS

(Ord. n° 2015-1341 du 23 oct. 2015, en vigueur le 1er janv. 2016)

CHAPITRE PREMIER MOTIVATION

(Ord. n° 2015-1341 du 23 oct. 2015, en vigueur le 1er janv. 2016)

▨▨▨Art. L. 211-1▨ Le présent chapitre est applicable, outre aux administrations mentionnées au 1° de l'article L. 100-3, aux organismes et personnes chargés d'une mission de service public industriel et commercial, pour les décisions qu'ils prennent au titre de cette mission.

☐Il s'applique également aux relations entre les administrations. — *[L. n° 79-587 du 11 juill. 1979, art. 1ᵉʳ.]*

SECTION PREMIÈRE CHAMP D'APPLICATION MATÉRIEL

☐☐☐Art. L. 211-2☐ Les personnes physiques ou morales ont le droit d'être informées sans délai des motifs des décisions administratives individuelles défavorables qui les concernent.

☐A cet effet, doivent être motivées les décisions qui:

☐1° Restreignent l'exercice des libertés publiques ou, de manière générale, constituent une mesure de police;

☐2° Infligent une sanction;

☐3° Subordonnent l'octroi d'une autorisation à des conditions restrictives ou imposent des sujétions;

☐4° Retirent ou abrogent une décision créatrice de droits;

☐5° Opposent une prescription, une forclusion ou une déchéance;

☐6° Refusent un avantage dont l'attribution constitue un droit pour les personnes qui remplissent les conditions légales pour l'obtenir;

☐7° Refusent une autorisation, sauf lorsque la communication des motifs pourrait être de nature à porter atteinte à l'un des secrets ou intérêts protégés par les dispositions du *a* au *f* du 2° de l'article L. 311-5;

☐8° Rejettent un recours administratif dont la présentation est obligatoire préalablement à tout recours contentieux en application d'une disposition législative ou réglementaire. — *[L. n° 79-587 du 11 juill. 1979, art. 1ᵉʳ.]*

☐☐

2° DÉCISIONS QUI INFLIGENT UNE SANCTIONn[os] 33 à 36

3° DÉCISIONS QUI SUBORDONNENT L'OCTROI D'UNE AUTORISATION À DES CONDITIONS RESTRICTIVES OU IMPOSENT DES SUJÉTIONSn[os] 37 à 43

4° DÉCISIONS QUI RETIRENT OU ABROGENT UNE DÉCISION CRÉATRICE DE DROITSn[os] 44 à 52

5° DÉCISIONS OPPOSANT UNE PRESCRIPTION, UNE FORCLUSION OU UNE DÉCHÉANCEn° 53

6° DÉCISIONS REFUSANT UN AVANTAGE DONT L'ATTRIBUTION CONSTITUE UN DROITn[os] 54 à 61

7° DÉCISIONS QUI REFUSENT UNE AUTORISATIONn[os] 62 à 74

8° DÉCISIONS QUI REJETTENT UN RECOURS ADMINISTRATIF PRÉALABLE OBLIGATOIREn° 75

V. DÉCISIONS NE RELEVANT D'AUCUNE OBLIGATION DE MOTIVATIONn[os] 76 à 79

Jurisprudence rendue, sauf indication contraire, sous l'empire des art. 1er et 2 de la L. du 11 juill. 1979, abrogée.

I. EXIGENCES CONSTITUTIONNELLES ET CONVENTIONNELLES

1. Valeur constitutionnelle en matière de sanction. Les règles et principes de valeur constitutionnelle n'imposent pas par eux-mêmes aux décisions exécutoires émanant d'une autorité publique ou d'un organisme de sécurité sociale d'être motivées sauf pour les décisions prononçant une sanction ayant le caractère d'une punition. ● Cons. const. 27 nov. 2001, n° 2001-451 DC, consid. 40 ● 1er juill. 2004, n° 2004-497 DC.

2. Obligations résultant de textes communautaires. Le respect des exigences des dispositions des art. 28 et 30 de la directive 2004/38/CE du 29 avr. 2004 tenant à l'obligation de prise en compte préalable de la situation personnelle de l'intéressé et à la motivation des décisions d'éloignement forcé doit être apprécié au regard des dispositions et des règles de droit interne applicables, qui devaient être regardées, avant même l'insertion dans le CESEDA d'un art. L. 511-3-1 par la loi du 16 juin 2011, comme en assurant la complète transposition, dès lors notamment que l'obligation de quitter le territoire français est une mesure qui doit, en tant que telle, être motivée en application de l'art. 1er de la loi du 11 juill. 1979. ● CE 24 avr. 2013, *Mme Radu,* n° 351460. V. au contraire, pour des dispositions d'une directive prévoyant que l'auteur d'une déclaration d'utilité publique, une fois la décision d'octroi ou de refus prise, porte à la connaissance du public une information explicitant les motifs qui l'ont fondée, interprétées comme n'imposant une motivation en la forme qui serait une condition de légalité de cette dernière. ● CE 2 juin 2003, *Union féd. des consommateurs Que Choisir de Côte-d'Or et a.,* n° 243215 B: *AJDA 2003. 1978, note Hostiou.* V. également notes ss. l'art. L. 232-4.

II. ARTICULATION DE LA LOI AVEC LES AUTRES RÈGLES EN MATIÈRE DE MOTIVATION

A. MOTIVATION PRÉVUE PAR DES TEXTES SPÉCIAUX

3. Caractère supplétif de la loi du 11 juill. 1979. Ce n'est qu'en l'absence de dispositions législatives particulières donnant un autre fondement à l'obligation de motivation que doivent être motivées les décisions administratives mentionnées par la loi du 11 juill. 1979. ● CE 30 juill. 1997, *Sté Nouvelle Étude Berry et Attali,* n° 157313 B ● 30 juill. 1997, *Cne de Montreuil-sous.-Bois c/ Cts Breuil,* n° 160968: *Lebon 309* ● 13 oct. 2003, *Cne d'Altkirch,* n° 247676: *Lebon 630.* Par suite, le moyen tiré de la méconnaissance de la loi du 11 juill. 1979 est inopérant en présence d'une motivation s'imposant en vertu d'un texte spécial. – V. pour des décrets de dissolution des conseils municipaux. ● CE 19 janv. 1990, *Mme Bodin,* n° 93824: *Lebon 450; AJDA 1990. 125.* ... Ou une décision de préemption fondée sur le code de l'urbanisme. ● CE 16 déc. 1994, *Beckert,* n° 116465 B. ... Ou une déclaration d'inaptitude au travail prise par un médecin du travail ou par un inspecteur du travail se prononçant sur l'aptitude à la reprise d'un poste par un salarié après un accident du travail ou une maladie professionnelle. ● CE 3 déc. 2003, *Min. Équip., Transports, Logement, Tourisme, Mer c/ M. Bance,* n° 254000: *Lebon 467; AJDA 2004. 940.* ... La motivation de la décision du médecin du travail et de l'inspecteur du travail se prononçant sur l'aptitude d'un salarié à la reprise de son poste est entièrement régie par les dispositions du code du travail (art. L. 1226-2 et L. 4624-1 dans leur rédaction antérieure à la L. n° 2016-1088) à l'exclusion de l'art. 1er de la loi du 11 juill. 1979 codifié à l'art. L. 122-1 CRPA. ● CE 18 déc. 2017, *Mme Petitjean,* n° 405465 B.

4. Textes instituant un régime spécial de motivation. Tel est le cas pour des arrêtés préfectoraux d'hospitalisation d'office des malades mentaux (application concurrente des deux textes). ● CE , sect., 31 mars 1989, *Lambert,* n° 69547: *Lebon 110; AJDA 1989. 308, chron. Honorat et Baptiste.* Cependant, les décisions de maintien d'une mesure d'hospitalisation d'office sont au nombre des mesures de police qui doivent être motivées en application de l'art. 1er de la présente loi. ● CE 27 mai 2011, *M. et Mme K.,* n° 330267: *AJDA 2011. 1116, obs. Grand; ibid. 1786, concl. Landais.* De même, la suspension de l'agrément d'un assistant maternel ou familial, si elle doit être motivée en vertu des dispositions spéciales de l'art. L. 421-6 CASF, n'en relève pas moins du champ d'application de l'art. 1er de la L. n° 79-587 du 11 juill. 1979, désormais codifié à l'art. L. 211-2. ● CE 31 mars 2017, *Zemmam,* n° 395624.

Textes particuliers encore pour des sanctions disciplinaires infligées par le ministre de la Défense. ● CE 15 juin 2005, *M. P.,* n° 260676: *AJDA 2005. 1750.* ... Ou un arrêté préfectoral autorisant l'occupation temporaire d'un immeuble pour travaux. ● CE 15 déc. 2000, *Garzaro,* n° 198652. ... Ou un licenciement en fonction publique territoriale. ● CE 15 janv. 2001, *Dpt du Tarn-et-Garonne: Cah. fonct. publ. 2001. 34, chron. Guyomar.* ... Ou un arrêté de reconduite à la frontière. ● CE 10 déc. 2003, *Préfet du Bas-Rhin c/ M. Serik,* n° 250138 B: *AJDA 2004. 941.* ... Ou le refus d'inscrire un candidat sur la liste de qualification comme maître de conférences. ● CE 30 déc. 2002, *Mlle Nison,* n° 233043 B ● 30 déc. 2002, *Mme Gateaux,* n° 225515 B.

5. V. pour le cas particulier d'une obligation de motivation «impliquée» par des dispositions législatives, le cas des mises en demeure prononcées par le CSA sur le fondement de l'art. 42 de la L. du 30 sept. 1986 (lesquelles ne relèvent pas de la L. 11 juill. 1979 codifiée au CRPA). • CE 10 févr. 2017, *Sté Lagardère active Broadcast*, n° 391088.

6. Textes excluant toute motivation (refus de visa). Jugé que des lois spéciales, telles que l'Ord. du 2 nov. 1945, peuvent déroger à la loi de 1979: ainsi les refus de visa d'entrée en France pris par les autorités diplomatiques ou consulaires n'ont pas à être motivés. • CE 23 avr. 2003, *Chatou,* n° 225752. Lorsque le visa sollicité par un étranger lui est refusé en raison de la menace pour la sûreté de l'État que constitue sa présence et non en raison de son inscription au système d'information Schengen (SIS), la décision de refus n'a pas à être motivée. • CE 8 oct. 2001, *Mikhailov,* n° 221211 B. Mais dans les cas qu'elle énumère, la Commission de recours contre les décisions de refus de visa d'entrée en France est tenue, lorsqu'elle confirme un refus de visa opposé par une autorité diplomatique ou consulaire, de motiver sa décision. • CE 6 oct. 2008, *Dorofeev,* n° 289492: *Lebon 349; RFDA 2008. 1275.*

B. MOTIVATION IMPOSÉE PAR LA JURISPRUDENCE

7. Jurisprudence antérieure à la loi. Tel était le cas pour les actes pris par des organismes tels que des autorités professionnelles à caractère collégial. • CE , ass., 27 nov. 1970, *Agence maritime Marseille Frêt,* n° 74877: *Lebon 704; RD publ. 1971. 987, concl. Gentot; D. 1971. 344, note Pacteau; JCP 1971, n° 16757, note Moderne* • CE 13 nov. 1974, *Guizelin,* n° 90475: *Lebon 554; AJDA 1975. 28, chron. Franc et Boyon; RD publ. 1975. 1146.*

8. Jurisprudence confirmée après la loi. La jurisprudence antérieure est confirmée pour les autorités professionnelles à caractère collégial. Ainsi eu égard à la nature, à la composition et aux attributions de la Commission nationale d'équipement commercial, les décisions prises par cette commission doivent être motivées. • CE 25 sept. 1996, *Union des commerçants et artisans de Lamballe et CCI des Côtes-d'Armor,* n° 135388: *Lebon 32; AJDA 1997. 103, concl. Roul* • 30 juill. 2003, *SA Caen Distribution,* n° 227838 B: *AJDA 2003. 2036, concl. Schwartz.* Même solution, dans les mêmes termes, pour la Commission nationale d'aménagement commercial. • CE 4 oct. 2010, *Synd. commercial et artisanal de l'agglomération sénonaise et a.,* n° 333413: *Lebon 359; RFDA 2010. 1271.* Solution identique pour le Bureau central de tarification des assurances. • CE 19 janv. 1998, *SNC Grand Littoral,* n° 182447: *Lebon 16.* ... Et pour la commission des participations et des transferts (privatisations). • CE , ass., 29 juin 2001, *Goulier et Ste Jetline Inc,* n° 212347: *Lebon 291.* ... Mais non pour une commission d'avancement d'un corps de fonctionnaires qui ne présente pas ce caractère. • CE 9 juin 2000, *Dherine,* n° 205187 B.

III. APPLICATION AUX DÉCISIONS ADMINISTRATIVES INDIVIDUELLES

A. DÉCISIONS ADMINISTRATIVES

9. Exclusion des actes non décisoires. L'acte par lequel la Commission nationale des comptes de campagne et des financements politiques rejette un compte de campagne n'a pas le caractère d'une décision. ● CE 7 mai 1993, *Lallemand et a. (élect. rég. de la Réunion) et Commission nat. des comptes de campagne et des financements politiques,* n° 135815: *Lebon 146.* Les recommandations adressées à l'abonné par la commission des droits de la HADOPI sur la sécurisation de son accès à internet visée par l'art. L. 336-3 CPI n'ont pas, par elles-mêmes, le caractère de décisions. ● CE 19 oct. 2011, *French Data Network,* n° 342405: *Lebon 740.* La mise en demeure qui se borne à rappeler à l'intéressé qu'il utilise sans autorisation un local d'habitation à des fins professionnelles et à l'inviter en conséquence à rendre ce local à l'habitation n'est pas une décision. ● CE 29 nov. 2002, *Teboul,* n° 228664 B. Il en est de même pour l'acte par lequel la chambre régionale des comptes revient sur un avis précédemment exprimé sur l'inscription au budget d'une dépense obligatoire d'une commune. ● CE 2 oct. 1992, *Min. du Budget c/ SA Crédit immobilier de la Somme et Cne de la Chapelle-en-Serval,* n° 100933: *Lebon 351.*

10. Cas particulier des avis faisant grief. L'avis de la commission de validation pour l'accès aux emplois de chef de service, de directeur-adjoint et de sous-directeur des administrations centrales de l'État portant notamment sur le respect de la condition de huit ans doit être regardé comme une décision faisant grief et relève par suite des dispositions de la loi. ● CE 11 oct. 2004, *Chauveau,* n° 263349: *Lebon 368.*

B. CARACTÈRE INDIVIDUEL

11. Exclusion des actes réglementaires de l'obligation de motivation. Il en est ainsi des décisions d'habilitation ou de refus d'habilitation des universités à délivrer des diplômes nationaux. • CE 12 févr. 1982, *Université Paris VII,* n° 27097: *Lebon 69.* ... D'un décret de dissolution d'un établissement public industriel et commercial. • CE 5 juill. 1989, *Mme Saubot,* n° 87188: *Lebon 159; D. 1991. Somm. 143, obs. Llorens et Solers-Couteaux.* ... D'un arrêté interministériel portant constatation de l'état de catastrophe naturelle. • CE 14 mai 2003, *Ville d'Agen,* n° 235051: *Lebon 208* • 25 juin 2003, *Cne de Foulayronnes,* n° 242371. ... D'un arrêté du ministre de la Justice décidant la suppression d'un office notarial. • CE 17 déc. 2008, *Bernard,* n° 301634 B: *AJDA 2009. 501; JCP Adm. 2009. Actu. 10.* ... De l'interdiction de médicaments homéopathiques. • CE 30 juin 1999, *Mme Germain,* n° 202814 B. ... Du rétablissement temporaire du contrôle aux frontières intérieures de la zone Schengen. • CE 30 juill. 2003, *Assoc. Gurekin et coordination des comités de soutien aux prisonniers politiques basques,* n° 237649 B. ... Du re*jet d'une demande d'augmentation du nombre de taxis. • CE 27 juin 2007, *Synd. de défense des conducteurs de taxis parisiens,* n° 292855: *Lebon 278.* ... Du déremboursement partiel d'un médicament. • CE 20 mai 1988, *Sté Laboratoires de thérapeutique moderne,* n° 71519: *Lebon 198.* ... D'un arrêté portant règlement particulier d'un cours d'eau. • CE 3 juill. 1987, *Dubail et Assoc. L'eau vive,* n° 61915: *Lebon 244.* ... Des consignes de navigabilité des aéronefs. • CE 4 déc. 2009, *Sté Advanced Aerospace Designs,* n° 318981 B. ... Des conditions d'utilisation d'un aérodrome. • CE 29 avr. 2013, *Comité régional d'aéronautique d'Île-de-France,* n° 353220. Eu égard à sa nature d'acte général et impersonnel, la décision du ministre refusant d'abroger le rescrit n° 2012/25 n'avait pas à être motivée. • CE 3 nov. 2014, *Mme Kadoch, M. Dalmonego,* n° 382619.

12. Cas des actes ni réglementaires ni individuels. Catégorie que la jurisprudence ne distingue qu'exceptionnellement des situations dans lesquelles les décisions sont seulement regardées comme n'étant pas individuelles. V. pour la décision du directeur départemental du travail et, le cas échéant, du ministre du Travail, sur recours hiérarchique, fixant le nombre d'établissements distincts de chaque entreprise ainsi que la répartition des sièges entre les différents collèges électoraux. • CE 11 oct. 1985, *Féd. nat. des synd. des cadres des industries chimiques parachimiques et connexes et a.,* n° 55670 B.

13. Cas particulier des actes de tutelle. Après avoir affirmé que le moyen tiré de ce que la dissolution d'une chambre des métiers constitue une décision individuelle qui doit être motivée en application de la loi du 11 juill. 1979 créait un doute sérieux. ● CE , réf., 11 juill. 2001, *Ch. des métiers de la Haute-Corse,* n° 235001 B. ... Et jugé que l'acte de dissolution d'une chambre de métiers prévu par l'art. 17 du code de l'artisanat est une décision prise par les autorités de tutelle et n'entre dans aucune des catégories de décisions qui doivent être motivées en vertu de la loi du 11 juill. 1979. ● CE 29 avr. 2002, *Ch. des métiers de la Haute-Corse,* n° 235000: *Lebon 157.* Les décisions par lesquelles, en application des pouvoirs de tutelle qui lui sont reconnus par le CSS, l'autorité compétente de l'État refuse d'agréer une convention collective ou annule ou suspend la délibération d'un conseil d'administration ou d'une caisse de sécurité sociale doivent être regardées, selon les cas, soit comme refusant une autorisation, soit comme imposant des sujétions, et, par suite, être motivées en application des dispositions de l'art. 1er de la loi du 11 juill. 1979. ● CE 12 juin 2002, *Synd. interdptal de la protection sociale Rhône-Alpes CFDT,* n° 231800: *Lebon 210; AJDA 2002. 848, concl. Boissard.* La dissolution par l'autorité de tutelle du conseil d'administration d'une caisse primaire ou régionale de sécurité sociale n'a pas à être motivée. ● CE 30 mars 2005, *Union régionale des synd. CFDT de la Réunion,* n° 260782 B. Les refus d'agrément des accords collectifs de travail des établissements sociaux et médico-sociaux (CASF, art. L. 314-6) sont au nombre de ces décisions individuelles défavorables qui refusent une autorisation. ● CE 30 déc. 2009, *Assoc. de résidences pour personnes âgées dépendantes,* n° 323752 B.

14. Exclusions des actes ne présentant pas de caractère individuel. (V. également note 12). N'ont pas ce caractère et n'ont donc pas à être motivés: l'arrêté grevant une parcelle de servitudes, ni l'arrêté déclarant l'utilité publique, ni celui grevant les parcelles concernées de servitudes. • CE 7 nov. 1990, *Butant,* n° 89123 B. V. pour un arrêté préfectoral déclarant une opération d'utilité publique. • CE 11 févr. 1983, *Cne de Guidel,* n° 41233: *Lebon 54; AJDA 1983. 296, chron. Lasserre et Delarue; D. 1984. IR 194, chron. Bon.* V. pour un arrêté de cessibilité. • CE 4 mars 1994, *Mme Jonchère,* n° 84089 B. ... La répartition par un inspecteur du travail du personnel d'une entreprise dans les collèges électoraux. • CE 1ᵉʳ févr. 1993, *Min. Aff. soc. c/ Sté Vicat,* n° 98959: *Lebon 24; D. 1993. IR 570* • 13 nov. 2002, *SA Adecco travail temporaire,* n° 241161. ... La décision de classement d'un immeuble comme monument historique ou à l'inventaire supplémentaire. • CE 7 févr. 1992, *Min. de la Culture, de la Communication, des Grands Travaux et du Bicentenaire c/ SCI du Vieux Château et a.,* n° 118488 B • 5 mai 1993, *Cne de Mirecourt,* n° 109782 B • 8 juill. 2009, *Valette,* n° 308778. ... La décision par laquelle le préfet crée un établissement public de coopération intercommunale en application du code général des collectivités territoriales. • CE 18 déc. 2002, *Cne de Hyères-les-Palmiers,* n° 243453. ... L'arrêté par lequel le préfet étend le périmètre d'une communauté d'agglomération. • CE 18 déc. 2002, *Cne de Saint-Gély-du-Fesc et a.,* n°ˢ 244805, 244806 et 244861. ... Les arrêtés interministériels qui fixent le montant des transferts à la charge ou au bénéfice des différents régimes d'assurance vieillesse en application de l'art. L. 134-1 CSS. • CE 12 juin 2002, *Caisse autonome de retraite des médecins de France, Assoc. nat. des avocats honoraires,* n° 229599 B. ... Le décret de classement d'un site en application de la L. du 2 mai 1930, alors même qu'il entraîne des sujétions. • CE 4 juill. 1986, *Sté d'exploitation des sablières modernes,* n° 41006 B • CE , ass., 16 déc. 2005, *Gpt forestier des ventes de Nonant,* n° 261646: *AJDA 2006. 320, concl Aguila.* ... Une décision de création d'une zone d'aménagement différée (sol. impl.). • CE 18 nov. 1988, *Cne de Mireval,* n° 79628 B. ... Un arrêté préfectoral délimitant un périmètre d'insalubrité (sol. impl.). • CE 15 févr. 1989, *Carbon,* n° 81045: *Lebon 445.*

15. Cas des décisions collectives. La décision refusant l'ouverture d'un tableau d'avancement n'est pas au nombre des décisions individuelles dont la loi du 11 juill. 1979 prévoit la motivation. • CE 13 nov. 2002, *Troucelier,* n° 219359 B.

IV. DÉCISIONS DÉFAVORABLES

A. APPRÉCIATION DU CARACTÈRE DÉFAVORABLE

16. *Appréciation par rapport à ses destinataires.* L'appréciation du caractère défavorable d'une décision doit se faire en fonction des seules personnes physiques ou morales qui sont directement concernées par elle. ● CE 9 déc. 1983, *Vladescu,* n° 43407: *Lebon 497.* Ainsi, s'agissant d'une demande de changement de nom, cette qualité n'appartient qu'à l'auteur ou aux auteurs de la demande. ● Même décision. ... De même, pour une demande de transfert touristique de débit de boissons. ● CE 17 déc. 1986, *Dardenne,* n° 69715. Pour une demande d'ouverture d'une grande surface commerciale. ● CE 20 mars 1989, *Féd. des groupements de commerçants de la Haute-Savoie,* n° 72122. Pour les demandes d'autorisation de mise sur le marché de médicaments. ● CE , ass., 21 déc. 1990, *Assoc. pour l'objection à l'avortement,* n° 111417: *AJDA 1991. 159; RFDA 1990. 1065* ● 26 oct. 1992, *Conféd. nat. des assoc. familiales catholiques,* n° 110988. Pour une demande d'autorisation d'exploiter une carrière. ● CE 10 juin 1994, *SARL Fabrimaco,* n° 101929 B. Pour la demande de la compagnie Air France d'augmenter sa participation dans le capital d'Air Inter. ● CE 7 juin 1995, *Gaucher et a.,* n° 111153. Pour la demande de reconnaissance du caractère représentatif d'une organisation syndicale. ● CE 12 mai 1997, *Féd. nat. des parfumeurs détaillants,* n° 160541. Pour la demande d'une commune de se retirer d'un syndicat intercommunal. ● CE 7 juill. 2000, *Sictom dans la région d'Issoudun,* n°s 205842 et 210817: *Lebon 304.* Pour l'attribution des quotas de pêche à certaines organisations, qui n'ont pas un caractère défavorable que pour ces dernières. ● CE 11 févr. 2002, *Sté d'armement à la pêche Jégo-Quéré et a.,* n° 220569 B. Pour l'agrément ministériel d'une convention qui ne concerne que les syndicats qui en sont signataires. ● CE 26 févr. 2003, *Synd. CGT du personnel de l'assoc. «Les Genêts d'Or»,* n° 218950 B. Pour une demande d'une association souhaitant obtenir l'autorisation d'accepter une libéralité. ● CE 30 déc. 2009, *Mme Reilles et a.,* n° 297433 B.

17. *Appréciation au regard de l'objet et du sens de l'acte.* Eu égard à l'obligation faite à l'administration d'établir les impôts dus par tous les contribuables d'après leur situation au regard de la loi fiscale, les décisions par lesquelles elle met une imposition à la charge d'une personne physique ou morale ne peuvent, en dépit de la «sujétion» qui en résulte pour cette dernière, être regardées comme des décisions administratives individuelles «défavorables», au sens de l'art. 1er, préc., de la L. du 11 juill. 1979. ● CE , avis, 4 nov. 1992, *SA Lorenzy-Palanca,* n° 138380: *Lebon 390; JO 26 nov. 16207; JCP 1992, n° 65808.* V. également pour des décisions moins favorables que ce qu'aurait pu espérer l'intéressé: par ex une décision du Conseil supérieur de l'audiovisuel qui accorde une autorisation d'usage de fréquences pour la diffusion d'un service national de télévision par voie hertzienne (alors même qu'elle mentionne la possibilité pour le CSA de substituer à l'avenir de nouvelles fréquences aux fréquences accordées). ● CE 12 mai 2003, *Sté TF1,* n°s 247353 et 24833: *Lebon 205.*

B. CATÉGORIES DE L'ARTICLE L. 211-2 (ANCIENNEMENT ART. 1ER DE LA LOI DU 11 JUILLET 1979)

18. Obligation de motivation limitée aux actes entrant dans ces catégories. Dans son art. 1er, la loi du 11 juill. 1979 n'exige la motivation que des seules décisions administratives individuelles défavorables qu'elle énumère. ● CE , sect., 9 déc. 1983, *Vladescu*, n° 43407 ● 7 juill. 2000, *Sictom dans la région d'Issoudun*, n° 205842: *préc. note 16* ● 30 déc. 2009, *Reilles et a.*, n° 297433: *préc. note 16* ● 7 juill. 2010, *Sté d'imagerie médicale libérale du Littoral*, n° 323995 B.

1° DÉCISIONS QUI RESTREIGNENT L'EXERCICE DES LIBERTÉS PUBLIQUES OU, DE MANIÈRE GÉNÉRALE, CONSTITUENT UNE MESURE DE POLICE

19. Activités économiques. Une décision de veto du commissaire du gouvernement au versement de dividendes aux actionnaires d'une banque nationalisée. ● CE 18 mai 1984, *Sté La Participation mobilière et immobilière*, n° 48812: *Lebon 184; AJDA 1984. 513, concl. Dandelot.* Une décision qui suspend la commercialisation de certains produits (également mentionnée au titre des mesures de police). ● CE 7 juin 1985, *Sté Acopasa*, n° 62196: *Lebon 177; Dr. adm. 1985, n° 344.* Le refus d'autoriser l'agrandissement d'un supermarché. ● CE 23 nov. 1988, *Sté de distribution falaisienne*, n° 88773 B.

20. Protection des œuvres et monuments. Un refus d'autoriser l'exportation d'une œuvre d'art. ● CE 17 juin 1985, *Dauberville*, n° 54172: *Lebon 184; Dr. adm. 1985, n° 341.* ... Ou la décision par laquelle le ministre de la Culture retient au nom de l'État un objet présentant un intérêt national d'histoire ou d'art sur le point d'être exporté. ● CE 23 oct. 1996, *Le Pelletier de Rosanbo*, n° 159621 B. ... Un décret de classement d'un bien meuble comme monument historique. ● CE 24 janv. 1990, *Amon*, n° 103292: *Lebon 13; AJDA 1990. 420, concl. de Saint-Pulgent; Dr. adm. 1990, n° 139.*

21. Enseignement. Le rejet d'une demande d'admission en classe préparatoire aux grandes écoles doit être motivé à ce titre. ● CE , sect., 23 oct. 1987, *Cts Métrat*, n° 66977: *Lebon 320; AJDA 1987. 709, chron. Azibert et de Boisdeffre; ibid. 758, concl. Dael; Rev. adm. 1988. 40, note Pertek.* Mais n'est pas considéré comme une restriction à une liberté publique et n'a donc pas à être motivé le refus d'admettre un enfant de moins de six ans en classe primaire. ● CE , sect., 25 mars 1983, *Épx Mousset*, n° 28201: *Lebon 135; AJDA 1983. 296, chron. Lasserre et Delarue; D. 1983. 643, concl. Franc.* Les décisions par lesquelles le président d'une université refuse l'admission d'un étudiant en première (M1) ou en deuxième année de master (M2) ne constituent pas des décisions restreignant l'exercice des libertés publiques au sens du 1° de cet art. ● CE 21 janv. 2021, n° 442788 B.

22. Étrangers. Un décret d'extradition doit être motivé à ce titre. • CE , sect., 17 juin 1983, *Affatigato,* n° 28115: *Lebon 263; AJ 1983. 486, note Sur.* ... De même que les décrets prononçant la déchéance de la nationalité française. • CE 23 mai 1986, *Warzecka,* n° 58806: *Lebon 148.* Mais la décision par laquelle est refusée à un étranger l'acquisition de la nationalité française n'entre dans aucun des cas prévus par l'art. 1er de la loi du 11 juill. 1979 et n'a pas à être motivée en vertu de cette loi (elle doit désormais l'être en vertu d'un texte spécial). • CE 30 mars 1984, *Min. des Affaires sociales et de la Solidarité nationale c/ Abecassis,* n° 40735 B.

23. Autres domaines. Un décret de dissolution d'association. • CE 31 oct. 1984, *FANE,* n° 28070: *Lebon 476; D. 1985. 201, note C. S.* La décision refusant la délivrance ou le renouvellement d'un passeport, qui affecte la liberté d'aller et venir. • CE 8 déc. 2000, *Rahal,* n° 208583: *Lebon 587; RFDA 2001. 262.* Une interdiction d'affichage sur les panneaux syndicaux de trois publications d'une organisation professionnelle de la police (sol. impl.). • CE 24 janv. 1990, *Féd. professionnelle indépendante de la police,* n° 101234 B.

24. Mesures de police – Aspects généraux de la catégorie. Il résulte des termes mêmes de l'art. 1er, ainsi que le confirment d'ailleurs ses travaux préparatoires, que le législateur a entendu soumettre l'administration à l'obligation de motiver l'ensemble des décisions individuelles défavorables prises dans le but d'assurer l'ordre public, même quand elles relèvent d'une police spéciale et ne peuvent être regardées comme restreignant l'exercice d'une liberté publique. Il en est ainsi des décisions de refus de détention d'une arme de 4e catégorie. • CE 1er juill. 1987, *Min. de l'Intérieur et de la Décentralisation c/ Corbel,* n° 74419 B. Si toutes les mesures de police sont susceptibles de relever de cette catégorie, le refus de prendre une mesure de police ne peut être assimilé à une mesure de police, il n'a pas, par suite, à être motivé sur ce fondement: pour le refus de procéder à la fermeture administrative de l'établissement de spectacles, dit «Le Bataclan», présentée par des voisins. • CE 12 mars 1986, *Metzler,* n° 52101: *Lebon 70; D. 1986. 422, note Terneyre.*

25. Urbanisme. Un arrêté municipal motivé interruptif de travaux réalisés sans permis de construire ou contre ses restrictions doit être motivé. • CE 3 mai 2002, *Min. Équip., Transports, Logement,* n° 240853 • 10 mars 2010, *M. et Mme Thévenet c/ Cne de Jacou,* n° 324076 B: *AJDA 2010.1217, note Miranda.*

26. Installations classées. Les prescriptions édictées sur le fondement de l'art. L. 512-7 C. envir. au titre de la police des installations classées doivent être motivées. • CE 26 nov. 2010, *Sté ArcelorMittal France,* n° 323534 B.

27. *Polices sanitaires.* La décision prononçant le retrait de la consommation d'une carcasse d'un animal de boucherie, qui est une mesure de police sanitaire doit être motivée. • CE 7 mai 1993, *Min. Agriculture c/ SARL Cevlot,* n° 107221 B. Même solution pour une décision de retrait provisoire de l'autorisation de mise sur le marché de l'insecticide dénommé «Gaucho» et d'interdiction de la mise en culture des semences ainsi traitées, qui constitue une mesure individuelle de police sanitaire. • CE 29 déc. 1999, *Stés Rustica Prograin, Monsanto et a.,* n°s 206687 et 207303. Il en de même pour la mesure de suspension d'un produit à finalité sanitaire ou cosmétique. • CE 3 avr. 2002, *Sté Labo'Life España,* n° 232628: *Lebon 120.* V. néanmoins, pour un cas où une suspension de mise sur le marché a été regardée comme un acte réglementaire compte tenu de ses effets. • CE 1er août 2013, *Assoc. générale des producteurs de maïs et a.* n° 358103. V., pour les décisions de suspension conservatoire d'une activité comportant un risque d'exposition des personnes aux rayonnements ionisants prises par l'Autorité de sûreté nucléaire. • CE 26 janv. 2015, *SCP Nodee-Noël-Nodee-Lanzetta,* n° 375839.

28. *Personnes atteintes de troubles mentaux.* L'arrêté du maire ordonnant, sur le fondement de l'art. L. 344 CSP, l'internement provisoire d'une personne atteinte d'aliénation mentale (mention également de l'atteinte aux libertés publiques) doit être motivé. • CE 31 mars 1989, *Min. de l'Intérieur et de la Décentralisation et Lambert,* n° 69547: *Lebon 110.* Il en de même pour l'admission provisoire en soin psychiatrique sur le fondement de l'art. L. 3213-2 CSP. • CE 13 mars 2013, *Préfet de police c/ Ravier,* n° 354976. ... Pour l'arrêté préfectoral prononçant le transfert d'un malade placé d'office d'un établissement psychiatrique vers un autre. • CE 25 mai 1994, *Maire de la Cne de Saint-Chamond et a.,* n° 143702 B. ... Pour le maintien d'une mesure d'hospitalisation d'office. • CE 27 mai 2011, *M. et Mme Kupferstein,* n° 330267 B: *AJDA 2011. 1116, obs. Grand; AJDA 2011. 1786, concl. Landais.*

29. *Publications destinées aux mineurs.* L'interdiction de vente d'une revue aux mineurs, ainsi que l'interdiction d'exposition et toute publicité doivent être motivées. • CE 20 juin 1990, *Sté des éditions Comtel,* n° 97322 • 29 mars 1996, *Cornilleau,* n° 123302: *Lebon 105.* Il en va de même pour l'arrêté portant refus de vente de revues aux mineurs. • CE 19 janv. 1990, *Sté française des revues SFR et Éditions de La Fortune,* n° 87314: *Lebon 553; AJDA 1990. 93, chron. Honorat et Baptiste.*

30. Activités économiques. La mesure conservatoire prise par la commission de contrôle des mutuelles et des institutions de prévoyance, sur le fondement de l'art. L. 510-8 C. mut., à l'égard d'une mutuelle doit être motivée. ● CE 12 juin 2002, *Caisse de décès «Union d'épargne d'Alsace et de Lorraine»,* n° 240741 B. De même pour l'annonce faite par la COB qu'elle ne donnera plus son accord à la nomination du cabinet d'un expert-comptable aux fonctions de commissaire aux comptes d'OPCVM. ● CE 29 avr. 2009, *Courtade,* n° 293673 B. ... Pour les mesures conservatoires prises en application du 3e al. de l'art. L. 510-9 C. mut. ● CE 30 mars 2007, *Union déptale des mutuelles de Guadeloupe,* n°s 269102 et 271896. ... Pour le refus d'autorisation d'un spectacle. ● CE 5 déc. 1984, *Sté Émeraude Show,* n° 49448 B. ... Pour une décision relative à l'exploitation des taxis. ● CE 13 mars 1985, *Ville de Strasbourg,* n° 50265: *Lebon 468; RD publ. 1986. 261.* ... De même pour le refus d'autoriser l'ouverture de postes d'enregistrement du PMU. ● CE 7 oct. 1987, *Min. Agriculture c/ Abbad,* n° 70223: *Lebon 303; Dr. adm. 1987, n° 576.* ... Pour la fermeture d'un débit de boissons. ● CE 1er oct. 1993, *Min. Intérieur c/ Mme Gomez,* n° 116772 B: *RD publ. 1994. 585.*

31. Étrangers. Un arrêté de reconduite à la frontière pris par le préfet sur le fondement d'un signalement aux fins de non-admission opéré par un État partie à la Convention de Schengen sur le fondement de l'art. L. 531-3 CESEDA, qui est une mesure soumise à un régime particulier par rapport à celui ordinairement appliqué aux mesures d'éloignement frappant les étrangers en situation irrégulière, doit être motivé. ● CE 24 nov. 2010, *M. Eddomairi,* n° 344411: *Lebon 454; AJDA 2011. 804, note Lecucq.* La motivation d'une décision portant obligation de quitter le territoire se confond avec celle du refus ou du retrait du titre de séjour duquel elle découle nécessairement, et par suite, est écarté le moyen tiré d'une contrariété avec la Conv. EDH de la loi dispensant l'OQTF de motivation. ● CE, avis, 19 oct. 2007, *Hammou et Benabdelhak,* n° 306821: *Lebon 426; AJDA 2007. 2009.* Bien que distincte, l'obligation de présentation à laquelle un étranger est susceptible d'être astreint sur le fondement de l'art. L. 513-4 CESEDA est une décision concourant à la mise en œuvre de l'obligation de quitter le territoire français. Sa motivation peut, outre la référence à cet article, se confondre avec celle de l'obligation de quitter le territoire français assortie d'un délai de départ volontaire. ● CE 23 juill. 2012, *Zhang,* n° 359496: *AJDA 2012. 1483.* ... La décision par laquelle le préfet fixe le pays de renvoi d'un étranger appelé à quitter le territoire. ● CE 27 mars 2001, *Min. Intérieur c/ Ahmed Djalout,* n° 231735: *Lebon 158* ● 30 déc. 2002, *Butuner,* n° 246784. Le refus d'abroger un arrêté d'expulsion constitue une mesure de police qui doit être motivée (sol. impl.). ● CE 5 févr. 1990, *Sad,* n° 87012 B. Les arrêtés de reconduite à la frontière doivent être motivés. ● CE, sect., 19 avr. 1991, *Préfet de police de Paris c/ Demir,* n° 120435: *Lebon 149; AJDA 1991. 641; D. 1991. 406, note Prétot.* Le refus de renouveler le titre de séjour provisoire. ● CE 30 juin 1982, *Malley,* n° 34021: *Lebon 504.* Le refus, par les autorités françaises à l'étranger, de délivrer un visa d'entrée aux étrangers, qui peut être fondé sur toute considération d'intérêt général, et non seulement sur des motifs tirés de l'ordre public. ● CE 28 févr. 1986, *Ngako Jeuga,* n° 41550: *Lebon 49; Dr. adm. 1986, n° 215; Rev. adm. 1986. 257, note Pacteau* (sol. reprise par art. 16 L. du 9 sept. 1986, sur l'entrée et le séjour des étrangers en France).

32. Autres cas. Le refus d'un maire d'autoriser l'atterrissage d'un hélicoptère. • CE 10 déc. 1993, *Mme Maes,* n° 107309 B. La décision d'un préfet restreignant ou suspendant pour motifs médicaux la validité d'un permis de conduire. • CE 10 mai 1995, *Min. Équip. c/ Gravey,* n° 127339: *Lebon 202* • 10 mai 1995, *Auriol,* n° 121113: *Lebon 203* • 19 juill. 2017, *Min. de l'Intérieur c/ Vidal,* n° 393408 B. La décision du préfet suspendant le permis de conduire à titre provisoire, jusqu'à la décision du juge pénal, lorsque l'infraction constatée est assortie de la peine complémentaire de suspension du permis. • CE 8 sept. 2016, *Min. de l'Intérieur c/ Aboualiata,* n° 390438 B. La suspension du permis de conduire dans les 72 heures de la rétention de ce permis, sur le fondement de l'art. L. 224-2 C. route. • CE 18 déc. 2017, *Min. de l'Intérieur c/ Mme Radelet,* n° 409694 B. L'arrêté d'un président de conseil général prescrivant la fermeture d'un établissement d'hébergement de personnes âgées. • CE 29 déc. 1995, *Mlle Cabrera,* n° 147685 B. Les plans de chasse institués lorsqu'ils comportent, pour une espèce, un refus ou une attribution inférieure à la demande. • CE 8 juin 1998, *Pelletier et Secrétaire d'État chargé de l'environnement,* n° 115535 B. Les décisions qui ordonnent des perquisitions, sur le fondement de l'art. 11 de L. du 3 avr. 1955 relative à l'état d'urgence, présentent le caractère de décisions administratives individuelles défavorables qui constituent des mesures de police. Comme telles, et ainsi que l'a jugé le Conseil constitutionnel dans sa décision n° 2016-536 QPC du 19 févr. 2016, elles doivent être motivées en application de l'art. 1er de L. n° 79-587 du 11 juill. 1979, désormais codifié à l'art. L. 211-2. • CE , ass., 6 juill. 2016, *Napol et a.,* n°s 398234 et 399135: *Lebon.* La décision par laquelle l'autorité administrative prononce la suspension de l'agrément d'un assistant maternel ou familial constitue une mesure de police administrative prise dans l'intérêt des enfants accueillis. Si elle doit être motivée en vertu des dispositions spéciales de l'art. L. 421-6 CASF, elle n'en relève pas moins du champ d'application de l'art. 1er de la loi n° 79-587 du 11 juill. 1979, désormais codifié à l'art. L. 211-2 CRPA. • CE 31 mars 2017, *Mme Z,* n° 395624 B.

2° DÉCISIONS QUI INFLIGENT UNE SANCTION

33. Pénalités financières. Des états exécutoires émis pour le recouvrement de pénalités au bénéfice de l'Office national d'immigration doivent être motivés. ● CE 9 oct. 1989, *Sté civ. agricole du Breuil,* n° 81228: *Lebon 444.* De même pour la décision par laquelle l'administration astreint les employeurs à un versement au Trésor public pour non-respect de leurs obligations relatives à l'emploi des handicapés. ● CE 4 juin 1997, *Sté Cap Île-de-France,* n° 169051: *Lebon 203.* De même pour la pénalité financière prononcée en application de l'art. L. 162-17-4 CSS par le Comité économique des produits de santé. ● CE 30 janv. 2008, *Sté laboratoires Mayoly Splindler,* n° 297828: *Lebon 11; AJDA 2008. 227.* V. à propos des sanctions fiscales. ● CE 13 oct. 1986, *SA Pessac Automobiles,* n° 44193 B ● 17 févr. 1992, *Épx Vermeersch,* n° 58299: *Lebon 62* ● 7 déc. 1994, *Épx Tournier,* n° 122147 B: *Dr. adm. 1995, n° 119* ● 26 janv. 2000, *Agostinelli,* n° 168923 B. De même pour la pénalité fiscale prévue à l'art. 1763 A CGI. ● CE 5 juin 2002, *Min. Économie, Finances et Industrie c/ SARL Link,* n° 201066 ● 6 mai 1996, *Colomer,* n° 134415 B.

34. Sanctions disciplinaires (agents publics). Les sanctions disciplinaires applicables aux fonctionnaires (étant rappelé que le statut général prescrit la motivation de ces mesures) sont à motiver: la mise en position de non-activité par retrait d'emploi constituant l'une des sanctions statutaires applicables aux militaires de carrière. ● CE 6 nov. 1981, *Pauc,* n° 27784 B. Le placement d'un sous-préfet hors cadre afin de sanctionner son comportement, et alors même que la décision pouvait être légalement justifiée par des raisons tirées de l'intérêt du service. ● CE 20 déc. 2000, *Treyssac,* n° 197739: *Lebon 651; RFDA 2001. 276.* La décision déchargeant de ses fonctions un fonctionnaire territorial occupant un emploi fonctionnel (décision évoquant le caractère de sanction et d'abrogation d'une décision créatrice de droit). ● CE 3 mai 1993, *Camy-Peyret,* n° 119805 B. Le licenciement d'un maître auxiliaire motivé par des faits constitutifs en réalité de fautes disciplinaires. ● CE 19 déc. 1990, *Kromwell,* n° 85669: *Lebon 546.* La décision par laquelle un agent public est radié des cadres pour abandon de poste (rattachement implicite à la catégorie des sanctions et des mesures abrogeant des décisions créatrices de droit). ● CE 30 janv. 1991, *Mme Camier,* n° 92845: *Lebon 665.*

35. Ne constituent pas des sanctions disciplinaires: la suspension d'un fonctionnaire compte tenu de son caractère conservatoire. • CE 7 nov. 1986, *Edwige,* n° 59373: *Lebon 350; Dr. adm. 1986, n° 633; Quot. jur. 30 janv. 1986. 3, note Moussa.* ... Le cas particulier d'un chef de service hospitalier. • CE 15 déc. 2000, *Vankemmel et a.,* n° 194807: *Lebon 630; RFDA 2001. 275* • 8 mars 2006, *Mme Marguerite X,* n° 262129. De même, la décision d'un ambassadeur enjoignant à un agent diplomatique de quitter immédiatement son poste et de regagner Paris, dans le seul intérêt du service, avait le caractère d'une mesure conservatoire et ne figure pas au nombre des décisions administratives défavorables dont la loi du 11 juill. 1979 impose la motivation. • CE 15 nov. 2000, *Dahan,* n° 186801 B. Ne constitue pas une mesure qui inflige une sanction la décision du président de la République de retirer les fonctions de procureur général près la cour d'appel de Paris pour conférer celles d'avocat général à la Cour de cassation. • CE , sect., 19 avr. 1991, *M. Monnet,* n° 102016: *Lebon 150; AJDA 1991. 557, concl. Lamy.* Ne constitue pas davantage une sanction disciplinaire la décision par laquelle l'autorité qui en est chargée détermine, dans les conditions fixées par les textes applicables, le montant des indemnités d'un magistrat au regard de sa contribution au bon fonctionnement du service public de la justice, et ne doit donc pas être motivée. • CE 23 nov. 2005, *Mme Bel,* n° 275515 B: *AJDA 2006. 455.* De même un arrêté mettant fin au détachement d'un commissaire de police et le réintégrant dans son corps d'origine n'étant constitutif ni d'une sanction disciplinaire ni d'une mesure prise en considération de la personne n'a pas à être motivé. • CE 12 mai 2003, *Goujon,* n° 236886. ... Ni un arrêté mettant fin aux fonctions d'un sous-préfet, lorsque la décision est prise dans le seul intérêt du service. • CE 23 avr. 2009, *Guigue,* n° 316682. ... Ni la décision de mettre fin aux fonctions du délégué du préfet au sein de la commission de révision des listes électorales. • CE 13 nov. 1992, *Préfet de Haute-Corse,* n° 136450: *Lebon 401.* Plus généralement, les mutations d'office des fonctionnaires n'ont pas à être motivées. • CE 21 oct. 1983, *Garde des Sceaux, Min. de la Justice c/ Poinçon,* n° 39921: *Lebon 419.*

36. Autres cas de figure. Doit être motivé le décret prononçant à l'encontre d'un membre de la Légion d'honneur la peine disciplinaire de la suspension de l'exercice des droits et prérogatives attachés à cette qualité «pour actes contraires à l'honneur». ● CE 7 déc. 1983, *Brassié,* n° 52620 B. De même, la décision de mise hors convention d'un médecin par une caisse primaire d'assurance maladie. ● CE 26 mai 1993, *CPAM des Deux-Sèvres,* n° 87788 B. De même, l'arrêté préfectoral qui suspend ou retire l'agrément d'un centre de contrôle technique des véhicules automobiles, qui peut légalement revêtir le caractère soit d'une mesure de police, soit d'une sanction administrative infligée dans un but répressif selon le cas est à motiver au titre des sanctions lorsqu'il a été pris dans ce dernier but. ● CE , sect., 14 nov. 2012, *Sté Auto Bilan France,* n° 345607: *AJDA 2013. 325; JCP Adm. 2012. Actu. 799.* Une mise en demeure délivrée par le Conseil supérieur de l'audiovisuel à un bénéficiaire d'une autorisation d'émettre, lié à lui par convention, ne constitue pas une sanction. ● CE 30 août 2006, *Assoc. Free Dom,* n° 27686. La décision de l'administration fiscale mettant à la charge d'un contribuable, mentionné au 4 *bis* de l'art. 158 CGI des impositions supplémentaires résultant de la perte pour mauvaise foi de l'abattement dont il avait bénéficié constitue une sanction au sens de la loi du 11 juill. 1979 qui doit être motivée. ● CE 28 mai 2014, *M. et Mme Matallah,* n° 351935. Les «mesures de bon ordre» appliquées aux personnes détenues mineures, prévues par une note du garde des Sceaux du 19 mars 2012, ne constituent pas des sanctions et n'ont pas à être motivées ni à être précédées d'une procédure contradictoire. ● CE 24 sept. 2014, *Assoc. Ban public,* n° 362472.

3° DÉCISIONS QUI SUBORDONNENT L'OCTROI D'UNE AUTORISATION À DES CONDITIONS RESTRICTIVES OU IMPOSENT DES SUJÉTIONS

37. Exercice du droit de préemption. Une décision de préemption impose des sujétions. ● CE 30 juill. 1997, *Cne de Montreuil-sous-Bois,* n° 160968: *Lebon 309* ● 13 oct. 2003, *Cne d'Altkirch,* n° 247676 B: *BJDA 5/2003. 378, concl. Devys.* Les décisions de préemption prises sur le fondement de l'art. L. 142-3 C. urb. dans les zones de préemption créées au titre des espaces naturels sensibles doivent, en application de l'art. 1er de la loi du 11 juill. 1979, être motivées. ● CE 30 avr. 2014, *Cne des Saintes-Maries-de-la-Mer,* n° 360794. Si, par les sujétions qu'elles imposent, les décisions faisant application d'un droit de préemption doivent être motivées, il n'en va pas de même de la décision par laquelle une commune, informée de l'intention de la SNCF d'aliéner des dépendances de son domaine privé, déclare son intention de se porter acquéreuse des parcelles concernées. ● CE 2 oct. 2006, *Cne de Magny-en-Vexin c/ Thomassin,* n° 278446: *Lebon; AJDA 2006. 1868.*

38. Permis de construire. Une décision accordant un permis de construire assorti de prescriptions spéciales n'est pas au nombre des décisions administratives défavorables qui doivent être motivées en vertu de cette loi, mais en vertu du 3e al. de l'art. R. 421-29 C. urb., la motivation exigée par ces dispositions pouvant résulter directement du contenu même des prescriptions. ● CE 17 juin 1996, *SARL Scierie du Ternois et a.,* n° 108304 B. V. aussi ● CE 4 janv. 1985, *Sté Serdi et a.,* n° 41301: *Lebon 1.*

39. Autorisations d'usage des fréquences. Ne présente pas le caractère d'une décision défavorable la décision de la CNCL qui accorde une autorisation d'usage de fréquence dont la puissance serait regardée comme insuffisante par son titulaire. ● CE 20 mars 1991, *Assoc. Foyer rural du Valois Multien,* n° 92028 B. De même, n'obéit pas à la définition et n'a donc pas à être motivée la décision du CSA accordant à une radio privée l'autorisation d'utiliser une fréquence pour une durée inférieure à la durée maximale fixée par la loi. ● CE 26 juin 1996, *Assoc. «Radio Alpes Info»,* n° 132215: *Lebon 244.*

40. Mesures concernant les détenus. Une mesure de transfert d'un détenu d'un établissement pour peines à une maison d'arrêt emporte des sujétions et doit donc être motivée. ● CE , ass., 14 déc. 2007, *Garde des Sceaux, Min. Justice c/ M. Boussouar,* n° 290730: *Lebon 495; AJDA 2008. 128,* chron. Boucher et Bourgeois-Machureau; *D. 2008. 820,* note Herzog-Evans. *Contra:* une décision de placement d'un détenu à titre préventif en cellule disciplinaire reste une mesure d'ordre intérieur. ● CE 12 mars 2003, *Garde des Sceaux c/ Frérot,* n° 237437: *Lebon 121; AJDA 2003. 1271,* obs. Olson; *RFDA 2003. 1012,* note Céré; *D. 2003. 1585,* note Péchillon. Eu égard à sa nature et à ses effets, la décision par laquelle le directeur du centre de détention affecte temporairement un détenu du régime différencié dans un secteur de détention dit «portes fermées» n'entre dans aucune des catégories de décisions qui doivent être motivées. ● CE 28 mars 2011, *Garde des Sceaux, Min. de la Justice c/ Bennay,* n° 316977: *Lebon 137.* La décision maintenant un détenu en régime différencié n'entre dans aucune des catégories de décisions qui doivent être motivées en application de l'art. 1er. ● CE 6 déc. 2012, *Garde des Sceaux, Min. de la Justice et des Libertés,* n° 344995: *AJDA 2012. 2352.*

41. Fonction publique. La décision par laquelle le ministre de la Défense déclare l'activité lucrative envisagée par un ancien militaire dans une entreprise incompatible avec l'art. 35 de la loi du 13 juill. 1972 impose des sujétions. ● CE 27 nov. 2002, *Wanecque,* n° 221871: *Lebon 410; AJDA 2003. 405; AJFP 2003. 37.* Au contraire, une demande de remise de la «pantoufle» à la charge des fonctionnaires quittant l'administration avant la fin de leur engagement de servir n'a pas à être motivée. ● CE 2 déc. 1983, *Barré,* n° 38391 B.

42. *Aide sociale.* La décision de récupération sur une succession de sommes versées au titre de l'aide sociale doit être motivée. ● CE 30 mars 2001, *Cts Rothenberger,* n° 208934. La décision de récupération des sommes indûment versées au titre de l'allocation de revenu de solidarité active (RSA) est au nombre des décisions imposant une sujétion au sens de la loi du 11 juillet 1979. ● CE 16 oct. 2013, *Baillemont,* n° 368174: *Lebon.* Analyse confirmée sous l'empire du CRPA: ● CE 8 juill. 2019, *Mme Antoniotti,* n° 420732 B. A ce titre, l'autorité administrative doit faire figurer dans la motivation de sa décision la nature de la prestation et le montant des sommes réclamées, ainsi que le motif et la période sur laquelle porte la récupération. En revanche, elle n'est pas tenue d'indiquer dans cette décision les éléments servant au calcul du montant de l'indu. ● Même décision.

43. Autres cas de figure. Doivent être motivées: la décision de la Commission bancaire qui notifie à un administrateur provisoire la date d'entrée en liquidation de la banque et la nomination du liquidateur. ● CE 21 mars 2001, *Sté Verveine et a.,* n° 207877: *Lebon 146.* ... La décision qui accorde au titulaire de titre minier l'autorisation d'exercer des servitudes sur un terrain appartenant à un tiers. ● CE 6 mars 1987, *Cts Boudaud,* n° 48416 ● 30 juill. 2003, *Garde des Sceaux, Min. Justice c/ Remli,* n° 252712: *Lebon 366; AJDA 2003. 2090, note Costa.* Les décisions de tutelle refusant d'agréer une convention collective ou annulant la délibération d'un conseil d'administration d'une caisse de sécurité sociale sont, soit des refus d'autorisation, soit des décisions imposant des sujétions. ● CE 12 juin 2002, *Synd. interdptal de la protection sociale Rhône-Alpes CFDT,* n° 231800: *préc. note 13.* Au contraire, la décision de l'administration fiscale qui se borne à mettre fin pour l'avenir à une tolérance administrative n'a pas à être motivée. ● CE 25 juin 2003, *Sté Nestlé France,* n° 239189 B. Une décision de l'inspecteur du travail, prise sur recours d'un salarié, infirmant l'avis d'inaptitude émis par le médecin du travail et déclarant ce salarié apte, sous certaines réserves, à occuper son emploi doit, compte tenu de la portée que lui donne l'art. L. 4624-1 C. trav., être regardée comme imposant à l'employeur des sujétions dans l'exécution du contrat de travail au sens de l'art. 1er de la loi du 11 juill. 1979. ● CE 21 janv. 2015, *SNC LIDL,* n° 365124. La décision par laquelle l'autorité administrative compétente impose au bénéficiaire d'une aide agricole régie par un texte de l'Union européenne de reverser les montants d'aide indûment perçus et notifie à celui-ci qu'elle procède à la récupération de l'aide par compensation avec le montant d'une autre aide a le caractère d'une décision défavorable retirant une décision créatrice de droits au sens de l'art. 1er de la loi n° 79-587 du 11 juill. 1979, en tant qu'elle retire une aide financière qui avait été précédemment octroyée à son bénéficiaire et d'une décision imposant une sujétion, au sens des mêmes dispositions, en tant qu'elle assujettit l'opérateur économique concerné, selon des modalités qu'elle définit, à l'obligation de reverser l'aide indue, majorée le cas échéant d'intérêts. ● CE , sect., 13 mars 2015, *Office de développement de l'économie agricole d'outre-mer,* n° 364612. Les décisions par lesquelles le président d'une université refuse l'admission d'un étudiant en première (M1) ou en deuxième année de master (M2) ne constituent pas des décisions subordonnant l'octroi d'une autorisation à des conditions restrictives au sens du 3° de cet art. ● CE 21 janv. 2021, n° 442788 B.

4° DÉCISIONS QUI RETIRENT OU ABROGENT UNE DÉCISION CRÉATRICE DE DROITS

44. Retrait des actes obtenus par fraude et retrait des actes inexistants. Quand bien même une décision aurait été obtenue par fraude et aurait ainsi perdu son caractère créateur de droits, cette circonstance ne dispense pas l'administration de motiver la décision qui en prononce le retrait. ● CE 25 avr. 1990, *Mme Figuereo et Bernachy,* n° 93916 B: *AJDA 1990. 641, obs. Prétot* ● 5 juill. 1993, *Cousserans,* n° 81826 ● 29 sept. 2004, *M. Hervé H.,* n° 249543: *AJDA 2004. 2112, note Favier; AJFP 2005. 31.* Au contraire, la décision qui retire un acte inexistant n'a pas à être motivée. ● CE 21 févr. 1997, *Min. Éduc. c/ Romano,* n° 141960: *Lebon 55.* Un décret nommant un magistrat au premier grade et entaché d'erreur matérielle doit être considéré comme inexistant. Ainsi dépourvu d'existence légale, il n'a pu faire naître de droit au bénéfice de l'agent, qui n'est donc pas fondé à se prévaloir des dispositions du présent alinéa pour contester le retrait. ● CE 28 déc. 2005, *M. Richevaux,* n° 279432 B: *AJDA 2006. 389.*

45. Cessations de fonctions. Cessation d'une période d'essai qui devait être regardée comme une période de stage d'un agent contractuel de l'ANPE. ● CE 17 juin 1988, *ANPE c/ Perchoux,* n° 30673 B. La décision prononçant le licenciement d'un agent public stagiaire en cours de stage abroge une décision créatrice de droits. ● CE 16 oct. 1987, *Hôpital Saint-Jacques de Dieuze,* n° 60173 B ● 15 févr. 2005, *M. Beziau,* n° 115243. La résiliation d'un contrat à durée indéterminée. ● CE 1er oct. 1986, *Lapierre,* n° 58424 B. Le licenciement d'un agent non titulaire en CDI. ● CE 14 févr. 1990, *Patoureau,* n° 62011 B. L'admission d'office à faire valoir ses droits à la retraite. ● CE 22 févr. 1989, *Mme Fontelline,* n° 84107 B. La décision par laquelle un gardien de la paix est admis à faire valoir ses droits à la retraite et qui met ainsi fin avant son terme normal à la carrière de l'intéressé. ● CE 1er juill. 1991, *Min. de l'Intérieur c/ Coussan,* n° 90452 B. Une décision mettant fin avant son terme à une décision d'affectation au titre de la mobilité statutaire. ● CE 4 mars 2009, *Brunel,* n° 311122 B. Un décret mettant fin avant l'échéance aux fonctions d'un agent dans l'emploi d'inspecteur des finances de 1re classe, sur lequel il avait été détaché pour une durée de dix-huit mois. ● CE 17 déc. 2021, n° 452384 B. Doivent de même être motivés en vertu de cette disposition: le décret du président de la République par lequel un officier général est admis d'office par anticipation dans la deuxième Section du cadre des officiers généraux. ● CE 1er juill. 1981, *Besnault,* n° 24922: *Lebon 291.* ... La décision déchargeant de ses fonctions un fonctionnaire détaché sur un emploi fonctionnel de direction (décision mentionnant le caractère de sanction et d'abrogation d'une décision créatrice de droit). ● CE 3 mai 1993, *Camy-Peyret,* n° 119805 B. ... L'acte ministériel déclarant un notaire démissionnaire d'office. ● CE 7 août 2008, *Kerorgant,* n° 299164: *Lebon 225; AJDA 2008. 1564; JCP Adm. 2008, n° 40, comm. 2209, note Pacteau.* ... La décision par laquelle un agent public est radié des cadres pour abandon de poste (rattachement implicite à la catégorie des sanctions et des mesures abrogeant des décisions créatrices de droit). ● CE 30 janv. 1991, *Mme Camier,* n° 92845 B.

46. Cessation de fonctions dans les emplois révocables. Pour ces emplois, la nomination n'est pas regardée comme créatrice de droits, de sorte que la cessation de fonctions ne peut être regardée comme portant abrogation de celles-ci. ● CE 14 mai 1986, *Rochaix,* n° 60852 B ● CE , ass., 22 déc. 1989, *Morin,* n° 82237: *Lebon 279; AJDA 1990. 90, chron. Honorat et Baptiste.* V. au contraire, obligation de motiver la décision mettant fin aux fonctions pour un emploi de conseiller financier auprès d'une ambassade, lequel ne constitue pas un emploi à la discrétion du gouvernement. ● CE 20 oct. 2000, *Bukspan,* n° 201061 B. De même, la décision du président de la République de retirer les fonctions de procureur général près la cour d'appel de Paris pour conférer celles d'avocat général à la Cour de cassation ne constitue pas une décision abrogeant une décision créatrice de droits. ● CE , sect., 19 avr. 1991, *M. Monnet,* n° 102016: *préc. note 35.* V. de même, le décret portant nomination d'un sous-préfet n'a pas le caractère d'une décision créatrice de droits pour l'intéressé; la décision de mettre fin aux fonctions, prise dans le seul intérêt du service et sans caractère disciplinaire, n'a donc pas à être motivée. ● CE 23 avr. 2009, *Guigue,* n° 316862: *AJDA 2009. 855.* V. aussi la cessation de fonctions de directeur de l'INSEP. ● CE 14 mai 2014, *M. Comis,* n° 363529.

47. Autres décisions affectant la carrière des fonctionnaires. La décision refusant de renouveler le détachement d'un fonctionnaire n'a pas à être motivée. ● CE 23 juill. 1993, *Caussat,* n° 109672. ... Non plus qu'un avis d'affectation d'un agent de l'Éducation nationale, annulant un précédent avis. ● CE 13 sept. 2006, *Min. Éduc. nat. Enseignt. sup. et Recherche,* n° 284095. Le retrait d'une promotion de grade tirant les conséquences du refus de l'intéressé de rejoindre le poste auquel il était affecté à la suite de sa promotion n'a pas non à plus à être motivé. ● CE 27 juill. 1990, *Laborie,* n° 86897 B. Les décisions de licenciement d'un stagiaire en fin de stage n'ont pas à être motivées. ● CE 9 déc. 2005, *Min. Transports, Équip., Tourisme et Mer c/ M. A. Vidot,* n° 285525 B: *AJDA 2006. 391.*

48. Concours et examens. La décision d'un jury de concours qui retire le bénéfice de l'inscription sur la liste complémentaire doit être motivée. ● CE 29 sept. 2004, *M. Hervé H.,* n° 249543: *préc. note 43.* La décision d'exclure une personne pour fraude d'un examen d'aptitude professionnelle à des emplois réservés retire la décision créatrice de droits l'ayant autorisée à participer à cet examen. ● CE 17 déc. 2008, *Pratap,* n° 290494: *Lebon 581; AJDA 2008. 2425.*

49. Urbanisme. Un arrêté du maire retirant un permis de construire doit être motivé. ● CE 23 avr. 2003, *Sté Bouygues immobilier,* n° 249712 B: *BJDU 2003. 95, concl. Séners; RDI 2003. 472, obs. Solers-Couteaux et Robineau-Israël.* De même la notification d'une décision d'opposition à déclaration de travaux, même prise avant l'expiration du délai d'acquisition d'une décision implicite de non-opposition, s'analyse comme un retrait de cette décision implicite; celle-ci ayant créé des droits doit être motivée. ● CE 30 mai 2007, *SCI Agyr,* n° 288519 B.

50. Autorisations de mise sur le marché. La décision de retirer cette autorisation pour un produit, compte tenu des préoccupations majeures pour l'environnement et les espèces sauvages révélées par les travaux en cours d'une commission d'étude de la toxicité concernant la substance active présente au du produit, doit être regardée comme une décision retirant ou abrogeant une décision créatrice de droits. ● CE 4 avr. 2005, *Sté BASF Agro,* n° 266665 B: *AJDA 2005. 805.*

51. Décisions allouant une somme d'argent. V. sur la notion d'«acte créateur de droit», le revirement de jurisprudence opéré par le Conseil d'État, qui estime désormais qu'une décision administrative accordant un avantage financier crée des droits au profit de son bénéficiaire alors même que l'administration avait l'obligation de refuser cet avantage, à propos de l'attribution d'une nouvelle bonification indiciaire (NBI) aux fonctionnaires territoriaux. ● CE , sect., 6 nov. 2002, *Soulier,* n° 223041: *Lebon 369; AJDA 2002. 1434, chron. Casas et Donnat; RFDA 2003. 225, concl. Austry.* En revanche, n'ont pas cet effet créateur de droits les mesures qui se bornent à procéder à la liquidation de la créance née d'une décision prise antérieurement. ● Même décision V. avant ces décisions: la décision préfectorale retirant la décision d'attribution d'une subvention, qui ne présente pas un caractère purement pécuniaire mais est créatrice de droits. ● CE 5 juill. 1993, *Cousserans,* n° 81826. V. ensuite: en principe, la décision par laquelle le ministre procède à la révision de la pension d'un militaire, déjà concédée. ● CE 26 févr. 2003, *Nègre,* n° 220227: *Lebon 53; Dr. adm. 2003. Comm. 100; AJDA 2003. 490, obs. Donnat et Casas; RFDA 2003. 251.* La décision par laquelle l'autorité administrative compétente impose au bénéficiaire d'une aide agricole régie par un texte de l'Union européenne de reverser les montants d'aide indûment perçus et notifie à celui-ci qu'elle procède à la récupération de l'aide par compensation avec le montant d'une autre aide a le caractère d'une décision défavorable retirant une décision créatrice de droits au sens de l'article 1er de la loi n° 79-587 du 11 juill. 1979, en tant qu'elle retire une aide financière qui avait été précédemment octroyée à son bénéficiaire et d'une décision imposant une sujétion, au sens des mêmes dispositions, en tant qu'elle assujettit l'opérateur économique concerné, selon des modalités qu'elle définit, à l'obligation de reverser l'aide indue, majorée le cas échéant d'intérêts. ● CE , sect., 13 mars 2015, *Office de développement de l'économie agricole d'outre-mer,* n° 364612.

La décision par laquelle l'autorité administrative notifie au bénéficiaire d'une décision créatrice de droits qu'elle retire cette décision, même si elle est accompagnée ou suivie de l'émission d'un titre exécutoire, doit être motivée selon les modalités prévues par cet article. ● CE 14 nov. 2018, *Sté coopérative agricole Vergt Socave,* n° 411208 B. Une décision notifiant la décision de récupération d'aides incompatibles avec le marché commun, même suivie de deux titres de recettes, doit être motivée. ● Même décision.

52. Autres cas de figure. L'abrogation d'agrément d'une entreprise de transport sanitaire doit être motivé. ● CE 5 févr. 2020, n° 426225 B. En revanche, le retrait de l'habilitation préfectorale d'un agent préposé à la direction des opérations d'assurance d'une entreprise dans un département ou territoire consécutif à une demande en ce sens de l'entreprise concernée n'a pas à être motivé. ● CE 19 juin 1996, *Union des Assurances de Paris-Iard et a.*, n° 145397: *Lebon 231*. L'acte par lequel la chambre régionale des comptes revient sur un avis précédemment exprimé sur l'inscription d'une dépense obligatoire n'est pas un retrait d'une décision créatrice de droits. ● CE 2 oct. 1992, *Min. du Budget c/ SA Crédit immobilier de la Somme et Cne de la Chapelle-en-Serval*, n° 100933: *Lebon 351*. Le refus d'inscription sur le registre du Sceau de France de la transmission d'un titre nobiliaire ne saurait en particulier s'analyser comme l'abrogation d'une décision créatrice de droits. ● CE 7 mai 2012, *Garde des Sceaux, Min. de la Justice et des Libertés c/ Colonna-Walewski*, n° 349976: *AJDA 2012. 981*. Le retrait d'une décision portant attribution de la carte du combattant, en application des dispositions de l'art. L. 253 C. pens. mil., n'entre dans aucune des catégories de décisions devant être motivées en vertu de la loi du 11 juill. 1979. ● CE 4 mai 1998, *Weigand*, n° 147906: *Lebon 693*. La décision par laquelle il est mis fin à une autorisation unilatérale d'occupation du domaine public, délivrée à titre précaire et révocable, notamment la décision de ne pas renouveler, à la prochaine échéance, une autorisation tacitement renouvelable, constitue une abrogation de cette autorisation et n'a pas à être motivée sauf dans le cas particulier où elle devrait être regardée comme ayant créé des droits au profit de son bénéficiaire. ● CE 9 juin 2020, n°s 434113, 434114, 434115, 434117 B. La décision du ministre du travail annulant celle par laquelle un inspecteur du travail a rejeté la demande d'autorisation de licenciement d'un salarié protégé – obligation de mentionner en particulier les raisons pour lesquelles il estime que la décision de l'inspecteur est illégale. ● CE 8 déc. 2021, n° 428118 B.

5° DÉCISIONS OPPOSANT UNE PRESCRIPTION, UNE FORCLUSION OU UNE DÉCHÉANCE

53. Absence de jurisprudence retenant ce caractère. La décision de la Commission de régulation de l'énergie, estimant qu'un dossier de candidature, faute d'être complet, ne serait pas instruit en application des dispositions du décret applicable et du cahier des charges de l'appel d'offres, n'oppose aucune prescription, forclusion ou déchéance au sens de l'art. 1er de la loi du 11 juill. 1979. ● CE 8 févr. 2012, *Sté Airas 1 SAS*, n° 332557.

6° DÉCISIONS REFUSANT UN AVANTAGE DONT L'ATTRIBUTION CONSTITUE UN DROIT

54. Recherche d'un critère d'appartenance à cette catégorie de décisions. L'autorisation d'accomplir un service à mi-temps dépend pour partie des nécessités du fonctionnement du service, le refus de renouveler une autorisation de travailler à mi-temps n'est ainsi pas au nombre des décisions qui «refusent un avantage dont l'attribution constitue un droit pour les personnes qui remplissent les conditions légales pour l'obtenir». ● CE 8 févr. 1985, *Craighero,* n° 52328: *Lebon 29.* Dès lors qu'il ne suffit pas qu'une personne remplisse les conditions légales en vue de solliciter une autorisation de défrichement pour se voir accorder un droit dont l'attribution dépend de conditions extérieures à la qualité du demandeur, il n'y a pas d'avantage. Dès lors, le refus d'autoriser un défrichement n'est pas un droit. ● CE 9 mars 1990, *MM. Fappiano,* n° 73397 B.

55. Avantages en matière de fonction publique. Ouvrent droit à motivation car refusant un avantage constituant un droit pour les personnes remplissant les conditions pour l'obtenir: le refus de réintégration opposé à un fonctionnaire territorial en disponibilité. ● CE 8 juin 1990, *Dumarski,* n° 81686: *Lebon 145; AJDA 1990. 741, obs. Salon.* ... La décision par laquelle l'autorité territoriale refuse la réintégration d'un fonctionnaire territorial au regard de la condition d'aptitude à l'exercice des fonctions et renouvelle une disponibilité d'office. ● CE 7 mai 2012, *Cne de Roissy-en-France,* n° 346613: *AJDA 201. 980.* ... Le refus d'exonération du remboursement des frais de formation en école militaire, pour un élève officier contraint d'interrompre sa scolarité. ● CE 30 juill. 2003, *M. Drouin,* n° 231266: *Lebon 629; AJDA 2003. 2399.* ... Le refus de réintégration opposé à un fonctionnaire de l'État en disponibilité. ● CE 26 mai 1993, *Merdrignac,* n° 98689 B. ... La décision refusant à un fonctionnaire le bénéfice d'un congé de longue durée. ● CE 5 févr. 1997, *Min. dél. Poste c/ Mme Thuel,* n° 146109 B ● 27 mars 2009, *CH général de Sarreguemines,* n° 301159: *JCP Adm. 2009. Actu. 444.* ... La décision par laquelle une commission refuse de valider les services effectifs d'un fonctionnaire en vue de se porter candidat à un emploi. ● CE 11 oct. 2004, *M. Chauveau,* n° 263349: *Lebon 368; AJDA 2004. 2292.* ... La décision mettant fin au bénéfice d'un logement de fonction pour un sapeur-pompier professionnel, dont le statut prévoit le droit au logement en caserne dans la limite des locaux disponibles. ● CE 29 nov. 2006, *Mme Parere,* n° 281232 B: *AJDA 2006. 2313.* ... Le refus opposé à un professeur des universités-praticien hospitalier concernant l'une de ses affectations. ● CE 10 mars 2004, *Melki,* n° 218455 B. ... Le refus d'homologation d'une blessure comme blessure de guerre. ● CE 26 févr. 2001, *Honigsberg,* n° 207661 B. ... Le refus d'accorder un congé de longue durée de trois ans à plein traitement. ● CE 28 juin 1999, *Mme Clauzier,* n° 182136 B. Le refus du bénéfice de l'art. 57 de la L. du 26 janv. 1984 sur les accidents de service. ● CE 23 juill. 2014, *M. Kihli,* n° 371460. ... Le refus d'une demande de retraite anticipée. ● CE 12 févr. 1992, *Cne de Mantes-la-Jolie,* n° 86439 B. Le refus d'une demande de révision d'une pension de retraite tendant à la prise en compte de services supplémentaires dans la liquidation de cette pension. ● CE 19 juill. 2017, *M. Ho Tam Fou,* n° 400656 B. ... La décision de sanction ou de retenue sur salaire prise à l'encontre d'un agent ayant exercé à tort son droit de retrait. ● CE 18 juin 2014, *Min. de l'Éducation nationale c/ Mme Casa Nova Zatar et a.,* n° 369531. ... Le refus de renouvellement d'un praticien attaché au terme de son contrat de trois ans dès lors que l'intéressé bénéficie d'un droit à se voir proposer ce renouvellement dans le cadre d'un CDI du fait de nouvelles dispositions réglementaires. ● CE 23 déc. 2015, *M. Aboudaya et a.,* n° 382005 B.

56. Au contraire, ne constitue pas un droit le refus de la demande de détachement dans le corps judiciaire. • CE 9 juin 2000, *Dherine,* n° 205187 B. ... Le refus de titularisation de stagiaires. • CE 29 juill. 1983, *Lorraine,* n° 49641 B • 11 déc. 2006, *Mme Angotti,* n° 284746 B. ... Le licenciement d'un stagiaire en fin de stage. • CE 26 sept. 1994, *Mme Allouche,* n° 124157 • 9 déc. 2005, *Min. Transports, Équip., Tourisme et Mer c/ M. A. Vidot,* n° 285525 B: *AJDA 2006. 391.* Le refus de nomination en tant que professeur associé de l'enseignement supérieur. • CE 23 oct. 1985, *Niel,* n°s 42752 et 42753 B: *Dr. adm. 1985, n° 520.* ... Le refus d'un avancement au choix. • CE 11 mai 1988, *Droulers: Dr. adm. 1988, n° 330.* ... Le refus de nomination et d'intégration dans le corps des secrétaires médicaux de la fonction publique hospitalière, la nomination étant subordonnée à l'appréciation de la valeur professionnelle et de l'expérience professionnelle des agents. • CE 14 nov. 2011, *Mme Marchesini,* n° 339243: *AJDA 2012. 118.* ... Le refus d'inscription à un tableau d'avancement. • CE 12 févr. 2003, *Paugam,* n° 218983: *AJDA 2003. 1351.* ... Le renouvellement des fonctions d'un chef de service hospitalier. • CE 18 févr. 1994, *Milhaud,* n° 146000 B. ... Le refus d'accorder le bénéfice d'une pension de retraite aux officiers avant la limite d'âge. • CE 8 avr. 1994, *Rodier,* n° 116065 B • 17 janv. 2003, *Charpentier,* n° 230336 • 6 juin 2003, *Paulin,* n° 195686. ... La décision refusant de réviser la notation administrative d'un militaire. • CE 16 mars 2003, *Debeir,* n° 223439. ... Le rejet de la demande d'accession d'un praticien au statut de consultant. • CE 7 juin 1995, *Bianchi,* n° 157322 B. Le refus d'attribution d'une prime d'encadrement doctoral et de recherche à un enseignant-chercheur. • CE 7 juin 2000, *André,* n° 209901. ... Le refus de proposer une nomination pour exercer à titre temporaire des fonctions de magistrat. • CE 26 sept. 2001, *Delbarre,* n° 210546 B. ... La décision par laquelle la commission d'avancement des magistrats statuant en matière d'intégration rejette une candidature à une intégration directe dans le corps judiciaire. • CE 25 juin 2003, *Sotto,* n° 237602. Les magistrats n'ont pas droit à ce que la prime pour leur contribution au bon fonctionnement du service public de la justice leur soit attribuée à un taux déterminé; le refus de fixer un certain taux n'a donc pas à être motivé. • CE 23 nov. 2005, *Mme Bel,* n° 275515 B: *AJDA 2006. 455; D. 2006. 180.* ... Le refus de réintégration d'un fonctionnaire dans son corps après l'intervention de la loi d'amnistie. • CE 6 juin 1984, *Poirier,* n° 53966 B. ... La nomination directe au second grade de hiérarchie judiciaire. • CE 29 avr. 1998, *Prévot,* n° 165467 B. ... La demande d'un «stage de reconversion» d'un officier de réserve à l'exercice d'une activité professionnelle civile. • CE 23 janv. 1985, *Chichoux,* n° 45990 B. ... Le refus du ministre de la Défense d'agréer la candidature d'un officier à un recrutement dans la fonction publique (de même que le rejet du recours). • CE 5 avr. 2006, *Droit,* n° 272028 B. ... La nomination en qualité de juge de proximité. • CE 24 févr. 2006, *Benoît,* n° 282455 B. ... Le refus opposé à un commandant du corps des officiers de l'air de l'admettre à la retraite avec le bénéfice du pécule prévu par les dispositions de l'art. 71 de la loi du 13 juill. 1972. • CE 8 déc. 1999, *Robert,* n° 189163 B. L'arrêté réintégrant dans son corps d'origine un inspecteur-élève des services déconcentrés de la direction générale des impôts qui n'a pas satisfait au contrôle des connaissances organisé à l'issue du cycle de formation professionnelle n'a pas à être motivé. • CE 21 janv. 2008, *Mme Edreira Castro,* n° 285166 B: *AJDA 2008. 830.* La décision par laquelle l'autorité administrative, lorsqu'elle liquide le traitement d'un agent, procède à une retenue pour absence de service fait. • CE 2 nov. 2015, *M. Del Popolo,* n° 372377 B.

57. *Avantages fiscaux.* Constituent un droit: l'exonération prévue par l'art. 208 *quater* CGI (exonération en faveur des sociétés qui entreprennent une activité nouvelle dans les départements d'outre-mer). • CE 26 juin 1985, *Min. Finances c/ SARL «Le Gay Home»,* n° 45169 B. Comp., pour l'exonération d'impôt sur les bénéfices de l'art. 44 *quater* CGI. • CE 20 janv. 1988, *SA «Vidéo France Entreprise»,* n° 77560: *Lebon 23.* De même, l'exonération prévue par l'art. 208 *quater* CGI. • CE 26 juin 1985, *Min. des Finances c/ SARL «Le Gay Home»,* n° 45169: *préc.* La décision par laquelle le ministre chargé de la culture refuse de reconnaître qualifié un candidat au titre d'agréé en architecture (art. 37 de la loi du 3 janv. 1977). • CE 13 déc. 1985, *Min. de l'Urbanisme et du Logement c/ Alluitte,* n° 40633 B. ... Le refus d'agrément pour le crédit d'impôt de l'art. 220 *quater* CGI. • CE 24 févr. 1988, *Min. des Finances c/ SA Sté de gestion et de participation de Rouvray,* n° 76603 B. L'avantage de la commission paritaire des publications et agences de presse sur l'octroi à un périodique des avantages fiscaux prévus à l'art. 298 *septies* CGI doit être motivé. • CE 4 mars 1985, *Conf. d'entraide généalogique Rhône-Alpes,* n° 46934: *Lebon 65.*

58. Au contraire, n'ont pas à être motivés les refus d'avantages fiscaux suivants: l'agrément pour l'avantage fiscal de l'art. 238 *bis* CGI. • CE , sect., 6 mars 1992, *Min. du Budget c/ Assoc. pour favoriser la création d'entreprises,* n° 100445: *Lebon 107.* ... La décision de l'administration fiscale qui se borne à mettre fin pour l'avenir à une tolérance administrative, dès lors que, quand l'administration consent, par mesure de tolérance, un avantage fiscal non prévu par la loi, les contribuables qui en bénéficient n'ont aucun droit acquis au maintien de la mesure. • CE 25 juin 2003, *Sté Nestlé France,* n° 239189 B. ... L'agrément pour l'avantage fiscal de l'art. 209 CGI. • CE 1er juin 1988, *Sté Berto SA,* n° 79550 B. ... L'avantage fiscal de l'art. 44 *quater* CGI subordonné à un agrément du ministre. • CE 20 janv. 1988, *SA Vidéo France Entreprise,* n° 77560: *préc. note 56.*

59. *Représentativité des organisations syndicales.* La décision par laquelle le ministre de la Solidarité, de la Santé et de la Protection sociale refuse à un syndicat de médecins la qualité d'organisation syndicale représentative habilitée à participer à la négociation et à la signature de la convention nationale des médecins est au nombre de celles qui doivent être motivées en vertu de la loi du 11 juill. 1979. • CE 10 juill. 1992, *Synd. des médecins libéraux et a.,* n° 105440: *Lebon 289; AJDA 1992. 697.* Mais la liste par laquelle l'autorité administrative arrête les organisations syndicales aptes à participer aux consultations du personnel et à désigner des représentants dans les organes représentatifs sans exclure elle-même la représentativité des autres organisations n'est pas au nombre des décisions dont la loi du 11 juill. 1979 impose la motivation. • CE 7 avr. 1999, *Féd. SUD ANPE,* n° 198378 B.

60. Avantages divers. Le refus de dispense du service national. • CE , sect., 11 juin 1982, Le Duff, n° 36143: Lebon 220; AJDA 1982. 583, chron. Tiberghien et Lasserre; JCP 1983. II. 19953, concl. Genevois; Rev. adm. 1982. 390, note Pacteau. Le refus de réintégration dans la nationalité française. • CE 19 mars 1993, Dembo, n° 94710 B. Le refus d'immatriculation ou de réimmatriculation consulaire. • CE 25 mars 1994, Gueye, n° 147787: Lebon 160. La décision de la commission du fonds d'entraide de l'officine pharmaceutique rejetant une demande d'aide. • CE 30 déc. 1996, Mmes Alter et Bensimon, n° 167709 B. Doit aussi être motivée à ce titre la décision par laquelle la Commission nationale des comptes de campagne et des financements politiques refuse d'agréer une association de financement d'un parti politique. • CE 8 déc. 2000, Parti nationaliste basque ERI-PNB, n° 212044: Lebon 594; AJDA 2001. 769, concl. Maugüé; RFDA 2001. 287; ibid. 59, note Verpeaux. Refus d'accorder la majoration de la subvention de fonctionnement versée par le fonds de soutien à l'expression radiophonique. • CE 12 janv. 2005, Assoc. Amis des ondes – Radio DIO, n° 261912 B. Pour une décision refusant l'attribution d'une aide au titre du désendettement des rapatriés. • CE 17 déc. 2010, Mme Tissot, n° 314431 B. Refus d'une indemnité en capital en cas d'inaptitude au travail résultant d'un accident de service aérien. • CE 9 juin 2006, Auge, n° 275938 B. Le refus de nomination d'un notaire dans les zones dites d'installation libre, • CE 25 juin 2018, Garde des sceaux, Min. de la Justice c/ M. Bichel, n° 412970 B.

61. Au contraire, n'ont pas à être motivés les avantages divers suivants: le refus de communiquer les conclusions des commissaires du Gouvemement qui n'est pas un droit. • CE 26 janv. 1990, *Vincent,* n° 104236 B: *D. 1991. 133, obs. Llorens et Soler-Couteaux.* ... Le refus d'octroyer une bourse à un élève relevant d'un établissement français à l'étranger. • CE 17 mars 1993, *Mme Louati,* n° 114539 B. Ni l'art. L. 452-2 C. éduc., ni le Décr. du 30 août 1991, ni l'instruction prise par l'AEFE, qui ne présente pas de caractère réglementaire mais se borne à fixer des lignes directrices, n'ont créé un droit aux bourses scolaires pour les enfants français scolarisés à l'étranger qui rempliraient certaines conditions. • CE 19 sept. 2014, *Jousselin,* n° 364385. ... Le refus d'inscription sur le registre du Sceau de France de la transmission d'un titre nobiliaire. • CE 7 mai 2012, *Garde des Sceaux, Min. de la Justice et des Libertés c/ Colonna-Walewski,* n° 349976: *Lebon 187.* ... Le refus de l'aide judiciaire au profit des personnes morales à but non lucratif. • CE 24 nov. 1982, *Assoc. SOS-défense et a.,* n° 27219: *Lebon 390.* ... Le refus d'agrément du ministre pour la nomination d'un directeur de transfusion sanguine. • CE 1er mars 1989, *Min. des Affaires sociales et de l'Emploi c/ Laval,* n° 84576 B. La cession par l'État d'une parcelle de son domaine privé n'étant pas un droit pour celui qui en fait la demande, le refus de cession n'a pas à être motivé. • CE 24 oct. 2014, *M. de Lanfranchi,* nos 366966, à 366971.

7° DÉCISIONS QUI REFUSENT UNE AUTORISATION

62. Généralités. Le rejet d'un recours formé contre une autorisation n'a pas à être motivé. • CE 20 mars 1985, Synd. interprof. rég. des petites et moyennes entreprises, n° 49376 B: JCP 1985, n° 20487, concl. Pauti.

63. Autorisations de licenciement. Le refus d'autorisation de licenciement d'un salarié protégé devait être motivé. • CE 15 juin 1987, *Cotrez,* n° 59365 B. ... Comme le refus d'autorisation de licenciement pour motif économique. • CE 10 mai 1985, *Sté Wash-Perle international,* n° 42399 B. Au contraire, il n''y a pas lieu de motiver lorsque cette autorisation a été accordée et que le refus porte sur le recours formé contre cette autorisation. • CE 5 oct. 1983, *SA des transports en commun de l'agglomération de Bayonne (STAB),* n° 36402: *Lebon 395* • 15 déc. 1989, *Sté Cegedur-Péchiney: Dr. adm. 1990, n° 76.* Au contraire, doit être motivée, au titre du retrait ou de l'abrogation d'une décision créatrice de droits, la décision du ministre du travail annulant celle par laquelle un inspecteur du travail a rejeté la demande d'autorisation de licenciement d'un salarié protégé – obligation de mentionner en particulier les raisons pour lesquelles il estime que la décision de l'inspecteur est illégale. • CE 8 déc. 2021, n° 428118 B.

64. Agrément des conventions et accords collectifs. Les décisions par lesquelles, en application des pouvoirs de tutelle qui lui sont reconnus par le CSS, l'autorité compétente de l'État refuse d'agréer une convention collective ou annule ou suspend la délibération d'un conseil d'administration ou d'une caisse de sécurité sociale doivent être regardées, selon le cas, soit comme refusant une autorisation, soit comme imposant des sujétions; par suite, elles doivent être motivées. • CE 12 juin 2002, *Synd. interdptal de la protection sociale Rhône-Alpes CFDT,* n° 231800: *préc. note 13.* De même les refus d'agrément des accords collectifs de travail des établissements sociaux et médico-sociaux. • CE 30 déc. 2009, *Assoc. de résidences pour personnes âgées dépendantes,* n° 323752 B.

65. Autorisations en matière de contrats et marchés. Le rejet d'une candidature dans le cadre d'une procédure de passation d'un contrat de délégation de service public ne constitue pas un refus d'autorisation. • CE 24 nov. 2010, *Cne de Ramatuelle,* n° 335703: *Lebon 451.* De même la décision de rejet d'une candidature formée dans le cadre d'un appel d'offres effectué par Aéroports de Paris en vue de choisir les concessionnaires de l'activité de transports de fonds sur l'aéroport Charles-de-Gaulle, en ce qu'elle vaut refus de l'autorisation de circuler dans la zone réservée de cet aéroport. • CE 21 oct. 1994, *Aéroports de Paris et a. et Sté des agents convoyeurs de sécurité et de transports de fonds,* n° 139970: *Lebon 449.* La décision d'un jury de consultation de promoteurs, investisseurs et gestionnaires organisée par une commune, qui n'a pour objet ni la passation d'un marché public, ni l'attribution d'une délégation de service public, et n'a pas pour effet de refuser une autorisation, n'est pas au nombre de celles qui devaient être motivées en application de la présente loi. • CE 29 avr. 2002, *Sté Apsys International,* n° 240272.

66. Autorisation d'inscription dans un établissement d'enseignement. Doit être motivée la décision par laquelle un maire rejette la demande d'inscription d'un enfant dans une école de la commune. • CE 10 mai 1996, *Ville de Paris,* n° 136258 B: *RD publ. 1996. 1197, concl. Roul.* ... La décision par laquelle un directeur d'institut universitaire de technologie refuse à un étudiant l'autorisation de redoubler la première année des études du diplôme universitaire de technologie. • CE 9 févr. 1996, *Ricard et Université d'Aix-Marseille II,* n° 123709 B. Les décisions par lesquelles le président d'une université refuse l'admission d'un étudiant en première (M1) ou en deuxième année de master (M2) ne constituent pas des décisions refusant une autorisation au sens de son 7°. • CE 21 janv. 2021, n° 442788 B. Refus d'autoriser un étudiant en PASS n'ayant pas été admis en deuxième année des études de santé à redoubler lors de l'année universitaire 2021-2022. • CE 27 avr. 2022, n° 457838 B.

67. Agrément en vue de l'adoption. Doit être motivé un refus d'agrément en vue d'adoption. • CE , sect., 4 nov. 1991, *Épx H.,* n° 102611: Lebon 361, concl. Hubert; AJDA 1992. 65, concl. Hubert • 3 déc. 1993, Dpt de Seine-et-Marne, n° 129859: Lebon 335 • CE 5 juin 2002, Berthet, n° 230533: Lebon 195; AJDA 2002. 615, concl. Fombeur.

68. Autorisations en matière de fonction publique. Doit être motivé le refus d'une demande de maintien en activité présentée en application de l'art. 1.1 de la loi n° 84-834 du 13 sept. 1984 relative à la limite d'âge dans la fonction publique. • CE 23 déc. 2011, *Mme Maille,* n° 329016 B: *AJDA 2012. 4.* ... La décision du ministre de la Défense refusant à un militaire de carrière l'autorisation de démissionner qu'il a sollicitée au titre de l'art. 80 de la L. du 13 juill. 1972. • CE 7 févr. 2001, *Béranger,* n° 215122: *Lebon 49.* De même, la décision par laquelle le préfet rejette une candidature à l'exercice des fonctions de lieutenant de louveterie ne constitue pas le refus d'une autorisation. • CE 21 nov. 2012, *Min. de l'Écologie, du Développement durable, des Transports et du Logement c/ Rousseau,* n° 354313 B. L'arrêté réintégrant dans son corps d'origine un inspecteur-élève des services déconcentrés de la Direction générale des impôts qui n'a pas satisfait au contrôle des connaissances organisé à l'issue du cycle de formation professionnelle n'a pas à être motivé. • CE 21 janv. 2008, *Mme Edreira Castro,* n° 285166: *préc. note 55.*

69. *Autorisations en matière d'exercice d'activités professionnelles ou économiques.* Doit être motivé un refus d'agrément en vue d'exercer les fonctions d'agent de sécurité. ● TA Versailles, 29 mai 2009, *M. Doumbia,* n° 0705366: *AJDA 2009. 2190.* ... La décision de refus d'autoriser à titre exceptionnel une personne ne possédant pas les diplômes pour diriger un laboratoire. ● CE 30 déc. 2011, *Mme Ait Oumeziane,* n° 338394 B (abandon de la sol. contraire: ● CE 18 févr. 1998, *Min. délégué à la Santé c/ Mme Meyer,* n° 167386 B:). ... Le refus d'un agrément en qualité de garde particulier, alors même que la loi de 1892 dont il est fait application ne prévoit la motivation que pour les retraits d'agrément. ● CE 9 févr. 2001, *Michel,* n° 216398: *Lebon 51.* ... Le refus d'autorisation résultant de la décision par laquelle la Commission nationale de la coiffure rejette la demande présentée par un coiffeur tendant à la validation de sa capacité professionnelle en vue de l'exploitation d'un salon de coiffure. ● CE 3 mars 2003, *Nortur,* n° 241781. ... La décision par laquelle le préfet rejette la demande du cessionnaire d'un véhicule de transport sanitaire tendant au transfert à son profit de l'autorisation de mise en service de ce véhicule. ● CE 11 juin 2003, *Dos Santos,* n° 243335 B. ... La décision par laquelle le préfet de Paris refuse à une société une dérogation pour affecter à usage de bureaux commerciaux des locaux d'habitation. ● CE 27 févr. 1995, *Min. Équip. c/ Sté Cabinet Masson,* n° 138040 B ● 23 oct. 1998, *Min. de l'Équipement, des Transports et du Logement c/ Mme Chermet-Carroy,* n° 180241: *Lebon 361.* Si la décision de refus de transformer des locaux d'habitation en locaux professionnels doit être motivée, la mise en demeure qui se borne à rappeler l'utilisation sans autorisation du local, invitant à rendre le local à l'habitation, n'a pas à être motivée. ● CE 29 nov. 2002, *Teboul,* n° 228664: *préc. note 9.* Obligation de motiver l'avis défavorable du CSA sur un projet de reprise de parts sociales ou du capital d'une société titulaire d'une autorisation relative à un service de communication audiovisuelle qui interdit au tribunal de commerce d'autoriser le candidat à cette reprise à conclure un contrat de location gérance en vue de l'exploitation du service en cause et qui doit par suite être assimilé à une décision refusant une autorisation. ● CE 13 oct. 2017, *Sté Isa Média Développement,* n° 400563 B. La décision par laquelle le préfet territorialement compétent refuse de délivrer ou de renouveler l'habilitation pour accéder à la zone de sûreté des aérodromes (C. transports, art. L. 6342-3) constitue un refus d'autorisation devant être motivé sauf à ce que la communication de ses motifs soit de nature à porter atteinte à l'un des secrets ou intérêts protégés par les dispositions du a au f du 2° de l'art. L. 311-5 du CRPA. ● CE 10 juin 2020, n° 425593 B. La décision par laquelle l'autorité gestionnaire du domaine public rejette une demande de délivrance d'une autorisation unilatérale d'occupation du domaine public constitue un refus d'autorisation contrairement à la décision par laquelle il est mis fin à une autorisation unilatérale d'occupation du domaine public, délivrée à titre précaire et révocable, notamment la décision de ne pas renouveler, à la prochaine échéance, une autorisation tacitement renouvelable qui constitue une abrogation de cette autorisation et n'a pas à être motivée sauf, sur le fondement du 4° de l'art. L. 211-2 du CRPA, dans le cas particulier où elle

devrait être regardée comme ayant créé des droits au profit de son bénéficiaire. • CE 9 juin 2020, nᵒˢ 434113, 434114, 434115, 434117 B.

70. Autorisations en matière d'étrangers. Doit être motivé le refus à un étranger d'une autorisation de travail (sol. impl.). • CE 3 déc. 1986, *Min. de l'Intérieur et de la Décentralisation c/ Mlle Fadil,* nᵒ 61722 B. ... Le refus d'un titre de séjour. • CE 30 déc. 1996, *Martins,* nᵒ 163467 B: *Dr. adm. 1997, nᵒ 40.* Mais la décision par laquelle le ministre chargé de la population refuse à un étranger l'autorisation de perdre la nationalité française n'a pas à être motivée. • CE 28 oct. 1987, *Dalle-Molle,* nᵒ 58364 B.

71. Autres cas de figure. La décision du Conseil supérieur de l'audiovisuel accordant à une radio privée l'autorisation d'utiliser une fréquence pour une durée inférieure à la durée maximale fixée par la loi n'a pas à être motivée. • CE 22 juin 1996, *Assoc. Radio Alpes Info,* nᵒ 132215: *Lebon 244.* La réponse faite par le préfet à une demande relative à une opération n'entrant pas dans le champ d'application du régime d'autorisation les installations, les agrandissements ou les réunions d'exploitations agricoles au bénéfice d'exploitants pluriactifs n'a pas à être motivée. • CE 16 mai 2012, *Van Maele,* nᵒ 339312: *Lebon 221.* ... Comme le refus d'autorisation d'un médicament homéopatique. • CE 24 févr. 1999, *Assoc. de patients de la médecine d'orientation anthroposophique,* nᵒ 195354: *RFDA 1999. 437; AJDA 1999. 823, note Ricci.*

72. Dérogation en matière de défense nationale. N'a pas à être motivée parce que la communication des motifs serait de nature à porter atteinte au secret de la défense nationale une décision qui refuse l'habilitation «confidentiel défense». • CE 13 juin 1997, *Min. Défense c/ Pourbagher,* nᵒ 157252 B: *RFDA 1998. 358, concl. Bergeal.*

73. Dérogation en matière de sécurité publique. N'ont pas à être motivés parce que la communication des motifs serait de nature à porter atteinte à la sécurité publique les décisions du ministre de la Défense refusant l'autorisation de commerce de matériels de guerre, armes et munitions. • CE 23 mars 1994, *Min. Défense c/ Sté Matiex,* nᵒ 139889 B: *Dr. adm. 1994, nᵒ 248.* ... Ou les refus d'autorisation d'acquisition ou de détention d'armes, en deçà des armes de cinquième catégorie. • CE 10 avr. 1991, *Chemouni,* nᵒ 110208: *Lebon 126; D. 1992. 212, obs. Maillard Desgrées du Loû; RFDA 1991. 537* • 8 juill. 1994, *Min. Intérieur c/ Aymoz,* nᵒ 127126 B. Le refus d'un agrément en qualité de garde particulier ne présente pas ce caractère d'atteinte à la sécurité et doit donc être motivé. • CE 9 févr. 2001, *Michel,* nᵒ 216398: *préc. note 68.*

74. Dérogation en matière de santé. La décision par laquelle le préfet restreint pour des motifs médicaux la validité d'un permis de conduire doit être motivée nonobstant le fait que le dossier médical au vu duquel la décision attaquée a été prise ne soit communicable à l'intéressé que par l'intermédiaire du médecin de son choix; celle-ci, ne s'étant pas appropriée les motifs de l'avis émis par la commission médicale, doit être annulée. • CE 10 mai 1995, *Min. Équipement, Logement, Transpprt, Espace c/ Gravey,* nᵒ 127339: *Lebon 202.*

8° DÉCISIONS QUI REJETTENT UN RECOURS ADMINISTRATIF PRÉALABLE OBLIGATOIRE

75. Les décisions prises par le Conseil national de l'ordre des médecins rejetant le recours d'un tiers formé à l'encontre d'une décision d'inscription au tableau de l'ordre doivent être motivées en vertu de ce dernier al. de l'art. 1er de la loi du 11 juill. 1979. ● CE 20 janv. 2014, *M. Louis,*n° 357515.

V. DÉCISIONS NE RELEVANT D'AUCUNE OBLIGATION DE MOTIVATION

76. *Jurys de concours et examens, éducation.* N'entrent dans aucune des catégories énumérées par la loi et n'ont donc pas à être motivés les délibérations des jurys d'examens ou concours. ● CE 29 juill. 1983, *Seban: Dr. adm. 1983, n° 350* ● 22 juin 1992, *de Lartigue,* n° 122085: *Lebon 679* ● 22 juin 1994, *Lugan,* n° 140029: *Lebon 326; Dr. adm. 1994, n° 552* ● 18 mai 2009, *Langlois,* n° 298458: *JCP Adm. 2009. Actu. 690.* ... Le classement des candidats par le jury d'un concours. ● CE 12 mars 2003, *Longfier,* n° 237737. ... Les délibérations des commissions de spécialistes des universités (sol. impl.). ● CE 18 oct. 2002, *Mme Spaggiari,* n° 224804: *AJDA 2003. 36, concl. Schwartz; AJFP 2003. 12, note Slama.* ... La délibération par laquelle le conseil d'administration d'une université rejette la proposition d'une commission de spécialistes relative à une candidature à un poste de professeur des universités. ● CE 9 juin 1999, *M. Bruant,*n° 180507. ... La délibération par laquelle le Conseil national des universités rend un avis sur la proposition des instances de l'établissement en application de l'art. 49-3 du décret du 6 juin 1984. ● CE 11 juin 2003, *Techene,* n° 2442. ... La délibération par laquelle la Section compétente du Conseil national des universités a refusé d'inscrire un candidat sur la liste de qualification aux fonctions de maître de conférences. ● CE 17 déc. 2003, *Mme Pascale X,* n° 242857: *AJDA 2004. 996* (mais un refus d'inscription doit être motivé en vertu d'un texte spécial). ... De même que les décisions des fédérations sportives refusant de sélectionner des sportifs, en vue d'une compétition. ● CE 22 févr. 1991, *Mlles Bensimon, Guyot et Kamoun,* n° 102775: *Lebon 61.* Ni l'art. L. 211-2 du CRPA, ni aucune autre disposition législative ou réglementaire, ni aucun principe, n'impose que la délibération par laquelle le jury se prononce sur les candidatures aux postes de professeurs des universités à pourvoir au titre du concours réservé prévu par l'art. 46-1 du décr. du 6 juin 1984 doive être motivée. ● CE 29 juin 2020, n° 426319 B. Les décisions par lesquelles le président d'une université refuse l'admission d'un étudiant en première (M1) ou en deuxième année de master (M2) n'entrent dans aucune des catégories de décisions devant être motivées en application de cet article. ● CE 21 janv. 2021, n° 442788 B.

77. Fonction publique. Les mutations d'office des fonctionnaires n'ont pas à être motivées. ● CE 21 oct. 1983, *Garde des Sceaux, Min. de la Justice c/ Poinçon,* n° 39921: *Lebon 419.* ... Comme la décision plaçant d'office un fonctionnaire en congé de longue maladie. ● CE 30 sept. 2005, *Vetter,* n° 266225 B. L'admission d'un officier général, sur sa demande, dans la deuxième Section du cadre auquel il appartient. ● CE 13 mai 1988, *Louet,* n° 70873 B. ... La dissolution d'un corps de sapeurs-pompiers en vue de sa réorganisation. ● CE 13 juin 1986, *Simon,* n° 50314 B. ... Le rejet du recours hiérarchique contre la décision du directeur de la gendarmerie nationale rejetant le recours administratif dirigé contre la notation le concernant. ● CE 25 mars 1988, *Bernardet,* n° 80300 B. ... Le rejet d'un recours tendant à la révision de la notation d'un fonctionnaire. ● CE 3 nov. 2003, *M. Hello,* n° 248606: *Lebon 429; AJDA 2004. 109* ● 26 mars 2003, *DEBEIR,* n° 223439. N'a pas non plus à être motivé le rejet de la candidature d'un agent à un emploi de détachement. ● CE 5 mars 1993, *Vaillant,* n° 97300 B.

78. Rejet de recours contre des autorisations. Doit être motivé le rejet par le ministre du recours hiérarchique contre l'autorisation délivrée par une commission départementale d'urbanisme commercial pour la création d'un centre commercial. ● CE 20 mars 1985, *Synd. interprof. régional des petites et moyennes entreprises commerciales et a.,* n° 49376 B. ... La décision par laquelle le préfet ne s'oppose pas à une déclaration de boisement. ● CE 5 avr. 1996, *Sagnard,* n° 127336 B. Le rejet du recours d'un tiers contre une décision d'inscription au tableau de l'ordre et autorisant l'ouverture d'un nouveau site n'a pas à être motivé. ● CE 23 mars 2011, *M. Louis,* n° 337808 B: *AJDA 2011. 1168.*

79. Actes divers. Doivent être motivés: la décision par laquelle la SNCF supprime un des services nationaux mentionnés à l'art. 5 de son cahier des charges. ● CE 16 janv. 1991, *Féd. nat. des assoc. d'usagers des transports,* n° 116212: *Lebon 14.* ... Les décrets autorisant ou refusant d'autoriser une association à accepter un legs ne sont pas, par leur nature, au nombre des décisions administratives dont la loi du 11 juill. 1979 impose la motivation. ● CE 7 mai 2003, *Blanchard,* n° 241089. ... L'acte de dissolution par l'autorité de tutelle du conseil d'administration d'une caisse primaire ou régionale de sécurité sociale. ● CE 30 mars 2005, *Union régionale des synd. CFDT de la Réunion,* n° 260782 B. ... La décision du Conseil supérieur de l'audiovisuel fixant l'ordre de passage et la durée des émissions attribuées à chaque liste en vue des élections européennes. ● CE , ass., 2 juin 1994, *Alleaume et a.,* n° 158878: *Lebon 281; AJDA 1994. 837, note Camby; RFDA 1995. 555, concl. Frydman.* ... Les décisions rendues par l'administration fiscale sur les demandes de remise gracieuse. ● CE 8 oct. 1993, *Lesage,* n° 118827 ● 29 juin 1988, *Mme Sauzier,* n° 58265: *Lebon 263.* Un état exécutoire n'a pas à être motivé mais il doit indiquer les bases de liquidation. ● CE 23 nov. 1984, *Gilanton,* n° 36686 B.

⬜⬜⬜

Art. L. 211-3⬜ Doivent également être motivées les décisions administratives individuelles qui dérogent aux règles générales fixées par la loi ou le règlement. — *[L. n° 79-587 du 11 juill. 1979, art. 2.]*

⬜⬜

Plan des annotations

Jurisprudence rendue, sauf indication contraire, sous l'empire de l'art. 2 de la L. du 11 juill. 1979, abrogée.

I. DÉCISIONS RECONNUES COMME DÉROGATOIRES

1. Marché d'intérêt national. Autorisation dérogatoire d'implantation d'un point de vente à l'intérieur du périmètre de protection du marché d'intérêt national de Paris-Rungis. • CE 15 déc. 2000, *Union générale des synd. de grossistes du marché d'intérêt national de Paris-Rungis,* n° 195052. *Idem* pour le marché d'intérêt national de Bordeaux-Brienne. • CE 10 juill. 1987, *Sté METRO Libre Service de Gros,* n° 71573.

2. Urbanisme. Une dérogation prévue par le règlement du POS par une décision «prise après étude spéciale par une commission municipale» à l'interdiction de démolir ou transformer l'aspect extérieur «des immeubles de grande valeur architecturale ou présentant une valeur de témoignage du passé, figurés en noir sur le document graphique». • CE 19 avr. 1989, *Commissaire de la République, Préfet de Loire-Atlantique,* n° 81831.

3. Aéronefs. Une autorisation occasionnelle et temporaire d'affréter des aéronefs étrangers accordée à un transporteur aérien. • CE 5 nov. 1993, *Féd. nat. des synd. de transport CGT,* n° 103419 B.

4. Pharmacies. La décision d'ouverture d'une officine de pharmacie par dérogation. • CE 3 nov. 1982, *Mlle Mugler,* n° 34461 B • 16 févr. 1983, *Mme Vigne,* n° 44573 B: *AJDA 1983. 296* • 2 juin 1993, *Colombier,* n° 112266 • 6 déc. 1993, *Bresson Klein,* n° 105070 • 6 déc. 1987, *Mme Latapie,* n° 86160 B • 3 juin 1983, *Min. de la Santé,* n° 45171 • 9 nov. 1983, *Min. de la Santé c/ Rakover,* n° 44751 B • 24 oct. 1984: *M. Jannin,* n° 43581 • 24 juill. 1987, *Dubois,* n° 82830 • 18 déc. 1987, *Sallee et a.,* n° 65188: *Lebon 420* • 26 janv. 1996, *Ch. synd. des pharmaciens de la Corrèze et a.,* n° 158892 • 14 avr. 1995, *Schmerber et Mme Lambolay,* n° 155277 • CE 14 avr. 1995, *Billmann,* n° 154581 • 6 déc. 1993, *Min. de la Solidarité, de la Santé et de la Protection sociale,* n° 105070 • 28 janv. 1991, *Le Bihan,* n° 105845: *D. 1993. 138, obs. Storck* • 19 mai 1989, *Terrisse,* n° 69524 • 17 févr. 1989, *Mercusot,* n° 89099 • 15 avr. 1988, *Douris,* n° 80587. La décision autorisant un médecin à exercer la pharmacie. • CE 20 janv. 1988, *Maugoussin,* n° 75924 B • 24 févr. 1988, *Giroud,* n° 72633.

5. Recherche. La décision par laquelle l'Agence de la biomédecine autorise un protocole de recherche sur des cellules embryonnaires déroge à la règle d'interdiction de la recherche sur l'embryon humain fixée par l'art. L. 2151-5 CSP et doit ainsi être motivée. • CE 23 déc. 2014, *Agence de biomédecine,* n° 360958.

6. Informatique et libertés. Les délibérations de la CNIL autorisant, par dérogation à l'interdiction posée au I de l'art. 8 de la loi du 6 janv. 1978, certaines catégories de traitement de données sensibles sont au nombre des actes devant obligatoirement être motivés en vertu de l'art. 2 de la loi du 11 juill. 1979. • CE 26 mai 2014, *Sté IMS Health,* n° 354903.

II. DÉCISIONS NE PRÉSENTANT PAS CE CARACTÈRE

7. *Changement de nom.* N'ont pas de caractère dérogatoire et n'ont pas à être motivés à ce titre les décrets autorisant un changement de nom. ● CE 20 janv. 1989, *Sommer,* n° 69529 B: *AJDA 1989. 308, chron. Honorat et Baptiste.*

8. *Baux ruraux.* L'autorisation préfectorale de résilier un bail, prise après avis de la commission consultative des baux ruraux en application de l'art. L. 411-32 C. rur., n'est pas dérogatoire. ● CE 11 juill. 2008, *Crouzet,* n° 310624 B.

9. *Urbanisme.* L'autorisation de réaliser les travaux de construction de l'autoroute A 14 aux abords du domaine national de Saint-Germain-en-Laye n'est pas dérogatoire à la loi du 31 déc. 1913 sur les monuments historiques. ● CE , ass., 3 mars 1993, *Min. de l'Équipement, du Logement et des Transports c/ Cne de Saint-Germain-en-Laye et a.,* n° 142226: *AJDA 1993. 384; D. 1995. 335, note Fines.*

10. *Pharmacies.* Les décisions individuelles statuant sur une demande d'ouverture de pharmacie mutualiste, même si les règles relatives à ce type de demande sont dérogatoires, s'appliquent à toutes les demandes de cette nature. ● CE 23 sept. 1988, *Mutuelle des travailleurs de Martigues c/ Sudre,* n° 77066 ● 3 nov. 1989, *Union des stés mutualistes du Boulonnais,* n° 95378 B. ... Ni *a fortiori* les autorisations d'ouverture de pharmacie délivrées sur le fondement des règles générales du code de la santé publique. ● CE 12 oct. 1990, *Mme Ségura,* n° 98571 B.

11. *Audiovisuel.* Les mises en demeure prises en application d'une convention entre le CSA et le bénéficiaire d'une autorisation d'émettre, délivrée en application de l'art. 28 de la loi du 30 sept. 1986, ne constituent pas une décision dérogatoire au sens de l'art. 2 de la loi du 11 juill. 1979. ● CE 30 août 2006, *Assoc. Free Dom,* n° 276866: *Lebon 392; AJDA 2006. 1581.* La décision d'agrément prise par le CSA, en cas de modification des données au vu desquelles une autorisation a été délivrée, ne constitue pas une décision administrative individuelle dérogeant aux règles générales fixées par la loi ou le règlement. ● CE , ass., 23 déc. 2013, *Sté Métropole Télévision (M6),* n° 363978.

⏹⏹

⏹Art. L. 211-4⏹ Des décrets en Conseil d'État précisent, en tant que de besoin, les catégories de décisions qui doivent être motivées en application de la présente section. — *[L. n° 79-587 du 11 juill. 1979, art. 7.]*

⏹⏹

Jurisprudence rendue, sauf indication contraire, sous l'empire de l'art. 7 de la L. du 11 juill. 1979, abrogée.

Circulaires précisant la liste des actes à motiver. La circulaire du 10 janv. 1980 qui précise la liste des catégories de décisions soumises à motivation obligatoire est dépourvue de caractère réglementaire. ● CE , sect., 25 mars 1983, *Épx Mousset,* n° 28201: *Lebon 135.* Le moyen tiré de la méconnaissance de la mention, parmi les actes soumis à motivation, des décisions «refusant d'admettre un enfant à l'école primaire avant l'âge de six ans» présenté à l'appui d'un recours dirigé contre une telle décision ne peut être utilement invoqué devant le juge de l'excès de pouvoir. ● Même arrêt. La circulaire du 28 sept. 1987 est de même dépourvue de tout caractère réglementaire. ● CE 13 mars 1996, *Facq,* n° 117251: *AJFP 1996. 10, obs. Boutelet* ● 17 mars 1999, *Boulay,* n° 189769: *Lebon 69.*

SECTION II MODALITÉS

⚹⚹⚹Art. L. 211-5⚹ La motivation exigée par le présent chapitre doit être écrite et comporter l'énoncé des considérations de droit et de fait qui constituent le fondement de la décision. — *[L. n° 79-587 du 11 juill. 1979, art. 3.]*
⚹⚹

Plan des annotations
I. EXIGENCE D'UNE MOTIVATION ÉCRITEn[os] 1 à 3
II. MODALITÉS DE LA MOTIVATION ÉCRITEn[os] 4 à 8
III. CONTENU DE LA MOTIVATION ÉCRITEn[os] 9 à 12
A. MOTIVATION SUFFISANTEn[os] 9 et 10
B. MOTIVATION INSUFFISANTEn[os] 11 et 12
IV. CONTRÔLE JURIDICTIONNEL DE LA MOTIVATIONn[os] 13 à 25
A. CONTENTIEUX DE LA MOTIVATION (LÉGALITÉ EXTERNE)n°s 13 à 18
B. ARTICULATION AVEC LE CONTRÔLE DES MOTIFS (LÉGALITÉ INTERNE)n°s 19 et 20
C. CONTENTIEUX JUDICIAIRE (JURISPRUDENCE JUDICIAIRE SUR L'APPLICATION DE LA LOI)n°s 21 à 25
Jurisprudence rendue, sauf indication contraire, sous l'empire de l'art. 3 de la L. du 11 juill. 1979, abrogée.
I. EXIGENCE D'UNE MOTIVATION ÉCRITE

1. Cas des décisions qui n'ont pas à être formalisées par écrit. La décision d'admission que le directeur de l'établissement auquel est présentée une demande de placement volontaire prend, n'a pas à être formalisée par écrit ni, par suite, à être motivée. ● CE 25 mai 1994, *Mme C. W.,* n° 132281. V. dans le même sens, toujours en matière d'hospitalisation des personnes atteintes de troubles mentaux. ● CE 26 juill. 1996, *CHS Sainte-Marie de Cayssiols,* n° 158029 B ● 12 déc. 1997, *Groupe information asiles,* n° 139292 ● 18 mars 1998, *Eyoum Priso,* n° 154917 ● 16 avr. 2012, *Mlle Schnitzer,* n° 339110.

2. Cas des décisions dont les motifs pouvaient être connus de l'intéressé. Le fait que l'intéressé ait été informé ou ne pouvait ignorer les motifs de la mesure ne dispense pas l'autorité de motiver: même si l'intéressé avait été informé avant son licenciement des faits qui lui étaient reprochés et avait pris connaissance de son dossier, attaqué, l'autorité a méconnu ces dispositions en se bornant à indiquer, sans aucune autre précision, que le licenciement était fondé sur l'insuffisance professionnelle de l'intéressé. ● CE 19 déc. 1990, *Kromwell,* n° 85669 B. La circonstance qu'une association ait connu les motifs par lesquels le décret prononçant sa dissolution était pris ne dispensait pas l'autorité compétente de respecter l'obligation qu'elle avait. ● CE 31 oct. 1984, *Féd. d'action nationale et européenne (FANE),* n° 28070 B. V. en sens contraire: la société requérante ayant, avant l'intervention de l'arrêté ordonnant la fermeture du débit de boissons qu'elle exploitait, été plusieurs fois avertie que l'implantation d'un débit de boissons à proximité d'une station de métro était regardée par l'administration comme contraire à la réglementation, la motivation de l'arrêté attaqué, qui se borne à faire référence à l'art. L. 49, doit être regardée comme suffisante. ● CE 3 juin 1992, *SARL Sté du spectacle de la place Blanche,* n° 99614: *Lebon 105.* Une lettre antérieure à la décision prise, qui fait connaître à l'intéressé les raisons pour lesquelles la mesure est envisagée, ne peut tenir lieu de motivation exigée par la loi. ● CE 1er juill. 1981, *Besnault,* n° 24922: *Lebon 291; AJDA 1981. 474.* Deux courriers, l'un antérieur, l'autre postérieur de plusieurs mois à la décision individuelle, donnant des explications sur une décision de retrait de la nomination d'un agent ne peuvent tenir lieu de la motivation imposée par la loi pour la décision elle-même. ● CE 9 mai 2011, *M. Douai,* n° 328861: *AJDA 2011. 1582.* L'arrêté mettant fin aux fonctions de l'intéressé visant la lettre par laquelle le ministre avait notifié à l'intéressé son intention de dénoncer le contrat et fait courir le délai de préavis de trois mois prévu au contrat, en faisant connaître à l'intéressé les motifs de cette résiliation, la mention de cette lettre dont l'arrêté attaqué ne reprend pas les motifs et dont le texte ne lui était pas annexé ne peut tenir lieu de la motivation exigée par la loi du 11 juill. 1979. ● CE 14 févr. 1990, *Patoureau,* n° 62011 B. Insuffisance de motivation pour une décision de fermeture d'établissement commercial qui se borne à indiquer qu'une mise en demeure serait restée sans effet sans aucune référence, non seulement au contenu des prescriptions en matière d'hygiène qui demeuraient, selon la commune, inappliquées, mais aussi à l'existence même de plusieurs rapports relatant les constats opérés le jour même. ● CE 14 mars 2003, *Cne d'Évry,* n° 254827 B. La circonstance qu'un document accompagnant la mise en garde adressée à l'intéressé le 8 nov. 1985 avait porté à la connaissance de ce dernier le comportement qui lui était reproché n'était pas de nature à dispenser l'autorité compétente de l'obligation d'une motivation fondée sur les faits reprochés au médecin depuis l'intervention de la mise en demeure. ● CE 26 mai 1993, *CPAM des Deux-Sèvres,* n° 87788 B. Ni les éléments portés à la connaissance de l'intéressé au cours de la procédure contradictoire précédant cette décision ni l'avis d'une commission administrative paritaire ne peuvent tenir lieu de la motivation exigée par la loi. ● CE 17 déc. 2021, n° 451384 B.

3. Motifs repris par une décision rendue sur recours administratif. Pour une décision prise sur recours gracieux suffisamment motivée dès lors qu'elle s'approprie les motifs et le dispositif de la première décision régulièrement motivée qu'elle confirme. • CE 14 oct. 1996, *Figuet,* n° 146907 B. La décision rejetant le recours gracieux n'a pas à être motivée si la décision initiale l'a été correctement. • CE 8 déc. 2000, *Parti nationaliste basque ERI-PNB,* n° 212044: *Lebon 594; AJDA 2001. 769, concl. Maugüé; RFDA 2001. 287; ibid. 59, note Verpeaux* • 5 mai 2003, *Fagrouch,* n° 249951. De même pour le rejet par une autorité hiérarchique d'une réclamation ne constituant pas un recours administratif obligatoire et dirigée contre une décision, régulièrement motivée, de refus de reconnaissance d'un diplôme et d'octroi d'une prime. • CE 30 nov. 1994, *Guyot,* n° 150827: *Lebon 517.* Le rejet d'un recours administratif contre une décision motivée n'a pas à être lui-même motivé. • CE 19 févr. 2003, *Hammad,* n° 243548. V. en outre, sur les recours administratifs préalables obligatoires, commentaire de l'art. 1er.

II. MODALITÉS DE LA MOTIVATION ÉCRITE

4. Motivation portée en principe sur l'acte lui-même. Par cette disposition, le législateur a entendu imposer à l'autorité compétente de préciser elle-même, dans sa décision, les considérations de fait et de droit qui la motivent, de sorte qu'à sa seule lecture le destinataire puisse en connaître les motifs. • CE 23 mars 2005, *Stilinovic,* n° 264005 B: *AJDA 2005. 1022.* De même, en vertu d'une disposition spéciale du CESEDA, pour une interdiction de retour dont est assortie une obligation de quitter le territoire français. • CE 12 mars 2012, *Harounur,* n° 354165: *Lebon 83; AJDA 2012. 575.*

5. Motivation figurant sur des documents joints ou annexés. Un état exécutoire émis par le directeur de l'Office national d'immigration à l'encontre d'un employeur accompagné d'une lettre indiquant que la décision était prise à la suite de la constatation par un procès-verbal du contrôleur du travail constatant l'emploi de travailleurs étrangers en situation irrégulière, et mentionnant les textes applicables suffit. • CE 9 oct. 1989, *Sté civile agricole du domaine du Breuil,* n° 81228 B. Encore faut-il que le document annexé comporte lui-même les indications suffisantes: ni la décision attaquée, ni la lettre d'envoi qui l'accompagne ne comportent l'énoncé des considérations de fait rendant cette infirmière définitivement inapte à tout emploi de son grade. • CE 22 févr. 1989, *Mme Fontelline,* n° 84107 B. ... Pour un refus de congé de longue durée, renvoyant à l'avis du comité médical supérieur joint à la décision de refus. • CE 27 mars 2009, *CH général de Sarreguemines,* n° 3015159: *JCP Adm. 2009. Actu. 444.* Contenu de l'avis reproduit dans l'acte. • CE 27 mars 2009, *CH général de Sarreguemines,* n° 3015159: *préc.* Motivation par référence admise pour une décision refusant à un ancien militaire l'exercice d'une activité lucrative incompatible avec ses anciennes fonctions, la décision se référant à l'avis de la commission compétente, cet avis étant cité intégralement et ayant lui-même énoncé les considérations de droit et de fait. • CE 27 nov. 2002, *Wanecque,* n° 221871: *Lebon 410.* Si l'obligation de motivation des décisions de placement ou de maintien en hospitalisation d'office peut être satisfaite en se référant au certificat médical circonstancié qui doit être nécessairement établi avant la décision préfectorale, c'est à la condition de s'en approprier le contenu et de joindre ce certificat à la décision. • CE 9 nov. 2001, *M. Deslandes,* n° 235247 B. Possibilité en matière d'hospitalisation d'office de satisfaire à l'exigence de motivation en se référant à un avis médical, à la condition de s'en approprier le contenu et de joindre cet avis à la décision. • CE 13 mars 2013, *Cts Loise,* n° 342704 B: *AJDA 2013. 604* • 13 mars 2013, *Préfet de police,* n° 354976 B: *AJDA 2013. 601.*

6. Référence à des avis ou rapports non annexés et dont le contenu n'est pas incorporé dans l'acte soumis à motivation obligatoire. La seule référence à un avis ou document est en principe insuffisante. Ainsi pour un décret qui ne comporte aucun motif et se contente de viser un ou plusieurs avis sans déclarer s'approprier cet ou ces avis dont le texte n'est pas incorporé dans celui de la décision. ● CE 1er juill. 1981, Besnault, n° 24922: préc. note 2 ● 16 mars 1988, Sté Quincaillerie Le Gruel, n° 54475: Lebon 120. L'arrêté mettant fin aux fonctions de l'intéressé visant la lettre par laquelle le ministre avait notifié à l'intéressé son intention de dénoncer le contrat et fait courir le délai de préavis de trois mois prévu au contrat, en faisant connaître à l'intéressé les motifs de cette résiliation, la mention de cette lettre dont l'arrêté attaqué ne reprend pas les motifs et dont le texte ne lui était pas annexé ne peut tenir lieu de la motivation exigée par la loi du 11 juill. 1979. ● CE 14 févr. 1990, Patoureau, n° 62011: préc. note 2. La décision refusant de lever l'interdiction de vente aux mineurs d'une revue se bornant à se référer à l'avis émis par la commission de surveillance et de contrôle des publications susceptibles de présenter un danger pour la jeunesse, sans s'approprier ou reproduire cet avis, n'est pas suffisamment motivée. ● CE 13 févr. 1987, Marot, n° 58699: Lebon 48. Un décret admettant d'office par anticipation un officier général dans la deuxième Section, qui ne comporte aucun motif et qui s'il vise le texte dont il a été fait application et l'avis du Conseil supérieur de la Marine, ne déclare pas s'approprier cet avis, dont le texte n'est pas incorporé dans celui du décret. ● CE 1er juill. 1981, Besnault, n° 24922: préc. note 2. Le visa de l'avis du conseil d'enquête ne suffit pas pour un décret plaçant en non-activité par retrait d'emploi. ● CE 6 nov. 1981, Pauc, n° 27784 B. Mais un arrêté d'expulsion qui fait état des renseignements contenus dans un rapport d'enquête et dans l'avis de la commission d'expulsion sur le comportement de l'intéressé, coupable d'un homicide volontaire, doit être regardé comme suffisamment motivé et satisfaisant aux exigences des art. 1er et 3 de la loi du 11 juill. 1979. ● CE , sect., 11 juin 1982, Min. de l'Intérieur c/ Rezzouk, n° 32292: Lebon 226. Le visa de l'avis du conseil de l'ordre de la Légion d'Honneur, dont le décret, de sanction ne déclare pas s'approprier cet avis, dont le texte n'est pas incorporé à celui du décret et le visa de divers articles du code de la Légion d'Honneur et de la médaille militaire ne suffisent pas. ● CE 7 déc. 1983, Brassié, n° 52620. Est insuffisamment motivé un arrêté renouvelant la disponibilité d'office d'un agent et refusant de le réintégrer, qui se borne à viser les textes applicables et l'avis du comité médical supérieur non joint, à l'exclusion de tout autre motif. ● CE 7 mai 2012, Cne de Roissy-en-France, n° 346613: AJDA 2012. 980. Décision qui, sans s'en approprier les termes, vise l'avis émis par la commission départementale de réforme et à supposer même que cet avis ait été joint à l'expédition de la décision, ce document, contrairement aux prescriptions de l'art. de l'Arr. du 28 oct. 1958, n'indique pas que la commission a estimé que l'intéressée était dans l'impossibilité définitive et absolue de continuer ses fonctions. Cet avis ne peut donc tenir lieu de la motivation exigée par la loi. ● CE 22 févr. 1989, Mme Fontelline, n° 84107: préc. note 5.

7. Motivation par référence «anticipée». Lorsque le droit de l'Union européenne (UE) impose la motivation d'une décision administrative, devant intervenir dans un délai déterminé, comme une garantie conférée aux administrés intéressés, de telles dispositions ne font pas, en principe, obstacle à la formation, à l'expiration des délais prévus à cet effet par le droit interne, d'une décision implicite de rejet mais s'opposent toutefois à ce qu'une telle décision ne soit pas accompagnée d'une motivation à l'expiration du délai imposé par le droit de l'UE. Dès lors, en l'absence de motivation à l'expiration de ce délai, l'administration ne peut utilement se prévaloir des dispositions de l'art. L. 232-4 CRPA selon lesquelles «une décision implicite intervenue dans les cas où la décision explicite aurait dû être motivée n'est pas illégale du seul fait qu'elle n'est pas assortie de cette motivation». • CE 17 nov. 2017, *Sté Laboratoire Abbvie,* n°s 398573, 404459 B. Lorsque la décision en cause doit être prise au vu de l'avis motivé d'un organisme collégial, lequel s'est prononcé dans un sens défavorable à la demande, l'administré ne peut être regardé comme ayant eu connaissance des motifs de la décision implicite de rejet de sa demande du seul fait qu'il s'est vu communiquer cet avis avant l'expiration du délai imparti, sauf à ce que l'administration lui ait préalablement fait connaître, le cas échéant par une mention de l'accusé de réception de sa demande, que l'absence de décision explicite dans ce délai manifesterait qu'elle entend rejeter sa demande en s'appropriant les motifs de l'avis à intervenir. • Même décision.

8. Référence à des décisions de justice ou des actes de poursuite antérieurs. Ces références sont à elles seules insuffisantes pour motiver une nouvelle décision: il résulte des dispositions des art. 1er et 3 de la loi du 11 juill. 1979 que le législateur a entendu imposer à l'autorité qui prononce une sanction l'obligation de préciser elle-même dans sa décision les griefs qu'elle entend retenir à l'encontre de la personne intéressée, de sorte que cette dernière puisse à la seule lecture de la décision qui lui est notifiée connaître les motifs de la sanction qui la frappe. Une décision ne comportant aucun motif même si elle vise une décision, par laquelle le Conseil d'État a jugé, à l'occasion du litige portant sur une précédente sanction infligée à l'intéressé à raison des mêmes faits, que ce dernier avait commis un manquement aux devoirs de l'état de magistrat de nature à justifier une sanction disciplinaire, ne dispensait pas d'énoncer les faits reprochés à l'intéressé et les raisons pour lesquelles il estimait que ceux-ci étaient de nature à justifier la sanction prononcée. • CE 23 mars 2005, *Stilinovic,* n° 264005: *préc. note 4.* De même, pour une décision ministérielle déclarant un notaire démissionnaire d'office, eu égard au pouvoir d'appréciation dont dispose le ministre de la Justice, la simple référence dans les visas de l'arrêté ministériel à des textes officiels et au jugement du tribunal de grande instance dont le ministre n'est pas tenu de s'approprier les termes ne suffit pas à considérer que l'arrêté comporte l'énoncé des considérations de droit et de fait nécessaires. • CE 7 août 2008, *Kerorgant,* n° 299164: *Lebon 225; AJDA 2008. 1564.* Les motifs de la décision d'infliger la sanction fiscale doivent figurer sur le document portant cette sanction à la connaissance du contribuable ou à défaut, sur un document auquel l'administration entend se référer, et ne peuvent consister en une simple référence à la notification de redressements antérieurs. • CE 7 déc. 1994, *Épx Tournier,* n° 122147: *Lebon 540.* Un décret accordant l'extradition d'un ressortissant étranger qui, après avoir fait mention des mandats d'arrêt ou de dépôt décernés par les autorités judiciaires étrangères à l'encontre de l'intéressé et pour l'exécution desquels l'extradition de celui-ci a été demandée, se borne à viser l'avis «partiellement favorable» de la chambre d'accusation de la cour d'appel, ne précise pas les éléments de droit et de fait qui sont à la base de la décision prise et ne satisfait pas, par suite, aux exigences de l'art. 3 de la loi du11 juill. 1979. • CE , sect., 17 juin 1983, *Affatigato,* n° 28115: *Lebon 263.*

III. CONTENU DE LA MOTIVATION ÉCRITE

A. MOTIVATION SUFFISANTE

9. Motivations regardées comme suffisantes. Pour un refus de dispenser l'intéressé des obligations du service national actif se référant à sa situation telle qu'elle ressortait du dossier déposé par celui-ci et mentionnant qu'elle ne présentait pas un caractère d'exceptionnelle gravité au sens de l'art. L. 13 C. serv. nat. • CE , sect., 11 juin 1982, *Le Duff,* n° 36143: *Lebon 220.* Pour un refus de candidature comme agréé en architecture mentionnant que le dossier produit par l'intéressé et l'instruction faisaient apparaître qu'il n'exerçait pas son activité à titre principal. • CE 13 déc. 1985, *Min. de l'Urbanisme et du Logement c/ Alluitte,* n° 406330. Pour un refus d'agrément en vue d'une adoption qui renvoie à des explications qui peuvent être données par le médecin ayant reçu les demandeurs pendant l'instruction de la demande. • CE , sect., 3 déc. 1993, *Dpt de Seine-et-Marne,* n° 129859: *Lebon 335.* Pour la décision d'instance de classement puis le décret de classement du portrait du Duc d'Orléans peint par Ingres fondé sur l'intérêt présenté du point de vue de l'histoire et de l'art et de la nécessité de protéger cet objet face aux menaces imminentes d'exportation. • CE 24 janv. 1990, *Amon,* n° 103292: *Lebon 13; AJDA 1990. 420.* Pour une suspension d'un permis de conduire qui vise les articles applicables du code de la route et indique l'infraction relevée ainsi que le lieu où elle a été commise, alors même que l'avis de la commission spéciale de suspension n'avait pas été joint à l'arrêté attaqué. • CE 19 mars 2003, *Leclère,* n° 191271: *Lebon 136; AJDA 2003. 1623, note Courrier; D. 2003. 1264.* Pour un refus de visa de long séjour en qualité d'ascendant d'un ressortissant français se fondant sur l'insuffisance des ressources personnelles du demandeur pour financer son séjour et sur le fait qu'il ne justifiait pas d'être ascendant à charge. • CE 6 oct. 2008, *Dorofeev,* n° 289492: *Lebon 349; AJDA 2008. 1917; RFDA 2008. 1275.* Pour un refus d'autorisation de travail mentionnant la situation de l'emploi dans la profession et la région pour lesquelles cette autorisation était demandée. • CE 3 déc. 1986, *Min. de l'Intérieur et de la Décentralisation c/ Mlle Fadil,* n° 61722 B. Pour une expulsion, la mention des renseignements recueillis selon lesquels l'intéressé était en relation avec des groupes d'action violente ayant commis ou susceptibles de commettre des attentats en France. • CE 8 juill. 1991, *Min. de l'Intérieur c/ Faker,* n° 108810: *Lebon 275.*

10. Appréciation du caractère suffisant. – Cas particulier de l'état d'urgence. Les décisions qui ordonnent des perquisitions, sur le fondement de l'art. 11 de la L. du 3 avr. 1955 relative à l'état d'urgence, présentent le caractère de décisions administratives individuelles défavorables qui constituent des mesures de police. Leur motivation doit être écrite et comporter l'énoncé des considérations de droit ainsi que des motifs de fait faisant apparaître les raisons sérieuses qui ont conduit l'autorité administrative à penser que le lieu visé par la perquisition est fréquenté par une personne dont le comportement constitue une menace pour la sécurité et l'ordre publics. Dès lors que la perquisition est effectuée dans un cadre de police administrative, il n'est pas nécessaire que la motivation de la décision qui l'ordonne fasse état d'indices d'infraction pénale. ● CE , ass., 6 juill. 2016, *Napol et a.,* nᵒˢ 398234 et 399135: *Lebon.* Le caractère suffisant de la motivation doit être apprécié en tenant compte des conditions d'urgence dans lesquelles la perquisition a été ordonnée, dans les circonstances exceptionnelles ayant conduit à la déclaration de l'état d'urgence. Si les dispositions de l'art. 4 de la L. du 11 juill. 1979, codifié à l'art. L. 211-6 du CRPA, prévoient qu'une absence complète de motivation n'entache pas d'illégalité une décision lorsque l'urgence absolue a empêché qu'elle soit motivée, il appartient au juge administratif d'apprécier au cas par cas, en fonction des circonstances particulières de chaque espèce, si une urgence absolue a fait obstacle à ce que la décision comporte une motivation même succincte. ● Même décision.

B. MOTIVATION INSUFFISANTE

11. Motivation se bornant à reprendre les formulations des textes. La reprise de la condition légale sans préciser les circonstances de fait permettant de la regarder comme satisfaite ne suffit pas: ainsi pour l'exercice du droit de veto à une décision d'une banque publique susceptible d'être fondée sur une décision «pouvant affecter la situation de la banque», sans indiquer en quoi était-ce le cas en l'espèce. ● CE 18 mai 1984, *SA La participation mobilière et immobilière (PMI) et a.,* nᵒ 48812: *Lebon 184.* ... De même pour l'invalidité qui doit «avoir été contractée ou aggravée à une époque où un agent était dans une position valable pour la retraite» sans préciser en quoi ce n'était pas le cas en l'espèce. ● CE 12 févr. 1992, *Cne de Mantes-la-Jolie,* nᵒ 86439 B.

12. Motivations générales ou imprécises. Pour un refus d'autorisation d'ouverture d'un poste d'enregistrement de paris du PMU motivé seulement par «le résultat défavorable de l'enquête menée». ● CE 7 oct. 1987, *Min. Agriculture c/ Abbad,* n° 70223: *Lebon 303; Dr. adm. 1987, n° 576.* Pour un refus par un préfet d'autoriser un spectacle de strip-tease en indiquant seulement «en raison des circonstances de temps et de lieu». ● CE 5 déc. 1984, *Sté Émeraude Show,* n° 49448 B. ... Pour un rejet de candidature dans le cadre d'un appel d'offres, qui se borne à indiquer «après examen et comparaison de l'ensemble des dossiers... tant sur le plan financier que commercial». ● CE 21 oct. 1994, *Aéroports de Paris et a. et Sté des agents convoyeurs de sécurité et de transports de fonds,* n° 139970: *Lebon 449.* Pour la décision de suspension définitive d'un permis de conduire qui ne s'approprie pas les motifs d'un avis motivé de la commission médicale précisant la nature des affections justifiant la suspension, et dont l'intéressé aurait pu recevoir communication par l'intermédiaire d'un médecin de son choix. ● CE 10 mai 1995, *Auriol,* n° 121113: *Lebon 203.* Pour un rejet de demande de titre de séjour fondée sur la seule mention d'un «examen approfondi du dossier», sans faire état d'aucun élément de fait propre à la situation de l'intéressé. ● CE 30 déc. 1996, *Min. Intérieur c/ Martins,* n° 163457 B. Pour un refus d'autorisation fondé sur «les éléments recueillis lors de l'enquête». ● CE 9 févr. 2001, *Michel,* n° 216398: *Lebon 51.* Pour des décisions de refus de validation d'expérience professionnelle qui se bornent à indiquer que «sur la base des éléments attestés fournis, la durée de l'expérience professionnelle de l'intéressée est apparue insuffisante». ● CE 3 mars 2003, *Nortur,* n° 241781. Pour le refus, opposé par un préfet, d'autorisation de mise en service de véhicule sanitaire, dès lorsqu'il s'est borné à se référer aux textes, sans préciser aucun des éléments d'appréciation qui ont servi de base à sa décision. ● CE 11 juin 2003, *Dos Santos,* n° 243335 B: *AJDA 2003. 1631.* Pour le retrait de la consommation d'une carcasse d'un animal de boucherie en se bornant à faire état de la présence dans l'urine de l'animal de résidus de substance anabolisante interdite sans indiquer sa nature ni aucun des textes fondant une telle décision. ● CE 7 mai 1993, *Min. Agriculture c/ SARL Cevlot,* n° 107221 B. Pour un refus d'autorisation de détention d'arme de 4e catégorie faisant connaître à l'intéressé qu'il ne lui avait pas paru «opportun» de réserver une suite favorable à sa demande. ● CE 1er juill. 1987, *Min. de l'Intérieur et de la Décentralisation c/ Corbel,* n° 74419 B. Pour une autorisation d'ouverture d'une officine de pharmacie à titre dérogatoire en se fondant sur le fait que «les besoins de la population justifient la création d'une officine de pharmacie» et que «la commune d'Aubiet joue un rôle attractif vis-à-vis des communes rurales voisines» sans préciser les éléments de fait sur lesquels reposent ces appréciations. ● CE 12 juin 1987, *Mme Latapie,* n° 86160 B. V. de même ● CE 3 nov. 1982, *Mme Mugler,* n° 34461 B. Pour l'avis de la commission de validation pour l'accès aux emplois de chef de service, de directeur-adjoint et de sous-directeur des administrations centrales de l'État se bornant à relever que la condition de huit années de services effectifs n'est pas remplie, sans préciser ceux des emplois occupés par l'intéressé qui, aux yeux de la commission, ne sont pas valides. • CE 11 oct. 2004, *Chauveau, n° 263349: Lebon 368; AJDA 2004. 2292.* Pour la décision d'exercer le droit de préemption de la commune se bornant à mentionner que cette acquisition était opérée «en vue d'entreprendre toutes opérations d'aménagement ayant pour objet de mettre en œuvre la politique locale de l'habitat». • CE 13 oct. 2003, *Cne d'Altkirch*, n° 247676 B. Pour la pénalité prévue à l'art. 1763 A CGI pour laquelle la notification du redressement se bornait à demander à la société de désigner les bénéficiaires des distributions et de lui indiquer qu'à défaut de réponse de sa part dans le délai de trente jours prévu par l'art. 117 CGI, elle serait passible de cette pénalité. • CE 26 janv. 2000, *Agostinelli*, n° 168923 B. Pour rejeter une demande de titre de séjour présentée par un étranger en situation irrégulière en vue d'obtenir une mesure de régularisation, le préfet s'est borné à relever que «l'examen approfondi de votre [son] dossier fait apparaître que votre [sa] situation personnelle ne justifie pas votre [son] admission au séjour à titre dérogatoire». • CE 30 déc. 1996, *Min. de l'Intérieur et de l'Aménagement du territoire c/ Martins*, n° 163457: *préc.* Pour une autorisation d'emploi, la référence à de simples données statistiques sur la situation de l'emploi dans la profession et la région considérées. • CE 4 nov. 1988, *Damree*, n° 89507 B. Pour un arrêté ministériel d'expulsion qui se contente d'indiquer que l'intéressé «préparait des actions violentes», sans préciser les éléments de fait retenus. • CE , sect., 13 janv. 1988, *Abina*, n° 65856: *Lebon 5.* Pour un arrêté d'expulsion indiquant simplement que l'intéressé «a commis des actes portant atteinte à la sécurité des personnes» et que «la présence de cet étranger sur le territoire français est de nature à compromettre l'ordre public». • CE 24 juill. 1981, *Belasri*, n° 31488: *Lebon 322; AJDA 1981. 464; D. 1981. IR 521, obs. Delvolvé.* Pour le décret autorisant Air Inter à affréter des aéronefs étrangers à titre occasionnel et temporaire, en se bornant à indiquer que cette autorisation est donnée à Air Inter «pour assurer sa mission de service public». • CE 5 nov. 1993, *Féd. nat. des synd. de transport CGT*, n° 103419 B. Pour l'arrêté limitant l'utilisation de l'aérodrome avec une référence de texte imprécise et «compte tenu de la modification des dégagements aéronautiques». • CE 18 janv. 1991, *SCI de la Lomagne*, n° 86804 B. Pour une décision par laquelle un jury d'examen refuse à un candidat la dispense de certaines des épreuves, en se bornant à indiquer qu'elle a été prise «au vu de son dossier». • Paris, 1re ch., 26 sept. 2001: *Gaz. Pal. 6-8 janv. 2002. 8.* Pour le refus d'autoriser la licence d'exportation d'une œuvre de Cézanne non motivée et qu'une lettre postérieure se bornant à indiquer que le ministre «ne pouvait autoriser la sortie de France de cette œuvre évidemment capitale» était insusceptible de régulariser. • CE 17 juin 1985, *Dauberville*, n° 54172: *Lebon 184.* Pour l'annulation par le ministre du travail de la décision par laquelle un inspecteur du travail a rejeté la demande d'autorisation de licenciement d'un salarié protégé – obligation de mentionner les raisons pour lesquelles il estime que la décision de l'inspecteur est illégale. • CE 8 déc. 2021, n° 428118 B.

IV. CONTRÔLE JURIDICTIONNEL DE LA MOTIVATION

BIBL. Dossier: La substitution dans le contentieux de l'excès de pouvoir, *RFDA 2004. 73.* – Dieu, La compétence liée: expédiente et utile mais pas extensive, *JCP Adm. 2010, nᵒˢ 22 et 31.* – V., pour les recours administratifs, la note 3.

A. CONTENTIEUX DE LA MOTIVATION (LÉGALITÉ EXTERNE)

13. *Condition de la légalité de l'acte.* Une décision insuffisamment motivée doit être annulée, alors même que l'administration en aurait fourni ultérieurement les motifs. • CE 7 mai 1993, *Min. Agriculture c/ SARL. Cevlot,* nᵒ 107221: *préc. note 12.*

14. *Plein contentieux.* Inopérance du moyen tiré d'un défaut de motivation d'une décision administrative dans les litiges de plein contentieux où il n'appartient pas au juge de se prononcer sur les vices propres de la décision attaquée mais seulement d'examiner le bien fondé de celle-ci. V. en matière de tarification sanitaire et sociale. • CE 20 oct. 2017, *Sté Sogecler,* nᵒ 401554 B. V. de même en matière d'aide sociale (Revenu de solidarité active): • CE 16 déc. 2016, *Mme Guionnet,* nᵒ 389642: *Lebon.*

15. *Compétence liée.* Le moyen tiré du défaut de motivation d'une décision est inopérant, dès lors que l'administration était tenue de prendre cet acte. • CE 26 févr. 2003, *Nègre,* nᵒ 220227: *Lebon 53; Dr. adm. 2003, nᵒ 100; AJDA 2003. 490, chron. Donnat et Casas; RFDA 2003. 251* • CE , sect., 30 juill. 2003, *Djaoui,* nᵒ 237720: *Lebon 349; RFDA 2003. 1023.* Compétence liée pour le licenciement des assistantes maternelles, moyen inopérant. • CE 5 nov. 1986, *Dpt du Morbihan,* nᵒ 58813: *Lebon 396.* Absence de compétence liée en matière d'abrogation d'un agrément de transport sanitaire fondé sur le nombre insuffisant de véhicules de l'entreprise, qui ne résulte pas d'un simple constat. • CE 5 févr. 2020, nᵒ 426225 B.

16. *Régularisations.* S'il appartient à l'autorité administrative qui constate l'illégalité d'une décision créatrice de droits de retirer ladite décision dans le délai du recours contentieux ou, lorsqu'un tel recours a été formé, tant que la juridiction administrative n'a pas statué, et d'édicter pour l'avenir une décision régulière, ladite autorité ne saurait légalement, notamment au vu d'un pourvoi, tenter de régulariser sa décision en mettant fin, rétroactivement, à l'illégalité qui l'entache. Préfet ayant accordé à un pharmacien l'autorisation d'ouvrir à titre dérogatoire une officine pharmaceutique en se bornant à préciser que «les besoins de la santé publique justifient la création d'une officine à l'emplacement proposé». Cette motivation ne satisfant pas aux exigences de la loi du 11 juill. 1979 était donc illégale. Cette illégalité ne pouvait être couverte par le fait que le préfet, pour faire obstacle au moyen tiré d'une insuffisante motivation articulé devant le juge administratif à l'encontre de son arrêté par un pharmacien concurrent, a décidé de «compléter» son arrêté en exposant, d'une manière régulière au regard des prescriptions de la loi du 11 juill. 1979, mais rétroactive et donc illégale, pour quels motifs la licence litigieuse avait été accordée. • CE 5 mai 1986, *Min. des Affaires sociales et de la Solidarité nationale c/ Leblanc, Tissier,* nᵒ 59121: *Lebon 128.*

17. Procédures d'urgence. Une motivation insuffisante crée un doute sérieux quant à la légalité et permet la suspension de l'acte dans le cadre de l'art. L. 521-1 CJA relatif au référé-suspension. ● CE 9 nov. 2001, *M. Deslandes,* n° 235247: *préc. note 5* (en l'esp., non). Elle entraîne aussi l'illégalité manifeste d'une décision de fermeture d'établissement commercial, qui dès lors constitue une atteinte grave à la liberté fondamentale d'entreprendre dont se prévaut cette société, au sens de l'art. L. 521-2 CJA relatif au référé-injonction. ● CE 14 mars 2003, *Cne d'Évry,* n° 254827: *préc. note 2.*

18. Contrôle du juge de cassation. En l'absence de dénaturation, l'appréciation du caractère suffisant ou non de la motivation relève de l'appréciation souveraine du juge du fond, qui ne peut être contestée devant le juge de cassation. ● CE 23 oct. 1998, *Min. Équip. c/ Mme Chermet-Carroy,* n° 180241: *Lebon 361* ● 30 juill. 2003, *Garde des Sceaux, Min. Justice c/ Remli,* n° 252712: *Lebon 366; AJDA 2003. 2090, note Costa.* Le juge de cassation opère néanmoins un contrôle de l'erreur de droit sur le champ d'application de la L. du 11 juill. 1979. ● CE 28 juill. 1999, *Min. de l'Économie et des Finances c/ Pluviaud,* n° 187800 B. ... Ainsi que sur la détermination du champ respectif de cette loi générale et des textes spéciaux. ● CE 30 juill. 1997, *Cne de Montreuil-sous-Bois c/ Breuille,* n° 160968: *Lebon 309.* ... Ou des critères au regard desquels une juridiction regarde comme suffisamment motivée une décision. ● CE 28 juin 1999, *Mme Clauzier,* n° 182136 B.

B. ARTICULATION AVEC LE CONTRÔLE DES MOTIFS (LÉGALITÉ INTERNE)

19. Contrôle des motifs en l'absence de motivation obligatoire. Si le refus d'inscription au tableau d'avancement n'a pas à être motivé en vertu de la loi, il appartient à l'administration de donner au juge de l'excès de pouvoir les motifs d'une telle décision, afin de lui permettre d'exercer son contrôle. Le juge a la faculté, dans le cadre de ses pouvoirs d'instruction, de demander à l'administration de lui faire connaître les motifs de fait et de droit fondant le refus d'inscription au tableau d'avancement d'un fonctionnaire qui y avait été inscrit l'année précédente. Lorsque l'administration se borne à présenter en réponse un exposé de caractère général sur les divers éléments pris en compte par la commission d'avancement lors de l'établissement des tableaux d'avancement, dépourvu de toute indication sur les motifs qui ont été retenus en l'espèce pour prendre la décision de refus, les allégations du requérant selon lesquelles cette décision est entachée d'erreur manifeste d'appréciation doivent être regardées comme établies. ● CE 12 févr. 2003, *Paugam épse Puechmaille,* n° 218983: *AJDA 2003. 1351.*

20. Substitution de motifs. L'administration peut, en première instance comme en appel, faire valoir devant le juge de l'excès de pouvoir que la décision dont l'annulation est demandée, est légalement justifiée par un motif, de droit ou de fait, autre que celui initialement indiqué, mais est également fondée sur la situation existant à la date de cette décision. • CE 12 janv. 2004, *SARL Bar Brasserie du Parvis, SCI du Parvis,* n° 252408: *AJDA 2005. 1077.* Il appartient alors au juge d'apprécier le motif en ayant mis l'auteur du recours à même de présenter des observations sur la substitution ainsi sollicitée. • Même décision. V. aussi dans le même sens. • CE , sect., 6 févr. 2004, *Mme Hallal,* n° 240560: *Lebon 48; AJDA 2004. 436, chron. Donnat et Casas; RFDA 2004. 740, concl. De Silva.*

C. CONTENTIEUX JUDICIAIRE (JURISPRUDENCE JUDICIAIRE SUR L'APPLICATION DE LA LOI)

21. Champ de l'obligation de motivation. L'établissement d'une liste d'experts judiciaires par l'assemblée générale d'une cour d'appel n'a pas à être motivé. • Civ. 2ᵉ, 3 juin 2004, n° 04-10.557 P • Civ. 1ʳᵉ, 27 mars 1990, n° 88-20.060 P • 14 mai 1985, n° 85-10.537 P. La décision par laquelle le directeur des services fiscaux accorde ou refuse une prorogation du délai dans lequel l'acquéreur doit s'exécuter de l'obligation de construire pour ne pas être déchu du bénéfice de la taxation de la mutation, selon le régime de faveur institué par l'art. 691 CGI, n'a pas à être motivée n'étant ni une décision de déchéance, ni une décision individuelle dérogeant aux règles générales fixées par la loi ou le règlement visé par la loi du 11 juill. 1979. • Com. 24 janv. 1995, n° 93-13.680 P. Un avis émis, en application des art. L. 228 et R. 228-6 LPF, par la Commission des infractions fiscales, organe consultatif n'a pas à être motivé. • Crim. 21 oct. 1991, n° 90-85.314 P. La décision du jury d'examen d'une école de formation professionnelle d'un barreau refusant à un candidat une dispense des épreuves du contrôle des connaissances n'a pas à être motivée. • Civ 1ʳᵉ, 12 oct. 2004, n° 01-16.763 P.

22. Contenu de la motivation. L'administration des impôts est, en vertu de la loi du 11 juill. 1979, tenue de motiver sa décision d'exercer son droit de préemption, en précisant les éléments de fait sur lesquels elle se fonde pour estimer le prix insuffisant. ● Com. 16 juin 1987, n° 86-11.167 P. ... Et ne saurait se contenter d'une motivation trop générale. ● Com. 16 juin 1987, n° 86-13.830 P. L'appréciation du maire sur la fausseté des renseignements fournis lors d'une demande de permis de construire ne saurait constituer une diffamation dès lors que la loi du 11 juill. 1979 impose à l'administration de motiver en droit et en fait les décisions de retrait des actes créateurs de droit. ● Crim. 3 mai 2000, n° 99-84.796 P. Les arrêtés préfectoraux de suspension de permis de conduire doivent être motivés. ● Crim. 11 oct. 1990, n° 90-82.818 P ● 11 oct. 1990, n° 90-81.201 P. La décision, par laquelle, en cas de perte totale des points, l'autorité administrative enjoint à l'intéressé de remettre au préfet son permis de conduire, est suffisamment motivée lorsqu'elle comporte des indications permettant d'identifier la dernière infraction. ● Crim. 14 déc. 1999, n° 98-86.781 P. Les injonctions adressées à l'auteur d'une infraction de restituer son permis de conduire, en cas de perte totale des points, n'ont pas à comporter un rappel des précédentes réductions de points dont il a déjà été informé. ● Crim. 12 mars 1997, n° 96-81.660 P ● 26 juin 1996, n° 95-83.529 P.

23. Sanction de l'obligation de motivation. L'énonciation des motifs invoqués par l'administration est une condition de validité au fond de l'exercice d'un droit de préemption. ● Com. 3 mars 1987, n° 85-14.774 P.

24. Compétence liée. Compétence liée pour délivrer une mise en demeure de se conformer aux prescriptions éludées par l'exploitant d'une installation classée en vertu de l'art. L. 514-1 C. envir. Sont, dès lors, inopérants les moyens tirés du défaut de motivation de l'arrêté de mise en demeure ainsi que de l'inobservation de la procédure contradictoire prévue par l'art. 24 de la loi du 12 avr. 2000. ● Crim. 21 févr. 2006, n° 05-82.232 P.

25. Substitution de motifs. Il n'est pas interdit à l'Autorité de la concurrence d'expliciter l'argumentation de sa décision, dans ses observations devant la cour d'appel, dès lors que ces observations ne comportent pas d'élément nouveau de nature à aggraver la culpabilité ou la condamnation des parties en cause. ● Com. 31 janv. 2012, n° 10-25.772 P.

☐☐☐

Art. L. 211-6☐ Lorsque l'urgence absolue a empêché qu'une décision soit motivée, le défaut de motivation n'entache pas d'illégalité cette décision. Toutefois, si l'intéressé en fait la demande, dans les délais du recours contentieux, l'autorité qui a pris la décision devra, dans un délai d'un mois, lui en communiquer les motifs.

☐Les dispositions du présent chapitre ne dérogent pas aux textes législatifs interdisant la divulgation ou la publication de faits couverts par le secret. — *[L. n° 79-587 du 11 juill. 1979, art. 4.]*

☐☐

Plan des annotations
I. EXCEPTION D'URGENCEn^{os} 1 à 4

II. EXCEPTION DE SECRET n°s 5 et 6

Jurisprudence rendue, sauf indication contraire, sous l'empire de l'art. 4 de la L. du 11 juill. 1979, abrogée. Jurisprudence à rapprocher de celle rendue sur l'art. 1er de la loi du 11 juill. 1979 s'agissant des exceptions à l'obligation de motivation en cas de refus d'autorisation (V. annotations ss. l'art. L. 211-2 s.) ainsi que de celles prévues pour la mise en œuvre d'une procédure contradictoire par l'art. 24 de la loi du 12 avr. 2000 (V. désormais, art. L. 121-1 s.).

I. EXCEPTION D'URGENCE

1. Mesures d'expulsion. Ressortissant iranien en relation avec les services de renseignements et les milieux étrangers dans le contexte d'une vague de terrorisme à la fin de l'année 1985 et au début de l'année 1986 en région parisienne; compte tenu du nombre d'arrestations opérées et de l'expiration du délai de garde à vue le 13 févr. 1986 à 6 heures, l'urgence absolue dispensait de motivation la mesure d'expulsion. • CE 6 mai 1988, *Abdul,* n° 79375: *Lebon 182.* Ressortissant irakien en relation avec les services de renseignements étrangers, dans le contexte de l'invasion du Koweit et de la participation de la France au conflit; compte tenu du nombre d'expulsions opérées dans les mêmes conditions et de la brieveté des délais pour ce faire, l'urgence absolue dispensait de motivation. • CE 5 mai 1993, *Khdayir,* n° 127645 • 7 juin 1993, *Al Hafian,* n° 127669.

2. En revanche le préfet de police, qui n'a pas motivé la mesure de police que constitue le refus de renouveler le titre de séjour provisoire dont bénéficiait l'intéressé et le retrait de sa carte de travail, n'en a pas été empêché par une circonstance présentant une urgence absolue. • CE 30 juin 1982, *Malley,* n° 34021 B. Il ne ressort pas des pièces du dossier que, dans les circonstances de l'espèce, l'expulsion de l'intéressée ait présenté un caractère d'urgence absolue empêchant l'administration de motiver ledit arrêté. • CE 13 janv. 1988, *Abina,* n° 65856: *Lebon 5; AJDA 1988. 225, concl. Schrameck* • 24 mars 1993: *Chiker, n° 135601* • 27 oct. 1993, *Boudih,* n° 138239.

3. État d'urgence. Les décisions qui ordonnent des perquisitions, sur le fondement de l'art. 11 de la L. du 3 avr. 1955 relative à l'état d'urgence, présentent le caractère de décisions administratives individuelles défavorables qui constituent des mesures de police. Leur motivation doit être écrite et comporter l'énoncé des considérations de droit ainsi que des motifs de fait faisant apparaître les raisons sérieuses qui ont conduit l'autorité administrative à penser que le lieu visé par la perquisition est fréquenté par une personne dont le comportement constitue une menace pour la sécurité et l'ordre publics. Dès lors que la perquisition est effectuée dans un cadre de police administrative, il n'est pas nécessaire que la motivation de la décision qui l'ordonne fasse état d'indices d'infraction pénale. • CE , ass., 6 juill. 2016, *Napol et a.,* nos 398234 et 399135: *Lebon.* Le caractère suffisant de la motivation doit être apprécié en tenant compte des conditions d'urgence dans lesquelles la perquisition a été ordonnée, dans les circonstances exceptionnelles ayant conduit à la déclaration de l'état d'urgence. Si les dispositions de l'art. 4 de la L. du 11 juill. 1979, codifié à l'art. L. 211-6 du CRPA, prévoient qu'une absence complète de motivation n'entache pas d'illégalité une décision lorsque l'urgence absolue a empêché qu'elle soit motivée, il appartient au juge administratif d'apprécier au cas par cas, en fonction des circonstances particulières de chaque espèce, si une urgence absolue a fait obstacle à ce que la décision comporte une motivation même succincte. • Même décision.

4. Autres mesures. Absence d'urgence absolue d'un arrêté interministériel, pris en application de la loi du 21 juill. 1983, relative à la sécurité des consommateurs, qui interdit l'importation, l'exportation et la mise sur le marché d'un produit. • CE 7 juin 1985, *Sté Acopasa,* n° 62196: *Lebon 176.* Absence d'urgence absolue également s'agissant de la décision d'un chef d'établissement pénitentiaire, prononcée pour des raisons d'ordre et de sécurité, procédant à la retenue du matériel informatique d'un détenu dans lequel ce dernier avait dissimulé une corde, qui devait donc être motivée; la situation dispensait en revanche le chef d'établissement du respect de la procédure contradictoire prévue par l'art. 24 de la loi n° 2000-321 du 12 avr. 2000, désormais codifié à l'art. L. 122-1 CRPA. • CE 6 juin 2018, *Dos Santos Pedro,* n° 410985 B.

II. EXCEPTION DE SECRET

5. Secret de la défense nationale. Les motifs ayant justifié l'inscription d'une association sur la liste prévue par le décret du 25 sept. 2001 réglementant les relations financières entre la France et l'étranger sont couverts par le secret de la défense nationale protégé par l'art. 413-10 C. pén. et sont une exception à l'obligation de motivation. • CE 3 nov. 2004, *Assoc. secours mondial de France,* n° 262626 B: *AJDA 2005. 723, note Burgorgue-Larsen; D. 2005. 824, note Clamour.*

6. Secret médical. Une décision du conseil médical de l'aéronautique civile n'a pas à être motivée, dès lors qu'elle est prise dans le cadre d'attributions imposant à ce conseil, en vertu du code de la santé publique, de ne fournir à l'administration ou à l'organisme employeur pour tenir compte du secret professionnel institué par la loi que ses conclusions sur le plan administratif sans indiquer les raisons médicales. • CE 28 déc. 1988, *Min. délégué des Transports c/ Dufaut,* n° 77955: *Lebon 475.* ... Mais le requérant peut demander communication des informations à caractère médical le concernant par l'intermédiaire d'un médecin qu'il désigne à cet effet ainsi que le prévoit l'art. 6 *bis* de la loi du 17 juill. 1978. • CE 5 nov. 2001, *M. Mariot,* n° 230040 B. Une telle décision n'a ainsi pas à être motivée lorsqu'elle est exclusivement fondée sur un motif médical. • CE 9 juin 2006, *Chaudet,* n° 27593. Au contraire, cette décision doit être motivée si elle n'est pas fondée exclusivement sur des motifs médicaux. • CE 9 juin 2006, *Auge,* n° 275938 B. Ne satisfait pas aux exigences de la loi une décision de suspension définitive d'un permis de conduire qui ne s'approprie pas les motifs d'un avis motivé de la commission médicale précisant la nature des affections justifiant la suspension, et dont l'intéressé aurait pu recevoir communication par l'intermédiaire d'un médecin de son choix. • CE 10 mai 1995, *Auriol,* n° 121113: *Lebon 203* • 10 mai 1995, *Min. de l'Équipement, du Logement, des Transports et de l'Espace c/ Gravey,* n° 127339: *Lebon.* Solution désormais abandonnée: une décision se bornant à mentionner les dispositions du code de la route, viser l'avis rendu par la commission médicale concluant à l'inaptitude et mentionner que l'intéressé a pris connaissance des motifs d'ordre médical justifiant cette décision ne méconnaît aucune obligation de motivation dès lors que le secret médical interdit aux médecins chargés du contrôle de préciser dans leur avis destiné à l'administration l'affection qu'ils ont constatée. • CE 19 juill. 2017, *Min. de l'Intérieur c/ Vidal,* n° 393408 B.

SECTION III RÈGLES SPÉCIFIQUES À CERTAINS ORGANISMES

▨▨▨

Art. L. 211-7▨ Les organismes de sécurité sociale et Pôle emploi doivent faire connaître les motifs des décisions individuelles par lesquelles ils refusent un avantage dont l'attribution constitue un droit pour les personnes qui remplissent les conditions légales pour l'obtenir.

▨L'obligation de motivation s'étend aux décisions par lesquelles les organismes et institutions mentionnés à l'alinéa précédent refusent l'attribution d'aides ou de subventions dans le cadre de leur action sanitaire et sociale. — *[L. n° 79-587 du 11 juill. 1979, art. 6.]*

▨▨

Jurisprudence rendue, sauf indication contraire, sous l'empire de l'art. 6 de la L. du 11 juill. 1979, abrogée.

1. Compétence juridictionnelle. Le défaut de réponse de la commission de recours gracieux de l'URSSAF à la demande de communication de motifs que la société lui a adressée le 31 mars 1983 n'est pas susceptible de faire naître un différend qui serait distinct et détachable de celui qui oppose ladite société à l'URSSAF et qui relèverait, par sa nature, de la juridiction administrative. ● CE 15 mai 1987, *Sté Amway France*, nº 54552.

2. Sanction de la méconnaissance de l'obligation. Le tribunal saisi d'un recours formé contre une décision de remboursement d'une somme indue ne peut annuler simplement la décision de la commission de recours amiable pour défaut de motivation sans statuer sur le bien-fondé de la créance et trancher le litige conformément à son objet. ● Soc. 11 mai 2000, nº 98-21.755 P.

🔲🔲🔲Art. L. 211-8🔲 Les décisions des organismes de sécurité sociale et de mutualité sociale agricole de salariés ou de non-salariés ordonnant le reversement des prestations sociales indûment perçues sont motivées.

🔲Elles indiquent les voies et délais de recours ouverts à l'assuré, ainsi que les conditions et les délais dans lesquels l'assuré peut présenter ses observations écrites ou orales. Dans ce dernier cas, l'assuré peut se faire assister par un conseil ou représenter par un mandataire de son choix. — *[L. nº 2000-321 du 12 avr. 2000, art. 25.]*

CHAPITRE II SIGNATURE

(Ord. nº 2015-1341 du 23 oct. 2015, en vigueur le 1er janv. 2016)

🔲🔲🔲Art. L. 212-1🔲 Toute décision prise par une administration comporte la signature de son auteur ainsi que la mention, en caractères lisibles, du prénom, du nom et de la qualité de celui-ci. — *[L. nº 2000-321 du 12 avr. 2000, art. 4, al. 2.]*

🔲 *(L. nº 2017-258 du 28 févr. 2017, art. 4-I)* «Toutefois, les décisions fondées sur des motifs en lien avec la prévention d'actes de terrorisme sont prises dans des conditions qui préservent l'anonymat de leur signataire. Seule une ampliation de cette décision peut être notifiée à la personne concernée ou communiquée à des tiers, l'original signé, qui seul fait apparaître les nom, prénom et qualité du signataire, étant conservé par l'administration.»
🔲🔲

Jurisprudence rendue, sauf indication contraire, sous l'empire de l'art. 4 de la L. du 12 avr. 2000, abrogé.

I. CHAMP D'APPLICATION

A. PERSONNES CONCERNÉES

1. Application aux agents publics. La mise en demeure préalable à une décision de radiation des cadres d'un agent public pour abandon de poste doit respecter les prescriptions de l'art. 4 de la L. du 12 avr. 2000. • CE 15 nov. 2006, *Mme Devois,* n° 280424 B: *AJDA 2007. 254, concl. Guyomar.* Méconnaît l'art. 4 l'envoi par une administration déconcentrée à l'un de ses agents d'un titre de perception dépourvu de toute signature et des mentions prévues à cet art. • CE 19 mars 2008, *Min. de l'Éducation c/ Mme Chiaverni,* n° 298049 B: *AJDA 2008. 616.*

2. Inapplication aux relations entre les personnes morales de droit public. Le législateur, qui a eu pour objectif d'améliorer l'accès des citoyens aux règles de droit et la transparence administrative, n'a pas entendu régir, par les dispositions de l'art. 4 les relations entre les personnes morales de droit public; par suite, une collectivité territoriale ne peut utilement se prévaloir de ces dispositions à l'encontre d'une décision émise par un établissement public administratif. • CE 30 juill. 2010, *SDIS Charente,* n° 309578 B: *AJDA 2010. 1557; AJCT 2010. 172; JCP Adm. 2010. Actu. 649.* L'obligation, découlant du 2e al. de l'art. 4 de mentionner le nom, le prénom et la qualité de l'auteur d'une décision ne s'applique pas aux décisions adressées par l'État à un établissement public dont il assure la tutelle. • CE 26 juill. 2011, *Sté Air France et a.,* n° 329818 B.

3. Application aux autorités collégiales. S'agissant d'une autorité de caractère collégial, il est satisfait aux exigences découlant des prescriptions de l'art. 4 dès lors que la décision prise comporte la signature du président de cette autorité, accompagnée des mentions, en caractères lisibles, prévues par cet art. • CE 5 nov. 2003, *Hugueny,* n° 238817: *Lebon 628; Dr. adm. 2004. 55, note R. S.* Ainsi pour un jury de l'examen de «meilleur ouvrier de France», considéré comme une autorité administrative au sens de la loi. • CE 20 mars 2009, *Canivenq,* n° 314658 B: *AJDA 2009. 949; JCP Adm. 2009. Actu. 436.* De même, s'agissant d'une délibération du jury de validation des acquis de l'expérience pour l'attribution du diplôme d'État de professeur de musique, ne comportant qu'une signature qui ne permet pas d'identifier le prénom et le nom de son auteur. • CE 1er août 2012, *Mme Grisi et a.,* n° 351147.

B. ACTES CONCERNÉS

4. Application à des décisions. Le document annexé au courrier du président de la Commission consultative de prévention des violences lors des manifestations sportives, informant les représentants d'une association des griefs formulés à son encontre et l'invitant à présenter ses observations, n'est pas une décision et ne relève donc pas du 2e al. de l'art. 4 de la L. du 12 avr. 2000. • CE 9 nov. 2011, *Assoc. «Butte Paillade 91» et Morgavi,* nº 347359: *Lebon 545; AJDA 2011. 2209.* Le courrier par lequel l'administration soumet le redevable à une imposition n'ayant pas produit de déclaration à même de présenter ses observations n'a pas le caractère d'une décision au sens du 2e al. de l'art. 4 de la loi du 12 avr. 2000. • CE 27 avr. 2011, *Min. du Budget, des Comptes publics et de la Fonction publique c/ SA Lohr,* nº 327783 B. Les commissions de réforme se bornent à émettre des avis, le pouvoir de décision appartenant à l'autorité administrative dont relève l'intéressé; il ne peut donc être utilement soutenu que ces avis méconnaîtraient l'art. 4 de la loi du 12 avr. 2000. • CE 16 oct. 2015, *Mme Ferrua,* nº 369907 B. Un arrêté ministériel réglementaire ne revêt pas le caractère d'une décision au sens de ces dispositions et un moyen tiré de la méconnaissance de cet article, codifié aux art. L. 111-2 et L. 212-1, est donc inopérant. • CE 1er juin 2016, *Assoc. Arrête ton char-Les langues et cultures de l'Antiquité aujourd'hui et a.,* nº 390956 B. Dès lors qu'un acte administratif ne revêt pas le caractère d'une décision, le moyen tiré de ce qu'il méconnaîtrait l'art. L. 212-1 du CRPA, relatif à la signature des décisions et aux mentions relatives à leur auteur, ne peut qu'être écarté. Il en va ainsi d'une note préconisant, en particulier aux agents devant se prononcer sur la validité d'actes d'état civil étrangers, de formuler un avis défavorable pour toute analyse d'un acte de naissance guinéen. • CE 12 juin 2020, nº 418142 A.

5. Application aux actes réglementaires. L'art. L. 212-1, qui prévoit que toute décision comporte la signature de son auteur ainsi que la mention du prénom, du nom et de la qualité de celui-ci, est applicable aux actes réglementaires en vertu de l'art. L. 200-1. Revenant sur • CE 1er juin 2016, *Assoc. Arrête ton char-Les langues et cultures de l'Antiquité aujourd'hui et a.,* nºs 390956, 390958 et 390987.

6. Exclusion des décisions internes à l'administration. L'art. 4 de la L. du 12 avr. 2000 ne s'applique pas à un document interne à l'administration tel qu'un ordre de mission. • CE 25 mai 2010, *Stanislas,* nº 332045 B. Eu égard à l'objet des dispositions de l'art. 4 de la loi du 12 avr. 2000, un document interne à l'administration par lequel des agents assermentés se bornent à signaler aux autorités compétentes que l'occupant d'un emplacement de vente sur un marché n'en respecte pas les limites n'a pas le caractère d'une décision, au sens de ces dispositions. • CE 10 avr. 2015, *Ville de Paris c/ M. Mataali,* nº 369320.

7. Exclusion des décisions non écrites. Si l'art. L. 212-1 impose qu'une décision écrite prise par une des autorités administratives au sens de cette disposition comporte la signature de son auteur et les mentions prévues par cet art., il n'a ni pour objet, ni pour effet d'imposer que toute décision prise par ces autorités administratives prenne une forme écrite. Est par suite inopérant le moyen tiré de ce qu'une décision qui n'avait pas à prendre une forme écrite méconnaît ces dispositions. • CE 12 oct. 2016, *M. R.,* nº 395307.

8. Exclusions des délibérations d'un conseil municipal. Les délibérations d'un conseil municipal ne sont pas soumises aux dispositions générales du 2e al. de l'art. 4 de la L. n° 2000-321 du 12 avr. 2000, reprises à l'art. L. 212-1, mais aux dispositions spéciales de l'article L. 2121-23 CGCT, qui prévoit la signature de tous les membres présents à la séance, lesquelles ne sont pas prescrites à peine de nullité de ces délibérations. • CE 22 juill. 2016, *Ville de Paris,* n° 389056: *Lebon.*

9. Titres exécutoires. BIBL. Cliquennois, Signature des titres exécutoires des collectivités territoriales, *AJDA 2009. 1763.* Voir aussi *infra* note 12. Application à un titre de perception dépourvu de toute signature, lorsqu'il n'est pas établi que le titre exécutoire, signé, ait été porté à la connaissance de l'intéressé en même temps que le titre de perception. • CE 19 mars 2008, *Min. Éducation c/ Chiaverini,* n° 298049 B: *AJDA 2008. 816; JCP Adm. 2008. 279, obs. Rouault.* Conséquences de l'annulation d'un titre de recette pour violation de l'art. 4 lorsqu' il s'agit d'un titre de récupération d'une aide d'État illégale et déjà récupérée: le droit communautaire ne s'oppose pas à l'annulation du titre pour vice de forme, dès lors qu'il peut être régularisé par le droit national, mais il s'oppose au reversement à nouveau, même provisoire, au bénéficiaire de l'aide. • CJUE 20 mai 2010, *Scott SA Kimberly Clark SASA c/ Ville d'Orléans,* n° C-210/09: *AJDA 2010.1059, obs. Aït-El-Kadi; Dr. adm. 2010. 127, note Michel; JCP Adm. 2010. 2259, note Markus.*

10. Urbanisme. Pour les permis de construire, fin de la controverse entre les juges du fond sur le signé «le maire» sans indication de ses nom et prénoms, ni de la signature manuscrite, illisible, ni d'aucune mention ne permettant d'identifier l'auteur: le permis doit être annulé pour cette irrégularité. • CE 11 mars 2009, *Cne d'Auvers-sur-Oise,* n° 307656 B: *AJDA 2009. 511; JCP Adm. 2009. Actu. 411; ibid. 2087, note Pellissier; BJCL 2009, concl. Derepas.* Même solution pour un permis de construire signé par un adjoint au maire sans indication de son nom ni de son prénom, et qui ne comporte aucune mention permettant d'identifier l'auteur, la signature manuscrite étant par ailleurs illisible. • CE 30 déc. 2009, *Cne du Cannet-des-Maures,* n° 319942 B: *AJDA 2010. 1488, note Saunier.* Solution confirmée pour une décision d'irrecevabilité d'une déclaration de travaux prise par un maire et ne comportant ni son nom, ni son prénom, la signature étant illisible, et aucune autre mention ne permettant d'identifier l'auteur, alors même qu'elle comportait l'indication de la qualité de maire. • CE 11 mars 2010, *Mme Delasara,* n° 306122 B: *AJDA 2010. 1615.* Même formalisme pour un arrêté municipal retirant un permis de construire: s'il mentionne la qualité de son auteur, le maire, il ne comporte pas l'indication du nom et du prénom de celui-ci, ni la signature manuscrite, qui est illisible, ni aucune autre mention de ce document ne permettant d'identifier la personne qui en est l'auteur; alors même que l'arrêté retiré, non annexé à l'arrêté de retrait, comportait le nom du maire, l'arrêté de retrait du permis de construire est entaché d'irrégularité. • CE 16 nov. 2009, *SNC Anse de Touvern,* n° 322554: *AJDA 2009. 574.*

11. Contraventions de grande voirie. Un procès-verbal de contravention de grande voirie, qui traduit la décision de l'administration de constater l'atteinte au domaine public, est soumis au 2ᵉ al. de l'art. 4 et doit donc comporter, outre la signature de son auteur, la mention, en caractères lisibles, du prénom, du nom et de la qualité de celui-ci. • CE 29 oct. 2012, *Huyghues Despointes,* n° 341357.

II. APPRÉCIATION DU RESPECT DES EXIGENCES LÉGALES

12. Original, ampliation, notification. Dès lors que l'original de la décision comporte, en caractères lisibles, les mentions prévues par l'al. 2 du présent art., la circonstance que l'ampliation de cette décision notifiée ne comporte pas la signature de l'auteur de l'arrêté attaqué, ou soit irrégulière au regard des mentions prescrites, est sans influence sur la légalité de cet arrêté. • CE 22 févr. 2002, *Senina,* n° 231414 B • 21 mai 2003, *Mellouk,* n° 251690. Même solution en cas d'illisibilité du nom et du prénom du signataire d'un arrêté de reconduite à la frontière sur l'ampliatif notifié au destinataire. • CE 18 janv. 2006, *Préfet du Tarn-et-Garonne,* n° 268637. Un titre de recette émis par une commune (CGCT, art. L. 1617-5), non signé et n'indiquant ni le nom, ni le prénom, ni la qualité de son auteur, mais ayant été notifié à l'intéressé par une lettre signée par le maire de la commune, dont les nom et prénom étaient indiqués, à laquelle était joint le titre en litige, il n'en résulte, pour l'intéressé, aucune ambiguïté quant à l'identité du signataire de cette décision, ni irrégularité. • CE 3 mars 2017, *Mme Goupil,* n° 398121 B. Il résulte des dispositions des deux derniers alinéas du même article issus de la la loi n° 2009-526 du 12 mai 2009 que le titre de recettes individuel ou l'extrait du titre de recettes collectif doit mentionner les nom, prénom et qualité de l'auteur de cette décision, de même que l'ampliation adressée au redevable et qu'il appartient à l'autorité administrative de justifier en cas de contestation que le bordereau de titre de recettes comporte la signature de cet auteur. Lorsqu'il est signé non par l'ordonnateur mais par un délégataire, ce sont les nom, prénom et qualité de ce dernier qui doivent être mentionnés. • CE 26 sept. 2018, *Dpt de Seine-Saint-Denis,* n° 421481 B.

13. Possibilité ou non d'identifier l'auteur. Un nom précédé de la seule initiale du prénom n'entache pas la décision d'illégalité, dès lors que son auteur peut être identifié sans ambiguïté. ● CE 28 nov. 2003, *Mme Rahou épse Douidi,* n° 249389 B ● 27 juill. 2005, *GAEC Martineau Frères,* n° 271637 B: *AJDA 2005. 2028.* Même solution pour une décision qui comporte la signature accompagnée des mentions, en caractères lisibles, prévues par l'art. 4. ● CE 5 nov. 2003, *Hugueny,* n° 238817: *préc. note 3* ● 28 nov. 2003, *Mirinioui,* n° 249729 ● 5 juill. 2004, *Asabre,* n° 252843. ... A l'inverse, une délibération d'un jury d'examen professionnel qui comporte le nom et la qualité du président du jury mais non son prénom, dès lors qu'aucune autre mention de la délibération ni aucun autre document porté à la connaissance du requérant ne permettait de connaître aisément le prénom du président, et donc par là-même de l'identifier avec certitude, est entachée d'illégalité et annulée. ● CE 28 mai 2010, *Moguelet,* n° 328686 B: *AJDA 2010.1060; AJFP 2010. 300; JCP Adm. 2010, n° 24, jur. 462.* Dans le même sens, si un arrêté municipal d'autorisation de stationnement ne comporte pas les nom et prénom du maire, cette méconnaissance de l'art. 4 n'a pas revêtu un caractère substantiel pouvant justifier l'annulation de l'acte, dès lors que le requérant avait été destinataire quelques semaines auparavant d'un arrêté comportant ces indications, et que le maire pouvait donc être identifié comme l'auteur de l'acte litigieux. ● CE 30 déc. 2010, *M. Cadenal,* n° 329900: *AJDA 2011. 348.* De même, l'arrêté du maire rejetant une demande d'aménagement de gîtes locatifs saisonniers ne comporte pas l'indication du prénom et du nom de son signataire, mais il ressort des pièces du dossier, notamment de la circonstance que le requérant avait été destinataire de plusieurs autres arrêtés du maire comportant ces indications, que le maire de la commune pouvait être identifié comme étant également l'autorité signataire. ● CE 3 juin 2013, *Cne de Lamastre,* n° 342673. De même, si les arrêtés attaqués ne mentionnent pas, en méconnaissance des dispositions de l'art. 4, le nom et le prénom du maire, ils comportaient sa qualité et sa signature, et il n'en résultait, en l'espèce, pour l'intéressé aucune ambiguïté quant à l'identité du signataire. ● CE 7 mai 2012, *Cne de Lapalud,* n° 337077. L'art. 4 est méconnu en l'espèce puisque l'avis de la commission collégiale, qui est une décision, ne comporte pas les mentions requises par cet art., mais cette irrégularité n'est pas substantielle dans le cas particulier d'une commission présidée, en vertu de la loi, par le premier président de la Cour de cassation et alors qu'il ne ressort pas des pièces du dossier qu'il ne présidait pas aux travaux de cette commission. ● CE 23 juill. 2010, *Mme Djidjelli,* n° 323645 B: *AJDA 2010. 1514.*

III. SANCTION DE LA MÉCONNAISSANCE DES EXIGENCES LÉGALES

A. POUR LE JUGE ADMINISTRATIF

14. Illégalité externe. Le respect de ces formalités constitue une condition de la légalité formelle de l'acte, leur non-respect étant susceptible d'entraîner l'annulation de l'acte pour violation d'une formalité substantielle. • CE 25 juill. 2001, *Oukal,* n° 228392. Un arrêté préfectoral ordonnant à un dispensateur de formation le reversement de sommes à l'issue d'un contrôle des dépenses, cet arrêté comporte une signature manuscrite et la mention «le préfet de région», mais ne précise pas les prénom et nom de celui-ci. • CE 21 juill. 2009, *Assoc. ERECA,* n° 315961.

15. Doute sérieux (procédures d'urgence). Le seul moyen tiré de la violation de l'art. 4 peut être de nature, en l'état de l'instruction, à créer un doute sérieux quant à la légalité d'un arrêté municipal, justifiant la suspension de cet acte en référé sur le fondement de l'art. L. 521-1 CJA. Ainsi en est-il du défaut de mention dans un arrêté municipal du nom et du prénom de son signataire. • CE 5 déc. 2005, *Sté L'Orée du Parc,* n° 280070 • 29 juin 2005, *Lusignet,* n° 276608.

16. Inopérance du moyen en cas de compétence liée. Le moyen tiré de l'impossible identification de l'autorité signataire au sens de l'art. 4, al. 2 [CRPA, art. L. 212-1], est inopérant dans une situation de compétence liée et doit être écarté, même pour une décision octroyant un avantage dont l'attribution constitue un droit, dès lors que le demandeur ne justifie pas des conditions réglementaires pour en bénéficier. • Marseille, 29 juin 2009, *Pey,* n° 07MA01349: *JCP Adm. 2010. Chron. 22803, obs. Lantero.* Confirmation par le Conseil d'État: le requérant peut utilement se prévaloir des dispositions de l'art. 4 de la L. du 12 avr. 2000 à l'encontre de l'arrêté d'une autorité administrative qui ne se trouve pas en situation de compétence liée. • CE 16 nov. 2009, *SNC Anse de Touvern,* n° 322554: *préc. note 10.*

B. POUR LE JUGE JUDICIAIRE

17. Absence de nullité des actes. La Cour de cassation est d'avis que l'omission des mentions prévues par l'art. 4, al. 2, n'est pas de nature à justifier l'annulation par les juridictions statuant en matière de contentieux général de la sécurité sociale des mises en demeure délivrées par les URSSAF. • Cass. , avis, 22 mars 2004, nº 00-40.002 P. Jugé en ce sens que l'omission des mentions n'affecte pas la validité d'une telle mise en demeure, dès lors que celle-ci précise la dénomination de l'organisme qui l'a émise, et fondant cette interprétation sur le fait que la loi n'impose pas ce formalisme à peine de nullité. • Civ. 2ᵉ, 30 sept. 2005, nº 04-30.347 • 17 déc. 2009, nº 08-21.852. V. également, bien que par une formulation plus ambiguë des motifs conduisant à écarter la nullité, l'omission de la signature prévue par l'art. 4 de la loi nº 2000-321 du 12 avr. 2000 qui n'est pas de nature à justifier l'annulation par la cour d'appel de Paris de la notification des griefs. La cour d'appel, qui relève qu'il n'existe aucune ambiguïté sur l'auteur de la notification des griefs dont le nom est indiqué en page de couverture, a pu, après s'être ainsi assurée de l'identité de l'auteur de cet acte de la procédure, écarter le moyen de nullité tiré du défaut de sa signature. • Com. 6 mars 2007, nº 06-13.501. V. aussi, semblant écarter les dispositions de l'art. 4 de la L. du 12 avr. 2000, compte tenu de la nature de l'acte en litige, sans réitérer la position de principe du précédent du 22 mars 2004, • Civ. 2ᵉ, 30 nov. 2017, nº 16-25.309 P.

⏹⏹

⏹Art. L. 212-2⏹ Sont dispensés de la signature de leur auteur, dès lors qu'ils comportent ses prénom, nom et qualité ainsi que la mention du service auquel celui-ci appartient, les actes suivants:

⏹1º Les décisions administratives qui sont notifiées au public par l'intermédiaire d'un téléservice conforme à l'article L. 112-9 et aux articles 9 à 12 de l'ordonnance nº 2005-1516 du 8 décembre 2005 relative aux échanges électroniques entre les usagers et les autorités administratives et entre les autorités administratives ainsi que les actes préparatoires à ces décisions;

⏹ *(L. nº 2018-727 du 10 août 2018, art. 42)* «2º Les décisions administratives relatives à la gestion de leurs agents produites par les administrations sous forme électronique dans le cadre de systèmes d'information relatifs à la gestion ou à la dématérialisation de processus de gestion des ressources humaines conforme aux articles 9,11 et 12 de l'ordonnance nº 2005-1516 du 8 décembre 2005 précitée, quelles que soient les modalités de notification aux intéressés, y compris par l'intermédiaire d'un téléservice mentionné au 1º;

⊡«3°» Quelles que soient les modalités selon lesquelles ils sont portés à la connaissance des intéressés, les (L. n° 2017-1775 du 28 déc. 2017, art. 73-IX et XVII, en vigueur à une date fixée par décret, et au plus tard le 1er janv. 2019) «saisies administratives à tiers détenteur, adressées» tant au tiers saisi qu'au redevable, les lettres de relance relatives à l'assiette ou au recouvrement, (L. n° 2016-1918 du 29 déc. 2016, art. 90-III) «les avis de mise en recouvrement,» les mises en demeure de souscrire une déclaration ou d'effectuer un paiement, les décisions d'admission totale (L. n° 2016-1918 du 29 déc. 2016, art. 90-III) «ou partielle» d'une réclamation et les demandes de documents et de renseignements pouvant être obtenus par la mise en œuvre du droit de communication prévu au Chapitre II du titre II de la première partie du livre des procédures fiscales;

⊡ (L. n° 2018-778 du 10 sept. 2018, art. 46) «4° Les visas délivrés aux étrangers.» — [L. n° 2000-321 du 12 avr. 2000, art. 4-1.]

Les dispositions introduites par l'art. 46 de L. n° 2018-778 du 10 sept. 2018 entrent en vigueur à une date fixée par décret en Conseil d'État, au plus tard le 1er mars 2019, et s'appliquent aux demandes qui lui sont postérieures (L. préc., art. 71).

⊡⊡⊡
Art. L. 212-3⊡ Les décisions de l'administration peuvent faire l'objet d'une signature électronique. Celle-ci n'est valablement apposée que par l'usage d'un procédé, conforme aux règles du référentiel général de sécurité mentionné au I de l'article 9 de l'ordonnance n° 2005-1516 du 8 décembre 2005 relative aux échanges électroniques entre les usagers et les autorités administratives et entre les autorités administratives, qui permette l'identification du signataire, garantisse le lien de la signature avec la décision à laquelle elle s'attache et assure l'intégrité de cette décision. — *[Ord. n° 2005-1516 du 8 déc. 2005, art. 8.]*

TITRE DEUXIÈME L'ENTRÉE EN VIGUEUR DES ACTES ADMINISTRATIFS

(Ord. n° 2015-1341 du 23 oct. 2015, en vigueur le 1er janv. 2016;
Décr. n° 2015-1342 du 23 oct. 2015, en vigueur le 1er janv. 2016)

CHAPITRE PREMIER RÈGLES GÉNÉRALES

(Ord. n° 2015-1341 du 23 oct. 2015, en vigueur le 1er janv. 2016;
Décr. n° 2015-1342 du 23 oct. 2015, en vigueur le 1er janv. 2016)
⚹⚹⚹
Art. L. 221-1⚹ Le présent chapitre est applicable, outre aux administrations mentionnées au 1° de l'article L. 100-3, aux organismes et personnes chargées *[chargés]* d'une mission de service public industriel et commercial, pour les actes qu'ils prennent au titre de cette mission.

SECTION PREMIÈRE RÈGLES D'ENTRÉE EN VIGUEUR ET MODALITÉS D'APPLICATION DANS LE TEMPS

SOUS-SECTION 1 ACTES RÉGLEMENTAIRES

Plan des annotations
I. FORMALITÉS ADÉQUATES DE PUBLICITÉnos 1 et 2
II. DATE D'ENTRÉE EN VIGUEURnos 3 à 13
Y compris jurisprudence rendue avant l'intervention de la codification.
I. FORMALITÉS ADÉQUATES DE PUBLICITÉ

1. En l'absence de dispositions prescrivant une formalité de publicité déterminée, les délibérations ayant un caractère réglementaire d'un établissement public tel que Voies navigables de France sont opposables aux tiers à compter de la date de leur publication au bulletin officiel de cet établissement ou de celle de leur mise en ligne, dans des conditions garantissant sa fiabilité, sur le site internet de cette personne publique, ou encore, selon d'autres modalités, dès lors qu'elles seraient adaptées à l'objet des délibérations et aux personnes qu'elles peuvent concerner. ● CE 24 avr. 2012, *Éts publ. Voies navigables de France,* n° 339669: *Lebon 166.* A rapprocher de la jurisprudence sur les publications de nature à faire courir le délai de recours contentieux. La publication d'une décision administrative dans un recueil autre que le *JO* fait courir le délai du recours contentieux à l'égard de tous les tiers si l'obligation de publier cette décision dans ce recueil résulte d'un texte législatif ou réglementaire lui-même publié au *JO* de la République française, ou en l'absence d'une telle obligation, si le recueil peut, eu égard à l'ampleur et aux modalités de sa diffusion, être regardé comme aisément consultable par toutes les personnes susceptibles d'avoir un intérêt leur donnant qualité pour contester la décision. ● CE , sect., 27 juill. 2005, *Million,* n° 259004: *Lebon 336.* V. s'agissant des circulaires et instructions fiscales mises en ligne, avec une distinction selon que l'acte a été mis en ligne avant ou après le 1er janv. 2019. ● CE , sect., 13 mars 2020, *Sté Hasbro European Trading BV (HET BV),* n° 435634 A. Eu égard aux missions du Conseil national de l'ordre des médecins et aux modalités de diffusion du bulletin officiel du ministère de la Santé, notamment sur Internet, la publication dans ce recueil d'arrêtés autorisant des personnes à exercer la profession de médecin constitue une mesure de publicité suffisante pour faire courir le délai de recours contentieux à son endroit. ● CE 7 juill. 2010, *Conseil national de l'ordre des médecins,* n° 329897 B. S'agissant d'une publication dans le bulletin officiel d'un ministère, alors qu'aucun arrêté ministériel publié au *Journal officiel* ne détermine la matière couverte par ce bulletin, ni le lieu où il peut être consulté, un tel mode de publicité ne constitue pas une mesure de publicité suffisante pour faire courir le délai de recours contentieux à l'égard des administrés, et notamment d'une association. ● CE 14 nov. 2012, *Féd. fr. des assoc. de sauvegarde des moulins,* n° 345165 B. En revanche, la publication des décisions de l'Autorité de régulation des communications électroniques et des postes (ARCEP) sur son site internet fait courir le délai de recours à l'égard des professionnels du secteur régulé par cette autorité. ● CE 25 nov. 2015, *Sté Gibmedia,* n° 383482: *Lebon.* De même, la publication de l'intégralité du texte du statut des relations collectives entre la Société nationale des chemins de fer français (SNCF) et son personnel et de ses actualisations sur l'intranet de la SNCF a le caractère d'une publication de nature à faire courir les délais de recours contentieux à l'égard des agents intéressés. ● CE 24 nov. 2017, *M. B. A.,* n° 396294 B. C'est également le cas de sa diffusion au sein de collections librement consultables dans chacun de ses établissements. ● CE 24 nov. 2017, *M. B. A.,* n° 396294: *préc.* La publication, sur le site internet du ministère de l'Enseignement supérieur, dans des conditions permettant un accès facile et garantissant sa fiabilité et sa date de publication, d'une circulaire ministérielle fixant les modalités d'attribution des bourses d'enseignement supérieur sur critères sociaux, fait courir le délai de recours contentieux à l'égard des personnes ayant un intérêt pour la contester. ● CE 20 mars 2019, n° 401774 B. La mise en ligne de la décision par laquelle le directeur général de l'Agence nationale de sécurité du médicament et des produits de santé a nommé les membres du comité scientifique spécialisé temporaire relatif au baclofène, sur le site internet de l'agence, ainsi que le prévoit l'art. R. 5322-14 CSP fait courir le délai de recours. ● CE 8 juill. 2019, *Mme Senn et a.: Lebon T.*

2. La publication dans son intégralité de la circulaire relative aux modalités d'attribution des bourses d'enseignement supérieur sur critères sociaux, sur le site internet du ministère de l'Enseignement supérieur, dans la rubrique dédiée au *Bulletin officiel*, dans des conditions permettant un accès facile et garantissant sa fiabilité et sa date de publication est de nature à assurer le respect des obligations de publication à l'égard des personnes ayant un intérêt leur donnant qualité pour la contester ● CE 20 mars 2019, *M. et Mme W.,* n° 401774 B.

II. DATE D'ENTRÉE EN VIGUEUR

3. *Date d'entrée en vigueur différente de celle prévue par un texte supérieur.* Date d'entrée en vigueur retenue par des instructions ministérielles plus tardive que celle résultant de la loi: illégalité desdites instructions. ● CE 4 juin 1975, *Sieur Bocholier,* n° 91100: *Lebon.* Entrée en vigueur d'un décret d'application postérieurement à la date d'entrée en vigueur retenue par la loi: au regard de l'intention du législateur, la circonstance que le décret d'application d'une loi soit intervenu postérieurement au délai fixé par celle-ci n'implique pas que la loi ne doive pas être appliquée et n'affecte pas davantage la légalité du décret. ● CE , ass., 23 oct. 1992, *Diemert,* n° 138787: *Lebon.* Entrée en vigueur d'un arrêté antérieurement à la date d'entrée en vigueur retenue par un décret: illégalité de l'arrêté en tant qu'il est entré en vigueur antérieurement. ● CE 10 avr. 2002, *Sté des agrégés de l'université,* n° 226352 B.

4. *Entrée en vigueur différée.* Le juge de l'excès de pouvoir exerce un contrôle restreint sur l'appréciation des délais indispensables à la mise en œuvre d'un règlement. Admission à ce titre d'un délai de six mois suivant la publication du décret portant interdiction de fumer dans les lieux affectés à un usage collectif au *Journal officiel.* ● CE 9 juill. 1993, *Assoc. «Collectif pour la défense du droit et des libertés»,* n° 139445 B.

5. *Entrée en vigueur immédiate pour cause d'urgence.* Le juge de l'excès de pouvoir sur les motifs exerce un contrôle normal sur les motifs justifiant l'usage par le Gouvernement de cette faculté. Admission à ce titre du motif tiré de ce que la création des agences régionales de santé devait intervenir, pour des raisons administratives, le premier jour d'un mois. ● CE 15 mai 2012, *Féd. Interco CFDT,* n°s 339833 et 339835 B.

6. Entrée en vigueur subordonnée à l'intervention de mesures d'application. L'entrée en vigueur d'un règlement est subordonnée à l'intervention de mesures d'application lorsque l'application de ce règlement est manifestement impossible en l'absence de mesures réglementaires d'application. ● CE , ass., 10 mars 1961, *Union dptale des assoc. familiales de la Haute-Savoie: Lebon 172* ● 27 nov. 1964, *Min. des Finances et des Affaires économiques c/ Dame Veuve Renard: Lebon 590.* Cas (récent) où il a été retenu que l'entrée en vigueur était subordonnée à l'intervention de mesures d'application. ● CE 29 juin 2011, *Sté Cryo-Save France,* n° 343188: *Lebon.* Cas inverse: ● CE 12 nov. 2001, *Wattenne,* n°s 214101 et 217491 B. V. par analogie, pour l'entrée en vigueur de dispositions législatives, pour laquelle le même raisonnement prévaut. ● CE 13 juill. 1962, *Kevers-Pascalis: Lebon 475* ● CE , sect., 9 juin 1978, *Épx Jaros,* n° 05185: *Lebon 238.* Cas (récents) où il a été retenu que l'entrée en vigueur était subordonnée à l'intervention de mesures d'application. ● CE 15 déc. 2000, *Féd. nat. des familles de France,* n° 213439: *Lebon* ● 26 févr. 2001, *Mme Laloubère,* n° 220021: *Lebon* ● 1er oct. 2001, *Assoc. Greenpeace France et Coordination rurale Union nationale,* n° 225008: *Lebon* ● 24 oct. 2001, *Tlili,* n° 202671 B. ● 23 mars 2005, *Lefebvre,* n° 266873 B. ● 27 juin 2005, *Goislard de Monsabert et a.,* n° 262028 B. ● 27 juill. 2005, *Synd. national des pharmaciens praticiens hospitaliers et praticiens hospitaliers universitaires et Féd. nationale des synd. de biologistes praticiens hospitaliers et hospitalo-universitaires,* n° 270327 B. ● 24 oct. 2005, *Sté du Tertre rouge,* n° 272657 B. ● 14 nov. 2005, *Jubau,* n° 271711 B. ● 23 août 2006, *Bali,* n° 271756 B. ● 7 juill. 2010, *Mahieu,* n° 322555 B. ● 30 mai 2011, *Melki,* n° 336838 B. ● 4 juin 2014, *M. Jaffrezic,* n° 362492 B. A l'inverse, cas (récents) où il a été retenu que l'entrée en vigueur n'était pas subordonnée à l'intervention de mesures d'application. ● CE 12 juin 2002, *Caisse de décès «Union d'épargne d'Alsace et de Lorraine»,* n° 240741 B. ● 7 mars 2008, *Féd. nationale des mines et de l'énergie CGT (FNME-CGT),* n° 298138 B. ● 21 mars 2008, *Sté Megaron,* n° 310173 B. ● 16 déc. 2013, *M. et Mme Bekhouche,* n° 366791: *Lebon* ● CE 7 juin 2017 *M. Boullanger,* n° 396175. Cas où il a été admis que des dispositions réglementaires antérieures pallient l'absence du décret d'intervention requis par la loi. ● CE 29 déc. 2000, *Caisse primaire d'assurance maladie des Yvelines,* n° 203171: *Lebon* ● 7 août 2008, *Patte,* n° 297665 B.

7. Application immédiate d'un règlement et remise en cause de situations définitivement constituées. Un décret susceptible d'augmenter, en cours d'année universitaire, le service des enseignants du second degré affectés dans les établissements supérieurs est immédiatement applicable, car il ne touche pas à des situations définitivement constituées, faute d'affecter les rémunérations versées. • CE 29 juill. 1994, *Féd. des professeurs français résidant à l'étranger et a.,* nos 147467, 148217, 148226, 148243 et 148362 B. Un décret portant d'un à deux ans le délai de validité du permis de construire est applicable aux seuls permis pour lesquels ce délai n'était pas expiré à la date de son intervention. • CE 5 déc. 1984, *Régie nationale des usines Renault,* n° 23380: *Lebon.* De nouvelles règles relatives à l'indemnité due par le bénéficiaire de la création d'un office d'huissier de justice à ses confrères sont applicables immédiatement en ce qui concerne les règles de procédure et de détermination de l'autorité compétente, mais non en ce qui concerne le mode de calcul de l'indemnité. • CE , sect., 11 déc. 1998, *Min. d'État, garde des Sceaux, min. de la Justice c/ Angeli,* n° 170717: *Lebon.* De même, les nouvelles règles concernant l'indemnité accordée en cas de suppression d'un abattoir ne sont immédiatement applicables qu'en ce qui concerne les règles de compétence et de procédure, les règles relatives au calcul de l'indemnité étant quant à elles cristallisées à la date d'approbation de la suppression de l'abattoir. • CE 9 mai 2005, *Min. d'État, min. de l'Économie, des Finances et de l'Industrie c/ Cne de Thionville,* n° 271038 B. En matière d'enseignement, sont immédiatement applicables, sans méconnaissance du principe de non-rétroactivité, de nouvelles dispositions réglementaires relatives à une formation sanctionnée par la délivrance d'un diplôme, y compris aux élèves déjà engagés dans ce cycle de formation. • CE 11 déc. 2013, *M. et Mme Touraine et M. et Mme Parthonnaud,* nos 362987 et 363029 B. V. antérieurement, dans le même sens. • CE , sect., 19 déc. 1980, *Revillod et a.,* n° 12387: *Lebon.*

8. Application immédiate d'un règlement et situations contractuelles en cours. Les nouvelles dispositions réglementaires relatives à la déontologie et à l'indépendance des commissaires aux comptes sont d'application immédiate, nonobstant les situations contractuelles en cours, dès lors que les dispositions législatives sur le fondement desquelles elles ont été prises ont, en raison des impératifs d'ordre public sur lesquels elles reposent, vocation à s'appliquer immédiatement. • CE , ass., 24 mars 2006, *Sté KPMG et a.,* n° 288460: *Lebon 154.* Même solution, pour les mêmes motifs, s'agissant de l'obligation faite aux producteurs et acheteurs de produits agricoles de conclure des contrats de vente écrits, sur la base de propositions écrites des acheteurs. • CE 26 sept. 2012, *Sté La coordination rurale,* n° 347062 B.

9. Obligation de prendre des dispositions transitoires. Principe. Il incombe à l'autorité investie du pouvoir réglementaire d'édicter, pour des motifs de sécurité juridique, les mesures transitoires qu'implique, s'il y a lieu, une réglementation nouvelle, en particulier lorsque les règles nouvelles sont susceptibles de porter une atteinte excessive à des situations contractuelles en cours qui ont été légalement nouées. • CE , ass., 24 mars 2006, *Sté KPMG et a.,* nº 288460: *préc. note 8.* De manière générale, il en va ainsi chaque fois que l'application immédiate des règles nouvelles, de fond ou de procédure, est susceptible d'entraîner, au regard de leur objet et de leurs effets, une atteinte excessive aux intérêts publics ou privés en cause. • CE , sect., 13 déc. 2006, *Mme Lacroix,* nº 287845: *Lebon 540.* Cas particulier de mesures réglementaires intervenant pour la transposition d'une directive. En ce cas, les dispositions transitoires ne peuvent avoir pour effet de repousser la transposition de la directive au-delà du délai de transposition, sauf motif impérieux. • CE 3 nov. 2014, *Féd. autonome des sapeurs-pompiers professionnels,* nº 375534 B.

10. Illustrations. Règlements illégaux en tant qu'ils ne comportent pas de dispositions transitoires. Illégalité du Décr. du 16 nov. 2005 approuvant le code de déontologie de la profession de commissaire aux comptes, en tant qu'il n'a pas prévu de mesures transitoires pour son application aux contrats en cours, alors qu'il est susceptible d'apporter, par les exigences et interdictions qu'il pose, dans les relations contractuelles légalement instituées avant son intervention, des perturbations qui sont excessives au regard de l'objectif poursuivi. • CE , ass., 24 mars 2006, *Sté KPMG et a.,* n° 288460: *préc. note 8.* Illégalité d'arrêtés immédiatement applicables modifiant substantiellement, moins d'un an avant la date prévue pour leur tenue, les épreuves d'un concours exigeant une préparation longue et spécifique, dans des conditions susceptibles d'affecter les candidats de manière inégalitaire, et sans qu'il ne soit soutenu que des motifs d'intérêt général exigeraient leur application immédiate. • CE 25 juin 2007, *Synd. CFDT du ministère des Affaires étrangères,* n°s 304888, 304890, 304892 et 304894: *Lebon.* Illégalité du décret créant un nouveau régime de tarification des lieux de vie et d'accueil ayant pour effet de soumettre ces structures à un régime nouveau de tarification, en raison de ce que son application immédiate est susceptible d'entraîner une rupture dans le financement de certains de ces lieux, qui constituent de petites structures aux ressources limitées, et de faire obstacle à l'accueil de nouvelles personnes, ce qui porte une atteinte excessive aux intérêts des lieux de vie et d'accueil en cause et à ceux des personnes susceptibles d'y être accueillies. • CE 23 déc. 2014, *Assoc. FASTE Sud Aveyron, groupe d'étude et de recherche sur la pratique des lieux d'accueil et Féd. nationale des lieux de vie et d'accueil,* n°s 366440, 366563 et 366583 B. Illégalité du décret et de l'arrêté organisant une obligation de déclaration environnementale pour certains produits de construction, faute de ne pas avoir différé de six mois l'entrée en vigueur de l'établissement d'une déclaration environnementale simplifiée et d'un an celle de la déclaration exhaustive. • CE 17 juin 2015, *Synd. national des industries des peintures, enduits et vernis – Assoc. fr. des industries, colles, adhésifs et mastics,* n°s 375853, 375866 et 384705: *Lebon.* Illégalité du décret relatif à la lutte contre les fraudes au détachement de travailleurs et à la lutte contre le travail illégal en tant qu'il ne confère pas aux donneurs d'ordre et aux maîtres d'ouvrage un délai raisonnable pour être à même de se conformer aux obligations nouvelles qu'il édicte. • CE 8 juill. 2016, *Féd. des promoteurs immobiliers,* n° 389745 B.

11. Règlements édictés sans méconnaissance du principe de sécurité juridique malgré l'absence de dispositions transitoires. L'application immédiate des dispositions du Décr. du 27 mai 2005 modifiant le Décr. du 12 août 1969 relatif à l'organisation de la profession et au statut professionnel des commissaires aux comptes et ayant pour objet, d'une part, de permettre l'engagement d'une procédure d'omission de la liste lorsqu'un commissaire aux comptes n'a pas payé ses cotisations professionnelles au titre, non plus de deux années consécutives, mais de la seule année écoulée, d'autre part, d'accroître les garanties de procédure offertes aux intéressés lorsqu'une telle procédure est mise en œuvre, n'entraînant pas d'atteinte excessive aux intérêts en cause, le pouvoir réglementaire n'était pas tenu d'édicter des mesures transitoires. ● CE , sect., 13 déc. 2006, *Mme Lacroix,* n° 287845: *Lebon 540.* L'ancienne appellation étant, sept années auparavant, devenue caduque, la nouvelle appellation d'origine contrôle instituée par un décret, quand bien même elle nécessitait des agriculteurs concernés la modification de leurs pratiques, ne nécessite pas de mesures transitoires. ● CE 19 nov. 2008, *Kappler et a.,* n° 303739 B. La refonte du second grade des magistrats opérée par décret n'appelle pas l'édiction de mesures transitoires concernant les personnes candidates, au moment de son entrée en vigueur, à l'intégration directe dans la magistrature. ● CE 22 oct. 2010, *Pascal,* n° 323110 B. Des arrêtés apportant des modifications limitées, un an avant la date prévue pour sa tenue, à l'une des épreuves écrites du concours d'entrée dans les Écoles normales supérieures d'Ulm et de Fontenay-Saint-Cloud, n'ont pas été édictés, bien que leur application dans le temps n'ait pas été différée, en méconnaissance du principe de sécurité juridique. ● CE 3 oct. 2011, *Aupetit et a.,* n° 329233: *Lebon.* S'agissant d'un décret subordonnant la conduite de véhicules motorisés à deux ou trois roues, utilisés pour le transport de personnes à titre onéreux, à la détention d'une carte professionnelle qui ne peut être délivrée par le préfet qu'aux titulaires «d'un permis de conduire de catégorie A en cours de validité et qui n'est pas affecté par le délai probatoire prévu à l'article L. 223-1 du code de la route», il est retenu qu'au regard de l'intérêt public qui s'attache à la nécessité de préserver la sécurité routière, l'atteinte aux intérêts privés résultant, pour les personnes qui, titulaires d'un permis de conduire affecté de ce délai probatoire prévu par l'art. L. 223-1 C. route, exerçaient avant l'entrée en vigueur de ce décret une telle activité, de la nécessité d'interrompre celle-ci à compter de l'entrée en vigueur du décret jusqu'à ce que prenne fin la période probatoire de leur titre de conduite n'est pas excessive. ● CE 8 févr. 2012, *Min. de l'Intérieur, de l'Outre-mer, des Collectivités territoriales et de l'Immigration c/ Ghediri,* n° 350751 B. Le Conseil national des barreaux, en édictant de nouvelles dispositions relatives à la dénomination des cabinets d'avocat, sans prévoir que leur entrée en vigueur serait différée, n'a pas méconnu le principe de sécurité juridique, dès lors qu'en tout état de cause, aucune sanction ne pourrait être prise contre un cabinet d'avocat sans qu'il ne soit tenu compte du temps nécessaire pour que le changement de dénomination puisse être opéré. ● CE 28 avr. 2017, *Selarl Acaccia,* n° 400832 B.

12. **Règlements édictés en méconnaissance du principe de sécurité juridique compte tenu de l'absence de dispositions transitoires.** Décret modifiant les critères permettant de regarder une personne comme vulnérable et devant être placée en activité partielle pendant l'épidémie de covid-19 méconnaissant le principe de sécurité juridique en en ce qu'il impose, sans prévoir un différé d'entrée en vigueur de trois jours, pour les salariés susceptibles d'être maintenus en position d'activité partielle, une condition nouvelle tenant à la production d'un certificat médical. ● CE 18 déc. 2020, M. B. et Ligue nationale contre l'obésité, nos 444000 et 444665 B.

13. *Contrôle des dispositions transitoires.* Contrôle du respect de la loi par les dispositions transitoires du Décr. n° 2007-1564 du 2 nov. 2007 modifiant le Décr. n° 2007-435 du 25 mars 2007 relatif aux actes et aux conditions d'exercice de l'ostéopathie, qui étaient nécessaires compte tenu des délais ayant séparé l'adoption de la loi qui en constitue la base légale et l'édiction des différentes mesures prises pour son application. ● CE 8 oct. 2008, *Registre des ostéopathes de France et a.,* nos 311160, 311943, 312025 et 312030: *Lebon.* En cassation, contrôle de la qualification juridique sur la condition d'application immédiate entraînant, au regard de l'objet et des effets des dispositions nouvelles, une atteinte excessive aux intérêts publics ou privés en cause. ● CE 19 juill. 2010, *Min. de la Défense,* n° 334155 B. Contrôle de ce que des dispositions transitoires ne sont pas manifestement inadaptées à l'impératif de sécurité juridique. ● CE 11 oct. 2010, *Synd. CFDT du ministère des Affaires étrangères et a.,* n° 322980 B. Le délai retenu pour la mise en œuvre de la réforme de la carte des juridictions financières est jugé suffisant, compte tenu de la nature des mesures à prendre et des actions déjà entreprises. ● CE 30 mars 2013, *Assoc. des magistrats des chambres régionales et territoriales des comptes et a.,* nos 357945, 358483 et 358812 B. Un délai de près d'un an est suffisant pour permettre aux étudiants préparant l'examen d'accès à un centre régional de formation professionnelle d'avocat de s'adapter à la nouvelle réglementation du programme de l'examen ayant supprimé l'organisation de l'épreuve de droit fiscal. ● CE 26 janv. 2018, *M. Chastagnaret,* n° 406005.

▯▯▯

Art. L. 221-2▯ L'entrée en vigueur d'un acte réglementaire est subordonnée à l'accomplissement de formalités adéquates de publicité, notamment par la voie, selon les cas, d'une publication ou d'un affichage, sauf dispositions législatives ou réglementaires contraires ou instituant d'autres formalités préalables.

▯Un acte réglementaire entre en vigueur le lendemain du jour de l'accomplissement des formalités prévues au premier alinéa, sauf à ce qu'il en soit disposé autrement par la loi, par l'acte réglementaire lui-même ou par un autre règlement. Toutefois, l'entrée en vigueur de celles de ses dispositions dont l'exécution nécessite des mesures d'application est reportée à la date d'entrée en vigueur de ces mesures.

▯▯▯

Art. L. 221-3⊠ Lorsque les actes mentionnés à l'article L. 221-2 sont publiés au *Journal officiel* de la République française, ils entrent en vigueur, dans les conditions prévues à l'article 1er du code civil, à la date qu'ils fixent ou, à défaut, le lendemain de leur publication. Il en va différemment, ainsi que le prévoit ce même article, en cas d'urgence ou lorsque des mesures d'application sont nécessaires à l'exécution du texte.

⊠⊠

> Jurisprudence rendue ss. l'empire du CRPA.
> Un acte réglementaire publié au *Journal officiel* de la République française, qu'il relève ou non des actes devant obligatoirement y être publiés en vertu de l'art. L. 221-9 CRPA, entre en vigueur dans les conditions prévues par l'art. 1er C. civ. ● CE 19 juill. 2017, *Sté Astrazeneca,* n° 399174 B.

⊠⊠⊠**Art. L. 221-4⊠** Sauf s'il en est disposé autrement par la loi, une nouvelle réglementation ne s'applique pas aux situations juridiques définitivement constituées avant son entrée en vigueur ou aux contrats formés avant cette date.

⊠⊠

> *Notion de situation juridique définitivement constituée.* Le dépôt d'une demande d'échange de permis de conduire ne saurait être regardé comme instituant, au profit du demandeur, une situation juridique définitivement constituée à la date de ce dépôt. Il est par suite possible, pour l'examen d'une demande d'échange, de faire application de dispositions introduites postérieurement à la date de dépôt de la demande. ● CE 19 févr. 2021, *Samaan,* n° 445426 B.

⊠⊠

⊠**Art. L. 221-5⊠** L'autorité administrative investie du pouvoir réglementaire est tenue, dans la limite de ses compétences, d'édicter des mesures transitoires dans les conditions prévues à l'article L. 221-6 lorsque l'application immédiate d'une nouvelle réglementation est impossible ou qu'elle entraîne, au regard de l'objet et des effets de ses dispositions, une atteinte excessive aux intérêts publics ou privés en cause.

⊠Elle peut également y avoir recours, sous les mêmes réserves et dans les mêmes conditions, afin d'accompagner un changement de réglementation.

⊠⊠⊠**Art. L. 221-6⊠** Les mesures transitoires mentionnées à l'article L. 221-5 peuvent consister à:

⊠1° Prévoir une date d'entrée en vigueur différée des règles édictées;

⊠2° Préciser, pour les situations en cours, les conditions d'application de la nouvelle réglementation;

⊠3° Énoncer des règles particulières pour régir la transition entre l'ancienne et la nouvelle réglementation.

SOUS-**SECTION** 2 DÉCISIONS NI RÉGLEMENTAIRES NI INDIVIDUELLES

⬜⬜⬜Art. L. 221-7⬜ L'entrée en vigueur des décisions ni réglementaires ni individuelles est régie par les dispositions des articles L. 221-2 et L. 221-3. ⬜⬜

V. avant l'entrée en vigueur du CRPA. L'entrée en vigueur d'une décision intégrant un terrain au domaine public du Conservatoire de l'espace littoral et des espaces lacustres, qui constitue une décision d'espèce, est subordonné, en l'absence de dispositions contraires, à l'accomplissement de formalités adéquates de publicité. • CE 5 déc. 2016, *Conservatoire de l'espace littoral et des rivages lacustres,* n° 398659 B.

SOUS-**SECTION** 3 DÉCISIONS INDIVIDUELLES

⬜

⬜⬜Art. L. 221-8⬜ Sauf dispositions législatives ou réglementaires contraires ou instituant d'autres formalités préalables, une décision individuelle expresse est opposable à la personne qui en fait l'objet au moment où elle est notifiée. — *[L. n° 78-753 du 17 juill. 1978, art. 8.]*

SECTION II RÈGLES PARTICULIÈRES DE PUBLICATION

SOUS-**SECTION** 1 RÈGLES PARTICULIÈRES DE PUBLICATION AU *JOURNAL OFFICIEL* DE LA RÉPUBLIQUE FRANÇAISE

▢▢▢Art. L. 221-9▢ Sont publiés au *Journal officiel* de la République française les lois, les ordonnances accompagnées d'un rapport de présentation, les décrets et, lorsqu'une loi ou un décret le prévoit, les autres actes administratifs. — *[Ord. n° 2004-164 du 20 févr. 2004, art. 2.]*

▢▢

> Jurisprudence rendue ss. l'empire du CRPA.
> Un acte réglementaire publié au *Journal officiel de la République française,* qu'il relève ou non des actes devant obligatoirement y être publiés en vertu de l'art. L. 221-9 CRPA, entre en vigueur dans les conditions prévues par l'art. 1er C. civ. ● CE 19 juill. 2017, *Sté Astrazeneca,* n° 399174 B.

▢▢

▢Art. L. 221-10▢ La publication des actes mentionnés à l'article L. 221-9 est assurée *(L. n° 2015-1713 du 22 déc. 2015, art. 1er et 3, en vigueur le 1er janv. 2016)* «sous forme électronique», dans des conditions de nature à garantir leur authenticité *(Abrogé par L. n° 2015-1713 du 22 déc. 2015, art. 1er et 3, en vigueur le 1er janv. 2016) «, sur papier et sous forme électronique».* Le *Journal officiel* de la République française est mis à la disposition du public sous forme électronique de manière permanente et gratuite. *(L. n° 2015-1713 du 22 déc. 2015, art. 1er et 3, en vigueur le 1er janv. 2016)* «Lorsqu'une personne demande à obtenir sur papier un acte publié au *Journal officiel* de la République française, l'administration lui communique l'extrait correspondant. L'administration n'est pas tenue de donner suite aux demandes abusives, en particulier par leur nombre ou par leur caractère répétitif ou systématique.» — *[Ord. n° 2004-164 du 20 févr. 2004, art. 3.]*

▢▢▢

Art. L. 221-11▢ (Abrogé par L. n° 2015-1713 du 22 déc. 2015, art. 1er et 3, à compter du 1er janv. 2016) La publication au Journal officiel sous forme électronique suffit à assurer l'entrée en vigueur de certaines catégories d'actes administratifs, eu égard à leur nature, à leur portée et aux personnes auxquelles ils s'appliquent. Ces catégories sont définies par décret en Conseil d'État. — [Ord. n° 2004-164 du 20 févr. 2004, art. 5.]

▢▢

▢Art. R. 221-11▢ *(Décr. n° 2015-1717 du 22 déc. 2015, art. 2 et 10, en vigueur le 1er janv. 2016)* La délivrance de l'extrait du *Journal officiel* de la République française mentionné à l'article L. 221-10 se fait selon les modalités fixées par l'article R. 311-11.

▢▢▢

Art. R. 221-12▢ (Abrogé par Décr. n° 2015-1717 du 22 déc. 2015, art. 3 et 10, à compter du 1er janv. 2016) Les catégories d'actes mentionnées à l'article L. 221-11 pour lesquelles la publication sous forme électronique au Journal officiel de la République française suffit à assurer l'entrée en vigueur sont les suivantes:

1° Les actes réglementaires, autres que les ordonnances, qui sont relatifs à l'organisation administrative de l'État, en particulier les décrets se rapportant à l'organisation des administrations centrales, les actes relatifs à l'organisation des services déconcentrés de l'État, ainsi que ceux portant délégation de signature au sein des services de l'État et de ses établissements publics;

2° Les actes réglementaires, autres que les ordonnances, relatifs aux fonctionnaires et agents publics, aux magistrats et aux militaires;

3° Les actes réglementaires, autres que les ordonnances, relatifs au budget de l'État, notamment les décrets et arrêtés portant répartition, ouverture, annulation, virement ou transfert de crédits, ceux relatifs aux fonds de concours, aux postes comptables du Trésor public et aux régies d'avances, ainsi que les instructions budgétaires et comptables;

4° Les décisions individuelles prises par le ministre chargé de l'économie dans le domaine de la concurrence;

5° Les actes réglementaires des autorités administratives indépendantes et des autorités publiques indépendantes dotées de la personnalité morale, autres que ceux qui intéressent la généralité des citoyens. — [Décr. n° 2004-617 du 29 juin 2004, art. 1er.]

Art. R. 221-13 (Abrogé par Décr. n° 2015-1717 du 22 déc. 2015, art. 3 et 10, à compter du 1er janv. 2016) Les décisions individuelles et l'ensemble des autres actes dépourvus de valeur réglementaire, y compris les avis et propositions, dont une loi ou un décret prévoit la publication au Journal officiel font exclusivement l'objet d'une publication sous forme électronique, lorsqu'ils relèvent de l'une des matières énumérées aux 1°, 2° et 3° de l'article R. 221-12 ou émanent de l'une des autorités mentionnées au 5° du même article. — [Décr. n° 2004-617 du 29 juin 2004, art. 2.]

Art. L. 221-14 Certains actes individuels, notamment relatifs à l'état et à la nationalité des personnes, *(L. n° 2015-1713 du 22 déc. 2015, art. 1er et 3, en vigueur le 1er janv. 2016)* «doivent être publiés dans des conditions garantissant qu'ils ne font pas l'objet d'une indexation par des moteurs de recherche». Ils sont définis par décret en Conseil d'État, pris après avis de la Commission nationale de l'informatique et des libertés. — *[Ord. n° 2004-164 du 20 févr. 2004, art. 4.]*

Art. R. 221-15 Les catégories d'actes individuels mentionnées à l'article L. 221-14 qui *(L. n° 2015-1717 du 22 déc. 2015, art. 4-1° et 10, en vigueur le 1er janv. 2016)* «ne peuvent être publiés au *Journal officiel* de la République française que dans des conditions garantissant qu'ils ne font pas l'objet d'une indexation par des moteurs de recherche,»* sont les suivantes:

1° Décrets portant changement de nom pris sur le fondement de l'article 61 du code civil;

2° Décrets d'acquisition de la nationalité française pris sur le fondement de l'article 21-14-1 du code civil;

3° Décrets de naturalisation pris sur le fondement de l'article 21-15 du code civil;

4° Décrets de réintégration dans la nationalité française pris sur le fondement de l'article 24-1 du code civil;

5° Décrets de perte de la nationalité française pris sur le fondement des articles 23-4, 23-7 ou 23-8 du code civil;

6° Décrets de déchéance de la nationalité française pris sur le fondement de l'article 25 du code civil;

7° Décrets de francisation de nom ou de prénoms, ou d'attribution de prénom pris sur le fondement de la loi n° 72-964 du 25 octobre 1972 relative à la francisation des noms et prénoms des personnes qui acquièrent, recouvrent ou se font reconnaître de nationalité française;

(Décr. n° 2015-1717 du 22 déc. 2015, art. 4-2° et 3°, et 10, en vigueur le 1er janv. 2016) «8° Décrets prononçant l'exclusion ou la suspension de l'ordre de la Légion d'honneur ou de la médaille militaire;

«9° Décrets prononçant l'exclusion ou la suspension de l'ordre national du Mérite;

«10°» Décrets abrogeant ou retirant un décret appartenant à une des catégories précédentes. — *[Décr. n° 2004-459 du 28 mai 2004, art. 1er.]*

Art. R. 221-16 Outre les actes mentionnés à l'article R. 221-15, *(Décr. n° 2015-1717 du 22 déc. 2015, art. 5-1° et 10, en vigueur le 1er janv. 2016)* «ne peuvent être publiés au *Journal officiel* de la République française que dans des conditions garantissant qu'ils ne font pas l'objet d'une indexation par des moteurs de recherche»:

1° Les demandes de changement de nom;

2° Les annonces judiciaires et légales mentionnant les condamnations pénales;

(Abrogé par Décr. n° 2022-1605 du 22 déc. 2022, art. 3 et 89, à compter du 1er janv. 2023) « *(Décr. n° 2015-1717 du 22 déc. 2015, art. 5-2° et 10, en vigueur le 1er janv. 2016)* «3° Les arrêts mentionnés à l'article L. 314-20 du code des juridictions financières;»

«4° Les sanctions administratives et disciplinaires;

«5° Les décisions abrogeant ou retirant une sanction mentionnée au 4°». — *[Décr. n° 2004-459 du 28 mai 2004, art. 2.]*

SOUS-**SECTION** 2 RÈGLES PARTICULIÈRES DE PUBLICATION AU *BULLETIN OFFICIEL* D'UN MINISTÈRE

□□□Art. L. 221-17□ La publication des actes et documents administratifs au *Bulletin officiel* d'un ministère diffusé sous forme électronique dans des conditions garantissant sa fiabilité produit les mêmes effets de droit que leur publication sous forme imprimée. — *[Ord. n° 2004-164 du 20 févr. 2004, art. 5-1.]*

CHAPITRE II AUTRES RÈGLES APPLICABLES AUX COLLECTIVITÉS TERRITORIALES ET À LEURS ÉTABLISSEMENTS PUBLICS

(Ord. n° 2015-1341 du 23 oct. 2015, en vigueur le 1er janv. 2016)

SECTION PREMIÈRE ACTES DES COMMUNES ET DE LEURS ÉTABLISSEMENTS PUBLICS

□□□Art. L. 222-1□ L'entrée en vigueur et la publication des actes des communes et de leurs établissements publics sont régies, outre par les dispositions du chapitre Ier du présent titre:

□1° En ce qui concerne les communes, par les dispositions des articles L. 2131-1 à L. 2131-4 du code général des collectivités territoriales et par les dispositions réglementaires prises pour leur application;

□2° En ce qui concerne les établissements publics communaux, par les dispositions de l'article L. 2131-12 du même code;

□3° En ce qui concerne les communes de Paris, Marseille et Lyon, par les dispositions des articles L. 2511-1 et L. 2511-23 du même code;

▢4° En ce qui concerne les communes des départements de la Moselle, du Bas-Rhin et du Haut-Rhin, par les dispositions des articles L. 2541-22 et L. 2541-23 du même code;

▢5° En ce qui concerne les établissements publics de coopération intercommunale, par les dispositions *(Ord. n° 2021-1310 du 7 oct. 2021, art. 18 et 40, en vigueur le 1er juill. 2022)* «de l'article L. 5211-3» du même code et par les dispositions réglementaires prises pour leur application.

SECTION II ACTES DES DÉPARTEMENTS ET DE LEURS ÉTABLISSEMENTS PUBLICS

▢▢▢
Art. L. 222-2▢ L'entrée en vigueur et la publication des actes des départements et de leurs établissements publics sont régies, outre par les dispositions du chapitre Ier du présent titre:

▢1° En ce qui concerne les départements, par les dispositions des articles L. 3131-1 à L. 3131-5 du code général des collectivités territoriales et par les dispositions réglementaires prises pour leur application;

▢ (Abrogé par L. n° 2017-257 du 28 févr. 2017, art. 7-II et 8-I, à compter du 1er janv. 2019) «2° En ce qui concerne le département de Paris, par les dispositions de l'article L. 3411-2 du même code;»

▢3° En ce qui concerne la métropole de Lyon, par les dispositions de l'article L. 3611-3 du même code;

▢4° En ce qui concerne les établissements publics interdépartementaux, par les dispositions *(Ord. n° 2021-1310 du 7 oct. 2021, art. 18 et 40, en vigueur le 1er juill. 2022)* «de l'article L. 5421-2» du même code et par les dispositions réglementaires prises pour leur application.

SECTION III ACTES DES RÉGIONS ET DE LEURS ÉTABLISSEMENTS PUBLICS

▢▢▢
Art. L. 222-3▢ L'entrée en vigueur et la publication des actes des régions et de leurs établissements publics sont régies, outre par les dispositions du chapitre Ier du présent titre:

▢1° En ce qui concerne les régions, par les dispositions des articles L. 4141-1 à L. 4141-5 du code général des collectivités territoriales et par les dispositions réglementaires prises pour leur application;

⬜2° En ce qui concerne la région d'Île-de-France, par les dispositions de l'article L. 4411-1 du même code;

⬜3° En ce qui concerne la collectivité territoriale de Corse, par les dispositions des articles L. 4421-1 et L. 4422-17 du même code et par les dispositions réglementaires prises pour leur application;

⬜4° En ce qui concerne les établissements publics interrégionaux, par les dispositions *(Ord. n° 2021-1310 du 7 oct. 2021, art. 18 et 40, en vigueur le 1er juill. 2022)* «de l'article L. 5621-5» du même code et par les dispositions réglementaires prises pour leur application.

SECTION IV ACTES DES AUTRES ORGANISMES ET STRUCTURES DE COOPÉRATION LOCALE

⬜⬜⬜Art. L. 222-4⬜ L'entrée en vigueur et la publication des actes des autres organismes et structures de coopération locale sont régies, outre par les dispositions du chapitre Ier du présent titre:

⬜1° En ce qui concerne les syndicats d'agglomérations nouvelles, par les dispositions de l'article L. 5332-1 du code général des collectivités territoriales;

⬜2° En ce qui concerne les syndicats mixtes constitués exclusivement de communes et d'établissements publics de coopération intercommunale et ceux composés d'établissements publics de coopération intercommunale, par les dispositions de l'article L. 5711-1 du même code;

⬜3° En ce qui concerne les syndicats mixtes associant des collectivités territoriales, des groupements de collectivités territoriales et d'autres personnes morales de droit public, par les dispositions de l'article L. 5721-4 du même code;

⬜4° En ce qui concerne les pôles métropolitains, par les dispositions de l'article L. 5731-3 du même code.

TITRE TROISIÈME LES DÉCISIONS IMPLICITES

(Ord. n° 2015-1341 du 23 oct. 2015, en vigueur le 1er janv. 2016;
Décr. n° 2015-1342 du 23 oct. 2015, en vigueur le 1er janv. 2016)

CHAPITRE PREMIER RÉGIMES DE DÉCISIONS IMPLICITES

(Ord. n° 2015-1341 du 23 oct. 2015, en vigueur le 1er janv. 2016;
Décr. n° 2015-1342 du 23 oct. 2015, en vigueur le 1er janv. 2016)

SECTION PREMIÈRE PRINCIPE DU SILENCE VALANT ACCEPTATION

⬜⬜⬜Art. L. 231-1⬜ Le silence gardé pendant deux mois par l'administration sur une demande vaut décision d'acceptation. — *[L. n° 2000-321 du 12 avr. 2000, art. 21, al. 1er.]*

⬜⬜⬜Art. D. 231-2⬜ La liste des procédures pour lesquelles le silence gardé sur une demande vaut décision d'acceptation est publiée sur un site internet relevant du Premier ministre. Elle mentionne l'autorité à laquelle doit être adressée la demande ainsi que le délai au terme duquel l'acceptation est acquise. — *[L. n° 2000-321 du 12 avr. 2000, art. 21, al. 2.]*

⬜⬜⬜Art. D. 231-3⬜ La liste mentionnée à l'article D. 231-2 est publiée sur le site internet dénommé *(Décr. n° 2020-1119 du 8 sept. 2020, art. 2 et 3, en vigueur le 1er janv. 2021)* «service-public.fr *[ancienne rédaction: legifrance.gouv.fr]*».

SECTION II EXCEPTIONS

V. App. v° Silence vaut acceptation.

SOUS-**SECTION** 1 EXCEPTIONS À LA RÈGLE DU SILENCE VALANT ACCEPTATION

⸏⸏

⸏Art. L. 231-4⸏ Par dérogation à l'article L. 231-1, le silence gardé par l'administration pendant deux mois vaut décision de rejet:

⸏1° Lorsque la demande ne tend pas à l'adoption d'une décision présentant le caractère d'une décision individuelle;

⸏2° Lorsque la demande ne s'inscrit pas dans une procédure prévue par un texte législatif ou réglementaire ou présente le caractère d'une réclamation ou d'un recours administratif;

⸏3° Si la demande présente un caractère financier sauf, en matière de sécurité sociale, dans les cas prévus par décret;

⸏4° Dans les cas, précisés par décret en Conseil d'État, où une acceptation implicite ne serait pas compatible avec le respect des engagements internationaux et européens de la France, la protection de la sécurité nationale, la protection des libertés et des principes à valeur constitutionnelle et la sauvegarde de l'ordre public;

⸏5° Dans les relations entre l'administration et ses agents. — *[L. n° 2000-321 du 12 avr. 2000, art. 21, al. 2 à 8.]*

⸏⸏

Jurisprudence rendue, sauf indication contraire, sous l'empire des art. 21 et 22 de la L. du 12 avr. 2000, abrogés.

1. Impossibilité d'instituer un régime de décision implicite d'acceptation. Rejet d'un système d'autorisations d'installer des systèmes de vidéosurveillance sur la voie publique en raison du risque pour la liberté individuelle. ● Cons. const. 18 janv. 1995: *Rec. Cons. const. 170* (12e consid.); RFDC 1995. 362, note Favoreu. Ainsi que l'a rappelé la loi du 12 avr. 2000 relative aux droits des citoyens dans leurs relations avec les administrations, un régime de décisions implicites d'acceptation ne peut être institué lorsque la protection des libertés ou la sauvegarde des autres principes de valeur constitutionnelle s'y opposent. En vertu de l'art. 17 DDH, auquel se réfère le préambule de la Constitution, la protection du domaine public est un impératif d'ordre constitutionnel. Le pouvoir réglementaire ne peut donc légalement instaurer un régime d'autorisation tacite d'occupation du domaine public, qui fait notamment obstacle à ce que soient, le cas échéant, précisées les prescriptions d'implantation et d'exploitation nécessaires à la circulation publique et à la conservation de la voirie. ● CE 21 mars 2003, *Synd. intercom. de la périphérie de Paris pour l'électricité et les réseaux,* n° 189191: *Lebon 144; AJDA 2003. 1935, note Subra de Bieusses; RFDA 2003. 903, note Soulié.*

2. Application aux relations avec les agents. Il ressort des dispositions mêmes de l'art. 18 de la L. du 12 avr. 2000 que les dispositions de l'art. 21 sont applicables aux relations entre l'administration et ses agents. • CE 27 nov. 2002, *Bourrel et a.,* n°s 234748 et 235859: *Lebon 412; Dr. adm. 2003. 55; AJDA 2003. 442, note Roulot.*

3. Articulation avec certains textes spéciaux. La procédure spécifique d'instruction des demandes de placement en position de disponibilité des magistrats ne relève pas, eu égard aux garanties attachées aux conditions d'exercice des fonctions de magistrat et à la nécessité pour le garde des Sceaux de consulter le CSM avant de proposer au président de la République la mise en disponibilité, du champ d'application du premier al. de l'art. 21 de la L. du 12 avr. 2000; la décision implicite de refus du garde des Sceaux de proposer la mise en disponibilité au président de la République naît au terme du délai de quatre mois à compter de la réception de la demande qui lui est imparti par l'art. 36-1 pour l'examiner. • CE 30 déc. 2011, *Heintz,* n° 335838 B: *AJDA 2011. 848.* Eu égard à la complexité et à la technicité de la procédure d'instruction qu'elles prévoient ainsi qu'à la possibilité qu'elles ouvrent au ministre de la Défense d'interrompre celle-ci, le cas échéant sans limitation de durée, les art. L. 612-9 s. CPI instituent une procédure spéciale pour la délivrance des brevets d'invention, qui implique que soient prises des décisions expresses et qui n'entrent donc pas dans le champ de l'art. 21 de la L. du 12 avr. 2000. • CE 30 déc. 2015, *Cie nationale des conseils en propriété industrielle,* n°s 386805 et 386807 B.

4. Matière relevant de la compétence d'une collectivité de l'art. 74 Const. Les dispositions du CRPA sur le silence gardé par l'administration, et notamment celles des art. L. 231-1 et D. 231-2 de ce code, ne sont pas applicables aux matières relevant de la compétence de la Polynésie française. Si cette dernière n'a pas fixé de règle en ce domaine, il découle des exigences attachées au respect du droit constitutionnel au recours une règle générale de procédure selon laquelle, en l'absence de texte réglant les effets du silence gardé pendant plus de deux mois par l'administration sur une demande, un tel silence vaut décision de rejet susceptible de recours. • CE 23 oct. 2017, *M. Diemert,* n° 411260 B.

5. Demande ne s'inscrivant pas dans une procédure prévue par un texte législatif ou réglementaire. Le silence gardé par le président de l'Autorité de la concurrence sur une demande d'agrément d'un repreneur proposé par une partie notifiante à une opération de concentration, qui ne relève pas d'une procédure instituée par un texte législatif ou réglementaire, ne peut que valoir décision implicite de rejet. • CE 26 juill. 2018, *Sté Fnac Darty et a.,* n° 414654 et 414689 B.

6. Pour une application sous l'empire du CRPA, V. • CE 17 juin 2019, *M. Barache,* n° 413797 B.

⊡

░░Art. L. 231-5░ Eu égard à l'objet de certaines décisions ou pour des motifs de bonne administration, l'application de l'article L. 231-1 peut être écartée par décret en Conseil d'État et en conseil des ministres. — *[L. n° 2000-321 du 12 avr. 2000, art. 21, al. 9, phr. 1.]*

SOUS-**SECTION** 2 DÉLAIS DIFFÉRENTS D'ACQUISITION DE LA DÉCISION IMPLICITE D'ACCEPTATION OU DE REJET

░░░Art. L. 231-6░ Lorsque l'urgence ou la complexité de la procédure le justifie, un délai différent de ceux prévus aux articles L. 231-1 et L. 231-4 peut être fixé par décret en Conseil d'État. — *[L. n° 2000-321 du 12 avr. 2000, art. 21, al. 9, phr. 2.]*

V. App. v° Silence vaut acceptation.
░░

Plan des annotations
I. DÉTERMINATION DU DÉLAI D'ACQUISITION DE LA DÉCISION IMPLICITEn[os] 1 et 2
II. ARTICULATION AVEC LES PROCÉDURES ADMINISTRATIVES ET CONTENTIEUSESn[os] 3 et 4
Jurisprudence rendue, sauf indication contraire, sous l'empire de l'art. 21 de la L. du 12 avr. 2000, abrogée.
I. DÉTERMINATION DU DÉLAI D'ACQUISITION DE LA DÉCISION IMPLICITE

1. Principe du délai de deux mois. En l'absence de dispositions particulières prises par décret en Conseil d'État et dérogeant au présent art., le silence gardé pendant deux mois par le ministre sur un recours hiérarchique vaut rejet de ce recours. ● CE 7 févr. 2003, *Fondation Lenval,* n° 231871 B: *AJDA 2003. 750.* Cet art. fixe les règles générales relatives à la naissance des décisions implicites de rejet, auxquelles l'administration ne peut déroger de sa propre initiative, n'ayant aucune compétence pour fixer une procédure particulière en dehors des cas fixés à l'al. 2. ● CE 5 oct. 2005, *Sté Endémys,* n° 267949: *AJDA 2006. 429, note Costa.* Dans d'autres cas, le délai imparti à l'administration pour examiner la demande est sans effet sur l'application du délai de naissance de droit commun des décisions implicites de rejet, dans des hypothèses où le premier est plus court que le second. ● CE , sect., 7 juin 1957, *Min. de l'Intérieur c/ Sieur Lautié,* n° 38835: *Lebon 385* ● 23 avr. 1980, *Min. de l'Environnement et du Cadre de vie c/ Durand,* n° 15436 B. Dans d'autres cas de figure, l'expiration du délai d'examen ne fait pas naître de décision implicite de rejet, mais dessaisit l'administration. ● CE , sect., 27 avr. 2011, *Jenkins,* n° 335370: *Lebon 181; AJDA 2011. 952, chron. Domino.*

2. Modulation du délai en cas de complexité ou d'urgence. La nature collégiale de la commission qui doit donner un avis sur les recours des militaires, qui constituent un préalable obligatoire au recours contentieux, les conditions de l'instruction de ces recours, notamment l'exigence d'une procédure contradictoire, ainsi que la diversité des personnels concernés et des situations sur lesquelles pourront porter les recours, donnent à une procédure le caractère de complexité justifiant la fixation par décret d'un délai dérogatoire de quatre mois. ● CE 27 nov. 2002, *Bourrel et a.,* n°s 234748 et 235859: *préc. note 3.* Le juge opère un contrôle normal sur la fixation du délai d'une durée différente de celle de deux mois à l'expiration duquel le silence de l'administration vaut décision de rejet au regard de la complexité ou de l'urgence. ● CE 30 déc. 2003, *GISTI,* n° 248288 B: *AJDA 2004. 997* ● 27 juill. 2005, *Sté Arbed,* n° 264913: *Lebon 341; AJDA 2005. 2084.* Lorsque le pouvoir réglementaire fixe, en application de l'art. 21 de la L. du 12 avr. 2000, un délai supérieur au délai de droit commun de deux mois au terme duquel naît, du silence gardé par l'administration sur une demande, une décision implicite de refus, les dispositions fixant ce délai ne s'appliquent pas aux décisions implicites par lesquelles l'autorité administrative rejette les recours gracieux ou hiérarchiques formés contre la décision rejetant la demande initiale. ● CE 27 mars 2006, *Kaci,* n° 283409 B: *AJDA 2006. 1212, concl. De Silva.*

II. ARTICULATION AVEC LES PROCÉDURES ADMINISTRATIVES ET CONTENTIEUSES

3. Articulation avec les procédures consultatives. Si l'inspecteur du travail n'a pas explicitement statué sur le recours formé par un salarié au titre de l'art. L. 241-10-1, son silence gardé pendant plus de deux mois sur ce recours doit être regardé, en application de l'art. 21 de la L. du 12 avr. 2000, comme ayant valu décision implicite de rejet. Cette décision, si elle n'a pas été précédée d'un avis du médecin-inspecteur du travail, est intervenue selon une procédure irrégulière et se trouve, ainsi, entachée d'illégalité. ● CE 7 oct. 2009, *Halimi,* n° 319107 B: *AJDA 2009. 2487.*

4. Articulation avec les règles du contentieux (procédure d'urgence). Il résulte des dispositions des art. R. 421-1 et R. 522-1 CJA et de l'art. 21 de la L. du 12 avr. 2000 que le juge des référés, lorsqu'il est appelé à statuer sur le fondement de l'art. L. 521-1 CJA, ne peut être valablement saisi que d'un pourvoi tendant à la suspension d'une décision administrative faisant l'objet, par ailleurs, d'une requête en annulation ou en réformation. Afin que le contentieux puisse être régulièrement lié, une telle décision doit, soit être expresse, soit revêtir un caractère tacite découlant du silence gardé par l'autorité administrative, sur une demande qui lui a été préalablement adressée, pendant une durée qui est en principe de deux mois (à propos d'un recours tendant à la suspension de la décision par laquelle le président de la République aurait refusé de mettre un terme à l'état d'urgence). ● CE , réf., 20 déc. 2005, *Meyet,* n° 288253: *Lebon 586.* – V., par ailleurs, la jurisprudence ss. l'art. 5 de la L. du 11 juill. 1979.

CHAPITRE II GARANTIES PROCÉDURALES

(Ord. n° 2015-1341 du 23 oct. 2015, en vigueur le 1er janv. 2016)

SECTION PREMIÈRE DÉLIVRANCE D'UNE ATTESTATION ET ACCOMPLISSEMENT DE MESURES DE PUBLICITÉ

⬛⬛⬛Art. L. 232-1⬛ La présente section n'est pas applicable aux relations entre l'administration et ses agents.

▨▨▨Art. L. 232-2▨ Dans le cas où la décision demandée peut être acquise implicitement et doit faire l'objet d'une mesure de publicité à l'égard des tiers lorsqu'elle est expresse, la demande est publiée par les soins de l'administration, le cas échéant par voie électronique, avec l'indication de la date à laquelle elle sera réputée acceptée si aucune décision expresse n'est intervenue. — *[L. n°
2000-321 du 12 avr. 2000, art. 22, al. 1er.]*

▨▨▨Art. L. 232-3▨ La décision implicite d'acceptation fait l'objet, à la demande de l'intéressé, d'une attestation délivrée par l'administration. — *[L. n° 2000-321 du 12 avr. 2000, art. 22, al. 2.]*

SECTION II COMMUNICATION DES MOTIFS

▨▨

▨Art. L. 232-4▨ Une décision implicite intervenue dans les cas où la décision explicite aurait dû être motivée n'est pas illégale du seul fait qu'elle n'est pas assortie de cette motivation.

▨Toutefois, à la demande de l'intéressé, formulée dans les délais du recours contentieux, les motifs de toute décision implicite de rejet devront lui être communiqués dans le mois suivant cette demande. Dans ce cas, le délai du recours contentieux contre ladite décision est prorogé jusqu'à l'expiration de deux mois suivant le jour où les motifs lui auront été communiqués. — *[L. n° 79-587 du 11 juill. 1979, art. 5.]*

▨▨

Plan des annotations
I. CHAMP D'APPLICATIONnos 1 et 2
II. MODALITÉS DU DROIT À COMMUNICATIONnos 3 à 6
III. CONSÉQUENCES DU DÉFAUT DE COMMUNICATIONnos 7 et 8
IV. COMPATIBILITÉ AVEC LES TEXTES EUROPÉENSnos 9 à 11
Jurisprudence rendue, sauf indication contraire, sous l'empire de l'art. 5 de la L. du 11 juill. 1979 abrogée.
I. CHAMP D'APPLICATION

1. Application à toute décision administrative devant être motivée. Les dispositions de l'art. 5 sont applicables, sauf texte législatif explicitement contraire, à toute décision administrative qui doit être motivée en vertu d'un texte législatif ou réglementaire ou d'une règle générale de procédure administrative. Il en va ainsi du rejet implicite d'une demande de réintégration dans la nationalité française. • CE 14 déc. 2001, *Min. Emploi et Solidarité c/ Mme Farida D.,* nº 204761 B. ... D'une demande de visa. • CE 27 nov. 2002, *Tarak,* nº 216532 B • 6 déc. 2002, *Mlle Lukundu,* nº 200991 B. ... D'un permis de construire. • CE 30 avr. 2003, *M. Khashoggi,* nº 239245 B. ... D'une demande d'inscription sur la liste des produits et prestations remboursables par la sécurité sociale. • CE 22 oct. 2003, *Sté Éthicon SAS,* nº 247480 B. ... Des demandes adressées à la commission de médiation du droit au logement opposable. • CE 21 juill. 2009, *Assoc. féd. droit au logement et a.,* nº 314070 B: *AJDA 2009. 1465.* Aux demandes d'abrogation d'un décret d'extradition. • CE 10 juin 2020, *M. Z.,* nº 435348 B. Antérieurement, solution contraire pour un refus d'autorisation de fréquence par le Conseil supérieur de l'audiovisuel, l'art. 5 n'étant pas invocable à l'appui d'une décision qui a pour base légale une disposition spécifique d'une autre loi. • CE 12 juill. 1993, *EURL Thot Communication,* nº 124835: *Lebon 217; Dr. adm. 1993, nº 442.* Mais cette solution particulière a depuis été remise en cause. • CE 18 nov. 2011, *Sté Quinto Avenio,* nº 321410: *Lebon 566; AJDA 2011. 2261.* L'art. 5 de la loi du 11 juill. 1979 s'applique même lorsque l'obligation de motivation est prévue par une disposition spéciale de la loi du 30 sept. 1986 dès lors qu'elle n'écarte pas l'application de cet art. • CE 29 avr. 2015, *Sté Générations RNT,* nº 366838.

2. Application aux seuls cas de motivation obligatoire. En revanche, l'obligation pour l'administration de communiquer les motifs d'une décision implicite ne s'applique que dans le cas où cette décision implicite aurait dû être motivée. • CE 14 nov. 2011, *Mme Marchesini,* nº 339243: *AJDA 2012.118.* En conséquence, les dispositions relatives à la prorogation du délai de recours jusqu'à l'expiration d'un délai de deux mois suivant la communication des motifs sont également inapplicables pour une décision qui n'avait pas à être motivée. • Même arrêt. En revanche, l'obligation ne s'applique pas aux décisions, qui sont réglementaires, par lesquelles le Premier ministre refuse implicitement d'abroger un décret. • CE 5 juill. 2021, *Assoc. La Quadrature du net et a.,* nº 433539 *inédit.*

II. MODALITÉS DU DROIT À COMMUNICATION

3. Nécessité d'une demande postérieure à la naissance de la décision implicite. Une demande de motivation est sans objet quand elle intervient avant l'expiration du délai au terme duquel naît la décision implicite. • CE 10 juin 1994, *Lacan et Assoc. des Thermes de la Haute-Vallée de l'Aude,* nº 138241: *Lebon 298.*

4. Nécessité d'une demande dans le délai de recours contentieux. L'intéressé doit former sa demande de motifs dans le délai du recours contentieux. • CE 17 oct. 1986, *Chabot: Dr. adm. 1986, n° 540.* Si l'intéressé n'a pas demandé que lui soient communiqués les motifs de la décision, il n'est pas fondé à soutenir qu'aurait été méconnue l'obligation de motivation. • CE 6 déc. 2002, *Mlle Lukundu,* n° 200991: *préc. note 1.* Bien que l'absence d'indication des voies et délais de recours rende en principe inopposable ces délais au destinataire de l'acte, il en va différemment lorsque celui-ci a introduit un recours devant le juge; dans ce cas, le délai pour former une demande de communication des motifs en vertu de l'art. 5 de la loi du 11 juill. 1979 court à compter de la date de ce recours juridictionnel qui correspond à la date à laquelle l'intéressé a eu au plus tard connaissance de l'acte. • CE 17 déc. 2010, *Mme Tissot,* n° 314431 B: *AJDA 2010. 2462.*

5. Demande de communication des motifs et recours administratif. La lettre par laquelle un requérant se borne à demander communication des motifs d'une décision ne peut être regardée, alors même que cette décision doit être motivée en application de l'art. 1er de la loi du 11 juill. 1979, comme constituant un recours gracieux de nature à conserver le délai de recours contentieux. • CE 5 déc. 1990, *Cne de Hyères c/ Salvi,* n° 81607: *Lebon 352; AJDA 1991. 243.* Si le silence gardé par l'administration sur un recours gracieux ou hiérarchique fait naître une décision implicite de rejet qui peut être déférée au juge de l'excès de pouvoir, une décision explicite de rejet intervenue postérieurement, qu'elle fasse suite ou non à une demande de communication des motifs de la décision implicite présentée en application des dispositions de l'art. 5, se substitue à la première décision. Il en résulte que des conclusions à fin d'annulation de cette première décision doivent être regardées comme dirigées contre la seconde et que, dès lors, celle-ci ne peut être utilement contestée au motif que l'administration aurait méconnu ces dispositions en ne communiquant pas au requérant les motifs de sa décision implicite dans le délai d'un mois qu'elles lui impartissent. • CE 8 juin 2011, *Balci,* n° 329537 B: *AJDA 2011. 1174.*

6. Réponse à une demande en cas de compétence conjointe de plusieurs autorités. Lorsque, dans l'hypothèse d'une compétence conjointe du préfet et du président du conseil général prévue par l'art. L. 313-3 (autorisation d'un établissement social ou médico-social), le demandeur sollicite dans le délai de deux mois la communication des motifs du rejet implicite de sa demande, leur communication par l'une de ces deux autorités peut suffire à faire obstacle à la naissance d'une autorisation implicite. • CE 13 mars 2013, *Sté La Grande Charrrière,* n° 344603 B.

III. CONSÉQUENCES DU DÉFAUT DE COMMUNICATION

7. Illégalité sanctionnable devant le juge sans condition de délai. Le silence gardé pendant plus d'un mois sur une demande de communication des motifs d'une décision implicite de rejet, intervenue dans un cas où une décision explicite aurait dû être motivée, n'a pas pour effet de faire naître une nouvelle décision, détachable de la première et pouvant faire l'objet d'un recours pour excès de pouvoir, mais permet seulement à l'intéressé de se pourvoir sans condition de délai contre la décision implicite initiale qui, en l'absence de communication de ses motifs, se trouve entachée d'illégalité. • CE 29 mars 1985, *Testa,* n° 42612: *Lebon 93; AJDA 1985. 260, chron. Hubac et Schoettl; Rev. adm. 1985. 360, obs. Pacteau* • 5 févr. 1990, *Sad,* n° 87012 B.

8. Régularisations. La décision implicite devenue illégale du fait de la non-réponse sur la demande de motivation ne peut être régularisée. • CE 23 juin 1995, *Min. Intérieur et Aménagement du territoire,* n° 153997. Mais elle peut être confirmée par une décision expresse. • CE 28 déc. 2001, *Préfet de l'Hérault c/ Mme Abdelwahid épse Es Sabry,* n° 231210 • 28 juin 2002, *Préfet de l'Hérault,* n° 234106. Et elle peut aussi être rapportée par une décision expresse, elle-même motivée. • CE 24 oct. 2003, *M. Najjari,* n° 242476: *AJDA 2004. 978, note Baux.* En ce sens, la décision implicite par laquelle un préfet a refusé à un étranger la délivrance d'un titre de séjour n'est pas créatrice de droits; devenue illégale du fait de l'absence de réponse à la demande de motivation du requérant, elle peut être rapportée par une décision explicite allant dans le même sens. • Même décision. Il ne peut y avoir de régularisation par une décision rétroactive (sol. retenue pour les décisions explicites). • CE 5 mai 1986, *Min. des Affaires sociales et de la Solidarité nationale c/ Leblanc, Tissier,* n° 59121: *Lebon 128.*

IV. COMPATIBILITÉ AVEC LES TEXTES EUROPÉENS

9. Admission initiale d'une compatibilité. Dès lors que l'art. 5 de la L. du 11 juill. 1979 prévoit qu'en cas de décision implicite de rejet, les motifs d'une décision de refus d'enregistrement d'un médicament homéopathique, qui constitue un refus d'autorisation au sens de l'art. 1er de la loi, doivent être communiqués à l'intéressé, dans le mois suivant la demande de ce dernier, les dispositions de l'art. R. 5143-15 CSP ne méconnaissent pas l'objectif résultant de l'art. 7 de la directive n° 92/73/CEE du 22 sept. 1992 et de l'art. 12 de la directive n° 65/65/CEE du 26 janv. 1965: • CE 24 févr. 1999, *Assoc. de patients de la médecine d'orientation anthroposophique et a.,* n° 195354: *Lebon 29; AJDA 1999. 823.* Solution confirmée implicitement par. • CE 30 mars 2016, *Sté BB Farma,* n° 383846 B.

10. Affirmation d'une incompatibilité par la CJCE. Contrariété avec la Dir. n° 90/313/CEE du Conseil du 7 juin 1990 concernant la liberté d'accès à l'information en matière d'environnement: l'art. 2 du Décr. du 28 avr. 1988, en prévoyant un mécanisme de refus implicite de communiquer, ce qui permet l'ouverture d'un recours juridictionnel, oblige cependant l'administré à demander les motifs du refus alors que la directive exige que l'autorité compétente motive elle-même ses décisions sous deux mois; il y a donc manquement sur ce point. ● CJCE 26 juin 2003, *Commission c/ France,* C-233/00: *AJDA 2003. 2151, chron. Bélorgey, Gervasoni et Lambert; AJDA 2004. 543, note Delaunay.*

11. Conséquences à en tirer en droit interne. Application des exigences découlant de cet arrêt de la Cour de justice. ● CE 19 juin 2017, *Union des industries de la protection des plantes,* n° 392989. Lorsque le droit de l'Union européenne (UE) impose la motivation d'une décision administrative, devant intervenir dans un délai déterminé, comme une garantie conférée aux administrés intéressés, de telles dispositions ne font pas, en principe, obstacle à la formation, à l'expiration des délais prévus à cet effet par le droit interne, d'une décision implicite de rejet mais s'opposent toutefois à ce qu'une telle décision ne soit pas accompagnée d'une motivation à l'expiration du délai imposé par le droit de l'UE. Dès lors, en l'absence de motivation à l'expiration de ce délai, l'administration ne peut utilement se prévaloir des dispositions de l'art. L. 232-4 CRPA selon lesquelles «une décision implicite intervenue dans les cas où la décision explicite aurait dû être motivée n'est pas illégale du seul fait qu'elle n'est pas assortie de cette motivation». ● CE 17 nov. 2017, *Sté Laboratoire Abbvie,* n°s 398573 et 404459 B. Lorsque la décision en cause doit être prise au vu de l'avis motivé d'un organisme collégial, lequel s'est prononcé dans un sens défavorable à la demande, l'administré ne peut être regardé comme ayant eu connaissance des motifs de la décision implicite de rejet de sa demande du seul fait qu'il s'est vu communiquer cet avis avant l'expiration du délai imparti, sauf à ce que l'administration lui ait préalablement fait connaître, le cas échéant par une mention de l'accusé de réception de sa demande, que l'absence de décision explicite dans ce délai manifesterait qu'elle entend rejeter sa demande en s'appropriant les motifs de l'avis à intervenir. ● Même décision.

TITRE QUATRIÈME LA SORTIE DE VIGUEUR DES ACTES ADMINISTRATIFS

(Ord. n° 2015-1341 du 23 oct. 2015, en vigueur le 1ᵉʳ juin 2016)

Nota: Les dispositions du présent titre sont applicables en ce qu'elles régissent l'abrogation des actes administratifs unilatéraux, à compter du 1ᵉʳ juin 2016. Les dispositions de l'art. 16-1 de la L. n° 2000-321 du 12 avr. 2000 demeurent applicables jusqu'à cette date (V. ce texte au CPAN]) (Ord. n° 2015-1341 du 23 oct. 2015, art. 9-I).Les dispositions du présent titre sont applicables au retrait des actes administratifs unilatéraux intervenus à compter du 1ᵉʳ juin 2016.Les dispositions de l'art. 23 de la L. n° 2000-321 du 12 avr. 2000 demeurent applicables aux actes intervenus avant cette date (V. CPAN) (Ord. n° 2015-1341 du 23 oct. 2015, art. 9-II).

⬚⬚⬚Art. L. 240-1⬚ Au sens du présent titre, on entend par:
⬚1° Abrogation d'un acte: sa disparition juridique pour l'avenir;
⬚2° Retrait d'un acte: sa disparition juridique pour l'avenir comme pour le passé.

⬚⬚⬚Art. L. 240-2⬚ Le présent titre est applicable, outre aux administrations mentionnées au 1° de l'article L. 100-3, aux organismes et personnes chargés d'une mission de service public industriel et commercial pour les actes qu'ils prennent au titre de cette mission.

CHAPITRE PREMIER RÈGLES GÉNÉRALES

(Ord. n° 2015-1341 du 23 oct. 2015, en vigueur le 1ᵉʳ juin 2016)
⬚⬚⬚
Art. L. 241-1⬚ Sous réserve des exigences découlant du droit de l'Union européenne et de dispositions législatives et réglementaires spéciales, les règles applicables à l'abrogation et au retrait d'un acte administratif unilatéral pris par l'administration sont fixées par les dispositions du présent titre.
⬚⬚

Décisions rendues avant l'entrée en vigueur du code des relations entre le public et l'administration

Magistrats judiciaires. Le principe de séparation des pouvoirs et celui de l'indépendance de l'autorité judiciaire imposent que des garanties particulières s'attachent à la qualité de magistrat de l'ordre judiciaire et impliquent notamment que ces derniers ne puissent se voir retirer cette qualité et les garanties particulières qui s'y attachent qu'en vertu de dispositions expresses de leur statut et dans les conditions prévues par ces dernières. ● CE , sect., 1er oct. 2010, *Mme Tacite,* no 311938: *Lebon.*

🔲

🔲🔲Art. L. 241-2🔲 Par dérogation aux dispositions du présent titre, un acte administratif unilatéral obtenu par fraude peut être à tout moment abrogé ou retiré.

🔲🔲

1. Notion. Une décision ministérielle retirant des certificats d'économies d'énergie à une société au motif que leur premier détenteur les a obtenus par fraude n'est pas une sanction prise sur le fondement des art. L. 222-1 s. C. énergie, mais un retrait d'une une décision obtenue par fraude. Régime contentieux des actes obtenus par fraude. ● CE 24 juill. 2019, *SAS Total Réunion,* no 428852 B.

2. Un tiers justifiant d'un intérêt à agir est recevable à demander, dans le délai de recours contentieux, l'annulation de la décision par laquelle l'autorité administrative a refusé de faire usage de son pouvoir d'abroger ou de retirer un acte administratif obtenu par fraude, quelle que soit la date à laquelle il l'a saisie d'une demande à cette fin. ● CE 5 févr. 2018, *Sté Cora,* nos 407149 et 407198 B. Il en va ainsi même lorsque l'administration disposait d'informations qui auraient dû lui permettre de déceler *ab initio* la manœuvre frauduleuse. ● CE 26 avr. 2018, *M. C. A. et Mme B. D.,* nos 407149 et 407198 B.

3. Champ d'application. Les dispositions particulières des art. L. 222-2 et L. 222-8 C. énergie relatives, aux sanctions administratives et pénales auxquelles s'expose l'auteur d'un manquement aux dispositions législatives et règlementaires relatives aux certificats d'économies d'énergie, font obstacle à l'application des dispositions générales de l'art. L. 241-2 du CRPA. ● CE 24 févr. 2021, *Sté Thévenin et Ducrot Distribution,* no 447326 B.

CHAPITRE II LES DÉCISIONS CRÉATRICES DE DROITS

(Ord. no 2015-1341 du 23 oct. 2015, en vigueur le 1er juin 2016)

SECTION PREMIÈRE ABROGATION ET RETRAIT À L'INITIATIVE DE L'ADMINISTRATION OU SUR DEMANDE D'UN TIERS

⬚⬚⬚Art. L. 242-1⬚ L'administration ne peut abroger ou retirer une décision créatrice de droits de sa propre initiative ou sur la demande d'un tiers que si elle est illégale et si l'abrogation ou le retrait intervient dans le délai de quatre mois suivant la prise de cette décision.

Sur les dérogations au présent art. dans le contexte de l'expérimentation des demandes en appréciation de régularité, V. L. n° 2018-727 du 10 août 2018, art. 54, III, al. 3; Décr. n° 2018-1082 du 4 déc. 2018, infra.

⬚⬚

1. Acte créateur de droits. Il résulte de l'art. 12 de l'Ord. n° 58-1360 du 29 déc. 1958 et de l'art. 5 du Décr. n° 84-558 du 4 juill. 1984 que le décret par lequel le Gouvernement désigne une personnalité associée en vue d'apporter à la Section du Conseil économique social et environnemental de rattachement une expertise tenant à la qualité, à la compétence ou à l'expérience de celle-ci et fixe la durée et l'objet de la mission qui lui est confiée, revêt le caractère d'une décision individuelle créatrice de droits qui ne peut, dès lors, être abrogée, à l'initiative de l'autorité de nomination ou sur la demande d'un tiers, que dans le délai de quatre mois suivant son édiction et à la condition qu'elle soit illégale. ● CE 26 mars 2018, *Union synd. Solidaires,* n°ˢ 406356, 406357 B. Attestation mentionnée au *a)* du 4° du 4 de l'art. 261 CGI, ● CE 10 mars 2020, *Sté Institut français de kinésiologie appliquée,* n° 437592 B. Agrément de transport sanitaire délivré par le directeur général de l'agence régionale de santé, ● CE 5 févr. 2020, *Sté Les Taxis Hurié: Lebon T.*

2. Décision entachée d'un vice «danthonisable». Une décision créatrice de droits, entachée d'un vice qui n'a pas été susceptible d'exercer une influence sur le sens de cette décision et qui n'a pas privé les intéressés d'une garantie, ne peut être tenue pour illégale et ne peut, en conséquence, être retirée ou abrogée par l'administration de sa propre initiative ou sur la demande d'un tiers, même dans le délai de quatre mois suivant la prise de cette décision. ● CE 7 févr. 2020, *Mme Guillaume,* n° 428625 B.

3. Abrogation. Notion. La décision modifiant pour l'avenir le taux de liquidation d'une indemnité de résidence en application de l'art. 37-1 de la L. du 12 avr. 2000 ne doit pas être regardée comme une abrogation de la décision initiale octroyant l'indemnité mais comme la manifestation de l'intention de l'administration de cesser, pour l'avenir, le versement de l'indemnité. Une telle décision n'entre pas dans le champ d'application de l'art. L. 242-1 du CRPA. ● CE 22 juill. 2020, *Min. de l'intérieur c/ M. Delmas,* n° 434702 B.

⬚⬚⬚Art. L. 242-2⬚ Par dérogation à l'article L. 242-1, l'administration peut, sans condition de délai:
⬚1° Abroger une décision créatrice de droits dont le maintien est subordonné à une condition qui n'est plus remplie;
⬚2° Retirer une décision attribuant une subvention lorsque les conditions mises à son octroi n'ont pas été respectées.
⬚⬚

Actes créateurs de droits dont le maintien est subordonné au respect d'une condition qui n'est plus remplie. Les dispositions des art. L. 593-1, L. 593-7, L. 593-8, L. 593-23 et L. 596-6 du C. envir. permettant à l'autorité administrative investie du pouvoir de police des installations nucléaires de base de vérifier si les conditions légales permettant le fonctionnement de l'installation sont toujours remplies autorisent celle-ci, si les conditions ne sont plus remplies, à modifier l'autorisation de l'installation nucléaire de base en cause pour fixer les dispositions ou obligations complémentaires que requiert la protection des intérêts mentionnés à l'art. L. 593-1 du C. envir. et, lorsque ces modifications ne sont pas de nature à prévenir ou à limiter de manière suffisante les risques graves qu'elle présente pour ces même intérêts, à abroger l'autorisation. ● CE 11 avr. 2019, *Assoc. Greenpeace France et a.,* n° 413548. L'administration peut abroger ou mettre fin aux effets de l'attestation mentionnée au *a)* du 4° du 4 de l'art. 261 CGI pour l'avenir, au-delà du délai de 4 mois de l'art. L. 242-1 CRPA, dès lors que l'activité exercée par l'organisme n'entre pas dans le champ de la formation professionnelle continue. ● CE 10 mars 2020, *Sté Institut français de kinésiologie appliquée,* n° 437592 A. Placement en congé de longue maladie ou de longue durée d'un agent maintenu en activité lorsque la condition d'aptitude physique requise par l'art. 1-1 de la L. du 13 sept. 1984 n'est plus satisfaite. Une telle décision peut dès lors, le cas échéant, être retirée dans un délai de quatre mois lorsque cette condition n'est pas remplie dès le début de la période de prolongation d'activité. ● CE 20 sept. 2019, *M. S.,* n° 423639 B. Subvention versée par l'Agence nationale de l'habitat. Possibilité, eu égard à l'importance et à la gravité des irrégularités relevées de retirer la totalité de la subvention alors même que les erreurs ne portent que sur une partie seulement des factures produites pour justifier de la réalisation des travaux et de leur conformité avec les caractéristiques du projet au vu duquel la subvention a été octroyée ● CE 25 mai 2018, *Sté civile immobilière (SCI) Marphi,* n° 412502 B. Attestation mentionnée au *a* du 4° de l'art. 261 du CGI reconnaissant que le titulaire remplit les conditions fixées pour exercer son activité dans le cadre de la formation professionnelle continue et ouvrant droit au bénéfice de l'exonération de taxe sur la valeur ajoutée (TVA) ne pouvant, une fois passé le délai de 4 mois, qu'être abrogée pour l'avenir si l'une des conditions auxquelles elle est subordonnée n'est plus remplie. ● CE 10 mars 2020, *Sté Institut français de kinésiologie appliquée,* n° 437592 B.

SECTION II ABROGATION ET RETRAIT SUR DEMANDE DU BÉNÉFICIAIRE

⬚Art. L. 242-3⬚ Sur demande du bénéficiaire de la décision, l'administration est tenue de procéder, selon le cas, à l'abrogation ou au retrait d'une décision créatrice de droits si elle est illégale et si l'abrogation ou le retrait peut intervenir dans le délai de quatre mois suivant l'édiction de la décision.
⬚⬚

> *Entrée en vigueur différée.* Les dispositions de l'art. L. 243-3 du CRPA, dont le II de l'art. 9 de l'ord. du 23 oct. 2015 relative aux dispositions législatives du code des relations entre le public et l'administration prévoit qu'elles sont applicables au retrait des actes administratifs unilatéraux qui sont intervenus à compter du 1er juin 2016, ne peuvent être utilement invoquées à l'encontre des décisions attaquées, prises avant cette date. • CE 31 mars 2017, *Sté Air Corsica et a.,* n° 398091: *inédit.*

⬚⬚⬚Art. L. 242-4⬚ Sur demande du bénéficiaire de la décision, l'administration peut, selon le cas et sans condition de délai, abroger ou retirer une décision créatrice de droits, même légale, si son retrait ou son abrogation n'est pas susceptible de porter atteinte aux droits des tiers et s'il s'agit de la remplacer par une décision plus favorable au bénéficiaire.

SECTION III ABROGATION ET RETRAIT DANS LE CADRE D'UN RECOURS ADMINISTRATIF PRÉALABLE OBLIGATOIRE

⬚⬚⬚Art. L. 242-5⬚ Lorsque le recours contentieux à l'encontre d'une décision créatrice de droits est subordonné à l'exercice préalable d'un recours administratif et qu'un tel recours a été régulièrement présenté, le retrait ou l'abrogation, selon le cas, de la décision est possible jusqu'à l'expiration du délai imparti à l'administration pour se prononcer sur le recours administratif préalable obligatoire.

CHAPITRE III LES ACTES RÉGLEMENTAIRES ET LES ACTES NON RÉGLEMENTAIRES NON CRÉATEURS DE DROITS

(Ord. n° 2015-1341 du 23 oct. 2015, en vigueur le 1er juin 2016)

SECTION PREMIÈRE ABROGATION

⸮⸮
⸮Art. L. 243-1⸮ Un acte réglementaire ou un acte non réglementaire non créateur de droits peut, pour tout motif et sans condition de délai, être modifié ou abrogé sous réserve, le cas échéant, de l'édiction de mesures transitoires dans les conditions prévues à l'article L. 221-6.

⸮⸮⸮Art. L. 243-2⸮ L'administration est tenue d'abroger expressément un acte réglementaire illégal ou dépourvu d'objet, que cette situation existe depuis son édiction ou qu'elle résulte de circonstances de droit ou de fait postérieures, sauf à ce que l'illégalité ait cessé.
⸮L'administration est tenue d'abroger expressément un acte non réglementaire non créateur de droits devenu illégal ou sans objet en raison de circonstances de droit ou de fait postérieures à son édiction, sauf à ce que l'illégalité ait cessé.
⸮⸮

Jurisprudence rendue y compris avant l'entrée en vigueur du code des relations entre le public et l'administration.
1. Autorité compétente. En principe, l'autorité administrative compétente pour modifier, abroger ou retirer un acte administratif est celle qui, à la date de la modification, de l'abrogation ou du retrait, est compétente pour prendre cet acte et, le cas échéant, s'il s'agit d'un acte individuel, son supérieur hiérarchique.
● CE , sect., 30 sept. 2005, *Ilouane,* n° 280605: *Lebon.* Solution confirmée depuis l'entrée en vigueur du CRPA. ● CE 5 juill. 2008, *M. S et M. K,* n° 407075: *inédit.*

2. Non-lieu devant le juge de l'excès de pouvoir saisi de la contestation du refus d'abroger. Abrogation en cours d'instance. L'abrogation de l'acte en cours d'instance rend sans objet la requête tendant à l'annulation du refus de son abrogation. ● CE 27 juill. 2001, *Coopérative de consommation des adhérents de la mutuelle assurance des instituteurs de France (CAMIF): Lebon.* Il en est de même s'agissant d'un acte qui a cessé de plein droit d'être applicable en cours d'instance. ● CE 11 janv. 2006, *Mme veuve Lellouche*, n° 274282 B. Il en va différemment lorsque l'autorité administrative reprend, dans un nouveau règlement, les dispositions qu'elle abroge, sans les modifier ou en ne leur apportant que des modifications de pure forme. ● CE , sect., 5 oct. 2007, *Ordre des avocats au barreau d'Évreux*, n° 282321: *Lebon*.

3. Acte qui cesse d'être applicable avant que le juge statue sur le refus d'abroger. ● CE 2 mars 2020, *M. H. et a.*, n° 422651 B.

4. Intérêt à agir pour contester un refus d'abroger un règlement illégal. L'intérêt pour agir à l'encontre d'un refus d'abrogation s'apprécie en fonction de l'intérêt pour agir à l'encontre de l'acte visé par la demande d'abrogation, et non eu égard à la portée du refus.● CE , ass., 20 déc. 1995, *Mme Vedel et Jannot*, n°s 132183 et 142913: *Lebon 440, concl. J.-M. Delarue; RFDA 1996. 313, chron. Stahl et Chauvaux; AJDA 1996. 124.*

5. Examen de la légalité de l'acte devant le juge. Moyens inopérants (jurisprudence postérieure à l'entrée en vigueur du CRPA). Si, dans le cadre d'un recours pour excès de pouvoir dirigé contre la décision refusant d'abroger un acte réglementaire, la légalité des règles fixées par celui-ci, la compétence de son auteur et l'existence d'un détournement de pouvoir peuvent être utilement critiquées, il n'en va pas de même des conditions d'édiction de cet acte, les vices de forme et de procédure dont il serait entaché ne pouvant utilement être invoqués que dans le cadre du recours pour excès de pouvoir dirigé contre l'acte réglementaire lui-même et introduit avant l'expiration du délai de recours contentieux. ● CE , ass., 15 mai 2018, Féd. des finances et affaires économiques de la CFDT, n° 414583: Lebon.

6. Examen de la légalité de l'acte devant le juge. Règles opposables. La légalité du refus d'abroger un acte réglementaire s'apprécie au regard des règles applicables à la date à laquelle le juge statue. ● CE , ass., 19 juill. 2019, *Assoc. des Américains accidentels*, n°s 424216 A et 424217 A. Application y compris s'agissant des règles de compétences. Un changement des règles relatives à la détermination de l'autorité compétente pour édicter un acte réglementaire a pour effet de faire cesser l'illégalité dont était entaché un règlement édicté par une autorité incompétente dans le cas où ce changement a conduit, à la date à laquelle le juge statue, à investir cette autorité de la compétence pour ce faire. ● Même décision.

7. Abrogation des décisions non réglementaires non créatrices de droits. L'abrogation d'un refus de séjour peut être sollicitée par un étranger en situation irrégulière sur le territoire en cas de modification dans les circonstances de fait ou dans la réglementation applicable.● CE 5 mai 2010, *Boukhelfiouene,* n° 316140: *Lebon.* Il appartient au gouvernement de procéder, soit de sa propre initiative, soit à la demande de tout intéressé, au remodelage des circonscriptions cantonales d'un département lorsque, à la suite de changements dans les circonstances de droit ou de fait postérieurs à la précédente délimitation, et notamment de l'évolution démographique, le maintien inchangé des circonscriptions existantes est contraire au principe d'égalité des citoyens devant le suffrage. ● CE 6 janv. 1999, *Lavaurs,* n° 178608: *Lebon.* L'autorité administrative est tenue d'abroger une décision de suspension d'un professeur d'université prise sur le fondement de l'art. L. 951-4 du C. éduc. si des éléments nouveaux sont portés à sa connaissance et font apparaître que la condition tenant à la vraisemblance des faits à l'origine de la mesure n'est plus satisfaite. ● CE 18 juill. 2018, n° 418844: *Lebon.*

SECTION II RETRAIT

⬚⬚
⬚Art. L. 243-3⬚ L'administration ne peut retirer un acte réglementaire ou un acte non réglementaire non créateur de droits que s'il est illégal et si le retrait intervient dans le délai de quatre mois suivant son édiction.
⬚⬚

Jurisprudence postérieure à l'entrée en vigueur du code.
Effet de l'annulation du retrait. Lorsqu'une décision créatrice de droits est retirée et que ce retrait est annulé, la décision initiale est rétablie à compter de la date de lecture de la décision juridictionnelle prononçant cette annulation. ● CE 26 juill. 2018, *M. Beaumont,* n° 419204: *Lebon.*

⬚⬚
⬚Art. L. 243-4⬚ Par dérogation à l'article L. 243-3, une mesure à caractère de sanction infligée par l'administration peut toujours être retirée.

LIVRE TROISIÈME L'ACCÈS AUX DOCUMENTS ADMINISTRATIFS ET LA RÉUTILISATION DES INFORMATIONS PUBLIQUES

(Ord. n° 2015-1341 du 23 oct. 2015, en vigueur le 1er janv. 2016;
Décr. n° 2015-1342 du 23 oct. 2015, en vigueur le 1er janv. 2016)

⊞⊞⊞Art. L. 300-1⊞ Le droit de toute personne à l'information est précisé et garanti par les dispositions des titres Ier, III et IV du présent livre en ce qui concerne la liberté d'accès aux documents administratifs. — *[L. n° 78-753 du 17 juill. 1978, art. 1er.]*

⊞⊞

1. *Situation antérieure à la loi du 17 juillet 1978.* Il n'existait pas de principe général consacrant un droit d'accès aux documents administratifs, sauf exceptions ouvertes par des textes particuliers. Ainsi, ni l'art. 10 de l'Ord. du 4 févr. 1959 relative au statut général des fonctionnaires, ni l'art. 378 C. pén., ni le Décr. du 19 nov. 1970 relatif à la communication au public des documents des Archives nationales n'interdisaient au garde des Sceaux de communiquer à un agent les pièces de son dossier concernant le fonctionnement administratif du service public de l'éducation surveillée, sous réserve, le cas échéant, qu'en aient été éliminées les mentions relatives à des faits confidentiels intéressant des tiers. ● CE 24 juill. 1981, *Cadon*, n° 24873: *Lebon 326.* Mais aucune disposition législative ou réglementaire n'obligeait non plus le garde des Sceaux à procéder à cette communication. Il lui appartenait dans ces conditions d'apprécier s'il y avait lieu de faire droit à la demande. ● Même décision. Le juge de l'excès de pouvoir exerçait un contrôle restreint sur la décision de refus de communication. ● Même décision.

2. Portée de la loi du 17 juillet 1978 et maintien en vigueur de procédures spécifiques. La loi a pour objet de faciliter de manière générale l'accès des personnes qui le demandent aux documents administratifs et non de modifier des règles particulières qui régissent des procédures spécifiques. • CE 27 janv. 1982, *Pelletier,* n° 29738: *Lebon 36* • 7 oct. 1983, *Poisson,* n° 39000: *Lebon 399* • 23 oct. 1985, *Chassarat et Bédrignans,* n° 33598 B. Ainsi, les dispositions de cette loi ne modifient pas les règles particulières prévues par le code de la route qui organisent, pour des mesures de suspension de permis de conduire, une procédure spécifique d'accès aux dossiers relatifs à ces mesures. • CE 9 sept. 1996, *Bérard,* n° 132426 B. De même, ce texte n'a pas pour objet de modifier les règles particulières qui régissent la procédure d'enquête préalable à une déclaration d'utilité publique. • CE 21 févr. 1997, *Cne de Chaponnay,* n° 105900. ... Ni celles relatives à l'accès aux dossiers des agents publics durant la procédure disciplinaire. • CE 27 janv. 1982, *Pelletier,* n° 29738: *préc.* ... Ni celles régissant la procédure d'autorisation de licenciement des salariés protégés. • CE 23 oct. 1985, *Chassarat et Bedrignans,* n° 33598: *préc.* ... Ni les règles d'accès à la liste des objets mobiliers classés au titre des monuments historiques et aux dossiers s'y rapportant. • 7 sept. 2000, *Min. Culture et Communication,* n° 2000-2561: *10e rapp. 43 et 115.*

3. On ne peut reprocher à un ministre d'avoir rejeté un recours gracieux sans avoir donné suite à une demande de communication. • CE 23 oct. 1985, *Chassarat et Bédrignans,* n° 33598: *préc. note 2.* ... Ni invoquer la violation de la présente loi pour soutenir l'irrégularité d'une enquête publique. • CE 7 oct. 1983, *Poisson,* n° 39000: *préc. note 2.* ... Ou contester une mesure disciplinaire. • CE 27 janv. 1982, *Pelletier,* n° 29738: *préc. note 2.* Un ministre ne saurait par voie contractuelle se libérer des obligations de communiquer résultant de la loi. • 9 mai 1984, *Golab,* n° 120222: *4e rapp. 414.*

4. La loi du 17 juill. 1978 ne permet pas de répondre en tous points aux obligations posées par la directive 90/313/CEE du Conseil du 7 juin 1990 concernant la liberté d'accès à l'information en matière d'environnement en ce qu'elle ne reprend pas certaines dispositions de la directive. • CJCE 26 juin 2003, *Commission c/ France,* C-233/00: *AJDA 2003. 2151, chron. Bélorgey, Gervasoni et Lambert; ibid. 2004. 543, note Delaunay.*

5. Si les dispositions de l'art. 3 de la loi n° 77-808 du 19 juill. 1977 instaurent un régime particulier de consultation sur place de la notice d'un sondage, la communication d'une notice de sondage, qui constitue un document administratif au sens de la loi du 17 juill. 1978, tout comme celle des documents sur la base desquels ce sondage a été publié ou diffusé, lorsqu'ils sont en possession de la commission des sondages, est régie par les dispositions de la loi du 17 juill. 1978. ● CE 8 févr. 2012, *Mélenchon,* n° 353357: *Lebon 31.* L'institution, par la loi n° 2002-93 du 22 janv. 2002, d'une procédure d'accès à la connaissance des origines personnelles faisant intervenir le Conseil national pour l'accès aux origines personnelles ne fait pas obstacle à ce qu'un pupille de l'État forme, sur le fondement de la loi du 17 juill. 1978, une demande de communication de son dossier de pupille auprès du département qui le détient. ● CE , réf., 25 oct. 2007, *Mme Y,* n° 310125 B.

6. La CADA estime que la communication de renseignements donnés à l'administration fiscale française par l'administration luxembourgeoise dans le cadre de l'assistance administrative prévue par les stipulations de l'art. 22 de la Convention franco-luxembourgeoise du 1er avr. 1958, en vertu desquelles «tout renseignement échangé de cette manière doit être tenu secret et ne peut être révélé qu'aux personnes qui s'occupent de la perception des impôts auxquels se rapporte la Convention», ne relève que des stipulations de cette convention et échappe ainsi à la loi du 17 juill. 1978. ● 19 mars 2015, *DGFiP,* n° 20150244. La communication des documents émanant des institutions de l'Union européenne (UE) ne relève que du règlement (CE) n° 1049/2001 du 30 mai 2001 du Parlement européen et du Conseil, même, en vertu de l'art. 5 de ce règlement, lorsqu'ils sont demandés à une administration d'un État membre qui les détient. Incompétence par suite de la CADA. ● 18 déc. 2014, *Économat des Armées,* n° 20143434. En revanche, les documents relatifs à l'attribution d'une subvention au titre des fonds structurels européens, qui n'émanent pas des institutions de l'UE mais sont produits ou reçus par les services de l'État dans le cadre de leur mission de service public de gestion des fonds européens, relèvent de la loi du 17 juill. 1978. ● 18 déc. 2014, *Conseil régional de La Réunion,* n° 20142839 ● 18 déc. 2014, *Préfecture des Vosges,* n° 20142783.

7. Ne relève pas des modalités d'application de l'art. 6 de la Const., ni par conséquent de la loi organique, la détermination du régime de communication des documents produits ou reçus par la Commission nationale des comptes de campagne et des financements politiques dans le cadre de sa mission de contrôle des comptes des candidats à l'élection présidentielle. La communication de ces documents, qui présentent un caractère administratif, est régie, en l'absence de disposition législative particulière, par la loi du 17 juill. 1978. ● CE , ass., 27 mars 2015, *Commission nat. des comptes de campagne et des financements politiques (CNCCFP),* n° 382083: *Lebon 128.*

8. La communication, au donneur d'ordre débiteur solidaire des impositions, cotisations sociales et majorations dues par son cocontractant ayant eu recours à du travail dissimulé, des documents mentionnés dans l'avis de mise en recouvrement et de tout document utile à la contestation de la régularité de la procédure, du bien-fondé et de l'exigibilité de ces sommes, vise à garantir à l'intéressé la possibilité d'un recours juridictionnel effectif, dans le respect de la réserve d'interprétation émise par le Cons. const. dans sa décision n° 2015-479 QPC du 31 juill. 2015, et a donc un objet distinct de celui du droit d'accès aux documents administratifs prévu par le livre III du présent code. Dès lors, les règles et conditions prévues par le code ne s'appliquent pas à cette communication, à laquelle l'administration est tenue de faire droit, sans pouvoir notamment exiger le paiement de frais. ● CE , avis, 6 juin 2018, *Sté BT Zimat*, n° 418863: *Lebon.*

9. *Valeur reconnue au droit d'accès.* Le droit d'accès aux documents administratifs constitue une garantie fondamentale accordée aux citoyens pour l'exercice des libertés publiques au sens de l'art. 34 de la Constitution. ● CE 29 avr. 2002, *Ullmann,* n° 228830: *Lebon 156; Dr. adm. 2002. Comm. 100; AJDA 2002. 691, note Raimbault; RFDA 2003. 135, concl. Piveteau* ● 13 déc. 2002, *Ullmann,* n° 237203. Si l'art. 10 de la Conv. EDH n'accorde pas un droit d'accès à toutes les informations détenues par une autorité publique et n'oblige pas l'État à les communiquer, il peut résulter de ces dispositions un droit d'accès à des informations détenues par une autorité publique lorsque l'accès à ces informations est déterminant pour l'exercice du droit à la liberté d'expression. Appréciation en fonction de la nature des informations demandées, de leur disponibilité, du but poursuivi par le demandeur et de son rôle dans la réception et la communication au public d'informations. ● CE 3 juin 2020, *Assoc. pouvoir citoyen et a.,* n° 421615 B. Lorsque l'accès à des informations est déterminant pour l'exercice du droit à la liberté d'expression, le refus de fournir ces informations constitue une ingérence dans l'exercice du droit à la liberté d'expression qui, pour être justifiée, doit être prévue par la loi, poursuivre un des buts légitimes mentionnés au point 2 de l'art. 10 de la Conv. EDH et être strictement nécessaire et proportionnée. ● Même arrêt. Conventionalité du refus de communication, opposé à un journaliste, d'une base de données relative à la sécurité du système ferroviaire national, fondé sur la sécurité des personnes et la sécurité publique. ● CE 11 juill. 2008, *SA d'exploitation de l'hebdomadaire «Le Point»,* n° 304752: *RFDA 2008. 1087.* Conventionalité, pour ce qui concerne les dispositifs qui n'ont pas été mis sur le marché, du refus de communiquer à un journaliste les noms des dispositifs médicaux faisant l'objet d'une demande de marquage "CE" et de leur fabricant, du fait notamment que les risques que représenteraient pour la santé publique des dispositifs médicaux défaillants restent théoriques tant que ceux-ci n'ont pas été mis sur le marché. ● CE 8 avr. 2022, *Sté Editrice du Monde,* n° 447701 B. Pour le cadre jurisprudentiel, V. ● CEDH , gr. ch., 8 nov. 2016, *Magyar Helsinki Bizottsag c/ Hongrie,* n° 18030/11.

⬚

⟦⟧Art. L. 300-2⟦⟧ Sont considérés comme documents administratifs, au sens des titres Ier, III et IV du présent livre, quels que soient leur date, leur lieu de conservation, leur forme et leur support, les documents produits ou reçus, dans le cadre de leur mission de service public, par l'État, les collectivités territoriales ainsi que par les autres personnes de droit public ou les personnes de droit privé chargées d'une telle mission. Constituent de tels documents notamment les dossiers, rapports, études, comptes rendus, procès-verbaux, statistiques, instructions, circulaires, notes et réponses ministérielles, correspondances, avis, prévisions *(L. n° 2016-1321 du 7 oct. 2016, art. 2-I)* «, codes sources» et décisions.

⟦⟧Les actes et documents produits ou reçus par les assemblées parlementaires sont régis par l'ordonnance n° 58-1100 du 17 novembre 1958 relative au fonctionnement des assemblées parlementaires. — *[L. n° 78-753 du 17 juill. 1978, art. 1er, al. 2 et al. 3.]*

⟦⟧⟦⟧

Plan des annotations

I. DOCUMENTS PRÉSENTANT LE CARACTÈRE DE DOCUMENTS ADMINISTRATIFSn^{os} 1 à 19
A. CHAMP DES PERSONNES PUBLIQUES CONCERNÉESn^{os} 1 et 2
B. ORGANISMES PRIVÉS CHARGÉS D'UNE MISSION DE SERVICE PUBLICn^{os} 3 à 7
C. DOCUMENTS EN LIEN AVEC LA MISSION DE SERVICE PUBLIC DE LA PERSONNE PUBLIQUE OU PRIVÉEn^{os} 8 à 16
D. CARACTÈRE INDIFFÉRENT DU SUPPORTn^{os} 17 à 19
II. DOCUMENTS NE PRÉSENTANT PAS LE CARACTÈRE DE DOCUMENTS ADMINISTRATIFSn^{os} 20 à 33
A. DOCUMENTS PRIVÉSn^{os} 20 à 22
B. DOCUMENTS JURIDICTIONNELS ET JUDICIAIRESn^{os} 23 à 29
C. DOCUMENTS PARLEMENTAIRESn^{os} 30 à 33
I. DOCUMENTS PRÉSENTANT LE CARACTÈRE DE DOCUMENTS ADMINISTRATIFS
A. CHAMP DES PERSONNES PUBLIQUES CONCERNÉES

1. Outre l'État et les collectivités territoriales et leurs groupements, sont concernées les autorités administratives indépendantes, comme la Commission des opérations de bourse. • CE 20 mars 1992, *David,* n° 117750: *Lebon 127.* ... Ou la commission de contrôle des mutuelles et des institutions de prévoyance. • CE 20 avr. 2005, *Comité d'information et de défense des sociétaires de la mutuelle retraite de la fonction publique,* n° 265308 • 27 févr. 2006, *Comité d'information et de défense des sociétaires de la mutuelle retraite de la fonction publique,* n° 265308. ... Ou encore la Commission nationale de l'informatique et des libertés. • CE , sect., 8 oct. 1993, *Hudin,* n° 110829: *Lebon 262; AJDA 1993. 873* • CE 16 juin 2004, *Assoc. La Défense libre,* n° 247205. *Idem* pour des organismes dépendant de l'État tels que le Conseil supérieur de la prud'homie, dont l'existence est prévue par l'art. L. 511-1-4 C. trav. • CE 13 avr. 1988, *Min. des Affaires sociales et de l'Emploi c/ Féd. nationale des synd. régionaux de fonctionnaires des conseils de prud'hommes,* n° 82236: *Lebon 138.* ... Ou le Conseil supérieur des messageries de presse. • 2 oct. 2014, *Conseil supérieur des messageries de presse,* n° 20143281. Les établissements publics étant concernés, qu'ils aient un caractère administratif ou industriel et commercial, la transformation d'un EPA en EPIC ne fait pas sortir un établissement du champ du droit d'accès. • CE 11 sept. 1995, *Office public d'habitation de la ville de Paris pour les centres communaux d'action sociale,* n° 133383.

2. La Banque de France, personne morale *sui generis*, entre dans le champ d'application de la loi du 17 juill. 1978. • CE , sect., 23 déc. 1988, *Banque de France c/ Huberschwiller,* n° 95310: *Lebon 464.*

B. ORGANISMES PRIVÉS CHARGÉS D'UNE MISSION DE SERVICE PUBLIC

3. La nature d'un document administratif devant être appréciée à la date à laquelle il a été élaboré, il convient d'examiner la mission de service public dont était chargée à cette époque l'autorité à laquelle il est demandé. • 6 janv. 2011, *Directeur général d'Air France,* n° 20104661: *Rapp. 2011, p. 15.*

4. Jurisprudence antérieure à l'arrêt APREI du 2 févr. 2007. Eu égard à la mission d'intérêt général qui leur est dévolue, les ASSEDIC, organismes de droit privé, doivent être regardés comme chargés de la gestion d'un service public au sens de la loi du 17 juill. 1978. • CE 28 nov. 1997, *Oumaout,* n° 142926 B. Même solution pour une association de parents d'élèves qui est en charge de la gestion d'un lycée français à l'étranger. • CE 27 avr. 2001, *Zembout,* n° 183391. *Idem* pour un établissement de santé privé participant au service public hospitalier qui est un organisme de droit privé chargé de la gestion d'un service public. • CE 10 avr. 2009, *R.,* n° 289794. Ont un caractère administratif les documents se rapportant à l'activité de service public d'une société anonyme coopérative d'habitations à loyer modéré. • CE 31 juill. 1992, *Vatin,* n° 102487 B. L'association «Comité national olympique et sportif français» est un organisme chargé d'une mission de service public administratif au sens de la loi du 17 juill. 1978. • CE 10 janv. 2007, *CNOSF,* n° 280069: *AJDA 2007. 766.* Les sociétés d'aménagement foncier et d'établissement rural (SAFER) sont des organismes chargés, sous le contrôle de l'administration, de la gestion des services publics administratifs en vue de l'amélioration des structures agricoles et entrent, par suite, dans le champ de la loi. • CE 20 nov. 1995, *Borel,* n° 147026 B. En revanche, si l'activité de la délégation locale d'une association de protection des animaux qui assure la gestion d'un refuge-fourrière destiné à recevoir les animaux abandonnés d'une commune présente un caractère d'intérêt général, la seule circonstance que la commune ait participé financièrement à l'activité de l'association n'est pas de nature, lorsque son exercice ne comporte la mise en œuvre d'aucune prérogative de puissance publique, que ses conditions d'organisation et de fonctionnement n'ont fait l'objet ni d'une définition précise ni d'un contrôle effectif de la part de la commune, et que la délégation locale de l'association, qui ne comporte aucun membre du conseil municipal, gère ce service de façon autonome, à faire regarder celle-ci comme chargée par la commune de la gestion d'un service public au sens de la loi du 17 juill. 1978. • CE 26 févr. 2003, *Sté protectrice des animaux,* n° 212943 B: *AJDA 2003. 1488, note Costa.*

5. Une association créée par une commune en vue de coordonner les efforts de toutes les personnes physiques et morales pour l'animation culturelle de la commune, chargée de la gestion des centres de loisirs et des garderies, ateliers et clubs communaux ainsi que de diverses autres missions en matière culturelle et socio-éducative, percevant pour l'exercice de ces missions des aides de la ville qui constituent plus de la moitié de ses recettes et représentent la quasi-totalité des dépenses de la ville dans le domaine culturel et socio-éducatif, bénéficiant également d'aides indirectes sous la forme de mises à disposition gratuite de locaux et de personnel communaux, présidée de droit par le maire et dont le conseil d'administration comporte une majorité de conseillers municipaux, doit être regardée, alors même que l'exercice de ses missions ne comporterait pas la mise en œuvre de prérogatives de puissance publique comme gérant, sous le contrôle de la commune, un service public communal. ● CE 20 juill. 1990, *Ville de Melun et Assoc. Melun-Culture-Loisirs,* n° 69867: *Lebon 220; AJDA 1990. 820, concl. Pochard; D. 1991. 578, note Vlachos; JCP 1991. 21663, note Fatôme. Idem* pour une association dénommée «Office municipal d'aménagement et de gestion», chargée par la commune de l'animation scolaire, des centres et équipements socio-éducatifs et de diverses missions culturelles et éducatives, percevant de la ville des subventions qui constituent une part significative de ses recettes ainsi qu'une aide indirecte sous forme de mise à disposition de locaux, dont le maire exerce la présidence et dont tous les membres de droit sont des conseillers municipaux siégeant en cette qualité, alors même que cette association ne dispose pas de prérogatives de puissance publique. ● CE 22 juill. 1994, *Office municipal d'aménagement et de gestion d'Allauch,* n° 122709 B. Une association chargée de la gestion d'un établissement thermal et d'un hôtel-restaurant appartenant à la commune, dès lors qu'elle perçoit des aides et subventions de la commune, qu'elle est présidée par le maire de la commune et que les conseillers municipaux sont majoritaires au conseil d'administration, gère un service public communal, alors même que l'exercice de ses missions ne comporterait pas la mise en œuvre de prérogatives de puissance publique. ● CE 10 juin 1994, *Lacan et Assoc. des Thermes de la Haute-Vallée de l'Aude,* n° 138241: *Lebon 298.*

6. Critères posés par la jurisprudence APREI du 2 févr. 2007. Indépendamment des cas dans lesquels le législateur a lui-même entendu reconnaître ou, à l'inverse, exclure l'existence d'un service public, une personne privée qui assure une mission d'intérêt général sous le contrôle de l'administration et qui est dotée à cette fin de prérogatives de puissance publique est chargée de l'exécution d'un service public. Même en l'absence de telles prérogatives, une personne privée doit également être regardée, dans le silence de la loi, comme assurant une mission de service public lorsque, eu égard à l'intérêt général de son activité, aux conditions de sa création, de son organisation ou de son fonctionnement, aux obligations qui lui sont imposées ainsi qu'aux mesures prises pour vérifier que les objectifs qui lui sont assignés sont atteints, il apparaît que l'administration a entendu lui confier une telle mission. ● CE , sect., 22 févr. 2007, *Assoc. du personnel relevant des éts pour inadaptés (APREI)*, n° 264541: *Lebon 92; JCP Adm. 2007. 2066, concl. Vérot; JCP 2007. Actu. 116; Dr. adm. 2007. Comm. 64.* Ainsi, l'association «Centre d'études sur l'évaluation de la protection dans le domaine nucléaire», qui a pour objet «l'étude, dans le domaine nucléaire, de l'évaluation, de la protection de l'homme sous ses aspects techniques, biologiques, économiques et sociaux», qui a été créée par Électricité de France, alors établissement public, et par le Commissariat à l'énergie atomique, pour le compte desquels elle est chargée de ces évaluations et dont elle perçoit des subventions, est un organisme privé chargé d'une mission de service public au sens de la loi du 17 juill. 1978. ● CE 25 juill. 2008, *Commissariat à l'énergie atomique,* n° 280163 B: *JCP Adm. 2008. Actu. 757.* Il en va de même pour une société par actions simplifiée, créée par une région et dont cette région est l'unique associée, qui est chargée de réaliser des opérations de capital risque en apportant un soutien financier en fonds propres à des petites et moyennes entreprises. ● 23 mai 2013, *Conseil régional de Poitou-Charentes,* n° 20131892. ... Ou encore, eu égard tant aux missions d'intérêt général qu'elle exerce qu'aux conditions de sa création et de son fonctionnement, de la Banque publique d'investissement France. ● 27 mars 2014, *Banque publique d'investissement France (BPIFrance),* n° 20140621. Si elle n'est pas dotée de prérogatives de puissance publique, une société anonyme d'habitations à loyer modéré constitue toutefois un organisme de droit privé remplissant, eu égard à l'intérêt général de son activité, aux conditions de sa création, de son organisation et de son fonctionnement, aux obligations qui lui sont imposées et aux mesures prises pour vérifier que les objectifs qui lui sont assignés sont atteints, une mission de service public. Les obligations pesant sur une telle société qui se rapportent aux conditions d'habitat des personnes de ressources modestes ou défavorisées relèvent de la mission de service public qui lui est confiée. ● CE 7 juin 2019, *SA HLM Antin Résidences,* n° 422569 B. En revanche, compte tenu des critères dégagés dans la décision *APREI*, une mission d'intérêt général ne suffit pas, à elle seule, à faire regarder une association régionale de promotion des produits alimentaires locaux comme chargée d'une mission de service public au sens de la loi du 17 juill. 1978. ● 7 nov. 2013, *Conseil régional d'Aquitaine,* n° 20134242.

7. Cas particulier: mandataire transparent d'une personne publique. Il résulte de l'art. L. 2422-10 CCP que le mandataire de maîtrise d'ouvrage d'une des personnes mentionnées à l'art. L. 300-2 CRPA, qui agit en son nom et pour son compte, est tenu, en application de l'art. L. 311-1, et tant que sa mission n'est pas achevée, de communiquer aux tiers les documents administratifs qu'il a produits ou reçus dans le cadre de l'exercice de son mandat. • CE 25 mai 2022, *Sté Spie Batignolles Île-de-France,* n° 450003 B.

C. DOCUMENTS EN LIEN AVEC LA MISSION DE SERVICE PUBLIC DE LA PERSONNE PUBLIQUE OU PRIVÉE

8. Doit être considéré comme un document administratif tout document ayant un lien suffisamment direct avec une mission de service public impartie à l'une des personnes visées à l'art. L. 300-2 CRPA, indépendamment des règles de compétence régissant le contentieux des actes en cause. • CE 24 oct. 2019, *Cne de Saint-Pierre-du-Perray,* n° 425546 B (sur un autre point).

9. Documents regardés comme administratifs compte tenu de ce lien: exemples. Sont considérés comme documents administratifs:dans leur ensemble, les les comptes d'un organisme de droit public ou privé chargé de la gestion d'un service public qui retracent les conditions dans lesquelles il exerce ses missions de service public. • CE 6 oct. 2008, *M. Fromentin,* n° 289389: *Lebon 347.* • CE 13 avr. 2021, *Féd. française de karaté et disciplines associées,* n° 435595 B. ... Un document comptable établi par un prestataire extérieur à la demande d'un tel organisme. • Même décision. ... Les mandats de paiement et les pièces annexes détenus pour le compte d'une commune par le trésorier principal de celle-ci. • CE 26 sept. 1986, *Ville de Metz,* n° 54767 B. ... Le compte administratif d'une commune, ainsi que le budget primitif et le budget supplémentaire. • CE 23 oct. 1985, *Leccia,* n° 59154. ... Et de manière générale, les documents relatifs à l'exécution du budget communal. • CE 13 nov. 1992, *Cne de Louviers c/ Laheye,* n° 111439 B. Toutefois, les pièces comptables qui se rapportent aux dépenses d'un organisme de droit privé chargé d'une mission de service public ne constituent des documents administratifs que si et dans la mesure où les opérations qu'elles retracent présentent elles-mêmes un lien suffisamment direct avec la mission de service public. • CE 13 avr. 2021, *Féd. française de karaté et disciplines associées,* n° 435595 B.

10. Sont également considérés comme documents administratifs: la liste des agents d'une commune. ● CE 10 avr. 1991, *Cne de Louviers c/ Mabire-Bex,* n° 112904 B. ... Celle d'un institut médico-éducatif communal. ● CE 8 mars 1995, *Van den Torren,* n° 125185 B. ... Un document relatif aux règles applicables à des personnels de La Poste en partie affectés aux missions de service public. ● CE 17 avr. 2013, *La Poste,* n° 342372 B. ... Une instruction relative aux règles générales et impersonnelles de rémunération de l'encadrement supérieur d'un établissement public industriel et commercial dont il n'était pas soutenu qu'elle aurait en tout ou partie concerné des personnels exclusivement affectés à la poursuite des activités à caractère privé de l'établissement. ● CE 21 avr. 2017, *Régie autonome des transports parisiens,* n° 395952 B. ... Une liste de collectivités territoriales ayant fait l'objet d'une visite d'inspection par un centre de gestion de la fonction publique territoriale. ● CE 30 oct. 1996, *Centre de gestion de la fonction publique territoriale du Nord,* n° 121127 B.

11. Présentent un caractère administratif: des «lettres de rappel» de l'administration fiscale avant notification du premier acte de poursuite. • CE 27 mars 1996, *Min. Économie,* nº 171801. ... Un rapport d'audit détenu par une commune relatif à une société d'économie mixte. • CE 27 mars 1996, *Zakine,* nº 161314. ... Les statistiques issues d'un traitement automatisé reprenant le taux de réussite à l'examen du permis de conduire pour toutes les auto-écoles d'un département. • CE 3 juill. 2002, *Min. Équip., Transports, Logement c/ AFAC,* nº 157402 B: *RFDA 2002. 1025* • 3 juill. 2002, *Min. Équip., Transports, Logement c/ UFC Isère,* nºˢ 151688 et 172972. ... Le compte rendu d'une mission de contrôle effectuée par la Commission nationale de l'informatique et des libertés. • CE , sect., 8 oct. 1993, *Hudin,* nº 110829: *Lebon 262; AJDA 1993. 873, concl. Fratacci; JCP 1994. II. 22266, note Frayssinet.* ... Un procès-verbal de réunion du Conseil supérieur de la prud'homie. • CE 13 avr. 1988, *Min. Affaires sociales et Emploi,* nº 82236: *Lebon 138.* ... Les procès-verbaux et rapports destinés au ministre chargé de l'économie et établis, dans le cadre d'enquêtes administratives diligentées sur le fondement des dispositions de l'art. 46 de l'Ord. du 1ᵉʳ déc. 1986, par des fonctionnaires habilités à cette fin. • CE 1ᵉʳ mars 2004, *Min. Économie, Finances et Industrie c/ Sté civile de moyens «Imagerie médicale du Nivolet»,* nºˢ 247733 et 251338: *Lebon 105.* ... La copie d'un candidat à un examen ou à un concours détenue par l'administration. • CE , ass., 8 avr. 1987, *Min. de la Santé c/ Tête,* nº 45172: *Lebon 143.* ... Les documents détenus par un ordre des avocats qui se rattachent à la mission d'aide juridictionnelle. • 13 nov. 2014, *Ordre des avocats au barreau de Lyon,* nº 20144112. ... Les documents reçus par les conseils régionaux des notaires au titre des avis qu'ils rendent sur la nomination de personnes en qualité de notaires. • CE 10 juill. 2020, *Conseil régional des notaires de la CA de Dijon,* nº 429690 B. ... Un protocole transactionnel conclu par l'administration afin de prévenir ou d'éteindre un litige relevant de la compétence de la juridiction administrative, qui constitue un contrat administratif. • CE 18 mars 2019, *Min. économie et finances c/ A.,* nº 403465: *Lebon.* ... Des documents, détenus par une administration qui n'en est pas l'auteur, relatifs à la vie d'une association chargée d'une mission de service public (comptes annuels, rapports des commissaires aux comptes, procès-verbaux des assemblées générales), qui retracent les conditions dans lesquelles cette association exerce la mission qui lui a été confiée. • CE 25 juill. 2008, *Commissariat à l'énergie atomique,* nº 280163 B. ... L'ensemble des documents adressés à la Commission nationale des comptes de campagne et des financements politiques par les partis et groupements politiques en application de l'art. 11-7 de la L. nº 88-227 du 11 mars 1988, reçus par cette commission dans le cadre de sa mission de contrôle des comptes annuels de ces partis et groupements politiques, telle la convention de prêt entre une banque et un parti politique soumise à une loi étrangère. • CE 13 févr. 2019, *Assoc. Front national,* nº 420467: *Lebon.* ... Un document établi par un prestataire extérieur à la demande d'un des organismes mentionnés à l'art. 1ᵉʳ de la L. du 17 juill. 1978 dans le cadre de l'exercice par cet organisme de ses compétences administratives. • CE 27 mai 2005, *Dpt de l'Essonne,* nºˢ 268564 et 265494:

Lebon 229 ● 27 mai 2005, *Cne d'Yvetot,* n° 265494: *Lebon 226; JCP Adm. 2005. 991, concl. Mitjavile; ibid. 896, obs. Rouault; D. 2005. 2425, note Blanchard; AJDA 2005. 1450, chron. Landais et Lenica.* ... Les consultations délivrées dans le cadre d'une convention d'assistance par un cabinet d'avocats à la demande d'une collectivité territoriale et portant sur l'exercice, par celle-ci, de son activité administrative. ● CE 27 mai 2005, *Dpt de l'Essonne,* n° 268564: *préc.* ● CE 27 mai 2005, *Cne d'Yvetot,* n° 265494: *préc.*

12. Constituent des documents administratifs les pièces détenues par une personne privée chargée d'une mission de service public retraçant les conditions d'exécution de ce service ou se rattachant à son exécution. ● CE 23 nov. 1990, *Caisse de mutualité sociale agricole de Maine-et-Loire c/ Jonchère,* n° 84170 B: *D. 1991. 182, concl. Stirn* ● 20 nov. 1995, *Borel,* n° 147026 B. Il en va ainsi des relevés des parcelles des terres agricoles exploitées par une personne affiliée à une caisse de mutualité sociale agricole, détenus par cette caisse, qui servent au calcul des cotisations sociales acquittées par l'exploitant et se rattachent à l'exécution par la caisse de sa mission de service public. ● CE 23 nov. 1990, *Caisse de mutualité sociale agricole de Maine-et-Loire,* n° 84170: *préc.* ... Des pièces administratives et comptables qui retracent les conditions dans lesquelles les rétrocessions de terres sont opérées par les sociétés d'aménagement foncier et d'établissement rural (SAFER) dans le cadre de la gestion des services publics administratifs en vue de l'amélioration des structures agricoles. ● CE 20 nov. 1995, *Borel,* n° 147026: *préc.* ... Des documents retraçant les conditions dans lesquelles les préemptions sont opérées par les SAFER. ● CE 5 mai 2008, *M. Thiébeaux,* n° 294645: *AJDA 2008. 1735; JCP Adm. 2008, comm. 2182, note Darcy.* ... De l'avis du comité médical paritaire local dans le cadre d'une procédure de déconventionnement d'un médecin par une caisse primaire d'assurance maladie.● CE 30 juill. 1997, *CPAM de Nancy,* n° 124254 B. ... Des actes produits ou reçus par une société concessionnaire pour assurer l'entretien des autoroutes qui lui sont concédées, à l'instar des pièces des marchés d'entretien de ces autoroutes. ● 24 oct. 2013, *Autoroutes Paris-Rhin-Rhône,* n° 20132924. Parmi les documents détenus par un organisme privé chargé d'une mission de service public qui exerce également une activité privée, seuls ceux qui présentent un lien suffisamment direct avec la mission de service public peuvent être regardés comme des documents administratifs au sens de l'art. 1er de la L. du 17 juill. 1978. ● CE 17 avr. 2013, *La Poste,* n° 342372 B ● CE 7 juin 2019, *SA HLM Antin Résidences,* n° 422569 B. Des documents portant sur la recherche de la présence d'amiante et les mesures de contrôle et de réduction d'exposition à l'amiante effectuées par une société d'HLM présentent un lien suffisamment direct avec sa mission de service public et sont, par suite, communicables, sous la seule réserve de l'occultation des mentions nominatives concernant les personnes occupant des logements. ● Même décision.

13. Constituent des documents administratifs la convention et le protocole financier passés entre La Poste et une filiale, qui sont relatifs à l'exercice d'une mission de service public confiée à un organisme de droit privé, alors même qu'ils ne contiennent pas de clause exorbitante de droit commun. • CE 3 févr. 1992, *Min. Postes, Télécommunications, Espace,* n° 120579: *Lebon 49; Dr. adm. 1992, n° 116. Idem* pour la convention «Palulos II» conclue entre l'État et un office public d'HLM et les documents budgétaires et financiers relatifs à la réhabilitation d'un immeuble HLM. • CE 30 juin 1989, *OPHLM de la ville de Paris,* n° 83477 B. ... Ou encore pour les pièces d'un dossier de marché public passé entre une entreprise privée et une personne publique mandataire d'une personne privée, dès lors que les finalités assignées à l'intervention de cette personne publique dans le cadre de ce mandat se rattachent à ses missions de service public. • 19 juin 2014, *Conseil régional du Nord-Pas-de-Calais,* n° 20141784.

14. Sont en règle générale des documents administratifs les pièces constituant un dossier administratif, telles que factures, devis, contrats, registres, enquêtes. Ainsi les pièces devant normalement figurer au dossier administratif relatif à une demande d'obtention du titre d'agrégé en architecture, auquel elles s'intègrent, présentent de ce fait un caractère administratif. • CE 3 juin 1987, *Min. de l'Urbanisme, du Logement et des Transports c/ Durand,* n° 65457: *Lebon 190.* ... Pour un dossier de marché public. • 7 sept. 1995, *Prés. du conseil régional d'Île-de-France,* n° 19952401. ... Pour un dossier de permis de construire. • 14 avr. 2005, *Maire de Fleury-sur-Orne,* n° 20050899 • 29 juin 2006, *Maire de Soulac-sur-Mer,* n° 20062797

15. Documents ne constituant pas des documents administratifs faute d'un tel lien: exemples. Les documents relatifs à l'élection d'un organe délibérant d'une fédération sportive, qui a le statut d'une association à but non lucratif régie par la loi du 1er juill. 1901, relèvent du fonctionnement interne de celle-ci et ne sont pas des documents administratifs, faute d'un lien suffisamment direct avec la mission de service public impartie à la fédération. • CE 24 avr. 2014, *Mme L.,* n° 338649 B. Les pièces qui se rapportent aux relations contractuelles de droit privé qu'entretiennent les offices publics de l'habitat avec les locataires des logements qu'ils gèrent n'entrent pas dans le champ de la loi du 17 juill. 1978. • 28 mars 2013, *OPH de la Creuse,* n° 20131125. Si, eu égard à ses modalités d'organisation et de fonctionnement, l'Organisme professionnel de prévention du bâtiment et des travaux publics (OPPBTP) est chargé de la gestion d'un service public, les documents relatifs aux plus ou moins-values générées par ses prises de participation dans une Sicav ne concernent pas une activité présentant un lien suffisamment direct avec sa mission de service public. • 18 sept. 2014, *OPPBTP,* n° 20142537.

16. Cas particulier: correspondance des élus locaux. Seules les correspondances émises ou reçues, dans le cadre des fonctions exercées au nom de la commune, par le maire, ses adjoints ou les membres du conseil municipal auxquels le maire a délégué une partie de ses fonctions, ont le caractère de documents administratifs au sens de l'art. L. 300-2. N'ont en revanche pas ce caractère les correspondances des élus locaux qui ne peuvent être regardées comme émanant de la commune dès lors qu'elles expriment, notamment, des positions personnelles ou des positions prises dans le cadre du libre exercice de leur mandat électif. • CE 3 juin 2022, *Cne d'Arvillard,* n° 452218 B.

D. CARACTÈRE INDIFFÉRENT DU SUPPORT

17. Les courriers électroniques doivent être regardés comme des documents. • 14 mars 2002, *Directeur général de l'AFSSA,* n° 20020741: *Rapp. 2002, p. 50.* Dès lors qu'ils sont échangés au sein d'un service administratif pour les besoins de ce service, ils sont de nature administrative et soumis au droit d'accès. • Même avis.

18. Constituent des documents administratifs des images de travail tournées par la Société nationale de télévision France 2, dites «rushes», qui se rattachent à la mission de service public dont est chargée la société. • TA Paris, 8 févr. 2007, *Sté Media Ratings,* n° 06-7137: *AJDA 2007. 752, concl. Célérier. Idem* pour l'enregistrement sonore d'une séance du conseil municipal. • 25 août 2005, *Maire de Saint-Jean-de-Védas,* n° 20053313. ... De même s'agissant d'images recueillies lors d'une mission de surveillance de l'Erika. • 21 déc. 2006, *Préfet maritime de l'Atlantique,* n° 20065534. ... Ou encore de clichés radiographiques figurant dans un dossier médical. • 23 janv. 2003, *Directeur de l'hôpital «Le Bocage»,* n° 20030330.

19. Le seul fait qu'un écrit n'ait pas été dactylographié et soit entièrement manuscrit ne fait pas obstacle à sa qualification de «document». • CADA 6 déc. 1990, *Maire de Combourg* • 8 nov. 2001, *Directeur de l'ENA,* n° 20014305.

II. DOCUMENTS NE PRÉSENTANT PAS LE CARACTÈRE DE DOCUMENTS ADMINISTRATIFS

A. DOCUMENTS PRIVÉS

20. Ne sont pas considérés comme documents administratifs les actes notariés et actes d'état civil. • CE 9 févr. 1983, *Bertin,* n° 35292: *Lebon 53* • 13 nov. 2002, *N'Diaye,* n° 232100. ... Ni les actes sous seing privé déposés au rang des minutes d'un notaire. • CE 26 juill. 1991, *Assoc. SOS Défense et Bertin,* n° 74604: *Lebon 948.* ... Ni les statuts d'une SARL établis par acte notarié et enregistrés à la Conservation des hypothèques. • CE 29 juin 2001, *Mariette,* n° 187311.

21. N'ont pas le caractère de documents administratifs les pièces d'un contrat de droit commun entre une caisse de mutualité sociale agricole et l'un de ses agents. • CE 24 janv. 1986, *Vinçot,* n° 44883 B: *Lebon T. 536.* ... Ou les pièces relatives au contrat de droit commun passé entre un organisme privé gestionnaire d'un service public et l'un de ses agents. • CE 27 avr. 2001, *Zembout,* n°s 183391 et 188150. En revanche, les «listes d'emplois repères» assortis des écarts de rémunération correspondants élaborées par La Poste au titre des nouveaux instruments de gestion de carrière pour l'ensemble de ses personnels d'encadrement supérieur, qui sont des documents relatifs aux règles applicables à des personnels dont une partie est affectée à l'organisation, la conduite et la mise en œuvre des missions de service public dont La Poste est chargée, présentent avec ces missions un lien suffisamment direct pour être regardées comme des documents administratifs. • CE 17 avr. 2013, *La Poste,* n° 342372: *Lebon. T. 601-602.*

22. Ne sont pas des documents administratifs les pièces retraçant la gestion d'une succession vacante par le Service des domaines, agissant en qualité de curateur, selon les voies de droit commun du code civil. • CE 16 janv. 1995, *Mme Delannay,* n° 129735 B. ... Ou la police d'assurance souscrite par un comptable public en vue de couvrir sa responsabilité personnelle et pécuniaire envers l'État, qui est un contrat de droit privé. • CE 12 juill. 1995, *M. Cardoni ou Cardozo,* n° 106759 B. Un télégramme téléphoné détenu par les services de La Poste a le caractère d'une correspondance privée et non d'un document administratif. • CE 6 mai 1988, *Chastenet,* n° 44120 B. En revanche, un message entre agents publics à propos de la demande d'un administré ne saurait présenter le caractère d'une correspondance privée. En revanche, un message entre agents publics à propos de la demande d'un administré ne saurait présenter le caractère d'une correspondance privée. • 5 mars 2015, *Préfecture du Nord,* n° 20144863. Ne constituent pas des documents administratifs des fiches de renseignements établies par une société de crédit pour l'exercice de ses activités, même si elles ont été transmises à la CNIL à l'occasion d'un contrôle des fichiers de cette société. • CE sect., 8 oct. 1993, *Hudin,* n° 110829: *Lebon 262; AJDA 1993. 873.*

B. DOCUMENTS JURIDICTIONNELS ET JUDICIAIRES

23. Ne constituent pas des documents administratifs les jugements, ordonnances et arrêts. ● CE 27 juill. 1984, *Assoc. SOS défense,* n° 30590: *Lebon 284.* ... Et d'une façon générale les documents d'ordre juridictionnel ou qui en sont inséparables. ● CE 3 sept. 1997, *François,* n° 173125 B. Des dossiers de demande d'aide judiciaire déposée au bureau d'aide judiciaire institué auprès d'un tribunal de grande instance constituent des pièces de procédure judiciaire et ne sont donc pas des «documents administratifs» au sens du titre I de la loi du 17 juill. 1978. ● CE 5 juin 1991, *Mme Delannay,* n° 102627 B. Les documents, quelle que soit leur nature, qui sont détenus par les juridictions et se rattachent à la fonction de juger dont elles sont investies, n'ont pas le caractère de documents administratifs. ● CE , sect., 7 mai 2010, *Bertin,* n° 303168: *Lebon. 154; AJDA 2010. 1138, chron. Liéber et Botteghi; JCP 2010. 1572, note Chaminade; JCP Adm. 2010, n° 2248, note Darcy; RFDA 2010. 853; Dr. adm. 2010. Comm. 107, note Auby.* Tel est le cas des tableaux mensuels des assesseurs de chambres correctionnelles d'un TGI qui déterminent la composition de la juridiction et se rattachent à la fonction de juger dont le tribunal est investi. ● Même décision. Une transaction conclue par l'État conformément aux dispositions de l'art. 2044 C. civ., qui est destinée à terminer ou à prévenir un litige devant une juridiction, ne peut en principe être regardée comme un document administratif. ● 22 janv. 2015, *Préfecture du Pas-de-Calais,* n° 20144927. N'ont pas le caractère de documents administratifs les plaintes déposées auprès des services de police judiciaire par les victimes d'infractions à la loi pénale, qui constituent la première étape de la procédure pénale et se rattachent, dès lors, à la fonction juridictionnelle, sans qu'ait d'incidence à cet égard le fait que le procureur de la République décide ou non de classer sans suite la procédure. ● CE 5 mars 2018, *Postel-Vinay,* n° 401933.

24. Les documents de travail émanant des services des organes juridictionnels, destinés aux membres des juridictions et concourant à l'instruction des affaires ou à la formation des jugements, tels que la «fiche de connexité» par laquelle le greffe d'un tribunal administratif récapitule les différentes requêtes introduites par un requérant, ne sont pas des documents administratifs. ● CE 28 avr. 1993, *Mme Paire-Ficout,* n° 117480 B. Les mémoires en défense produits par une administration dans des instances intentées devant le tribunal administratif ne constituent pas des documents administratifs. ● Même décision. Les conclusions du commissaire du gouvernement devant les juridictions administratives constituent des actes non détachables de la procédure juridictionnelle qui, au même titre que les jugements, ordonnances et décisions rendus par ces juridictions, n'ont pas le caractère de documents administratifs. ● CE 26 janv. 1990, *Vincent,* n° 104236 B. ● 20 janv. 2005, *Hoffer,* n° 276625 B: *AJDA 2005. 621.* Les rapports particuliers adressés par les procureurs généraux au garde des Sceaux, mentionnés à l'art. 35 C. pr. pén., ne revêtent pas le caractère de documents administratifs. ● CE 31 mars 2017, *Garde des Sceaux, Min. de la Justice c/ M. S.,* n°s 408348, 408354 B.

25. Des documents établis dans le cadre d'une procédure judiciaire n'ont pas le caractère de documents administratifs nonobstant la circonstance qu'ils ont été transmis pour information au préfet. ● CE 25 mars 1994, *Massol,* n° 106696 B. Un rapport d'inspection, établi dans le cadre de la mission administrative de surveillance de l'activité des établissements de crédit dévolue à la commission bancaire, qui sert ensuite de fondement à une sanction prononcée par la commission bancaire dans l'exercice de ses attributions juridictionnelles, n'est pas détachable de la procédure juridictionnelle suivie devant la commission et ne peut par suite être regardé comme un document administratif. ● CE 30 nov. 1994, *Min. de l'Économie, des Finances et du Budget c/ Assoc. de défense des créanciers déposants de la Lebanese Arab Bank,* n° 133540: *Lebon 521.* Un rapport établi par le préfet de police, à la demande du ministre de l'Intérieur, en vue de la présentation par celui-ci d'un mémoire en défense devant le Conseil d'État, n'est pas détachable de cette pièce de procédure juridictionnelle et n'a dès lors pas le caractère d'un document administratif, même si la demande de communication a été formulée après l'intervention de la décision rendue par le Conseil d'État et n'est donc pas susceptible de porter atteinte au déroulement d'une procédure juridictionnelle. ● CE 12 oct. 1994, *Bertin,* n° 123584 B. Les documents relatifs à la procédure devant la commission des infractions fiscales, dont la saisine est un préalable nécessaire à la mise en mouvement de l'action publique, ne sont pas séparables de la procédure pénale suivie devant le juge judiciaire et n'ont pas, par suite, le caractère de documents administratifs. ● CE 26 mai 2010, *Mme F. et Sté Faria,* n° 304621 B. Alors même qu'ils ont été élaborés par des services administratifs en vertu des pouvoirs d'investigation qui leur sont conférés, des procès-verbaux et rapports d'enquête établis en application de l'art. L. 450-2 du C. com. ne constituent pas, dans la mesure où ils constatent des pratiques qui ne sont susceptibles d'être sanctionnées que par une décision juridictionnelle, des documents administratifs. ● CE 19 févr. 2014, *Min. Économie et Finances c/ Sté Speed Rabbit Pizza,* n°s 366707, 366708, 371215 et 371216 B. Les éléments d'information obtenus par perquisition ordonnée par le procureur de la République sur commission rogatoire internationale dans le cadre d'une enquête judiciaire puis transmis par l'autorité judiciaire à l'administration fiscale sur le fondement de l'art. L. 101 LPF constituent des pièces d'une procédure juridictionnelle et n'ont pas le caractère de documents administratifs. ● CE 19 juin 2017, *M. et Mme B.,* n° 396089 B.

26. En revanche, des échanges de courriers sans lien avec la procédure disciplinaire engagée par la commission bancaire sont des documents administratifs détachables de la procédure juridictionnelle. ● CE 2 nov. 2005, *Sté Banque Delubac et cie,* n° 277324: *AJDA 2006. 164.* Des procès-verbaux et rapports établis dans le cadre d'enquêtes administratives ne perdent pas leur caractère de documents administratifs par la seule circonstance qu'ils peuvent, le cas échéant, servir de fondement à des procédures engagées devant les juridictions pénales. ● CE 1er mars 2004, *Min. Économie, Finances et Industrie c/ Sté civile de moyens «Imagerie médicale du Nivolet»,* n°s 247733 et 251338. Ainsi, la seule circonstance que des rapports de la Commission des opérations de bourse ont été transmis au procureur de la République, dans le cadre de l'enquête préliminaire ouverte par ce dernier, n'a pas fait perdre à ces rapports leur caractère de documents administratifs. ● CE 20 mars 1992, *David,* n° 117750: *Lebon 127. Idem* pour un rapport, établi par une commission administrative sur un accident, qui a été transmis à l'autorité judiciaire. ● CE 5 mai 2008, *SA Baudin Châteauneuf,* n° 309518: *JCP Adm. 2008. Comm. 2182, note Darcy; RFDA 2008. 841.* Ni la lettre par laquelle le bâtonnier de l'ordre des avocats intervient, à la demande d'un justiciable, auprès d'un avocat désigné au titre de l'aide juridictionnelle à propos des conditions dans lesquelles il exécute son mandat, ni la réponse de l'avocat à ce courrier, qui ne sont pas des pièces de la procédure juridictionnelle que se propose d'engager le justiciable, ne peuvent être regardées comme des documents «indissociables de cette procédure», qui, comme tels, n'ont pas le caractère d'un document administratif. ● CE 14 mars 2003, *M. Kerangueven,* n° 231661 B.

27. La fiche pénale établie pour chaque détenu par le greffe de l'établissement pénitentiaire présente le caractère d'un document administratif. ● CE 20 avr. 2005, *Garde des Sceaux,* n° 265326: *Lebon 155.*

28. Les décisions que le chef de l'État est appelé à prendre dans l'exercice du droit de grâce, dont dépend l'exécution de peines infligées par des juridictions de l'ordre judiciaire, ne peuvent être regardées comme des actes émanant d'une autorité administrative. ● CE 3 sept. 1997, *F.,* n° 173125 B. La décision du président de la République rejetant un recours en grâce ne constitue donc pas un document administratif au sens de la loi du 17 juill. 1978, dont le champ d'application exclut les documents d'ordre juridictionnel ou qui en sont inséparables. ● Même décision.

29. Une demande tendant, dans le cadre de recherches universitaires, à l'octroi d'une dérogation en vue d'accéder à des documents relatifs à des affaires portées devant une juridiction avant l'expiration du délai de cent ans fixé par l'art. L. 213-2 C. patr., ne peut être regardée comme tendant à l'accès à des documents administratifs. ● CE 24 juill. 2006, *Min. de la Défense c/ Tocze,* n° 269690 B.

C. DOCUMENTS PARLEMENTAIRES

30. La CADA considère que constituent des actes des assemblées parlementaires au sens de l'art. 1er de la loi du 17 juill. 1978 et sont, par suite, exclus du champ du droit d'accès prévu par ces dispositions: les feuilles de notation annuelle d'un agent de l'Assemblée nationale. ● , 8 févr. 2001, *Président de l'Assemblée nationale,* n° 20010580. ... La copie du résultat d'une enquête administrative. ● 29 avr. 2004, *Président de l'Assemblée nationale,* n° 20041777. ... La copie de courriers adressés par le président de l'Assemblée nationale ou celui du Sénat. ● 30 août 2001, *Directeur général des impôts,* n° 20013074. ... Ou encore les actes relatifs à un marché passé par l'Assemblée nationale. ● 9 oct. 2003, *Président de l'Assemblée nationale,* n° 20034009. Ainsi que les documents relatifs à la constitution et à la répartition de la réserve parlementaire qui émanent des commissions des finances du Parlement ou d'autres membres du Parlement, ou qui leur étaient destinés et leur ont été remis. ● 8 sept. 2011, *Min. de l'Intérieur, de l'Outre-mer, des Collectivités territoriales et de l'Immigration,* n° 20113218. En revanche, les autres documents relatifs à la réserve parlementaire produits ou reçus par l'administration, ou susceptibles d'être obtenus par elle par un traitement automatisé d'usage courant, notamment l'ensemble des notes, correspondances, documents de suivi et pièces comptables relatifs aux opérations administratives de mise en œuvre des décisions d'utilisation de la réserve parlementaire, revêtent le caractère de documents administratifs. ● Même avis. Ainsi, ne constituent pas des actes des assemblées parlementaires: un tableau retraçant les subventions accordées pour des travaux d'intérêt local sur proposition de la commission des finances de l'Assemblée nationale ou du Sénat et imputées au chapitre 67-51 du budget du ministère de l'Intérieur. ● 15 avr. 2004, *Préfète de Tarn-et-Garonne,* n° 20041618. ... Le relevé des subventions versées dans un département au titre des crédits dits de la «réserve parlementaire». ● 9 nov. 2006, *Préfet de l'Oise,* n°s 20062201 et 20064702.

31. La lettre qu'adresse un parlementaire à un préfet n'a pas nécessairement le caractère d'un document parlementaire et peut donc constituer un document administratif. ● CE 30 déc. 1998, *Assoc. de sauvegarde des vallées et de prévention des pollutions,* n° 172761 B. Des documents élaborés sur la base de demandes et d' investigations réalisées auprès des témoins de Jéhovah par la Direction centrale des renseignements généraux (DCRG), collectés par cette direction à l'occasion des travaux de la commission d'enquête parlementaire relative aux sectes en France, ne sauraient, en l'espèce, être regardés comme des documents parlementaires bien qu'ils aient été transmis à l'Assemblée nationale en vue de l'élaboration de son rapport, dès lors d'une part, que la DCRG en est la détentrice, et d'autre part, que ces documents, préparés aux fins de réactualisation des dossiers détenus par l'administration, n'ont pas été recueillis exclusivement pour les travaux de la commission parlementaire. ● CE 3 juill. 2006, *Min. d'État, Min. de l'Intérieur et de l'Aménagement du territoire c/ Féd. chrétienne des témoins de Jéhovah de France,* n° 284296: *Lebon 322.*

32. L'indemnité représentative de frais de mandat étant indissociable du statut des députés, dont les règles particulières résultent de la nature de leurs fonctions, lesquelles se rattachent à l'exercice de la souveraineté nationale par les membres du Parlement, ni les relevés des comptes bancaires consacrés à cette indemnité, ni la déclaration sur l'honneur du bon usage de celle-ci ne constituent des documents administratifs relevant du champ d'application de l'art. L. 300-2 du CRPA. • CE 27 juin 2019, *Assoc. Regards citoyens,* nº 427725: *Lebon.*

33. Le dernier alinéa de l'art. L. 300-2 du CRPA ne fait pas obstacle à ce que le juge administratif soit saisi d'un litige né du refus opposé par un parlementaire à une demande de communication de documents présentée sur le fondement des dispositions des art. L. 300-1 s. du code. Il lui appartient alors d'apprécier si, en raison de la nature du document demandé, cette demande relève ou non du champ d'application de ces dispositions et, si tel n'est pas le cas, de rejeter la demande pour ce motif. Le litige auquel donne lieu le refus opposé par deux députés à une demande, fondée sur l'art. L. 300-2, de communication des documents relatifs à leur indemnité représentative de frais de mandat relève ainsi de la compétence du juge administratif. • 27 juin 2019, *Assoc. Regards citoyens,* nº 427725: *Lebon.*

⬜

⬜⬜**Art. L. 300-3**⬜ *(L. nº 2016-1321 du 7 oct. 2016, art. 10)* Les titres Iᵉʳ, II et IV du présent livre s'appliquent également aux documents relatifs à la gestion du domaine privé de l'État et des collectivités territoriales.

⬜⬜

Solutions antérieures à la loi nº 2016-1321 du 7 oct. 2016

Il avait été jugé que ne constituaient pas des documents administratifs et étaient, par suite, hors champ du droit d'accès institué par la loi du 17 juill. 1978 les pièces relatives à un contrat de location de droit commun passé entre un particulier et une collectivité publique pour un immeuble de son domaine privé. • CE 26 juill. 1985, *Amadou,* n° 35607: *Lebon 243; RFDA 1986. 179* • 19 oct. 1994, *Sect. de cne de Coheix,* n° 147427. De même s'agissant d'un protocole d'accord amiable en vue d'un échange de terrains présentant le caractère d'un acte sous seing privé passé entre la commune et des personnes privées et se rapportant à des terrains faisant partie du domaine privé de la commune. • CE 31 janv. 1996, *Moreau,* n° 161702. Depuis l'entrée en vigueur de l'art. 10 de la L. n° 2016-1321 du 7 oct. 2016 pour une République numérique, qui a créé l'art. L. 300-3 CRPA la loi dispose expressément que la communication des documents relatifs à la gestion du domaine privé de l'État et des collectivités territoriales et la réutilisation des informations publiques qu'ils contiennent sont soumises aux règles posées par le livre III. Une récente décision a précisé qu'avant même l'intervention de cette loi, la qualification de document administratif devant, en vertu de la définition énoncée à l'art. 1er de la L. du 17 juill. 1978 et reprise à l'art. L. 300-2 CRPA, s'opérer au regard du lien que le document entretient avec une mission de service public impartie à l'une des personnes visées par ces dispositions et non des règles de compétence régissant le contentieux des actes en cause, il appartenait au juge, saisi de la question du caractère communicable de documents relatifs à la gestion du domaine privé, de rechercher si ces documents présentent un lien suffisamment direct avec l'exercice d'une mission de service public. • CE 24 oct. 2019, *Cne de Saint-Pierre-du-Perray,* n° 425546 B (sur un autre point). Dès lors que la cession d'un bien appartenant au domaine privé de l'État doit être regardée, pour l'application de ces dispositions, comme un acte de gestion domaniale, les documents relatifs à une procédure de cession par l'État de biens appartenant à son domaine privé relèvent du même régime que les documents administratifs mentionnés à l'art. L. 300-2 CRPA. • CE 14 oct. 2021, *Sté Axxes,* n° 437004 B.

▢▢▢

Art. L. 300-4▢ *(L. n° 2016-1321 du 7 oct. 2016, art. 3-1°)* Toute mise à disposition effectuée sous forme électronique en application du présent livre se fait dans un standard ouvert, aisément réutilisable et exploitable par un système de traitement automatisé.

TITRE PREMIER LE DROIT D'ACCÈS AUX DOCUMENTS ADMINISTRATIFS

(Ord. n° 2015-1341 du 23 oct. 2015, en vigueur le 1ᵉʳ janv. 2016;
Décr. n° 2015-1342 du 23 oct. 2015, en vigueur le 1ᵉʳ janv. 2016)

CHAPITRE PREMIER COMMUNICATION DES DOCUMENTS ADMINISTRATIFS

(Ord. n° 2015-1341 du 23 oct. 2015, en vigueur le 1ᵉʳ janv. 2016;
Décr. n° 2015-1342 du 23 oct. 2015, en vigueur le 1ᵉʳ janv. 2016)

SECTION PREMIÈRE ÉTENDUE DU DROIT À COMMUNICATION

⟦

⟦⟧Art. L. 311-1⟧ Sous réserve des dispositions des articles L. 311-5 et L. 311-6, les administrations mentionnées à l'article L. 300-2 sont tenues *(L. n° 2016-1321 du 7 oct. 2016, art. 3-2°)* «de publier en ligne ou» de communiquer les documents administratifs qu'elles détiennent aux personnes qui en font la demande, dans les conditions prévues par le présent livre. — *[L. n° 78-753 du 17 juill. 1978, art. 1ᵉʳ, al. 2.]*

⟦⟧

1. Généralités. L'affichage des procès-verbaux des délibérations du conseil municipal est entièrement régi par les dispositions des art. L. 2121-25 et R. 2121-11 CGCT et ne relève pas de celles de l'ancien art. 2 de la loi du 17 juill. 1978. ● CE 7 juill. 2010, *Cne de Mailleroncourt-Saint-Pancras,* n° 316668 B: *AJDA 2010.1400; JCP Adm. 2010, n° 2264, comm. Moreau.*

2. En prévoyant, par la loi n° 78-753 du 17 juillet 1978, la communication des documents administratifs, le législateur n'a pas entendu porter atteinte au principe d'indépendance des jurys d'où découle le secret de leurs délibérations et, par suite, permettre la communication tant des documents de leurs délibérations que de ceux élaborés préalablement par les jurys en vue de leurs délibérés. ● CE 17 févr. 2016, *Centre national de la fonction publique territoriale,* n° 371453: *Lebon.*

3. La transposition de l'art. 3, § 3, de la directive 90/313/CEE du Conseil du 7 juin 1990 concernant la liberté d'accès à l'information en matière d'environnement, qui ne fait qu'accorder aux États membres une simple faculté de refuser de faire droit à une demande d'information dans certains cas déterminés et, surtout, ne confère aucun droit concret à des particuliers, pas plus d'ailleurs qu'elle ne leur impose une obligation précise et déterminée, n'exige pas la reprise formelle et textuelle de cette disposition en droit national, mais peut se satisfaire d'un contexte juridique général, dès lors que celui-ci assure effectivement la pleine application de cette directive d'une manière suffisamment claire et précise. En l'absence d'invocation par la Commission de décisions des juridictions françaises qui auraient consacré une interprétation de la loi n° 78-753 non conforme à l'art. 3, § 3, de la directive et dès lors que rien ne permet de considérer que ces juridictions n'interpréteraient pas le droit national à la lumière du texte et de la finalité de cette directive et n'assureraient pas effectivement la pleine application de celle-ci, le grief tiré de l'absence de transposition de l'art. 3, § 3, de la directive 90/313 doit être écarté. ● CJCE 26 juin 2003, *Commission c/ France,* C-233/00: *Rec. p. I 6625; AJDA 2003. 2151, chron. Bélorgey, Gervasoni et Lambert; AJDA 2004. 543, note Delaunay.*

I. «DOCUMENTS ADMINISTRATIFS DÉTENUS» PAR LES AUTORITÉS: DÉFINITION

4. Les autorités mentionnées à l'art. L. 300-2 sont tenues de communiquer tous les documents de nature administrative qu'elles détiennent, même si elles n'en sont pas les auteurs. Tel est par exemple le cas d'un document établi par un prestataire extérieur à la demande d'un des organismes mentionnés à cet article dans le cadre de l'exercice par cet organisme de ses compétences administratives. • CE 27 mai 2005, *Cne d'Yvetot,* n° 268564: *Lebon 226; JCP Adm. 2005. 991, concl. Mitjavile; ibid. 896, obs. Rouault; D. 2005. 2425, note Blanchard; AJDA 2005. 1450, chron. Landais et Lénica.* Ainsi, dès lors qu'une caisse primaire d'assurance maladie est destinataire de l'avis rendu par le comité médical paritaire local dans le cadre d'une procédure de déconventionnement, elle est tenue de communiquer cet avis au médecin qui en fait la demande, alors même qu'elle ne dispose pas d'un pouvoir hiérarchique à l'égard du comité médical. • CE 30 juill. 1997, *CPAM de Nancy,* n° 124254 B. Le mandataire de maîtrise d'ouvrage d'une des personnes mentionnées à l'art. L. 300-2 CRPA, qui agit en son nom et pour son compte, est tenu, en application de l'art. L. 311-1, tant que sa mission n'est pas achevée, de communiquer aux tiers les documents administratifs qu'il a produits ou reçus dans le cadre de l'exercice de son mandat. • CE 25 mai 2022, *Sté Spie Batignolles Île-de-France,* n° 450003 B.

II. NOTION DE DOCUMENT EXISTANT OU POUVANT ÊTRE OBTENU PAR UN TRAITEMENT AUTOMATISÉ D'USAGE COURANT

5. N'est pas communicable un document dont l'existence n'est pas établie. • CE 27 avr. 2001, *Zembout,* n°s 183391 et 188150.

6. Sur l'impossibilité de communiquer des documents perdus ou détruits, V. *infra* annotations ss art. L. 311-2 CRPA, note 24.

7. Les art. L. 311-1 et L. 300-2 n'imposent pas à l'administration d'élaborer un document dont elle ne disposerait pas pour faire droit à une demande de communication. En revanche, constituent des documents administratifs au sens de ces dispositions les documents qui peuvent être établis par extraction des bases de données dont l'administration dispose, si cela ne fait pas peser sur elle une charge de travail déraisonnable. • CE 13 nov. 2020, n° 432832 B. Si la notion de document «pouvant être obtenu par un traitement automatisé d'usage courant» a disparu de l'art. 1er de la L. du 17 juill. 1978 depuis l'ord. n° 2005-650 du 6 juin 2005, la CADA continue d'en faire application. • 13 sept. 2018, *ENA,* n° 20181269.

8. Est communicable un document qui n'existe pas en l'état mais peut être obtenu par un traitement automatisé d'usage courant. Tel est le cas d'un listing des entreprises soumises à la loi relative à l'emploi de travailleurs handicapés, après occultation des noms des personnes physiques salariées. ● 25 mai 2000, *Min. Emploi Solidarité,* n° 2000-2162: *10ᵉ rapp., p. 111.* La notion de traitement informatisé d'usage courant ne peut pas s'appliquer aux cas où les informations sollicitées doivent, pour être extraites d'une base de données informatique, faire l'objet de requêtes informatiques complexes ou d'une succession de requêtes particulières qui diffèrent de l'usage courant pour lequel ce fichier a été créé. ● 10 oct. 2013, *Agence nationale de sécurité du médicament et des produits de santé,* n° 20133264 ● 21 nov. 2013, *Caisse nationale d'assurance maladie des travailleurs salariés (CNAMTS de Paris),* n° 20134348. Un syndicat est recevable à demander communication d'informations nominatives contenues dans un fichier informatique, en l'espèce la liste des agents d'une entreprise publique. ● 29 mai 2000, *France Télécom,* n° 2000-1674: *10ᵉ rapp. 2001. 15.* L'administration peut ainsi être conduite à extraire des données contenues dans des fichiers qu'elle détient afin d'établir le document objet de la demande de communication. ● 25 mai 2000, *Directeur général de France Télécom,* n° 2000-2163: *10ᵉ rapp. 112.* Il en est ainsi de la constitution à partir du fichier des agents d'une liste contenant certaines mentions relatives aux agents, dès lors que ces données figuraient dans le fichier et pouvaient en être facilement extraites. ● 29 mai 2000, *France Télécom,* n° 2000-2163: *préc.* ● 25 mai 2000, *Directeur régional de France Télécom,* n° 2000-2162: *préc.* Si l'administration ne détient pas le tableau nominatif des personnels salariés de la commune avec leur qualification et celle de leur poste de travail, mais peut l'obtenir grâce à un traitement automatisé d'usage courant, elle doit faire droit à la demande de communication. ● TA Marseille, 2 nov. 2011, *M.R.,* n° 1005828. Refus en revanche de communiquer une liste qui n'existe pas et qui ne peut pas être obtenue aisément à partir des fichiers existants. ● Même avis.

III. LES «PERSONNES QUI EN FONT LA DEMANDE»: DÉFINITION

9. Formes de la demande. Aucune disposition législative ou réglementaire du code ne prévoit la forme que doit revêtir une demande d'accès aux documents administratifs. En particulier, aucune disposition de ce code n'impose qu'une telle demande soit faite par écrit. ● CE 11 avr. 2018, *M...,* n° 409590. Toutefois, le maire peut, en sa qualité de chef des services de la commune et sur le fondement de son pouvoir d'organisation du service, définir les modalités des demandes de communication des documents administratifs fondées sur ces dispositions, dans le but de concilier le droit d'accès à ces documents reconnu aux citoyens avec le bon fonctionnement des services placés sous son autorité. En l'espèce, le maire d'une commune n'a, eu égard à la situation de cette dernière, pas commis d'illégalité en édictant un arrêté posant l'exigence que toute demande de communication soit faite par écrit. ● Même décision.

10. Nécessité de la demande de communication du document. Ni la loi du 17 juill. 1978, ni le décr. n° 2005-1755 du 30 déc. 2005 ne permettent à l'administration d'exiger qu'une demande d'accès à un document administratif soit formulée par écrit. V. par ex. • 12 janv. 2012, *Maire d'Oberdorff,* n° 20120001. L'administration n'est pas tenue d'informer la personne intéressée de l'existence d'un document nouveau versé à un dossier en cours d'instruction, ni de lui communiquer d'office le document nouveau. • CE 5 juin 2002, *Berthet,* n° 230533: *Lebon 195; AJDA 2002. 615, concl. Fombeur.*

11. Nécessité d'une demande suffisamment précise. Les documents demandés à une administration sur le fondement de la loi du 17 juill. 1978 doivent être identifiés avec une précision suffisante pour permettre à l'administration de donner suite à la demande. • CE 27 sept. 1985, *Ordre des avocats au barreau de Lyon c/ Bertin,* n° 56543: *Lebon 267; RFDA 1986. 183, concl. Denoix de Saint Marc.*

12. Nécessité d'une demande portant sur un document et non sur un renseignement (en dehors du cas des informations relatives à l'environnement). La demande d'un administré tendant à ce que l'administration lui communique le nom d'une personne ayant réglé des factures d'eau au nom de la copropriété porte sur des renseignements et non sur des documents et ne relève donc pas de la loi du 17 juill. 1978. • CE 30 sept. 1987, *Cie gén. des eaux,* n° 66573 B. Idem pour une demande portant sur le montant de l'avantage en nature déclaré par une chambre des métiers auprès de l'URSSAF au titre des différentes décisions attribuant à un agent de cette chambre un véhicule de fonction. • TA Strasbourg, 3 juill. 2008, Monsieur F.: Rapp. CADA 2008. 39.

13. Application aux personnes morales de droit privé. Un syndicat peut se prévaloir de ces dispositions pour demander communication de documents administratifs. • 29 mai 2000, *France Télécom,* n° 20001-674: *Rapp. 2001. 15.* Idem pour une association. • 27 juill. 2000, *Maire du Rouret,* n° 2000-2718: *10e rapp., p. 25 et 125.* ... Pour une entreprise. V. par ex. • CE 5 mai 2008, *SA Baudin-Châteauneuf,* n° 309518 (sol. impl.).

14. Application aux personnes morales de droit public. La CADA considère que la loi du 17 juill. 1978 garantit au profit des seuls administrés un droit d'accès aux documents administratifs et n'a pas vocation à régir les transmissions des documents entre les «autorités administratives» mentionnées à l'art. 1er de cette loi, lesquelles relèvent, le cas échéant, d'autres textes relatifs à ces autorités et à leur mission. • 26 mai 2005, *Maire d'Embrun,* n° 20051519 • 6 oct. 2011, *Recteur de l'Académie de Bordeaux,* n° 20113895: *Rapp. CADA 2011. 16. Idem,* s'agissant d'une demande de communication adressée à un maire par le président du conseil régional de l'ordre des architectes et qui se rattache à la mission de service public dont cet organisme est investi pour agir en vue du respect des droits et obligations des architectes. • 7 juin 2012, *Maire de Saint-Aubin-des-Bois,* n° 20122058. La commission estime en revanche qu'une autorité administrative peut se prévaloir devant elle des dispositions des art. L. 124-1 à L. 124-8 C. envir. qui, interprétées à la lumière de celles de la directive 2003/4/CE du 28 janv. 2003, dont elles assurent la transposition, garantissent un droit d'accès aux informations relatives à l'environnement à tout «demandeur», défini comme «toute personne physique ou morale» sans exclure aucune autorité administrative, et qui n'excluent donc pas clairement qu'une autorité administrative puisse avoir la qualité de demandeur. • 7 juin 2012, *Maire de Vicdessos,* n° 20122174. Par ailleurs, la CADA considère qu'une personne publique qui présente une demande de communication de documents relatifs à une personne décédée en sa qualité de légataire de cette personne et aux seules fins de la succession ne doit pas être regardée comme une autorité administrative au sens de l'art. 1er et est fondée par suite à se prévaloir de la loi du 17 juillet 1978. • 18 déc. 2014, *DGFiP,* n° 20142234.

15. Faculté pour le demandeur de se faire représenter par un conseil. Aucune disposition législative applicable à la communication des documents administratifs ne subordonne la possibilité pour un avocat de représenter son client à la production d'un mandat écrit de celui-ci. • TA Paris, 17 avr. 2008, *Monsieur G.: Rapp. CADA 2008. 41.*

▢▢▢

Art. L. 311-2 ▢ Le droit à communication ne s'applique qu'à des documents achevés.

▢Le droit à communication ne concerne pas les documents préparatoires à une décision administrative tant qu'elle est en cours d'élaboration. Cependant, les avis, prévus par les textes législatifs ou réglementaires, au vu desquels est prise une décision rendue sur une demande tendant à bénéficier d'une décision individuelle créatrice de droits, sont communicables à l'auteur de cette demande dès leur envoi à l'autorité compétente pour statuer sur la demande. Lorsque les motifs de l'avis n'y figurent pas, ceux-ci doivent être également communiqués au demandeur en cas d'avis défavorable.

▢Par dérogation aux dispositions de l'alinéa précédent, les avis qui se prononcent sur les mérites comparés de deux ou plusieurs demandes dont l'administration a été saisie ne sont pas communicables tant que la décision administrative qu'ils préparent n'a pas été prise.

▨Le droit à communication ne s'exerce plus lorsque les documents font l'objet d'une diffusion publique.

▨Le dépôt aux archives publiques des documents administratifs communicables aux termes du présent chapitre ne fait pas obstacle au droit à communication à tout moment desdits documents.

▨Lorsqu'une administration mentionnée à l'article L. 300-2 est saisie d'une demande de communication portant sur un document administratif qu'elle ne détient pas mais qui est détenu par une autre administration mentionnée au même article, elle la transmet à cette dernière et en avise l'intéressé.

▨Lorsqu'une administration mentionnée à l'article L. 300-2, ou la Commission d'accès aux documents administratifs, est saisie d'une demande de communication d'un document administratif susceptible de relever de plusieurs des régimes d'accès mentionnés aux articles L. 342-1 et L. 342-2, il lui appartient de l'examiner d'office au regard de l'ensemble de ces régimes, à l'exception du régime organisé par l'article L. 213-3 du code du patrimoine.

▨L'administration n'est pas tenue de donner suite aux demandes abusives, en particulier par leur nombre ou leur caractère répétitif ou systématique. — *[L. n° 78-753 du 17 juill. 1978, art. 2, al. 2 à 9.]*

▨▨

I. NOTION DE DOCUMENT INACHEVÉ

1. Un état partiel ou provisoire d'un document en cours d'élaboration n'est pas un document achevé. ● CE , sect., 11 févr. 1983, *Min. Urb. et Logement c/ Assoc. Atelier libre d'urbanisme de la région lyonnaise,* n° 35565: *Lebon 56; Dr. adm. 1983. Comm. 80; CJEG 1983. 374, concl. Dondoux; AJDA 1983. 432, chron. Lasserre et Delarue; Rev. adm. 1983. 473, note Pacteau; D. 1983. IR 237, obs. Delvolvé; Quot. jur. 26 mai 1983, p. 3, note Ch. B.; LPA 1er juin 1983, p. 9, note Morand-Deviller.*

2. Des documents relatifs à l'exécution du budget communal ne revêtent pas le caractère de documents inachevés, dès lors qu'ils portent sur la situation de consommation des crédits à une date donnée. • CE 13 nov. 1992, *Cne de Louviers c/ Laheye,* n° 111439 B. Une délibération est considérée comme achevée dès lors que le conseil municipal a délibéré, sans que les délais du contrôle de légalité puissent y faire obstacle. • 7 oct. 1999, *Maire de Sainte-Colombe,* n° 19993401. Le compte de gestion d'une collectivité territoriale est regardé comme un document achevé dès son élaboration, alors même que d'autres opérations pourraient être passées avant la clôture et que le vote de la collectivité territoriale n'est pas intervenu. • 10 janv. 2008, *Maire de Lecci,* n° 20080072.

3. Ne sont pas des documents achevés: les états successifs du projet de schéma directeur d'aménagement et d'urbanisme ou de schéma de secteur en cours d'élaboration au sein de la commission compétente, jusqu'à l'adoption du projet par cette commission. • CE , sect., 11 févr. 1983, *Min. Urb. et Logement c/ Assoc. Atelier libre d'urbanisme de la région lyonnaise,* n° 35656: *préc. note 1.* ... Les procès-verbaux de la commission d'élaboration du schéma d'urbanisme. • Même arrêt. ... Un compte rendu d'une commission non encore approuvé. • 14 oct. 2010, *Président de la CNIL,* n° 20103832. ... La «feuille d'instruction» rédigée par un agent à la suite de la réclamation d'un contribuable et destinée à l'autorité administrative qui doit statuer sur la réclamation, quelle qu'ait été la suite donnée à la réclamation. • CE 26 avr. 1993, *Min. du Budget c/ SARL Le Charles,* n° 108074: *Lebon 137.*

4. L'administration n'a pas à confectionner des documents pour satisfaire la demande de communication de documents inachevés. • TA Amiens, 8 mars 2005, *Cté d'agglom. Amiens métropole,* n° 0400619: *AJDA 2005. 1590.*

II. NOTION DE DOCUMENT REVÊTANT UN CARACTÈRE PRÉPARATOIRE

5. Jusqu'à la publication sommaire de ces comptes au JORF, l'ensemble des documents adressés à la Commission nationale des comptes de campagne et des financements politiques par les partis et groupements politiques et reçus par elle dans le cadre de sa mission de contrôle des comptes annuels de ces partis et groupements constituent des documents préparatoires, exclus du droit à communication. • CE 13 février 2019, *Assoc. Front national,* n° 420467: *Lebon.*

*6. Jurisprudence antérieure aux modifications apportées par l'ordonnance n°
2014-1328 du 6 novembre 2014.* Revêtent un caractère préparatoire les
documents qui constituent des éléments d'un dossier devant servir à la prise
d'une décision administrative en cours d'élaboration. • CE 30 déc. 1998, *Assoc.
de sauvegarde des vallées et de prévention des pollutions,* n° 172761 B. Ainsi,
n'est pas communicable un rapport d'inspection préalable à une réforme
législative et indissociable du processus de décision. • CE 15 avr. 1992, *Assoc.
SOS défense,* n° 106543: *Lebon* 185; *D.* 1993. 369, note Plouvin. Un rapport établi
conjointement par l'inspection générale de l'administration et la direction
générale de l'administration du ministère de l'Intérieur à la demande du ministre
en vue d'adopter des mesures relatives à l'organisation du service des étrangers
dans les préfectures et à l'amélioration du service rendu n'est, en raison de cet
objet et des propositions qu'il comporte, pas séparable du processus de décision
devant conduire à l'intervention de cette réforme et revêt le caractère d'un
document préparatoire. • CE 9 juill. 2003, *Min. Intérieur c/ Assoc. GISTI,* n°
243246 B. Revêt un caractère préparatoire le rapport d'une inspectrice de la
salubrité relatif à un édifice pour lequel aucune décision n'a encore été prise. •
24 mai 2007, *Maire de Villiers-sur-Marne,* n° 20071986. ... Ou encore une
enquête administrative diligentée dans le cadre d'une procédure disciplinaire ou
de sanction, tant que celle-ci n'est pas achevée. • 28 sept. 2006, *Président de
l'Autorité de contrôle des nuisances aéroportuaires,* n° 20064048. ... Un rapport
d'audit sur la gestion de l'eau dans une commune, qui prépare à une
délibération sur ce point. • 8 févr. 2007, *Maire d'Embrun,* n° 20070601. ... Ou
encore une pièce figurant dans un dossier de demande d'autorisation au titre de
la législation sur les installations classées pour la protection de l'environnement
dont l'instruction était encore en cours. • CE 30 déc. 1998, *Assoc. de sauvegarde
des vallées et de prévention des pollutions,* n° 172761: *préc.*
7. En revanche, un rapport qui a pour objet de décrire l'organisation et le
fonctionnement d'un service et ne constitue pas un document préparant des
décisions ultérieures ne revêt pas le caractère d'un document préparatoire. • CE
15 mars 1993, *CPAM de Metz,* n° 74025. Les documents qui préparent une
simple orientation politique, et non une véritable décision administrative, ne
peuvent revêtir un caractère préparatoire. • 26 févr. 2009, *Président de la Cté
urb. de Lyon,* n° 20090711.

8. L'intervention de la décision que le document prépare fait perdre à ce dernier un caractère communicable. Ainsi un document préparatoire au choix du site d'implantation d'un projet devient communicable lorsque est intervenue une délibération de l'organe délibérant compétent choisissant le site, alors même que la réalisation du projet reste éventuelle. ● TA Rennes, 12 oct. 1994, *Assoc. de protection de la nature, de l'environnement et de la santé de la Cté de cnes du pays de Saint-Méen: Lebon T. 952.* Un document perd son caractère préparatoire lorsque l'administration a manifestement renoncé à prendre une décision. ● TA Versailles, 11 juill. 1985, *SA Montenay: Lebon T. 636.* Il en va de même pour les observations émises par les services de l'État dans le cadre de la procédure d'instruction d'un projet de construction autoroutière dont le décret d'utilité publique est intervenu. ● CE 6 avr. 2001, *Min. de l'Équipement, des Transports et du Logement c/ Assoc. Manche Nature,* n° 215070: *Lebon 182.* Les documents constituant un dossier de permis de construire perdent leur caractère préparatoire dès que l'autorité compétente a pris une décision sur la demande dont elle est saisie, y compris lorsque celle-ci décide de surseoir à statuer sur cette demande en application de l'art. L. 111-7 C. urb. ● 24 janv. 2013, *Mairie de Grabels,* n° 20125066. Compte tenu de leur caractère préparatoire à la décision de la Commission nationale des comptes de campagne et des financements politiques (CNCCFP), puis de la nécessité d'éviter toute atteinte au déroulement de la procédure engagée devant le Conseil constitutionnel en cas de recours contre cette décision, les documents détenus par la CNCCFP pour le contrôle du compte de campagne d'un candidat à l'élection présidentielle sont exclus du droit à communication jusqu'à l'expiration du délai de recours contre la décision de la CNCCFP rejetant, approuvant ou réformant le compte de campagne du candidat ou, le cas échéant, jusqu'à l'intervention de la décision rendue par le Conseil constitutionnel sur le recours formé contre cette décision. Il en va autrement après cette date. ● CE , ass., 27 mars 2015, *Commission nationale des comptes de campagne et des financements politiques,* n° 382083: *Lebon 128.*

9. Contrôle du juge de cassation. L'appréciation du caractère de document préparatoire à une décision administrative relève souverainement des juges du fond. ● CE 9 juill. 2003, *Min. Intérieur c/ Assoc. GISTI,* n° 243246 B.

10. Compatibilité avec le droit de l'Union européenne. L'art. L. 124-1 C. envir., qui, dans la rédaction du Chapitre IV du titre II du livre Ier antérieure à l'entrée en vigueur de la loi n° 2005-1319 du 26 oct. 2005, avait pour portée, par l'effet du renvoi qu'il comporte à la loi du 17 juill. 1978, d'exclure du droit à communication les documents préparatoires à une décision administrative tant qu'elle est en cours d'élaboration, n'est, dans cette mesure, pas compatible avec les objectifs de l'art. 3, § 3, de la directive 90/313/CE du Conseil du 7 juin 1990, qui limite la possibilité d'opposer un refus à une demande de communication d'informations environnementales au seul cas où celle-ci porte sur des documents inachevés. ● CE 7 août 2007, *Assoc. des habitants du littoral du Morbihan,* n° 266668 B.

III. NOTION DE DIFFUSION PUBLIQUE

11. Constitue une diffusion publique qui dispense l'administration de ses obligations de communication une publication au *Journal officiel* de la République française. ● , 16 févr. 2006, n° 20060734. ... Une publication au Bulletin officiel des impôts. ● 5 oct. 2000, n° 20003857. ... Une publication d'un rapport par la Direction des Journaux officiels. ● 5 oct. 2000, *Premier président de la Cour des comptes,* n° 2000-3417: *10ᵉ rapp., p. 21 et 119.* ... La publication d'un guide à La Documentation française. ● 28 sept. 2006, *Min. de l'Emploi, de la Cohésion sociale et du Logement,* n° 20063834. ... L'insertion d'une annonce dans le Moniteur des ventes, pour les seuls renseignements figurant effectivement dans cette annonce. ● CE 14 oct. 2021, *Sté Axxes,* n° 437004 B. ... La commercialisation à un «prix raisonnable» des fonds de cartes géographiques de l'IGN. ● 20 déc. 2001, *Président du conseil général de l'Isère,* n° 20014353. ... La publication au recueil papier des actes administratifs de la préfecture, dès lors que le demandeur réside dans le même département. ● 8 juin 2000, *Direction générale des impôts,* n° 2000-2181: *10ᵉ rapp. 21* ● 21 déc. 2000, *Préfet de la Somme,* n° 20004805. La réserve liée à la résidence du demandeur est levée lorsque le recueil des actes administratifs est accessible sur internet. ● 21 juill. 2005, *Préfet du Gers,* n° 20052656.

12. Constitue aussi une diffusion publique le dépôt des comptes des sociétés commerciales au greffe des tribunaux de commerce, dès lors que ceux-ci sont ensuite consultables soit sur place, soit pour une somme modique, par l'intermédiaire du réseau Infogreffe, par la voie télématique ou informatique. ● 6 juill. 2000, *SEM Gers,* n° 2000-2701: *10ᵉ rapp. 21 et 118. Idem* s'agissant du registre Kbis des artisans ou commerçants consultable sur place au greffe du tribunal de commerce ou par simple consultation télématique ou informatique, moyennant le paiement d'une somme modeste. ● 26 oct. 2006, *Maire de Herstroff,* n° 20061233.

13. Fait l'objet d'une diffusion publique un plan local d'urbanisme accessible sur le site internet de la commune. ● 25 janv. 2007, *Maire de Quinssaines,* n° 20070320. Lorsque l'administration procède à la mise en ligne d'un document assortie de la possibilité de le télécharger intégralement gratuitement ou à un prix raisonnable, ce dernier doit être regardé comme ayant fait l'objet d'une diffusion publique. Toutefois, dans l'hypothèse où l'administration a élaboré, sous forme numérique, une base de données organisée rassemblant, selon des critères qu'elle a déterminés, un ensemble cohérent de documents, ce n'est que dans le cas où le demandeur peut obtenir cette base dans son ensemble par une opération simple de téléchargement que celle-ci peut être regardée comme ayant fait l'objet d'une diffusion publique. Dans les autres cas, l'administration est tenue de communiquer l'intégralité de la base au demandeur, quand bien même chacun des documents qui la composent aurait lui-même fait l'objet d'une diffusion publique. ● 27 juill. 2010, n° 20102217: *Rapp. CADA 2010. 31.*

14. Ne constituent pas une diffusion publique: des mesures d'affichage, en raison de leur caractère nécessairement temporaire et de l'impossibilité pour les personnes intéressées de se procurer par ce biais une copie du document concerné. ● 19 oct. 2000, *Préfet de Maine-et-Loire,* n° 2000-3890: *10ᵉ rapp., p. 21 et 120* ● 22 août 2002, *Maire de Beaucourt-sur-Ancre,* n° 20023313. ... L'insertion d'avis dans la presse locale, même prévue par le code de l'urbanisme ou le code de l'expropriation. ● Même avis. ... L'insertion d'un avis de publicité dans deux journaux nationaux, *L'Humanité* et le *Moniteur des travaux publics et du bâtiment,* relatif à la création d'une zone d'aménagement concerté. ● 26 mai 2005, *Maire de Noisy-le-Grand,* n° 20052020. ... La mise en ligne d'un document sur un «extranet» accessible uniquement par un mot de passe. ● 6 févr. 2009, *Président-directeur général de Météo-France,* n° 20090604. ... La publication sur l'intranet d'un ministère. ● 24 mai 2007, *Min. de la Justice,* n° 20072097.

15. En revanche, il convient de ne pas confondre la diffusion publique du document demandé avec la publicité des informations qu'il contient. Le droit à la communication de documents administratifs ne se confondant pas avec un droit d'accès aux informations contenues dans ces documents, le refus de communiquer un document sur le fondement de ces dispositions ne saurait être justifié par le seul motif tiré de ce qu'il contient des informations auxquelles l'intéressé peut accéder par d'autres moyens. ● CE 27 mars 2020, *Assoc. contre l'extension et les nuisances de l'aéroport de Lyon-Saint-Exupéry,* n° 426623 B.

16. Est d'ordre public le moyen tiré de ce que des documents ont fait l'objet d'une diffusion publique et ne relèvent donc plus du champ d'application de l'obligation de communiquer résultant de l'art. 2 de la L. n° 78-753 du 17 juill. 1978. ● CE 11 juill. 2016, *Premier min. c/ Assoc. Éthique et Liberté,* n° 392586: *Lebon 334.*

IV. OBLIGATIONS DE L'ADMINISTRATION
A. ÉTENDUE DE L'OBLIGATION DE COMMUNICATION

17. Obligation de communication. Les documents administratifs visés à l'art. L. 300-2 sont communicables de plein droit, en vertu de l'art. L. 311-1, aux personnes qui en font la demande, sans que ces dernières aient à justifier d'un intérêt. • CE 21 juill. 1989, *Assoc. SOS Défense et Bertin,* n° 34954 B • CE 13 févr. 2019, *Assoc. Front national,* n° 420467 A. Il en va ainsi, que la demande de communication soit fondée sur les dispositions du CRPA ou sur celles de l'article L. 2121-26 CGCT. • CE 17 mars 2022, n° 449620 B. En effet, le droit d'accès à des documents administratifs ainsi instauré ne s'exerce pas au vu ou à raison de l'usage envisagé par celui qui en fait la demande. • CE 10 avr. 2009, *Burgaud,* n° 320314 B: *AJDA 2009. 1166; JCP Adm. 2009. Actu. 501.* En revanche, lorsque l'administration fait valoir que la communication des documents sollicités, en raison notamment des opérations matérielles qu'elle impliquerait, ferait peser sur elle une charge de travail disproportionnée au regard des moyens dont elle dispose, l'intérêt qui s'attache à la communication pour le demandeur ainsi, le cas échéant, que pour le public, est prise en compte par le juge pour apprécier si la charge que ferait peser sur l'administration la communication des documents sollicités est effectivement excessive. • CE 17 mars 2022, n° 449620 B.

18. Une demande de communication ne saurait être regardée comme satisfaite par la communication d'un document qui ne comporte pas toutes les précisions demandées, alors qu'existent des documents les contenant. • CE 15 mai 1991, *Min. du Budget c/ Comité de défense des intérêts du quartier d'Orgemont,* n° 108280: *Lebon 191.* Une administration qui a communiqué un extrait informatique du document demandé n'a pas satisfait à la demande qui lui était adressée, lorsque cet extrait ne comporte pas l'ensemble des mentions figurant sur l'original, dont la signature. • CE 19 déc. 2008, *SARL Tapisseries d'Aubusson VDC,* n° 298985. Rappr., en matière de communication d'archives publiques sur le fondement des art. L. 213-1 s. C. patr., l'absence d'obligation de l'administration, saisie d'une demande de communication d'archives dans une version qui n'existe plus, de reconstituer ces documents dans leur version d'origine. • CE 4 oct. 2019, *Mme M. et M. A.,* n° 416030 B.

19. L'administration ne peut se libérer par voie contractuelle des obligations de communication résultant de la loi du 17 juill. 1978. • 9 mai 1984, *Golab,* n° 120222.

20. Aucune disposition de la loi du 17 juill. 1978 ou des règlements pris pour son application ne faisant obligation à l'administration de procéder elle-même à l'opération matérielle d'envoi des documents demandés, elle peut toujours, même lorsqu'elle détient le document, transférer la demande à une autre administration appartenant à la même collectivité publique, voire à une autre personne publique ou privée, pour qu'elle procède à l'envoi des documents, en son nom, le cas échéant accompagnés des éléments de contexte nécessaires à leur bonne interprétation. • 31 mars 2011, *Min. de l'Écologie, du Développement durable, des Transports et du Logement,* n° 20111493: *Rapp. CADA 2011. 15-16.* Cependant, une telle modalité de communication, qui relève de la bonne pratique administrative, ne saurait déposséder ou décharger les collectivités territoriales et établissements publics de la responsabilité que leur confère la loi du 17 juill. 1978 de communiquer les documents administratifs qu'ils détiennent dans le délai d'un mois à compter de la demande. • Même affaire. Ainsi, un projet de convention entre l'administration de l'État et les collectivités territoriales et établissements publics ayant accès aux données de l'Infocentre national de suivi des aides à la pierre (SISAL) ne peut interdire aux administrations saisies de demandes de communication d'informations dont elles disposent à travers le SISAL de répondre elles-mêmes à ces demandes, ni subordonner à la réception d'éléments de contexte la possibilité pour elles de communiquer les données sollicitées. • Même affaire.

21. Aucune disposition législative ou réglementaire n'impose à l'administration, lorsqu'elle décide de faire droit à une demande de communication de documents administratifs, de publier ou de notifier aux tiers éventuellement intéressés ou mentionnés dans ces documents la décision par laquelle elle fait droit à la demande de communication de ces documents. • TA Cergy-Pontoise, 30 mars 2010, *Sté M.,* n° 0902743.

22. Si l'art. 2 de la loi du 17 juill. 1978 fait obligation à l'administration et à la CADA, lorsqu'elles sont saisies d'une demande de communication d'un document administratif susceptible de relever de plusieurs des régimes d'accès mentionnés aux art. 20 et 21 de cette loi, de l'examiner d'office au regard de l'ensemble de ces régimes, à l'exception du régime organisé par l'art. L. 213-3 C. patr., il n'appartient en revanche pas au juge de l'excès de pouvoir, saisi de conclusions tendant, sur le fondement de la seule loi du 17 juill. 1978, à l'annulation d'un refus de communiquer un document administratif, d'examiner d'office si ce refus méconnaît l'un des autres régimes d'accès aux documents administratifs. • CE 24 avr. 2013, *CHSCT Sté Lyondell Chimie France et CE de la Sté Lyondell Chimie France,* n° 337982 B.

23. *Absence d'obligation en cas de demande insuffisamment précise.* L'administration n'est pas tenue de faire des recherches pour collecter les documents demandés par l'intéressé par une demande insuffisamment précise pour identifier ceux-ci. • CE 27 sept. 1985, *Ordre des avocats au barreau de Lyon c/ Bertin,* n° 56543: *Lebon 267; RFDA 1986. 183, concl. Denoix de Saint Marc* • 27 juin 1986, *Assoc. SOS Défense,* n° 34952: *Lebon 537; RFDA 1987. 465, note Auby.* La loi du 17 juill. 1978 impose à l'administration de donner aux personnes qui en font la demande connaissance et, le cas échéant, copie des documents administratifs que désignent ces personnes, mais n'a pas pour objet ou pour effet de charger le service compétent de procéder à des recherches en vue de fournir au demandeur une documentation sur un sujet donné. • CE 9 mars 1983, *Assoc. SOS Défense,* n° 43438: *Lebon 728; AJDA 1983. 431.*

24. Absence d'obligation en cas de demande portant sur un document perdu ou détruit. L'obligation de communication ne s'étend pas aux documents que l'administration est dans l'impossibilité matérielle de produire. Tel est le cas d'un document dont, eu égard à sa nature, au délai dans lequel il a été demandé et à l'ensemble des explications données par l'administration, la perte doit être regardée comme établie. • CE 7 nov. 1990, *Bordesoules,* n° 95084 B: *Dr. adm. 1991, n° 2; RFDA 1990. 1106* • 11 déc. 2006, *Min. des Affaires étrangères c/ Laurent,* n° 279113 B. Dès lors qu'il résulte de l'instruction que la présidence de la République ne disposait plus, au moment où leur communication a été demandée, de pièces comptables relatives aux gerbes florales en cause, il ne saurait être enjoint au président de la République de les communiquer. • CE 27 nov. 2000, *Assoc. Comité tous frères,* n° 188431: *Lebon 559; AJDA 2001. 94.* Quelles que soient les conditions dans lesquelles les documents demandés auraient dû être conservés, le maire, qui n'avait pas l'obligation de reconstituer les documents détruits, n'a pas méconnu les dispositions de la loi du 17 juill. 1978 en se fondant sur l'impossibilité matérielle de communiquer ces documents, qui avaient en l'espèce été détruits, pour rejeter la demande de communication. • CE 3 juin 1994, *Le Chaton,* n° 144046. Mais il y a nécessité de fonder ce refus sur des justifications appropriées et vraisemblables. • TA Lille, 8 juill. 1999, *Van Glabeke: LPA 24 août 1999, p. 168, concl. Michel.* Les administrations ne pouvant toutefois en aucun cas procéder à la destruction délibérée des documents dont le refus de communication a été annulé par le juge administratif, alors même que la réglementation ne leur imposerait plus, à cette date, de les conserver, elles sont tenues, si elles ont procédé à une telle destruction après la notification du jugement, d'accomplir toutes les diligences nécessaires pour reconstituer ces documents, sous réserve d'une charge de travail manifestement disproportionnée, sans préjudice de l'engagement de leur responsabilité. • CE 17 mars 2022, *Sté Solution Antoine Beaufour,* n° 452034 B. Aucune disposition de la loi du 17 juill. 1978 ne fait obligation à l'administration de se procurer l'original d'un document qu'elle a perdu auprès d'une personne morale de droit privé. • CE 19 déc. 2008, *SARL Tapisseries d'Aubusson VDC,* n° 298985. Rappr., en matière de communication d'archives publiques sur le fondement des art. L. 213-1 s. C. patr., l'absence d'obligation de l'administration, saisie d'une demande de communication d'archives dans une version qui n'existe plus, de reconstituer ces documents dans leur version d'origine. • CE 4 oct. 2019, *Mme M. et M. A.,* n° 416030 B.

25. Un ministre entache sa décision d'inexactitude matérielle lorsqu'il fonde un refus de communication sur le caractère infructueux de ses recherches, s'agissant d'un document publié et commenté dans plusieurs revues juridiques. • CE 22 oct. 1993, *Bertin et SOS Défense,* n° 69376 B: *Dr. adm. 1993, n° 484; LPA 22 août 1994, p. 3, concl. Vigouroux.*

B. OBLIGATION DE TRANSMISSION

26. Hypothèse du document détenu par un autre service ou une autre personne. Une personne de droit privé chargée d'une mission de service public doit être regardée comme une administration au sens des dispositions de l'art. 2 de la loi du 17 juillet 1978. Ainsi, lorsque l'État est saisi d'une demande de communication portant sur un document administratif qu'il ne détient pas et qu'il estime être détenu par une personne de droit privé chargée d'une mission de service public, il est tenu de la transmettre à cette dernière, et dans les mêmes conditions, une personne de droit privé chargée d'une mission de service public est tenue de transmettre les demandes de communication de documents administratifs qui lui ont été adressées à tort et d'en aviser l'intéressé. • CE 16 oct. 2014, *Min. de l'Économie et des Finances c/ ADIFE,* n°s 365058 et 365063 B.

V. DEMANDE ABUSIVE

27. Revêt un caractère abusif la demande qui a pour objet de perturber le bon fonctionnement de l'administration sollicitée ou qui aurait pour effet de faire peser sur elle une charge disproportionnée au regard des moyens dont elle dispose. • CE 14 nov. 2018, *min. Culture c/ Sté pour la protection des paysages et l'esthétique de la France,* n° 420055 B. Par suite, la seule circonstance qu'une demande n'a pas pour objet de perturber le bon fonctionnement du service, sans appréciation de ses effets sur ce dernier, ne saurait suffire à exclure qu'elle revête un caractère abusif. • Même décision. Une demande peut être abusive eu égard tant à la généralité de la demande qu'à la date à laquelle le dossier a été constitué. • TA Grenoble, 21 oct. 1993, *Mazari: Lebon T. 781.* ... Ou encore lorsqu'elle fait suite à de nombreuses demandes consécutives, formulées à échéances rapprochées et portant sur un grand nombre de documents. • Versailles, 6 oct. 2005, *Boulanger,* n° 02VE00242. ... Ou lorsqu'elle porte sur un document dont le demandeur ne peut ignorer qu'il n'a pas encore été élaboré à la date à laquelle il formule cette demande. • 11 févr. 2010, avis n° 20100608: *Rapp. CADA 2010. 31.* L'appel à multiplier auprès d'une autorité administrative les demandes de communication d'un même document, émis par un groupe à caractère revendicatif, procède manifestement d'une intention de perturber le fonctionnement de l'administration, de sorte que les demandes de communication qu'un tel appel suscite, que la reproduction du modèle fourni trahit, et qui concourent à la réalisation de son intention de nuire, présentent un caractère abusif. • 5 févr. 2015, *Conseil régional des Pays de la Loire,* n° 20144671.

28. Le droit à la communication des documents administratifs ne se confond pas avec un droit d'accès aux informations contenues dans ces documents. ● CE 27 mars 2020, *Assoc. contre l'extension des nuisances de l'aéroport de Lyon-St-Exupéry,* n° 426623 B. Dès lors, le fait qu'un document ait été dans le passé notifié au demandeur ne fait pas, en principe, obstacle à la communication du document. ● CE 6 juin 1986, *Chaibeddera,* n° 6368: *Dr. adm. 1986, n° 378.* ... Ni le fait que le document soit constitué d'une pièce remise par l'administré. ● TA Grenoble, 21 oct. 1993, *Mazari: préc. note 27.* ... Ni le fait que le demandeur en ait eu connaissance à l'occasion d'un procès, sans en avoir reçu copie. ● CE 21 oct. 1983, *Bouliou,* n° 38000: *Lebon 421.* De même, ne présente pas un caractère abusif la demande de communication de documents auxquels le demandeur a pu avoir accès, dans le passé, notamment dans le cadre d'instances devant les juridictions. ● CE 5 mai 2008, *Thiébaux,* n° 294645: *AJDA 2008. 1735; JCP Adm. 2008. Comm. 2182, note Darcy.* Un ministre ne peut soutenir qu'un document est présumé reçu par son destinataire pour s'opposer à la communication d'un nouvel exemplaire. ● CE 27 mars 1996, *Min. Économie,* n° 171801. La circonstance que le demandeur ait adressé des demandes similaires à d'autres organes déconcentrés d'une fédération sportive ne suffit pas à établir le caractère abusif en l'espèce de sa demande à une ligue régionale de cette fédération. ● CE 20 févr. 2008, *Ligue de Normandie de karaté et arts martiaux,* n° 287721.

29. Le caractère abusif d'une demande de communication est laissé à l'appréciation souveraine des juges du fond, sauf dénaturation. ● CE 21 avr. 2017, *RATP,* n° 395952 B (sur un autre point).

30. Le recours contentieux lui-même contre le refus de communiquer peut être qualifié d'abusif et donner lieu à la condamnation au paiement d'une amende. ● CE 9 mars 1983, *Assoc. SOS Défense,* n° 45736: *AJDA 1983. 402. chron. Lasserre et Delarue* ● 8 janv. 1988, *Van Overbeck,* n° 50618.

31. Il est à noter que, lorsqu'un document comporte de très nombreux éléments non communicables au demandeur alors que les éléments d'information qu'il contient peuvent être obtenus par ce dernier par d'autres voies, et alors même que la demande ne présente pas un caractère abusif, la mise en balance de la charge que représenterait pour l'administration, eu égard à ses moyens, l'occultation des éléments non communicables et de l'intérêt que représente, pour le demandeur, la communication du document partiellement occulté peut, si la première est excessive au regard du second, légalement justifier dans des circonstances particulières un refus de communication. ● CE 27 mars 2020, *Assoc. contre l'extension et les nuisances de l'aéroport de Lyon-Saint-Exupéry,* n° 426623 B.

32. Dès lors que des documents administratifs sont disponibles sur un espace de stockage numérique hébergé sur une plateforme, mis à la disposition de la personne qu'elle concerne par l'administration, cette personne doit en principe être regardée comme détenant ces documents au même titre que l'administration, et n'est dès lors pas fondée à demander à l'administration de lui en donner accès au titre des art. L. 311-1 s. CRPA, sauf si des circonstances particulières, notamment des difficultés de connexion à son espace personnel, font obstacle à l'accès effectif à ces documents. Application à une société disposant d'un compte professionnel sur le site «impots.gouv.fr» et demandant la communication d'éléments de son dossier fiscal figurant sur ce site et qui lui sont librement accessibles sur cet espace personnel. ● CE 30 janv. 2020, *Sté Cutting Tools Management Services,* n° 418797 A.

⸫

⸫Art. L. 311-3⸫ Sous réserve des dispositions de la loi n° 78-17 du 6 janvier 1978 relative à l'informatique, aux fichiers et aux libertés, concernant les données à caractère personnel figurant dans des fichiers, toute personne a le droit de connaître les informations contenues dans un document administratif dont les conclusions lui sont opposées.

⸫Sur sa demande, ses observations à l'égard desdites conclusions sont obligatoirement consignées en annexe au document concerné.

⸫L'utilisation d'un document administratif au mépris des dispositions ci-dessus est interdite. — *[L. n° 78-753 du 17 juill. 1978, art. 3.]*

⸫

Plan des annotations

I. RÉPARTITION DES COMPÉTENCES CADA-CNILn[os] 1 à 4

II. DROIT DE TOUTE PERSONNE DE CONNAÎTRE LES INFORMATIONS CONTENUES DANS UN DOCUMENT ADMINISTRATIF DONT LES CONCLUSIONS LUI SONT OPPOSÉESn[os] 5 à 9

III. DROIT DE FAIRE ANNEXER DES OBSERVATIONSn[os] 10 et 11

Jurisprudence rendue sous l'empire de la L. n° 78-17 du 6 janv. 1978, dans sa version antérieure à la L. du 20 juin 2018 et à l'Ord. du 12 déc. 2018.

I. RÉPARTITION DES COMPÉTENCES CADA-CNIL

1. Conformément à l'art. 29-1 introduit dans la loi du 6 janv. 1978 par la loi du 12 avr. 2000, le fait que les informations demandées puissent être considérées comme des informations nominatives résultant d'un traitement automatisé au sens de cette loi ne fait pas obstacle à leur communication à des tiers sur le fondement de la loi du 17 juill. 1978. ● 30 août 2001, *Directeur du service d'incendie et de secours 06,* n° 20013088. Un tiers peut donc accéder à des informations qui, seraient-elles «nominatives» au sens de la loi du 6 janv. 1978, ne sont pas couvertes par l'un des secrets prévus par la loi du 17 juill. 1978, notamment parce qu'elles ne concernent pas la vie privée ou ne comportent aucun jugement de valeur sur une personne identifiée ou identifiable. ● Même affaire. Les dispositions de la loi du 6 janv. 1978 régissent de manière exclusive l'accès aux données à caractère personnel contenues dans les fichiers par les intéressés, ainsi que par les personnes autorisées en vertu des textes qui les créent. ● 10 mai 2012, *Min. de l'Intérieur, de l'Outre-mer, des Collectivités territoriales et de l'Immigration,* n° 20121891. Seuls les tiers, c'est-à-dire les personnes qui ne sont autorisées ni par les textes qui créent le fichier, ni, s'agissant des personnes concernées, par les dispositions de la loi du 6 janv. 1978 elles-mêmes, peuvent se prévaloir de la loi du 17 juill. 1978 pour obtenir communication, le cas échéant, des documents extraits de ces fichiers et, en cas de refus, saisir la CADA. ● Même avis. S'il résulte de l'art. 37 de la loi du 6 janv. 1978 que ses dispositions ne font pas obstacle à l'application, au bénéfice de tiers, de celles de la loi du 17 juill. 1978 et si un tiers peut ainsi accéder à des informations qui, seraient-elles «nominatives» au sens de la L. du 6 janv. 1978, ne sont pas couvertes par l'un des secrets prévus par la loi du 17 juill. 1978, cette réserve n'a pas pour objet de déroger aux dispositions des art. 6 et 22 de la loi du 6 janv. 1978. ● 12 févr. 2009, *Directeur du CH Guillaume-Régnier de Rennes,* n° 20090521. Si la liste «nominative» des agents contractuels d'un établissement public est communicable au syndicat requérant sur le fondement de la loi du 17 juill. 1978, cette communication ne peut intervenir que dans le respect des obligations imposées par la loi du 6 janv. 1978 à l'administration. ● Même affaire. Lorsque des données à caractère personnel ont également le caractère de documents administratifs, elles ne sont communicables aux tiers, en vertu du III de l'art. 6 de la loi du 17 juill. 1978, que s'il est possible d'occulter ou de disjoindre les mentions portant atteinte, notamment, à la protection de la vie privée ou au secret médical. ● CE 30 déc. 2015, *Sté Les Laboratoires Servier,* n° 372230: *Lebon 493.* Il ne peut être accédé à une demande de communication sur le fondement de la loi du 17 juill. 1978 que si le traitement nécessaire pour rendre impossible, s'agissant de données de santé, toute identification, directe ou indirecte, de l'une quelconque des personnes concernées, y compris par recoupement avec d'autres données, n'excède pas l'occultation ou la disjonction des mentions non communicables, seule envisagée par cette loi. Dans le cas contraire, sont seules applicables les dispositions de la loi du 6 janv. 1978 et des lois spéciales applicables au traitement de certaines catégories de données, notamment, en ce qui concerne les données de santé à caractère personnel, les chapitres IX et X de la loi du 6 janv. 1978. ● Même décision.

2. Les documents soumis à la CNIL par les responsables de traitements, dans le cadre des procédures de déclaration ou d'autorisation prévues aux art. 23 s. de la loi du 6 janv. 1978 font l'objet d'un régime spécifique de communication, qui échappe au champ d'application de la loi du 17 juill. 1978 et pour lequel la CADA est incompétente. ● 13 avr. 2006, *Président de la CNIL,* n° 20061652 ● 24 janv. 2008, *Directeur général des impôts,* n° 20080522. Les fiches utilisées par les magistrats de la CNIL lorsque celle-ci est saisie d'une demande de droit d'accès indirect en application de l'art. 41 de la loi du 6 janv. 1978, qui retracent l'ensemble des données relatives au demandeur figurant dans le fichier à la date de la saisine, et toutes les modifications apportées aux informations qu'il contient, sont indissociables de la procédure d'accès aux données à caractère personnel contenues dans les fichiers, exclusivement régie par les art. 39 à 43 de la loi du 6 janv. 1978 que la CADA n'est pas compétente pour interpréter. ● 16 juill. 2009, n° 20092038: *Rapp. CADA 2009. 31.* Les dossiers relatifs aux plaintes que la CNIL reçoit dans le cadre de la mission prévue au *c* du 2° de l'art. 11 de la loi du 6 janv. 1978 constituent des documents administratifs soumis au droit d'accès prévu par la loi du 17 juill. 1978, communicables à compter de la fin de la procédure devant la CNIL, à l'exclusion des documents qui revêtent un caractère judiciaire et des documents dont la communication est régie exclusivement par la loi du 6 janv. 1978, en particulier ceux qui sont adressés à la CNIL par les responsables de traitements dans le cadre des procédures de déclaration et d'autorisation. ● 3 déc. 2009, n° 20094055: *Rapp. CADA 2009. 31.*

3. Une demande qui ne tend pas à la communication d'un document administratif mais à la modification de données nominatives concernant le demandeur contenues dans un traitement automatisé en application de la loi du 6 janv. 1978 ne relève pas de la loi du 17 juill. 1978. ● 23 janv. 2003, *Responsable de Techni Control Auto SARL,* n° 20030261 ● 27 sept. 2007, *Directeur de la Caisse d'allocations familiales du Gard,* n° 20073694. Si le dossier d'un allocataire ou d'une personne candidate à une allocation est composé de documents administratifs qui lui sont communicables en application du II de l'art. 6 de la loi du 17 juill. 1978 sous réserve de l'occultation préalable d'éventuelles mentions dont la divulgation serait contraire aux dispositions de ce II de l'art. 6, toutefois, dans l'hypothèse où la demande tendrait en réalité à l'exercice du droit d'accès à des informations nominatives incluses dans un fichier régi par la loi du 6 janv. 1978, l'exercice de ce droit relève alors de la compétence exclusive de la CNIL. ● 27 sept. 2007, *Directeur de la Caisse d'allocations familiales du Gard,* n° 20073694: *préc.* L'accès, par l'intéressé, à des informations nominatives contenues dans les fichiers de police, notamment le fichier national des empreintes génétiques, est régi exclusivement par les dispositions des art. 39 à 43 de la loi du 6 janv. 1978, que la CADA n'est pas habilitée à interpréter. ● 27 sept. 2007, *Min. de l'Intérieur,* n° 20073757. Les informations se rapportant au demandeur qui figureraient dans le Système de traitement des infractions constatées (STIC), autorisé par le Décr. n° 2001-583 du 5 juill. 2001, ne sont accessibles qu'en application de l'art. 41 de la loi du 6 janv. 1978, par l'intermédiaire de la CNIL, à l'exclusion de toute compétence de la CADA. ● 9 juin 2005, *Préfet des Pyrénées-Orientales,* n° 20052226. Le droit d'accès aux informations visées à l'art. 4 du Décr. n° 95-577 du 6 mai 1995 relatif au système d'information Schengen dénommé N-SIS 4 s'exerce exclusivement auprès de la CNIL. ● 11 mai 2000, *Min. de l'Intérieur,* n° 20001897. En vertu de l'art. 37 de la loi du 6 janv. 1978, les dispositions de cette loi ne font pas obstacle, en principe, à l'application, au bénéfice de tiers, des dispositions relatives à la liberté d'accès aux documents administratifs de la loi du 17 juill. 1978. ● , 22 mars 2007, *Directeur général des impôts,* n° 20071065. Dans la mesure où le Fichier national des comptes bancaires et assimilés (FICOBA) est mis en œuvre par la Direction générale des impôts du ministère de l'Économie, des Finances et de l'Industrie et ses services déconcentrés en vue de faciliter le contrôle des revenus déclarés et de recouvrer les impositions, les données qui y figurent ne sont communicables aux titulaires des comptes concernés que dans les conditions prévues par la loi du 6 janv. 1978, et plus particulièrement son art. 42. Il en va de même, *a fortiori,* pour les ayants droit des titulaires de ces comptes. Par suite, incompétence de la CADA dans le cas d'un demandeur sollicitant la communication de la liste des différents comptes et placements financiers dont était titulaire sa mère décédée, répertoriés dans FICOBA. ● 22 mars 2007, *Directeur général des impôts,* n° 20071065: *préc.* Pour l'accès au FICOBA, les ayants droit héritant des soldes des comptes bancaires de leur tante sont des «personnes concernées» au sens de l'art. 39 de la loi du 6 janv. 1978, et bénéficient, sur ce fondement, de la possibilité d'accès qu'il prévoit. ● CE 29 juin 2011, *Min. du Budget, des Comptes publics et de la Réforme de l'État c/ Mme Guhur et a.,* n° 339147 B. L'art. 4 du Décr. n° 2001-777 du 30 août 2001 autorisant le traitement automatisé d'informations nominatives dit «Répertoire national des élus» (RNE), pris sur avis conforme de la CNIL, prescrit que toute personne recevra communication, sur simple demande, des informations collectées dans ce fichier, à la seule exception de l'adresse et du numéro de téléphone des personnes enregistrées dans le répertoire. Dans la mesure où toute personne qui le demande doit être regardée comme destinataire, en vertu des art. 2 et 4 du Décr. du 30 août 2001, des informations que comporte le RNE, la CADA se déclare incompétente. ● 10 mai 2012, *Min. de l'Intérieur, de l'Outre-mer, des Collectivités territoriales et de l'Immigration,* n° 20121891.

4. *Pour mémoire, situation antérieure à la loi du 12 avril 2000.* Le droit à la communication des documents administratifs institué par la loi du 17 juill. 1978 ne peut s'exercer que dans la mesure où les dispositions de la loi du 6 janv. 1978 ne sont pas, elles-mêmes, applicables. ● CE , ass., 19 mai 1983, *Bertin,* n° 40680: *Lebon 208; AJDA 1983. 402, chron. Lasserre et Delarue; CJEG 1983. 36; RD publ. 1983. 1086, concl. Denoix de Saint Marc; D. 1983. 546, note Maisl et Wiener* ● CE 15 févr. 1991, *Église de scientologie de Paris,* n° 68639 B: *CJEG 1991. 195, concl. De Montgolfier, note Delpirou.* Des entrepreneurs individuels n'étant pas des personnes physiques au sens de la loi informatique et libertés, la communication de statistiques les concernant peut donc se faire sur le fondement de la loi du 17 juill. 1978. ● CE 3 juill. 2002, *Min. Équip., Transports, Logement c/ UFC de l'Isère,* n° 151688. Même solution pour des documents n'appartenant pas à un fichier. ● CE 12 mai 1986, *Wacheux,* n° 62104: *Lebon 142.* ... Pour des états établis par les services fiscaux et relatifs à une région et aux départements qui la composent. ● CADA 19 janv. 1989, *Madaule: Guide de l'accès aux documents administratifs, Doc. fr. 1997. 10.* En revanche, si les informations de caractère nominatif au sens de la loi du 6 janv. 1978 sont contenues dans des fichiers de l'administration, le droit d'accès s'effectue de manière exclusive sous le contrôle et avec l'intervention de la CNIL. ● CE , ass., 19 mai 1983, *Bertin,* n° 40680: *préc.* ● CE , sect., 8 oct. 1993, *Hudin,* n° 110829: *Lebon 262; AJDA 1993. 873, concl. Fratacci; JCP 1994. II. 22266, note Frayssinet.* L'autorité administrative est tenue de rejeter les demandes fondées sur les dispositions de la loi du 17 juill. 1978 et tendant exclusivement à la communication d'informations nominatives contenues dans des fichiers, alors même que le demandeur, personne morale de droit privé, ne peut bénéficier du droit d'accès institué par la loi du 6 janv. 1978. ● CE 15 févr. 1991, *Église de scientologie de Paris: préc.* Ainsi pour des rapports de police contenus dans des fichiers. ● CE 18 déc. 1987, *Min. Intérieur c/ Manciaux,* n° 70382 B. V. aussi pour des documents à caractère nominatif relevant du dossier médical. ● CE 11 juin 1993, *Mme Deleuse,* n° 62106: *Quot. jur. 11 nov. 1993, p. 4.*

II. DROIT DE TOUTE PERSONNE DE CONNAÎTRE LES INFORMATIONS CONTENUES DANS UN DOCUMENT ADMINISTRATIF DONT LES CONCLUSIONS LUI SONT OPPOSÉES

5. Les conclusions d'un document administratif sont opposées à une personne, au sens de l'art. 3 de la loi du 17 juill. 1978, lorsqu'une décision la visant est prise ou envisagée sur la base des informations qu'elles contiennent. • CE 21 sept. 2015, *M. R.,* n° 369808: *Lebon 315.*

6. Le caractère préparatoire du rapport d'inspection d'une direction départementale des services vétérinaires portant sur un bar-restaurant n'est pas opposable au gérant de l'établissement qui a été mis en demeure de remédier aux violations constatées. • 10 janv. 2008, *Directeur dptal des services vétérinaires de l'Orne,* n° 20080116. Des demandeurs sont fondés à demander communication, sur le fondement de l'art. 3, des documents se rapportant à un projet d'élaboration du futur plan local d'urbanisme sur lesquels le maire s'est fondé pour prononcer le sursis à statuer sur leur demande de permis de construire, bien que ces documents revêtent encore un caractère préparatoire. • 8 avr. 2010, *Maire de Saint-Méloir-des-Ondes,* n° 20101504. Dès lors que la décision de retrait d'une autorisation de travaux qui avait été initialement délivrée au demandeur repose à titre principal sur une attestation d'un notaire figurant dans un dossier administratif, le demandeur a droit à la communication de ce document. • 6 déc. 2007, *Min. de l'Écologie, du Développement et de l'Aménagement durables,* n° 20074683.

7. L'art. 3 de la loi du 17 juill. 1978 n'a ni pour objet, ni pour effet de déroger à l'art. 6 de cette loi. Par suite, les restrictions et exceptions à la communication de documents administratifs prévues par l'art. 6 peuvent être opposées à une demande formulée sur le fondement de l'art. 6. • CE 21 sept. 2015, *M. R.,* n° 369808: *préc. note 5.* La question de savoir si, comme l'avait estimé la CADA avant cette décision, il résulte des dispositions combinées des art. 3 et 6 de la loi du 17 juill. 1978 qu'une personne à qui l'administration oppose directement les conclusions d'un rapport pour prendre une décision défavorable à son encontre doit être regardée comme une personne intéressée au sens des dispositions du II de l'art. 6 de la loi du 17 juill. 1978 à l'égard des informations couvertes par le secret de la vie privée d'une personne tierce, dans la stricte mesure des informations que cette personne doit connaître pour discuter utilement les conclusions qui lui sont opposées, apparaît encore ouverte. • 6 mars 2008, *Directeur de la Caisse d'allocations familiales de la Dordogne,* n° 20080906.

8. En revanche, dans le cas de documents (encore préparatoires) s'inscrivant dans le cadre d'une enquête administrative interne, la CADA estime que les dispositions du présent article ne s'appliquent pas aux documents (témoignages, procès-verbaux d'audition) composant ce dossier, lesquels, s'ils éclairent l'administration dans l'appréciation qu'il lui appartient de porter sur le comportement de la personne et sur les suites qu'elle entend lui donner, ne comportent par eux-mêmes aucune conclusion qui serait opposée par celle-ci à l'intéressé, contrairement au rapport qui pourrait éventuellement ou a pu être établi sur la base de ces documents. ● 21 févr. 2008, *Directeur général de La Poste,* n° 20080774. De même, ces dispositions ne s'appliquent pas aux documents (témoignages, procès-verbaux d'audition composant le dossier de la Haute Autorité de lutte contre les discriminations et pour l'égalité (HALDE) sur une affaire donnée. ● 7 févr. 2008, *Président de La HALDE,* n° 20080635. En refusant le concours de la force publique pour l'expulsion de l'occupant sans titre d'un immeuble, le représentant de l'État n'a pas opposé au demandeur, au sens des présentes dispositions, les conclusions des documents recueillis au cours de l'enquête administrative relative à cette expulsion. ● CE 30 mai 1986, *Godard et Égron,* n° 66740.

9. Les dispositions de l'art. 3 ne sauraient être invoquées par un candidat pour obtenir communication des notes attribuées pour les différentes épreuves à chacun des autres candidats. ● CE 20 janv. 1988, *Turroque,* n° 68506: *Lebon 25.*

III. DROIT DE FAIRE ANNEXER DES OBSERVATIONS

10. La CADA n'exige pas qu'une décision soit effectivement opposée au demandeur sur le fondement du document. ● CADA 12 nov. 1980, *Figueres: Guide de l'accès aux documents administratifs, Doc. fr. 1997. 55* ● 22 déc. 1988: *Cavalin.*

11. Le droit de réponse peut prendre la forme de l'adjonction à la suite du document des remarques du demandeur et d'une pièce en annexe. ● CADA 12 nov. 1980, *Figueres: préc. note 10.* ... Mais ne donne pas à l'administré le droit d'effacer ou de faire effacer, de rectifier ou de faire rectifier le contenu du document administratif. ● CADA 13 déc. 1984, *Pinault: Guide de l'accès aux documents administratifs, Doc. fr. 1997. 55* ● 15 avr. 1999, *Délégué du CNASEA,* n° 19991455. L'art. 3 ne permet pas davantage à un agent public d'exiger le versement ou le retrait de documents de son dossier administratif. ● 10 sept. 2009, *Proviseur du Lycée Le Corbusier,* n° 20092791. En revanche, la divulgation de documents d'ordre interne rend tout intéressé recevable à demander à connaître les mentions le mettant en cause, à en contester l'exactitude et à en demander, le cas échéant, la suppression. ● CE , sect., 12 févr. 1993, *Mme Gaillard,* n° 83814: *Lebon 28; AJDA 1993. 665, obs. Hecquard-Théron; D. 1994. 121, note Weil; RFDA 1994. 533, concl. Lamy.*

⯀Art. L. 311-3-1⯀ *(L. n° 2016-1321 du 7 oct. 2016, art. 4)* Sous réserve de l'application du 2° de l'article L. 311-5, une décision individuelle prise sur le fondement d'un traitement algorithmique comporte une mention explicite en informant l'intéressé. Les règles définissant ce traitement ainsi que les principales caractéristiques de sa mise en œuvre sont communiquées par l'administration à l'intéressé s'il en fait la demande.

⯀Les conditions d'application du présent article sont fixées par décret en Conseil d'État.

⯀⯀

Si les art. L. 311-1, L. 311-3-1 et L. 312-1-3 du CRPA sont, en principe, applicables aux traitements algorithmiques utilisés par les établissements d'enseignement supérieur pour fonder des décisions individuelles, il résulte du dernier al. du I de l'art. L. 612-3 C. éduc. que le législateur a entendu régir par des dispositions particulières le droit d'accès aux documents relatifs aux traitements algorithmiques utilisés par ces établissements pour l'examen des candidatures présentées dans le cadre de la procédure nationale de préinscription pour l'accès aux formations initiales du premier cycle de l'enseignement supérieur («Parcoursup»). Ces dispositions spéciales réservent le droit d'accès à ces documents aux candidats, pour les seules informations relatives aux critères et modalités d'examen de leur candidature et une fois prise la décision les concernant. Ni les tiers ni les candidats, avant qu'une décision ait été prise à leur sujet, ne peuvent demander à ce que ces critères et modalités leur soient communiqués. • CE 12 juin 2019, *Université des Antilles,* n°s 427916, 427919 B. Postérieurement à cette décision, le Conseil constitutionnel a été saisi d'une QPC portant sur ces dispositions. Il a déclaré les dispositions du dernier al. de l'art. L. 612-3 C. éduc. conformes à la Constitution sous la réserve de l'interprétation suivante: ces dispositions ne sauraient, sans méconnaître le droit d'accès aux documents administratifs, être interprétées comme dispensant chaque établissement de publier, à l'issue de la procédure nationale de préinscription et dans le respect de la vie privée des candidats, le cas échéant sous la forme d'un rapport, les critères en fonction desquels les candidatures ont été examinées et précisant, le cas échéant, dans quelle mesure des traitements algorithmiques ont été utilisés pour procéder à cet examen. • Cons. const. 3 avr. 2020, *UNEF,* n° 2020-834 QPC. Le I de l'art. L. 612-3 C. éduc. doit être interprété, conformément à la décision n° 2020-834 QPC du Cons. const. du 3 avr. 2020, comme n'imposant pas la publication ou la communication aux tiers des traitements algorithmiques eux-mêmes et des codes sources correspondants. • CE 15 juill. 2020, *UNEF,* n° 433296 B.

⯀⯀

⊡Art. R. 311-3-1-1⊡ *(Décr. n° 2017-330 du 14 mars 2017, art. 1er et 3, en vigueur le 1er sept. 2017)* La mention explicite prévue à l'article L. 311-3-1 indique la finalité poursuivie par le traitement algorithmique. Elle rappelle le droit, garanti par cet article, d'obtenir la communication des règles définissant ce traitement et des principales caractéristiques de sa mise en œuvre, ainsi que les modalités d'exercice de ce droit à communication et de saisine, le cas échéant, de la commission d'accès aux documents administratifs, définies par le présent livre. ⊡⊡⊡

Art. R. 311-3-1-2⊡ *(Décr. n° 2017-330 du 14 mars 2017, art. 1er et 3, en vigueur le 1ersept. 2017)* L'administration communique à la personne faisant l'objet d'une décision individuelle prise sur le fondement d'un traitement algorithmique, à la demande de celle-ci, sous une forme intelligible et sous réserve de ne pas porter atteinte à des secrets protégés par la loi, les informations suivantes:

⊡1° Le degré et le mode de contribution du traitement algorithmique à la prise de décision;

⊡2° Les données traitées et leurs sources;

⊡3° Les paramètres de traitement et, le cas échéant, leur pondération, appliqués à la situation de l'intéressé;

⊡4° Les opérations effectuées par le traitement. ⊡⊡

⊡Art. L. 311-4⊡ Les documents administratifs sont communiqués *(L. n° 2016-1321 du 7 oct. 2016, art. 8-I)* «ou publiés» sous réserve des droits de propriété littéraire et artistique. — *[L. n° 78-753 du 17 juill. 1978, art. 9.]* ⊡⊡

1. *Jurisprudence du Conseil d'État.* Ces dispositions impliquent, avant de procéder à la communication de supports d'enseignement n'ayant pas déjà fait l'objet d'une divulgation, au sens de l'art. L. 121-2 CPI, de recueillir l'accord de leur auteur. • CE 8 nov. 2017, *Assoc. spirituelle de l'Église de scientologie Celebrity Center,* n° 375704: *Lebon.*

2. Pratique antérieure de la CADA. L'art. 9 de la loi du 17 juill. 1978 n'a ni pour objet, ni pour effet d'empêcher ou de restreindre la communication, mais se borne, en rappelant les règles posées par le code de la propriété intellectuelle qui autorise l'usage privé d'une œuvre de l'esprit mais réprime l'utilisation collective qui pourrait en être faite, à limiter l'usage ultérieur que le demandeur, après communication, voudrait faire des documents. ● 16 mars 2006, *Président de la Cté urb. de Bordeaux,* n° 20061210 ● 27 nov. 2008, *Maire de Maizières-lès-Metz,* n° 20084340. S'agissant de rapports réalisés par un cabinet d'études dans le cadre de la constitution d'un dossier de demande d'autorisation de création d'une carrière. ● 30 avr. 2009, *Préfet de la Côte-d'Or,* n° 20091473. ... De pièces de mise en scène, de cahiers techniques de régie des pièces et, plus généralement, de documents contenant des informations relatives à la mise en scène de spectacles. ● 13 avr. 2006, *Maire d'Aubervilliers,* n° 20061574. ... D'études réalisées pour le compte d'un syndicat mixte dans le cadre de marchés de prestations intellectuelles. ● 11 mai 2006, *Président du synd. mixte interdépartemental d'aménagement et de mise en valeur du Vidourle et de ses affluents,* n° 20062039. ... D'une vidéo. ● 21 déc. 2006, *Préfet maritime de l'Atlantique,* n° 20065534. Il appartient à l'administration de rappeler au bénéficiaire de la communication du document les restrictions qui s'attachent à son usage en vertu de la loi ainsi que les sanctions auxquelles il s'expose s'il ne les respecte pas. ● Même affaire. ... *Idem:* ● 16 mars 2006, *Président de la Cté urb. de Bordeaux,* n° 20061210: *préc.*

▢▢▢

Art. L. 311-5▢ Ne sont pas communicables:

▢1° Les avis du Conseil d'État et des juridictions administratives, les documents de la Cour des comptes mentionnés à l'article *(Ord. n° 2016-1360 du 13 oct. 2016, art. 51-IV et 52, en vigueur le 1ᵉʳ mai 2017)* «L. 141-3» du code des juridictions financières et les documents des chambres régionales des comptes mentionnés *(Ord. n° 2016-1360 du 13 oct. 2016, art. 51-IV et 52, en vigueur le 1ᵉʳ mai 2017)* «aux articles L. 241-1 et L. 241-4» du même code, les documents élaborés ou détenus par l'Autorité de la concurrence dans le cadre de l'exercice de ses pouvoirs d'enquête, d'instruction et de décision, les documents élaborés ou détenus par la Haute Autorité pour la transparence de la vie publique dans le cadre des missions prévues à l'article 20 de la loi n° 2013-907 du 11 octobre 2013 relative à la transparence de la vie publique, les documents préalables à l'élaboration du rapport d'accréditation des établissements de santé prévu à l'article L. 6113-6 du code de la santé publique, les documents préalables à l'accréditation des personnels de santé prévue à l'article L. 1414-3-3 du code de la santé publique, les rapports d'audit des établissements de santé mentionnés à l'article 40 de la loi n° 2000-1257 du 23 décembre 2000 de financement de la sécurité sociale pour 2001 et les documents réalisés en exécution d'un contrat de prestation de services exécuté pour le compte d'une ou de plusieurs personnes déterminées;

▢2° Les autres documents administratifs dont la consultation ou la communication porterait atteinte:

a) Au secret des délibérations du Gouvernement et des autorités responsables relevant du pouvoir exécutif;
b) Au secret de la défense nationale;
c) A la conduite de la politique extérieure de la France;
d) A la sûreté de l'État, à la sécurité publique *(L. n° 2016-1321 du 7 oct. 2016, art. 2-II-1°)* «, à la sécurité des personnes ou à la sécurité des systèmes d'information des administrations»;
e) A la monnaie et au crédit public;
f) Au déroulement des procédures engagées devant les juridictions ou d'opérations préliminaires à de telles procédures, sauf autorisation donnée par l'autorité compétente;
(L. n° 2016-1321 du 7 oct. 2016, art. 2-II-2°) «g) A la recherche et à la prévention, par les services compétents, d'infractions de toute nature;»
h) Ou sous réserve de l'article L. 124-4 du code de l'environnement, aux autres secrets protégés par la loi. — *[L. n° 78-753 du 17 juill. 1978, art. 6-I.]*

Plan des annotations
I. DOCUMENTS NON COMMUNICABLES PAR NATURE VISÉS AU 1°n°s 1 à 14
A. AVIS DU CONSEIL D'ÉTAT ET DES JURIDICTIONS ADMINISTRATIVESn^os 1 à 4
B. CERTAINS DOCUMENTS DES JURIDICTIONS FINANCIÈRESn^os 5 à 7
C. CERTAINS DOCUMENTS ÉLABORÉS OU DÉTENUS PAR LA HAUTE AUTORITÉ POUR LA TRANSPARENCE DE LA VIE PUBLIQUEn° 8
D. DOCUMENTS PRÉALABLES À L'ÉLABORATION DU RAPPORT D'ACCRÉDITATION DES ÉTABLISSEMENTS DE SANTÉ PRÉVU À L'ART. L. 6113-6 DU CSP ET RAPPORTS D'AUDIT DE CES ÉTABLISSEMENTSn^os 9 et 10
E. DOCUMENTS RÉALISÉS EN EXÉCUTION D'UN CONTRAT DE PRESTATION DE SERVICES EXÉCUTÉ POUR LE COMPTE D'UNE OU DE PLUSIEURS PERSONNES DÉTERMINÉESn^os 11 à 14
II. AUTRES DOCUMENTS ADMINISTRATIFS CONCERNÉSn^os 15 à 40
A. ATTEINTE AU SECRET DES DÉLIBÉRATIONS DU GOUVERNEMENT ET DES AUTORITÉS RESPONSABLES RELEVANT DU POUVOIR EXÉCUTIFn^os 15 et 16
B. ATTEINTE AU SECRET DE LA DÉFENSE NATIONALEn^os 17 et 18
C. ATTEINTE À LA CONDUITE DE LA POLITIQUE EXTÉRIEURE DE LA FRANCEn^os 19 et 20
D. ATTEINTE À LA SÛRETÉ DE L'ÉTAT, À LA SÉCURITÉ PUBLIQUE OU À LA SÉCURITÉ DES PERSONNESn^os 21 à 25
E. ATTEINTE À LA MONNAIE ET AU CRÉDIT PUBLICn° 26
F. ATTEINTE AU DÉROULEMENT DES PROCÉDURES ENGAGÉES DEVANT LES JURIDICTIONSn^os 27 à 30
G. ATTEINTE À LA RECHERCHE DES INFRACTIONS DE TOUTE NATUREn^os 31 à 34
H. ATTEINTE AUX SECRETS PROTÉGÉS PAR LA LOIn^os 35 à 40
I. DOCUMENTS NON COMMUNICABLES PAR NATURE VISÉS AU 1°
A. AVIS DU CONSEIL D'ÉTAT ET DES JURIDICTIONS ADMINISTRATIVES

1. Le législateur a explicitement écarté les avis du Conseil d'État du champ des documents communicables. • 16 mai 2002, *Min. de l'Équipement,* n° 2002494 • 5 avr. 2007, *Min. de l'Intérieur,* n° 20071344.

2. La double circonstance, d'une part, que préalablement à la saisine du Conseil d'État d'une demande d'avis, un ministre a déclaré qu'il rendra public l'avis qui lui sera donné et, d'autre part, que le sens de cet avis a été communiqué à la presse, n'obligeait pas, eu égard aux termes de la loi, à communiquer le texte même de l'avis à toute personne. • CE 9 mars 1983, *Assoc. «SOS Défense»,* n° 45736: *AJDA 1983. 402, chron. Lasserre et Delarue.*

3. A la différence des avis émis par le Conseil d'État en vertu des art. L. 112-1 et L. 112-2 CJA, les avis émis par les missions juridiques créées en application des dispositions de l'art. R. 137-3 du même code, qui n'engagent que les membres de ces missions et ne sauraient être regardés comme rendus par le Conseil d'État lui-même, ne constituent pas des «avis du Conseil d'État» au sens des dispositions du 1° du I de l'art. 6 de la loi du 17 juill. 1978. • 22 déc. 2011, *Min. du Travail, de l'Emploi et de la Santé,* n° 20114982: *Rapp. 2011, p. 15.*

4. Si les avis du Conseil d'État ne sont pas communicables, les informations relatives à l'environnement qu'ils pourraient, le cas échéant, contenir sont quant à elles communicables. Les avis du Conseil d'État au vu desquels le Gouvernement adopte ses textes sont couverts par le secret de ses délibérations. Il appartient au Premier ministre d'apprécier au cas par cas si la préservation du secret des délibérations du Gouvernement est de nature à faire obstacle à leur communication. • CE 30 mars 2016, *Min. de l'Écologie, du Développement durable et de l'Énergie c/ Assoc. France Nature Environnement,* n° 383546 B.

B. CERTAINS DOCUMENTS DES JURIDICTIONS FINANCIÈRES

5. Avant l'entrée en vigueur de la loi du 5 janv. 1988, aucune disposition législative n'interdisait, par exception aux dispositions de l'art. 2 de la loi du 17 juill. 1978, la communication des rapports particuliers de la Cour des comptes aux personnes en faisant la demande. • CE 30 juin 1989, *Min. du Budget c/ David,* n° 86546 B.

6. En vertu de l'art. L. 141-10 CJF, auquel renvoie le 1° du I de l'art. 6 de la loi du 17 juill. 1978, les mesures d'instruction, rapports et diverses communications de la Cour des comptes ne sont pas communicables sur le fondement des dispositions du titre Ier de cette loi. • 7 juin 2012, *Directrice du Parc national de La Réunion,* n° 20122116. La CADA estime qu'en revanche, les dispositions du 1° du I de l'art. L. 124-4 C. envir., interprétées à la lumière de la directive 2003/4/CE du Parlement européen et du Conseil du 28 janv. 2003, ne permettent pas de refuser la communication d'informations relatives à l'environnement pour le seul motif qu'elles seraient contenues dans un rapport de la Cour des comptes. • Même affaire.

7. Le 1º du I de l'art. 6 de la loi du 17 juill. 1978, qui précise que ne sont pas communicables les documents des chambres régionales des comptes mentionnés à l'art. L. 241-6 CJF, ne couvre que les documents de travail et les lettres d'observations provisoires des chambres régionales des comptes, mais non les avis budgétaires de ces chambres ou les rapports définitifs, lesquels restent communicables en application de l'art. 2. ● 31 mars 2011, *Maire de Paris,* nº 20111409: *Rapp. CADA 2011. 15* ● 8 févr. 2001, *Président de la CRC Rhônes-Alpes,* nº 2001-057: *10ᵉ Rapp., p. 17 et 114.*

C. CERTAINS DOCUMENTS ÉLABORÉS OU DÉTENUS PAR LA HAUTE AUTORITÉ POUR LA TRANSPARENCE DE LA VIE PUBLIQUE

8. Sont concernés par cette exception tant les déclarations de situation patrimoniale reçues par la Haute Autorité pour la transparence de la vie publique que les documents, comportant les seuls éléments pouvant être rendus publics en application du III de l'art. L.O. 135-2 C. élect., qu'elle confectionne à partir de ces déclarations afin de les mettre à disposition des électeurs en préfecture. ● 4 sept. 2014, *Préfecture de l'Isère,* nº 20142664.

D. DOCUMENTS PRÉALABLES À L'ÉLABORATION DU RAPPORT D'ACCRÉDITATION DES ÉTABLISSEMENTS DE SANTÉ PRÉVU À L'ART. L. 6113-6 DU CSP ET RAPPORTS D'AUDIT DE CES ÉTABLISSEMENTS

9. Entrent dans le champ de cette exception: le contrat pluriannuel d'objectifs et de moyens régissant les relations entre un établissement de santé privé et l'agence régionale de l'hospitalisation, ainsi que des délibérations de la commission exécutive s'y rapportant. ● 19 déc. 2002, *Directeur de l'hospitalisation et de l'organisation des soins,* nº 20025082. ... Les «fiches établissement» réalisées par la Mission nationale d'audit et d'expertise hospitaliers (MAEH) dans le cadre de ses travaux sur le «*benchmarking* des blocs opératoires», qui font partie intégrante d'un rapport d'audit. ● 15 janv. 2009, *Président de la MAEH,* nº 20090187.

10. En revanche, ne relèvent pas de cette exception les documents relatifs à des procédures d'accréditation ou d'audit non expressément visées par la loi de 1978. ● 27 avr. 2006, *Directeur du CH Robert-Ballanger,* nº 20061359.

E. DOCUMENTS RÉALISÉS EN EXÉCUTION D'UN CONTRAT DE PRESTATION DE SERVICES EXÉCUTÉ POUR LE COMPTE D'UNE OU DE PLUSIEURS PERSONNES DÉTERMINÉES

11. Relèvent du champ de cette exception les documents établis par des administrations sur commande au profit de personnes extérieures, en vue d'être vendus à celles-ci. • 27 juill. 2000, *Préfet des Bouches-du-Rhône,* n° 20002484: *10e rapp., p. 23 et 121.* Il en est ainsi des analyses de marché effectuées par les postes d'expansion économique à l'étranger. • 29 avr. 2004, *Directeur des relations économiques extérieures,* n° 20041820. L'exception prévue au 1° du I de l'art. 6 n'est pas seulement opposable aux tiers à la prestation, mais à tout demandeur, y compris le bénéficiaire de la prestation de services; les droits du commanditaire de la prestation d'obtenir communication des documents réalisés en exécution du contrat ne peuvent donc reposer que sur d'autres fondements juridiques que la loi du 17 juill. 1978. • 6 juin 2013, *CHU de Bordeaux,* n° 20131522.

12. Cette exception couvre non seulement les documents qui constituent la prestation réalisée en exécution d'un tel contrat de prestation de services mais s'étend également aux différents documents se rapportant à l'exécution de ce contrat. • 29 avr. 2004, *Directeur des relations économiques extérieures,* n° 20041820 • 6 juin 2013, *CHU de Bordeaux,* n° 20131522. Tel est le cas de la lettre par laquelle l'entreprise demande à l'administration de réaliser la prestation de services, de l'éventuelle réponse de l'administration à cette demande et des autres correspondances échangées dans le cadre de l'exécution du contrat. • 29 avr. 2004, *Directeur des relations économiques extérieures,* n° 20041820: *préc.*

13. N'entrent pas dans le champ de cette exception les contrats de prestation de services exécutés pour le compte d'une ou de plusieurs personnes publiques déterminées, ou pour le compte d'une ou de plusieurs personnes privées déterminées et dotées d'une mission de service public. • 5 sept. 2002, *Directeur dptal de l'agriculture et de la forêt du Morbihan,* n° 20023602 • 26 juill. 2007, *Président de la chambre d'agriculture de Lozère,* n° 20072861 • 5 juill. 2007, *Maire d'Uchaux,* n° 20072640. Ainsi, les études réalisées par les services du ministère de l'Équipement pour une commune ou un département sont communicables à toute personne qui en fait la demande. • 27 mai 2004, *Min. de l'Équipement,* n° 20042207.

14. Les contrats de concession de main-d'œuvre conclus par une maison d'arrêt, qui ne sont pas réalisés à titre onéreux par l'administration au profit de l'entreprise cocontractante, n'entrent pas dans le champ de cette exception et constituent donc des documents administratifs communicables. • TA Lyon, 9 juill. 2009, *Sect. fr. de l'Observatoire international des prisons,* n°s 0708618 et 0708621.

II. AUTRES DOCUMENTS ADMINISTRATIFS CONCERNÉS

A. ATTEINTE AU SECRET DES DÉLIBÉRATIONS DU GOUVERNEMENT ET DES AUTORITÉS RESPONSABLES RELEVANT DU POUVOIR EXÉCUTIF

15. Serait de nature à porter atteinte au secret des délibérations du Gouvernement la communication ou la consultation: d'un rapport sur les rémunérations annexes des fonctionnaires remis au Premier ministre, qui l'avait commandé afin de définir la politique gouvernementale en matière de rémunérations annexes. • CE 2 déc. 1987, *Mlle Pokorny*, n° 74637: *Lebon 392; AJDA 1988. 162 et 147, chron. Azibert et Boisdeffre; D. 1988. 180, note Letteron; ibid. 3347, chron. Laveissière.* ... D'un rapport de la mission de liaison et de prospective sur la gendarmerie et la police nationale remis au Premier ministre et qui avait été demandé par ce dernier afin de définir la politique gouvernementale en ce qui concerne les mesures destinées à assurer une meilleure complémentarité entre ces deux forces. • CE 12 oct. 1992, *Assoc. SOS Défense*, n° 89-18.817: *D. 1992. 257.* ... Des notes des ministres et des notes relatives aux réunions organisées à l'échelon de leurs cabinets, dès lors qu'elles font corps avec les délibérations du Gouvernement qui ont abouti à l'adoption d'un décret. • CE 10 mai 1996, *Boula et «Mouvement de la législation contrôlée»*, n° 163607 B: *JCP 1997. 22784, note Mallol.* Les avis du Conseil d'État au vu desquels le Gouvernement adopte ses textes sont couverts par le secret de ses délibérations. • CE 30 mars 2016, *Min. de l'Écologie, du Développement durable et de l'Énergie c/ Assoc. France Nature Environnement*, n° 383546 B.

16. En revanche, ne relèvent pas de cette exception les documents administratifs relatifs à la nomination des conseillers du commerce extérieur, compte tenu de la nature des missions d'expertise confiées à ces derniers. • CE 15 mai 2009, *Min. de l'Économie, de l'Industrie et de l'Emploi c/ Colibert*, n° 307292 B. ... Des documents détenus par la Commission des opérations de bourse, autorité administrative indépendante, nonobstant la présence aux séances de la commission, lorsqu'elle adopte une délibération, d'un commissaire du gouvernement sans voix délibérative représentant le ministre compétent. • CE 5 nov. 1993, *Commission des opérations de bourse*, n° 143973 B. ... Un rapport du directeur régional du travail et de l'emploi au ministre, dans le cadre de l'instruction d'un recours hiérarchique formé contre un refus d'autorisation de licenciement. • CE 14 févr. 1992, *Min. du Travail, de l'Emploi et de la Formation professionnelle c/ Tranquille*, n° 111013 B. ... Les observations émises par les services du ministère de l'Environnement dans le cadre de la procédure d'instruction mixte concernant des travaux publics qui intéressent à la fois la défense nationale et un ou plusieurs services civils. • CE 6 avr. 2001, *Min. Équip., Transports et Logement*, n° 215070: *Lebon 182; RJE 2002. 43, note Braud.*

B. ATTEINTE AU SECRET DE LA DÉFENSE NATIONALE

17. Relèvent de cette exception: les décisions refusant l'habilitation «confidentiel défense». • CE 13 juin 1997, *Min. Défense c/ Pourbagher,* n° 157252 B. ... Un enregistrement sonore des propos échangés par un pilote de l'armée et le contrôle au sol avant et pendant l'accident survenu à ce pilote, effectué selon la procédure radio utilisée pour les communications entre les pilotes et l'armée et entre les pilotes de l'armée et les contrôleurs au sol qui est protégée par le secret de la défense nationale, ainsi que le procès-verbal de l'enquête, elle-même fondée en partie sur des enregistrements effectués selon une même procédure, établi à la suite de cet accident. • CE 30 oct. 1989, *Mme Dufour,* n°s 100268, 100269 et 100270: *Lebon 221.* ... Les documents relatifs au plan de sécurité Vigipirate. • 23 mai 1991, *Min. de l'Intérieur,* n° 19911053.

18. Avis d'incompétence, initialement, de la CADA pour les refus d'accès à des documents classifiés par suite de la création par la loi du 18 juill. 1998 de la Commission consultative du secret de la défense nationale. • 8 mars 2001, *Min. de la Défense,* n° 20010012: *10ᵉ rapp., p. 41 et 116* • 3 févr. 2005, *Min. de l'Intérieur,* n° 20050542. Si la Commission consultative du secret de la défense nationale ne peut être saisie que par un juge en vue du règlement du litige porté devant lui, cette faculté offerte au juge, s'il l'estime utile, en application de l'art. L. 2312-4 C. défense n'est exclue par aucun texte ni aucun principe pour les recours pour excès de pouvoir relatifs à la communication de documents administratifs couverts par le secret de la défense nationale, alors même que la CADA est par ailleurs compétente, sur le fondement de la loi n° 78-753 du 17 juill. 1978, pour rendre un avis sur la communication de tels documents. • CE 20 févr. 2012, *Min. de la Défense et des Anciens Combattants,* n° 350382: *Lebon 54.* La CADA s'estime à nouveau, depuis cette décision, compétente. • 10 janv. 2013, *Min. de l'Écologie, du Développement durable et de l'Énergie,* n° 20124117.

C. ATTEINTE À LA CONDUITE DE LA POLITIQUE EXTÉRIEURE DE LA FRANCE

19. Relèvent de cette exception, des documents relatifs à des démarches du Gouvernement français auprès d'un gouvernement étranger pour connaître le sort réservé par ce dernier à huit personnes détenues dans ce pays mariées à des Françaises. • CE 8 juin 1988, *Assoc. des familles françaises de prisonniers politiques en Guinée,* n° 60334: *Lebon 232.* ... L'instruction générale sur les visas adressée par le ministre des Affaires étrangères aux postes consulaires. • CE 17 févr. 1997, *Assoc. nat. d'assistance aux frontières pour les étrangers,* n° 158921 B: *AJDA 1997. 909; ibid. 916, obs. F.-J.-L.* ... Un document relatif à une procédure précontentieuse «EU Pilot», dès lors que sa communication altérerait les conditions du dialogue et des négociations de la France avec la Commission européenne. • 2 oct. 2014, *Premier min.,* n° 20142873.

20. Un dossier détenu par les services d'un consul général de France concernant une demande de visa de long séjour est communicable à l'intéressé qui en fait la demande sauf atteinte au secret de la politique extérieure. Il est fait une appréciation au cas par cas de l'atteinte éventuelle au secret de la politique extérieure. • CE 31 mars 1999, *El Fourti,* n° 195072 B.

D. ATTEINTE À LA SÛRETÉ DE L'ÉTAT, À LA SÉCURITÉ PUBLIQUE OU À LA SÉCURITÉ DES PERSONNES

21. Entrent dans le champ de cette exception: le procès-verbal de police au vu duquel a été prise une mesure de placement d'office en application de l'art. L. 343 CSP, qui n'est donc pas communicable, y compris à la personne qui a fait l'objet de cette mesure. • CE 12 avr. 1996, *Min. Intérieur c/ Planchon,* n° 129228 B. ... Les décisions qui refusent l'autorisation de commerce de matériels de guerre. • CE 3 mars 2010, *Min. de la Défense,* n° 318716 B. ... Le rapport de police relatif à une demande d'acquisition et de détention d'une arme de 4ᵉ catégorie. • CE 18 déc. 1987, *Min. de l'Intérieur et de la Décentralisation c/ Manciaux,* n° 57791: *Lebon 420; AJDA 1988. 147, chron. Azibert et de Boisdeffre.* ... Les décisions refusant l'autorisation ou le renouvellement d'une autorisation de détention ou de port d'armes. • CE 10 avr. 1991, *Chemouni,* n° 110208: *Lebon 126; Dr. adm. 1991, n° 264.* ... Certains passages d'un contrat relatif à la télésurveillance et d'un contrat relatif au transport de fonds passés entre l'État et une société. • CE 3 févr. 1992, *Sté Sécuripost et Min. des Postes,* nᵒˢ 118563 et 118565: *Lebon 50; Dr. adm. 1992, n° 116.* ... Les noms des fonctionnaires affectés à la mission interministérielle de vigilance et de lutte contre les dérives sectaires (MIVILUDES). • CE 11 juill. 2016, *Premier min. c/ Assoc. Éthique et Liberté,* n° 392586: *Lebon 334.* L'identité des intervenants au sein des formations sur les dérives sectaires dispensées par l'École nationale de la magistrature, ainsi que celle des inscrits et participants à ces formations. • CE 8 nov. 2017, *Assoc. spirituelle de l'Église de scientologie Celebrity Center,* n° 375704: *Lebon.* ... La liste des noms, prénoms, fonctions et numéros de matricules des agents, officiers, gendarmes et/ou policiers affectés au Centre automatisé de constatation des infractions routières (CACIR), eu égard à la qualité de fonctionnaires de police et de militaires de la gendarmerie des intéressés. • CE 15 déc. 2017, *Min. de l'Intérieur,* n° 405845 B. ... Les plans de situation des caméras de vidéosurveillance installées dans une commune et des zones qu'elles couvrent. • 27 févr. 2014, *Mairie de Libourne,* n° 20140411. Les documents relatifs à la mise en place d'une zone de sécurité prioritaire et les comptes-rendus du conseil intercommunal de sécurité et de prévention de la délinquance ne sont communicables qu'après occultation des mentions susceptibles de porter atteinte à la sécurité publique ou à la sécurité des personnes. • Même avis. La fiche pénale établie pour chaque détenu par le greffe de l'établissement est communicable à l'intéressé sous réserve, notamment, qu'une telle communication ne porte pas atteinte, dans les circonstances propres à chaque espèce, à la sûreté de l'État, à la sécurité publique ou à la sécurité des personnes. • CE 20 avr. 2005, *Garde des Sceaux, min. de la Justice,* n° 265326: *Lebon 155; Gaz. Pal. 20-21 mai 2005, p. 1862, concl. Donnat; Dr. adm. juin 2005, p. 16, note F.D.* Le guide de la procédure d'identification pour l'immatriculation des personnes nées à l'étranger, rédigé conjointement par la CNAV et l'INSEE, comporte des éléments dont la divulgation pourrait favoriser la fraude documentaire et l'usurpation d'identité ou d'état civil et n'est dès lors communicable qu'après l'occultation des pages dont la communication serait, de ce fait, de nature à porter atteinte à la sécurité publique. • 12 sept. 2013, *Caisse nationale d'assurance vieillesse,* n° 20131905.

22. L'existence d'un risque d'atteinte à la sûreté de l'État, à la sécurité publique ou à la sécurité des personnes ne se présume pas du fait de la mission de l'autorité administrative auteur du document demandé. Il convient de rechercher si, en raison des informations qu'il contiendrait, la divulgation du document risque de porter atteinte à la sûreté de l'État, à la sécurité publique ou à la sécurité des personnes, et si une communication partielle ou après occultation de certaines informations est, le cas échéant, possible. • CE 22 févr. 2013, *Féd. chrétienne des témoins de Jéhovah de France*, n° 337987 B.

23. L'autorité administrative qui détient des informations relatives à la localisation de la dissémination d'organismes génétiquement modifiés (OGM) est tenue de communiquer, sans délai et sans condition, à toute personne qui en fait la demande l'ensemble des données en sa possession relatives à la localisation de la dissémination des OGM, telles qu'elles lui ont été transmises par le demandeur de l'autorisation de procéder à la dissémination lors de l'examen des conséquences du projet pour l'environnement. La circonstance que la communication de la référence cadastrale des parcelles sur lesquelles sont pratiquées les disséminations pourrait avoir pour conséquence de porter atteinte à la sécurité des personnes et des biens est, en toutes circonstances, sans incidence sur cette obligation. • CE 9 déc. 2009, *Cne de Sausheim*, n° 280969: *Lebon 494; JCP Adm. 2010. Actu. 6, obs. Sorbara* • 16 avr. 2010, *Azelvandre*, n° 279817: *RFDA 2010. 637*. Si les documents se rapportant à la réalisation de la plate-forme aéroportuaire de Notre-Dame-des-Landes sont soumis au droit d'accès prévu à l'art. 1er de la loi du 17 juill. 1978 ainsi que, s'agissant des informations environnementales, à celui résultant des dispositions des art. L. 124-1 s. C. envir., toutefois, compte tenu du contexte, l'administration est fondée à occulter les mentions concernant les entreprises prestataires, dès lors que ces informations, qui ne présentent pas, par elles-mêmes, un caractère environnemental, peuvent être utilisées de manière malveillante par le public. • 27 févr. 2014, *Préfecture de la Loire-Atlantique*, n° 20140418.

24. En prévoyant que les données relatives à l'implantation et au déploiement de leurs infrastructures et de leurs réseaux communiquées par les gestionnaires d'infrastructures de communications électroniques et les opérateurs de communications électroniques à l'État, aux collectivités territoriales et à leurs groupements ne sont pas communicables au public, le premier al. du IV de l'art. D. 98-6-3 CPCE, qui reconnaît implicitement le caractère sensible des informations susceptibles, par leur nature, de porter atteinte à la sûreté de l'État, à la sécurité publique ou à la sécurité des personnes au sens de l'art. 6 de la loi du 17 juill. 1978, n'a pas méconnu la loi. • CE 10 nov. 2010, *Féd. fr. des télécommunications et des communications électroniques et SIPPEREC*, nos 327062 et 330408 B.

25. Hypothèse d'un document techniquement divisible mais juridiquement indivisible. La base de données CEZAR («Connaître l'évolution des zones à risques») de la SNCF, qui traite, par le recensement des incidents de toute nature portant atteinte aux biens et aux personnes, de «l'évolution des zones à risques» dans le système ferroviaire national, contient certaines informations qui seraient communicables sans méconnaître l'exception relative à la sécurité publique. Toutefois, alors même qu'un document constitué d'une base de données informatisée est techniquement divisible dès lors que les possibilités d'interrogation peuvent être limitées à un type d'information, la base de données CEZAR, du fait de son contenu et de la portée de ses informations destinées à prévenir les atteintes au sein d'un réseau ferroviaire unifié, n'est pas divisible. Par suite, le motif tiré de l'atteinte à la sécurité des personnes et à la sécurité publique justifie, à lui seul, le refus de communication. • CE 11 juill. 2008, *SA d'exploitation de l'hebdomadaire Le Point,* n° 304752: *Lebon 268; RFDA 2008. 1087; AJDA 2008. 2178, note Dreyfus.*

E. ATTEINTE À LA MONNAIE ET AU CRÉDIT PUBLIC

26. Ne sont pas communicables à ce titre les documents contenant des informations sur le Fonds de réserve des retraites de nature à rendre possible une spéculation financière qui ne serait pas dépourvue d'incidence sur la gestion de la dette publique et la qualité du crédit public de la France. • 26 févr. 2005, *Président du directoire du Fonds de réserve pour les retraites,* n° 20051762. Les documents administratifs dont la communication peut être refusée à ce titre peuvent néanmoins être librement consultés dans les conditions fixées par la loi du 3 janv. 1979 sur les archives publiques à l'expiration des délais prescrits. • CE , sect., 8 avr. 1994, *Min. Aff. étrangères c/ Mme Jobez,* n° 09624: *Lebon 178; AJDA 1994. 679, chron. Touvet et Stahl; Dr. adm. 1995. 1, concl. Denis-Linton.*

F. ATTEINTE AU DÉROULEMENT DES PROCÉDURES ENGAGÉES DEVANT LES JURIDICTIONS

27. Pour assurer le respect tant du principe constitutionnel d'indépendance des juridictions que de l'objectif de valeur constitutionnelle de bonne administration de la justice, le législateur a pu exclure, au f du 2° de la loi du 17 juill. 1978, la communication des documents administratifs, sauf autorisation donnée par l'autorité judiciaire ou la juridiction administrative compétente, dans l'hypothèse où cette communication risquerait d'empiéter sur les compétences et prérogatives de cette autorité ou de cette juridiction, auxquelles il appartient seules, dans le cadre des procédures engagées devant elles et en vertu des principes et des textes qui leur sont applicables, d'assurer le respect des droits de la défense et le caractère contradictoire de la procédure. ● CE 26 déc. 2013, *Sté Les Laboratoires Servier,* n° 372230 B. Dès lors qu'un document administratif a été transmis au procureur de la République sur le fondement de l'art. 40 C. pr. pén., il appartient à l'autorité saisie d'une demande de communication de ce document de rechercher, à la date à laquelle elle se prononce, les suites données à cette transmission ou susceptibles de l'être, afin de déterminer, à moins que l'autorité judiciaire compétente ait donné son accord, si la communication du document sollicité est de nature à porter atteinte au déroulement de procédures juridictionnelles ou d'opérations préliminaires à de telles procédures en empiétant sur les prérogatives de cette autorité. ● CE 21 oct. 2016, *CHSCT de l'éts d'Amiens nord de la sté Goodyear Dunlop Tires France,* n° 380504 B. La communication à une société d'études qui avaient été produites dans le cadre de l'information judiciaire ouverte contre cette société, mise en examen, et qui faisaient l'objet d'une expertise judiciaire en cours dans le cadre de cette information judiciaire, et dont le contenu constituait, en outre, un élément essentiel de la caractérisation des éléments matériels de l'infraction pour laquelle elle était ainsi poursuivie, est de nature à porter atteinte au déroulement d'une procédure juridictionnelle au sens du f) du 2° du I de l'art. 6 de la loi n° 78-753 du 17 juill. 1978. ● CE 30 déc. 2015, *Sté Les Laboratoires Servier,* n° 372230: *Lebon* 493. La communication à des sociétés qui ont contesté devant le tribunal administratif l'attribution d'un marché à une société concurrente d'un avis interne à l'administration émis par la direction des libertés publiques et des affaires juridiques du ministère de l'Intérieur à destination de la direction des ressources et des compétences de la police nationale et qui a été rédigé dans la perspective d'un contentieux afin d'évaluer les risques et les faiblesses juridiques de la procédure de passation du marché en cause serait, dans les circonstances de l'espèce, de nature à porter atteinte aux procédures juridictionnelles en cours. ● CE 28 sept. 2016, *Sté Armor Développement et a.,* n° 390760 B. Lorsqu'un protocole transactionnel conclu par l'administration vise à éteindre un litige porté devant la juridiction administrative, sa communication est de nature à porter atteinte au déroulement de la procédure juridictionnelle. Elle ne peut dès lors intervenir, sous réserve du respect des autres secrets protégés par la loi, qu'après que l'instance en cause a pris fin. ● CE 18 mars 2019, *Min. Économie et Finances,* n° 403465: *Lebon.*

28. Si une communication de document qui empiéterait sur les compétences et prérogatives du juge dans la conduite d'une procédure portait atteinte au déroulement de celle-ci, en revanche, eu égard aux principes régissant la transparence que la loi du 17 juill. 1978 a imposée aux personnes publiques, qui ne subordonne pas le droit d'accès à un intérêt établi, la seule circonstance qu'une communication de document administratif soit de nature à affecter les intérêts d'une partie à une procédure (personne publique ou toute autre personne) ne constitue pas une telle atteinte. En particulier, la seule circonstance qu'un document soit susceptible d'être utilisé dans la procédure juridictionnelle engagée par le demandeur ne saurait par elle-même autoriser l'administration à en refuser la communication. Il en va de même de la seule allégation que cette communication serait de nature à altérer l'égalité des armes entre les parties. ● CE 16 avr. 2012, *Min. du Budget, des Comptes publics et de la Fonction publique c/ Mme Tarditi*, n° 320571 B.

29. La seule circonstance que le rapport d'une commission administrative, après avoir été transmis à l'autorité judiciaire, ait été coté au dossier d'instruction dans le cadre d'une instruction pénale en cours ne suffit pas à établir que la communication de ce rapport porterait atteinte, au sens de l'art. 6 de la loi du 17 juill. 1978, au secret de l'instruction prévu par l'art. 11 C. pr. pén. ou, en l'absence d'autre élément de nature à justifier le risque d'atteinte au déroulement de la procédure judiciaire, au déroulement de la procédure engagée devant le juge pénal. ● CE 5 mai 2008, *SA Baudin Châteauneuf*, n° 309518: *Lebon 117; RJEP 2008, n° 656, p. 7, concl. Landais; Dr. adm. juill. 2008, comm. 91, note Melleray.* Si la seule circonstance que les procès-verbaux et rapports établis dans le cadre de la procédure d'enquête prévue par l'art. L. 450-2 C. com. soient susceptibles de fonder, après leur transmission aux autorités compétentes et par application des dispositions de l'art. L. 420-6 du même code, des procédures engagées devant les juridictions pénales ne fait pas, à elle seule, obstacle à la communication de ces documents, l'administration saisie d'une demande en ce sens est toutefois tenue de rechercher si la communication sollicitée peut être refusée sur le fondement des dispositions de l'art. 6 de la loi du 17 juill. 1978, notamment dans le cas où elle serait de nature à porter atteinte au déroulement de procédures engagées devant une juridiction ou à l'un des secrets protégés par la loi, au nombre desquels figure le secret de l'instruction prévu par l'art. 11 C. pr. pén. ● CE 1er mars 2004, *Min. de l'Économie, des Finances et de l'Industrie c/ Sté civile de moyens Imagerie médicale du Nivolet,* n°s 247733 et 251338: *Lebon 105.* La circonstance qu'un exemplaire d'un rapport dont le requérant a demandé la communication a été transmis par la Commission des opérations de bourse au procureur de la République, dans le cadre de l'enquête préliminaire ouverte par ce dernier, et que cet exemplaire versé au dossier de la procédure ne peut être communiqué, comme les autres pièces de cette procédure, que dans les conditions prévues par l'art. R. 156 C. pr. pén., est sans influence sur l'application des dispositions de la loi du 17 juill. 1978 qui font obligation à l'administration, sauf si interdiction lui en est faite par les autorités judiciaires dans l'exercice des pouvoirs qui leur sont conférés par la loi, de communiquer au demandeur tout document qui n'entre pas dans l'une des catégories de secrets limitativement énumérées par les dispositions de l'art. 6 de cette loi. En l'espèce, la transmission des rapports en cause au parquet ne permet pas d'en déduire que leur consultation ou communication porterait atteinte au déroulement de procédures engagées devant les juridictions ou d'opérations préliminaires à de telles procédures. ● CE 20 mars 1992, *David,* n° 117750: *Lebon 127.*

30. Les informations médicales contenues dans le dossier médical d'une personne qui a reçu des soins dans un établissement de santé sont communicables aux ayants droit de cette personne, en cas de décès, sans que puisse y faire obstacle la circonstance qu'un litige opposant les ayants droit a été porté devant une juridiction et que les informations dont la communication a été demandée sont susceptibles d'être utilisées dans le cadre de ce litige. ● CE 29 janv. 2003, *Assistance publique Hôpitaux de Paris,* n° 214070: *Dr. adm. 2003. Comm. 54 et 184.*

G. ATTEINTE À LA RECHERCHE DES INFRACTIONS DE TOUTE NATURE

31. Infractions en matière fiscale et douanière. Entre dans le champ de cette exception une circulaire du ministre de l'Économie et des Finances commentant à l'intention des services des douanes les dispositions d'un arrêté pris pour l'application de l'art. 215 C. douanes, et qui mentionne des méthodes de fraude effectivement utilisées et donne des directives sur la manière de procéder aux contrôles prévus par la loi et les limites d'intervention des services dans l'exercice de ce contrôle. ● CE 16 nov. 1984, *Mesmin,* n° 50234: *Lebon 376; AJDA 1985. 291; RD publ. 1986. 259.*

32. Eu égard à son contenu, la seconde partie portant le timbre «confidentiel» d'une monographie sur la vérification des centres équestres établie par l'administration, qui ne constitue pas une des monographies professionnelles visées à l'art. 302 *ter* 2 *bis* CGI, entre dans le champ de cette exception. ● CE 22 oct. 1990, *Cassigneul,* n° 103708 B.

33. Les rapports sur la situation fiscale d'un contribuable, établis au terme d'opérations de vérification, doivent être communiqués au contribuable s'il en fait la demande, sous réserve, le cas échéant, qu'en aient été éliminées les mentions exclues du droit à la communication. Des développements qui exposent les critères retenus par l'administration pour sélectionner le dossier d'un contribuable afin d'entreprendre la vérification de sa comptabilité ainsi que les moyens de recherche mis en œuvre par les différents services en vue de mener celle-ci à bien sont, eu égard à leur objet et à leur contenu, au nombre de ceux dont la divulgation porterait atteinte à la recherche des infractions fiscales. • CE 12 oct. 1990, *Min. du Budget c/ Durand,* n° 100036 B. Si les informations que comporte la proposition d'examen de la situation fiscale personnelle d'un contribuable ne sont pas par elles-mêmes de nature à porter atteinte à la recherche, par les services compétents, des infractions fiscales et douanières, leur rapprochement, ainsi que les indications relatives aux enquêtes et recoupements opérés à cette fin, sont susceptibles de renseigner les contribuables sur les critères retenus par l'administration pour sélectionner leurs dossiers afin d'entreprendre la vérification de leur situation fiscale; par suite, la divulgation de ce document, dont les différentes parties ne sont pas en l'espèce dissociables, porterait atteinte à la recherche des infractions fiscales. • CE 4 mai 2011, *Min. du Budget, des Comptes publics et de la Réforme de l'État c/ M. C.,* n° 328914. Dès lors que certains passages d'un rapport de vérification de comptabilité ayant trait à des recoupements effectués au vu de pièces comptables de la société vérifiée, d'un remboursement de taxe et de déclarations déposées par cette société contiennent des indications dont la divulgation porterait atteinte à la recherche des infractions fiscales, l'administration est fondée à refuser au contribuable la communication du texte entier du rapport. • CE 3 mai 1993, *Min. délégué chargé du Budget c/ Gabriel,* n° 119888 B.

34. A noter, sur le fondement d'un autre texte, le secret prévu par les stipulations de l'art. 26 de la convention fiscale franco-américaine pour les renseignements échangés entre administrations fiscales, qui fait obstacle à la communication au contribuable des renseignements fournis par les services fiscaux américains et rend inopérant le moyen tiré des dispositions de la loi du 17 juill. 1978. • CE 5 mars 1993, *Mlle Rohart,* n° 105069: *Lebon 62.*

H. ATTEINTE AUX SECRETS PROTÉGÉS PAR LA LOI

35. Documents couverts par le secret professionnel. Le secret professionnel auquel est tenue, par l'art. L. 221-6 CASF, toute personne participant aux missions du service de l'aide sociale à l'enfance, sous les réserves prévues par cet article et par les articles L. 221-3, L. 226-2-1 et L. 226-2-2 du même code, est au nombre des secrets protégés par la loi. ● 4 sept. 2014, *Conseil général de l'Hérault,* n° 20142794 ● CADA 4 sept. 2014, *Conseil général de la Nièvre,* n°ˢ 20142173 et 20142173. Les documents établis par les agents de l'URSSAF dans le cadre des missions de recouvrement et de contrôle dont ils sont investis sont couverts par le secret professionnel auxquel ces agents sont tenus en vertu de l'art. L. 243-9 CSS. ● 24 juill. 2014, *URSSAF d'Île-de-France,* n° 20142377. Les dispositions de l'art. 38 de la loi organique n° 2011-333 du 29 mars 2011 font obstacle à ce que les documents recueillis par les agents du Défenseur des droits dans l'exercice de leurs missions soient communiqués à un tiers alors même qu'il est partie à la procédure engagée par l'institution. Ces documents sont couverts par le secret professionnel résultant des dispositions combinées de l'art. 38 de la loi organique du 29 mars 2011 et du *h* du 2° du I de l'art. 6 de la loi du 17 juill. 1978. ● 16 oct. 2014, *Défenseur des droits,* n° 20142672. En revanche, il a été jugé que la communication au salarié du rapport d'enquête établi par le contrôleur du travail à la suite de l'enquête réalisée sur un accident dont ce salarié a été victime n'est pas susceptible en l'espèce de porter atteinte à l'obligation de secret à laquelle les fonctionnaires de l'Inspection du travail sont soumis. ● CE 21 sept. 1990, *Min. du Travail, de l'Emploi et de la Formation professionnelle c/ Thomé,* n° 108092 B ● 20 déc. 1991, *Montini,* n° 107566 B.

36. Cas particulier du secret fiscal et douanier. Les déclarations établies par les redevables de la taxe générale sur les activités polluantes détenues par les agents des douanes ne sont pas communicables aux tiers, en l'absence de disposition législative expresse déliant ces agents du secret professionnel auquel ils sont tenus. • CE 21 mai 2008, *Min. du Budget, des Comptes publics et de la Fonction publique c/ Cté d'agglomération du bassin d'Aurillac,* n° 306138 B. Les informations recueillies, en vue de la délivrance d'un agrément sur le fondement de l'art. 217 *undecies* CGI, dans le cadre de leur mission d'établissement de l'assiette de l'impôt, par les agents de la direction générale des finances publiques sont couvertes par le secret professionnel qui s'impose à eux en application de l'art. L. 103 LPF. • CE 27 juill. 2015, *Sté Mediaserv,* n° 366604. En revanche, ce secret n'est pas opposable au débiteur solidaire de l'impôt, dans la mesure où les pièces couvertes par le secret sont utiles à l'exercice de son droit de réclamation, dans la limite de la solidarité prononcée à son encontre. • CE 8 avr. 2022, n° 450114 B. Il ne fait pas davantage obstacle à la communication aux héritiers tenus au paiement d'une dette fiscale de la succession des documents administratifs sur lesquels l'administration fiscale s'est fondée pour établir l'imposition mise à la charge de la succession, dans la mesure où ils sont utiles à l'exercice de leurs droits, sous réserve, le cas échéant, de l'occultation des autres informations mettant en cause la vie privée de tiers qu'ils comporteraient. • Même décision. Les dispositions de l'art. L. 103 LPF, relatives au secret professionnel, ne font pas obstacle à la communication sur le fondement de la L. du 17 juill. 1978, à un redevable d'une imposition établie en application de l'art. 1498 CGI par la méthode dite de comparaison, des procès-verbaux pertinents établis pour l'évaluation de ses biens immobiliers. • CE 18 juill. 2011, *Min. du Budget, des Comptes publics, de la Fonction publique et de la Réforme de l'État c/ Sté GSM Consulting,* n° 345564 B. ... Et plus généralement des éléments utiles à la défense du contribuable, étant précisé que ce droit à communication ne saurait s'appliquer qu'à des documents qui revêtent un caractère pertinent pour l'évaluation des biens commerciaux et qu'il ne saurait avoir pour conséquence de divulguer des informations couvertes par l'un des secrets protégés. • CE 30 déc. 2014, *Min. délégué, chargé du Budget c/ SNC Miramar Crouesty,* n° 371225 B.

37. Cas particulier du secret des correspondances entre un avocat et son client. L'ensemble des correspondances échangées entre un avocat et son client, notamment les consultations juridiques rédigées par l'avocat à son intention, est couvert par le secret professionnel. Le secret de la relation entre l'avocat et son client fait obstacle à ce que le client soit tenu de divulguer ces correspondances. Ainsi, lorsque les documents dont la communication est demandée font partie de la correspondance échangée entre une administration et son avocat ou consistent en une consultation rédigée par cet avocat pour le compte de cette administration, la communication peut être refusée par cette dernière. ● CE , ass., 27 mai 2005, *Dpt de l'Essonne*, n° 268564: *Lebon 229* ● 27 mai 2005, *Cne d'Yvetot*, n° 268564: *Lebon 226; JCP Adm. 2005. 896, obs. Rouault; ibid. 991, concl. Mitjavile; D. 2005. 2425, note Blanchard; AJDA 2005. 1450, chron. Landais et Lenica.* Toutefois, cette règle doit être combinée avec le droit à l'information dont bénéficie tout membre du conseil municipal en vertu de l'art. L. 2121-13 CGCT; dès lors, il appartient au maire saisi dans ces conditions d'une demande de communication du document établi par un avocat d'apprécier sous le contrôle du juge, d'une part si cette communication se rattache à une «affaire» de la commune qui fait l'objet d'une délibération du conseil municipal, d'autre part, eu égard à la nature de ce document, de s'assurer qu'aucun motif d'intérêt général n'y fait obstacle, avant de procéder, le cas échéant, à cette communication aux élus selon des modalités appropriées. ● Même arrêt. Le secret professionnel ne s'étend pas aux honoraires de l'avocat. ● 9 juin 2005, n° 20051797.

38. Secret statistique. La protection des renseignements d'ordre individuel prévue par l'art. 6 de la L. n° 51-711 du 7 juin 1951 sur l'obligation, la coordination et le secret en matière de statistiques (secret des statistiques) est au nombre des secrets protégés par la loi au sens du *h* du 2° du I de l'art. 6 de la L. du 17 juill. 1978. ● 22 janv. 2015, *DREAL 63,* n° 20150102. Les informations contenues par le répertoire des immeubles localisés sont couvertes par le secret statistique. ● 18 juin 2015, *Mairie de Vichy,* n° 20152056.

39. Portée de la protection. L'administration ne peut être tenue, pour l'exécution des mesures d'instruction ordonnées par le juge des référés, de communiquer des pièces couvertes par un secret protégé par la loi, sans l'autorisation de celui dans l'intérêt duquel le secret a été édicté, qu'il s'agisse de pièces n'émanant pas de l'administration mais qu'elle détient ou de pièces émanant de l'administration ou d'un organisme de contrôle dépendant de l'État, tels les passages de rapports reproduisant des informations couvertes par le secret. ● CE 6 avr. 2001, *Min. Économie c/ Vannier-Moreau et a.,* n° 202420.

40. L'ancienne rédaction du I de l'art. 6, en ce qu'elle prévoyait, parmi les motifs de refus de communication d'informations relatives à l'environnement, un motif tiré de ce que la consultation ou la communication du document porterait atteinte «de façon générale, aux secrets protégés par la loi», n'était pas compatible avec la directive 90/313/CEE du Conseil du 7 juin 1990 concernant la liberté d'accès à l'information en matière d'environnement. ● CJCE 26 juin 2003, *Commission c/ France,* C-233/00: *AJDA 2003. 2151, comm. Bélorgey, Gervasoni et Lambert; ibid. 2004. 543, note Delaunay.* Même contrariété en ce que la loi ne prévoyait pas de disposition selon laquelle les informations relatives à l'environnement font l'objet d'une communication partielle, lorsqu'il est possible d'en retirer les mentions ayant trait aux intérêts visés à l'art. 3, § 2, de la directive 90/313/CEE du Conseil du 7 juin 1990. ● Même arrêt.

Art. L. 311-6⬜ Ne sont communicables qu'à l'intéressé les documents administratifs:

⬜1° Dont la communication porterait atteinte à la protection de la vie privée, au secret médical et au secret *(L. n⁰ 2018-670 du 30 juill. 2018, art. 4)* «des affaires» *(L. n⁰ 2016-1321 du 7 oct. 2016, art. 6-I)* «, lequel comprend le secret des procédés, des informations économiques et financières et des stratégies commerciales ou industrielles et est apprécié en tenant compte, le cas échéant, du fait que la mission de service public de l'administration mentionnée au premier alinéa de l'article L. 300-2 est soumise à la concurrence»;

⬜2° Portant une appréciation ou un jugement de valeur sur une personne physique, nommément désignée ou facilement identifiable;

⬜3° Faisant apparaître le comportement d'une personne, dès lors que la divulgation de ce comportement pourrait lui porter préjudice.

⬜Les informations à caractère médical sont communiquées à l'intéressé, selon son choix, directement ou par l'intermédiaire d'un médecin qu'il désigne à cet effet, dans le respect des dispositions de l'article L. 1111-7 du code de la santé publique. — *[L. n⁰ 78-753 du 17 juill. 1978, art. 6-II.]*

⬜⬜

Plan des annotations
n° 1
I. NOTION DE PERSONNE «INTÉRESSÉE»n⁰ˢ 2 à 6
II. DOCUMENT DONT LA COMMUNICATION PORTE ATTEINTE AU SECRET DE LA VIE PRIVÉEn⁰ˢ 7 à 11
III. DOCUMENTS DONT LA COMMUNICATION PORTE ATTEINTE AU SECRET EN MATIÈRE COMMERCIALE ET INDUSTRIELLE ET AU SECRET DES AFFAIRESn⁰ˢ 12 à 19
IV. DOCUMENTS PORTANT UNE APPRÉCIATION OU UN JUGEMENT DE VALEUR SUR UNE PERSONNE PHYSIQUEn⁰ˢ 20 à 24
V. DOCUMENTS FAISANT APPARAÎTRE LE COMPORTEMENT D'UNE PERSONNEn⁰ˢ 25 et 26
VI. INFORMATIONS À CARACTÈRE MÉDICALn⁰ˢ 27 à 37

1. La divulgation d'un document administratif non communicable à des tiers en raison des informations qu'il contient n'est pas, quand il est établi que l'administration n'a pas concouru à cette communication, par elle-même de nature à imposer à cette dernière de prendre des mesures visant à faire cesser ou à limiter le préjudice causé à une personne lésée par cette divulgation. • CE 24 juill. 2019, *MM. B.,* n° 406927 B.

I. NOTION DE PERSONNE «INTÉRESSÉE»

2. Cas général. En règle générale, la personne «intéressée», qui peut être une personne physique ou morale, est celle qui est «directement concernée» par le document. • CE 17 avr. 2013, *Min. de l'Immigration, de l'Intégration, de l'Identité nationale et du Développement solidaire,* n° 337194 B. Il s'agit le plus souvent de la personne en considération de laquelle le document a été pris. Tel est le cas par exemple de la fiche individuelle de notation d'un fonctionnaire, qui n'est communicable qu'à ce dernier. • 6 mars 2008, *Maire de Hem,* n° 20080993. Dans le cas particulier des informations révélant le comportement d'une personne dans des conditions susceptibles de lui porter préjudice, c'est cette personne qui a la qualité de personne intéressée; il en résulte qu'une lettre de plainte n'est, en principe, communicable qu'à l'auteur de cette lettre, et non à la personne visée par la plainte. • 17 oct. 2002, *Inspecteur d'académie, Directeur des services dptaux de l'Éducation nationale de Seine-et-Marne,* n° 20024137 • 29 mai 2007, *Maire de Bron,* n° 20071935. Des témoignages ou procès-verbaux d'audition peuvent, compte tenu du contexte juridique ou factuel dans lequel ils sont établis, faire apparaître le comportement des personnes qui portent ces témoignages ou sont entendues. Ces personnes ont la qualité d'«intéressés», et les documents ne sont communicables qu'à elles, lorsque la communication de ces documents à des tiers serait de nature à leur porter préjudice. • CE 21 sept. 2015, *M. R.,* n° 369808: *Lebon 315.* Par ailleurs, une personne condamnée au paiement solidaire de l'impôt dû par une autre personne a droit à la communication des pièces du dossier fiscal de cette dernière qui sont nécessaires à l'exercice de son droit de réclamation. • CE 1er juin 1990, *Min du Budget c/ Bouxom,* n° 65622: *Lebon 141.* En revanche, un ex-conjoint ne peut obtenir communication des mentions figurant sur le passeport de son ex-épouse, même si cela concerne l'enfant pour lequel ils partagent l'autorité parentale. • 17 oct. 1996, *Sous-préfet de Draguignan,* n° 19963361. ... Pas plus qu'un créancier souhaitant obtenir l'adresse de l'employeur d'une personne ayant présenté un dossier devant une commission de surendettement. • 22 juill. 1993, *Préfet du Var,* n° 19931848. Le petit-fils du souscripteur d'une déclaration recognitive de nationalité souscrite en application de la loi n° 62-825 du 21 juill. 1962 et du titre VII C. nat. ne justifie pas en ce seul titre de la qualité de personne intéressée lui permettant d'obtenir communication d'un tel document. • CE 17 avr. 2013, *Min. de l'Immigration, de l'Intégration, de l'Identité nationale et du Développement solidaire,* n° 337194: *préc.*

3. Autorité parentale. Un document mettant en cause la vie privée d'un enfant mineur n'est communicable qu'au(x) titulaire(s) de l'autorité parentale à l'égard de cet enfant. • CE 31 juill. 1996, *Zanone,* n° 163603. Lorsqu'un parent n'exerce pas l'autorité parentale, un tel document ne lui est donc pas communicable. • Même décision. Les parents d'un enfant majeur ne peuvent accéder aux documents mettant en cause sa vie privée. • CE 6 déc. 1993, *Mme Laidin,* n° 143493 B. Le dossier de demande de prestation formulée au bénéfice d'un enfant mineur n'est communicable au titulaire de l'autorité parentale qu'après occultation des éléments couverts par le secret de la vie privée de l'autre parent. • 22 mai 2014, *MDPH 59,* n° 20141326. Pour le cas particulier des documents mettant en cause le secret médical, V. III, *infra.*

4. Personne majeure faisant l'objet d'une mesure de protection. Lorsqu'une personne est placée sous tutelle, son tuteur, qui est son représentant, peut adresser une demande de document la concernant. • CADA 19 mai 1988, *Seidel: Guide de l'accès aux documents administratifs, Doc. fr. 1997. 56* • 10 oct. 2008, *Directrice du foyer médicalisé «Les Thuyas» de Monferran-Savès,* n° 20080172. En revanche, le curateur ne peut représenter le majeur sous curatelle que pour la perception de ses revenus et le règlement de ses dépenses. • 28 sept. 2006, *UDAF de la Drôme,* n° 20064314 • 22 mars 2007, *Médecin-conseil de l'assurance maladie, chef de service responsable du secteur de Juvisy,* n° 20071208.

5. Personnes décédées. La mort d'une personne ne lève pas le secret qui couvre les informations concernant sa vie privée. Toutefois, un ayant droit ou un proche du défunt peut, dans certaines conditions, obtenir la communication de documents concernant ce dernier avant l'expiration du délai de libre communicabilité prévue par le code du patrimoine. La CADA vérifie alors que le proche ou l'ayant droit justifie d'un motif légitime et que le défunt ne s'est pas opposé, de son vivant, à la communication de ce document. • 30 avr. 2009, *Min. de la Justice,* n° 20091443 • 6 mai 2008, *Directeur du CH d'Angoulême,* n° 20081812. Ainsi, l'enfant d'une personne décédée peut demander communication des documents nécessaires à l'établissement de la dette fiscale de la succession et à sa liquidation. • 22 sept. 2005, *Directeur général des impôts,* n° 20053647. De même, a la qualité d'intéressé et peut, par suite, demander communication du dernier titre de pension adressé à son ex-conjoint décédé la personne bénéficiaire d'une pension de réversion. • 28 août 2003, *Trésorier-payeur général de la région Champagne-Ardenne et de la Marne,* n° 20032415. En revanche, la fille d'un notaire décédé n'a pas droit à la communication des documents figurant au dossier constitué lors de l'examen par la chambre des notaires de la demande de ce notaire tendant à obtenir l'honorariat, qui avait été rejetée par la chambre. • CE 29 juill. 1994, *Ch. des notaires du dpt du Cher,* n° 105023: *Lebon 396.* Pour le cas particulier du secret médical, V. III *infra.*

6. Conseils et mandataires. Un tiers produisant un mandat exprès de la personne intéressée peut obtenir la communication du document pour le compte de cette dernière. • 22 nov. 2007, *Trésorier-payeur général des Bouches-du-Rhône,* n° 20074470. Sauf dans le cas où il existerait un doute sérieux sur sa qualité pour représenter l'intéressé, un avocat peut, pour le compte de son client, demander la communication d'un document le concernant sans avoir à justifier d'un mandat écrit. • 6 déc. 2007, *Préfet d'Ille-et-Vilaine,* n° 20074609. L'associé d'un avocat ayant formulé une demande de communication peut consulter le dossier administratif nominatif du client de ce dernier, dès lors qu'il justifie de sa qualité d'associé, et l'administration ne peut exiger de lui qu'il justifie d'un mandat du client, hormis le cas exceptionnel où existerait un doute sérieux sur la réalité de cette représentation. • 14 mai 2009, *Préfet de police,* n° 20091701. En revanche, un stagiaire d'un cabinet d'avocats doit justifier d'un mandat exprès. • Même affaire.

II. DOCUMENT DONT LA COMMUNICATION PORTE ATTEINTE AU SECRET DE LA VIE PRIVÉE

7. Champ de cette exception. Le Conseil d'État a jugé que les personnes morales entrent dans le champ des personnes bénéficiant de cette protection. • CE 17 avr. 2013, *Min. du Travail, de l'Emploi et de la Santé c/ Sté Cabinet de La Taille,* n° 344924 B. En revanche, l'exception du secret de la vie privée ne concernait jusqu'alors, selon la doctrine de la CADA, que les personnes physiques. Le nom et le prénom d'une personne ne sont pas, en eux-mêmes, couverts par le secret de la vie privée, sauf rapprochement avec d'autres éléments couverts par ce secret qui serait de nature à justifier une anonymisation. • CE , sect., 30 mars 1990, *Mme Degorge-Boëtte,* n° 90237: *Lebon 85.* Le risque d'atteinte à la vie privée que comporte la communication d'un document administratif s'apprécie au regard du seul contenu de ce document. Eu égard aux principes régissant l'accès aux documents administratifs, qui n'est pas subordonné à un intérêt établi, les motifs pour lesquels une personne demande la communication d'un document administratif sont sans incidence sur sa communicabilité. • CE 8 nov. 2017, *Assoc. spirituelle de l'Église de scientologie Celebrity Center,* n° 375704: *Lebon.* Sont en principe couverts par le secret de la vie privée: l'âge d'une personne. • 8 juin 2006, *Maire de Marcoussis,* n° 20062311. ... Sa situation familiale. • 7 févr. 2008, *Maire de Saint-Ambroix,* n° 20080589. ... Son adresse privée et son numéro de téléphone. • 16 déc. 2004, *Président du conseil général de la Vienne,* n° 20045426. ... Son patrimoine. • 11 oct. 2007, *Maire de Breuillet,* n° 20073900. ... Le montant de ses revenus. • 13 mars 2003, *Directeur dptal de l'agriculture et de la forêt des Côtes-d'Armor,* n° 20031133. ... Son *curriculum vitæ.* • CE 30 janv. 1995, *Min. d'État, Min. de l'Éducation nationale c/ Guigue,* n° 128797. En revanche, la CADA estime que si, en règle générale, la formation initiale d'une personne est couverte par le secret de sa vie privée, il n'en va pas ainsi des titres et diplômes légalement requis pour l'exercice d'une profession réglementée, qui, lorsqu'ils figurent dans un dossier ou un document relatif à l'activité professionnelle de l'intéressé, sont communicables à toute personne qui en fait la demande. • 17 nov. 2011, *ARS de Basse-Normandie,* n° 20114407. La communication d'une copie des numéros d'appels téléphoniques complets passés à partir d'un poste, qui permettrait de connaître l'identité des personnes appelées par des tiers utilisant le même poste, porterait atteinte au secret de la vie privée de ces tiers et de leurs interlocuteurs; l'administration est donc fondée à occulter les quatre derniers chiffres des numéros d'appel. • CE 6 févr. 1991, *Burki,* n° 49663: *Lebon 38.* Sont également couvertes par ce secret les informations relatives à l'inhumation d'une personne. • 7 déc. 2006, *Maire de Hambye,* n° 20065399. Il en va de même des informations relatives aux bénéficiaires d'une concession funéraire encore en vie, qu'il s'agisse du concessionnaire initial ou de ses ayants droit. • 13 sept. 2012, *Maire de Nice,* n° 20122456.

8. Cas particuliers en matière d'urbanisme. Il n'y a pas lieu d'occulter d'une autorisation individuelle d'urbanisme, par exemple d'un permis de construire ou d'une déclaration préalable de travaux, l'adresse du pétitionnaire, celle-ci pouvant d'ailleurs s'avérer nécessaire pour notifier le recours contentieux dans les conditions prévues à l'art. R. 600-1 C. urb. • 26 févr. 2009, *Maire de Donzy-le-Pertuis,* n° 20090647.

9. La communication intégrale du registre des réclamations déposées durant une enquête publique n'est pas par elle-même susceptible de porter atteinte au secret de la vie privée, les observations figurant sur un tel registre résultant d'interventions volontaires dans le cadre de l'enquête afin de recenser les souhaits des personnes. • CE , sect., 26 janv. 2011, *Mme Saffray,* n° 310270 B: *JCP Adm.* 2011. Actu. 82.

10. Cas particulier des agents publics. Si la vie privée des fonctionnaires et agents publics doit bénéficier de la même protection que celle des autres citoyens, les fonctions et le statut de ces personnels justifient que certaines informations les concernant puissent être communiquées. Il en est ainsi, notamment, de la qualité d'agent public, des fonctions administratives exercées et, en l'espèce, de la nature de l'activité privée envisagée et de sa compatibilité éventuelle, avec ou sans réserve, avec les fonctions administratives antérieures. • 5 juill. 2007, *Directrice gén. du Centre national de la cinématographie,* n° 20072666. Le contrat de travail et le bulletin de salaire d'un agent public sont des documents administratifs librement communicables à toute personne qui en fait la demande en application des dispositions de la loi du 17 juill. 1978, sous réserve que soient occultées, préalablement à la communication, toutes les mentions qui porteraient atteinte à la protection de la vie privée ou comporteraient une appréciation ou un jugement sur la valeur de l'agent public en cause. • CE 24 avr. 2013, *Synd. CFDT Culture,* n° 343024 B. • 26 mai 2014, *Cté d'agglom. de Bayonne-Anglet-Biarritz,* n° 342339 B. • CE 4 nov. 2020, n° 427401 B. Les composantes fixes de la rémunération d'un fonctionnaire telles que l'indice de traitement, la catégorie et le grade sont des données communicables à toute personne qui en fait la demande. • 19 sept. 2002, *Maire de Martigues,* n° 20023871. Il en va de même de la nouvelle bonification indiciaire et des indemnités de sujétion. • 31 août 2006, *Président du conseil général de la Gironde,* n° 20063360. En revanche, ne sont pas communicables les éléments de rémunération perçus par un agent déterminés à partir, soit de l'appréciation portée par ses supérieurs sur sa manière de servir, soit de sa situation personnelle et familiale (supplément familial). • Même affaire • 19 sept. 2002, *Maire de Martigues,* n° 20023871. Les mentions relatives aux heures supplémentaires et par suite à la rémunération nette d'enseignants sont susceptibles de révéler une appréciation sur la manière de servir des intéressés et doivent, dès lors, être occultées. • CE 4 nov. 2020, n° 427401 B. La décision d'affectation d'un agent public dans un département et celle l'affectant dans un emploi se rattachent à l'organisation et au fonctionnement de l'administration fiscale et constituent, par suite, des documents administratifs communicables à toute personne sous réserve qu'ait été occultée préalablement, le cas échéant, toute mention relative à la vie privée de l'intéressé. • CE 28 déc. 1992, *Min. délégué chargé du Budget c/ Assoc. Maison de la défense,* n° 107176 B. La liste des agents d'une commune, mentionnant les nom et prénoms de ces agents, est communicable à toute personne qui en fait la demande. • CE 10 avr. 1991, *Cne de Louviers,* n° 112904 B: *D. 1991. Somm. 145.* En revanche, un avis de commission administrative paritaire relatif au mouvement annuel de mutation au sein d'un corps de fonctionnaires, qui a porté sur l'ensemble des situations individuelles des agents concernés, ne peut être communiqué à un tiers. • CE 11 févr. 1994, *Min. Budget c/ Biansani,* n° 143853 B. Il en va de même pour un avis de comité technique paritaire. • CE 1er mars 1991, *Lahterman,* n° 79953. Même solution pour la communication du total des «points» attribués à chacun des agents inscrits à un tableau d'avancement de fonctionnaires. • CE 21 déc. 1994,

Burgaud, n° 124389 B. Les courriers électroniques échangés au sein d'un service et se rapportant à la mutation d'un agent ne sont en principe communicables qu'à l'agent intéressé. ● 14 mars 2002, *Directeur gén. de l'AFSSA,* n° 20020741: *Rapp. 2002. 50.* Les exigences de la protection de la vie privée ne sauraient faire obstacle à ce que la liste nominative des agents bénéficiaires de crédits de temps syndical sous forme de décharges d'activité de service, qui se sont déjà portés volontaires pour assumer publiquement des responsabilités dans l'intérêt des organisations auxquelles ils adhèrent et dont l'appartenance syndicale est ainsi publique, soit considérée comme un document administratif communicable. ● CE 14 nov. 2018, *Min. Éducation nationale,* n° 409936 B.

11. Nécessité d'occulter des mentions couvertes par ce secret. La protection de la vie privée des personnes occupant des logements dans un bâtiment faisant l'objet d'une demande de communication de documents relatifs à la recherche d'amiante dans ce bâtiment et aux mesures de réduction d'exposition à cette substance impose l'occultation des mentions nominatives concernant ces occupants avant toute communication. ● CE 7 juin 2019, *SA HLM Antin Résidences,* n° 422569 B. Est communicable le listing des entreprises soumises à la loi relative à l'emploi de travailleurs handicapés, après occultation des noms des personnes physiques salariées. ● 25 mai 2000, *Min. Emploi Solidarité,* n° 2000-2162: *10ᵉ rapp., p. 111.* Les mentions concernant la surface détenue et le montant de la taxe due par les propriétaires affiliés à une association syndicale doivent être occultés avant de communiquer la liste des sociétaires. ● 27 avr. 2000, *Président de l'Assoc. synd. autorisée du canal d'irrigation de Gignac,* n° 2000-1508: *10ᵉ rapp., p. 122.* Les noms patronymiques des détenteurs de compteurs d'eau doivent être occultés avant de communiquer copie du fichier indiquant les numéros des compteurs. ● 27 juill. 2000, *Maire du Rouret,* n° 2000-2718: *10ᵉ rapp., p. 25 et 125. Idem* pour la mention de l'adresse personnelle du demandeur d'une autorisation d'exploiter, avant de communiquer le dossier de demande. ● 19 oct. 2000, *Directeur dptal de l'agriculture et de la forêt de l'Allier,* n° 2000-3645: *10ᵉ rapp., p. 119.*

III. DOCUMENTS DONT LA COMMUNICATION PORTE ATTEINTE AU SECRET EN MATIÈRE COMMERCIALE ET INDUSTRIELLE ET AU SECRET DES AFFAIRES

12. Champ d'application. Le secret en matière commerciale et industrielle ne s'applique pas seulement aux entreprises mais peut trouver à s'appliquer à un établissement public à l'instar d'une université se portant candidate à l'attribution d'un marché public. ● 21 déc. 2006, *Président de l'Université de Bourgogne,* n° 20065044. ... Ou encore à des associations à but non lucratif se portant également candidates à l'attribution d'un tel marché. ● 2 juill. 2009, *Min. de l'Immigration, de l'Intégration, de l'Identité nationale et du Développement solidaire,* n° 20092103. Cette notion s'interprète toutefois nécessairement de façon plus extensive dans le cas des organismes – sociétés commerciales ou non – qui exercent une activité concurrentielle, que dans le cas, par exemple, des associations à but non lucratif ou, plus généralement, des organismes dont l'activité principale se trouve à l'abri de la concurrence. ● 15 déc. 2005, *Préfet d'Ille-et-Vilaine,* n° 20054849. Ainsi, dès lors que l'activité principale d'une régie de transports relève d'une mission de service public, les documents qui font apparaître des données agrégées (sans distinction entre l'activité de service public, qui est la principale, voire quasi exclusive, mission exercée, et les autres activités, qui relèvent quant à elles du champ concurrentiel), notamment les investissements en matériel roulant réalisés par la régie, sont intégralement communicables. ● 7 févr. 2008, *Président du conseil général de l'Aisne,* n° 20080702. La circonstance qu'une entreprise exerce son activité sur un marché en situation de monopole ou de quasi-monopole n'est pas, par elle-même, de nature à faire obstacle à ce que le secret en matière industrielle et commerciale soit opposé à une demande de communication de documents administratifs relatifs à cette activité. ● CE 21 avr. 2017, *Sté FM Projet,* n° 394606 B.

13. Portée. Avant même que la loi du 7 octobre 2016 pour une République numérique ne soit venue expressément préciser, en reprenant la pratique constante de la commission en la matière, le contenu du secret en matière commerciale et industrielle, la CADA avait défini ce secret comme comprenant: a) le secret des procédés, entendu comme recouvrant les informations qui permettent de connaître les techniques de fabrication ou le contenu des activités de recherche-développement des entreprises, telles que la description des matériels utilisés; b) le secret des informations économiques et financières, visant les informations ayant trait à la situation économique d'une entreprise, à sa santé financière ou à l'état de son crédit comme par exemple le chiffre d'affaires, les documents comptables, les effectifs et généralement toutes les informations de nature à révéler le niveau d'activité; et enfin c) le secret des stratégies financières, qui concerne des informations sur les prix et les pratiques commerciales telles que l'état détaillé des lieux d'un magasin, la liste de ses fournisseurs, le montant des remises consenties à certains clients. V. par ex. • 6 janv. 2005, *Directeur gén. de la concurrence, de la consommation et de la répression des fraudes,* n° 20045291. Si l'art. 5 de la Dir. 2016/943/CE du 8 juin 2016 interdit aux États membres d'engager la responsabilité des journalistes lorsqu'ils portent atteinte au secret des affaires, il n'a ni pour objet ni pour effet de faire de ceux-ci des détenteurs légitimes, au sens et pour l'application de cette directive, d'informations portant atteinte à un tel secret. • CE 8 avr. 2022, *Sté Editrice du Monde,* n° 447701 B. Le refus de communiquer à un journaliste les noms des dispositifs médicaux faisant l'objet d'une demande de marquage «CE» et de leur fabricant constitue, pour ce qui concerne les dispositifs qui n'ont pas été mis sur le marché, une ingérence nécessaire et proportionnée dans l'exercice du droit à la liberté d'expression, tel que garanti par l'art. 10 Conv. EDH. • Même décision.

14. Solutions diverses retenues par la CADA. Relèvent du secret des procédés: un rapport d'audit comportant des passages faisant apparaître les procédés du cabinet qui l'a produit, notamment sa démarche, ses méthodes ainsi que les calculs et instruments de travail utilisés, et dont l'occultation ferait perdre son sens au document. • 24 janv. 2008, *Président du conseil général de la Vendée,* n° 20080123. ... Le descriptif des installations, des matériels, du programme de formation et des supports pédagogiques utilisés par un organisme de formation sollicitant un agrément de la direction de l'aviation civile. • 2 avr. 2009, *Min. de l'Écologie, de l'Énergie, du Développement durable et de l'Aménagement du territoire,* n° 20090975. ... Les pièces produites à l'appui d'une demande d'autorisation de mise sur le marché d'un produit phytopharmaceutique, pour autant que le pétitionnaire l'a expressément indiqué à l'autorité administrative, que ces informations ne figurent pas parmi celles qui ne peuvent pas être confidentielles en application de l'art. R. 253-15 C. rur. et qu'elles ne sont pas relatives à des émissions de substances dans l'environnement. • 6 mai 2008, *Directrice gén. de l'AFSSA,* n° 20081774. ... Des documents techniques relatifs à un dispositif de vote électronique à des élections professionnelles comportant des informations sur la structure, le fonctionnement et la sécurité du dispositif. • 13 mars 2014, *CNIL,* n° 20134647.

15. Entrent dans le champ du secret des stratégies commerciales: dans une convention de prêt, les mentions relatives à la durée et au taux d'intérêt de ce prêt, qui reflètent la stratégie commerciale du prêteur. • CE 13 févr. 2019, *Assoc. Front national,* n° 420467: *Lebon.* ... le montant des restitutions à l'exportation versées à une entreprise, en ce qu'elle fournit une information directe sur sa politique de développement à l'exportation et ainsi sur sa stratégie commerciale. • 21 déc. 2006, *Directeur de l'Office de l'élevage,* n° 20065445. ... La lettre de retrait de la candidature de l'entreprise à un appel d'offres qui comporte essentiellement l'exposé de la stratégie technique et financière de cette entreprise. • 23 oct. 2008, *Président du Conseil gén. des Côtes-d'Armor,* n° 20084066. ... La liste des entreprises qui ont seulement retiré un dossier de candidature pour l'attribution d'un marché public. • 5 juill. 2012, *Administrateur gén. de Grenoble INP,* n° 20122467.

16. Relève du secret des informations économiques et financières le dossier de demande d'agrément d'un établissement bancaire. • 28 sept. 2006, *Directeur de la Banque de France,* n° 20064035. N'en relèvent pas les éléments comptables qui se rapportent à la mission de service public ou de service universel d'une entreprise. • 12 oct. 2006, *Président de l'ARCEP,* n° 20063588.

17. Solutions diverses retenues par la jurisprudence du Conseil d'État. Ne porte pas atteinte au secret en matière commerciale et industrielle la divulgation des statistiques relatives au taux de réussite à l'examen du permis de conduire pour chacune des auto-écoles d'un département. ● CE 3 juill. 2002, *Min. Équip., Transports et Logement c/ AFAC,* n° 157402 B ● 3 juill. 2002, *Min. Équip., Transports et Logement c/ UFC Isère,* n° 172972. ... De documents contractuels passés entre la société Sécuripost et l'État et leurs annexes qui ne comportent aucune indication relevant de ce secret. ● CE 3 févr. 1992, *Sté Sécuripost et Min. des Postes,* n°s 118563 et 118565: *Lebon 50.* ... D'un état récapitulatif des objets recommandés déposés sans affranchissement traités par une direction départementale des postes. ● CE 13 nov. 1992, *Bertin,* n° 59058. ... De la convention et du protocole financier passés entre le ministre des PTT et la Société française de messageries internationales, filiale de La Poste, qui sont relatifs à l'exercice d'une mission de service public confiée à un organisme de droit privé et ne comportent en l'espèce aucune indication relevant de ce secret. ● CE 3 févr. 1992, *Min. des Postes, des Télécommunications et de l'Espace,* n° 120579: *Lebon 49.* En revanche, les dispositions de l'art. L. 311-6 CRPA protégeant le secret des affaires s'opposent, s'agissant de dispositifs médicaux non encore mis sur le marché, à la communication combinée des noms des dispositifs médicaux faisant l'objet d'une demande de marquage "CE" et du nom de leur fabricant, ces informations étant de nature à dévoiler les produits que ces derniers ont développés et qu'ils envisagent de commercialiser et, par suite, à révéler leur stratégie commerciale. ● CE 8 avr. 2022, *Sté Editrice du Monde,* n° 447701 B. La communication d'informations révélant l'identité des personnes ayant acquis, après l'abandon de l'écotaxe sur les poids lourds, les équipements électroniques développés par le titulaire du contrat de partenariat destiné à sa mise en œuvre, demeure en 2022, en dépit de l'écoulement du temps, de nature à porter atteinte au secret des stratégies commerciales ou industrielles tel que défini à l'art. L. 311-6, dès lors que les badges en cause continuent de participer de la stratégie commerciale de leurs acquéreurs. ● CE 14 oct. 2021, *Sté Axxes,* n° 437004 B.

18. Cas particulier des marchés publics et des délégations de service public. Les marchés publics et les documents qui s'y rapportent, y compris les documents relatifs au contenu des offres, sont des documents administratifs. Saisis d'un recours relatif à la communication de tels documents, il revient aux juges du fond d'examiner si, par eux-mêmes, les renseignements contenus dans les documents dont il est demandé la communication peuvent, en affectant la concurrence entre les opérateurs économiques, porter atteinte au secret industriel et commercial et faire ainsi obstacle à cette communication. ● CE 30 mars 2016, *CH de Perpignan,* n° 375529: *Lebon 108.* Au regard des règles de la commande publique, doivent ainsi être regardées comme communicables, sous réserve des secrets protégés par la loi, l'ensemble des pièces du marché. Dans cette mesure, si notamment l'acte d'engagement, le prix global de l'offre et les prestations proposées par l'entreprise attributaire sont en principe communicables, le bordereau unitaire de prix de l'entreprise attributaire, en ce qu'il reflète la stratégie commerciale de l'entreprise opérant dans un secteur d'activité, n'est quant à lui, en principe, pas communicable. ● Même décision. Les documents déterminant les conditions de prix arrêtées entre l'administration et l'entreprise retenue à l'issue d'un appel d'offres entrent dans le champ d'application de la loi du 17 juill. 1978 en l'absence d'atteinte au secret en matière commerciale et industrielle. En revanche, les mentions relatives aux offres non retenues sont couvertes par ce secret. La disposition de l'art. 299 C. marchés prévoyant que la commission chargée de juger l'appel d'offres «dresse un procès-verbal des opérations qui ne peut être rendu public ni communiqué à aucun candidat» ne fait pas obstacle à la communication à des tiers de l'acte d'engagement de l'entreprise retenue et des conditions de prix des marchés, dès lors que cette communication peut être exigée par application des dispositions de la loi du 17 juill. 1978. ● CE 11 juill. 1990, *CH général de Neufchâteau,* n°s 84994 et 85264 B. Les documents de consultation des entreprises, tels les cahiers des clauses administratives particulières et des clauses techniques particulières ou le règlement de la consultation, sont communicables à toute personne qui en fait la demande. ● 11 juill. 2006, *Maire d'Ivry-sur-Seine,* n° 20062914. L'acte d'engagement est communicable à toute personne qui en fait la demande. ● 25 oct. 2007, *Président de la CIREST,* n° 20074116. Les notes, classements et éventuelles appréciations de l'entreprise lauréate du marché sont librement communicables. En revanche, les notes et classements des entreprises non retenues ne sont communicables qu'à celles-ci, chacune pour ce qui la concerne. ● Même affaire. Peut être refusée la communication à l'un des candidats à l'attribution d'un marché public des dossiers soumis par d'autres concurrents dans le cadre de l'appel d'offres. ● Paris, 19 nov. 1996, *Sté Le Bureau Moderne,* n° 95PA03667 B. Les mémoires techniques des entreprises qui se sont portées candidates, comme celui de l'entreprise attributaire, ne sont pas communicables à un tiers, dès lors qu'ils contiennent nombre d'informations couvertes par le secret en matière commerciale et industrielle. ● 24 oct. 2013, *Autoroutes Paris-Rhin-Rhône,* n° 20132924.

19. Les informations relatives au montage juridico-financier et comptable élaboré par le partenaire privé pour répondre aux besoins exprimés par la personne publique dans le cadre d'un contrat de partenariat public-privé régi par l'Ord. nº 2004-559 du 17 juin 2004 sont couvertes par le secret en matière commerciale et industrielle. ● 8 nov. 2007, *Min. de la Santé, de la Jeunesse et des Sports,* nº 20072630.

IV. DOCUMENTS PORTANT UNE APPRÉCIATION OU UN JUGEMENT DE VALEUR SUR UNE PERSONNE PHYSIQUE

20. La copie d'un candidat à un examen ou à un concours détenue par une administration constitue un document administratif concernant ce candidat. Les candidats peuvent demander communication de leurs copies, mais non de celles des concurrents. ● CE , ass., 8 avr. 1987, *Min. de l'Urbanisme c/ Ullmo,* nº 54516: *Lebon 143* ● 8 avr. 1987, *Min. de la Santé c/ Tête,* nº 45172: *Lebon 144; AJDA 1988. 478, concl. Daël; D. 1988. 397, note Laveissière; RFDA 1987. 818, note Morand-Deviller.* Il en va de même des notes attribuées aux candidats à l'occasion de chaque épreuve d'un concours. ● CE 20 janv. 1988, *Turroque,* nº 68506: *Lebon 25; AJDA 1988. 417, obs. Prétot; D. 1988. Somm. 259, obs. Llorens.*

21. L'annexe d'un rapport établi à la suite d'une mission d'inspection administrative n'est, en tant qu'elle comporte la description d'opérations menées par la société contrôlée incluant la mention du nom des personnes qui y ont participé ainsi que des appréciations relatives au comportement des personnes liées à cette société, intégralement communicable qu'aux personnes concernées et ne peut être communiquée à des tiers qu'après suppression des noms de ces personnes et des éléments susceptibles de permettre leur identification. ● CE , sect., 10 juill. 1992, *Min. de l'Agriculture et de la Forêt c/ Touzan,* nº 120047: *Lebon 296.*

22. Les avis rendus sur des projets scientifiques par les experts sollicités par l'Agence nationale de la recherche, dans le but d'éclairer les comités de pilotage et d'évaluation chargés ensuite d'émettre une appréciation sur ces projets, en vue de l'attribution de fonds, sont communicables à tout membre d'une équipe ayant présenté un projet, sous réserve que soient préalablement occultées les mentions relatives à une autre équipe ou à d'autres membres de la même équipe. ● 26 juill. 2007, *Directeur général de l'Agence nationale de la recherche,* nº 20071946.

23. A la différence de la liste des agents promouvables selon les règles statutaires sur un grade ou un cadre d'emploi supérieur, communicable à toute personne qui en fait la demande, la liste des agents proposés à l'avancement par l'employeur en fonction de critères de sélection propres à la collectivité, s'ils révèlent une appréciation sur la manière de servir de ces agents, n'est communicable qu'aux intéressés, chacun pour ce qui le concerne. ● 11 janv. 2007, *Directeur du CH d'Arles,* n° 20070140. Les fiches individuelles de notation des agents sont des documents administratifs qui ne sont communicables qu'aux seuls intéressés. ● 6 mars 2008, *Maire de Hem,* n° 20080993 – V. aussi Duvignau: Guide de l'accès aux documents administratifs, Doc. fr. 1997. 48. Lorsque la rémunération qui figure dans le contrat de travail et sur le bulletin de salaire d'un agent public résulte de l'application des règles régissant l'emploi concerné, la communication n'est pas susceptible de révéler une appréciation ou un jugement de valeur sur la personne recrutée. ● CE 24 avr. 2013, *Synd. CFDT Culture,* n° 343024 B ● CE 26 mai 2014, *Cté d'agglom. de Bayonne-Anglet-Biarritz,* n° 342339 B. En revanche, lorsqu'elle est arrêtée d'un commun accord entre les parties sans référence à des règles la déterminant, la rémunération révèle nécessairement une appréciation et un jugement de valeur portés sur cette personne. Dans ce cas, la communication du contrat ne peut intervenir qu'après occultation des éléments relatifs à la rémunération. ● CE 24 avr. 2013, *Synd. CFDT Culture,* n° 343024: *préc.* ... Tandis que celle du bulletin de salaire, qui serait privée de toute portée sans la rémunération, doit être refusée lorsqu'elle ne pourrait intervenir qu'après occultation de celle-ci. ● CE 26 mai 2014, *Cté d'agglom. de Bayonne-Anglet-Biarritz,* n° 342339: *préc.* La liste comportant les noms des personnels qui bénéficient de la prime d'excellence scientifique attribuée par le CNRS au motif qu'ils sont lauréats d'une distinction scientifique de niveau international ou national ne révèle pas une appréciation ou un jugement de valeur porté par le CNRS sur ces personnels, à la différence de la liste des noms des personnels auxquels le CNRS attribue cette même prime au motif que leur activité scientifique est jugée d'un niveau élevé et qu'ils apportent une contribution exceptionnelle à la recherche. ● CE 8 juin 2016, *CNRS,* n°s 389756 et 389764 B.

24. A noter, s'agissant de l'application du régime particulier issu de l'art. L. 2121-26 CGCT, que les dispositions de cet art. ne sauraient être interprétées, eu égard à leur objectif d'information du public sur la gestion municipale, comme prescrivant la communication des arrêtés portant des appréciations d'ordre individuel sur les fonctionnaires communaux et qu'en conséquence, lorsque l'arrêté comporte une appréciation sur la manière de servir, les données personnelles doivent être occultées. ● CE 10 mars 2010, *Cne de Sète,* n° 303814: *Lebon 70.*

V. DOCUMENTS FAISANT APPARAÎTRE LE COMPORTEMENT D'UNE PERSONNE

25. L'annexe d'un rapport établi à la suite d'une mission d'inspection administrative, qui est constituée des comptes rendus des entretiens qu'ont eus les inspecteurs avec diverses personnes au sujet du fonctionnement d'une société, n'est, en tant qu'elle comporte les noms des auteurs des déclarations qu'ils ont recueillies, intégralement communicable qu'aux personnes concernées et ne peut être communiquée à des tiers qu'après suppression des noms de ces personnes et des éléments susceptibles de permettre leur identification. ● CE , sect., 10 juill. 1992, *Min. de l'Agriculture et de la Forêt c/ Touzan,* n° 120047: *préc. note 21.* Des témoignages ou procès-verbaux d'audition peuvent, compte tenu du contexte juridique ou factuel dans lequel ils sont établis, faire apparaître le comportement des personnes qui portent ces témoignages ou sont entendues. Ces personnes ont la qualité d'intéressés au sens du II de l'art. 6, et les documents ne sont communicables qu'à elles, lorsque la communication de ces documents à des tiers serait de nature à leur porter préjudice. ● CE 21 sept. 2015, *M. R.,* n° 369808: *Lebon 315.*

26. La CADA a d'abord considéré que cette exception ne concerne pas les personnes morales, mais uniquement les personnes physiques. ● 20 déc. 2001, *Préfet de police,* n° 20014841. Applicabilité désormais à toute personne, y compris aux personnes morales. ● CADA 25 avr. 2013, *Direction dptale des territoires de l'Aveyron,* n° 20131874. Le Conseil d'État a repris à son compte cette approche large. ● CE 21 oct. 2016, *Union dptale CGT d'Ille-et-Vilaine,* n° 392711 B. Ainsi, les lettres d'observations adressées par les agents de contrôle de l'inspection du travail aux employeurs à la suite des contrôles effectués dans leurs établissements, qui résultent de la seule pratique administrative, contrairement aux procès-verbaux, sont des documents administratifs communicables à toute personne qui en fait la demande, réserve faite du cas où elles feraient apparaître le comportement d'une personne physique ou morale, dont la divulgation pourrait lui porter préjudice; en pareille hypothèse, ces lettres d'observations ne sont, en principe, communicables qu'à leur destinataire. ● Même décision.

VI. INFORMATIONS À CARACTÈRE MÉDICAL

27. Informations visées par l'art. L. 1111-7 CSP. Le régime issu des dispositions combinées des art. L. 1110-4 et L. 1111-7 CSP s'applique, aux termes de ce dernier art., à «l'ensemble des informations concernant la santé du patient détenues par des professionnels et établissements de santé, qui sont formalisés et ont contribué à l'élaboration et au suivi du diagnostic et du traitement d'une action de prévention, ou ont fait l'objet d'échanges écrits entre professionnels de santé». Entrent par exemple dans ce champ les notes manuscrites des médecins qui font partie du dossier médical et doivent donc être communiquées au patient qui en fait la demande. • Paris, 30 sept. 2004, *Mme Ulla G.,* n° 03PA01769: *AJDA 2005. 323, note Delaunay.* ... Les correspondances entre professionnels de santé au sujet du patient. • 9 nov. 2006, *Directeur de l'Hôpital général de Clermont-de-l'Oise,* n° 20064906. ... Les résultats d'un examen tel qu'un cliché d'un IRM cérébral. • 3 mai 2007, *Directeur du CH Les Chanaux,* n° 20071963. ... Des photographies du site opératoire prises par le personnel soignant du centre hospitalier lors des interventions successives d'une patiente, dès lors qu'elles rendent compte de l'état clinique de cette dernière à plusieurs stades de sa prise en charge et concernent, à ce titre, sa santé. • 24 janv. 2013, *CH Émile-Durkheim,* n° 20130176.

28. Ne constituent pas des «informations relatives à la santé d'une personne» relevant du régime de communication défini aux art. L. 1110-4 et L. 1111-7 CSP les informations mentionnant qu'elles ont été recueillies auprès de tiers n'intervenant pas dans la prise en charge thérapeutique ou concernant un tel tiers. Tel est le cas par exemple des informations mentionnant qu'elles ont été recueillies auprès des proches du patient. • 11 mai 2006, *Directeur du CH Roger-Prévot,* n° 20062025. ... Ou encore des informations formalisées faisant explicitement et directement état de liens de filiation ou de parenté entre les membres de la famille du patient (à la différence des caractéristiques génétiques elles-mêmes, qui n'apportent ce renseignement que par recoupement et analyse), qui figureraient matériellement dans le dossier médical de ce dernier. • 18 juin 2009, *Secrétaire gén. de l'Assistance publique – Hôpitaux de Paris,* n° 20091209.

29. Délais impartis. La CADA considère que le délai imparti par l'art. L. 1111-7 CSP pour procéder à la communication demandée (huit jours, pouvant être porté à deux mois pour les documents d'une ancienneté supérieure à cinq ans) revêt un caractère impératif. • 19 déc. 2002, *Min. de la Fonction publ., de la Réforme de l'État et de l'Aménagement du territoire,* n° 20024609. La saisine de la commission par une administration dans le cadre d'une demande de conseil ne peut avoir pour effet de retarder le déclenchement du délai ou d'en interrompre l'écoulement. • Même affaire. Ce délai court à compter de la date de réception de la demande et est applicable à toutes les demandes d'accès (demandes de consultation sur place ou d'envoi de photocopies); il peut être compris comme le délai dans lequel l'établissement doit avoir répondu soit pour fixer un rendez-vous, soit pour adresser la facture correspondant aux frais de reproduction. • 9 oct. 2003, *CH intercommunal d'Ambilly et de Bonneville,* n° 20033978. En ne communiquant pas aux ayants droit l'ensemble des éléments du dossier médical de la victime dans les délais fixés par le code de la santé publique, un centre hospitalier porte atteinte au droit de disposer dans les délais légaux des informations utiles contenues dans le dossier complet, et commet une faute qui engage sa responsabilité. • TA Nice, 23 sept. 2005, *M. Bugiani,* n° 0401598: *AJDA 2006. 274, note Dieu.*

30. Possibilité de recourir à un mandataire. Il ne résulte pas des dispositions des art. L. 1110-4 et L. 1111-7 CSP que le législateur ait entendu exclure la possibilité pour la personne concernée d'accéder aux informations médicales relatives à sa santé détenue par des professionnels et établissements de santé en recourant, dans les conditions de droit commun, à un mandataire dès lors que ce dernier peut justifier de son identité et dispose d'un mandat exprès. • CE 26 sept. 2005, *Conseil national de l'ordre des médecins,* n° 270234: *Lebon 395; AJDA 2006. 308, note Markus•* 6 oct. 2005, n°s 20053099 et 20053352: *Rapp. 2005, p. 82.*

31. Cas particulier des enfants mineurs. Le dossier médical d'un mineur est communicable aux personnes titulaires de l'autorité parentale. • 27 juill. 2006, *Directeur du CH de Coulommiers,* n° 20063231. Le droit d'opposition reconnu aux enfants mineurs par la loi du 4 mars 2002 en ce qui concerne l'accès de leurs parents à leur dossier ne peut jouer que lorsque les enfants ont préalablement subi des soins sur lesquels ils ont expressément souhaité conserver le secret à l'égard de leur entourage, conformément à l'art. L. 1111-5 CSP. En tout état de cause, la CADA estime que lorsque la divulgation à ses parents de dires d'un enfant est susceptible de constituer une menace pour la sécurité de cet enfant, les dispositions du I de l'art. 6 de la loi du 17 juill. 1978 font obstacle à cette communication. • Même affaire. Le tiers digne de confiance désigné par le juge pour un enfant mineur n'a accès qu'aux informations nécessaires au suivi médical courant de l'enfant et non pas à la totalité du dossier, les parents non déchus de l'autorité parentale demeurant, à moins que ce tiers ait été désigné tuteur, les seules personnes à avoir un droit d'accès à la totalité du dossier. • 20 juin 2013, *CH intercommunal Robert-Ballanger,* n° 20130367.

32. Cas particulier des personnes hors d'état de manifester leur consentement.
Les dispositions de l'art. L. 1112-3 CSP font obstacle à ce qu'un membre de la commission des relations avec les usagers et de la qualité de la prise en charge, fût-il médecin, puisse accéder pour l'instruction d'une plainte ou d'une réclamation au dossier médical d'un patient, si celui-ci, bien que ne faisant pas l'objet d'une mesure de protection, est hors d'état de donner son accord dans les conditions prévues par la loi. ● 28 mars 2013, *CHRU de Montpellier,* n° 20131183.

33. Cas particulier des informations médicales relatives à une personne décédée. Il résulte des dispositions des art. L. 1110-4 et L. 1111-7 CSP, éclairées par les travaux préparatoires de la loi du 4 mars 2002 dont elles sont issues, que le législateur a entendu autoriser la communication aux ayants droit d'une personne décédée des seules informations nécessaires à la réalisation de l'objectif poursuivi par ces ayants droit, à savoir la connaissance des causes de la mort, la défense de la mémoire du défunt ou la protection de leurs droits. Les dispositions du 23ᵉ al. du IV-1 des recommandations de bonnes pratiques homologuées par l'Arr. du 5 mars 2004 du ministre chargé de la santé, qui prévoient que la communication aux ayants droit peut porter sur l'ensemble des informations figurant dans le dossier médical, méconnaissent ces principes et doivent, par suite, être annulées. ● CE 26 sept. 2005, *Conseil national de l'ordre des médecins,* n° 270234: *préc. note 30.* Le souhait de l'ayant droit d'établir ou de confirmer sa filiation ne figure pas au nombre des objectifs légaux ouvrant droit à communication. ● 13 nov. 2008, *Directeur du CH de Fontainebleau,* n° 20084204. Dès lors que les conditions posées par la loi sont remplies, l'administration ne peut retenir l'existence d'un conflit entre ayants droit pour refuser l'accès au dossier. ● 27 juin 2002, *Directeur du CH Bretagne-Atlantique,* n° 20022246: *Rapp. 2002. 43.* Le législateur a clairement entendu restreindre aux seules personnes qui peuvent se prévaloir de la qualité d'ayant droit, à l'exclusion de toute autre catégorie de tiers tels que la famille ou les proches, la dérogation ainsi aménagée au secret médical et au secret de la vie privée du défunt. Doivent, à cet égard, être regardés comme des ayants droit au sens de ces dispositions les successeurs légaux et testamentaires du défunt. V. par ex. ● 20 déc. 2007, *Directeur du CH de Belfort-Montbéliard,* n° 20074973. Une des finalités de l'art. L. 1110-4 CSP étant de permettre aux ayants droit de faire valoir leurs droits, un héritier désigné par la loi mais exclu de l'universalité de la succession par l'effet d'un testament conserve le droit de recevoir les informations relatives à la santé de la personne décédée. ● 5 juin 2014, *Groupement hospitalier intercommunal du Vexin,* n° 20141847. Les conditions dans lesquelles le compte rendu établi par le médiateur en vertu de l'art. R. 1112-94 CSP peut être communiqué aux ayants droit d'un plaignant décédé dépendent de l'état d'avancement de la procédure spécifique d'examen des plaintes et des réclamations prévue par le code ainsi que de l'objet de ce compte rendu. ● 25 avr. 2013, *CH de Chalon-sur-Saône William-Morey,* n° 20131958. Les bénéficiaires d'une assurance sur la vie, d'une d'assurance-décès ou d'une assurance «garantie accident» qui ne seraient pas par ailleurs héritiers légaux ou testamentaires, universels ou à titre universel, du patient décédé ne présentent pas la qualité d'ayant droit au sens de l'article L. 1110-4 du CSP. Leur désignation par les contrats souscrits par le défunt leur donne seulement une créance sur l'établissement avec lequel celui-ci a contracté, sans leur ouvrir aucun droit à sa succession. Ces personnes ne sont donc pas au nombre de celles en faveur desquelles le législateur a levé le secret médical. ● , 7 mai 2015, *CH de Marne-la-Vallée,* n° 20150790.

34. Cas particulier des informations médicales s'agissant des dons de gamètes.
Les art. 16-8 C. civ. et L. 1211-5 CSP, qui posent les limites et les conditions de la divulgation des informations permettant d'identifier celui qui a fait don d'un élément ou d'un produit de son corps et celui qui l'a reçu, sont applicables à toutes les demandes de communication d'informations présentées postérieurement à leur entrée en vigueur, y compris celles qui se rapportent à un don effectué antérieurement. • CE 28 déc. 2017, n° 396571: *Lebon.*

35. En posant la règle de l'anonymat et en interdisant la divulgation de toute information sur les données identifiantes d'un donneur de gamètes, le législateur a établi un juste équilibre entre les intérêts en présence. • CE , avis, 13 juin 2013, n° 362981: *Lebon 157.* En soumettant l'accès aux données non identifiantes de nature médicale sur le donneur ou le receveur d'un don de gamètes à la règle d'interdiction de communication et en instituant deux dérogations à cette interdiction, prévues à l'art. L. 1244-6 CSP et au dernier al. de l'art. L. 1131-1-2 du même code respectivement en cas de nécessité thérapeutique concernant un enfant conçu à partir de gamètes issus d'un don et lorsqu'est diagnostiquée chez une personne qui a fait un don de gamètes ayant abouti à la conception d'un ou plusieurs enfants une anomalie génétique grave dont les conséquences sont susceptibles de mesures de prévention ou de soins, le législateur a entendu assurer la protection de la santé des personnes issues d'un don de gamètes, tout en garantissant le respect des droits et libertés d'autrui. Par suite, les règles d'accès aux données non identifiantes de nature médicale ainsi fixées ne sont pas, en l'état des connaissances médicales et des nécessités thérapeutiques, incompatibles avec les stipulations de l'article 8 de la convention EDH. • Même décision. En posant ces règles, le législateur a notamment entendu éviter la remise en cause de l'éthique qui s'attache à toute démarche de don d'éléments ou de produits du corps. Au regard de cette finalité, qui traduit la conception française du respect du corps humain, aucune circonstance particulière propre à la situation d'un demandeur ne saurait conduire à regarder la mise en œuvre des dispositions législatives relatives à l'anonymat du don de gamètes comme portant une atteinte excessive aux droits et libertés protégés par la convention EDH. • CE 28 déc. 2017, n° 396571: *préc. note 34.*

36. Les dispositions de l'art. L. 1244-6 CSP selon lesquelles un médecin peut accéder aux informations médicales non identifiantes relatives à l'auteur d'un don de gamètes en cas de nécessité thérapeutique doivent s'entendre comme ne faisant pas obstacle à ce que de telles informations soient obtenues par ce médecin à des fins de prévention, en particulier dans le cas d'un couple de personnes issues l'une et l'autre de dons de gamètes. • CE 12 nov. 2015, n° 372121: *Lebon 392.*

37. Observations sur le régime de communication prévu par l'art. L. 2121-26 CGCT. Les dispositions de l'art. L. 2121-26 CGCT, dont la portée n'est pas limitée aux arrêtés réglementaires, ne sauraient être interprétées comme prescrivant la communication d'informations couvertes par le secret médical. • 26 juill. 2012, *Maire de La Garenne-Colombes,* n° 21022788.

Art. L. 311-7⏹ Lorsque la demande porte sur un document comportant des mentions qui ne sont pas communicables en application des articles L. 311-5 et L. 311-6 mais qu'il est possible d'occulter ou de disjoindre, le document est communiqué au demandeur après occultation ou disjonction de ces mentions. — *[L. n° 78-753 du 17 juill. 1978, art. 6-III, 1ᵉʳ al.]*

⏹⏹

---

1. S'il appartient à l'autorité responsable de supprimer des procès-verbaux des séances du conseil d'administration d'un office public d'habitations à loyer modéré avant communication les passages qui entreraient, le cas échéant, dans le champ des exceptions au droit d'accès, notamment ceux dont la communication porterait atteinte au secret en matière commerciale ou à un autre secret protégé par la loi, cette autorité ne saurait arguer de la présence de tels passages pour refuser par principe la communication de la totalité du procès-verbal. • CE 16 juin 1989, *OPHLM de la ville de Paris*, n° 83476 B.

2. L'existence éventuelle de pièces concernant des actes de gestion privée ou couvertes par le secret en matière commerciale ou industrielle ne peut fonder légalement le refus de communiquer les autres éléments d'un dossier. • CE 30 juin 1989, *OPHLM de la ville de Paris c/ Charmes*, n° 83477 B.

3. Lorsque la rémunération d'un agent public est arrêtée d'un commun accord entre les parties sans référence à des règles la déterminant et qu'elle révèle alors nécessairement une appréciation et un jugement de valeur portés sur cet agent, la communication du bulletin de salaire, qui serait privée de toute portée sans la rémunération, doit être refusée. • CE 26 mai 2014, *Cté d'agglom. de Bayonne-Anglet-Biarritz*, n° 342339 B.

4. Lorsqu'un document comporte de très nombreux éléments non communicables au demandeur alors que les éléments d'information qu'il contient peuvent être obtenus par ce dernier par d'autres voies, la mise en balance de la charge que représenterait pour l'administration, eu égard à ses moyens, l'occultation des éléments non communicables et de l'intérêt que représente, pour le demandeur, la communication du document partiellement occulté peut, si la première est excessive au regard du second, légalement justifier dans des circonstances particulières un refus de communication. • CE 27 mars 2020, *Assoc. contre l'extension et les nuisances de l'aéroport de Lyon-Saint-Exupéry*, n° 426623 B.

Art. L. 311-8⏹ Les documents administratifs non communicables au sens du présent chapitre deviennent communicables au terme des délais et dans les conditions fixés par les articles L. 213-1 et L. 213-2 du code du patrimoine. Avant l'expiration de ces délais et par dérogation aux dispositions du présent article, la consultation de ces documents peut être autorisée dans les conditions prévues par l'article L. 213-3 du même code. — *[L. n° 78-753 du 17 juill. 1978, art. 6-III, 2ᵉ al.]*

🞜 *(L. no 2016-1321 du 7 oct. 2016, art. 36-I)* «Lorsqu'une demande faite en application du I du même article L. 213-3 porte sur une base de données et vise à effectuer des traitements à des fins de recherche ou d'étude présentant un caractère d'intérêt public, l'administration détenant la base de données ou l'administration des archives peut demander l'avis du comité du secret statistique institué par l'article 6 *bis* de la loi n° 51-711 du 7 juin 1951 sur l'obligation, la coordination et le secret en matière de statistiques. Le comité peut recommander le recours à une procédure d'accès sécurisé aux données présentant les garanties appropriées, dans des conditions fixées par décret en Conseil d'État.

🞜«L'avis du comité tient compte:

🞜«1° Des enjeux attachés aux secrets protégés par la loi, notamment la protection de la vie privée et la protection du secret *(L. no 2018-670 du 30 juill. 2018, art. 4)* «des affaires»;

🞜«2° De la nature et de la finalité des travaux pour l'exécution desquels la demande d'accès est formulée.»

🞜🞜

---

1. Principes généraux. La consultation anticipée d'archives publiques ne peut être autorisée, en application des dispositions des art. L. 213-1, L. 213-3 et L. 213-4 C. patr., que si la satisfaction de l'intérêt légitime de celui qui en fait la demande ne conduit pas à porter une atteinte excessive aux intérêts que la loi a entendu protéger. ● CE 29 juin 2011, *Mme Rouzaud,* n° 335072: *Lebon.* Le juge de l'excès de pouvoir exerce un contrôle de l'erreur de droit sur l'appréciation des intérêts en présence. Il exerce un contrôle de l'erreur manifeste d'appréciation sur la pondération de ces intérêts. ● Même décision.

2. Il résulte des dispositions des art. L. 213-2 et L. 213-3 C. patr. et 413-9 C. pén. que le législateur n'a entendu exclure aucune archive publique de la possibilité de consultation anticipée prévue par les dispositions de l'art. L. 213-3 C. patr. ● CE 1ᵉʳ oct. 2015, *M. Charles,* n° 373019 B. Toutefois, dans l'hypothèse où la demande de consultation anticipée adressée à l'administration chargée des archives et transmise à l'autorité de laquelle émanent les documents porte sur des archives classifiées au sens de l'art. 413-9 C. pén., la satisfaction de l'intérêt légitime du demandeur doit être conciliée avec le respect du secret de la défense nationale. ● Même décision. Il appartient à l'administration de laquelle émane les documents classifiés d'examiner l'opportunité de procéder à leur déclassification. Dans le cas où elle estime que la classification demeure justifiée, il lui appartient d'informer l'administration chargée des archives qu'elle s'oppose, pour cette raison, à leur consultation anticipée. A défaut d'accord de l'autorité de laquelle émanent les documents dont la consultation est demandée, l'administration chargée des archives est tenue de rejeter la demande de consultation anticipée dont elle est saisie. ● Même décision.

3. Critères pris en compte pour la communication des archives par dérogation. L'autorisation de consultation anticipée est accordée aux personnes qui en font la demande dans la mesure où l'intérêt qui s'attache à la consultation de ces documents ne conduit pas à porter une atteinte excessive aux intérêts que la loi a entendu protéger. L'intérêt légitime du demandeur doit être apprécié au vu de la démarche qu'il entreprend et du but qu'il poursuit, de la nature des documents en cause et des informations qu'ils comportent. Les risques qui doivent être mis en balance sont ceux d'une atteinte excessive aux intérêts protégés par la loi. La pesée de l'un et des autres s'effectue en tenant compte notamment de l'effet, eu égard à la nature des documents en cause, de l'écoulement du temps et, le cas échéant, de la circonstance que ces documents ont déjà fait l'objet d'autorisation de consultation anticipée ou ont été rendus publics. ● CE 12 juin 2020, n°s 422327, 431026 B.

4. La CADA tient compte, pour rendre son avis sur l'octroi de l'accès par dérogation demandé, du sérieux du projet de recherche du demandeur, de l'intérêt que présente la consultation des documents dans le cadre de cette recherche, de l'importance de l'atteinte portée au secret couvrant le document et aux intérêts qu'il protège, et de la proximité ou, au contraire, du caractère éloigné dans le temps de l'échéance du délai de libre communicabilité et de la sensibilité des informations que le document d'archive contient, et de la faible importance de la dérogation dans le temps. ● 7 févr. 2002, *Jourdain,* n° 20020354-PHB: *Rapp. 2002. 46* ● 5 déc. 2002, *Catsiapis,* n° 20024538-PHB: *Rapp. 2002. 48* ● 24 juill. 2008, *Min. de la Culture et de la Communication/Président de la République,* n° 20082568. Elle tient compte aussi du fait que les archives demandées ont ou n'ont pas été déjà communiquées à d'autres chercheurs. ● 28 févr. 2002, *Gauthe,* n° 2002-0653-PHB: *Rapp. 2002. 47* ● 24 juill. 2008, *Min. de la Culture et de la Communication/Président de la République,* n° 20082568: *préc.* Il est parfois demandé au chercheur de s'engager à ne pas faire état d'informations permettant d'identifier les personnes citées dans les documents (en l'espèce relatifs à la guerre d'Algérie). ● 16 mai 2002, *Serrand,* n° 20021848-PHB: *Rapp. 2002. 47.* Pour l'appréciation de la notion de documents dont la communication porte atteinte aux intérêts fondamentaux de l'État dans la conduite de la politique extérieure au sens du 3° du I de l'art. L. 213-2 C. patr., le caractère «fondamental» des intérêts en cause doit s'apprécier à l'aune des autres intérêts publics que la loi, au même alinéa, a entendu protéger par le même délai de communication des archives publiques, à savoir le secret de la défense nationale, la sûreté de l'État et la sécurité publique. ● 5 févr. 2015, *Min. des Affaires étrangères,* n° 20144431.

5. Les dérogations permettant la communication anticipée des documents ne sont pas réservées aux seules recherches scientifiques et peuvent être accordées pour une demande uniquement fondée sur des considérations familiales. ● 11 juill. 2002, *Maurey-Natalelli,* n° 20022668: *Rapp. 2002. 48* ● 11 sept. 2008, *Min. de la Défense,* n° 20083219.

6. Exemples d'avis favorables à la communication par dérogation. En l'espèce, au terme de la mise en balance des intérêts en présence, reconnaissance de l'intérêt légitime du demandeur, pour ses travaux de recherche, à demander accès à certaines des archives du président François Mitterrand relatives à la politique de la France au Rwanda entre 1990 et 1995. • CE 12 juin 2020, n°s 422327, 431026: *Lebon*. Avis favorable à la communication par dérogation, avant la date de libre communicabilité, de documents d'archives relatifs à des attentats perpétrés en 1978 et en 1979, compte tenu du sérieux des recherches du demandeur, alors même que l'échéance de libre communicabilité est éloignée. • 12 févr. 2009, *Min. de la Culture et de la Communication/Min. de l'Intérieur*, n° 20090383. ... Du dossier de procédure judiciaire instruit par la Cour de sûreté de l'État et conservé par les Archives nationales concernant les assassins du père du demandeur, dès lors que ces archives avaient déjà été très largement divulguées par la presse de l'époque. • 22 mars 2007, *Min. de la Culture c/ Min. de la Justice*, n° 20071045. ... Du dossier de demande d'attribution du titre de déporté de la mère du demandeur. • 15 déc. 2005, *Min. de la Défense*, n° 20054571. ... Du dossier administratif d'un maire sous l'Occupation, demandé par un membre de la famille effectuant des recherches à titre personnel sur l'histoire de sa famille. • 8 mars 2001, *Archives dptales de la Dordogne*, n° 2001049: *10e rapp., p. 36.* ... Des documents relatifs à l'épuration judiciaire d'un parent défunt lors de la Libération, qui permettraient au demandeur de mieux connaître les circonstances de la condamnation de sa mère par une juridiction de l'Épuration et d'obtenir des informations sur un événement de l'histoire de sa famille qui le touche directement. • 24 avr. 2003, *Min. de la Culture/ Cour d'appel de Lyon*, n° 20031664. ... De documents produits par les Renseignements généraux à un demandeur qui prépare un master d'histoire, compte tenu du sérieux du projet de recherche du demandeur, de l'intérêt incontestable que présente la communication de ces documents dans le cadre de cette recherche et de l'atteinte minime portée à la vie privée des personnes nommées compte tenu des articles de presse qui ont pu relater ces événements, et sous réserve de l'engagement écrit, de la part du chercheur, de ne faire état, dans ses travaux, d'aucune information permettant d'identifier les personnes citées dans ces documents, que ce soit par la mention de leur nom ou de leur fonction. • 5 avr. 2007, *Min. de la Culture/Min. de l'Intérieur*, n° 20071184. ... De rapports internes du ministère de l'Économie et des Finances, eu égard à la relative ancienneté des documents, à l'intérêt scientifique de la recherche du demandeur et au fait que ces documents avaient d'ores et déjà fait l'objet d'une communication par dérogation. • 24 août 2000, *Min. de la Culture/Min. de l'Économie*, n° 20003005: *10e rapp., p. 34.* ... De documents relatifs à un camp de concentration, compte tenu du sérieux du projet de recherche du demandeur, de l'intérêt incontestable que présentait la communication dans le cadre de cette recherche, et du fait que plusieurs autres chercheurs avaient déjà eu accès à ces mêmes dossiers à titre dérogatoire et que les risques d'atteinte au secret de la vie privée des personnes mises en cause étaient relativement limités compte tenu des travaux et écrits qui leur ont déjà été consacrés. ● 1er déc. 2005, *Min. de la Culture*, n° 20054659.

7. Exemples d'avis défavorables. Avis défavorable à l'accès par dérogation d'un demandeur, avant l'échéance de libre communicabilité de ces archives, de documents relatifs à une procédure de confiscation pour profits illicites menée sous l'Occupation, dont la seule utilité serait de mieux connaître l'histoire de l'immeuble dans lequel habite le demandeur, avec de surcroît un risque de porter préjudice aux ayants droit des personnes concernées. ● 24 janv. 2002, *Toth*, n° 20020262: *Rapp. 2002. 46.* ... De l'intégralité des procès-verbaux de la gendarmerie demandés par des ressortissants algériens cherchant à faire valoir leurs intérêts auprès du gouvernement algérien, dont l'échéance de libre communicabilité est éloignée de plusieurs décennies et qui contiennent des informations sensibles sur la vie privée de personnes encore vivantes. ● 24 nov. 2005, *Min. de la Défense*, n° 20054376. ... De pièces d'une enquête de police menée sur un crime non élucidé dans les années 1960, malgré le caractère légitime de la demande, dès lors qu'un grand nombre de personnes sont encore en vie et que la communication risque de rouvrir des plaies mal refermées. ● 8 févr. 2001, *Archives dptales des Bouches-du-Rhône*, n° 20010490: *10e rapp., p. 36.* ... D'archives dont la communication ne serait d'aucune utilité dans le cadre de la recherche effectuée. ● 19 déc. 2002, *Jusserand*, n° 20024836: *Rapp. 2002. 49.* ... D'un dossier de la direction centrale de la sécurité publique contenant les dossiers individuels de journalistes, eu égard au fait que l'échéance de libre communicabilité est éloignée et que l'atteinte que porterait leur divulgation à la vie privée des personnes mentionnées serait excessive. ● 19 mars 2009, *Min. de la Culture c/ Min. de l'Intérieur*, n° 20090720. ... Du dossier de police judiciaire relatif à l'enlèvement d'une personne, qui ne deviendra librement communicable qu'à une échéance particulièrement lointaine (2102) et contient des informations sensibles dont la divulgation est susceptible de porter gravement atteinte au secret de la vie privée des personnes toujours en vie qu'elles concernent ainsi qu'au secret médical. ● 22 févr. 2007, *Min. de la Culture/ Min. de l'Intérieur*, n° 20070641. Légalité du refus opposé à la demande de consultation anticipée de minutes de jugements qui n'ont pas été rendus publiquement, dans le but de les verser dans un fonds détenu par une société afin d'alimenter un site juridique, qui porterait une atteinte excessive aux intérêts protégés par la loi, en particulier au secret relatif aux affaires portées devant les juridictions et à la protection de la vie privée des personnes physiques mentionnées dans les jugements. ● CE 5 mai 2021, n° 434503: *inédit au Lebon.*

8. Office du juge. Le juge de l'excès de pouvoir, saisi de moyens en ce sens, contrôle la régularité et le bien-fondé d'une décision de refus de consultation anticipée. Il lui revient, en particulier, d'exercer un entier contrôle sur l'appréciation portée par l'autorité sur la proportionnalité de la limitation qu'apporte à l'exercice du droit d'accès aux documents d'archives publiques le refus opposé à une demande de consultation anticipée. ● CE 12 juin 2020, nos 422327, 431026 B. Eu égard à la nature des droits en cause et à la nécessité de prendre en compte l'écoulement du temps et l'évolution des circonstances de droit et de fait afin de conférer un effet pleinement utile à son intervention, le juge se place à la date à laquelle il statue. ● Même décision.

9. Cas particulier des archives du Président de la République et des membres du Gouvernement. En adoptant l'art. L. 213-4 C. patr. sur les archives du Président de la République et des membres du Gouvernement, le législateur a entendu favoriser la conservation et le versement de ces documents en leur accordant une protection particulière. S'agissant des protocoles signés postérieurement à la publication de la L. du 15 juill. 2008, les délais fixés par l'art. L. 213-2 C. patr. s'appliquent aux documents qu'ils régissent: jusqu'à l'expiration de ces délais ou, s'il survient avant leur terme, jusqu'au décès du signataire, la consultation anticipée des archives publiques remises dans le cadre d'un tel protocole requiert l'autorisation préalable du signataire et s'effectue, pour le reste, dans les conditions fixées à l'art. L. 213-3 C. patr. S'agissant des protocoles signés avant la publication de la L. du 15 juill. 2008, le signataire du protocole ou son mandataire disposent du pouvoir d'autoriser ou de refuser la consultation anticipée des archives publiques qui ont été versées aux archives nationales. Le ministre de la Culture, compétent pour statuer sur une demande d'autorisation, est tenu par l'avis qu'ils donnent. Toutefois, les clauses relatives à la faculté d'opposition du mandataire cessent d'être applicables vingt-cinq ans après le décès du signataire du protocole, le ministre de la Culture disposant alors du pouvoir d'autoriser ou de refuser la consultation anticipée, après avis conforme de l'autorité exerçant à cette date les compétences de l'autorité versante. ● CE 12 juin 2020, nos 422327, 431026 B. Dans tous les cas, l'autorisation de consultation anticipée des documents d'archives publiques est accordée aux personnes qui en font la demande dans la mesure où l'intérêt qui s'attache à la consultation de ces documents ne conduit pas à porter une atteinte excessive aux intérêts que la loi a entendu protéger, en particulier le secret des délibérations du pouvoir exécutif, la conduite des relations extérieures et les intérêts fondamentaux de l'État dans la conduite de la politique extérieure. ● Même décision. En l'espèce, intérêt légitime du demandeur à demander accès à certaines des archives du président François Mitterrand relatives à la politique de la France au Rwanda entre 1990 et 1995. ● Même décision.

10. Communicabilité de plein droit à l'expiration des délais. Il résulte de l'art. L. 213-2 C. patr. qu' à l'exception des documents comportant des informations relatives aux armes de destruction massive, les archives classifiées au titre de l'art. 413-9 C. pén. sont communicables de plein droit à l'expiration des délais prévus à l'art. L. 213-2 alors même qu'elles n'auraient pas été déclassifiées. ● CE 2 juill. 2021, *W. et Assoc. des archivistes française,* nᵒˢ 444865, 448763 B.

▨▨

▨Art. R. 311-8-1▨ *(Décr. nᵒ 2017-349 du 20 mars 2017, art. 1ᵉʳ)* Sous réserve des dispositions particulières à certaines données, le comité du secret statistique est saisi en application du deuxième alinéa de l'article L. 311-8 soit par l'administration détenant une base de données, soit par l'administration des archives. L'administration qui sollicite l'avis du comité transmet à son secrétariat l'ensemble des éléments relatifs à la demande d'accès à la base de données présentée en application du I de l'article L. 213-3 du code du patrimoine.

▨La demande d'accès est formulée par écrit et comporte:

▨1° Le nom de la personne ayant soumis la demande d'accès et, le cas échéant, celui de l'organisme auquel elle est rattachée;

▨2° La nature des informations auxquelles elle souhaite avoir accès et l'identification de la base de données concernée;

▨3° La description des travaux à des fins de recherche ou d'étude présentant un caractère d'intérêt public envisagés;

▨4° La durée d'accès souhaitée;

▨5° L'engagement écrit du demandeur de respecter la confidentialité des informations communiquées en application du deuxième alinéa de l'article L. 311-8, sous peine des sanctions prévues par la loi, notamment celles de l'article 226-13 du code pénal.

▨Le comité du secret statistique peut compléter et préciser la liste des informations à fournir par le demandeur.

▨▨▨Art. R. 311-8-2▨ *(Décr. nᵒ 2017-349 du 20 mars 2017, art. 1ᵉʳ)* Lorsque le comité du secret statistique le recommande, l'accès aux données mentionnées au deuxième alinéa de l'article L. 311-8 s'effectue au moyen d'un dispositif d'accès sécurisé aux données, à distance ou sur place. Ce dispositif doit présenter toutes les garanties appropriées, compte tenu notamment de la nature des données et des risques présentés par le traitement, afin de préserver la sécurité des données et, notamment, d'empêcher que des tiers non autorisés y aient accès et que les données originales soient déformées ou endommagées.

▨A cette fin, le comité précise les mesures de nature à assurer l'intégrité et la disponibilité des données et du dispositif d'accès, la confidentialité des données et des éléments critiques du dispositif d'accès, l'authentification du demandeur et la traçabilité des accès et des traitements réalisés sur le dispositif d'accès et sur les données.

SECTION II MODALITÉS DU DROIT À COMMUNICATION

⁇⁇

⁇Art. L. 311-9⁇ L'accès aux documents administratifs s'exerce, au choix du demandeur et dans la limite des possibilités techniques de l'administration:

⁇1° Par consultation gratuite sur place, sauf si la préservation du document ne le permet pas;

⁇2° Sous réserve que la reproduction ne nuise pas à la conservation du document, par la délivrance d'une copie sur un support identique à celui utilisé par l'administration ou compatible avec celui-ci et aux frais du demandeur, sans que ces frais puissent excéder le coût de cette reproduction, dans des conditions prévues par décret;

⁇3° Par courrier électronique et sans frais lorsque le document est disponible sous forme électronique;

⁇ *(L. n° 2016-1321 du 7 oct. 2016, art. 3-3°)* «4° Par publication des informations en ligne, à moins que les documents ne soient communicables qu'à l'intéressé en application de l'article L. 311-6.» — *[L. n° 78-753 du 17 juill. 1978, art. 4.]*

⁇⁇

Plan des annotations

n⁇ 1 à 3

I. MODALITÉS PRATIQUES DE LA COMMUNICATIONn⁇ 4 à 23

A. PRINCIPE DU LIBRE CHOIX ET LIMITESn⁇ 4 à 10

B. CONSULTATION SUR PLACEn⁇ 11 à 16

C. DÉLIVRANCE D'UNE COPIE (SUPPORT PAPIER OU INFORMATIQUE)n⁇ 17 à 23

II. MODALITÉS FINANCIÈRES DE LA COMMUNICATIONn⁇ 24 à 32

1. Généralités. En l'absence de disposition du code électoral précisant les modalités de la communication de listes électorales en application de l'art. L. 28 du même code, l'accès s'exerce dans les conditions prévues à l'art. 4 de la loi du 17 juill. 1978. ● 2 févr. 2006, *Maire de Marseille,* n° 20060586. ● 21 juin 2007, *Maire de Lyon,* n° 20072397.

2. Le maire est compétent pour réglementer le droit d'accès aux documents administratifs. ● CE 26 avr. 1993, *Assoc. des amis de Saint-Palais-sur-Mer,* n° 107016 B (sol. impl.). S'il est en principe seul compétent pour assurer la communication des documents sollicités, il peut organiser les modalités de communication des documents, notamment en déléguant par arrêté une partie de sa compétence. ● 16 juill. 2009, n° 200920106: *JCP Adm. 2010. Actu. 323.*

3. Aucune des dispositions relatives aux enquêtes publiques ne fait obstacle, par principe, à ce que le commissaire enquêteur ou le président de la commission d'enquête autorise la communication des documents composant le dossier d'enquête selon d'autres modalités que celles prévues par les dispositions propres aux enquêtes publiques, par exemple celles des dispositions de l'art. 4 de la loi du 17 juill. 1978. Ces modalités de communication, qui peuvent être autorisées en coordination avec le responsable du projet soumis à enquête, ne doivent toutefois pas avoir pour effet de restreindre l'exercice des droits conférés par les dispositions particulières applicables aux enquêtes publiques, qui prévoient notamment la mise à disposition du public ou un accès réservé, y compris par envoi d'une copie, aux associations agréées pour la protection de l'environnement (art. L. 123-8 C. envir.). ● 16 juill. 2009, *Maire de Saint-Jean-de-Monts,* n° 20092423.

I. MODALITÉS PRATIQUES DE LA COMMUNICATION

A. PRINCIPE DU LIBRE CHOIX ET LIMITES

4. Le demandeur a le choix du mode d'accès au document administratif. ● CE , ass., 8 avr. 1987, *Min. de la Santé c/ Tête,* n° 45172: *Lebon 144* (jurispr. antérieure à la consécration expresse du libre choix du demandeur par les termes mêmes de la loi) ● CE 20 févr. 2008, *Ligue de Normandie de karaté et arts martiaux,* n° 287721: *AJDA 2008. 950.*

5. Ces dispositions ne font pas obstacle à ce que l'administration, particulièrement dans le cas de petites communes, demande des délais afin de ne pas perturber le fonctionnement de ses services, dès lors que l'objectif de transparence administrative qu'elles poursuivent doit être concilié avec le principe, à valeur constitutionnelle, de continuité du service public. ● 2 mars 2006, *Maire de Puget-sur-Argens,* n° 20061017. Si la demande porte sur une copie de documents volumineux, l'administration est en droit d'inviter le demandeur à venir consulter les documents sur place et à opérer une sélection des éléments dont il pourra obtenir une copie. ● 21 juin 2007, *Maire de Llupia,* n° 20072317. En revanche, le caractère volumineux de documents tels que les pièces de marché ne peut être regardé comme manifestant «la limite des possibilités techniques de l'administration» s'agissant d'un établissement tel que l'OPAC de Paris. ● 11 janv. 2007, *Directeur général de l'OPAC de Paris,* n° 20070207.

6. Si l'administration ne dispose pas des moyens techniques de reproduction de certains documents, il lui appartient de recourir à un prestataire de services après avoir soumis un devis à l'intéressé. ● 5 juill. 2007, *Maire de Saint-Trivier-de-Courtes,* n° 20072668. *Idem*, s'agissant de plans de grande taille figurant dans un dossier de permis de construire. ● TA Paris, 22 juill. 2011, *M. P.,* n° 1106581. En cas de recours à un prestataire extérieur et d'acceptation par le demandeur après soumission du devis, il appartient à l'administration de faire exécuter les travaux en exigeant, si elle le souhaite, le règlement préalable des frais de reproduction. ● 22 mars 2007, *Maire de Le Touvet,* n° 20071101.

7. Si l'état de certaines pièces du dossier de plan d'occupation des sols demandé est tel qu'une opération de reproduction s'avère impossible à mettre en œuvre par des moyens raisonnables sans risquer de les endommager, l'administration peut s'en tenir à une consultation sur place des pièces concernées. • 22 mars 2007, *Maire de Le Touvet,* nº 20071101: *préc. note 6.*

8. En matière d'archives publiques, le droit d'accès s'exerce dans la limite des manipulations et techniques de reproduction reconnues comme acceptables en terme de conservation préventive d'archives relevant du patrimoine public. • 15 janv. 2009, *Maire de Lille,* nº 20090004.

9. La seule circonstance que le demandeur n'ait pas au préalable précisé sous quelle forme il souhaitait la communication des documents demandés n'est pas de nature à justifier un refus de communication. • TA Versailles, 2 juill. 2010, *Sté E.,* nº 0911831.

10. Dès lors que des documents administratifs sont disponibles sur un espace de stockage numérique hébergé sur une plateforme, mis à la disposition de la personne qu'elle concerne par l'administration, cette personne doit en principe être regardée comme détenant ces documents au même titre que l'administration, et n'est dès lors pas fondée à demander à l'administration de lui en donner accès au titre des art. L. 311-1 s. CRPA, sauf si des circonstances particulières, notamment des difficultés de connexion à son espace personnel, font obstacle à l'accès effectif à ces documents. Application à une société disposant d'un compte professionnel sur le site «impots.gouv.fr» et demandant la communication d'éléments de son dossier fiscal figurant sur ce site et qui lui sont librement accessibles sur cet espace personnel. • CE 30 janv. 2020, *Sté Cutting Tools Management Services,* nº 418797 A.

B. CONSULTATION SUR PLACE

11. Le maire est compétent, au titre de ses pouvoirs d'organisation du service, pour réglementer les conditions de consultation sur place des documents administratifs détenus par la commune. • CE 26 avr. 1993, *Assoc. des amis de Saint-Palais-sur-Mer,* nº 107016: *préc. note 2.* • 19 janv. 2006, *Maire d'Alba-La-Romaine,* nº 20060413. Il peut notamment prévoir que la consultation s'effectue en présence d'un agent communal. • Même affaire. La réglementation municipale prévoyant une demande écrite préalable et certaines heures de consultation prévoit en l'espèce des modalités non excessives eu égard à la situation de la commune. • CE 26 avr. 1993, *Assoc. des amis de Saint-Palais-sur-Mer,* nº 107016: *préc. note 2.* Il en est de même dans le cas d'une limitation du temps d'accès à deux heures par semaine pour une petite commune de 5, 49 km² de superficie et de 556 habitants, ayant un personnel d'effectif très réduit. • TA Bordeaux, 3 nov. 2010, *M. P.,* nº 000363. L'administration peut définir des jours et horaires pour cette consultation ou organiser des rendez-vous avec le demandeur. • 3 avr. 2008, *Maire de Mazères,* nº 20081420.

12. Les services doivent prendre les dispositions nécessaires pour permettre la communication des documents. ● TA Strasbourg, 25 avr. 1994, *Antz c/ Cne de Fegersheim: Lebon 697.* Lorsque le demandeur souhaite consulter un volume très important de documents, l'administration doit lui accorder une durée suffisante pour ce faire afin de permettre un exercice effectif du droit reconnu par la loi: une durée de deux heures est insuffisante pour permettre la consultation de documents budgétaires d'une communauté de communes portant sur plusieurs années, mais une mise à disposition des documents sur place à raison de 4 heures consécutives par semaine pendant quatre mois est suffisante. ● TA Marseille, 6 oct. 2009, *M. M.,* n° 0902981. L'administration ne peut se contenter de délivrer une ampliation d'un arrêté lorsque le demandeur a demandé communication d'une copie de l'original, comportant la signature manuscrite de son auteur. ● TA Bastia, 29 oct. 2009, *M. M.,* n° 0800951. La communication d'un simple relevé des délibérations adoptées par un conseil d'administration ne permet pas de satisfaire à une demande tendant à la communication des procès-verbaux des délibérations adoptées. ● TA Paris, 26 juin 2009, *M.A.-J.,* n° 0604694.

13. La consultation des documents doit avoir lieu dans les locaux du service qui en assure la conservation, sans que l'administration soit tenue de transférer ces documents dans les locaux d'un autre service pour les besoins de cette consultation. ● CE 26 oct. 1988, *Lalande,* n° 50832: *Lebon 380.* ... Ou dans les locaux de l'administration dont ils émanent, mais non pas dans un autre lieu. Par suite, la lettre par laquelle le directeur d'un établissement hospitalier fait connaître à un médecin employé dans cet établissement, en réponse à une demande de communication de son dossier administratif, qu'il a la possibilité de consulter celui-ci chez l'avocat de l'établissement auquel ce document avait été transmis dans le cadre d'une autre instance, doit être regardée comme équivalant à un refus de communication. ● CE 14 févr. 1996, *Mirlit,* n° 144042 B: *Dr. adm. 1996, n° 126.* La loi du 17 juill. 1978 n'oblige pas l'administration à accepter que des archives publiques soient déplacées à l'extérieur des locaux dans lesquels elles sont conservées afin qu'il soit procédé à leur numérisation. ● 21 déc. 2010, *Secrétaire général de l'AP-HP,* n° 20104684.

14. Les candidats qui demandent communication de leur copie d'examen ou de concours peuvent se faire assister d'une personne de leur choix. ● CE 11 juill. 1988, *Coiffier,* n° 59576: *Lebon 287; AJDA 1989. 48,* obs. S.S.; *CJEG 1988. 79,* concl. Daël.

15. Dès lors que la consultation sur place des registres paroissiaux des années 1665 à 1723, en très mauvais état, serait de nature à nuire à leur conservation, la CADA émet un avis défavorable à la demande de consultation. ● 19 avr. 2007, *Maire de Saint-Paul-les-Dax,* n° 20071664.

16. Lorsque le demandeur souhaite numériser les documents à l'occasion d'une consultation sur place, l'administration n'est légalement tenue d'y faire droit que lorsque d'autres modalités de communication, telles que la reprographie, ne sont pas praticables eu égard, en particulier, à la nature, à la taille ou à la fragilité des documents, et sous réserve que ce mode d'accès reste compatible avec le bon fonctionnement de ses services. ● 21 déc. 2010, *Secrétaire général de l'AP-HP,* n° 20104684: *préc. note 13.* Il appartient à l'administration d'apprécier au cas par cas, compte tenu notamment de sa capacité d'accueil, de ses moyens de surveillance, des autres demandes dont elle est saisie et des conditions dans lesquelles l'opération de numérisation serait réalisée, les perturbations qui pourraient en résulter. ● Même affaire. Il est toutefois loisible à l'administration de convenir de modalités de communication plus favorables, sous réserve que ces dernières ne nuisent pas à la conservation des documents ni au respect des principes d'égalité et de libre concurrence. Elle peut notamment, sous réserve que des garanties appropriées soient apportées et que la durée pendant laquelle les documents sont indisponibles soit raisonnable, consentir à ce que ces derniers soient numérisés à l'extérieur de ses locaux, en contrepartie du droit de conserver les images qui en résultent. ● Même affaire.

C. DÉLIVRANCE D'UNE COPIE (SUPPORT PAPIER OU INFORMATIQUE)

17. Le demandeur est en droit d'exiger la délivrance de copies. En pareil cas, le volume des documents demandés peut justifier un aménagement des modalités de communication afin que l'exercice du droit d'accès reste compatible avec le bon fonctionnement des services. La communication peut notamment être étalée dans le temps mais doit cependant respecter le délai d'un mois. ● 7 juin 2007, *Maire de Nyons,* n° 20072219. Lorsque le demandeur sollicite la délivrance d'une copie d'un document communicable et ne manifeste pas de refus de prendre en charge les frais qui y sont associés dans les limites précisées par l'arrêté du 1er oct. 2001, l'autorité compétente, sous réserve de considérations liées à ses possibilités techniques, à la conservation des documents et au caractère abusif de la demande, est tenue de délivrer cette copie à l'intéressé. ● CE 20 févr. 2008, *Ligue de Normandie de karaté et arts martiaux,* n° 287721: *préc. note 4.* Un maire ne peut se prévaloir de l'inexistence d'une régie de recettes dans sa commune pour refuser de délivrer une copie du document. ● TA Strasbourg, 25 avr. 1994, *Antz c/ Cne de Fegersheim: préc. note 12* ● 9 nov. 2006, *Maire de Chaingy,* n° 20064872.

18. Si l'administration ne dispose pas des moyens de reprographie nécessaires, notamment au regard du caractère volumineux des documents, elle doit solliciter un prestataire extérieur qui facturera le prix de la prestation au demandeur à qui le devis aura été préalablement soumis. • 9 nov. 2006, *Maire de Chaingy,* n° 20064872: *préc. note 17.* Toutefois, la circonstance qu'une commune dispose des moyens de reproduction requis ne fait pas par elle-même obstacle au recours à un prestataire de services extérieur sous une double réserve tenant, d'une part, au délai de communication, et d'autre part, au montant facturé qui ne doit pas dépasser ce qui résulterait de l'application des plafonds fixés par l'arrêté du 1er oct. 2001. • Même affaire.

19. En matière d'archives publiques, si le demandeur ne souhaite pas bénéficier d'une communication gratuite sur place, la reproduction, aux frais du demandeur, doit être envisagée. Si la photocopie doit être écartée afin de préserver un original fragile, la reproduction peut prendre une autre forme, notamment celle d'une photographie, à condition que celle-ci ne soit pas, elle aussi, de nature à fragiliser le document original. Le caractère envisageable de la reproduction photographique ou de tout autre mode de reproduction doit être laissé à l'appréciation des personnels scientifiques et techniques responsables de la conservation des fonds. • 15 janv. 2009, *Maire de Lille,* n° 20090004. En l'espèce, la fragilité des actes demandés n'en permettant pas la reproduction, avis défavorable à la communication d'une copie, mais favorable à leur seule consultation sur place, éventuellement assortie de prises de vue photographiques par le demandeur. • 23 déc. 2008, *Maire de Cessy-les-Bois,* n° 20084693. Il n'appartient pas à l'administration de procéder elle-même à une copie dactylographiée des actes demandés. • Même affaire.

20. S'agissant d'un document sous la forme d'échanges de courriers électroniques au sein d'un service, le demandeur peut demander à obtenir copie sur support numérique ou sur support papier, à condition qu'une copie de ces courriers ait été gardée dans l'établissement. • 14 avr. 2002, *Directeur général de l'AFSSA,* n° 20020741-LB: *Rapp. 2002. 50.* S'agissant du type de support informatique et de format («natif» ou «image»), le demandeur peut exiger de l'administration qu'elle lui fournisse une copie identique, tant du point de vue du support que du format, à celle ou à l'une de celles dont elle dispose ou est susceptible de disposer à l'issue d'une opération de transfert ou de reproduction courante. Dès lors que le demandeur n'a pas précisé le format souhaité, le choix en revient à l'administration. • 13 avr. 2006, *Maire de Melun,* n° 20061580.

21. L'administration n'est pas tenue de communiquer sous forme électronique les documents dont elle ne dispose pas déjà sur un fichier de ce type. ● 13 avr. 2006, *Maire de Melun,* n° 20061580: *préc. note 20.* Ainsi, si l'administration ne peut en aucun cas refuser de communiquer par voie informatique les documents dont elle dispose déjà sous format numérique, elle n'est pas tenue de numériser elle-même les documents pour satisfaire une demande. ● 21 déc. 2010, *Secrétaire général de l'AP-HP,* n° 20104684. Les documents peuvent être demandés sur un support informatique à condition que la reproduction soit techniquement possible pour l'administration. ● 25 avr. 2002, *Mégret,* n° 20021685-PL: *Rapp. 2002. 50.* Ainsi, dès lors qu'aucun obstacle technique ne s'oppose à la communication de documents administratifs sur support informatique, injonction est faite de communiquer sur ce support ces documents, telle étant la demande du requérant. ● CE 6 oct. 2008, *Fromentin,* n° 289389: *Lebon 347; JCP Adm. 2008. Actu. 890.* Une ligue de karaté n'est pas tenue d'enregistrer les documents qu'elle devait communiquer à l'aide d'un autre logiciel ou sous un format différent de celui qu'elle utilise, et le demandeur n'est pas fondé à demander la liquidation d'une astreinte préalablement ordonnée par le juge, pour la raison qu'il ne disposerait pas des mêmes logiciels informatiques. ● CE 17 févr. 2010, *Fromentin,* n° 289389: *JCP Adm. 2010. Actu. 171, obs. Dubreuil.*

22. Le fait pour une administration d'avoir diffusé spontanément un document sur support papier ne la dispense pas d'en délivrer une copie sur support informatique. ● 27 juill. 2000, *Maire du Rouret,* n° 2000-2718: *10e Rapp., p. 25 et 125.*

23. L'accès aux documents médicaux détenus par les établissements du service public de santé s'exerce, comme pour tous les documents administratifs, au choix du demandeur, lequel peut demander, si le document est disponible sous cette forme, une communication par voie électronique, nonobstant la délibération n° 97-008 du 4 févr. 1997 de la CNIL. ● , 25 juill. 2013, *CHU de Bordeaux,* n° 20131540.

II. MODALITÉS FINANCIÈRES DE LA COMMUNICATION

24. Les dispositions de l'ancien art. 35 du Décr. n° 2005-1755 du 30 déc. 2005 et de l'arrêté conjoint du Premier ministre et du ministre du Budget du 1er oct. 2001 s'appliquent aussi bien aux collectivités territoriales qu'à l'État et à ses établissements publics. ● 23 nov. 2006, *Maire d'Uffheim,* n° 20065128 ● 19 avr. 2007, *Maire de Carrières-sous-Poissy,* n° 20071604. L'art. 1er de l'Arr. du 14 avr. 2008 fixant les tarifs des rémunérations dues au titre de certains services rendus par le ministère des Affaires étrangères et européennes, qui évoque la «cession (...) de publications», ne saurait couvrir la reproduction de documents administratifs et d'archives publiques. ● 11 mars 2010, *Min. des Affaires étrangères et européennes,* n° 20100888.

25. Dans le silence de la loi, le pouvoir réglementaire est compétent pour décider que les frais d'acheminement postal des copies de documents administratifs doivent être mis à la charge du demandeur; par suite, légalité sur ce point du Décr. n° 2001-493 du 6 juin 2001. • CE 13 déc. 2002, *Ullmann,* n° 237203. Le même décret ne méconnaît pas le droit d'accès des usagers aux documents administratifs, dès lors qu'il n'existe aucun principe général du droit, ni aucune disposition législative faisant obstacle à ce que les services rendus par l'administration lors de la communication de ces documents fassent l'objet d'une rémunération. • Même décision. En conséquence, le pouvoir réglementaire peut légalement prévoir que l'administration puisse demander aux usagers d'indiquer les modalités de l'envoi postal souhaité et exiger le paiement préalable des frais de reproduction et d'envoi postal. • Même décision. S'agissant de la communication d'un dossier médical en vertu de l'art. L. 1111-7 CSP, l'établissement de santé peut demander uniquement le coût de reproduction et, le cas échéant, de l'envoi du dossier médical; dès que la reproduction des dix documents sollicités ne présentait pas une grande difficulté et que l'envoi n'a pas été fait en recommandé, la demande de 8, 10 € est excessive. • TA Toulouse, 14 juin 2005, *Mme Couillard-Maugery,* n° 031555: *AJDA 2005. 1805.* Les montants définis par l'arrêté du 1er oct. 2001 n'ayant pas vocation à s'appliquer s'agissant de clichés radiologiques, un centre hospitalier est fondé à facturer le prix exact de la reproduction de ces clichés, calculé selon les principes posés par le Décr. du 30 déc. 2005. • 25 janv. 2007, *Directeur du CH de Flers,* n° 20070331.
26. Le prix demandé ne doit pas excéder le coût de la reproduction augmenté, le cas échéant, des frais d'envoi, et ne peut intégrer les coûts de réalisation du document. • 3 juill. 2000, *Ville de Marseille,* n° 2000-2265: *10e Rapp., p. 26.* Le temps de travail du personnel de mairie ne peut être facturé au demandeur. • 23 nov. 2006, *Maire d'Uffheim,* n° 20065128: *préc. note 24.* Il ne peut être mis à la charge du demandeur le coût des occultations préalables à la communication de documents administratifs, notamment les charges de personnel. • TA Paris, 13 févr. 2009, *Synd. nat. des parachutistes professionnels,* n° 0610756. Le coût ne peut davantage intégrer la valorisation de l'avantage que la communication procurerait au demandeur. • 3 juill. 2000, *Ville de Marseille,* n° 2000-2265: *préc.* Un tarif prohibitif s'apparente à un refus de communication. • Même avis. Ainsi, un montant de 1 520 € pour une copie informatique de documents excède les limites réglementaires et doit être analysé comme un refus de communiquer le document. • CE 20 févr. 2008, *Ligue de Normandie de karaté et arts martiaux,* n° 287721: *préc. note 4.* Lorsque, en raison d'une impossibilité technique avérée, l'administration n'effectue pas elle-même la reproduction des documents et doit faire appel à un prestataire extérieur, elle est fondée dans un tel cas à facturer le prix exact de la reproduction, qui peut excéder le barème fixé par l'arrêté du Premier ministre du 1er oct. 2001. • 20 juin 2013, *Mairie de Tallone,* n° 20130595.

27. L'administration est tenue d'indiquer au demandeur le montant exact des frais de reproduction des documents qu'elle entend délivrer et ne peut se borner à faire état d'une «facturation modique». ● TA Paris, 26 févr. 2009, *M. P.,* n° 0617388.

28. L'absence de régie de recettes ne fait pas obstacle à la délivrance de copies au demandeur, l'administration n'étant pas tenue de facturer le montant de la reproduction des documents au demandeur. ● 13 sept. 2007, *Sous-préfet de Cherbourg,* n° 20073084 ● 22 nov. 2007, *Maire de Saint-André-de-Cubzac,* n° 20074485 ● 9 nov. 2006, *Maire de Chaingy,* n° 20064872: *préc. note 17.*

29. Si l'administration ne peut pas refuser d'adresser les copies par envoi postal, elle est en droit de subordonner cet envoi à leur paiement préalable qui n'est pas encore intervenu. ● 19 janv. 2006, *Maire de Perpignan,* n° 20060472.

30. La CADA, qui ne peut être saisie que des refus de communication de documents opposés sur le fondement des dispositions qu'elle a compétence pour interpréter, notamment lorsque le demandeur conteste le montant des frais exigés de lui avant la communication des documents, n'est pas compétente pour se prononcer dans l'hypothèse où aucun refus de communication n'a été opposé à l'intéressé qui a reçu communication et a versé le montant qui lui était réclamé et qui conteste, après le règlement des frais et la réception de la copie, la tarification appliquée. ● 2 avr. 2009, *Maire de Ribeauvillé,* n° 20091192.

31. Il résulte des termes mêmes de l'art. 35 du Décr. du 30 déc. 2005 que le fait générateur de la créance de la commune est la délivrance des documents au demandeur et non leur reproduction. Lorsque l'administration subordonne la communication des documents au paiement préalable des frais de reproduction, elle ne saurait exiger du demandeur, qui doit être préalablement avisé du montant des frais de reproduction et d'envoi, qu'il s'en acquitte s'il ne souhaite pas donner suite à la proposition qui lui est faite. ● 23 déc. 2008, *Maire de Saint-Jean-de-Couz,* n° 20084726.

32. Les prescriptions tarifaires de l'Arr. du 1er oct. 2001 s'entendent toutes taxes comprises. ● 20 mars 2008, *Président du Synd. mixte pour le SCOT de Flandre intérieure,* n° 20081131.

▨▨▨

Art. R. 311-10▨ Lorsqu'un document est détenu par l'une des administrations mentionnées à l'article L. 300-2 sur un support électronique et que le demandeur souhaite en obtenir copie sur un support identique ou compatible avec celui utilisé par cette administration, celle-ci indique au demandeur les caractéristiques techniques de ce support. Elle lui indique également si le document peut être transmis par voie électronique. — *[Décr. n° 2005-1755 du 30 déc. 2005, art. 34.]*

▨▨▨

Art. R. 311-11▨ A l'occasion de la délivrance du document, des frais correspondant au coût de reproduction et, le cas échéant, d'envoi de celui-ci peuvent être mis à la charge du demandeur.

⬚Pour le calcul de ces frais sont pris en compte, à l'exclusion des charges de personnel résultant du temps consacré à la recherche, à la reproduction et à l'envoi du document, le coût du support fourni au demandeur, le coût d'amortissement et de fonctionnement du matériel utilisé pour la reproduction du document ainsi que le coût d'affranchissement selon les modalités d'envoi postal choisies par le demandeur.

⬚Les frais autres que le coût de l'envoi postal sont établis dans des conditions fixées par arrêté conjoint du Premier ministre et du ministre du budget. Ils ne peuvent excéder des montants définis dans les mêmes conditions.

⬚L'intéressé est avisé du montant total des frais à acquitter dont le paiement préalable peut être exigé. — *[Décr. n° 2005-1755 du 30 déc. 2005, art. 35.]*

⬚⬚

V. annotations ss. l'art. L. 311-9.

⬚⬚

⬚Art. R.* 311-12⬚ Le silence gardé par l'administration, saisie d'une demande de communication de documents en application de l'article L. 311-1, vaut décision de refus. — *[Décr. n° 2005-1755 du 30 déc. 2005, art. 17, al. 1ᵉʳ en ce qui concerne le silence valant rejet.]*

⬚⬚⬚

Art. R. 311-13⬚ Le délai au terme duquel intervient la décision mentionnée à l'article R.* 311-12 est d'un mois à compter de la réception de la demande par l'administration compétente. — *[Décr. n° 2005-1755 du 30 déc. 2005, art. 17, al. 1ᵉʳ en ce qui concerne le délai.]*

⬚⬚

---

1. Le délai de naissance d'une décision implicite de refus de communication fixé à l'art. 17 du Décr. du 30 déc. 2005 court à compter de la date de réception de la demande par l'administration initialement saisie, même lorsqu'elle ne détient pas le document. A l'expiration de ce délai, la demande de communication de documents est réputée avoir été implicitement rejetée par l'administration qui détient le document en cause, que cette demande lui ait été ou non transmise. ● CE 16 oct. 2014, *Min. de l'Économie et des Finances c/ ADIFE*, n°ˢ 365058 et 365063 B.

2. Lorsque l'autorité saisie d'une demande de communication échappe, tel un établissement public à caractère industriel et commercial, au champ d'application de l'art. 19 de la L. n° 2000-321 du 12 avr. 2000 relative aux droits des citoyens dans leurs relations avec les administrations, le délai de deux mois prescrit par l'art. 17 du Décr. du 30 déc. 2005 prescrit pour saisir la CADA est opposable au demandeur en cas de refus implicite résultant du silence gardé pendant l'administration pendant plus d'un mois, alors même que l'intéressé n'aurait pas été informé des voies et délais de recours. ● 4 juill. 2013, *RATP*, n° 20131479. Passé ce délai, il est toutefois toujours loisible au demandeur de présenter une nouvelle demande à l'autorité en cause et, en cas de nouveau refus, de saisir à nouveau la CADA dans le délai prescrit. ● Même avis.

---

3. L'intervention du Décr. n° 2014-1264 du 23 oct. 2014 n'a eu ni pour objet, ni pour effet, de porter d'un à deux mois le délai à l'issue duquel l'administration, si elle n'a pas encore transmis le document qui lui est demandé, doit être regardée comme ayant rejeté la demande de communication qui lui a été adressée. ● 9 juill. 2015, *Min. de la Justice,* n° 20151974.

⯀⯀⯀Art. L. 311-14⯀ Toute décision de refus d'accès aux documents administratifs est notifiée au demandeur sous la forme d'une décision écrite motivée comportant l'indication des voies et délais de recours.
⯀⯀
⯀Art. R. 311-15⯀ Ainsi qu'il est dit à l'article R. 343-1 et dans les conditions prévues par cet article, l'intéressé dispose d'un délai de deux mois à compter du refus d'accès aux documents administratifs qui lui est opposé pour saisir la Commission d'accès aux documents administratifs.
⯀⯀

Pour que les délais prévus à l'art. 17 du Décr. n° 2005-1755 du 30 déc. 2005, repris aux art. R. 311-12, R. 311-13 et R. 311-15, soient opposables, la notification de la décision administrative de refus, ou l'accusé de réception de la demande l'ayant fait naître si elle est implicite, doit nécessairement mentionner l'existence d'un recours administratif préalable obligatoire devant la CADA, ainsi que les délais selon lesquels ce recours peut être exercé. ● CE 11 juill. 2016, *CH Louis-Constant-Fleming,* n° 391899 B. En revanche, aucune disposition législative ou réglementaire n'impose à l'autorité administrative mise en cause d'informer le demandeur du recours contentieux qu'il peut former auprès de la juridiction administrative, et des délais y afférents, si la décision de refus est confirmée après la saisine de cette commission. ● Même décision. L'absence de telles mentions a seulement pour effet de rendre inopposables les délais prévus, pour l'exercice du recours contentieux, par les art. 17 et 19 du Décr. du 30 déc. 2005 (respectivement repris aux art. R. 311-12, R. 311-13 et R. 311-15, d'une part, et aux art. R. 343-3 à R. 343-5, d'autre part). ● Même décision.

CHAPITRE II DIFFUSION DES DOCUMENTS ADMINISTRATIFS

(Ord. n° 2015-1341 du 23 oct. 2015, en vigueur le 1er janv. 2016; Décr. n° 2015-1342 du 23 oct. 2015, en vigueur le 1er janv. 2016)

SECTION PREMIÈRE RÈGLES GÉNÉRALES

▨▨▨Art. L. 312-1▨ Les administrations mentionnées à l'article L. 300-2 peuvent rendre publics les documents administratifs qu'elles produisent ou reçoivent.

▨ (Abrogé par L. n° 2016-1321 du 7 oct. 2016, art. 5) «Toutefois, sauf dispositions législatives contraires, les documents administratifs qui comportent des mentions entrant dans le champ d'application des articles L. 311-5 et L. 311-6 ou, sans préjudice de (Ord. n° 2016-307 du 17 mars 2016, art. 2-1°) «l'article L. 322-2», des données à caractère personnel ne peuvent être rendus publics qu'après avoir fait l'objet d'un traitement afin d'occulter ces mentions ou de rendre impossible l'identification des personnes qui y sont nommées.» — [L. n° 78-753 du 17 juill. 1978, art. 7, al. 2 et 3.]

Un décret en Conseil d'État, pris après avis de la commission mentionnée à l'art. L. 340-1, définit les modalités d'application des art. L. 312-1 à L. 312-1-3 dans leur rédaction issue de la L. n° 2016-1321 du 7 oct. 2016 (L. préc., art. 6-III).

▨▨▨Art. L. 312-1-1▨ (L. n° 2016-1321 du 7 oct. 2016, art. 6-II) Sous réserve des articles L. 311-5 et L. 311-6 et lorsque ces documents sont disponibles sous forme électronique, les administrations mentionnées au premier alinéa de l'article L. 300-2, à l'exception des personnes morales dont le nombre d'agents ou de salariés est inférieur à un seuil fixé par décret, publient en ligne les documents administratifs suivants:

▨1° Les documents qu'elles communiquent en application des procédures prévues au présent titre, ainsi que leurs versions mises à jour;

▨2° Les documents qui figurent dans le répertoire mentionné au premier alinéa de l'article L. 322-6;

▨3° Les bases de données, mises à jour de façon régulière, qu'elles produisent ou qu'elles reçoivent et qui ne font pas l'objet d'une diffusion publique par ailleurs;

▨4° Les données, mises à jour de façon régulière, dont la publication présente un intérêt économique, social, sanitaire ou environnemental.

▨Le présent article ne s'applique pas aux collectivités territoriales de moins de 3 500 habitants.

Sur l'application du présent art., V. note ss. art. L. 312-1, supra.

▨▨▨Art. D. 312-1-1-1▨ (Décr. n° 2016-1922 du 28 déc. 2016, art. 1er-1° et 3, en vigueur le 1er janv. 2017) Le seuil prévu à l'article L. 312-1-1 est fixé à 50 agents ou salariés exprimé en équivalents temps plein.

▢▢▢**Art. L. 312-1-2**▢ *(L. n° 2016-1321 du 7 oct. 2016, art. 6-II)* Sauf dispositions législatives ou réglementaires contraires, lorsque les documents et données mentionnés aux articles L. 312-1 ou L. 312-1-1 comportent des mentions entrant dans le champ d'application des articles L. 311-5 ou L. 311-6, ils ne peuvent être rendus publics qu'après avoir fait l'objet d'un traitement permettant d'occulter ces mentions.

▢Sauf dispositions législatives contraires ou si les personnes intéressées ont donné leur accord, lorsque les documents et les données mentionnés aux articles L. 312-1 ou L. 312-1-1 comportent des données à caractère personnel, ils ne peuvent être rendus publics qu'après avoir fait l'objet d'un traitement permettant de rendre impossible l'identification de ces personnes. Une liste des catégories de documents pouvant être rendus publics sans avoir fait l'objet du traitement susmentionné est fixée par décret pris après avis motivé et publié de la Commission nationale de l'informatique et des libertés.

▢Les administrations mentionnées au premier alinéa de l'article L. 300-2 du présent code ne sont pas tenues de publier les archives publiques issues des opérations de sélection prévues aux articles L. 212-2 et L. 212-3 du code du patrimoine.

Sur l'application du présent art., V. note ss. art. L. 312-1 et L. n° 2016-1321 du 7 oct. 2016, art. 8-II, supra.

▢▢▢**Art. D. 312-1-3**▢ *(Décr. n° 2018-1117 du 10 déc. 2018, art. 1ᵉʳ)* Les documents et informations mentionnés aux articles L. 312-1 ou L. 312-1-1 et qui sont communicables ou accessibles à toute personne, sous réserve des articles L. 311-5 et L. 311-6 et d'autres dispositions législatives ou réglementaires en vigueur, peuvent être rendus publics sans avoir fait l'objet du traitement prévu au deuxième alinéa de l'article L. 312-1-2, lorsqu'ils relèvent de l'une des catégories suivantes:

▢1° Les documents nécessaires à l'information du public relatifs aux conditions d'organisation de l'administration, notamment les organigrammes, les annuaires des administrations et la liste des personnes inscrites à un tableau d'avancement ou sur une liste d'aptitude pour l'accès à un échelon, un grade ou un corps ou cadre d'emplois de la fonction publique;

▢2° Les documents nécessaires à l'information du public relatifs aux conditions d'organisation de la vie économique, associative et culturelle, notamment le répertoire national des associations et le répertoire des entreprises et de leurs établissements;

▢3° Les documents nécessaires à l'information du public relatifs aux conditions d'organisation et d'exercice des professions réglementées et des activités professionnelles soumises à la règlementation, notamment celles relatives à l'exercice des professions de notaire, avocat, huissier de justice et architecte;

4° Les documents nécessaires à l'information du public relatifs à l'enseignement et la recherche et notamment les résultats obtenus par les candidats aux examens et concours administratifs ou conduisant à la délivrance des diplômes nationaux;

5° Les documents nécessaires à l'information du public relatifs aux conditions d'organisation et d'exercice des activités sportives;

6° Les documents nécessaires à l'information du public relatifs aux conditions d'organisation et d'exercice de la vie politique, notamment le répertoire des élus, à l'exception des informations prévues au 2° du I de l'article 5 du décret n° 2014-1479 du 9 décembre 2014 relatif à la mise en œuvre de deux traitements automatisés de données à caractère personnel dénommés "Application élection" et "Répertoire national des élus";

7° Les documents nécessaires à l'information du public relatifs aux conditions d'organisation et d'exercice des activités touristiques;

8° Les documents nécessaires à l'information du public relatifs aux activités soumises à des formalités prévues par des dispositions législatives ou réglementaires notamment, en matière d'urbanisme, d'occupation du domaine public et de protection des données à caractère personnel;

9° Les documents administratifs conservés par les services publics d'archives et les autres organismes chargés d'une mission de service public d'archivage:

a) lorsqu'ils sont librement communicables en application des articles L. 213-1 et L. 213-2 du code du patrimoine, sauf lorsqu'ils comportent des données mentionnées au I de l'article 8 de la loi n° 78-17 du 6 janvier 1978 ou des données relatives aux condamnations pénales, aux infractions ou aux mesures de sûreté connexes au sens de l'article 9 de la même loi;

b) lorsqu'ils comportent des données mentionnées au I de l'article 8 de la loi n° 78-17 du 6 janvier 1978 ou des données à caractère personnel relatives aux condamnations pénales, aux infractions ou aux mesures de sûreté connexes au sens de l'article 9 de la même loi, à l'expiration d'un délai de 100 ans calculé à compter de la date des documents, sauf si le délai de communicabilité fixé par le code du patrimoine est plus long. Dans ce cas, c'est ce dernier délai qui s'applique;

c) lorsqu'ils sont librement communicables en application des articles L. 213-1 et L. 213-2 du code du patrimoine, les instruments de recherche décrivant les fonds d'archives, sauf s'ils comportent des données à caractère personnel relatives aux condamnations pénales, aux infractions ou aux mesures de sûreté connexes au sens de l'article 9 de la loi du 6 janvier 1978 précitée. Dans ce cas, ils peuvent être publiés à l'issue d'un délai de 100 ans à compter de la date des documents décrits par l'instrument de recherche.

Les archives publiques et les instruments de recherche qui les décrivent peuvent être publiés avant l'expiration des délais ci-dessus sur autorisation de la Commission nationale de l'informatique et des libertés.

⛓⛓⛓Art. L. 312-1-3⛓ *(L. n° 2016-1321 du 7 oct. 2016, art. 6-II)* Sous réserve des secrets protégés en application du 2° de l'article L. 311-5, les administrations mentionnées au premier alinéa de l'article L. 300-2, à l'exception des personnes morales dont le nombre d'agents ou de salariés est inférieur à un seuil fixé par décret, publient en ligne les règles définissant les principaux traitements algorithmiques utilisés dans l'accomplissement de leurs missions lorsqu'ils fondent des décisions individuelles.

Sur l'application du présent art., V. note ss. art. L. 312-1 et L. n° 2016-1321 du 7 oct. 2016, art. 8-II, supra.

⛓⛓⛓Art. D. 312-1-4⛓ *(Décr. n° 2016-1922 du 28 déc. 2016, art. 1er-2° et 3, en vigueur le 1er janv. 2017)* Le seuil prévu à l'article L. 312-1-3 est fixé à 50 agents ou salariés exprimé en équivalents temps plein.

SECTION II RÈGLES SPÉCIFIQUES AUX INSTRUCTIONS ET CIRCULAIRES

SOUS-SECTION 1 RÈGLES DE PUBLICATION

⛓⛓⛓
Art. L. 312-2⛓ Font l'objet d'une publication les instructions, les circulaires ainsi que les notes et réponses ministérielles qui comportent une interprétation du droit positif ou une description des procédures administratives. *(L. n° 2018-727 du 10 août 2018, art. 20)* «Les instructions et circulaires sont réputées abrogées si elles n'ont pas été publiées, dans des conditions et selon des modalités fixées par décret.»
⛓Un décret en Conseil d'État pris après avis de la commission mentionnée au titre IV précise les *(L. n° 2018-727 du 10 août 2018, art. 20)* «autres» modalités d'application du présent article. — *[L. n° 78-753 du 17 juill. 1978, art. 7, al. 1er et 4.]*

Sur l'application du présent art., V. commentaire sur la section I, supra.
⛓⛓

Dans la mesure où elle intervient entre le 10 sept. 2012 et le 31 déc. 2018, la mise en ligne sur un site internet, accessible depuis l'adresse www.impots.gouv.fr, d'une instruction, d'une circulaire ou de tout autre document comportant une interprétation du droit positif ou une description des procédures administratives, émanant de l'administration fiscale et inséré au BOFiP-Impôts, constitue l'acte de publication prévu par l'art. 7 de la L. du 17 juill. 1978 puis, à compter du 1er janv. 2016, par l'art. L. 312-2 CRPA. A compter du 1er janv. 2019, la mise en ligne d'une instruction, d'une circulaire ou de tout autre document émanant de l'administration fiscale sur le site «bofip.impots.gouv.fr» constitue l'acte de publication prévu à l'art. L. 312-2 CRPA. Ces mises en ligne font donc courir le délai de recours. Toutefois, en ce qui concerne les mises en ligne intervenues entre le 10 sept. 2012 et le 31 déc. 2018, l'application immédiate de ce revirement jurisprudentiel étant de nature à porter atteinte au droit au recours, la règle de forclusion ainsi dégagée ne saurait fonder le rejet pour irrecevabilité d'un recours formé contre un commentaire publié entre ces dates, présenté avant l'expiration d'un délai de deux mois suivant le 13 mars 2020. ● CE , sect., 13 mars 2020, *Sté Hasbro European Trading BV*, n° 435634 A.

Champ d'application. Exclusion. Une instruction par laquelle le ministre de l'Intérieur, en sa qualité de chef de service, a défini à destination des seuls services et unités chargés du maintien de l'ordre les conditions d'utilisation des armes de force intermédiaire, ne comporte pas de description des procédures administratives ni d'interprétation du droit positif au sens et pour l'application de l'art. L. 312-2 CRPA et de l'art. 7 du Décr. n° 2018-1047 du 28 nov. 2018. Elle ne peut donc être regardée comme abrogée en raison de son absence de publication sur un des supports légalement prévus à cette fin. ● CE 27 juill. 2019, *Ligue des droits de l'Homme et Confédération générale du travail et a.*, n°s 427638 B, 428895 B et 429621 B.

▢

▢▢**Art. L. 312-3▢** *(L. n° 2018-727 du 10 août 2018, art. 20)* Toute personne peut se prévaloir des documents administratifs mentionnés au premier alinéa de l'article L. 312-2, émanant des administrations centrales et déconcentrées de l'État et publiés sur des sites internet désignés par décret.

▢Toute personne peut se prévaloir de l'interprétation d'une règle, même erronée, opérée par ces documents pour son application à une situation qui n'affecte pas des tiers, tant que cette interprétation n'a pas été modifiée.

▢Les dispositions du présent article ne peuvent pas faire obstacle à l'application des dispositions législatives ou réglementaires préservant directement la santé publique, la sécurité des personnes et des biens ou l'environnement.

V. App., v° Doctrine administrative.

░░░Art. R. 312-3-1░ Les documents administratifs mentionnés au premier alinéa de l'article L. 312-2 émanant des administrations centrales de l'État sont, sous réserve des dispositions des articles L. 311-5 et L. 311-6, publiés dans des bulletins ayant une périodicité au moins trimestrielle et comportant dans leur titre la mention *"Bulletin officiel"*.

░Des arrêtés ministériels déterminent, pour chaque administration, le titre exact du ou des bulletins la concernant, la matière couverte par ce ou ces bulletins ainsi que le lieu ou le site internet où le public peut les consulter ou s'en procurer copie. — *[Décr. n° 2005-1755 du 30 déc. 2005, art. 29.]*

L'art. R. 312-3 devient l'art. R. 312-3-1 (Décr. n° 2018-1047 du 28 nov. 2018, art. 1er et 7, en vigueur le 1er janv. 2019).

░░

1. Le «Bulletin officiel des douanes», publié selon une périodicité au moins trimestrielle, dans lequel sont publiés en application d'un arr. du 16 oct. 1980 les documents administratifs émanant de la direction générale des douanes et droits indirects, et qui peut être consulté sur place en un lieu prévu par cet arrêté et est également accessible sur Internet, doit être regardé comme le recueil des instructions, circulaires et autres documents comportant une interprétation du droit positif pris par l'administration des douanes, au sens et pour l'application de l'article R. 312-3-1 du CRPA. Par suite, la publication d'une circulaire à ce bulletin est de nature à faire courir le délai du recours contentieux à l'égard de tous les tiers. ● CE 26 déc. 2018, *Sté Massis import export Europe*, n° 424759 B.

2. *Documents émanant de l'administration fiscale. Règles applicables antérieurement au 1er janv. 2019.* Dans la mesure où elle intervient entre le 10 sept. 2012 et le 31 déc. 2018, la mise en ligne sur un site internet, accessible depuis l'adresse www.impots.gouv.fr, d'une instruction, d'une circulaire ou de tout autre document comportant une interprétation du droit positif ou une description des procédures administratives, émanant de l'administration fiscale et inséré au BOFiP-impôts, constitue l'acte de publication prévu par les dispositions de l'art. 7 de la L. du 17 juill. 1978 puis, à compter du 1er janv. 2016, par celles de l'art. L. 312-2 CRPA. ● CE , sect., 13 mars 2020, *Sté Hasbro European Trading BV (HET BV),* n° 435634 A.

3. *Documents émanant de l'administration fiscale. Règles applicables à compter du 1er janv. 2019.* La mise en ligne d'une instruction, d'une circulaire ou de tout autre document émanant de l'administration fiscale sur le site «bofip.impots.gouv.fr» constitue l'acte de publication prévu à l'art. L. 312-2 CRPA. Par suite, le délai réglementaire dont un contribuable dispose pour former un recours pour excès de pouvoir à l'encontre de tout commentaire par lequel l'autorité compétente prescrit l'interprétation de la loi fiscale, lorsque celui-ci a été mis en ligne sur le site «bofip.impots.gouv.fr» à compter du 1er janv. 2019, commence à courir au jour de cette mise en ligne. ● CE , sect., 13 mars 2020, *Sté Hasbro European Trading BV (HET BV),* n° 435634 A.

░░

⬜Art. R. 312-4⬜ Les instructions et circulaires mentionnées au premier alinéa de l'article L. 312-2, qui émanent des autorités administratives de l'État agissant dans les limites du département, sont publiées au recueil des actes administratifs du département ayant une périodicité au moins trimestrielle. Cette publication peut intervenir par voie électronique.

⬜Ceux de ces documents qui émanent d'autorités dont la compétence s'étend au-delà des limites d'un seul département sont publiés au recueil des actes administratifs de chacun des départements intéressés. — *[Décr. nº 2005-1755 du 30 déc. 2005, art. 30.]*

⬜⬜⬜Art. R. 312-5⬜ Les instructions et circulaires mentionnées au premier alinéa de l'article L. 312-2, qui émanent des communes, des départements, des régions ou de la collectivité territoriale de Corse, sont publiées, au choix de l'autorité exécutive de la collectivité intéressée:

⬜1º Soit par insertion dans un bulletin officiel lorsqu'il a une périodicité au moins trimestrielle;

⬜2º Soit par transcription dans les trois mois sur un registre tenu à la disposition du public.

⬜Cette publication peut intervenir par voie électronique.

⬜Les maires, les présidents des conseils départementaux, les présidents des conseils régionaux et le président du conseil exécutif de la collectivité territoriale de Corse informent le préfet de la forme de publication adoptée. — *[Décr. nº 2005-1755 du 30 déc. 2005, art. 31.]*

⬜⬜

---

1. Les dispositions de l'ancien art. 31 du Décr. nº 2005-1755 du 30 déc. 2005, qui ont pour objet d'assurer, dans le champ des compétences dévolues aux collectivités locales, la mise en œuvre de l'ancien art. 7 de la loi du 17 juill. 1978, doivent être interprétées comme invitant les communes, quelle que soit leur taille, à rendre publics notamment les actes, tels que des guides ou les délibérations relatives aux conditions d'accès aux documents administratifs, par lesquels ils précisent les modalités de fonctionnement de leurs services qui ont un retentissement sur les administrés. • 27 avr. 2006, *Maire de Chatou,* nº 20061361. S'agissant des départements. • 8 juin 2006, *Président du Conseil général du Haut-Rhin,* nº 20062173.

2. Si le Décr. du 30 déc. 2005 incite à la diffusion de ces documents par voie électronique, cela n'exclut aucunement la publication habituelle sur papier, dans le bulletin d'information officiel du département. • 8 juin 2006, *Président du Conseil général du Haut-Rhin,* nº 20062173: *préc. note 1.*

⬜⬜⬜Art. R. 312-6⬜ Les instructions et circulaires mentionnées au premier alinéa de l'article L. 312-2, qui émanent des établissements publics, des autres personnes de droit public et des personnes de droit privé chargées de la gestion d'un service public, sont publiées, au choix de leur conseil d'administration:

◻1° Soit par insertion dans un bulletin officiel lorsqu'il a une périodicité au moins trimestrielle;

◻2° Soit par transcription dans les trois mois sur un registre tenu à la disposition du public.

◻Cette publication peut intervenir par voie électronique. — *[Décr. n° 2005-1755 du 30 déc. 2005, art. 32.]*

◻◻◻Art. R. 312-7◻ *(Décr. n° 2018-1047 du 28 nov. 2018, art. 2 et 7, en vigueur le 1ᵉʳ janv. 2019)* Les instructions ou circulaires qui n'ont pas été publiées sur l'un des supports prévus par les dispositions de la présente section ne sont pas applicables et leurs auteurs ne peuvent s'en prévaloir à l'égard des administrés.

◻A défaut de publication sur l'un de ces supports dans un délai de quatre mois à compter de leur signature, elles sont réputées abrogées.

Le Décr. n° 2018-1047 du 28 nov. 2018 entre en vigueur le 1ᵉʳ janv. 2019. Les circulaires et instructions signées avant cette date sont réputées abrogées au 1ᵉʳ mai 2019 si elles n'ont pas, à cette dernière date, été publiées sur les supports prévus par les dispositions de la section II du Chapitre II du titre Iᵉʳ du livre III du présent code. Les dispositions de l'art. 7 du Décr. préc. sont applicables dans les îles Wallis-et-Futuna, en Polynésie française et en Nouvelle-Calédonie (Décr. préc., art. 7).

SOUS-**SECTION** 2 RÈGLES PARTICULIÈRES APPLICABLES AUX CIRCULAIRES ET INSTRUCTIONS ADRESSÉES PAR LES MINISTRES AUX SERVICES ET ÉTABLISSEMENTS DE L'ÉTAT

◻◻◻Art. R. 312-8◻ *(Décr. n° 2018-1047 du 28 nov. 2018, art. 3 et 7, en vigueur le 1ᵉʳ janv. 2019)* Par dérogation à l'article R. 312-3-1, les circulaires et instructions adressées par les ministres aux services et établissements de l'État sont publiées sur un site relevant du Premier ministre. Elles sont classées et répertoriées de manière à faciliter leur consultation. — *[Décr. n° 2008-1281 du 8 déc. 2008, art. 1ᵉʳ.]*

Sur l'entrée en vigueur du Décr. n° 2018-1047 du 28 nov. 2018, V. ndlr ss. art. R. 312-7.
◻◻

1. Entrée en vigueur de la règle. En vertu de l'art. 2 du Décr. n° 2008-1281 du 8 déc. 2008 relatif aux conditions de publication des instructions et circulaires, les dispositions de l'art. 1ᵉʳ de ce texte, reprises à l'art. R. 312-8 CRPA, prennent effet à compter du 1ᵉʳ mai 2009. Le même art. 1ᵉʳ dispose que «Les circulaires et instructions déjà signées sont réputées abrogées si elles ne sont pas reprises sur le site mentionné à l'article 1ᵉʳ. / Les dispositions du précédent alinéa ne s'appliquent pas aux circulaires et instructions publiées avant le 1ᵉʳ mai 2009 dont la loi permet à un administré de se prévaloir». Une circulaire dont la loi permet ainsi à un administré de se prévaloir publiée au Bulletin officiel Santé – protection sociale – solidarité du 15 juin 2008 ne saurait être regardée comme ayant été abrogée par l'effet de l'entrée en vigueur du Décr. du 8 déc. 2008, quand bien même elle n'aurait pas été reprise sur le site internet relevant du Premier ministre créé à cet effet. ● CE 8 févr. 2017, *SA Orange,* n° 405102 B.

2. Défaut de publication. Une instruction qui n'a pas fait l'objet de la publication sur le site internet relevant du Premier ministre prévue par l'art. R. 312-8) n'est pas applicable, l'administration ne pouvant s'en prévaloir à l'égard des personnes qui entrent dans le champ d'application des dispositions pour la mise en œuvre desquelles elle a été prise. Dès lors qu'elle est dépourvue d'effets, elle ne crée aucune situation d'urgence au sens de l'art. L. 521-1 CJA. ● CE , réf., 19 déc. 2016, *CIMADE, service œcuménique d'entraide,* n° 405471 B. La circonstance qu'une circulaire n'ait pas été mise en ligne sur le site internet créé à cet effet est sans incidence sur la recevabilité du recours pour excès de pouvoir formé contre elle. ● CE 5 mars 2018, *La Cimade,* n° 405474 B.

⯀⯀

⯀Art. R. 312-9⯀ Un arrêté du Premier ministre peut prévoir que, pour les circulaires et instructions intervenant dans certains domaines marqués par un besoin régulier de mise à jour portant sur un nombre important de données, la *(Décr. n° 2018-1047 du 28 nov. 2018, art. 3 et 7, en vigueur le 1ᵉʳ janv. 2019)* «publication» sur un site internet autre que celui qui est mentionné à l'article R. 312-8 produit les mêmes effets que la *(Décr. n° 2018-1047 du 28 nov. 2018, art. 3 et 7, en vigueur le 1ᵉʳ janv. 2019)* «publication» sur ce site.

⯀L'arrêté du Premier ministre est pris au vu d'un rapport établissant que le site internet proposé présente des garanties suffisantes en termes d'exhaustivité et de fiabilité des données dans le domaine considéré et en termes d'accessibilité pour le public. Il mentionne l'adresse du site et précise la date à partir de laquelle les circulaires et instructions *(Décr. n° 2018-1047 du 28 nov. 2018, art. 3 et 7, en vigueur le 1ᵉʳ janv. 2019)* «publiées» sur ce site sont réputées satisfaire les conditions prévues à l'article R. 312-8.

⯀L'adresse des sites faisant l'objet d'un arrêté pris en application du présent article est référencée sur le site mentionné à l'article R. 312-8.

⯀ (Abrogé par Décr. n° 2018-785 du 12 sept. 2018, art. 12) «Au plus tard dix-huit mois après la mise en service d'un site désigné en application du présent article, le service responsable présente un bilan du fonctionnement du site au conseil d'orientation de l'édition publique et de l'information administrative.» — [Décr. n° 2008-1281 du 8 déc. 2008, art. 1ᵉʳ-1.]

Sur l'entrée en vigueur du Décr. n° 2018-1047 du 28 nov. 2018, V. ndlr ss. art. R. 312-7.

SOUS-**SECTION** 3 RÈGLES PARTICULIÈRES D'OPPOSABILITÉ DES CIRCULAIRES, INSTRUCTIONS, NOTES ET RÉPONSES MINISTÉRIELLES ÉMANANT DES ADMINISTRATIONS CENTRALES ET DÉCONCENTRÉES DE L'ÉTAT *(Décr. n° 2018-1047 du 28 nov. 2018, art. 4 et 7, en vigueur le 1er janv. 2019).*

Le Décr. n° 2018-1047 du 28 nov. 2018 entre en vigueur le 1er janv. 2019. Les circulaires et instructions signées avant cette date sont réputées abrogées au 1er mai 2019 si elles n'ont pas, à cette dernière date, été publiées sur les supports prévus par les dispositions de la section II du Chapitre II du titre Ier du livre III du présent code. Les dispositions de l'art. 7 du Décr. préc. sont applicables dans les îles Wallis-et-Futuna, en Polynésie française et en Nouvelle-Calédonie (préc., art. 7).

 Art. R. 312-10 *(Décr. n° 2018-1047 du 28 nov. 2018, art. 4 et 7, en vigueur le 1er janv. 2019)* Les sites internet sur lesquels sont publiés les documents dont toute personne peut se prévaloir dans les conditions prévues à l'article L. 312-3 précisent la date de dernière mise à jour de la page donnant accès à ces documents ainsi que la date à laquelle chaque document a été publié sur le site. Ces sites comportent, sur la page donnant accès aux documents publiés en application de l'article L. 312-3, la mention suivante: "Conformément à l'article L. 312-3 du code des relations entre le public et l'administration, toute personne peut se prévaloir de l'interprétation d'une règle, même erronée, opérée par les documents publiés sur cette page, pour son application à une situation qui n'affecte pas des tiers, tant que cette interprétation n'a pas été modifiée, sous réserve qu'elle ne fasse pas obstacle à l'application des dispositions législatives ou réglementaires préservant directement la santé publique, la sécurité des personnes et des biens ou l'environnement".

Les circulaires et instructions soumises aux dispositions de l'article R. 312-8 sont publiées sur les sites mentionnés au premier alinéa au moyen d'un lien vers le document mis en ligne sur le site mentionné à ce même article.

Art. D. 312-11 *(Décr. n° 2018-1047 du 28 nov. 2018, art. 4 et 7, en vigueur le 1er janv. 2019)* Les sites internet mentionnés au premier alinéa de l'article L. 312-3 sont les suivants:
- www.bulletin-officiel.developpement-durable.gouv.fr;
- www.culture.gouv.fr;
- https://www.defense.gouv.fr/sga;
- www.diplomatie.gouv.fr;
- www.economie.gouv.fr;
- www.education.gouv.fr;
- www.enseignementsup-recherche.gouv.fr;
- www.fonction-publique.gouv.fr;
- https://info.agriculture.gouv.fr;
- www.interieur.gouv.fr;
- https://solidarites-sante.gouv.fr;
- www.sports.gouv.fr;
- www.textes.justice.gouv.fr;
- https://travail-emploi.gouv.fr.

Lorsque la page à laquelle renvoient les adresses mentionnées ci-dessus ne donne pas directement accès à la liste des documents mentionnés à l'article L. 312-3, elle comporte un lien direct vers cette liste, identifié par la mention "Documents opposables".

TITRE DEUXIÈME LA RÉUTILISATION DES INFORMATIONS PUBLIQUES

(Ord. n° 2015-1341 du 23 oct. 2015, en vigueur le 1er janv. 2016)

Nota: Les dispositions introduites par l'Ord. n° 2016-307 du 17 mars 2016 et le Décr. n° 2016-308 du 17 mars 2016 sont applicables: 1° En Nouvelle-Calédonie et en Polynésie française, aux informations figurant dans des documents produits ou reçus par l'État, ses établissements publics, les communes et leurs établissements publics, les personnes publiques créées par l'État ou les personnes privées chargées par l'État d'une mission de service public; 2° Aux îles Wallis-et-Futuna et dans les Terres australes et antarctiques françaises (Ord. préc., art. 6-I; Décr. préc., art. 7-I).

CHAPITRE PREMIER ÉTENDUE DU DROIT DE RÉUTILISATION

(Ord. n° 2016-307 du 17 mars 2016, art. 1ᵉʳ)

▨▨▨**Art. L. 321-1**▨ *(Ord. n° 2016-307 du 17 mars 2016, art. 1ᵉʳ) (L. n° 2016-1321 du 7 oct. 2016, art. 9-1°-a)* «Les informations publiques figurant dans des documents communiqués ou publiés par les administrations mentionnées au premier alinéa de l'article L. 300-2 peuvent être utilisées» par toute personne qui le souhaite à d'autres fins que celles de la mission de service public pour les besoins de laquelle les documents ont été produits ou reçus.

▨ (Abrogé par L. n° 2016-1321 du 7 oct. 2016, art. 9-1°-b) «Lorsqu'elles sont mises à disposition sous forme électronique, ces informations le sont, si possible, dans un standard ouvert et aisément réutilisable, c'est-à-dire lisible par une machine.»

▨Les limites et conditions de cette réutilisation sont régies par le présent titre (Abrogé par L. n° 2016-1321 du 7 oct. 2016, art. 9-1°-c) «, même si ces informations ont été obtenues dans le cadre de l'exercice du droit d'accès aux documents administratifs régi par le titre Iᵉʳ». — [L. n° 78-753 du 17 juill. 1978, art. 10, al. 1ᵉʳ.]

▨▨

> **1.** Les dispositions de l'art. L. 321-1 relatives au droit à la réutilisation des informations publiques qui figurent dans des documents communiqués ou publiés par les administrations sont dépourvues d'incidence sur l'étendue du droit à communication de documents administratifs résultant du présent code. ● CE 5 mai 2001, n° 434502: *inédit au Lebon.*

2. Sur la notion de réutilisation. L'utilisation des données de mesures concernant l'écoulement des eaux souterraines par un cabinet d'études aux fins de préparer un dossier préalable à une déclaration d'utilité publique en vue de l'instauration de périmètres de protection de captages d'eau potable constitue une réutilisation. ● 30 avr. 2009, *Préfet de la Côte-d'Or,* n° 20091473. L'élaboration par une société, à partir de zonages et de synthèses cartographiques élaborés par la direction régionale de l'environnement, de nouveaux documents graphiques destinés à ses clients constitue une réutilisation d'informations publiques. ● 16 mars 2006, *Directrice régionale de l'environnement des Pays-de-Loire,* n° 20060771. La mise de la documentation générale de base de la Direction générale des impôts à la disposition du public à des fins commerciales par une société d'édition constitue une réutilisation. ● 31 juill. 2008, *Directeur général des finances publiques,* n° 20082898. Les opérations «à usage interne» qui ne s'accompagnent d'aucune intégration des informations publiques recueillies à des produits ou des services destinés à des tiers ne constituent pas des formes de réutilisation, mais le prolongement normal de l'exercice du droit d'accès. ● 5 juill. 2012, *Président du Conseil régional de Bourgogne,* n° 20122417.
3. La simple mise en ligne intégrale de documents, sans aucun commentaire ni ajout, en accès libre et gratuit ne permettant pas leur modification, ne constitue pas une «réutilisation». ● 31 juill. 2008, *Maire de Chelles,* n° 20082716: *préc. note 3.* En revanche, le fait d'insérer ces documents accompagnés de commentaires ou sur un site invitant des tiers à émettre de tels commentaires, ou encore de subordonner leur accès au paiement d'une somme ou la publication de simples extraits constituent des formes de réutilisation. ● 31 juill. 2008, *Maire de Chelles,* n° 20082716: *préc. note 3* ● 17 avr. 2008, *Parc naturel régional Oise-Pays de France,* n° 20081565. La publication sur le site internet d'une association d'une carte thermographique aérienne qu'une commune n'a pas souhaité mettre en ligne constitue une utilisation du document à d'autres fins que la mission de service public pour laquelle il a été élaboré et, par suite, une réutilisation. ● 14 mai 2009, *Maire de Nogent-sur-Marne,* n° 20091748.
4. Sur l'autorité compétente pour statuer sur la demande de réutilisation. Sont compétentes pour statuer sur les demandes de réutilisation d'informations publiques aussi bien l'autorité qui a produit les documents contenant ces informations que celle qui les a reçus. ● 7 juill. 2011, n° 20112758: *Rapp. CADA 2011, p. 44.*
5. Le régime de réutilisation des informations publiques défini au Chapitre II du titre Ier de la loi du 17 juill. 1978 n'investit pas les autorités administratives d'une mission de service public, mais leur impose seulement des obligations légales, assorties de la faculté de valoriser ces informations par la perception de redevances et de la possibilité de saisir la CADA en cas de méconnaissance, par le réutilisateur, des règles auxquelles il est soumis. ● 5 nov. 2009, *Président du Conseil régional de Bretagne,* n° 20092706.

Les informations publiques communicables de plein droit, figurant dans les documents détenus par les services d'archives publics, qui constituent des établissements culturels, relèvent de la liberté de réutilisation consacrée de façon générale par la loi du 17 juill. 1978 et l'ord. du 6 juin 2005: ces services ne disposent donc pas d'un pouvoir discrétionnaire leur permettant d'apprécier l'opportunité de faire droit ou non à une demande de réutilisation, mais peuvent encadrer cette réutilisation afin de la sécuriser et de s'opposer aux demandes présentant un caractère abusif. ● TA Clermont-Ferrand, 13 juill. 2011, *SA Notrefamille.com*, n° 1001584: *AJDA 2011. 2152; ibid. 2012. 375, note Connil; JCP Adm. 2011, n° 2299, concl. Chacot.* Un service d'archives départementales ne peut donc, dans ces conditions, s'opposer à la communication et à la réutilisation à des fins commerciales de cahiers de recensement sollicités par une société exploitant un site internet de généalogie. ● Même jugement. Sol. contraire pour un département qui se prévaut, en qualité de producteur de base de données, de la protection prévue par l'art. L. 342-1 CPI: ainsi, une délibération qui interdit la cession des fichiers numériques propriétés du département dans un but autre que l'accomplissement d'une mission de service public n'a ni pour objet ni pour effet de faire obstacle à la liberté de réutilisation consacrée par la loi en ce qui concerne les informations publiques contenues dans les documents détenus par les archives départementales. ● TA Poitiers, 31 janv. 2013, *Notrefamille.com c/ Dpt de la Vienne: JCP Adm. 2013. Actu. 153, obs. C-A D.; JCP Adm. 2013. Comm. 2434, note Bruguière.*

▨

▨▨Art. L. 321-2▨ *(Ord. n° 2016-307 du 17 mars 2016, art. 1ᵉʳ)* Ne sont pas considérées comme des informations publiques, pour l'application du présent titre, les informations contenues dans des documents:

▨*a)* Dont la communication ne constitue pas un droit *(L. n° 2016-1321 du 7 oct. 2016, art. 6-VI-1°)* «pour toute personne» en application du titre Iᵉʳ ou d'autres dispositions législatives, sauf si ces informations font l'objet d'une diffusion publique *(L. n° 2016-1321 du 7 oct. 2016, art. 6-VI-2°)* «conforme aux prescriptions des articles L. 312-1 à L. 312-1-2»;

▨ (Abrogé par L. n° 2016-1321 du 7 oct. 2016, art. 9-2°) «b) Ou produits ou reçus par les administrations mentionnées à l'article L. 300-2 dans l'exercice d'une mission de service public à caractère industriel ou commercial;»

▨*c)* Ou sur lesquels des tiers détiennent des droits de propriété intellectuelle.

▨L'échange d'informations publiques entre les administrations, aux fins de l'exercice de leur mission de service public, ne constitue pas une réutilisation au sens du présent titre. — *[L. n° 78-753 du 17 juill. 1978, art. 10, al. 2 à 6.]*

▨▨

1. Les informations publiées au titre du privilège du Trésor public au greffe du tribunal de commerce ou du tribunal de grande instance constituent des informations publiques. • 21 déc. 2010, n° 20114684: *Rapp. CADA 2010. 38.* La mise à disposition sur le site internet Ameli direct de la Caisse nationale d'assurance maladie des travailleurs salariés (CNAMTS) de données relatives à des médecins ou à des établissements de soin leur confère le caractère d'informations publiques. • 20 oct. 2011, *Directeur de la CNAMTS,* n° 20113072: *Rapp. CADA 2011. 41.* Les synthèses cartographiques élaborées par la direction régionale de l'environnement présentant, pour chaque département, les périmètres des inventaires et des protections réglementaires en matière d'environnement et de sites constituent des informations publiques au sens de l'art. 10 de la L. du 17 juill. 1978. • 16 mars 2006, *Directrice régionale de l'environnement des Pays-de-Loire,* n° 20060771. La documentation générale de base de la Direction générale des impôts constitue un ensemble d'informations publiques au sens de l'art. 10 de la loi. • 31 juill. 2008, *Directeur général des finances publiques,* n° 20082898.

2. En revanche, des données précises contenues dans les résumés de facturation dont la divulgation pourrait porter atteinte au secret industriel et commercial ne constituent pas selon la CADA des informations publiques. • 11 déc. 2008, *Agence technique de l'information sur l'hospitalisation,* n° 20084093. Il en va de même, de manière générale, selon la CADA, des informations contenues par des documents couverts par l'un des secrets mentionnés au II de l'art. 6 de la loi du 17 juill. 1978 (aujourd'hui art. L. 311-6 du présent code), communicables uniquement aux intéressés. • 31 juill. 2008, *Maire de Chelles,* n° 20082716. Hors le cas où les droits d'exploitation auraient été cédés contractuellement à l'administration par l'agent dans n° 20082716. les conditions de droit commun du code de la propriété intellectuelle, les informations contenues dans des documents sur lesquels des agents publics détiennent des droits de propriété intellectuelle ne peuvent, en l'état actuel des textes, être regardées comme des informations publiques. • 5 nov. 2009, *Président du Conseil régional de Bretagne,* n° 20092706. En l'espèce, il s'agissait d'une photographie d'une commune bretonne réalisée par un agent du service régional de l'inventaire du patrimoine culturel. • Même affaire.

3. La circonstance que des informations fassent l'objet d'une diffusion publique au sens de l'art. 2 de la L. du 17 juill. 1978 ne saurait faire obstacle à l'exercice, par toute personne qui le souhaite, du droit à réutilisation. • 2 mars 2006, *Recteur de l'Académie d'Aix-en-Provence,* n° 2006881.

▨▨

▨Art. L. 321-3▨ *(L. n° 2016-1321 du 7 oct. 2016, art. 11-1°)* Sous réserve de droits de propriété intellectuelle détenus par des tiers, les droits des administrations mentionnées au premier alinéa de l'article L. 300-2 du présent code, au titre des articles L. 342-1 et L. 342-2 du code de la propriété intellectuelle, ne peuvent faire obstacle à la réutilisation du contenu des bases de données que ces administrations publient en application du 3° de l'article L. 312-1-1 du présent code.

◻Le premier alinéa du présent article n'est pas applicable aux bases de données produites ou reçues par les administrations mentionnées au premier alinéa de l'article L. 300-2 dans l'exercice d'une mission de service public à caractère industriel ou commercial soumise à la concurrence.

◻◻

> *Régime antérieur.* Il résulte des dispositions de l'art. 1er, du *c* de l'art. 10 et de l'art. 11 de la L. n° 78-753 du 17 juill. 1978 dans leur version antérieure à la L. n° 2015-779 du 28 déc. 2015, ainsi que des art. 15 et 16 de cette loi, qui prévoient les conditions dans lesquelles la réutilisation d'informations publiques peut donner lieu au versement d'une redevance pouvant, le cas échéant, inclure une part au titre des droits de propriété intellectuelle, qu'elles régissent de manière complète les conditions dans lesquelles les personnes mentionnées à l'art. 1er de la L. du 17 juill. 1978 ainsi que les établissements, organismes ou services culturels qui en relèvent, exercent les droits de propriété intellectuelle ou les droits voisins que, le cas échéant, ils détiennent sur les informations publiques, comme sur les procédés de collecte, de production, de mise à disposition ou de diffusion de ces informations. ● CE 8 févr. 2017, *Sté NotreFamille.com,* n° 389806 B. Ces dispositions font obstacle à ce que ces personnes et services, qui ne sont pas des tiers au sens et pour l'application du *c* de l'art. 10 de la L. du 17 juill. 1978, puissent se fonder sur les droits que tient le producteur de bases de données de l'art. L. 342-1 du CPI pour s'opposer à l'extraction ou à la réutilisation du contenu de telles bases, lorsque ce contenu revêt la nature d'informations publiques au sens des dispositions du même article. ● Même décision.

◻◻◻

Art. L. 321-4◻ *(L. n° 2016-1321 du 7 oct. 2016, art. 14-I, en vigueur dans les conditions décrites ci-dessous)* I. — La mise à disposition des données de référence en vue de faciliter leur réutilisation constitue une mission de service public relevant de l'État. Toutes les administrations mentionnées au premier alinéa de l'article L. 300-2 concourent à cette mission.

◻II. — Sont des données de référence les informations publiques mentionnées à l'article L. 321-1 qui satisfont aux conditions suivantes:

◻1° Elles constituent une référence commune pour nommer ou identifier des produits, des services, des territoires ou des personnes;

◻2° Elles sont réutilisées fréquemment par des personnes publiques ou privées autres que l'administration qui les détient;

◻3° Leur réutilisation nécessite qu'elles soient mises à disposition avec un niveau élevé de qualité.

◻III. — Un décret en Conseil d'État précise les modalités de participation et de coordination des différentes administrations. Il fixe les critères de qualité que doit respecter la mise à disposition des données de référence. Il dresse la liste des données de référence et désigne les administrations responsables de leur production et de leur mise à disposition.

Les modifications introduites par le I de l'art. 14 de la L. n° 2016-1321 du 7 oct. 2016 entrent en vigueur à la date de publication du décret mentionné au III du présent art. L. 321-4 et, au plus tard, six mois après la promulgation de cette même loi (L. préc., art. 14-II), soit le 7 avr. 2017.

▨▨▨Art. R. 321-5▨ *(Décr. n° 2017-331 du 14 mars 2017, art. 1er et 4, en vigueur le 1er avr. 2017)* Le service public des données de référence met à la disposition du public les données suivantes:

▨1° Le répertoire des entreprises et de leurs établissements, mentionné à l'article R. 123-220 du code de commerce, produit par l'Institut national de la statistique et des études économiques *(Décr. n° 2021-1500 du 17 nov. 2021, art. 3 et 4, en vigueur le 1er janv. 2022)* «, sous réserve des exceptions prévues à l'article R. 123-232 du même code»;

▨2° Le répertoire national des associations, créé par l'arrêté du 14 octobre 2009 portant création du répertoire national des associations, produit par la direction des libertés publiques et des affaires juridiques du ministère de l'intérieur;

▨3° Le plan cadastral informatisé, mentionné à l'article L. 127-10 du code de l'environnement, produit par la direction générale des finances publiques;

▨4° Le registre parcellaire graphique, créé sur le fondement du règlement européen n° 1306/2013 du Parlement européen et du Conseil du 17 décembre 2013 relatif au financement, à la gestion et au suivi de la politique agricole commune et abrogeant les règlements (CEE) n° 352/78, (CE) n° 165/94, (CE) n° 2799/98, (CE) n° 814/2000, (CE) n° 1200/2005 et n° 485/2008 du Conseil, produit par l'Agence de services et de paiement;

▨5° Le "référentiel à grande échelle", prévu par le décret n° 2011-1371 du 27 octobre 2011 relatif à l'Institut national de l'information géographique et forestière (IGN), produit par l'Institut national de l'information géographique et forestière;

▨6° La base adresse nationale, coproduite par l'Institut national de l'information géographique et forestière en vertu de la convention conclue le 15 avril 2015 entre l'État, l'Institut national de l'information géographique et forestière, la société anonyme La Poste et l'association OpenStreetMap France;

▨7° La base de données de l'organisation administrative de l'État, produite par la direction de l'information légale et administrative à partir du recensement des coordonnées des services publics nationaux et locaux prévu par l'arrêté du 6 novembre 2000 relatif à la création d'un site sur internet intitulé "service-public.fr";

▨8° Le répertoire opérationnel des métiers et des emplois, produit par Pôle emploi;

▨9° Le code officiel géographique, mentionné par l'arrêté du 28 novembre 2003 relatif au code officiel géographique, produit par l'Institut national de la statistique et des études économiques.

⬚⬚⬚Art. R. 321-6⬚ *(Décr. n° 2017-331 du 14 mars 2017, art. 1er et 4, en vigueur le 1er avr. 2017)* Les données de référence mentionnées à l'article R. 321-5 sont mises à disposition du public sous forme électronique par l'administration qui en assure la production ou une autre administration désignée par elle.

⬚Lorsque les administrations mentionnées à l'alinéa précédent ne sont pas en mesure d'en assurer la mise à disposition conformément aux prescriptions prévues par l'arrêté mentionné à l'article R. 321-7, les données de référence sont alors mises à disposition par le service mentionné à l'article R. 321-8.

⬚⬚⬚Art. R. 321-7⬚ *(Décr. n° 2017-331 du 14 mars 2017, art. 1er et 4, en vigueur le 1er avr. 2017)* Les administrations mentionnées à l'article R. 321-6 mettent à disposition les données de référence dans le respect des dispositions du titre II du livre III et des conditions de fiabilité, de disponibilité et de sécurité fixées par un arrêté du Premier ministre. Cet arrêté prescrit les règles techniques et d'organisation relatives à l'exploitation, au maintien en conditions opérationnelles, à la disponibilité et à la performance de ce service. Cet arrêté fixe, en outre, les règles permettant de favoriser la réutilisation des données de référence et notamment celles relatives à leur format, à leur description et aux modalités de leur mise à disposition.

⬚Les administrations qui mettent à disposition des données de référence publient en ligne, chacune pour ce qui la concerne, les engagements de service qu'elles prennent en application de l'arrêté mentionné à l'alinéa précédent.

⬚⬚⬚Art. R. 321-8⬚ *(Décr. n° 2017-331 du 14 mars 2017, art. 1er et 4, en vigueur le 1er avr. 2017)* Le service chargé de l'administration du portail unique interministériel destiné à rassembler et à mettre à disposition les informations publiques de l'État et de ses établissements publics, mentionné au II de l'article 5 du décret n° 2015-1165 du 21 septembre 2015 relatif au secrétariat général pour la modernisation de l'action publique, concourt à la mise en œuvre du service public des données de référence créé par l'article L. 321-4.

⬚A ce titre, ce service est chargé notamment:

⬚1° De coordonner la mise à disposition des données de référence, d'en effectuer le référencement et de donner accès à ces données, ainsi qu'aux données qui y sont associées, sur le portail unique interministériel précité.

⬚Il peut en outre assurer directement la mise à disposition des données de référence dans les conditions prévues à l'article R. 321-6;

⬚2° De veiller à la fiabilité, à la disponibilité, à la sécurité d'exploitation, au maintien en conditions opérationnelles, à la performance des services de mise à disposition des données de référence, conformément aux prescriptions prévues dans l'arrêté mentionné à l'article R. 321-7 et à l'ensemble des mesures applicables aux administrations au sens de l'article L. 100-3 destinées à favoriser la réutilisation des données de référence et notamment à leur interopérabilité;

▢3° De mettre en œuvre un dispositif contribuant à l'amélioration de la qualité des données de référence en liaison avec les usagers du service public et les administrations, notamment en proposant aux administrations une solution mutualisée de signalement ou de correction d'éventuelles erreurs au sein de ces données;

▢4° De favoriser l'émergence de services innovants réutilisant les données de référence;

▢5° De rechercher à inclure de nouvelles données dans le service public de mise à disposition des données de référence;

▢6° De veiller à ce que la mise à disposition des données de référence s'effectue dans le respect des dispositions législatives et règlementaires en vigueur.

CHAPITRE II RÈGLES GÉNÉRALES

(Ord. n° 2016-307 du 17 mars 2016, art. 1er;
Décr. n° 2016-308 du 17 mars 2016, art. 1er)

▢▢▢Art. L. 322-1▢ *(Ord. n° 2016-307 du 17 mars 2016, art. 1er)* Sauf accord de l'administration, la réutilisation des informations publiques est soumise à la condition que ces dernières ne soient pas altérées, que leur sens ne soit pas dénaturé et que leurs sources et la date de leur dernière mise à jour soient mentionnées. — *[L. n° 78-753 du 17 juill. 1978, art. 12.]*
▢▢

1. Il appartient le cas échéant à l'administration, d'une part, d'inviter une association qui diffuse sur son site internet des documents obtenus dans le cadre du droit d'accès à ne pas les altérer ni dénaturer leur contenu lorsqu'elle les rediffuse à moins d'en informer clairement les lecteurs, d'autre part, lorsque les documents reproduits ont été tronqués, d'engager les poursuites dont ces actes lui paraissent relever. ● 5 avr. 2007, *Maire de Monthion,* n° 20071418.

2. Si un tiers peut réutiliser, sans autorisation préalable, les documents diffusés sur le site internet d'une commune, tels que les délibérations et comptes-rendus du conseil municipal ou les publicités relatives aux marchés publics, la réutilisation de ces informations est soumise à la condition qu'elles ne soient pas altérées, que leur sens ne soit pas dénaturé et que leurs sources et la date de leur dernière mise à jour soient précisées. ● 14 sept. 2006, *Maire d'Aigues-Vives,* n° 20063444.

3. Absence d'altération ou de dénaturation dans le cas d'une association ayant obtenu communication des documents comptables d'une commune et en reproduisant certains dans la revue qu'elle publie, en assortissant ces informations de trois remarques factuelles sur le contenu des documents, la publication des comptes étant par ailleurs précédée d'un commentaire indiquant qu'en diverses pages, des erreurs ou oublis se sont glissés. • 22 févr. 2007, *Maire de Nages-et-Solorgues,* n° 20070769.

4. Méconnaît cette obligation une société qui a réutilisé, en les dénaturant gravement, les données d'un «tableau synthétique des apports nutritionnels conseillés en acides gras chez l'homme adulte», publié en annexe d'un avis de l'Agence française de sécurité sanitaire des aliments, pour vanter, au cours de campagnes publicitaires, les bienfaits de l'huile de friture servant à la préparation des produits servis dans ses établissements. • CE 27 juill. 2012, *Sté France Quick,* n° 325371 B.

[?][?][?]

Art. L. 322-2[?] (Ord. n° 2016-307 du 17 mars 2016, art. 1er) (Abrogé par L. n° 2016-1321 du 7 oct. 2016, art. 6-VII) «Les informations publiques comportant des données à caractère personnel peuvent faire l'objet d'une réutilisation soit lorsque la personne intéressée y a consenti, soit si l'autorité détentrice est en mesure de les rendre anonymes ou, à défaut d'anonymisation, si une disposition législative ou réglementaire le permet.»

[?]La réutilisation d'informations publiques comportant des données à caractère personnel est subordonnée au respect des dispositions de la loi n° 78-17 du 6 janvier 1978 relative à l'informatique, aux fichiers et aux libertés. — *[L. n° 78-753 du 17 juill. 1978, art. 13.]*

[?][?]

1. Par ces dispositions, dont l'objet est de permettre à l'administration de s'assurer, avant toute réutilisation, de ce que l'anonymisation des données, réalisée par ses soins, est complète et effective, le législateur a entendu confier à l'autorité détentrice des informations publiques contenant des données à caractère personnel, dont la réutilisation est envisagée, le soin de procéder elle-même et exclu que l'administration confie au réutilisateur lui-même la charge d'y procéder. • 3 mars 2011, *Président du Conseil général des Hauts-de-Seine,* n° 20110444: *Rapp. CADA 2011. 42.* En revanche, elles ne font pas obstacle à ce que l'administration recoure, si elle l'estime opportun, notamment au cas où elle ne disposerait pas des moyens techniques nécessaires à la réalisation des opérations d'anonymisation, à un prestataire de services extérieur pour qu'il y procède en son nom. • *Même affaire.*

2. La notion de données à caractère personnel, dont la portée est identique dans le cadre de la loi du 6 janvier 1978, ne s'applique qu'aux personnes physiques, non aux personnes morales. ● 21 déc. 2010, n° 20114684: *Rapp. CADA 2010. 38.* Les informations sur le site internet Ameli Direct de la Caisse nationale d'assurance maladie des travailleurs salariés qui se rapportent à des médecins personnes physiques nommément désignés constituent des données à caractère personnel, y compris le numéro d'enregistrement au répertoire partagé des professionnels de santé. A défaut d'accord des médecins intéressés, la réutilisation de ces données n'est donc pas permise. ● 20 oct. 2011, *Directeur de la CNAMTS,* n° 20113072: *Rapp. CADA 2011. 41.* S'agissant des registres d'état civil, ne peuvent être regardées comme des données personnelles que celles des mentions figurant sur les registres qui se rapportent à des personnes encore en vie. ● 3 mars 2011, *Maire de Nantes,* n° 20111008: *Rapp. CADA 2011. 43.* Les informations relatives à des personnes décédées ne constituent pas, en principe, des données à caractère personnel. ● *Même affaire.* La création, à partir du fichier de la gestion informatisée du monopole des tabacs, d'une application de géolocalisation permettant de localiser les débits de tabac constitue une réutilisation ne portant pas sur des données à caractère personnel, dès lors que le nom des débitants n'apparaît pas. ● 27 juill. 2010, *Directeur général des douanes et droits indirects,* n° 20103024. Les informations relatives au taux de réussite d'auto-écoles exploitées à titre individuel sont susceptibles de comporter des données à caractère personnel et qui ne peuvent faire l'objet d'une réutilisation qu'avec le consentement de chaque exploitant, pour celles qui le concernent. ● 14 mars 2013, *Préfecture du Finistère,* n° 20130163.

3. Les délibérations et procès-verbaux des conseils municipaux peuvent être intégralement mis en ligne, dès lors que l'art. L. 2121-26 CGCT prévoit que «chacun peut les publier sous sa responsabilité». ● 31 juill. 2008, *Maire de Chelles,* n° 20082716. Toutefois, si la réutilisation des comptes-rendus des délibérations du conseil municipal sur un blog d'information local s'accompagnait d'un traitement, au sens de l'art. 2 de la loi du 6 janv. 1978, des données à caractère personnel contenues dans ces comptes-rendus, le réutilisateur devrait se conformer aux dispositions de cette loi, conformément au deuxième al. de l'art. 13 de la loi du 17 juill. 1978. ● 11 avr. 2013, *Mairie de Manthes,* n° 20131199. Dans l'hypothèse où l'information publique figure dans un arrêté qui est communicable en totalité ou après occultation en application de l'art. L. 5211-46 CGCT, l'art. 13 autorise la publication des seules informations ainsi communicables à tous et donc leur publication par un réutilisateur, y compris lorsqu'il s'agit d'informations relatives à la situation administrative et à la rémunération d'un agent public identifié. L'art. L. 5211-46 doit, dans ce cas, être regardé comme permettant de publier l'information, même sans le consentement de l'agent en cause. ● 13 nov. 2014, *Cté urbaine d'Arras,* n° 20144006.

4. Les dispositions de la loi du 29 juill. 1881 sur la liberté de la presse doivent être regardées comme dispensant le journaliste de recueillir l'accord de la personne intéressée. ● 21 févr. 2008, *Maire de Valence,* n° 20074133.

☐☐☐

Art. R. 322-3☐ *(Ord. n° 2016-307 du 17 mars 2016, art. 1ᵉʳ)* Lorsque la réutilisation n'est possible qu'après anonymisation des données à caractère personnel, l'autorité détentrice y procède sous réserve que cette opération n'entraîne pas des efforts disproportionnés. — *[Décr. n° 2005-1755 du 30 déc. 2005, art. 40.]*

☐☐

☐Art. R.* 322-4☐ *(Ord. n° 2016-307 du 17 mars 2016, art. 1ᵉʳ)* Le silence gardé par l'administration sur une demande de réutilisation d'informations publiques mentionnée aux articles L. 322-1, L. 322-2 et L. 325-1 vaut décision de rejet.

☐☐

☐Art. L. 322-5☐ *(Ord. n° 2016-307 du 17 mars 2016, art. 1ᵉʳ)* Toute décision défavorable en matière de réutilisation d'informations publiques est notifiée au demandeur sous la forme d'une décision écrite motivée comportant l'indication des voies et délais de recours.

☐Lorsqu'un tiers est titulaire de droits de propriété intellectuelle portant sur un document sur lequel figure une information publique, l'administration qui a concouru à l'élaboration de l'information ou qui la détient indique à la personne qui demande à la réutiliser l'identité de la personne physique ou morale titulaire de ces droits ou, si celle-ci n'est pas connue, l'identité de la personne auprès de laquelle l'information en cause a été obtenue.

☐Le deuxième alinéa ne s'applique pas aux décisions défavorables opposées par les bibliothèques, y compris les bibliothèques universitaires, les musées et les archives. — *[L. n° 78-753 du 17 juill. 1978, art. 25.]*

☐☐☐Art. L. 322-6☐ *(Ord. n° 2016-307 du 17 mars 2016, art. 1ᵉʳ)* Les administrations qui produisent ou détiennent des informations publiques tiennent à la disposition des usagers un répertoire des principaux documents dans lesquels ces informations figurent. *(L. n° 2016-1321 du 7 oct. 2016, art. 13-1°)* «Elles publient chaque année une version mise à jour de ce répertoire.»

☐Les conditions de réutilisation des informations publiques ainsi que, le cas échéant, le montant des redevances prévues aux articles L. 324-1 et L. 324-2 et les bases de calcul retenues pour la fixation de ce montant sont rendus publics, dans un standard ouvert, par les administrations mentionnées *(L. n° 2016-1321 du 7 oct. 2016, art. 9-3°)* «au premier alinéa de l'article» L. 300-2 qui ont produit ou reçu ces informations publiques. — *[L. n° 78-753 du 17 juill. 1978, art. 17.]*

☐☐

1. Portée de l'obligation. L'établissement de ce répertoire est obligatoire pour toute autorité entrant dans le champ d'application de l'art. 1er de la loi du 17 juill. 1978, sans considération de taille, la directive 2003/98/CE ne permettant pas, par exemple, l'exclusion des collectivités territoriales de petite taille. La circonstance que celles-ci n'entendent pas soumettre l'utilisation de telles informations à des conditions particulières de réutilisation dans le cadre d'une licence ne les dispense pas davantage d'établir ce répertoire. ● 27 avr. 2006, *Maire de Guidel,* n° 20061452 ● 27 avr. 2006, *Maire de Chatou,* n° 20061361 ● 8 juin 2006, *Président du Conseil général du Haut-Rhin,* n° 20062173. Ce répertoire doit être établi en sus du bulletin d'information officiel du département. ● 8 juin 2006, *Président du Conseil général du Haut-Rhin,* n° 20062173: *préc.* Toutefois, le manquement d'une collectivité publique à son obligation de tenir un répertoire ne l'expose pas à des sanctions. ● 8 juin 2006, *Président du Conseil général du Haut-Rhin,* n° 20062173: *préc.*

2. Contenu du répertoire. Ces dispositions ne confèrent pas un caractère exhaustif à ce répertoire et laissent ainsi à chaque collectivité une marge d'appréciation. Le but n'est donc pas de dresser une liste complète des documents existants. ● 27 avr. 2006, *Maire de Guidel,* n° 20061452: *préc.* note 1 ● 27 avr. 2006, *Maire de Chatou,* n° 20061361: *préc. note 1* ● 8 juin 2006, *Président du Conseil général du Haut-Rhin,* n° 20062173: *préc. note 1* ● TA 6 juill. 2010, *Assoc. SEVE et Assoc. ROSO,* n° 0800663: *rapp. CADA 2010. 49.* Le but de ces dispositions est, en fonction des informations publiques qui sont susceptibles de présenter un intérêt pour des réutilisateurs et en tenant compte des répertoires existants, de faciliter, par nature d'informations publiques, l'identification des documents qui les contiennent lorsqu'elle peut poser problème. ● Même conseil. La nature des informations qui doivent figurer dans ce répertoire est définie par l'art. 36 du Décr. du 30 déc. 2005. Il s'agit, par nature d'informations publiques, d'énumérer les principaux documents dans lesquels elles se trouvent en permettant leur identification (intitulé exact de chaque document cité, objet, date de son adoption, dates et objets éventuels de ses mises à jour) et, le cas échéant, des conditions particulières posées à sa réutilisation autres que celles que prévoit la loi, en particulier la délivrance d'une licence. ● Même conseil.

▨▨

▨Art. R. 322-7▨ *(Ord. n° 2016-307 du 17 mars 2016, art. 1er)* Le répertoire prévu à l'article L. 322-6 précise, pour chacun des documents recensés, son titre exact, son objet, la date de sa création, les conditions de sa réutilisation et, le cas échéant, la date et l'objet de ses mises à jour.

▨Lorsque l'autorité administrative dispose d'un site internet, elle rend le répertoire accessible en ligne. — *[Décr. n° 2005-1755 du 30 déc. 2005, art. 36.]*

CHAPITRE III ÉTABLISSEMENT D'UNE LICENCE

(Ord. n° 2016-307 du 17 mars 2016, art. 1ᵉʳ;
Décr. n° 2016-308 du 17 mars 2016, art. 1ᵉʳ)

⬚⬚⬚Art. L. 323-1⬚ *(Ord. n° 2016-307 du 17 mars 2016, art. 1ᵉʳ)* La réutilisation d'informations publiques peut donner lieu à l'établissement d'une licence. Cette licence est obligatoire lorsque la réutilisation est soumise au paiement d'une redevance. — *[L. n° 78-753 du 17 juill. 1978, art. 16, al. 1ᵉʳ.]*
⬚⬚

1. La réutilisation d'informations publiques donne obligatoirement lieu à la délivrance d'une licence lorsqu'elle est soumise au paiement d'une redevance. Lorsque l'administration qui a produit ou reçu les documents contenant des informations publiques susceptibles d'être réutilisées ne soumet pas cette réutilisation à redevance, la délivrance d'une licence est facultative, et l'absence de licence ne saurait alors faire obstacle à la réutilisation envisagée dans des conditions conformes aux art. 12 et 13 de la loi. ● 26 juill. 2011, *Président de la cté urbaine de Strasbourg,* n° 20113031 ● 26 juill. 2011, *Président de la cté urbaine Nantes Métropole,* n° 20112919: *rapp. CADA 2011 p. 44.*

2. Faute d'avoir préalablement adopté une licence type, l'administration ne peut faire obstacle à l'utilisation du document ni en subordonner la délivrance au paiement d'une somme supérieure à celle résultant de l'application des dispositions du Décr. du 30 déc. 2005 et de l'Arr. du 1ᵉʳ oct. 2001. ● 30 avr. 2009, *Préfet de la Côte-d'Or,* n° 20091473. La circonstance qu'une licence ou un règlement n'ait pas encore été établi ne fait pas obstacle à la souscription ultérieure d'une licence, mais aucune redevance ne saurait être exigée en contrepartie de la réutilisation qui aura déjà été faite des informations publiques avant la souscription de la licence. V. par ex. ● 25 mars 2010, *Président du conseil général du Rhône,* n° 20100695. L'administration ne peut donc s'opposer à la réutilisation d'informations publiques au seul motif qu'elle n'aurait pas encore établi de règlement ou de licence pour encadrer l'usage que le demandeur entend faire de ces données. ● Même avis. En l'absence de licence type ou de règlement portant sur la réutilisation de ces informations publiques, l'administration peut interdire, au cas par cas, la réutilisation envisagée, en se fondant sur des dispositions législatives en vigueur ou sur des motifs d'intérêt général qu'il lui appartient de préciser dans la décision individuelle qu'elle prend à cette fin. ● 26 juill. 2011, *Président du conseil régional de Bourgogne,* n° 20112924.

⬚⬚

⬚Art. L. 323-2⬚ *(Ord. n° 2016-307 du 17 mars 2016, art. 1ᵉʳ)* Cette licence fixe les conditions de la réutilisation des informations publiques. Ces conditions ne peuvent apporter de restrictions à la réutilisation que pour des motifs d'intérêt général et de façon proportionnée. Elles ne peuvent avoir pour objet ou pour effet de restreindre la concurrence.

⬚Les administrations qui élaborent ou détiennent des documents contenant des informations publiques pouvant être réutilisées dans les conditions prévues au présent chapitre sont tenues de mettre préalablement des licences types, par voie électronique, à la disposition des personnes intéressées par la réutilisation de ces informations.

⬚Les conditions dans lesquelles une offre de licence est proposée au demandeur sont fixées par voie réglementaire.

⬚ *(L. n° 2016-1321 du 7 oct. 2016, art. 11-2°)* «Lorsque la réutilisation à titre gratuit donne lieu à l'établissement d'une licence, cette licence est choisie parmi celles figurant sur une liste fixée par décret, qui est révisée tous les cinq ans, après concertation avec les collectivités territoriales et leurs groupements. Lorsqu'une administration souhaite recourir à une licence ne figurant pas sur cette liste, cette licence doit être préalablement homologuée par l'État, dans des conditions fixées par décret.» — *[L. n° 78-753 du 17 juill. 1978, art. 16, al. 2 à 4.]*

⬚⬚

> 1. Cas dans lequel les restrictions, prévues par la licence, à la possibilité de réutilisation de documents cartographiques pour le compte de tiers et de diffusion des produits ainsi obtenus ont été regardées comme disproportionnées au regard du motif d'intérêt général invoqué et comme ne trouvant aucun fondement juridique. ● 16 mars 2006, *Directrice régionale de l'environnement des Pays de la Loire,* n° 20060771. Une interdiction générale de réutiliser commercialement les bordereaux de prix unitaires des marchés publics passés par un département est disproportionnée. ● 2 juill. 2009, *Président du conseil général de Maine-et-Loire,* n° 20092286.
>
> 2. Dans le cas où elle a subordonné la réutilisation commerciale des informations à la signature d'une licence et qu'une entreprise y procède sans l'avoir souscrite, il appartient à l'administration de saisir la CADA d'une demande de sanction. ● 2 juill. 2009, *Président du conseil général de Maine-et-Loire,* n° 20092286.

⬚⬚⬚

Art. D. 323-2-1⬚ *(Décr. n° 2017-638 du 27 avr. 2017, art. 1ᵉʳ)* I. — L'administration peut soumettre la réutilisation à titre gratuit des informations publiques qu'elle détient aux licences suivantes:

⬚1° La licence ouverte de réutilisation d'informations publiques;

⬚2° "L'Open Database License".

⬚II. — Lorsque ces informations publiques revêtent la forme d'un logiciel, l'administration peut soumettre leur réutilisation à titre gratuit aux licences suivantes:

⬚1° Les licences dites "permissives" nommées "Berkeley Software Distribution License", "Apache", "CeCILL-B" et "Massachusetts Institute of Technology License";

2° Les licences "avec obligation de réciprocité" nommées "Mozilla Public License", "GNU General Public License" *(Décr. n° 2021-1559 du 1er déc. 2021, art. 1er)* «, "CeCILL", "European Union Public License" et "Eclipse Public License"».

Les licences susmentionnées sont accessibles en ligne, dans leur version en vigueur, sur le site internet: http://www.data.gouv.fr.

Art. D. 323-2-2 *(Décr. n° 2017-638 du 27 avr. 2017, art. 1er)* I. — L'administration qui souhaite recourir à une licence qui ne figure pas à l'article D. 323-2-1 adresse à la direction interministérielle des systèmes d'information et de communication de l'État une demande d'homologation de la licence qu'elle souhaite mettre en œuvre. Cette homologation est prononcée par décision du Premier ministre pour les seules informations publiques qui constituent l'objet de la demande.

II. — La demande d'homologation comporte, outre le projet de licence:

1° Le nom de l'administration demanderesse ainsi que celui de la personne qui la représente;

2° La description des informations publiques dont la réutilisation sera encadrée par la licence dont l'homologation est demandée ainsi que les raisons ayant conduit à ne pas choisir une licence parmi celles figurant à l'article L. 323-2-1;

3° Une synthèse des conclusions de la concertation menée avec les principaux réutilisateurs.

III. — La direction interministérielle des systèmes d'information et de communication de l'État instruit la demande en examinant la spécificité de la situation couverte par la licence objet de la demande et sa conformité avec les règles prévues au présent titre. A cette fin, elle peut demander toute précision utile auprès de l'administration demanderesse.

IV. — La décision est prise dans un délai de deux mois à compter de la réception de la demande. Les décisions de refus d'homologation sont motivées.

V. — La licence homologuée ainsi que la description des informations publiques pour lesquelles cette homologation a été accordée sont rendues accessibles en ligne, dans leur version en vigueur, sur le site internet: http://www.data.gouv.fr.

Art. R. 323-3 *(Ord. n° 2016-307 du 17 mars 2016, art. 1er)* Les clauses des licences délivrées par les autorités mentionnées à l'article L. 300-2 doivent porter au moins sur les informations faisant l'objet de la réutilisation, leur source et leur date de mise à disposition, le caractère commercial ou non de leur réutilisation, ainsi que sur les droits et obligations du licencié, dont le montant de la redevance et les modalités de son paiement. — *[Décr. n° 2005-1755 du 30 déc. 2005, art. 41.]*

Aucun principe n'interdit de limiter dans le temps la durée de la licence. Toutefois, lorsqu'elle a recours à une telle clause, l'administration doit veiller à adapter le montant de la redevance à la durée de la réutilisation. ● 26 mai 2011, *Président du conseil général du Rhône,* n° 20111743.

Art. R. 323-4⬚ (Abrogé par Décr. n° 2022-1335 du 19 oct. 2022, art. 1ᵉʳ) (Ord. n° 2016-307 du 17 mars 2016, art. 1ᵉʳ) La demande de licence précise l'objet et la destination, commerciale ou non, de la réutilisation envisagée.

⬚Elle peut être présentée soit en même temps que la demande d'accès au document, soit ultérieurement.

⬚La procédure prévue aux articles R. 343-1 à R. 343-5 lui est applicable. — [Décr. n° 2005-1755 du 30 déc. 2005, art. 37, al. 1ᵉʳ et 2.]

⬚⬚

⬚Art. R.* 323-5⬚ (Abrogé par Décr. n° 2022-1335 du 19 oct. 2022, art. 1ᵉʳ) (Ord. n° 2016-307 du 17 mars 2016, art. 1ᵉʳ) L'article R.* 311-12 est applicable aux demandes de licence.

⬚Toutefois, le silence gardé pendant plus d'un mois par une administration de l'État ou par un établissement public administratif de l'État sur une demande tendant à la délivrance d'une licence conforme à une licence type préalablement mise à disposition des personnes intéressées et comportant une définition de son objet et de ses bénéficiaires vaut décision d'acceptation. — [Décr. n° 2005-1755 du 30 déc. 2005, art. 37, al. 3 et 4 modifiés.]

⬚⬚

⬚Art. R. 323-6⬚ (Abrogé par Décr. n° 2022-1335 du 19 oct. 2022, art. 1ᵉʳ) (Ord. n° 2016-307 du 17 mars 2016, art. 1ᵉʳ) Le délai mentionné à l'article R. 311-13 s'applique aux demandes de licence. Ce délai peut être prorogé, à titre exceptionnel, d'un mois par décision motivée de l'autorité saisie en raison du nombre des demandes qui lui sont adressées ou de la complexité de celles-ci. — [Décr. n° 2005-1755 du 30 déc. 2005, art. 37, al. 3.]

⬚⬚⬚

Art. R. 323-7⬚ *(Ord. n° 2016-307 du 17 mars 2016, art. 1ᵉʳ)* Les dispositions de l'article R. 311-10 sont applicables lorsque l'information publique est détenue par l'autorité saisie sur un support électronique. — *[Décr. n° 2005-1755 du 30 déc. 2005, art. 37, al. 5.]*

CHAPITRE IV REDEVANCE

(Ord. n° 2016-307 du 17 mars 2016, art. 1ᵉʳ;
Décr. n° 2016-308 du 17 mars 2016, art. 1ᵉʳ)

⬚⬚⬚Art. L. 324-1⬚ *(Ord. n° 2016-307 du 17 mars 2016, art. 1ᵉʳ)* La réutilisation d'informations publiques est gratuite. Toutefois, les administrations mentionnées *(L. n° 2016-1321 du 7 oct. 2016, art. 9-4°)* «au premier alinéa de l'article» L. 300-2 peuvent établir une redevance de réutilisation lorsqu'elles sont tenues de couvrir par des recettes propres une part substantielle des coûts liés à l'accomplissement de leurs missions de service public.

🔲Le produit total du montant de cette redevance, évalué sur une période comptable appropriée, ne dépasse pas le montant total des coûts liés à la collecte, à la production, à la mise à la disposition du public ou à la diffusion de leurs informations publiques.

🔲Une redevance de réutilisation ne peut être établie pour des informations qui ont fait précédemment l'objet d'un accord d'exclusivité prévu au Chapitre V. — *[L. n° 78-753 du 17 juill. 1978, art. 15, al. 1ᵉʳ.]*

🔲🔲

> 1. La CADA s'estime incompétente pour déterminer elle-même le juste montant d'une redevance ou la durée adéquate de la licence de réutilisation, comme d'ailleurs, de façon générale, pour se prononcer sur la décision favorable par laquelle l'administration consent un droit à réutilisation. Elle se considère en revanche compétente pour émettre un avis dans les cas où les conditions mises par l'administration à la réutilisation sont à ce point contraignantes pour le réutilisateur potentiel qu'elles s'apparentent en réalité à une décision défavorable en matière de réutilisation. • 26 mai 2011, *Président du Conseil général du Rhône*, n° 20111743. Dans l'hypothèse où l'administration a recours à un prestataire de services extérieur pour qu'il procède en son nom à l'anonymisation des données, et à condition qu'une licence soit conclue avec le réutilisateur, l'administration peut soumettre la réutilisation au paiement d'une redevance dont le montant tiendrait compte du coût d'un tel recours à un prestataire extérieur. • 3 mars 2011, *Président du conseil général des Hauts-de-Seine*, n° 20110444: *Rapp. CADA 2011. 42.*
>
> 2. L'administration peut prévoir, au profit des bénéficiaires d'une licence de réutilisation, des modalités de communication plus favorables que celles que prévoit la loi du 17 juill. 1978. Il lui est par exemple loisible de s'engager à communiquer systématiquement ou dans un délai réduit les informations communicables qu'elle détient sur un sujet donné moyennant le paiement de la redevance. • 2 juill. 2009, *Président du conseil général de Maine-et-Loire*, n° 20092286.

🔲🔲

🔲Art. L. 324-2🔲 *(Ord. n° 2016-307 du 17 mars 2016, art. 1ᵉʳ)* La réutilisation peut également donner lieu au versement d'une redevance lorsqu'elle porte sur des informations issues des opérations de numérisation des fonds et des collections des bibliothèques, y compris des bibliothèques universitaires, des musées et des archives, et, le cas échéant, sur des informations qui y sont associées lorsque ces dernières sont commercialisées conjointement. Le produit total du montant de cette redevance, évalué sur une période comptable appropriée, ne dépasse pas le montant total des coûts de collecte, de production, de mise à disposition ou de diffusion, de conservation de leurs informations et d'acquisition des droits de propriété intellectuelle. — *[L. n° 78-753 du 17 juill. 1978, art. 15, al. 4.]*

▢▢▢Art. L. 324-3▢ *(Ord. n° 2016-307 du 17 mars 2016, art. 1ᵉʳ)* Le montant des redevances mentionnées aux articles L. 324-1 et L. 324-2 est fixé selon des critères objectifs, transparents, vérifiables et non discriminatoires. Ce montant est révisé au moins tous les cinq ans. — *[L. n° 78-753 du 17 juill. 1978, art. 15, al. 5.]*

▢▢

1. Il résulte de l'exigence de conditions de réutilisation non discriminatoires que, lorsque l'administration utilise les informations dans le cadre d'activités commerciales, elle ne peut facturer la réutilisation aux autres opérateurs à un coût supérieur à celui qu'elle s'impute, ni leur imposer des conditions moins favorables que celles qu'elle s'applique à elle-même. ● 30 oct. 2014, *Service hydrographique et océanographique de la marine SHOM,* n° 20141556. Le coût que l'administration s'impute à elle-même comme si elle se facturait le prix de l'utilisation commerciale de ses propres données doit être inclus dans l'évaluation du produit total des redevances et, puisqu'il ne correspond pas à un coût de collecte, de production ou de mise à disposition des informations, ne doit pas être pris en compte dans la détermination du plafond applicable à ce produit. ● Même avis.

2. Le principe d'égalité s'oppose à ce que des réutilisateurs se trouvant dans une situation comparable soient traités de manière différente, et les principes généraux du droit de la concurrence interdisent la mise en place de conditions tarifaires de réutilisation qui ne seraient pas transparentes et orientées vers les coûts. Conformément à l'art. L. 410-1 C. com., la fixation des redevances doit se conformer aux dispositions de ce code relatives à la liberté des prix et à la concurrence, notamment celles qui, à l'art. L. 420-2, prohibent les abus de position dominante. ● 30 oct. 2014, *Service hydrographique et océanographique de la marine SHOM,* n° 20141556: *préc. note 1.*

▢▢

▢Art. L. 324-4▢ *(Ord. n° 2016-307 du 17 mars 2016, art. 1ᵉʳ)* Les modalités de fixation *(L. n° 2016-1321 du 7 oct. 2016, art. 12)* «des redevances mentionnées aux articles L. 324-1 et L. 324-2» sont fixées par décret en Conseil d'État, après avis de l'autorité compétente. Ce décret fixe la liste des catégories d'administrations qui sont autorisées, en raison de la nature de leur activité et des conditions de leur financement, à établir des redevances en application de l'article L. 324-1. La liste des catégories d'administrations est révisée tous les cinq ans. — *[L. n° 78-753 du 17 juill. 1978, art. 15, al. 6.]*

▢▢▢Art. R. 324-4-1▢ *(Décr. n° 2016-1036 du 28 juill. 2016, art. 1ᵉʳ, en vigueur le 1ᵉʳ janv. 2017)* Sont seuls autorisés à établir des redevances de réutilisation en application de l'article L. 324-1 les services de l'État et les autres personnes mentionnées à l'article L. 300-2 dont l'activité principale consiste en la collecte, la production, la mise à disposition ou la diffusion d'informations publiques, lorsque la couverture des coûts liés à cette activité principale est assurée à moins de 75 % par des recettes fiscales, des dotations ou des subventions.

▢▢

⬚Art. R. 324-4-2⬚ *(Décr. n° 2016-1036 du 28 juill. 2016, art. 1er, en vigueur le 1er janv. 2017)* Le montant total des coûts prévus au deuxième alinéa de l'article L. 324-1 est apprécié sur la base de la moyenne de ces coûts calculée sur les trois derniers exercices budgétaires ou comptables.
⬚⬚⬚

Art. R. 324-4-3⬚ *(Décr. n° 2016-1036 du 28 juill. 2016, art. 1er, en vigueur le 1er janv. 2017)* Le montant total des coûts prévus à l'article L. 324-2 est apprécié sur la base de la moyenne de ces coûts calculée sur les trois derniers exercices budgétaires ou comptables. Toutefois, les coûts liés aux opérations de numérisation et d'acquisition des droits de propriété intellectuelle peuvent être appréciés sur la base de la moyenne de ces coûts calculée au maximum sur les dix derniers exercices budgétaires ou comptables.

⬚⬚⬚Art. R. 324-4-4⬚ *(Décr. n° 2016-1036 du 28 juill. 2016, art. 1er, en vigueur le 1er janv. 2017)* Les coûts liés à la mise à disposition du public ou à la diffusion des informations publiques mentionnés aux articles L. 324-1 et L. 324-2 comprennent, le cas échéant, le coût des traitements permettant de rendre ces informations anonymes.

⬚⬚⬚Art. R. 324-4-5⬚ *(Décr. n° 2016-1036 du 28 juill. 2016, art. 1er, en vigueur le 1er janv. 2017)* Les modalités de calcul des redevances de réutilisation sont publiées sous forme électronique conjointement sur le site internet de l'administration concernée et sur un site des services du Premier ministre.
⬚

⬚⬚Art. L. 324-5⬚ *(Ord. n° 2016-307 du 17 mars 2016, art. 1er)* Lorsqu'il est envisagé de soumettre au paiement d'une redevance la réutilisation d'informations publiques contenues dans des documents produits ou reçus par l'État, la liste de ces informations ou catégories d'informations est préalablement fixée par décret, après avis de l'autorité compétente. La même procédure est applicable aux établissements publics de l'État à caractère administratif. La liste des informations ou catégories d'informations est révisée tous les cinq ans.

⬚⬚⬚Art. D. 324-5-1⬚ *(Décr. n° 2016-1617 du 29 nov. 2016, art. 1er et 3, en vigueur le 1er janv. 2017)* Les informations et catégories d'informations susceptibles d'être soumises au paiement d'une redevance de réutilisation au sens de l'article L. 324-5 sont les suivantes:
⬚

CATÉGORIE D'INFORMATIONS	INFORMATIONS CONCERNÉES	ADMINISTRATION CONCERNÉE
Informations géographiques	Bases de données issues de capteurs aéroportés ou aérospatiaux : orthophotographies et ortho-images de résolution inférieure ou égale à 50 cm ; modèles de surfaces de résolution inférieure à 75 m.	Institut national de l'information géographique et forestière

Informations géographiques	Bases de données issues de capteurs embarqués dans des véhicules terrestres : images ; modèles de surfaces.	Institut national de l'information géographique et forestière
Informations géographiques	Bases de données géographiques de précision géométrique inférieure à 25 m.	Institut national de l'information géographique et forestière
Informations géographiques	Cartes et fonds cartographiques aux échelles supérieures à 1 : 1 000 000.	Institut national de l'information géographique et forestière
Informations géographiques	Bases de données du parcellaire cadastral.	Institut national de l'information géographique et forestière
Informations géographiques	Bases de données d'adresses géolocalisées.	Institut national de l'information géographique et forestière
Informations météorologiques	Données d'observation :données d'observation des réseaux de stations météorologiques françaises codées sous format recommandé par l'organisation météorologique mondiale.	Météo-France
Informations météorologiques	Imagerie radar :images individuelles des radars installés en France ; mosaïques radar nationales et internationales (réflectivité, lame d'eau).	Météo-France
Informations météorologiques	Données radar en coordonnées polaires :données issues de radars français exprimées en coordonnées polaires (réflectivité, vitesse radiale).	Météo-France
Informations météorologiques	Profils de vent :profils verticaux de vent mesurés à partir de radars UHF, VHF ou de tout autre système.	Météo-France
Informations météorologiques	Données climatologiques :données traitées et archivées issues des données d'observation.	Météo-France
Informations météorologiques	Produits climatologiques :bilans, moyennes, normales, extrêmes,	Météo-France

	séries et paramètres élaborés, calculés pour une station ou une zone, à partir des données climatologiques.	
Informations météorologiques	Données spatialisées :données interpolées par différents algorithmes de traitement des autres types de données. Ces données sont fournies en point de grille.	Météo-France
Informations météorologiques	Modèles de prévision :données de sorties des modèles de simulation numérique de l'atmosphère, de l'océan superficiel, du manteau neigeux ou des conditions de surface de Météo-France.	Météo-France
Informations météorologiques	Données de prévision expertisée :données de prévision issues de l'expertise des prévisionnistes de Météo-France.	Météo-France
Informations relatives à l'environnement physique marin et à son évolution	Informations de bathymétrie :semis de sondes ; modélisation surfacique de la bathymétrie.	Service hydrographique et océanographique de la marine
Informations relatives à l'environnement physique marin et à son évolution	Informations concernant les marées et courants :prédictions de marée ; observations et prévisions du niveau de la mer ; courants de marée.	Service hydrographique et océanographique de la marine
Informations relatives à l'environnement physique marin et à son évolution	Informations de cartographie :données numériques vectorielles des cartes marines ; images numériques géoréférencées des cartes marines.	Service hydrographique et océanographique de la marine
Informations relatives à l'environnement physique marin et à son évolution	Autres informations maritimes et littorales :délimitations maritimes ; natures de fonds ; épaves et obstructions ; câbles et conduites sous-marines ; toponymes marins.	Service hydrographique et océanographique de la marine
Informations relatives à l'environnement physique marin et à son évolution	Informations nautiques et réglementaires.	Service hydrographique et océanographique de la marine
Informations relatives	Informations d'océanographie	Service

à l'environnement physique marin et à son évolution	:données numériques d'observation ; modèles de prévision de l'océan.	hydrographique et océanographique de la marine
Informations issues d'opérations de numérisation	Informations issues des opérations de numérisation des fonds et des collections des bibliothèques, y compris des bibliothèques universitaires, des musées et des archives et, le cas échéant, les informations qui y sont associées lorsque ces dernières sont commercialisées conjointement.	L'État et les établissements publics de l'État à caractère administratif

□□□Art. L. 324-6□ *(L. n° 2016-1321 du 7 oct. 2016, art. 12-I-2° et II, en vigueur le 1ᵉʳ janv. 2017)* La réutilisation des informations publiques produites par le service statistique public mentionné à l'article 1ᵉʳ de la loi n° 51-711 du 7 juin 1951 sur l'obligation, la coordination et le secret en matière de statistiques ne peut donner lieu au versement d'une redevance.
□□□

Art. R. 324-6-1□ *(Ord. n° 2016-307 du 17 mars 2016, art. 1ᵉʳ)* Sans préjudice de la publication du répertoire mentionné à l'article L. 322-4, la liste mentionnée à l'article L. 324-5 est rendue publique sur un site internet créé sous l'autorité du Premier ministre, avec l'indication soit de la personne responsable des questions relatives à la réutilisation des informations publiques mentionnée à l'article L. 330-1, soit, pour les établissements publics qui ne sont pas tenus de désigner un tel responsable, du service compétent pour recevoir les demandes de licence. — *[Décr. n° 2005-1755 du 30 déc. 2005, art. 38, al. 4.] — Anc. art. R. 324-6 (Décr. n° 2016-1564 du 21 nov. 2016, art. 4).*

□□□Art. R. 324-7□ *(Ord. n° 2016-307 du 17 mars 2016, art. 1ᵉʳ)* L'autorité administrative compétente mentionnée aux articles L. 324-4 et L. 324-5 est *(Décr. n° 2018-785 du 12 sept. 2018, art. 12)* «l'administrateur général des données». — *[Décr. n° 2005-1755 du 30 déc. 2005, art. 38, al. 3 en partie.]*

CHAPITRE V DROIT D'EXCLUSIVITÉ

(Ord. n° 2016-307 du 17 mars 2016, art. 1ᵉʳ;
Décr. n° 2016-308 du 17 mars 2016, art. 1ᵉʳ)

▢▢▢Art. L. 325-1▢ *(Ord. n° 2016-307 du 17 mars 2016, art. 1ᵉʳ)* La réutilisation d'informations publiques ne peut faire l'objet d'un droit d'exclusivité accordé à un tiers, sauf si un tel droit est nécessaire à l'exercice d'une mission de service public. — *[L. n° 78-753 du 17 juill. 1978, art. 14, al. 1ᵉʳ.]*

▢▢▢Art. L. 325-2▢ *(Ord. n° 2016-307 du 17 mars 2016, art. 1ᵉʳ)* Lorsqu'un tel droit est accordé, la période d'exclusivité ne peut dépasser dix ans. Le bien-fondé de l'octroi d'un droit d'exclusivité fait l'objet d'un réexamen périodique au moins tous les trois ans. — *[L. n° 78-753 du 17 juill. 1978, art. 14, al. 2.]*

▢▢▢Art. L. 325-3▢ *(Ord. n° 2016-307 du 17 mars 2016, art. 1ᵉʳ)* Lorsqu'un droit d'exclusivité est accordé pour les besoins de la numérisation de ressources culturelles, la période d'exclusivité peut, par dérogation, être supérieure à dix ans, sans dépasser quinze ans. Elle doit faire l'objet d'un réexamen au cours de la onzième année et ensuite, le cas échéant, lors de la treizième année. — *[L. n° 78-753 du 17 juill. 1978, art. 14, al. 3.]*

▢▢▢Art. L. 325-4▢ *(Ord. n° 2016-307 du 17 mars 2016, art. 1ᵉʳ)* Les articles L. 325-2 et L. 325-3 ne s'appliquent pas aux accords d'exclusivité conclus entre personnes publiques dans le cadre de leurs missions de service public sur le fondement de dispositions législatives ou réglementaires, dans le respect du droit de la concurrence. Ces accords doivent faire l'objet d'un réexamen au cours de la onzième année et ensuite, le cas échéant, tous les sept ans. — *[L. n° 78-753 du 17 juill. 1978, art. 14, al. 4.]*

▢▢▢Art. R. 325-5▢ *(Ord. n° 2016-307 du 17 mars 2016, art. 1ᵉʳ)* L'autorité qui a accordé un droit d'exclusivité en application de l'article L. 325-2, L. 325-3 ou L. 325-4 procède au réexamen de son bien-fondé avant tout renouvellement de celui-ci.
▢Le titulaire du droit d'exclusivité est informé de ce réexamen un mois au moins avant l'échéance de ce droit. — *[Décr. n° 2005-1755 du 30 déc. 2005, art. 39, al. 1ᵉʳ et 2.]*

▢▢▢Art. R.* 325-6▢ *(Ord. n° 2016-307 du 17 mars 2016, art. 1ᵉʳ)* Le renouvellement d'un droit d'exclusivité ne peut résulter que d'une décision explicite et motivée. — *[Décr. n° 2005-1755 du 30 déc. 2005, art. 39, al. 3.]*

▢▢▢Art. L. 325-7▢ *(Ord. n° 2016-307 du 17 mars 2016, art. 1ᵉʳ)* Une copie des ressources numérisées et des données associées est remise gratuitement, dans un standard ouvert et librement réutilisable, aux administrations mentionnées *(L. n° 2016-1321 du 7 oct. 2016, art. 9-5°)* «au premier alinéa de l'article» L. 300-2 qui ont accordé le droit d'exclusivité. — *[L. n° 78-753 du 17 juill. 1978, art. 14, al. 5.]*

⟦⟧⟦⟧⟦⟧Art. L. 325-8⟦⟧ *(Ord. n° 2016-307 du 17 mars 2016, art. 1ᵉʳ)* Les accords d'exclusivité et leurs avenants sont transparents et rendus publics sous forme électronique. — *[L. n° 78-753 du 17 juill. 1978, art. 14, al. 6.]*

CHAPITRE VI SANCTIONS

(Ord. n° 2016-307 du 17 mars 2016, art. 1ᵉʳ)

⟦⟧⟦⟧⟦⟧Art. L. 326-1⟦⟧ *(Ord. n° 2016-307 du 17 mars 2016, art. 1ᵉʳ)* Toute personne réutilisant des informations publiques en violation des prescriptions mentionnées aux deuxième et troisième alinéas du présent article est passible d'une amende prononcée par la commission mentionnée au titre IV.

⟦⟧Le montant maximum de l'amende est égal à celui prévu par l'article 131-13 du code pénal pour les contraventions de 5ᵉ classe lorsque des informations publiques ont été réutilisées à des fins non commerciales en méconnaissance des dispositions de l'article L. 322-1 ou des conditions de réutilisation prévues par une licence délivrée à cet effet ou en violation de l'obligation d'obtenir une licence.

⟦⟧Lorsque des informations publiques ont été réutilisées à des fins commerciales en méconnaissance des dispositions de l'article L. 322-1 ou des conditions de réutilisation prévues par une licence délivrée à cet effet ou en violation de l'obligation d'obtenir une licence, le montant de l'amende est proportionné à la gravité du manquement commis et aux avantages tirés de ce manquement.

⟦⟧Pour l'application du troisième alinéa, le montant de l'amende prononcée pour sanctionner un premier manquement ne peut excéder *(L. n° 2016-1321 du 7 oct. 2016, art. 13-2°-a)* «un million d'euros». En cas de manquement réitéré dans les cinq années à compter de la date à laquelle la sanction précédemment prononcée est devenue définitive, il ne peut excéder *(L. n° 2016-1321 du 7 oct. 2016, art. 13-2°-b)* «deux millions d'euros» ou, s'agissant d'une entreprise, 5 % du chiffre d'affaires hors taxes du dernier exercice clos dans la limite de *(L. n° 2016-1321 du 7 oct. 2016, art. 13-2°-b)* «deux millions d'euros».

⟦⟧La commission mentionnée au titre IV peut, à la place ou en sus de l'amende, interdire à l'auteur d'une infraction la réutilisation d'informations publiques pendant une durée maximale de deux ans. Cette durée peut être portée à cinq ans en cas de récidive dans les cinq ans suivant le premier manquement.

⟦⟧La commission peut également ordonner la publication de la sanction aux frais de celui qui en est l'objet selon des modalités fixées par décret en Conseil d'État.

⟦⟧Les amendes sont recouvrées comme les créances de l'État étrangères à l'impôt et au domaine. — *[L. n° 78-753 du 17 juill. 1978, art. 18.]*

⟦⟧⟦⟧

1. La CADA a prononcé à l'égard d'une société, en application de l'art. 18 de la loi du 17 juill. 1978, une amende de 50 000 € pour réutilisation et dénaturation d'informations publiques, en violation de l'art. 12 de cette loi, afin de vanter la qualité nutritionnelle de ses huiles, et a imposé la publication de cette sanction. ● 16 déc. 2008, *Président de France Quick SAS,* n° 20083162. Le juge exerce un contrôle de proportionnalité sur la sanction prononcée par la CADA au regard des manquements constatés. En l'espèce, une telle sanction de publication n'est pas disproportionnée. ● CE 27 juill. 2012, *Sté France Quick,* n° 325371 B: *JCP Adm. 2012. Actu. 569, obs. D.*

2. L'administration ne peut pas refuser la communication de documents au motif que de précédents documents auraient été réutilisés en violation des dispositions du Chapitre II du titre Ier de la loi du 17 juill. 1978. ● 5 avr. 2007, *Maire de Monthion,* n° 20071418.

3. Ni les dispositions de la loi du 17 juill. 1978, ni celles de son décret d'application, ni aucun principe général du droit n'imposent à la CADA d'adresser une mise en demeure à la personne qui a réutilisé des informations publiques en violation des prescriptions de la loi préalablement au prononcé de la sanction qu'elles prévoient. ● CE 27 juill. 2012, *Sté France Quick,* n° 325371: *préc. note 1.*

4. La CADA n'est pas compétente pour exercer son pouvoir de sanction à l'égard de personnes ayant effectué une réutilisation d'informations figurant dans des documents produits ou reçus par des établissements, organismes ou services culturels en méconnaissance des règles que ces services culturels ont édictées. ● 3 déc. 2009, *Président du Conseil général des Bouches-du-Rhône,* n° 20094204. L'art. 11 de la loi du 17 juill. 1978, permet aux services d'archives départementales de prévoir, en cas de méconnaissance des règles de réutilisation, le retrait de la licence, voire le prononcé de pénalités financières dans le cas où les redevances prévues par la licence n'auraient pas été acquittées, dans le respect du principe de proportionnalité des peines, mais la sanction ne devrait en aucun cas s'étendre à la privation du droit d'accès aux archives publiques. ● Même conseil.

CHAPITRE VII DISPOSITIONS DIVERSES

(Ord. n° 2016-307 du 17 mars 2016, art. 1er)
▓▓
▓Art. L. 327-1▓ *(Ord. n° 2016-307 du 17 mars 2016, art. 1er)* Les modalités d'application du présent titre sont fixées par décret en Conseil d'État. — *[L. n° 78-753 du 17 juill. 1978, art. 19.]*

TITRE TROISIÈME LES PERSONNES RESPONSABLES DE L'ACCÈS AUX DOCUMENTS ADMINISTRATIFS ET DES QUESTIONS RELATIVES À LA RÉUTILISATION DES INFORMATIONS PUBLIQUES

(Ord. n° 2015-1341 du 23 oct. 2015, en vigueur le 1er janv. 2016;
Décr. n° 2015-1342 du 23 oct. 2015, en vigueur le 1er janv. 2016)

⏹⏹⏹Art. L. 330-1⏹ Les administrations mentionnées à l'article L. 300-2 sont tenues de désigner une personne responsable de l'accès aux documents et des questions relatives à la réutilisation des informations publiques, dans les cas prévus par décret en Conseil d'État, pris après avis de la Commission d'accès aux documents administratifs. Ce décret détermine également les conditions de cette désignation. — *[L. n° 78-753 du 17 juill. 1978, art. 24.]*
⏹⏹

> *Sur la possibilité de ne pas désigner un référent unique.* L'art. 42 du Décr. du 31 déc. 2005, pris pour l'application de l'art. 24 de la loi du 17 juill. 1978, impose aux départements de désigner une personne responsable de l'accès aux documents administratifs et des questions relatives à la réutilisation des informations publiques. Cette désignation est obligatoire. S'il paraît souhaitable, par souci de cohérence, que chaque collectivité territoriale désigne un référent unique, notamment pour les questions relatives à la réutilisation des informations publiques, cela n'exclut pas, dans la pratique, que cette personne serve d'interlocuteur pour les administrés et veille au traitement de leur demande sans les instruire elle-même et qu'ainsi les demandes de communication puissent être gérées par différentes personnes au sein des services sollicités. ● 8 juin 2006, *Président du conseil général du Haut-Rhin,* n° 20062173.

⏹⏹
⏹Art. R. 330-2⏹ Les ministres et les préfets désignent pour les services placés sous leur autorité une personne responsable de l'accès aux documents administratifs et des questions relatives à la réutilisation des informations publiques.

Sont également tenus de désigner une personne responsable:

1° Les communes de dix mille habitants ou plus, les départements, les régions et la collectivité territoriale de Corse;

2° Les établissements publics nationaux et locaux qui emploient au moins deux cents agents;

3° Les établissements publics de coopération intercommunale regroupant une population de dix mille habitants ou plus;

4° Les autres personnes de droit public et les personnes de droit privé chargées de la gestion d'un service public qui emploient au moins deux cents agents. — *[Décr. n° 2005-1755 du 30 déc. 2005, art. 42.]*

Art. R. 330-3 La désignation de la personne responsable de l'accès aux documents administratifs et des questions relatives à la réutilisation des informations publiques est portée à la connaissance du public et de la Commission d'accès aux documents administratifs dans les quinze jours. La désignation fait l'objet d'une publication, selon le cas, dans un des bulletins, recueils ou registres mentionnés aux articles R. 312-3 à R. 312-6. Lorsque les autorités mentionnées à l'article R. 330-2 disposent d'un site internet, elles informent le public de cette désignation sur ce site.

Cette information mentionne les nom, prénoms, profession et coordonnées professionnelles de la personne responsable ainsi que la désignation et les coordonnées de l'autorité qui l'a désignée. — *[Décr. n° 2005-1755 du 30 déc. 2005, art. 43.]*

Art. R. 330-4 La personne responsable de l'accès aux documents administratifs et des questions relatives à la réutilisation des informations publiques est chargée, en cette qualité, de:

1° Réceptionner les demandes d'accès aux documents administratifs et de licence de réutilisation des informations publiques ainsi que les éventuelles réclamations et de veiller à leur instruction;

2° Assurer la liaison entre l'autorité auprès de laquelle elle est désignée et la commission d'accès aux documents administratifs.

Elle peut être également chargée d'établir un bilan annuel des demandes d'accès aux documents administratifs et de licence de réutilisation des informations publiques qu'elle présente à l'autorité qui l'a désignée et dont elle adresse copie à la Commission d'accès aux documents administratifs. — *[Décr. n° 2005-1755 du 30 déc. 2005, art. 44.]*

TITRE QUATRIÈME LA COMMISSION D'ACCÈS AUX DOCUMENTS ADMINISTRATIFS

(Ord. n° 2015-1341 du 23 oct. 2015, en vigueur le 1er janv. 2016;
Décr. n° 2015-1342 du 23 oct. 2015, en vigueur le 1er janv. 2016)
⏹⏹⏹Art. L. 340-1⏹ La Commission d'accès aux documents administratifs est une autorité administrative indépendante.

⏹Elle est chargée de veiller au respect de la liberté d'accès aux documents administratifs et aux archives publiques ainsi qu'à l'application *(Ord. n° 2016-307 du 17 mars 2016, art. 2-2º)* «du titre II du présent livre» dans les conditions prévues *(Abrogé par Ord. n° 2016-307 du 17 mars 2016, art. 2-2º) «par cette loi,»* par le présent livre et par le titre Ier du livre II du code du patrimoine. — *[L. n° 78-753 du 17 juill. 1978, art. 20, al. 1er et 2.]*

CHAPITRE PREMIER COMPOSITION ET FONCTIONNEMENT DE LA COMMISSION D'ACCÈS AUX DOCUMENTS ADMINISTRATIFS

(Ord. n° 2015-1341 du 23 oct. 2015, en vigueur le 1er janv. 2016;
Décr. n° 2015-1342 du 23 oct. 2015, en vigueur le 1er janv. 2016)
⏹⏹
⏹Art. L. 341-1⏹ La commission comprend onze membres:

1° Un membre du Conseil d'État, d'un grade au moins égal à celui de conseiller, *(Abrogé par L. n° 2017-55 du 20 janv. 2017, art. 35)* «président,» un magistrat de la Cour de cassation et un magistrat de la Cour des comptes en activité ou honoraire, désignés respectivement par le vice-président du Conseil d'État, le premier président de la Cour de cassation et le premier président de la Cour des comptes;

2° Un député et un sénateur, désignés respectivement par le président de l'Assemblée nationale et le président du Sénat;

3° Un élu d'une collectivité territoriale, désigné par le président du Sénat;

4° Un professeur de l'enseignement supérieur, en activité ou honoraire, proposé par le président de la commission;

5° Une personnalité qualifiée en matière d'archives, proposée par le directeur général des patrimoines et de l'architecture;

(L. n° 2016-1321 du 7 oct. 2016, art. 27) «6° Le président de la Commission nationale de l'informatique et des libertés, ou son représentant;»

7° Une personnalité qualifiée en matière de concurrence et de prix, proposée par le président de l'Autorité de la concurrence;

8° Une personnalité qualifiée en matière de diffusion publique d'informations.

Un suppléant est désigné dans les mêmes conditions pour chacun des membres.

Chacune des autorités appelées à désigner ou proposer un membre de la commission en application du présent article fait en sorte que, après cette désignation ou cette proposition, l'écart entre le nombre de femmes et d'hommes parmi l'ensemble des membres, d'une part, et parmi les membres titulaires, d'autre part, ne soit pas supérieur à un.

(L. n° 2017-55 du 20 janv. 2017, art. 35-2°) «Le président de la commission est nommé par décret du Président de la République parmi les membres. Les autres» membres de la commission sont nommés par décret *(Abrogé par L. n° 2017-55 du 20 janv. 2017, art. 35-2°)* «du Premier ministre». Leur mandat est, à l'exception de ceux mentionnés aux 2° *(L. n° 2016-1321 du 7 oct. 2016, art. 27-2°)* «, 3° et 6°», qui siègent pour la durée du mandat au titre duquel ils ont été désignés, d'une durée de trois ans. Ce mandat est renouvelable *(L. n° 2017-55 du 20 janv. 2017, art. 35-2° et 3°)* «une fois.

«Selon des modalités fixées par décret en Conseil d'État, le collège est, à l'exception de son président, renouvelé par moitié tous les trois ans.»

La commission comprend en outre, avec voix consultative, le Défenseur des droits ou son représentant.

Un commissaire du Gouvernement, désigné par le Premier ministre, siège auprès de la commission et assiste à ses délibérations, sauf lorsque la commission se prononce en application des dispositions *(Ord. n° 2016-307 du 17 mars 2016, art. 2-3°)* «de l'article L. 326-1» ou de l'article L. 342-3 du présent code.

En cas de partage égal des voix, celle du président de la commission est prépondérante.

⬜Un décret en Conseil d'État détermine les modalités de fonctionnement de la commission. Il fixe notamment les cas et les conditions dans lesquels la commission peut délibérer en formation restreinte *(L. n° 2016-1321 du 7 oct. 2016, art. 13-3°-b)* «ou déléguer à son président l'exercice de certaines de ses attributions». — *[L. n° 78-753 du 17 juill. 1978, art. 23.]*
⬜⬜
⬜**Art. R. 341-1-1**⬜ *(Décr. n° 2017-479 du 5 avr. 2017, art. 1er)* Les membres mentionnés aux 1°, 4°, 5°, 7° et 8° de l'article L. 341-1 sont renouvelés par moitié tous les trois ans.
⬜Les mandats des suppléants viennent à échéance à la même date que ceux des titulaires dont ils assurent la suppléance.
⬜
⬜⬜**Art. L. 341-2**⬜ *(L. n° 2016-1321 du 7 oct. 2016, art. 28)* La Commission d'accès aux documents administratifs et la Commission nationale de l'informatique et des libertés se réunissent dans un collège unique, sur l'initiative conjointe de leurs présidents, lorsqu'un sujet d'intérêt commun le justifie.
⬜
⬜⬜**Art. R. 341-2-1**⬜ La commission se réunit, selon le cas, en formation plénière ou restreinte, sur convocation de son président.
⬜La convocation précise l'ordre du jour. — [Décr. n° 2005-1755 du 30 déc. 2005, art. 1er.] — Anc. art. R. 341-2 (Décr. n° 2016-1564 du 21 nov. 2016, art. 4).

⬜⬜⬜**Art. R. 341-3**⬜ La commission ne peut valablement délibérer que si sont présents au moins six membres en formation plénière et trois membres en formation restreinte. — *[Décr. n° 2005-1755 du 30 déc. 2005, art. 2.]*
⬜
⬜⬜**Art. R. 341-4**⬜ Les délibérations de la commission sont prises à la majorité des membres présents. — *[Décr. n° 2005-1755 du 30 déc. 2005, art. 3.]*

⬜⬜⬜**Art. R. 341-5**⬜ La commission statue en formation restreinte en matière de sanction lorsqu'elle est saisie en application de l'article L. 342-3.
⬜La formation restreinte est composée des cinq membres de la commission mentionnés aux 1°, 6° et 7° de l'article L. 341-1. Elle est présidée par le président de la commission.
⬜Un membre de la formation restreinte ne peut siéger:
⬜1° S'il détient un intérêt direct ou indirect à l'affaire qui fait l'objet de la délibération, exerce des fonctions ou une activité professionnelle ou détient un mandat auprès de l'autorité qui a saisi la commission ou de la personne mise en cause;
⬜2° S'il a, au cours des trois années précédant la saisine de la commission, détenu un intérêt direct ou indirect à l'affaire qui fait l'objet de la délibération, exercé des fonctions ou une activité professionnelle ou détenu un mandat auprès de l'autorité qui a saisi la commission ou de la personne mise en cause. — *[Décr. n° 2005-1755 du 30 déc. 2005, art. 4.]*

Art. R. 341-5-1 *(Décr. n° 2016-1564 du 21 nov. 2016, art. 2)* La commission peut donner délégation à son président pour émettre en son nom un avis sur les demandes dont elle est saisie en application des articles L. 342-1 et L. 342-2 ou répondre en son nom à une demande de consultation dont elle est saisie en application de l'article R. 342-4-1, dans les cas suivants:

1° La commission n'est manifestement pas compétente;

2° La demande d'avis est manifestement irrecevable;

3° Le document ou les informations sollicités n'existent pas;

4° La demande dont le rejet motive la saisine de la commission pour avis est satisfaite au cours de l'instruction de la demande d'avis;

5° La demande d'avis ou de consultation n'appelle manifestement, dans les matières ou pour les catégories de documents déterminées par la commission, que la reprise de la jurisprudence administrative ou d'une doctrine de la commission.

(Décr. n° 2022-1335 du 19 oct. 2022, art. 2) «Le président rend compte annuellement à la Commission de l'exercice des attributions qui lui sont déléguées en application du présent article.»

Le président peut toutefois, dans le champ des attributions dont l'exercice lui a été délégué, laisser à la commission le soin de se prononcer elle-même sur une demande.

Art. R. 341-6 Le commissaire du Gouvernement est convoqué aux séances de la commission de la même manière que les membres de celle-ci. Il peut présenter des observations orales.

Il est rendu destinataire des dossiers et des délibérations dans les mêmes conditions et selon les mêmes modalités que les membres de la commission. — *[Décr. n° 2005-1755 du 30 déc. 2005, art. 5.]*

Art. R. 341-7 Le président de la commission est assisté par un rapporteur général, *(Décr. n° 2016-308 du 17 mars 2016, art. 4-1°)* «deux rapporteurs généraux adjoints», des rapporteurs et chargés de mission permanents et des rapporteurs non permanents qu'il désigne, dans la limite des crédits ouverts à cet effet au budget des services généraux du Premier ministre au titre de la Commission d'accès aux documents administratifs, parmi les membres du Conseil d'État, les magistrats, les fonctionnaires de catégorie A, les agents contractuels de l'État de niveau équivalent et les personnes justifiant d'une qualification dans les domaines relevant de la compétence de la commission et titulaires d'un des diplômes permettant d'accéder à un corps de catégorie A.

Le rapporteur général anime et contrôle l'activité des rapporteurs. A cet égard, il examine toutes les demandes dont la commission est saisie et s'assure de leur traitement dans les délais prévus. Il peut présenter des observations orales à chaque séance.

(Décr. n° 2016-308 du 17 mars 2016, art. 4-2°) «Les rapporteurs généraux adjoints assistent et suppléent» le rapporteur général en tant que de besoin.

La commission dispose de services placés sous l'autorité d'un secrétaire général qui en assure le fonctionnement et la coordination. — *[Décr. nº 2005-1755 du 30 déc. 2005, art. 6.]*

Art. R. 341-8 Le président de la commission ordonnance les dépenses. — *[Décr. nº 2005-1755 du 30 déc. 2005, art. 7.]*

Art. R. 341-9 Le président peut déléguer sa signature au rapporteur général et *(Décr. nº 2016-308 du 17 mars 2016, art. 4-3º)* «aux rapporteurs généraux adjoints» pour les réponses aux demandes d'avis et aux consultations et au secrétaire général pour ce qui concerne le fonctionnement administratif et financier de la commission. — *[Décr. nº 2005-1755 du 30 déc. 2005, art. 18.]*

Art. R. 341-10 *(Décr. nº 2020-173 du 27 févr. 2020, art. 10)* Les rapporteurs généraux adjoints de la commission sont rémunérés sous forme d'indemnités forfaitaires mensuelles.

Art. D. 341-11 Les rapporteurs et chargés de mission permanents sont rémunérés sous forme d'indemnités forfaitaires mensuelles. — *[Décr. nº 2005-1755 du 30 déc. 2005, art. 10.]*

Art. D. 341-12 Les rapporteurs non permanents sont rémunérés sous forme d'indemnités forfaitaires mensuelles fixées pour chaque mission par le président de la commission en fonction du temps nécessaire à l'accomplissement de la mission. — *[Décr. nº 2005-1755 du 30 déc. 2005, art. 11.]*

Art. D. 341-13 Aucune indemnité ne peut être allouée aux agents titulaires et contractuels rémunérés sur l'un des budgets relevant des services du Premier ministre. — *[Décr. nº 2005-1755 du 30 déc. 2005, art. 12.]*

Art. D. 341-14 Un arrêté conjoint du Premier ministre, du ministre de la fonction publique et du ministre chargé du budget détermine les taux et les modalités d'attribution des indemnités susceptibles d'être allouées *(Abrogé par Décr. nº 2020-173 du 27 févr. 2020, art. 10)* «au président, au président suppléant et aux membres de la commission ainsi qu'» aux collaborateurs mentionnés au premier alinéa de l'article R. 341-7. — *[Décr. nº 2005-1755 du 30 déc. 2005, art. 13.]*

Art. D. 341-15 *(Décr. nº 2020-173 du 27 févr. 2020, art. 10)* «Les» collaborateurs mentionnés au premier alinéa de l'article R. 341-7 peuvent prétendre au remboursement des frais de transport et de séjour qu'ils sont susceptibles d'engager à l'occasion des déplacements assurés dans le cadre de leurs missions dans les conditions applicables aux personnels civils de l'État. — *[Décr. nº 2005-1755 du 30 déc. 2005, art. 14.]*

⊡⊡Art. R. 341-16⊡ La commission établit son règlement intérieur qui, notamment, fixe les conditions de son fonctionnement et précise les règles de procédure applicables devant elle. — *[Décr. n⁰ 2005-1755 du 30 déc. 2005, art. 15.]*

⊡ *(Décr. n⁰ 2016-1564 du 21 nov. 2016, art. 3)* «Ce règlement intérieur mentionne notamment les attributions dont la commission décide, conformément au dernier alinéa de l'article L. 341-1 et à l'article R. 341-5-1, de déléguer l'exercice à son président.»

⊡

⊡⊡Art. R. 341-17⊡ La commission établit chaque année un rapport qui est rendu public. — *[Décr. n⁰ 2005-1755 du 30 déc. 2005, art. 16.]*

CHAPITRE II ATTRIBUTIONS DE LA COMMISSION D'ACCÈS AUX DOCUMENTS ADMINISTRATIFS

(Ord. n⁰ 2015-1341 du 23 oct. 2015, en vigueur le 1er janv. 2016; Décr. n⁰ 2015-1342 du 23 oct. 2015, en vigueur le 1er janv. 2016)

⊡⊡⊡Art. L. 342-1⊡ La Commission d'accès aux documents administratifs émet des avis lorsqu'elle est saisie par une personne à qui est opposé un refus de communication *(L. n⁰ 2016-1321 du 7 oct. 2016, art. 13-3⁰-a)* «ou un refus de publication» d'un document administratif en application du titre Ier, un refus de consultation ou de communication des documents d'archives publiques, à l'exception des documents mentionnés au *c* de l'article L. 211-4 du code du patrimoine et des actes et documents produits ou reçus par les assemblées parlementaires, ou une décision défavorable en matière de réutilisation d'informations publiques.

⊡ *(L. n⁰ 2022-217 du 21 févr. 2022, art. 163-I)* «Par dérogation au premier alinéa du présent article, lorsqu'une saisine relève d'une série de demandes ayant le même objet, adressées par le même demandeur à différentes administrations mentionnées au premier alinéa de l'article L. 300-2, la commission ne peut être saisie que d'un refus de communication opposé au demandeur et n'émet qu'un avis.

⊡«Il appartient au demandeur d'identifier auprès de la commission au moment de la saisine l'ensemble des demandes relevant d'une même série et d'informer les administrations concernées par la série de demandes de la saisine de la commission.

⊡«Un décret en Conseil d'État définit les conditions de mise en œuvre des deuxième et troisième alinéas du présent article.»

⊡La saisine pour avis de la commission est un préalable obligatoire à l'exercice d'un recours contentieux. — [L. n° 78-753 du 17 juill. 1978, art. 20, al. 3 et 4.]
⊡⊡

Plan des annotations
I. LA SAISINE DE LA CADA COMME PRÉALABLE OBLIGATOIRE AU RECOURS CONTENTIEUX

1. *Généralités.* Si la L. org. n° 58-1067 du 7 nov. 1958 rend applicable aux archives qui procèdent de l'activité du Conseil constitutionnel certains articles du code du patrimoine, en revanche la loi organique ne rend pas applicables aux documents procédant de l'activité du conseil constitutionnel les dispositions de l'art. 20 de la L. du 17 juill. 1978 relatives à la compétence de la CADA pour veiller au respect de la liberté d'accès aux archives publiques et pour émettre un avis sur la demande d'une personne à qui est opposé un refus de communication de documents d'archives publiques. • 7 mai 2015, *direction générale des patrimoines et de l'architecture,* n° 20150786.

2. Lorsqu'une demande de communication de documents administratifs a été rejetée par une décision explicite ou implicite de l'autorité administrative, ce refus ne peut être déféré directement au juge de l'excès de pouvoir; l'intéressé doit avoir au préalable saisi de ce refus, dans le délai du recours contentieux, la CADA. • CE , sect., 19 févr. 1982, *Mme Commaret,* n° 24215: *Lebon 78, concl. Dondoux; AJDA 1982. 395 et 375, chron. Tiberghien et Lasserre; D. 1983. 24, note Laveissière; Rev. adm. 1982. 277, note Pacteau.* La circonstance que l'administration ait elle-même saisi, avant que n'intervienne la décision de refus de communication, la CADA d'une demande de conseil ne peut dispenser le demandeur de procéder lui-même à la saisine de cette commission; par suite, irrecevabilité de la demande d'annulation de la décision de refus présentée au juge sans que la commission ait été consultée. • CE 21 sept. 1990, *SARL Villerupt Auto-École,* n° 89251 B: *Dr. adm. 1990, n° 477.* Lorsque la saisine de la CADA intervient après l'expiration du délai de recours pour excès de pouvoir, la réclamation est tardive, donc irrecevable, et le recours contentieux ultérieurement formé est lui-même irrecevable. • CE 25 juill. 1986, *De Rothiacob,* n° 34278: *Lebon 215; D. 1978. 187, obs. Llorens; RD publ. 1987. 810.* L'obligation, à peine d'irrecevabilité, de saisir la CADA préalablement à l'introduction d'un recours contentieux contre un refus de communication s'applique aussi dans le cas d'un refus de communiquer des pièces manquantes dans un dossier consulté après une première saisine de la commission. • CE 20 févr. 1985, *Audebert et a.,* n° 55194: *Lebon 51; AJDA 1985. 233, obs. Richer* • 6 mai 1985, *Pezerat,* n° 36620 B.

---

3. L'avis émis par la CADA n'a pas le caractère d'une décision faisant grief et n'est, par suite, pas susceptible de recours pour excès de pouvoir. • CE 27 avr. 1983, *Zanone,* n° 46476 • 2 févr. 2000, *Dakar,* n° 213082. Il en va de même du refus d'émettre un avis. • CE 20 nov. 1991, *Ponnau,* n° 121509. Ou encore du refus de retirer ou modifier un avis. • CE 12 févr. 2020, *M. S.,* n° 430825.

4. Le défaut de saisine de la CADA constitue une irrecevabilité manifeste qui n'est pas susceptible d'être couverte en cours d'instance par une saisine de la CADA postérieurement à l'introduction du recours. • CE 27 juill. 1984, *Gimbert,* n° 58137 • 3 nov. 1999, *Limery,* n° 188386: *RFDA 2001. 487; Rev. Trésor 2001. 124.* Ainsi, le tribunal peut rejeter le recours entaché d'une telle irrecevabilité manifeste par ordonnance. • CE 28 oct. 1996, *Feld,* n° 168850. En revanche, lorsque le demandeur, qui a saisi la CADA, a saisi le juge d'un recours contentieux dirigé contre un refus de communication sans attendre l'avis de la CADA, mais que cet avis intervient avant le prononcé du jugement, la demande est recevable. • CE 12 févr. 1988, *Humbrecht,* n° 62332 B: *D. 1988. 260, obs. Llorens.*

5. Une personne qui saisit dans les délais la CADA d'un refus de communication opposé par l'administration peut attaquer devant le tribunal administratif la décision confirmative implicite de rejet née du silence gardé par l'administration. • CE , sect., 11 févr. 1983, *Min. de l'Urbanisme et du Logement c/ Assoc. «Atelier libre d'urbanisme de la région lyonnaise»,* n° 35565: *Lebon 56.* Par ailleurs, l'éventuelle inertie de la CADA passé le délai d'un mois suivant sa saisine ne fait pas obstacle à la recevabilité de la requête lorsque le demandeur justifie de cette saisine et de la naissance d'une nouvelle décision de refus de l'administration. • Même arrêt.

6. Le juge des référés «mesures utiles» tire des dispositions de l'art. L. 521-3 CJA le pouvoir d'ordonner, lorsque les conditions qu'elles exigent sont réunies, la communication de documents administratifs, sans qu'il soit besoin que le requérant ait au préalable saisi la CADA. ● CE 29 avr. 2002, *Sté Baggerbedrijf de Boer,* n° 239466 B. Le recours dirigé contre le refus opposé par un centre hospitalier à un patient demandant la communication de son dossier médical, après consultation de la commission départementale des hospitalisations psychiatriques, saisie en application du quatrième alinéa de l'art. L. 1111-7 CSP, est recevable, alors même que la CADA n'a pas préalablement été saisie (sol. impl.). ● CE 10 avr. 2009, *R.,* n° 289794 B: *JCP Adm. 2010. Chron. 2009. 15, obs. Péchillon.* Si le juge des référés «mesures utiles» peut ordonner, lorsque les conditions posées par l'art. L. 521-3 sont réunies, la communication de documents administratifs, sans qu'il soit besoin que le requérant ait au préalable saisi la CADA, les pouvoirs qu'il tient de ces dispositions ne peuvent le conduire à faire obstacle à l'exécution de la décision, explicite ou implicite, par laquelle l'autorité administrative a rejeté la demande de communication de documents qui lui a été présentée. Il en résulte qu'il appartient au juge des référés de rejeter la demande dont il est saisi sur le fondement de l'art. L. 521-3 dès lors qu'une telle décision est intervenue, que ce soit antérieurement à l'enregistrement de la demande ou en cours d'instance. ● CE 18 nov. 2015, *Section française de l'observatoire international des prisons,* n° 383189.

II. COMPÉTENCE ET PROCÉDURE CONTENTIEUSE

7. Lorsqu'un litige est relatif à un refus opposé à une demande de communication d'un document présentée sur le fondement de la L. n° 78-753 du 17 juill. 1978, dont les dispositions sont aujourd'hui reprises au CRPA, le juge administratif est compétent pour apprécier si, en raison de la nature du document dont la communication est demandée, cette demande relève ou non du champ d'application de la loi et, si tel n'est pas le cas, pour rejeter la demande dont il est saisi pour ce motif. • T. confl. , 2 juill. 1984, *Vinçot et Le Borgne,* n° 02324: *Lebon 449; Dr. soc. 1986. 555, note Prétot* • 27 sept. 1985, *Ordre des avocats du barreau de Lyon,* n° 56543: *Lebon 267* • CE 23 nov. 1990, *Bertin,* n° 74415: *Lebon 782; AJDA 1991. 442, obs. Prétot*• 27 avr. 2001, *Zembout,* n°s 183391 et 188150 • 10 avr. 2009, *R.,* n° 289794: *préc. note 6* • CE 27 juin 2019, *Assoc. Regards citoyens,* n° 427725: *Lebon.* Ces règles ne sont toutefois pas applicables lorsque la demande n'a pas été formulée sur le fondement des dispositions de cette loi. • CE 28 nov. 2016, *M. A.,* n° 390776 B. Ainsi, il y a incompétence du juge administratif pour se prononcer sur le refus opposé par une juridiction judiciaire à une demande, non présentée sur le fondement de la L. du 17 juill. 1978, tendant à la communication des minutes des jugements, ordonnances et avis, y compris ceux rendus en matière extraditionnelle, que cette juridiction détient et qui se rattachent à la fonction juridictionnelle. • Même décision. En revanche, compétence du juge administratif pour connaître de tout litige relatif à la communication d'un document administratif, le fait que ce document ait été produit dans un litige devant le juge judiciaire ne l'ayant pas rendu inséparable de ce contentieux judiciaire. • CE 25 juill. 2008, *Costa-Autrechy,* n° 296505: *AJDA 2008. 2413.* Mais, incompétence de la juridiction administrative pour connaître du litige relatif à une demande de communication de documents émanant d'un organisme de droit privé qui n'est pas chargé d'une mission de service public. • CE 20 oct. 1995, *Mugnier,* n° 133470: *Lebon 358* • 28 févr. 2003, *Sté protectrice des animaux,* n° 212943 B • CE 24 déc. 2021, *M. S.,* n° 444711 B. Même solution pour une personne déchargée entièrement de la mission que l'administration lui avait confiée, tel un commissaire enquêteur ayant achevé l'enquête d'utilité publique dont il était chargé. • CE 21 mai 1986, *Bertin,* n° 73271: *Lebon 536; D. 1987. 399, obs. Bon.*

8. Le litige né de la décision par laquelle le directeur général de l'Agence française de sécurité sanitaire des produits de santé [devenue Agence nationale de sécurité de médicament et des produits de santé] communique à une société les documents contenus dans un dossier d'autorisation de mise sur le marché ne relève pas du Conseil d'État en premier et dernier ressort, mais du tribunal administratif du siège. • CE 14 janv. 2009, *Sté Merck génériques,* n° 303744 B: *JCP Adm. 2009. Comm. 2106, note Darcy.* Le litige relatif à une demande de communication de documents par un fonctionnaire nommé par décret du président de la République en vertu de l'art. 13, al. 3, de la Constitution, laquelle ne relève pas d'une procédure définie par le statut applicable à ce fonctionnaire, ne doit pas être porté devant le Conseil d'État statuant en premier et dernier ressort mais devant le tribunal administratif territorialement compétent. • CE 10 avr. 2009, *Burgaud,* n° 320314 B.

9. Il appartient au juge de l'excès de pouvoir, eu égard à la nature des droits en cause et à la nécessité de prendre en compte l'écoulement du temps et l'évolution des circonstances de droit et de fait afin de conférer un effet pleinement utile à son intervention, de se placer à la date à laquelle il statue pour apprécier la légalité d'un refus de communication. • CE 1er mars 2021, n° 436654 B.

10. Si le caractère contradictoire de la procédure exige la communication à chacune des parties de toutes les pièces produites au cours de l'instance, cette exigence est nécessairement exclue en ce qui concerne les documents dont le refus de communication constitue l'objet même du litige; ainsi, lorsque l'objet du litige est le refus de communication d'un document après avis de la CADA, le juge peut ordonner la production de la pièce sans la communiquer au requérant, sans violation du principe du caractère contradictoire de la procédure. ● CE , sect., 23 déc. 1988, *Banque de France,* n° 95310: *Lebon 464; EDCE n° 40 1988/1989. 56; AJDA 1989. 99; RFDA 1989. 973, concl. Daël; D. 1989. 375, obs. Llorens et Soler-Couteaux* ● 1er déc. 1989, *Blanc,* n° 58277: *Lebon 244.* Même solution s'agissant du contentieux de la législation sur l'accès aux archives. ● CE 29 juin 2011, *Mme Rouzaud,* n° 335072: *Lebon 306.* En particulier, le juge peut ordonner la communication du document afin de statuer sur le caractère communicable du document au regard de la notion de secret. ● CE , sect., 8 oct. 1993, *Hudin,* n° 110829: *Lebon 262; AJDA 1993. 873, concl. Fratacci; JCP 1994. II. 22266, note Frayssinet.* Cette faculté relève de son appréciation souveraine. ● CE 21 oct. 2016, *Union dptale CGT d'Ille-et-Vilaine,* n° 392711 B. Le juge ne commet une irrégularité en s'abstenant de le faire que si l'état de l'instruction ne lui permet pas de déterminer, au regard des contestations des parties, le caractère légalement communicable de ces documents ou d'apprécier les modalités de cette communication. ● CE 23 juill. 2010, *Office national des forêts c/ de La Gravière,* n° 321138 B ● 6 févr. 2008, *Sté anonyme d'exploitation de l'hebdomadaire «Le Point»,* n° 304752: *Lebon 268* ● 21 oct. 2016, *Union dptale CGT d'Ille-et-Vilaine: préc.* Ainsi, lorsque les différents éléments d'information que doit comporter un document administratif sont définis par un texte, le juge peut, sans être tenu d'en ordonner la production, décider si, eu égard au contenu des informations qui doivent y figurer, il est, en tout ou partie, communicable. ● CE 27 mars 2020, *Assoc. Contre l'extension et les nuisances de l'aéroport de Lyon-Saint-Exupéry,* n° 426623 B. En revanche, lorsque le contenu d'un document n'est défini par aucun texte, le juge ne saurait, au seul motif qu'il est susceptible de comporter des éléments couverts par un secret que la loi protège, décider qu'il n'est pas communicable, sans avoir au préalable ordonné sa production, hors contradictoire, afin d'apprécier l'ampleur des éléments protégés et la possibilité de communiquer le document après leur occultation. ● Même décision. Lorsque le tribunal administratif a annulé le refus de communiquer opposé par l'administration et que le juge d'appel ne peut, en l'état de l'instruction, apprécier le bien-fondé du motif de refus de communication, tiré de la possibilité d'une atteinte à un secret protégé par la loi, il y a lieu pour le juge d'appel d'ordonner la production du document et le sursis à exécution du jugement. ● CE 5 nov. 1993, *Commission des opérations de bourse,* n° 143973 B. Lorsque le juge, saisi d'un litige relatif à la communication de documents, ordonne à l'administration la production des documents litigieux à titre de mesure d'instruction sans les soumettre au contradictoire, les motifs de cette décision avant-dire droit par lesquels il a pris position sur l'applicabilité des dispositions de la loi du 17 juill. 1978 ne sont pas revêtus de l'autorité de chose jugée. • CE , ass., 27 mars 2015, *Commission nationale des comptes de campagnes et des financements politiques,* n° 382083: *Lebon 128.*

11. Non-lieu à statuer si le document sollicité est communiqué au demandeur après l'introduction du recours. • CE 2 mai 1980, *Bouliou,* n° 15293 B. Mais la circonstance qu'une administration ait communiqué un document à un administré en exécution d'un jugement annulant son refus de le faire ne rend pas sans objet l'appel qu'elle a formé contre ce jugement. • CE 30 oct. 1996, *Centre de gestion de la fonction publique territoriale du Nord,* n° 121127 B. Une demande de communication présentée au juge des référés «mesures utiles» revêt un caractère utile dès lors que la requérante indique sans être contredite que ce document lui est nécessaire pour contester la légalité de l'arrêté la plaçant en congé de maladie, l'urgence étant caractérisée eu égard au délai du recours contentieux de deux mois ouvert à l'encontre de cet arrêté. • TA Lille, 13 mars 2009, *Mme T.,* n° 0900917.

12. Après annulation du refus de communiquer, le juge saisi de conclusions en ce sens peut enjoindre à l'administration de communiquer le document sur le fondement de l'art. L. 911-1 CJA. • CE 5 mai 2008, *Thiébeaux,* n° 294645: *AJDA 2008. 1735* • 5 mai 2008, *SA Baudin Châteauneuf,* n° 309518: *RFDA 2008. 841.* En revanche, dès lors que les pièces ne sont plus disponibles, le juge ne peut être saisi d'une demande d'injonction à communiquer. • CE 27 nov. 2000, *Assoc. «Comité tous frères»,* n° 188431: *Lebon 559; AJDA 2001. 94.*

13. En appel, une directrice de laboratoire n'est pas, dans les circonstances de l'espèce, recevable à former tierce opposition contre un jugement ayant annulé le refus de communication à un autre directeur de laboratoire du dossier de l'enquête effectuée sur le sien. • CE 1er févr. 1993, *Mme Lepaulard,* n° 93350: *Lebon 23.* Le jugement par lequel un tribunal administratif a enjoint à une administration de communiquer à un requérant des documents qui concernent directement un tiers n'ayant pas été mis en cause, lequel a en outre été privé de la possibilité de faire valoir que les documents pourraient comporter des secrets protégés par la loi, préjudicie à un droit de ce tiers; celui-ci a donc qualité pour faire tierce opposition contre le jugement. • CE 22 juill. 2016, *Sté Éoliennes en mer îles d'Yeu et de Noirmoutiers,* n° 399942 B.

14. Un refus persistant de l'administration de communiquer, montrant un mauvais vouloir, peut donner lieu à une action en responsabilité. ● CE 10 juill. 1992, *Touzan,* n° 120047: *Lebon 296; AJDA 1992. 766, obs. Théron; AJDA 1994. 684, chron. Touvet et Stahl; CJEG 1993. 135, note Hétier; RFDA 1994. 328, concl. Toutée.* La perte de documents administratifs qui sont communicables à tout moment nonobstant leur archivage ultérieur, en vertu de la loi du 17 juill. 1978, et doivent, par conséquent, être conservés par l'administration qui les détient, en particulier lorsqu'il s'agit de documents figurant dans le dossier individuel d'un fonctionnaire servant à la gestion de sa carrière, est constitutive d'une faute susceptible d'engager la responsabilité de l'administration à raison des préjudices qui ont pu en résulter pour les victimes de la perte. ● Paris, 18 mars 2009, *M. B.,* n° 07PA02385. De même, la communication à un tiers d'un document contenant une information nominative, de surcroît erronée, constitue une illégalité fautive qui fonde une action en responsabilité dès lors que cette communication a fait perdre à une requérante une chance de gagner un procès judiciaire. ● CE 25 juill. 2008, *Costa-Autrechy,* n° 296505.

15. La communication à un requérant, en exécution d'un jugement d'un tribunal administratif, de documents dont le refus de communication constitue l'objet même du litige, indépendamment même du contenu des documents en cause, revêtirait un caractère irréversible. Dans ces conditions, la condition du sursis à exécution tenant au risque que le jugement entraîne des conséquences difficilement réparables doit être regardée comme remplie. ● CE 22 juill. 2016, *Sté Éoliennes en mer îles d'Yeu et de Noirmoutiers,* n° 399942 B.

16. Lorsque le tribunal administratif, saisi par une personne d'une contestation du refus de lui communiquer divers documents administratifs, fait droit à cette demande de communication pour certains de ces documents et rejette le surplus, et que l'administration se pourvoit contre ce jugement en tant qu'il lui est défavorable, les conclusions du pourvoi incident du requérant dirigées contre le jugement du TA, en tant qu'il statue sur ses conclusions tendant à l'annulation du refus de communiquer d'autres documents que ceux que le tribunal a enjoint de communiquer, soulèvent un litige distinct de celui soulevé par le pourvoi de l'administration: irrecevabilité. ● CE 11 juill. 2016, *Cne de La Crau,* n° 381016 B.

17. Est d'ordre public le moyen tiré de ce que des documents ont fait l'objet d'une diffusion publique et ne relèvent donc plus du champ d'application de l'obligation de communiquer résultant de l'art. 2 de la L. n° 78-753 du 17 juill. 1978. ● CE 11 juill. 2016, *Premier min. c/ Assoc. Éthique et Liberté,* n° 392586: *Lebon 334.*

▨▨▨Art. L. 342-2▨ La commission est également compétente pour connaître des questions relatives:

▨A. — A l'accès aux documents administratifs et à la réutilisation des informations publiques relevant des dispositions suivantes:

▨1° L'article 2449 du code civil;

▨2° L'article 79 du code civil local d'Alsace-Moselle;

3° Les articles L. 2121-26, L. 3121-17, L. 4132-16, L. 5211-46, L. 5421-5, L. 5621-9 et L. 5721-6 du code général des collectivités territoriales;

4° Les articles *(L. n° 2016-1048 du 1ᵉʳ août 2016, art. 11-IV et 16-I, en vigueur le 1ᵉʳ janv. 2019)* «L. 37», L. 68 et L.O. 179 du code électoral ainsi que les dispositions de ce code relatives au registre des procurations; — *Entrée en vigueur fixée par Décr. n° 2018-350 du 14 mai 2018, art. 5.*

5° Les dispositions du code rural et de la pêche maritime relatives aux listes électorales des chambres départementales d'agriculture;

6° Les dispositions du code forestier relatives aux listes électorales des centres régionaux de la propriété forestière;

7° Les articles L. 121-5, L. 123-1 à L. 123-19, L. 213-13 et L. 332-29 du code de l'urbanisme;

8° Les chapitres III et IV du titre II du livre Iᵉʳ du code de l'environnement;

9° Les articles L. 225-3, L. 225-5 et L. 330-2 à L. 330-5 du code de la route;

10° Les dispositions du code de la voirie routière relatives aux enquêtes publiques en matière de classement, d'ouverture, de redressement, de fixation de la largeur et de déclassement des voies communales;

11° Le *a* et le *b* de l'article L. 104 et les articles L. 106, L. 111 et L. 135 B du livre des procédures fiscales;

12° L'article L. 107 A du livre des procédures fiscales;

13° L'article L. 421-8 du code de l'action sociale et des familles;

14° Les articles L. 1111-7 et L. 1131-1 du code de la santé publique;

15° L'article L. 161-37 du code de la sécurité sociale;

16° L'article 10 de la loi n° 2000-321 du 12 avril 2000 relative aux droits des citoyens dans leurs relations avec les administrations;

17° L'article 17 de la loi du 31 décembre 1913 sur les monuments historiques;

18° Les dispositions relatives à la conservation du cadastre;

19° L'article 5 de la loi du 1ᵉʳ juillet 1901 relative au contrat d'association;

20° L'article 12 de la loi du 1ᵉʳ mai 1889, révisée par la loi du 20 mai 1898, sur les associations coopératives de production et de consommation;

21° Les dispositions relatives aux procès-verbaux des séances de la commission de surveillance et de contrôle des publications destinées à la jeunesse;

(L. n° 2016-1321 du 7 oct. 2016, art. 1ᵉʳ) «22° L'article 1ᵉʳ de la loi n° 2016-1321 du 7 octobre 2016 pour une République numérique.»

(L. n° 2016-1919 du 29 déc. 2016, art. 6) «23° Les articles 1ᵉʳ et 3 de la loi n° 2016-1919 du 29 décembre 2016 relative à l'exercice, par la Croix-Rouge française, de sa mission statutaire de rétablissement des liens familiaux.»

B. — A l'accès aux informations détenues par les exploitants d'une installation nucléaire de base et les personnes responsables de transport de substances radioactives dans les conditions définies aux articles L. 125-10 et L. 125-11 du code de l'environnement.

C. — A la réutilisation des informations publiques relevant du Chapitre III du titre II de la loi du 1ᵉʳ juin 1924 mettant en vigueur la législation civile française dans les départements du Bas-Rhin, du Haut-Rhin et de la Moselle. — *[L. n° 78-753 du 17 juill. 1978, art. 21.]*

Plan des annotations

I. ART. 2449 C. CIV. (PUBLICITÉ FONCIÈRE)

1. Les demandes formulées aux conservateurs des hypothèques doivent être suffisamment précises pour permettre d'identifier le document demandé et doivent notamment comporter les références cadastrales de la parcelle en cause. ● 9 nov. 2006, *Directeur général des impôts,* n° 20064697. La communication de ces documents est soumise à un certain nombre de formalités, en particulier le renseignement d'imprimés spécifiques et le paiement des frais de délivrance des documents hypothécaires. ● Même avis. Les documents visés à l'art. 2449 C. civ. font l'objet de modalités de communication particulières, prévues par le Décr. n° 55-22 du 4 janv. 1955 dont l'art. 9 dispose que les conservateurs sont tenus de délivrer les copies, extraits ou certificats du chef seulement des personnes physiques ou morales expressément dénommées dans la réquisition et uniquement pour les biens faisant l'objet de la réquisition. ● 27 nov. 2008, *Directeur général des finances publiques,* n° 20084297.

2. Eu égard au caractère dérogatoire de ces dispositions et au formalisme qui entoure les réquisitions fondées sur ces dispositions, la commission estime qu'il appartient à un demandeur, lorsqu'il s'est adressé par erreur à une autre administration, d'adresser une demande en ce sens au service compétent, et non à l'administration saisie par erreur de transmettre sa demande à la conservation des hypothèques. ● 6 mai 2010, *Président du TGI de Paris,* n° 20101883.

II. ART. L. 2121-26, L. 3121-17, L. 4132-16, L. 5211-46, L. 5421-5, L. 5621-9 ET L. 5721-6 CGCT

3. Documents concernés. Le droit de prendre communication des procès-verbaux du conseil municipal implique le droit de recevoir également communication des pièces annexées à ces procès-verbaux. • CE , sect., 11 janv. 1978, *Cne de Muret,* n° 4258: *Lebon 5.* Les délibérations de l'organe délibérant entrent dans le champ du droit d'accès ouvert par ces dispositions. • 22 nov. 2001, *Maire de Sainte-Agnès,* n° 20013553. La portée de l'art. L. 2121-26 CGCT n'est pas limitée aux arrêtés réglementaires; les arrêtés individuels peuvent être concernés. • CE 10 mars 2010, *Cne de Sète,* n° 303814: *Lebon 70; RFDA 2010. 646; JCP Adm. 2010. Actu. 221, obs. Dubreil; JCP Adm. 2010. Comm. 2137, note Pellissier.* Le droit à communication institué par ces dispositions porte sur l'ensemble des écritures et documents comptables de la collectivité, au fur et à mesure de leur élaboration, y compris les pièces justificatives telles que des factures. • 6 mars 2008, *Maire d'Usclas-d'Hérault,* n° 20081055. Le compte administratif et le compte de gestion sont communicables dès leur signature, sans attendre le vote du conseil municipal. • Même affaire.

4. Selon que la décision d'autorisation individuelle d'urbanisme est prise de manière explicite par le maire statuant en tant qu'organe exécutif de la commune ou, au contraire, en cette dernière qualité mais par décision implicite, ou encore par une décision implicite ou explicite mais prise au nom de l'État, le régime juridique sur lequel se fonde la communication diffère. Dans le cas d'une décision explicite, prise au nom de la commune, les pièces qui doivent être annexées à la demande en application du code de l'urbanisme sont intégralement communicables, sur le fondement de l'art. L. 2121-26 CGCT. Dans toutes les autres hypothèses (pièces dont la présence au dossier ne résulte pas du code de l'urbanisme, décision implicite du maire au nom de la commune, décision prise par le maire au nom de l'État), la communication ne peut se faire que sur le fondement de la loi du 17 juill. 1978, ce qui implique d'occulter les éventuelles mentions protégées par les dispositions de l'article 6 de cette loi. • 21 juin 2012, *Directeur de l'Agence publique de gestion locale des Pyrénées-Atlantiques,* n° 20122291.

5. Principe de communication intégrale et exceptions. Selon la CADA, dès lors que les dispositions en cause du CGCT ne prévoient pas l'application de l'art. 6 de la loi du 17 juill. 1978 ou ne permettent à l'administration d'occulter certaines informations au sein de ceux-ci, la communication des documents visés doit, en principe, être intégrale. • 21 juin 2007, *Maire de Pont-Salomon,* n° 20072297 • 28 sept. 2006, *Maire de Signes,* n° 20064274.

6. Toutefois, les dispositions de l'art. L. 2121-26 CGCT ne sauraient être interprétées, eu égard à leur objectif d'information du public sur la gestion municipale, comme prescrivant la communication des arrêtés portant des appréciations d'ordre individuel sur les fonctionnaires communaux. En conséquence, lorsque l'arrêté comporte une appréciation sur la manière de servir d'un agent, les données personnelles doivent être occultées. • CE 10 mars 2010, *Cne de Sète,* n° 303814: *Lebon 70.*

7. De même, bien que les secrets protégés par l'art. 6 de la loi du 17 juill. 1978 ne puissent, en principe, être opposés à une demande de communication, les dispositions de l'art. L. 2121-26 CGCT ne peuvent être interprétées comme prescrivant la communication d'informations couvertes par le secret médical. • 26 juill. 2012, *Maire de La Garenne-Colombes,* n° 20122788. Le certificat médical annexé à un arrêté municipal d'internement d'office n'est pas communicable aux tiers sur ce fondement. • 4 juin 2009, *Maire de Cambrai,* n° 20091859.

8. Les documents comptables produits par la commune en vue du paiement des factures d'honoraires ne peuvent être regardés comme des «correspondances échangées entre le client et son avocat» – auquel cas leur communication devrait être refusée en application du *h)* du 2° du I de l'art. 6 de la loi du 17 juill. 1978 – mais comme des «comptes» de la collectivité intégralement communicables en vertu de l'art. L. 2121-26 CGCT. • 14 avr. 2011, *Maire de Sciez,* n° 20111095.

9. Personnes exclues du droit d'accès ouvert par ces dispositions. La CADA estime que ces dispositions n'ont pas vocation à régir la transmission des documents qu'elles visent aux autorités administratives. • 7 févr. 2008, *Maire de Colombes,* n° 20080719.

III. ART. L. 28, L. 68 ET L.O. 179 C. ÉLECT.

10. Élections concernées par l'art. L. 28 C. élect. [désormais l. 37]. Ces dispositions sont applicables aux seules élections politiques, à l'exclusion des élections professionnelles. • 3 mai 2007, *Directeur du CH de Montceau-les-Mines,* n° 20071735.

11. Bénéficiaires du droit d'accès aux listes électorales. Les dispositions des art. L. 28 et R. 16 C. élec., qui ont pour objet de concourir à la libre expression du suffrage, ouvrent le droit de prendre communication et copie de la liste électorale d'une commune au profit de tout électeur, régulièrement inscrit sur une liste électorale – y compris d'une autre commune. ● CE , sect., 2 déc. 2016, *M. H.,* n° 388979: *Lebon.* La demande doit être adressée à la mairie. Si elle porte sur plusieurs communes d'un département, elle peut l'être à la préfecture de ce département. ● Même décision. La preuve de la qualité d'électeur peut se faire par tout moyen sans qu'il y ait lieu d'exiger la production de la carte d'électeur; une attestation sur l'honneur peut en tenir lieu. ● 7 juill. 2005, *Maire de Pressigny-les-Pins,* n° 20052701. Afin d'éviter toute exploitation commerciale des données personnelles que comporte une liste électorale, le pouvoir réglementaire a, par l'art. R. 16 C. élect., subordonné l'exercice du droit d'accès à l'engagement, de la part du demandeur, de ne pas en faire un usage commercial. S'il existe, au vu des éléments dont elle dispose et nonobstant l'engagement pris par le demandeur, des raisons sérieuses de penser que l'usage des listes électorales risque de revêtir, en tout ou partie, un caractère commercial, l'autorité compétente peut rejeter la demande de communication de la ou des listes électorales dont elle est saisie. Il lui est loisible de solliciter du demandeur qu'il produise tout élément d'information de nature à lui permettre de s'assurer de la sincérité de son engagement de ne faire de la liste électorale qu'un usage conforme aux dispositions des art. L. 28 et R. 16 C. élec. L'absence de réponse à une telle demande peut être prise en compte parmi d'autres éléments, par l'autorité compétente afin d'apprécier, sous le contrôle du juge, les suites qu'il convient de réserver à la demande dont elle est saisie. ● CE , sect., 2 déc. 2016, *M. H.,* n° 388979: *Lebon.* Eu égard à la finalité de ces dispositions, qui visent à permettre aux électeurs de contrôler la tenue des listes électorales, il y a lieu d'apprécier de manière extensive la notion d'usage purement commercial. ● 28 juill. 2009, *Maire de Saint-Julien,* n° 20092190. Ainsi, doivent être regardées comme purement commerciales non seulement la commercialisation des données elles-mêmes mais aussi leur utilisation dans le cadre d'une activité à but lucratif. ● 12 sept. 2013, *Mairie d'Antibes-Juan-les-Pins,* n° 20132865. Une demande émanant d'une personne, qui dirige une agence d'enquêtes privées spécialisée dans la recherche d'adresses et qui, par ailleurs, a demandé au préfet les listes électorales de l'ensemble des communes du département, doit être regardée comme tendant à un usage commercial des listes électorales. ● Même avis. En revanche, l'autorité administrative ne peut s'opposer à cette communication au motif que le demandeur refuserait de s'engager à ne pas utiliser les listes à des fins de démarchage politique. ● 24 mai 2007, *Maire de Montpon-Ménestérol,* n° 20071983. Si le demandeur n'entre dans aucune des trois catégories de personnes auxquelles la liste électorale est communicable en application de l'art. L. 28 C. élect., ces dispositions doivent conduire à en refuser la communication. ● 7 juill. 2005, *Maire de Pressigny-les-Pins,* n° 20052701: *préc.*

12. Si les dispositions des art. L. 28 et R. 10 C. élect., qui ouvrent au profit des électeurs, des candidats et des groupements et des partis politiques un droit à la communication de la liste électorale et des rectifications qui lui sont apportées chaque année par la commission administrative, ont pour objet de concourir à la libre expression du suffrage, le refus opposé par un maire à la demande d'une personne tendant à ce que la liste et les tableaux rectificatifs mis à sa disposition lui soient communiqués de façon distincte pour chaque bureau de vote ne saurait, en l'espèce, être regardé comme portant atteinte au principe de libre expression du suffrage, ni à aucune autre liberté fondamentale au sens de l'art. L. 521-2 CJA. ● CE , réf., 7 févr. 2001, *Cne de Pointe-à-Pitre,* n°s 229921 et 229922 B.

13. Documents communicables en vertu de l'art. L. 28 C. élect. [désormais art. L. 37]. Les listes électorales, mais aussi celles des nouveaux inscrits et des radiations sont communicables en vertu de l'art. L. 28 C. élect., aux électeurs, aux candidats et aux partis ou aux groupements politiques. ● 14 avr. 2005, *Maire d'Orléans,* n° 20051507. En revanche, ce régime particulier ne s'étend pas aux registres des décisions de la commission de révision des listes électorales et, lorsqu'ils existent, aux comptes rendus des réunions de ces commissions. ● 7 juin 2012, *Maire de Béziers,* n° 20121261: *préc. note 11.* Dans ce cadre, dérogatoire aux dispositions de la loi du 17 juill. 1978, toutes les mentions figurant sur les listes électorales, notamment les adresses, les dates et lieux de naissance des électeurs, sont communicables. ● 2 avr. 2009, *Préfet de la Charente-Maritime,* n° 20091129. Ainsi, l'administration ne peut procéder sur ces listes à aucune occultation sur le fondement des II et III de l'art. 6 de la loi du 17 juill. 1978. ● 7 juill. 2005, *Maire de Pressigny-les-Pins,* n° 20052701: *préc. 11.* Tant que la liste électorale n'a pas été révisée, il est possible de communiquer l'ancienne liste, puis, la procédure de révision achevée, la nouvelle liste est communicable à son tour. ● 8 mars 2001, *Président de l'Assoc. des maires de Saône-et-Loire,* n° 20010843. La consultation et la transmission des listes électorales s'effectuent selon les modalités fixées par l'art. 4 de la loi du 17 juill. 1978. ● 7 juin 2012, *Maire de Béziers,* n° 20121261: *préc. note 11.*

14. Tableaux rectificatifs. La CADA qui est compétente pour connaître des questions relatives à l'accès aux documents administratifs relevant des dispositions de l'art. L. 28 C. élect., relatif aux listes électorales, s'estime de ce fait compétente pour se prononcer sur l'accès aux tableaux rectificatifs, qui peuvent être regardés comme des extraits des listes générales. • 7 juin 2012, *Maire de Béziers,* n° 20121261: *préc. note 11.* S'agissant des tableaux rectificatifs, la CADA estime qu'il y a lieu de faire application, selon le cas, des dispositions de l'art. R. 10 ou de celles de l'art. R. 16 C.élect. • Même affaire. La CADA estime que, compte tenu des dispositions de l'art. L. 28, ainsi que de la finalité des dispositions de l'art. R. 10, qui tend à permettre l'exercice par les électeurs du droit de contester les décisions de la commission administrative que leur donnent les dispositions de l'art. L. 25, la notion de «requérant», au sens de l'art. R. 10, recouvre les électeurs et les personnes qui, en ayant demandé leur inscription sur la liste électorale de la commune en vue de la révision en cause, ont de ce fait revendiqué cette qualité. • Même affaire.

15. Régime de communication des listes d'émargement (art. L. 68 C. élect.) et des procès-verbaux. Pour les élections législatives, il résulte des dispositions de l'art. L.O. 179 C. élect. que les procès-verbaux des commissions chargées du recensement des votes sont versés aux archives départementales passé un délai de dix jours après la proclamation des résultats du scrutin et ne peuvent plus, ensuite, être communiqués qu'au Conseil constitutionnel. • 11 déc. 2008, *Préfet du Rhône,* n° 20084457. La CADA estime que les dispositions de l'art. L.O. 179 C. élect., qui réservent au Conseil constitutionnel, passé ce délai, l'accès aux procès-verbaux des élections législatives font obstacle à l'application de la loi du 17 juill. 1978 à ces procès-verbaux. • 6 mars 2008, *Maire de Remiremont,* n° 20080590.

16. S'agissant des scrutins autres que les élections législatives, il y a lieu d'opérer une distinction entre les listes d'émargement et les procès-verbaux auxquels elles sont jointes. • 6 mars 2008, *Maire de Remiremont,* n° 20080590: *préc. note 15.* La communication des listes d'émargement est régie par les dispositions du dernier al. de l'art. L. 68 C. élec., dont la CADA estime qu'elles font obstacle à l'application de la loi du 17 juill. 1978 jusqu'à l'expiration du délai de dix jours à compter de l'élection. Passé ce délai, ces documents administratifs ne sont, en tout état de cause, pas communicables sur le fondement de la loi de 1978 dès lors qu'ils révèlent le choix d'électeurs nommément désignés de se rendre ou non aux urnes, choix qui relève du secret de la vie privée. • Même affaire. La communication des procès-verbaux est régie par les dispositions de l'art. R. 70 C. élect., dont la commission estime qu'elles font obstacle, en dépit de leur caractère réglementaire, à l'application des dispositions de la loi du 17 juill. 1978 jusqu'à l'expiration des délais prescrits pour l'exercice des recours contre l'élection. Passé ce délai, les procès-verbaux deviennent des documents administratifs relevant du régime de la loi du 17 juill. 1978. • Même affaire.

17. Cas particulier des listes consulaires. Les dispositions particulières de l'art. L. 330-4 C. élect., qui dérogent tant aux dispositions générales de l'art. L. 28 du même code qu'à celles de la loi du 17 juill. 1978, instaurent un régime spécial et exclusif pour l'accès aux listes électorales des Français de l'étranger tenues par les Sections consulaires. • 22 déc. 2011, *Min. des Affaires étrangères et européennes,* n° 20114977. Si l'art. 21 de cette même loi donne compétence à la CADA pour l'interprétation des dispositions des art. L. 28, L. 68 et L.O. 179 C. élect., aucune disposition ne lui confère en revanche compétence pour appliquer le régime de communication prévu par l'art. L. 330-4 de ce code. • Même affaire.

18. Incompétence de la CADA pour se prononcer sur la mise en œuvre des dispositions de l'article L.O. 135-2 C. élect. et de l'art. 7 du Décr. n° 2013-1212 du 23 déc. 2013, qui organisent la mise à disposition des électeurs, à seule fin de consultation, de certains éléments des déclarations de situation patrimoniale remises par les parlementaires à la Haute Autorité pour la transparence de la vie publique. • 4 sept. 2014, *Préfecture de l'Isère,* n° 20142664.

IV. ART. 17 DE LA LOI DU 31 DÉC. 1913 SUR LES MONUMENTS HISTORIQUES

19. Les listes et les dossiers d'objets protégés au titre de la loi du 31 déc. 1913 sur les monuments historiques relèvent de règles de communication identiques. Afin de déterminer ces règles, il convient de distinguer la période durant laquelle les listes et dossiers s'enrichissent de données nouvelles de celle où ils sont clos. Tant qu'ils s'enrichissent de données nouvelles, ces documents sont régis, quant à leur communication, par les dispositions conjointes de l'art. 17 de la loi du 31 déc. 1913 sur les monuments historiques et de l'art. 21 de son décr. d'application du 18 mars 1924, qui organisent une procédure d'accès restrictive au seul bénéfice des personnes qui justifient auprès du ministre de la Culture d'un intérêt suffisant pour en prendre connaissance, et interdisent la délivrance de copies ou de photocopies, sauf autorisation expresse du ministre. Les règles de communication spécifiques prévues par ces textes pour ces documents s'appliquent par dérogation aux dispositions générales du titre Ier de la loi du 17 juill. 1978. • 7 sept. 2000, *Min. de la Culture et de la Communication,* n° 20002561. Listes et dossiers une fois clos, leur communication est régie par les dispositions de droit commun relatives aux archives publiques. • Même affaire.

V. ART. L. 421-8 CASF (ANTÉRIEUREMENT ART. L. 421-4)

20. La CADA est compétente pour interpréter les dispositions de l'art. L. 421-8 CASF, antérieurement codifiées à l'art. L. 421-4 du même code. ● 5 juin 2008, *Président du Conseil général de la Seine-Saint-Denis,* n° 20082253. Ces dispositions font obligation aux administrations qu'elles énumèrent de communiquer à tout demandeur justifiant de charges de famille, à la date de sa demande ou à brève échéance (en cas de grossesse ou de demande d'adoption, par exemple), la liste des assistantes maternelles agréées dans le département. ● Même avis. La liste des accueillants familiaux n'entre pas dans le champ de ces dispositions, dans la mesure où les assistants maternels sont des personnes agréées pour l'accueil de mineurs à titre non permanent, tandis que les assistants familiaux sont des personnes agréées pour l'accueil à titre permanent de personnes âgées ou handicapées. ● 16 févr. 2006, *Président du conseil général des Hautes-Pyrénées,* n° 20060870. Dès lors que les intéressés y consentent, et après déclaration de ce fichier à la CNIL, la CADA estime envisageable la mise en ligne de la liste des assistants maternels agréés, avec leurs coordonnées. ● 28 août 2003, *Président du conseil général d'Indre-et-Loire,* n° 20033310.

VI. ART. L. 1111-7 CSP

21. Informations visées. Le régime issu des dispositions combinées des art. L. 1110-4 et L. 1111-7 CSP s'applique, aux termes de ce dernier article, à «l'ensemble des informations concernant sa santé [du patient] détenues par des professionnels et établissements de santé, qui sont formalisées et ont contribué à l'élaboration et au suivi du diagnostic et du traitement d'une action de prévention, ou ont fait l'objet d'échanges écrits entre professionnels de santé». Entrent par exemple dans ce champ: les notes manuscrites des médecins qui font partie du dossier médical et doivent donc être communiquées au patient qui en fait la demande. • Paris, 30 sept. 2004, *Mme Ulla G.,* n° 03PA01769: *AJDA 2005. 323, note Delaunay.* ... Les correspondances entre professionnels de santé au sujet du patient. • 9 nov. 2006, *Directeur de l'Hôpital général de Clermont-de-l'Oise,* n° 20064906. ... Les résultats d'un examen tel qu'un cliché d'une IRM cérébrale. • 3 mai 2007, *Directeur du CH Les Chanaux,* n° 20071963. ... Des photographies du site opératoire prises par le personnel soignant du centre hospitalier lors des interventions successives d'une patiente, dès lors qu'elles rendent compte de l'état clinique de cette dernière à plusieurs stades de sa prise en charge et concernent, à ce titre, sa santé. • 24 janv. 2013, *CH Émile-Durkheim,* n° 20130176. En revanche, ne constituent pas des «informations relatives à la santé d'une personne» relevant du régime de communication défini aux art. L. 1110-4 et L. 1111-7 CSP les informations mentionnant qu'elles ont été recueillies auprès de tiers n'intervenant pas dans la prise en charge thérapeutique ou concernant un tel tiers. Tel est le cas des informations mentionnant qu'elles ont été recueillies auprès des proches du patient. • 11 mai 2006, *Directeur du CH Roger-Prévot,* n° 20062025. ... Ou encore des informations formalisées faisant explicitement et directement état de liens de filiation ou de parenté entre les membres de la famille du patient (à la différence des caractéristiques génétiques elles-mêmes, qui n'apportent ce renseignement que par recoupement et analyse), qui figureraient matériellement dans le dossier médical de ce dernier. • 18 juin 2009, *Secrétaire gén. de l'Assistance publique – Hôpitaux de Paris,* n° 20091209.

22. Délais impartis. La CADA considère que le délai imparti par l'art. L. 1111-7 CSP pour procéder à la communication demandée (huit jours, délai pouvant être porté à deux mois pour les documents d'une ancienneté supérieure à cinq ans) revêt un caractère impératif. • 19 déc. 2002, *Min. de la Fonction publ., de la Réforme de l'État et de l'Aménagement du territoire,* n° 20024609. La saisine de la commission par une administration dans le cadre d'une demande de conseil ne peut avoir pour effet de retarder le déclenchement du délai ou d'en interrompre l'écoulement. • Même affaire. Ce délai court à compter de la date de réception de la demande et est applicable à toutes les demandes d'accès, qu'il s'agisse de demandes de consultation sur place ou de demandes de photocopies de dossiers; dans les deux cas, il peut être compris comme le délai dans lequel l'établissement doit avoir répondu soit pour fixer un rendez-vous, soit pour adresser la facture correspondant aux frais de reproduction. • 9 oct. 2003, *CH intercommunal d'Ambilly et de Bonneville,* n° 20033978. En ne communiquant pas aux ayants droit l'ensemble des éléments du dossier médical de la victime dans les délais fixés par le code de la santé publique, un centre hospitalier porte atteinte au droit de disposer dans les délais légaux des informations utiles contenues dans le dossier complet, et commet une faute qui engage sa responsabilité. • TA Nice, 23 sept. 2005, *M. Bugiani,* n° 0401598: *AJDA 2006. 274, note Dieu.*

23. Possibilité de recourir à un mandataire. Il ne résulte pas des dispositions des art. L. 1110-4 et L. 1111-7 CSP que le législateur ait entendu exclure la possibilité pour la personne concernée d'accéder aux informations médicales relatives à sa santé détenues par des professionnels et établissements de santé en recourant, dans les conditions de droit commun, à un mandataire dès lors que ce dernier peut justifier de son identité et dispose d'un mandat exprès, c'est-à-dire dûment justifié. • CE 26 sept. 2005, *Conseil national de l'ordre des médecins,* n° 270234: *Lebon 395; AJDA 2006. 308, note Markus* • 6 oct. 2005, n°s 20053099 et 20053352: *Rapport 2005, p. 82.*

24. Cas particulier des enfants mineurs. Le dossier médical d'un mineur est communicable aux personnes titulaires de l'autorité parentale. • 27 juill. 2006, *Directeur du CH de Coulommiers,* n° 20063231. Le droit d'opposition reconnu aux enfants mineurs par la loi du 4 mars 2002 en ce qui concerne l'accès de leurs parents à leur dossier ne peut jouer que lorsque les enfants ont préalablement subi des soins sur lesquels ils ont expressément souhaité conserver le secret à l'égard de leur entourage, conformément à l'art. L. 1111-5 CSP. En tout état de cause, la commission estime que lorsque la divulgation à ses parents de dires d'un enfant est susceptible de constituer une menace pour la sécurité de cet enfant, les dispositions du I de l'art. 6 de la loi du 17 juill. 1978 font obstacle à cette communication. • Même affaire. Le tiers digne de confiance désigné par le juge pour un enfant mineur n'a accès qu'aux informations nécessaires au suivi médical courant de l'enfant et non pas à la totalité du dossier, les parents non déchus de l'autorité parentale demeurant, à moins que ce tiers ait été désigné tutrice, les seules personnes à avoir un droit d'accès à la totalité du dossier. • 20 juin 2013, *CH intercommunal Robert-Ballanger,* n° 20130367.

25. Cas particulier des personnes hors d'état de manifester leur consentement. Les dispositions de l'art. L. 1112-3 CSP font obstacle à ce qu'un membre de la commission des relations avec les usagers et de la qualité de la prise en charge, fût-il médecin, puisse accéder pour l'instruction d'une plainte ou d'une réclamation au dossier médical d'un patient, si celui-ci, bien que ne faisant pas l'objet d'une mesure de protection, est hors d'état de donner son accord dans les conditions prévues par la loi. ● 28 mars 2013, *CHRU de Montpellier,* n° 20131183.

26. Cas particulier des informations médicales relatives à une personne décédée. Il résulte des dispositions des art. L. 1110-4 et L. 1111-7 CSP, éclairées par les travaux préparatoires de la loi du 4 mars 2002, que le législateur a entendu autoriser la communication aux ayants droit d'une personne décédée des seules informations nécessaires à la réalisation de l'objectif poursuivi par ces ayants droit, à savoir la connaissance des causes de la mort, la défense de la mémoire du défunt ou la protection de leurs droits. Les dispositions du 23e al. du IV-1 des recommandations de bonnes pratiques homologuées par l'Arr. du 5 mars 2004 du ministre chargé de la santé, qui prévoient que la communication aux ayants droit peut porter sur l'ensemble des informations figurant dans le dossier médical, méconnaissent ces principes et doivent, par suite, être annulées. • CE 26 sept. 2005, *Conseil national de l'ordre des médecins,* n° 270234: *Lebon 395.* Le souhait de l'ayant droit d'établir ou de confirmer sa filiation ne figure pas au nombre des objectifs légaux ouvrant droit à communication. • 13 nov. 2008, *Directeur du CH de Fontainebleau,* n° 20084204. Dès lors que les conditions posées par la loi sont remplies, l'administration ne peut retenir l'existence d'un conflit entre ayants droit pour refuser l'accès au dossier. • 27 juin 2002, *Directeur du CH Bretagne-Atlantique,* n° 20022246: *Rapport 2002. 43.* Le législateur a clairement entendu restreindre aux seules personnes qui peuvent se prévaloir de la qualité d'ayant droit, à l'exclusion de toute autre catégorie de tiers tels que la famille ou les proches, la dérogation ainsi aménagée au secret médical et au secret de la vie privée du défunt. Doivent, à cet égard, être regardés comme des ayants droit au sens de ces dispositions les successeurs légaux et testamentaires du défunt. • 20 déc. 2007, *Directeur du CH de Belfort-Montbéliard,* n° 20074973. Une des finalités de l'art. L. 1110-4 du CSP étant de permettre aux ayants droit de faire valoir leurs droits, un héritier désigné par la loi mais exclu de l'universalité de la succession par l'effet d'un testament conserve le droit de recevoir les informations relatives à la santé de la personne décédée. • 5 juin 2014, *Groupement hospitalier intercommunal du Vexin,* n° 20141847. Les conditions dans lesquelles le compte rendu établi par le médiateur en vertu de l'art. R. 1112-94 du CSP peut être communiqué aux ayants droit d'un plaignant décédé dépendent de l'état d'avancement de la procédure spécifique d'examen des plaintes et des réclamations prévue par le code ainsi que de l'objet du compte rendu. • 25 avr. 2013, *CH de Chalon-sur-Saône William-Morey,* n° 20131958. Les bénéficiaires d'une assurance sur la vie, d'une d'assurance-décès ou d'une assurance «garantie accident» qui ne seraient pas par ailleurs héritiers légaux ou testamentaires, universels ou à titre universel, du patient décédé ne présentent pas la qualité d'ayant droit au sens de l'art. L. 1110-4 CSP. Leur désignation par les contrats souscrits par le défunt leur donne seulement une créance sur l'établissement avec lequel celui-ci a contracté, sans leur ouvrir aucun droit à sa succession. Ces personnes ne sont donc pas au nombre de celles en faveur desquelles le législateur a levé le secret médical. • 7 mai 2015, *CH de Marne-la-Vallée,* n° 20150790.
VII. ART. L. 225-3, L. 225-5 ET L. 330-2 À L. 330-5 C. ROUTE

27. Les dispositions de la loi du 17 juill. 1978 ne modifient pas les règles particulières prévues par le code de la route qui organisent, pour des mesures de suspension de permis de conduire, une procédure spécifique d'accès aux dossiers relatifs à ces mesures. ● CE 9 sept. 1996, *Bérard,* n° 132426 B.

28. En modifiant l'art. L. 225-3 C. route pour supprimer toute restriction dans les conditions d'accès au relevé intégral des mentions du permis de conduire, qui se fait désormais dans les conditions prévues par la loi du 17 juill. 1978, le législateur a entendu mettre fin à toute limitation de la possibilité, pour la personne concernée, d'accéder au relevé intégral des mentions la concernant, notamment au décompte des points, en recourant, dans les conditions de droit commun, à un mandataire dès lors que ce dernier peut justifier de son identité et que, lorsqu'il ne s'agit pas d'un avocat, il dispose d'un mandat exprès. ● 3 nov. 2005, *Min. de l'Intérieur,* n° 20054023.

29. Les informations concernant les pièces administratives exigées pour la circulation des véhicules ou affectant la disponibilité de ceux-ci sont communiquées sur leur demande à la personne physique ou morale titulaire de ces pièces, à son avocat ou à son mandataire. ● 12 janv. 2012, *Préfet de police,* n° 20120146. La communication des informations concernant les pièces administratives exigées pour la circulation des véhicules ou affectant la disponibilité de ceux-ci visées aux art. L. 330-2 à L. 330-4 C. route et recensées dans le système d'immatriculation des véhicules est régie par les seules dispositions de ces articles et de l'art. L. 330-5 du même code, et ne relève pas du droit d'accès institué par la loi du 17 juill. 1978. ● 22 déc. 2011, *Président de l'Agence nationale des titres sécurisés,* n° 20114469. Si ces informations ne sont en principe, en vertu du premier alinéa de l'art. L. 330-5 C. route, pas communicables à d'autres personnes qu'aux destinataires mentionnés aux art. L. 330-2 à L. 330-4, l'autorité administrative peut néanmoins, en application des al. suivants de l'art. L. 330-5, communiquer ces informations à des tiers préalablement agréés en vue de leur réutilisation à des fins statistiques ou à des fins d'enquêtes et de prospections commerciales. ● Même affaire. Cet agrément prend, en vertu de l'art. R. 330-7 du même code, la forme d'une licence délivrée par le ministre de l'Intérieur. Ce dernier peut faire précéder la délivrance de cet agrément, en application de l'art. L. 330-5 du même code, d'une enquête administrative, dans les conditions prévues par l'art. 17-1 de la loi n° 95-73 du 21 janv. 1995 d'orientation et de programmation relative à la sécurité, pour des motifs d'intérêt général liés à la protection des personnes et des biens. ● Même affaire.

VIII. ART. 10 DE LA LOI N° 2000-321 DU 12 AVR. 2000 RELATIVE AUX DROITS DES CITOYENS DANS LEURS RELATIONS AVEC LES ADMINISTRATIONS

30. En vertu de l'art. 10 de la loi du 12 avr. 2000, le budget et les comptes de tout organisme de droit privé ayant reçu une subvention doivent être communiqués à toute personne qui en fait la demande par l'autorité administrative ayant accordé la subvention comme par les autres administrations qui détiennent ces pièces, dans les conditions prévues par la loi du 17 juill. 1978. V. par ex. ● 29 janv. 2009, *Directeur général de la Caisse des dépôts et consignations,* n° 20090345. L'apport avec droit de reprise que la Caisse des dépôts a accordé à une association doit être regardé comme une subvention (en nature) au sens de l'art. 10 de la loi. ● Même affaire. Le renvoi opéré par les dispositions de l'art. 10 de la loi du 12 avr. 2000 aux conditions prévues par la loi du 17 juill. 1978 couvre tant les règles relatives aux modalités de communication que les règles de fond résultant de cette loi. S'appliquent ainsi les exceptions au droit d'accès prévues par l'art. 6 de la loi du 17 juill. 1978, notamment le secret en matière commerciale et industrielle, sauf en ce qui concerne les éléments que les dispositions de l'art. 10 de la loi du 12 avr. 2000 rendent nécessairement communicables à toute personne qui le demande. ● 19 févr. 2015, *Min. de la Culture et de la Communication,* n° 20150227. Le secret de la vie privée ne fait pas obstacle à ce que les informations publiées dans le compte financier et relatives aux rémunérations de chacun des trois plus hauts cadres dirigeants bénévoles et salariés d'une association relevant de l'obligation énoncée par l'article 20 de la loi n° 2006-586 du 23 mai 2006, ainsi que leurs avantages en nature soient communiqués à des tiers. ● 11 déc. 2014, *Conseil régional de l'Île-de-France,* n° 20144478.

31. Entrent dans le champ de cette obligation de communication le budget, le bilan et le compte de résultat de l'association, ainsi que le compte rendu financier de la subvention, lorsque cette dernière a été affectée à une dépense déterminée. En revanche, les documents comptables détaillés et les pièces justificatives de l'association, telles que les factures, qui permettent la confection de ces documents de synthèse, ne rentrent pas dans le champ de cette obligation. ● 6 oct. 2011, *Maire de Neuves-Maisons,* n° 20113848 ● 5 avr. 2001, *Président du Centre technique régional de la consommation de Languedoc-Roussillon,* n° 20011144.

32. L'obligation de communication instituée par l'art. 10 de la loi du 12 avr. 2000 repose exclusivement sur les autorités administratives qui octroient les subventions et sur celles qui détiennent les comptes demandés et non sur les organismes bénéficiaires des subventions. ● 8 mars 2007, *Assoc. pour l'insertion des handicapés adultes,* n° 20070021.

IX. ART. 5 DE LA LOI DU 1ᵉʳ JUILL. 1901 RELATIVE AU CONTRAT D'ASSOCIATION

33. Saisi d'une demande de communication des statuts et déclarations d'une association sur le fondement de l'art. 2 du Décr. du 16 août 1901, le préfet est tenu de communiquer les statuts et déclarations, telles que définies à l'art. 5 de la loi du 1ᵉʳ juill. 1901. ● CE 17 janv. 1994, *Clément,* n° 123994 B: *AJDA 1994. 679, chron. Touvet et Stahl.*

34. Il résulte de la combinaison des dispositions de l'art. 5 de la loi du 1ᵉʳ juill. 1901 et de l'art. 2 préc. que le droit d'accès prévu par l'art. 2 du Décr. du 16 août 1901 ne peut s'exercer qu'à l'égard des seules informations des statuts qui sont énumérées à l'art. 5 de la loi du 1ᵉʳ juill. 1901 et qui doivent ainsi obligatoirement y figurer. Le caractère communicable des autres informations que contiendraient les statuts doit s'apprécier sur le fondement de la loi du 17 juill. 1978 et, le cas échéant, celui d'autres textes garantissant un droit d'accès particulier, sans que les dispositions particulières du Décr. du 16 août 1901 y fassent obstacle. Ainsi, les mentions relatives à la date et au lieu de naissance des personnes nominativement désignées ne sont pas communicables à des tiers. • 11 oct. 2007, *Préfet de la Corse-du-Sud,* n° 20073866. V. aussi • 23 nov. 2006, *Préfet d'Ille-et-Vilaine,* n° 20064949.

X. DONNÉES ET PLANS CADASTRAUX

35. Plans cadastraux. Toute personne, qu'elle soit ou non propriétaire d'une parcelle sur le territoire de la commune, tire de l'art. 2 de la loi du 17 juill. 1978 le droit d'obtenir communication, sous l'une des formes matériellement possibles, de tout ou partie des plans cadastraux. La CADA estime en conséquence que le plan cadastral sur support papier et le fond de plan du cadastre sur support numérique sont communicables à toute personne qui en fait la demande. V. par ex. • 22 oct. 2009, *Maire de Beignon,* n° 20093266 • 24 mai 2007, *Maire de Blanquefort,* n° 20072016. ... Sous réserve que ce plan ne soit pas disponible sur le site www.cadastre.gouv.fr, auquel cas il ferait l'objet d'une diffusion publique qui dispenserait l'administration de toute obligation de communication. • 26 juill. 2012, *Maire de Bordeaux,* n° 20122708.

36. Matrices cadastrales et relevés de propriété. Tout propriétaire a droit à la communication de l'intégralité des relevés de ses propriétés sous toute forme possible: consultation sur place, délivrance de copie sur papier ou sur cédérom. • 24 mai 2007, *Maire de Blanquefort,* n° 20072016: *préc. note 35* • 23 sept. 2010, *Maire de Sanxay,* n° 20103666.

37. S'agissant des tiers, il avait été jugé, avant l'entrée en vigueur du nouvel art. L. 107 A LPF, qu'un particulier tient du principe de libre communication des documents cadastraux, en vigueur depuis la loi du 7 messidor an II, le droit d'obtenir du centre des impôts fonciers la communication ponctuelle d'extraits d'informations cadastrales sur support papier. • CE 12 juill. 1995, *Altimir,* n° 119734: *Lebon 307.* Peuvent être ainsi communiqués à des tiers des relevés ponctuels de propriété comportant, outre le numéro et l'adresse de la parcelle, le nom et le prénom de son propriétaire, le cas échéant, son adresse et l'évaluation du bien pour la détermination de la base d'imposition à la taxe foncière, à l'exclusion de toute autre information. Cette communication peut se faire, au choix du demandeur et dans la limite des possibilités techniques de l'administration, sous toute forme, sous réserve qu'elle exclue l'accès du tiers à d'autres informations couvertes par le secret de la vie privée. V. par ex. • 25 janv. 2007, *Maire de Canteleu,* n° 20070427.

38. La loi ayant codifié la jurisprudence, la pratique décisionnelle de la CADA n'a pas été bouleversée par la création de l'art. L. 107 A LPF, dont il résulte que les tiers peuvent avoir accès à l'ensemble des relevés de propriété d'une personne déterminée sur le territoire d'une commune ou, pour Paris, Lyon et Marseille, d'un arrondissement et aux relevés de propriété portant sur un immeuble déterminé, mais qui soumet ce droit d'accès des tiers à des restrictions. Ainsi, ne sont communicables aux tiers que les informations expressément énumérées à cet article, à savoir les références cadastrales, l'adresse ou, le cas échéant, les autres éléments d'identification cadastrale des immeubles, la contenance cadastrale de la parcelle, la valeur locative cadastrale des immeubles, ainsi que les noms et adresses des titulaires de droits sur ces immeubles. En revanche, la date et le lieu de naissance du propriétaire, ainsi que, le cas échéant, les motifs d'exonération fiscale, doivent être occultés avant la communication. ● 23 sept. 2010, *Maire de Sanxay,* n° 20103666: *préc. note 36.* Par ailleurs, la communication de ces extraits ne saurait être que «ponctuelle». La CADA avait estimé qu'en l'absence de décret précisant les contours de la notion de «communication ponctuelle», par laquelle le législateur a entendu permettre aux communes de refuser les demandes présentant un caractère répétitif ou systématique, ou portant sur un nombre de parcelles et d'informations excessif, il appartient aux communes d'apprécier, au vu notamment de la fréquence des demandes de communication et du nombre de parcelles et d'informations sur lesquelles elles portent, si les demandes qui leur sont adressées par une personne sont ou non susceptibles de dénaturer la portée du principe de libre communication des documents cadastraux que le législateur a consacré. ● Même affaire. Depuis le 18 janv. 2012, l'art. R. 107 A-1 LPF prévoit qu'une demande ne peut mentionner plus d'une commune ou d'un arrondissement, et plus d'une personne ou plus de cinq immeubles, et l'art. R. 107 A-3 définit le caractère ponctuel de la communication par le nombre de demandes présentées par un usager auprès d'un service, qui ne peut, en principe, être supérieur à cinq par semaine et dans la limite de dix par mois civil. La CADA en déduit que la liste des propriétés foncières d'une même personne est communicable à un tiers, dès lors que ces propriétés ne sont pas situées sur le territoire de plus de cinq communes ou arrondissements, à moins que plusieurs demandes, réparties sur plusieurs semaines, ne soient présentées. ● 26 juill. 2012, *Maire de Bordeaux,* n° 20122708. L'usage que le demandeur entend faire des relevés de propriété est sans incidence sur son droit d'accès. ● 23 sept. 2010, *Maire de Sanxay,* n° 20103666: *préc. note 35.*

39. La CADA déduit de l'art. R. 107 A-2 LPF, précisant que la communication des informations, qui a lieu sous la forme d'un relevé de propriété issu de la matrice cadastrale, est assurée par les services de l'administration fiscale et des communes, que la communication incombe tant aux services de l'administration fiscale qu'aux services des communes. ● 26 juill. 2012, *Maire de Bordeaux,* n° 20122708: *préc. note 35.*

XI. A ET B DE L'ART. L. 104 ET ART. L. 111 ET L. 135 B LPF

40. Concernant l'art. L. 104 LPF. Les dispositions de l'art. L. 104, b, LPF ont seulement pour effet de permettre à un contribuable redevable d'une imposition directe locale d'obtenir communication d'un extrait de rôle ou d'un certificat de non-inscription au rôle concernant un ou plusieurs autres contribuables, nommément désignés, assujettis à la même imposition et figurant sur le même rôle que le demandeur. • CE 12 nov. 2007, *Min. de l'Économie, des Finances et de l'Industrie,* n° 294262 B. Pour obtenir communication d'un avis d'imposition en vertu du *b* de l'art. L. 104, le demandeur doit avoir la qualité de contribuable inscrit au même rôle. • 6 mars 2008, *Directeur général des impôts,* n° 20080913. Si un contribuable inscrit au rôle peut obtenir communication d'un extrait de ce rôle se rapportant à la taxe d'habitation sur le fondement du *b* de l'art. L. 104 LPF, il ne saurait en aller différemment des extraits de rôle se rapportant à la redevance audiovisuelle, même si celle-ci ne constitue pas un impôt local ou une taxe assimilée mais un impôt d'État, cette redevance étant émise et recouvrée avec la taxe d'habitation, avec un seul avis d'imposition comportant deux volets et un seul titre interbancaire de paiement. • 6 déc. 2007, *Trésorier-payeur général de l'Yonne,* n° 20073916. La redevance d'enlèvement des ordures ménagères n'entre pas, à la différence de la taxe d'enlèvement des ordures ménagères, dans le champ de ces dispositions. • Même avis. Les documents se rapportant au paiement d'impôts locaux par un contribuable nommément désigné, alors même qu'ils constituent les pièces justificatives d'une recette de la collectivité publique, ne peuvent pas être communiqués aux tiers, dès lors que la communication de ces documents révélerait les conditions dans lesquelles un contribuable a été assujetti à l'impôt sans respecter les conditions prescrites par le *b* de l'art. L. 104. • 25 avr. 2013, *Cté d'aggl. du Gard rhodanien,* n° 20131123.

41. Les dispositions de l'art. L. 104 LPF attribuent compétence pour connaître des demandes présentées sur leur fondement aux seuls services chargés du recouvrement, à l'exclusion des services en charge de l'assiette. Le directeur des services fiscaux est donc incompétent pour se prononcer sur une telle demande. • CE 12 nov. 2007, *Min. de l'Économie, des Finances et de l'Industrie,* n° 294262 B. Le trésorier-payeur général à qui, en vertu de l'art. 20 de la loi n° 2000-321 du 12 avr. 2000, est réputée avoir été transmise une demande adressée au directeur des services fiscaux est tenu de rejeter cette demande dès lors qu'elle tend à la communication de la liste de l'ensemble des contribuables assujettis aux impositions perçues au profit d'une commune et non à celle d'un ou plusieurs extraits de rôle concernant des contribuables précisément identifiés. • Même décision.

42. Concernant l'art. L. 111 LPF. L'administration peut communiquer, sans porter atteinte au secret professionnel ou à l'un des secrets légalement protégés, les informations visées par les règles de publicité de l'impôt telles que celles qui résultent des art. L. 111 et R. 111-1 LPF. • CE 21 déc. 2006, *Mme Duguay,* n° 293749 B. L'art. L. 111 LPF ne concerne que l'impôt sur le revenu et l'impôt sur les sociétés, à l'exclusion de l'ISF. • 3 mai 2007, *Directeur général des impôts,* n° 20071857. Ces dispositions ne prévoient pas une communication selon une modalité autre que la consultation sur place et n'autorisent notamment pas la délivrance de copies. • 25 oct. 2007, *Directeur général des impôts,* n° 20074044.

43. Concernant l'art. L. 135 B LPF. Par ces dispositions, le législateur a entendu ouvrir aux propriétaires expropriés un accès à la connaissance des valeurs des mutations immobilières équivalant à celui dont peut disposer l'administration, afin de leur permettre de discuter la pertinence des termes de comparaison choisis par celle-ci pour l'évaluation du bien exproprié. • 12 mai 2011, *Directeur général des finances publiques,* n° 20112141. S'il est loisible à l'administration fiscale, en vue d'éviter d'éventuels abus dans l'exercice du droit d'accès prévu par ces dispositions, d'inviter le propriétaire exproprié à préciser les termes de comparaison qu'il juge utiles, elle ne peut opposer au demandeur sa propre appréciation sur la nature de ces derniers, mais doit en principe, à moins que la demande ne présente un caractère manifestement abusif, notamment par l'étendue et l'hétérogénéité des termes de comparaison sollicités, fournir les éléments d'information qu'elle détient sur les valeurs déclarées à l'occasion des mutations correspondant aux critères indiqués par le demandeur. • Même avis. En l'espèce, si l'administration fait valoir le nombre important de mutations correspondant aux critères mentionnés, il n'apparaît pas d'obstacle technique qui rendrait particulièrement difficile le récolement des valeurs foncières déclarées à l'occasion des mutations correspondantes, ni d'élément permettant de regarder comme abusif le maintien, par l'intéressé, d'une demande de communication exhaustive de ces valeurs. • Même avis.

44. Il résulte des termes du troisième al. de l'art. L. 135 B LPF que l'obligation de transmission aux collectivités territoriales et à leurs groupements des rôles des impôts directs locaux que ce texte impose à l'administration fiscale, par dérogation à l'obligation de secret professionnel prévue par l'art. L. 103, porte sur les seuls rôles généraux, c'est-à-dire ceux qui concernent la généralité des contribuables. • CE 2 nov. 2005, *Min. d'État, de l'Économie, des Finances et de l'Industrie c/ Cne de Montpellier,* n° 272819: *Lebon 465.* Ce texte ne concerne pas les rôles supplémentaires. • Même affaire.

45. La CADA a constaté que les informations communiquées par l'accès en ligne à la base «PATRIM» répondent, pour les types de mutations qu'elles couvrent et les catégories de demandeurs auxquelles elles sont accessibles, aux obligations d'information résultant pour l'administration fiscale des dispositions de l'art. L. 135 B LPF. Dans la mesure où ni les dispositions de cet article ni aucune disposition réglementaire prise pour son application n'en imposent les modalités pratiques de mise en œuvre, elle considère que l'ouverture d'un accès en ligne à la base «PATRIM» dispense l'administration de donner suite aux demandes de communication fondées sur l'article L. 135 B, lorsqu'elles portent sur les mêmes informations que celles figurant dans la base «PATRIM» et émanent des personnes ayant accès à cette base, et vaut à l'égard de l'ensemble de ces personnes diffusion publique, au sens de l'art. 2 de la loi du 17 juill. 1978. L'administration fiscale reste en revanche tenue de donner une réponse particulière à ces demandes lorsqu'elles ne peuvent être satisfaites par ce service d'accès en ligne, notamment lorsqu'elles concernent les mutations intervenues à titre gratuit, ou lorsqu'elles émanent de personnes morales. ● 8 janv. 2015, *DGFiP,* n° 20144276.

XII. CHAP. IV DU TIT. II DU LIVRE Ier C. ENVIR.

46. Notion d'information relative à l'environnement (art. L. 124-2 C. envir.). Le régime prévu par le Chapitre IV du titre II du livre Ier du code de l'environnement porte sur les «informations» et non uniquement sur les documents relatifs à l'environnement. V. par ex. ● 24 nov. 2005, *Min. de l'Emploi, de la Cohésion sociale et du Logement,* n° 20054619. Par suite, dès lors que l'administration détient de telles informations, que celles-ci figurent ou non sur un document existant, elles sont communicables à toute personne qui en fait la demande en application de l'art. L. 124-3 et il appartient alors à l'administration, saisie d'une demande en ce sens, d'élaborer un document comportant les informations sollicitées. V. par ex. ● 13 sept. 2012, *Préfet du Pas-de-Calais,* n° 20123064. Lorsque la demande est générale ou imprécise, elle ne peut être rejetée qu'après que l'administration a invité le demandeur à la préciser et l'a aidé à cet effet, conformément au dernier al. du II de l'art. L. 124-6 C. envir. ● 14 oct. 2010, *Préfet de la Réunion,* n° 20103947.

47. Constituent par exemple des informations relatives à l'environnement celles qui se rapportent au bruit et aux nuisances sonores générées par une déviation départementale. • 14 oct. 2010, *Président du conseil général des Yvelines,* n° 20103990. ... Les informations portant sur les caractéristiques de l'onde de submersion en cas de rupture d'un barrage hydroélectrique. • 21 juin 2012, *Directeur général d'EDF,* n° 20121948. ... La cartographie des écoulements d'eau en France. • 9 févr. 2012, *Directeur du CEMAGREF,* n° 20114127. ... Le rapport d'analyse de poussières inhalables d'amiante relatif à un bâtiment d'école publique. • 12 janv. 2012, *Président de la cté de cnes de la Vallée et du Causse,* n° 20120120. ... L'atlas des zones d'épandage de boues. • 2 juill. 2008, *Président du conseil général de l'Isère,* n° 20081615. Comportent également des informations relatives à l'environnement: le projet de création d'un centre de tri de déchets. • 23 déc. 2008, *Préfet des Hautes-Alpes,* n° 20084630. ... Le diagnostic flocages, calorifugeages et faux plafonds et le diagnostic technique amiante d'un gymnase, qui concernent l'état de la santé humaine, la sécurité et les conditions de vie des personnes. • 21 janv. 2008, *Maire de Châtenay-Malabry,* n° 20080312. ... Le mémoire technique d'un groupement attributaire d'un marché public ayant pour objet le contrôle sanitaire des eaux dans le département. • 13 sept. 2012, *Directeur général de l'ARS de Midi-Pyrénées,* n° 20122995. ... L'avis d'une autorité administrative sur un projet de construction d'un parc éolien. • 21 févr. 2008, *Min de l'Écologie, du Développement et de l'Aménagement durables,* n° 20080807. ... Un arrêté préfectoral autorisant la mise en dépôt des sédiments dans le cadre du curage d'un cours d'eau, ainsi que les analyses pratiquées sur ces sédiments. • 22 févr. 2007, *Préfète d'Ille-et-Vilaine,* n° 20070755. En revanche, tant que la sélection des candidats à l'aménagement d'une ZAC n'a pas conduit à la conclusion d'un contrat avec un aménageur, les informations relatives à l'environnement que contiennent les documents émanant de ces candidats ne sauraient, à ce stade, être regardées comme ayant pour objet des décisions ou des activités susceptibles d'avoir des incidences sur l'état des éléments de l'environnement, au sens du 2° de l'art. L. 124-2 C. envir. • CE 1er mars 2021, n° 436654 B.

48. La notion d'informations relatives à des émissions de substance dans l'environnement au sens de l'art. L. 124-5 C. envir. doit être interprétée, conformément aux dispositions de la directive 2003/4/CE du 28 janv. 2003, comme visant toute information relative à des émissions dans l'environnement, et peut être comprise à la lumière du I de l'art. L. 124-5 qui renvoie lui-même aux décisions, activités et facteurs mentionnés au 2° de l'art. L. 124-2 du même code. • 17 nov. 2011, *Min. de l'Écologie, du Développement durable, des Transports et du Logement,* n° 20114352. Elle vise ainsi, notamment, les déversements polluants en milieu aquatique, les émissions de gaz dans l'environnement, les rayonnements ionisants, les émissions électromagnétiques. • Même conseil. ... Ou les émissions de bruit. • 14 oct. 2010, *Président du conseil général des Yvelines,* n° 20103990. ... Ou les informations relatives aux transports de déchets et de matières radioactifs. • 3 nov. 2011, *Directeur général de l'ASN,* n° 20114256. ... Ou encore les informations relatives aux volumes, aux dates de transaction et à l'identité des acquéreurs de quotas d'émissions de gaz à effet de serre. • 28 sept. 2006, *Administrateur du registre nat. des quotas d'émissions de gaz à effet de serre,* n° 20062060.

49. Bénéficiaires du droit d'accès. Une administration peut se prévaloir des dispositions des art. L. 124-1 à L. 124-8 C. envir., qui, interprétées à la lumière de la directive 2003/4/CE du 28 janv. 2003, assurent l'accès de toute personne physique ou morale, y compris lorsque celle-ci présente la qualité d'autorité administrative, aux informations relatives à l'environnement, pour demander communication à une autre autorité administrative d'informations relatives à l'environnement. • 13 sept. 2012, *Directeur général de l'ARS de Midi-Pyrénées,* n° 20122995.

50. Motifs de refus. Sous réserve des dispositions contraires contenues par le Chapitre IV du titre II du livre Iᵉʳ C. envir., les informations relatives à l'environnement sont communicables dans les conditions prévues par l'ensemble du titre Iᵉʳ de la loi du 17 juill. 1978, y compris les exceptions au droit de communication prévues par le II de l'art. 6 de cette loi, notamment la protection du secret de la vie privée. • CE 26 janv. 2011, *Mme Saffray,* n° 310270 B. Les motifs de refus énumérés aux I et II de l'article L. 124-4 C. envir. le sont à titre limitatif, les autres motifs figurant dans le droit commun étant donc inopposables dans cette matière. • CE 24 avr. 2013, *CHSCT de la Sté Lyondell Chimie France,* n° 337982 B: *Envir. 2013. 48, note Trouilly.*

51. Si le II de l'art. L. 124-4 C. envir. permet de rejeter une demande portant sur des documents en cours d'élaboration, en revanche, aucune disposition ne prévoit la possibilité de refuser l'accès aux documents préparatoires à l'adoption d'un acte qui n'est pas encore intervenu, dès lors que ces documents sont eux-mêmes achevés et que la demande est formulée dans le cadre de la recherche d'informations relatives à l'environnement. ● CE 24 avr. 2013, *CHSCT de la Sté Lyondell Chimie France,* n° 337982: *préc. note 50.* V. par ex. ● 13 sept. 2012, *Préfet du Pas-de-Calais,* n° 20123064. ... Ou encore, s'agissant d'un dossier de permis de construire un parc éolien. ● 26 sept. 2013, *Directeur régional de l'environnement, de l'aménagement et du logement de Haute-Normandie,* n° 20133131. Les dispositions du 1° du I de l'art. L. 124-4 C. envir., interprétées à la lumière de celles de la directive 2003/4/CE, ne permettent pas de refuser la communication d'informations relatives à l'environnement pour le seul motif qu'elles seraient contenues dans un rapport de la Cour des comptes, mais seulement dans le cas où leur communication porterait atteinte à l'un des intérêts mentionnés au 2° du I, à l'exception de ceux visés à ses *e* et *h*, et au II de l'art. 6 de la même loi ou, s'agissant des informations relatives à des émissions dans l'environnement, au II de l'art. L. 124-5 C. envir. ● 7 juin 2012, *Directrice du Parc national de La Réunion,* n° 20122116. L'art. L. 124-4 C. envir. ne permet pas de refuser la communication d'informations relatives à l'environnement au motif qu'elles seraient couvertes par les «secrets protégés par la loi» au sens du *h* du 2° de l'art. L. 311-5 du CRPA auquel il ne renvoie pas; par suite le secret professionnel ne peut être invoqué pour justifier un refus de communication. ● 12 janv. 2017, *Agence de l'eau Rhin-Meuse,* n° 20165133.

52. Si les art. L. 124-4 et L. 124-5 C. envir. permettent à l'autorité publique de rejeter la demande d'une information relative à l'environnement dont la communication porte atteinte au secret en matière commerciale et industrielle, c'est toutefois après avoir apprécié l'intérêt de cette communication pour l'environnement. ● 13 sept. 2012, *Directeur général de l'ARS de Midi-Pyrénées,* n° 20122995. En revanche, ce secret n'est pas opposable à une demande portant sur une information relative à des émissions de substance dans l'environnement. ● Même avis.

53. Le motif tiré d'une atteinte à des droits de propriété intellectuelle ne permet pas de justifier légalement le refus d'un document administratif relevant de la loi du 17 juill. 1978, même lorsqu'il comporte des informations relatives à des émissions de substance dans l'environnement. ● 12 janv. 2012, *Président de la cté de cnes de la Vallée et du Causse,* n° 20120120.

54. Dans un contexte qui peut laisser craindre que des informations, si elles étaient divulguées auprès du public, puissent être utilisées de manière malveillante, la CADA a estimé que, eu égard à leur contenu, la communication des notifications de transport de matières radioactives, avant comme après l'expédition, ou de documents relatifs aux itinéraires régulièrement empruntés pour ces transports, risquerait de porter atteinte à la sécurité publique et à la sécurité des personnes. • 3 nov. 2011, *Directeur général de l'ASN,* n° 20114256: *préc. note 47.* En revanche, la CADA a émis un avis favorable à la communication des études sur l'existence et la nature des risques d'inondation au voisinage d'une centrale nucléaire dès lors que ces études, si elles simulent l'impact pour la centrale d'une rupture du barrage de Vouglans, ne semblent pas en l'espèce comporter d'informations relatives aux installations nucléaires elles-mêmes ou aux modalités d'intervention en cas d'inondation et ne paraissent pas non plus de nature à permettre d'identifier des actions humaines qui pourraient déclencher une rupture du barrage ou une inondation, ou accroître leurs conséquences. • 21 juin 2012, *Directeur général d'EDF,* n° 20121948.

55. Si les avis du Conseil d'État ne sont pas communicables, les informations relatives à l'environnement qu'ils pourraient le cas échéant contenir sont quant à elles communicables. Les avis du Conseil d'État au vu desquels le Gouvernement adopte ses textes sont couverts par le secret de ses délibérations. Il appartient au Premier ministre d'apprécier au cas par cas si la préservation du secret des délibérations du Gouvernement est de nature à faire obstacle à leur communication. • CE 30 mars 2016, *Min. de l'Écologie, du Développement durable et de l'Énergie c/ Assoc. France Nature Environnement,* n° 383546 B.

56. L'Office national des forêts, établissement public national à caractère industriel et commercial placé sous la tutelle de l'État, est tenu, en exécution des obligations prévues au 1° de l'art. L. 124-3 C. envir. pour assurer le respect des exigences découlant de la directive du 28 janv. 2003, de communiquer à toute personne qui en fait la demande l'ensemble des informations relatives à l'environnement qu'il détient, y compris celles résultant de ses activités commerciales. • CE 21 févr. 2018, *Office nat. des forêts,* n° 410678 B.

57. Publication. Les dispositions des art. L. 124-8 et R. 124-5 C. envir. dérogent à celles de l'art. 7 de la loi du 17 juill. 1978 et permettent la publication intégrale des informations qu'elles énumèrent. • 2 juill. 2008, *Président du Conseil général de l'Isère,* n° 20081615.

58. Droit de l'Union européenne. L'art. L. 124-1 C. envir., qui, dans la rédaction du Chapitre IV du titre II du livre Ier de ce code antérieure à l'entrée en vigueur de la loi n° 2005-1319 du 26 oct. 2005, avait pour portée, par l'effet du renvoi qu'il comporte à la loi du 17 juill. 1978, d'exclure du droit à communication les documents préparatoires à une décision administrative tant qu'elle est en cours d'élaboration, n'est, dans cette mesure, pas compatible avec les objectifs de l'art. 3, § 3, de la directive 90/313/CE du Conseil du 7 juin 1990, qui limite la possibilité d'opposer un refus à une demande de communication d'informations environnementales au seul cas où celle-ci porte sur des documents inachevés. • CE 7 août 2007, *Assoc. des habitants du littoral du Morbihan,* n° 266668 B: *AJDA 2007. 1563, note Pastor; Envir. oct. 2007, n° 188, note Trouilly; BJDU 2007. 272, note Landais; JCP Adm. 2007, n° 2322, obs. Billet.*

59. L'art. L. 124-3 C. envir., qui prévoit que toute personne qui en fait la demande reçoit communication des informations relatives à l'environnement détenues d'une part, par l'État, les collectivités territoriales et leurs groupements et les établissements publics et, d'autre part, par les personnes chargées d'une mission de service public en rapport avec l'environnement, dans la mesure où ces informations concernent l'exercice de cette mission, se borne à assurer la transposition en droit interne des dispositions inconditionnelles et précises des art. 2 et 3 de la Dir. 2003/4/CE du Parlement européen et du Conseil du 28 janv. 2003 concernant l'accès du public à l'information en matière d'environnement, telles qu'interprétées par la Cour de justice de l'Union européenne. Par suite, en l'absence de mise en cause d'une règle ou d'un principe inhérent à l'identité constitutionnelle de la France, non transmission au Conseil constitutionnel d'une QPC soulevée contre ces dispositions. • CE 21 févr. 2018, *Office national des forêts,* n° 410678: *préc. note 56.*

60. Documents juridictionnels. En vertu de l'art. L. 124-3 C. envir., les informations relatives à l'environnement produites ou reçues par un organisme dans le cadre de ses pouvoirs judiciaires ou juridictionnels ne sont pas soumises aux dispositions de ce code régissant le droit d'accès aux informations relatives à l'environnement. • 28 mars 2013, *Préfecture de l'Aveyron,* n° 20131068.

XIII. ART. 1ER DE LA LOI N° 2016-1321 DU 7 OCT. 2016

61. La CADA est désormais compétente pour se prononcer sur les demandes qui visent des échanges de documents administratifs entre administrations, formées en application de l'art. 1er de la L. du 7 oct. 2016 pour une République numérique. Cette compétence ne s'étend pas aux demandes de communication entre administrations s'inscrivant dans un autre cadre, tel le cadre du droit de communication spécifique dont l'administration fiscale peut se prévaloir sur le fondement de l'art. L. 83 LPF. • 19 janv. 2017, *Mairie d'Yerres,* n° 20165024.

⁇⁇

▢Art. L. 342-3▢ La commission, lorsqu'elle est saisie par une administration mentionnée *(L. n° 2016-1321 du 7 oct. 2016, art. 13-3°-c)* «au premier alinéa de l'article L. 300-2 ou par son président», peut, au terme d'une procédure contradictoire, infliger à l'auteur d'un manquement aux prescriptions *(Ord. n° 2016-307 du 17 mars 2016, art. 2-4°)* «du titre II du présent livre» les sanctions prévues par *(Ord. n° 2016-307 du 17 mars 2016, art. 2-4°)* «l'article L. 326-1». — *[L. n° 78-753 du 17 juill. 1978, art. 22.]*

▢ *(L. n° 2016-1321 du 7 oct. 2016, art. 13-3°-c)* «Le président de la commission publie régulièrement la liste des avis favorables émis par la commission. Cette liste précise le nom de l'administration concernée, la référence du document administratif faisant l'objet de l'avis, les suites données, le cas échéant, par l'administration à cet avis, ainsi que, le cas échéant, l'issue du recours contentieux.»

▢▢▢Art. L. 342-4▢ *(L. n° 2016-1321 du 7 oct. 2016, art. 13-3°-d)* Lorsque la commission est consultée sur un projet de loi ou de décret, son avis est rendu public.

▢▢▢Art. R. 342-4-1▢ La commission peut être consultée par les autorités mentionnées à l'article L. 300-2 sur toutes questions relatives à l'application des titres Iᵉʳ, II et *(Décr. n° 2018-1029 du 23 nov. 2018, art. 2)* «III» du présent livre et du titre Iᵉʳ du livre II du code du patrimoine.

▢Les demandes de consultation sont formées auprès de la commission par lettre, télécopie ou voie électronique. Elles sont accompagnées, le cas échéant, du ou des documents sur lesquels l'autorité souhaite interroger la commission. — *[Décr. n° 2005-1755 du 30 déc. 2005, art. 27.]* — Anc. art. R. 342-4-1 *(Décr. n° 2016-1564 du 21 nov. 2016, art. 4).*

▢▢▢Art. R. 342-5▢ La commission peut proposer au Gouvernement toute modification des dispositions législatives ou réglementaires relatives au droit d'accès aux documents administratifs ou au droit de réutilisation des informations publiques ainsi que toute mesure de nature à en faciliter l'exercice. — *[Décr. n° 2005-1755 du 30 déc. 2005, art. 28.]*

CHAPITRE III PROCÉDURES APPLICABLES DEVANT LA COMMISSION D'ACCÈS AUX DOCUMENTS ADMINISTRATIFS

(Ord. n° 2015-1341 du 23 oct. 2015, en vigueur le 1er janv. 2016; Décr. n° 2015-1342 du 23 oct. 2015, en vigueur le 1er janv. 2016)

SECTION PREMIÈRE PROCÉDURE APPLICABLE AUX DEMANDES D'AVIS RELATIVES À LA COMMUNICATION DE DOCUMENTS ADMINISTRATIFS

▨

▨▨Art. R. 343-1▨ L'intéressé dispose d'un délai de deux mois à compter de la notification du refus ou de l'expiration du délai prévu à l'article R. 311-13 pour saisir la Commission d'accès aux documents administratifs.

▨La commission est saisie par lettre, télécopie ou voie électronique. La saisine précise son objet et, le cas échéant, les dispositions sur lesquelles elle se fonde. Elle indique, lorsque le demandeur est une personne physique, ses nom, prénoms et domicile et, lorsqu'il s'agit d'une personne morale, sa forme, sa dénomination, son siège social et les nom et prénoms de la personne ayant qualité pour la représenter. Elle est accompagnée d'une copie, selon le cas, de la décision de refus ou de la demande restée sans réponse. La commission enregistre la demande lorsque celle-ci comporte l'ensemble de ces éléments après avoir, le cas échéant, invité le demandeur à la compléter. Elle en accuse alors réception sans délai.

▨La commission transmet les demandes d'avis à l'administration mise en cause.
— [Décr. n° 2005-1755 du 30 déc. 2005, art. 17, al. 2, 3 et 4.]

▨▨▨Art. R. 343-2▨ L'administration mise en cause est tenue, dans le délai prescrit par le président de la commission, de communiquer à celle-ci tous documents et informations utiles et de lui apporter les concours nécessaires.

⧐Les membres de la commission ainsi que les rapporteurs désignés par le président peuvent procéder à toute enquête sur place nécessaire à l'accomplissement de leur mission.

⧐Le président peut appeler à participer aux travaux de la commission, à titre consultatif, un représentant de l'administration intéressée par la délibération. — *[Décr. n° 2005-1755 du 30 déc. 2005, art. 18.]*

⧐⧐⧐Art. R. 343-3⧐ La commission notifie son avis à l'intéressé et à l'administration mise en cause, dans un délai d'un mois à compter de l'enregistrement de la demande au secrétariat. Cette administration informe la commission, dans le délai d'un mois qui suit la réception de cet avis, de la suite qu'elle entend donner à la demande. — *[Décr. n° 2005-1755 du 30 déc. 2005, art. 19, al. 1er.]*

⧐⧐

1. L'abstention de l'administration d'informer la CADA des suites données à son avis ne fait pas naître de décision administrative faisant grief au demandeur des documents. • CE 19 mars 1993, *Garreau de Loubresse*, n° 51035 B.

2. Si la CADA doit normalement émettre son avis dans le délai d'un mois suivant la date de sa saisine, le dépassement de ce délai est sans incidence sur la légalité de la décision de refus de communication. • CE 9 mars 1983, *Assoc. SOS Défense*, n° 43501 B.

3. Les conditions de la notification sont sans influence sur la validité de l'avis lui-même. • CE 20 mars 1992, *Melki*, n° 40882 B.

4. Le moyen tiré de ce que l'avis rendu par la CADA ne comporterait pas l'indication des voies et délais de recours est inopérant. • CE 3 avr. 1995, *Wargniez*, n° 114542.

5. La demande de renseignements par laquelle le secrétaire de la CADA invite, le cas échéant, le demandeur à lui fournir des précisions ne constitue pas une décision faisant grief. • CE 25 mai 1983, *Hollande*, n° 33754.

6. Si aucune disposition législative ou réglementaire n'impose à l'autorité administrative mise en cause d'informer le demandeur du recours contentieux qu'il peut former auprès de la juridiction administrative, et des délais y afférents, si la décision de refus est confirmée après la saisine de cette Commission, l'absence de telles mentions a pour effet de rendre inopposables les délais prévus, pour l'exercice du recours contentieux, par les art. 17 et 19 du Décr. du 30 déc. 2005 (respectivement repris aux art. R. 311-12, R. 311-13 et R. 311-15 CRPA, d'une part, et aux art. R. 343-3 à R. 343-5 de ce même code, d'autre part). • CE 11 juill. 2016, *CH Louis-Constant-Fleming*, n° 391899 B.

⧐⧐⧐

Art. R. 343-3-1⧐ *(Décr. n° 2022-1335 du 19 oct. 2022, art. 3)* Relèvent d'une série de demandes, au sens du deuxième alinéa de l'article L. 342-1, les saisines constituées d'au moins cinq demandes.

⧐La procédure décrite aux articles R. 343-1 à R. 343-3 est applicable aux saisines relevant d'une série de demandes, sous réserve des dispositions du présent article.

Dans sa saisine, le demandeur précise en outre, pour chaque administration qu'il a saisie, le nom de celle-ci, son adresse électronique ou à défaut postale, la date à laquelle il l'a saisie d'une demande de communication et, le cas échéant, la date de notification du refus de communication. La saisine est accompagnée des pièces établissant qu'au moins un refus a été opposé par l'une des administrations saisies.

La saisine vaut recours administratif préalable obligatoire pour chacune des demandes correctement identifiées, ayant fait l'objet d'un refus de communication et pour laquelle il été satisfait à la condition d'information de l'administration concernée prévue par le troisième alinéa de l'article L. 342-1.

Dans l'accusé de réception adressé au demandeur, la Commission dresse la liste des demandes relevant de la série correctement identifiées et rappelle au demandeur les conditions énoncées au précédent alinéa pour que ces demandes vaillent recours administratifs préalables obligatoires.

La Commission instruit la demande à l'égard d'une seule administration dont le refus lui a été communiqué.

La Commission notifie son avis à chacune des administrations correctement identifiées. La seconde phrase de l'article R. 343-3 s'applique à l'administration auprès de laquelle la saisine a été instruite par la Commission. Les autres administrations informent le demandeur, dans le délai d'un mois qui suit la réception de l'avis, de la suite qu'elles entendent donner à la demande.

Les dispositions des articles R.* 343-4 et R. 343-5 s'appliquent aux administrations auxquelles la Commission notifie son avis.

Art. R. 343-3-2 *(Décr. n° 2022-1335 du 19 oct. 2022, art. 3)* Lorsque la Commission est saisie par la même personne de plusieurs demandes constituant entre elles une série au sens du deuxième alinéa de l'article L. 342-1, ces demandes peuvent être jointes par décision du président de la Commission, en vue d'y répondre par un seul avis.

La Commission en informe le demandeur en lui précisant les demandes ainsi regroupées, celle qui sera transmise à l'administration concernée et instruite conformément à l'article R. 343-2. Elle invite le demandeur à informer les autres administrations concernées de cette saisine avant qu'elle rende son avis.

Les deux derniers alinéas de l'article R. 343-3-1 s'appliquent à l'avis ainsi émis.

Art. R.* 343-4 Le silence gardé pendant le délai prévu à l'article R. 343-5 par l'administration mise en cause vaut décision de refus. — *[Décr. n° 2005-1755 du 30 déc. 2005, art. 19, al. 2, en ce qui concerne le silence valant rejet.]*

Art. R. 343-5 Le délai au terme duquel intervient la décision implicite de refus mentionnée à l'article R.* 343-4 est de deux mois à compter de l'enregistrement de la demande de l'intéressé par la commission. — *[Décr. n° 2005-1755 du 30 déc. 2005, art. 19, al. 2, en ce qui concerne le délai.]*

SECTION II PROCÉDURE APPLICABLE AU PRONONCÉ DE SANCTIONS

⬚

⬚⬚Art. R. 343-6⬚ Lorsque la commission est saisie, en application de l'article L. 342-3, par une des autorités mentionnées à l'article L. 300-2, de faits susceptibles de constituer un manquement aux prescriptions du Chapitre II de la loi du 17 juillet 1978 relatif à la réutilisation des informations publiques, son président désigne un rapporteur pour instruire l'affaire parmi les collaborateurs mentionnés au premier alinéa de l'article R. 341-7.

⬚Un rapporteur ne peut être désigné aux fins d'instruction:

⬚1° S'il détient un intérêt direct ou indirect dans les faits qui sont dénoncés, exerce des fonctions ou une activité professionnelle ou détient un mandat auprès de l'administration qui a saisi la commission ou de la personne mise en cause;

⬚2° S'il a, au cours des trois années précédant la saisine de la commission, détenu un intérêt direct ou indirect dans les faits qui sont dénoncés, exercé des fonctions ou une activité professionnelle ou détenu un mandat auprès de l'administration qui a saisi la commission ou de la personne mise en cause. — *[Décr. n° 2005-1755 du 30 déc. 2005, art. 20.]*

⬚

⬚⬚Art. R. 343-7⬚ Le rapporteur procède à toutes les diligences utiles avec le concours des services de la commission.

⬚Les auditions auxquelles procède, le cas échéant, le rapporteur donnent lieu à l'établissement d'un procès-verbal signé par les personnes entendues. En cas de refus de signature, il en est fait mention par le rapporteur. Les personnes entendues peuvent être assistées d'un conseil de leur choix. Un procès-verbal de carence est dressé lorsque la personne convoquée ne se rend pas à l'audition. — *[Décr. n° 2005-1755 du 30 déc. 2005, art. 21.]*

⬚

⬚⬚Art. R. 343-8⬚ Au terme des investigations prévues à l'article R. 343-7, le rapporteur notifie les griefs qu'il retient à la personne mise en cause par lettre remise contre signature ou en main propre contre récépissé ou par acte d'huissier de justice. Cette notification indique les dispositions sur lesquelles se fonde la poursuite ainsi que les sanctions encourues.

⬚La personne mise en cause dispose d'un délai d'un mois pour transmettre à la commission ses observations écrites. Si elle a son domicile hors du territoire métropolitain, ce délai est porté à deux mois. La notification mentionnée au premier alinéa comporte l'indication de ce délai et précise que l'intéressé peut prendre connaissance et copie des pièces du dossier auprès des services de la commission et se faire assister ou représenter par le conseil de son choix.

◌A l'issue du délai prévu à l'alinéa précédent, le rapporteur établit un rapport et y annexe les documents sur lesquels il fonde ses conclusions. Ce rapport est notifié à la personne mise en cause dans les conditions prévues au premier alinéa. — *[Décr. n° 2005-1755 du 30 déc. 2005, art. 22.]*

◌

◌◌**Art. R. 343-9**◌ La personne mise en cause est informée de la date de la séance de la commission à l'ordre du jour de laquelle est inscrite l'affaire la concernant et de la faculté qui lui est offerte d'y être entendue, elle-même ou son représentant, par lettre remise contre signature ou en main propre contre récépissé ou par acte d'huissier de justice. Cette information doit lui parvenir au moins un mois avant la date de la séance. — *[Décr. n° 2005-1755 du 30 déc. 2005, art. 23.]*

◌

◌◌**Art. R. 343-10**◌ Lors de la séance, le rapporteur peut présenter des observations orales sur l'affaire. La personne mise en cause et, le cas échéant, son conseil sont invités à présenter leurs arguments en défense. La commission peut entendre toute personne dont elle estime l'audition utile. Dans tous les cas, la personne mise en cause et, le cas échéant, son conseil doivent pouvoir prendre la parole en dernier. Lorsque la commission s'estime insuffisamment éclairée, elle peut demander au rapporteur de poursuivre ses diligences.

◌La commission statue hors la présence du rapporteur, du rapporteur général et du commissaire du Gouvernement. — *[Décr. n° 2005-1755 du 30 déc. 2005, art. 24.]*

◌◌◌

Art. R. 343-11◌ La décision de la commission est notifiée à l'intéressé par lettre remise contre signature ou en main propre contre récépissé ou par acte d'huissier de justice. — *[Décr. n° 2005-1755 du 30 déc. 2005, art. 25.]*

◌◌

◌**Art. R. 343-12**◌ Lorsque la commission prononce une sanction, la décision énonce les considérations de droit et de fait sur lesquelles elle est fondée. Elle indique les voies et délais de recours.

◌Lorsque la commission décide de faire publier la sanction qu'elle prononce, elle en détermine les modalités dans sa décision en fixant le délai de publication et en désignant le support de celle-ci. La publication intervient dans un délai maximum d'un mois à compter du jour où la décision est devenue définitive. Elle est proportionnée à la gravité de la sanction prononcée et adaptée à la situation de l'auteur de l'infraction.

◌Toute sanction portant interdiction de la réutilisation d'informations publiques est publiée par voie électronique. — *[Décr. n° 2005-1755 du 30 déc. 2005, art. 26.]*

TITRE CINQUIÈME LA COMMISSION SUPÉRIEURE DE CODIFICATION

(L. n° 2018-699 du 3 août 2018, art. 29)

CHAPITRE UNIQUE MISSIONS ET COMPOSITION

(L. n° 2018-699 du 3 août 2018, art. 29)

▢▢▢Art. L. 351-1▢ *(L. n° 2018-699 du 3 août 2018, art. 29)* I. — La Commission supérieure de codification comprend parmi ses membres un député et un sénateur.
▢II. — Les missions, la composition, l'organisation et le fonctionnement de la commission sont précisés par décret.

LIVRE QUATRIÈME LE RÈGLEMENT DES DIFFÉRENDS AVEC L'ADMINISTRATION

(Ord. n° 2015-1341 du 23 oct. 2015, en vigueur le 1er janv. 2016)

TITRE PREMIER LES RECOURS ADMINISTRATIFS

(Ord. n° 2015-1341 du 23 oct. 2015, en vigueur le 1ᵉʳ janv. 2016)

▢▢▢Art. L. 410-1▢ Pour l'application du présent titre, on entend par:
▢1° Recours administratif: la réclamation adressée à l'administration en vue de régler un différend né d'une décision administrative;
▢2° Recours gracieux: le recours administratif adressé à l'administration qui a pris la décision contestée;
▢3° Recours hiérarchique: le recours administratif adressé à l'autorité à laquelle est subordonnée celle qui a pris la décision contestée;
▢4° Recours administratif préalable obligatoire: le recours administratif auquel est subordonné l'exercice d'un recours contentieux à l'encontre d'une décision administrative.

CHAPITRE PREMIER RÈGLES GÉNÉRALES

(Ord. n° 2015-1341 du 23 oct. 2015, en vigueur le 1ᵉʳ janv. 2016)
▢
▢▢Art. L. 411-1▢ Sous réserve de dispositions législatives et réglementaires spéciales ou contraires, les règles applicables aux recours administratifs sont fixées par les dispositions qui suivent.
▢
▢▢Art. L. 411-2▢ Toute décision administrative peut faire l'objet, dans le délai imparti pour l'introduction d'un recours contentieux, d'un recours gracieux ou hiérarchique qui interrompt le cours de ce délai.
▢Lorsque dans le délai initial du recours contentieux ouvert à l'encontre de la décision, sont exercés contre cette décision un recours gracieux et un recours hiérarchique, le délai du recours contentieux, prorogé par l'exercice de ces recours administratifs, ne recommence à courir à l'égard de la décision initiale que lorsqu'ils ont été l'un et l'autre rejetés.
▢▢

Jurisprudence principalement rendue avant l'entrée en vigueur du code des relations entre le public et l'administration.

Possibilité pour l'autorité de tutelle d'adresser un recours gracieux à l'autorité subordonnée. • CE 16 mai 1984, *Cne de Vigneux-sur-Seine,* n° 19816: *Lebon.* L'exercice d'un second recours administratif ne conserve pas le délai de recours contentieux contre la décision initiale. • CE 27 févr. 1935, *Sieurs Séguéla et a.,* n°s 28348 et 28557: *Lebon.* Les art. 42-8 et 42-9 de la L. n° 86-1067 du 30 sept. 1986 n'ont ni pour objet ni pour effet d'écarter, s'agissant du recours qu'ils prévoient, l'application de la règle générale de procédure selon laquelle le délai de recours contentieux est prorogé par l'exercice d'un recours administratif. • CE , sect., 30 mars 2016, *Sté Diversité TV France,* n° 395702: *Lebon.* Ni les art. L. 25 C. pens. mil. et art. 5 du Décr. n° 59-237 du 20 févr. 1959 relatif aux juridictions des pensions, ni aucune autre disposition législative ou réglementaire ne font obstacle à ce que le destinataire d'une décision prise en matière de pensions militaires d'invalidité forme un recours gracieux, prorogeant le délai de recours contentieux, contre celle-ci. • CE 17 mars 2017, *M. Sadok,* n° 392162 B. Les dispositions de l'art. L. 1221-14 CSP organisent une procédure spécifique d'indemnisation, applicable aux cas de contamination par voie transfusionnelle, qui exclut toute saisine des commissions régionales de conciliation et d'indemnisation. Elles n'ont ni pour objet ni pour effet d'écarter, s'agissant du recours qu'elles prévoient, l'application de la règle générale de procédure selon laquelle le délai de recours contentieux est prorogé par l'exercice d'un recours administratif. • CE 10 mai 2017, *Office national d'indemnisation des accidents médicaux,* n° 392312 B. L'exercice du recours gracieux n'ayant d'autre objet que d'inviter l'auteur de la décision à reconsidérer sa position, un recours contentieux consécutif au rejet d'un recours gracieux doit nécessairement être regardé comme étant dirigé, non pas tant contre le rejet du recours gracieux dont les vices propres ne peuvent être utilement contestés, que contre la décision initialement prise par l'autorité administrative. • CE 7 mars 2018, *Mme Bloch,* n° 404079: *Lebon.*

Art. L. 411-3⏹ Les articles L. 112-3 et L. 112-6 relatifs à la délivrance des accusés de réception sont applicables au recours administratif adressé à une administration par le destinataire d'une décision.

Art. L. 411-4⏹ L'administration se prononce sur le recours formé à l'encontre d'une décision créatrice de droits sur le fondement de la situation de fait et de droit prévalant à la date de cette décision. En cas de recours formé contre une décision non créatrice de droits, elle se fonde sur la situation de fait et de droit prévalant à la date à laquelle elle statue sur le recours.

⏹⏹Art. L. 411-5⏹ La décision rejetant un recours administratif dirigé contre une décision soumise à obligation de motivation en application des articles L. 211-2 et L. 211-3 est motivée lorsque cette obligation n'a pas été satisfaite au stade de la décision initiale.

La décision faisant droit à un recours administratif est motivée si elle entre, par elle-même, dans le champ des décisions individuelles visées aux articles L. 211-2 et L. 211-3.

Art. L. 411-6 Lorsque le recours administratif émane d'une personne autre que le bénéficiaire de la décision initiale et que la décision prise sur recours doit être motivée en application de l'article L. 211-2, la procédure contradictoire prévue à l'article L. 122-1 est mise en œuvre à son égard.

La présente disposition n'est pas applicable aux relations entre l'administration et ses agents.

Art. L. 411-7 Ainsi qu'il est dit à l'article L. 231-4, le silence gardé pendant plus de deux mois sur un recours administratif par l'autorité compétente vaut décision de rejet.

CHAPITRE II RECOURS ADMINISTRATIFS PRÉALABLES OBLIGATOIRES

(Ord. n° 2015-1341 du 23 oct. 2015, en vigueur le 1er janv. 2016)

Il a été jugé pour le RAPO particulier institué pour permettre la contestation devant le préfet de région de l'avis défavorable de l'architecte des Bâtiments de France sur un permis de construire que le préfet de région a la faculté de demander des pièces complémentaires si le dossier transmis n'est pas complet et que cette demande interrompt le délai au terme duquel le RAPO est réputé admis. ● CE 4 mai 2018, *Cne de Bouc-Bel-Air,* n° 410790 B.

Art. L. 412-1 Les dispositions du présent chapitre ne sont pas applicables aux relations entre l'administration et ses agents.

Art. L. 412-2 Les recours administratifs préalables obligatoires sont régis par les règles énoncées au chapitre Ier, sous réserve des dispositions qui suivent.

Art. L. 412-3 La décision soumise à recours administratif préalable obligatoire est notifiée avec l'indication de cette obligation ainsi que des voies et délais selon lesquels ce recours peut être exercé.

Il est également précisé que l'administration statuera sur le fondement de la situation de fait et de droit prévalant à la date de sa décision, sauf mention contraire dans une loi ou un règlement. — *[L. n° 2000-321 du 12 avr. 2000, art. 19-2, al. 1ᵉʳ et 2.]*

Art. L. 412-4 La présentation d'un recours gracieux ou hiérarchique ne conserve pas le délai imparti pour exercer le recours administratif préalable obligatoire non plus que le délai de recours contentieux. — *[L. n° 2000-321 du 12 avr. 2000, art. 20-1, al. 1ᵉʳ.]*

Art. L. 412-5 L'administration statue sur le recours administratif préalable obligatoire sur le fondement de la situation de fait et de droit prévalant à la date de sa décision, sauf mention contraire dans une loi ou un règlement.

Art. L. 412-6 L'administration qui a pris la décision initiale peut la retirer d'office si elle est illégale tant que l'autorité chargée de statuer sur le recours administratif préalable obligatoire ne s'est pas prononcée. — *[L. n° 2000-321 du 12 avr. 2000, art. 20-1, al. 2.]*

Art. L. 412-7 La décision prise à la suite d'un recours administratif préalable obligatoire se substitue à la décision initiale.

Art. L. 412-8 Ainsi que le prévoit l'article L. 211-2, la décision qui rejette un recours administratif dont la présentation est obligatoire préalablement à tout recours contentieux en application d'une disposition législative ou réglementaire doit être motivée.

TITRE DEUXIÈME LES AUTRES MODES NON JURIDICTIONNELS DE RÉSOLUTION DES DIFFÉRENDS

(Ord. n° 2015-1341 du 23 oct. 2015, en vigueur le 1ᵉʳ janv. 2016)

CHAPITRE PREMIER
CONCILIATION ET MÉDIATION DANS UN CADRE NON JURIDICTIONNEL

(Ord. n° 2015-1341 du 23 oct. 2015, en vigueur le 1er janv. 2016)

⬚⬚

⬚Art. L. 421-1⬚ Il peut être recouru à une procédure de conciliation ou de médiation en vue du règlement amiable d'un différend avec l'administration, avant qu'une procédure juridictionnelle ne soit, en cas d'échec, engagée ou menée à son terme.

⬚

⬚⬚Art. L. 421-2⬚ Des décrets en Conseil d'État peuvent déterminer dans quelles conditions les litiges contractuels concernant l'État, les collectivités territoriales et leurs établissements publics, ainsi que les actions mettant en jeu leur responsabilité extracontractuelle sont soumis, avant une instance juridictionnelle, à une procédure de conciliation. — *[L. n° 87-1127 du 31 déc. 1987, art. 13, en ce qui concerne la conciliation.]*

CHAPITRE II CONCILIATION ET MÉDIATION DANS UN CADRE JURIDICTIONNEL

(Ord. n° 2015-1341 du 23 oct. 2015, en vigueur le 1er janv. 2016)

⬚⬚⬚Art. L. 422-1⬚ Ainsi qu'il est dit à l'article *(L. n° 2016-1547 du 18 nov. 2016, art. 5-VII)* «L. 213-5» du code de justice administrative, une mission de *(L. n° 2016-1547 du 18 nov. 2016, art. 5-VII)* «médiation» peut être organisée par les chefs de juridiction dans les tribunaux administratifs et les cours administratives d'appel.

⬚⬚

⬜Art. L. 422-2⬜ Ainsi qu'il est dit aux articles *(L. n° 2016-1547 du 18 nov. 2016, art. 5-VII)* «L. 213-7 à L. 213-10» du code de justice administrative, les juridictions régies par ce code peuvent ordonner une médiation en vue de parvenir au règlement de certains différends *(Abrogé par L. n° 2016-1547 du 18 nov. 2016, art. 5-VII) «transfrontaliers».*

CHAPITRE III TRANSACTION

(Ord. n° 2015-1341 du 23 oct. 2015, en vigueur le 1er janv. 2016)

> *1.* Il résulte des art. 6, 2044 et 2052 du C. civ. et de l'art. L. 423-1 du CRPA que l'administration peut, afin de prévenir ou d'éteindre un litige, légalement conclure avec un particulier un protocole transactionnel, sous réserve de la licéité de l'objet de ce dernier, de l'existence de concessions réciproques et équilibrées entre les parties et du respect de l'ordre public. ● CE 26 oct. 2018, *Garde des sceaux c/M. C,* n° 421292 B.
>
> *2.* Une transaction conclue entre l'administration pénitentiaire et un détenu au sujet d'un litige salarial dont le règlement découlait de la seule application de la règle de droit ne fait pas obstacle à la saisine du juge du référé-provision: ● CE 26 oct. 2018, *Garde des sceaux c/M. C,* n° 421292 B.

⬜⬜⬜Art. L. 423-1⬜ Ainsi que le prévoit l'article 2044 du code civil et sous réserve qu'elle porte sur un objet licite et contienne des concessions réciproques et équilibrées, il peut être recouru à une transaction pour terminer une contestation née ou prévenir une contestation à naître avec l'administration. La transaction est formalisée par un contrat écrit.
⬜⬜

> *Champ de la transaction.* L'administration peut conclure une transaction afin de mettre fin à l'ensemble des litiges nés ou qui pourraient naître d'une décision admettant un fonctionnaire hospitalier à la retraite pour invalidité non imputable au service, incluant la demande d'annulation pour excès de pouvoir de cette décision et celle qui tend à la réparation des préjudices résultant de son éventuelle illégalité. ● CE 6 juin 2019, *CH de Sedan,* n° 412732 B.

⬜⬜
⬜Art. L. 423-2⬜ *(L. n° 2018-727 du 10 août 2018, art. 24)* Lorsqu'une administration de l'État souhaite transiger, le principe du recours à la transaction et le montant de celle-ci peuvent être préalablement soumis à l'avis d'un comité dont la composition est précisée par décret en Conseil d'État. L'avis du comité est obligatoire lorsque le montant en cause dépasse un seuil précisé par le même décret.

A l'exception de sa responsabilité pénale, la responsabilité personnelle du signataire de la transaction ne peut être mise en cause à raison du principe du recours à la transaction et de ses montants, lorsque celle-ci a suivi l'avis du comité.

Art. R. 423-3 *(Décr. n° 2018-1029 du 23 nov. 2018, art. 1er et 3, en vigueur le 1er févr. 2019)* Le seuil mentionné à l'article L. 423-2 est fixé à 500 000 euros.

Art. R. 423-4 *(Décr. n° 2018-1029 du 23 nov. 2018, art. 1er et 3, en vigueur le 1er févr. 2019)* Un comité, dénommé "comité ministériel de transaction", institué auprès de chaque ministre, est saisi pour avis du principe du recours à la transaction et de son montant. A cette fin, il procède à l'examen de la contestation née ou à naître, s'assure du respect des normes applicables et se prononce sur la pertinence du projet qui lui est soumis.

Toutefois, un comité unique peut être institué auprès de plusieurs ministres ayant sous leur autorité un même secrétariat général.

Art. R. 423-5 *(Décr. n° 2018-1029 du 23 nov. 2018, art. 1er et 3, en vigueur le 1er févr. 2019)* Le comité comprend, outre le secrétaire général du ministère qui le préside, le responsable des affaires juridiques et le responsable des affaires financières, ou leurs représentants.

Le comité compétent pour connaître d'une transaction proposée par un service interministériel est celui placé auprès du ministre principalement intéressé par la transaction.

Art. D. 423-6 *(Décr. n° 2018-1029 du 23 nov. 2018, art. 1er et 3, en vigueur le 1er févr. 2019)* La demande d'avis est adressée par voie électronique, accompagnée d'une note explicative et de tout élément utile au comité. Il en est accusé réception dans les mêmes conditions.

Art. D. 423-7 *(Décr. n° 2018-1029 du 23 nov. 2018, art. 1er et 3, en vigueur le 1er févr. 2019)* Le comité se prononce, à la majorité, dans un délai d'un mois à compter de l'enregistrement de la demande.

Le président peut solliciter l'avis de toute personne dont le concours est jugé utile et, le cas échéant, l'inviter à assister, de manière temporaire, aux réunions du comité.

L'avis est notifié, dans le délai de sept jours, à l'autorité compétente à l'origine de la saisine par voie électronique.

Le comité dispose d'un secrétariat, assuré par le service désigné par le secrétaire général du ministère.

CHAPITRE IV SAISINE DU DÉFENSEUR DES DROITS

(Ord. n° 2015-1341 du 23 oct. 2015, en vigueur le 1er janv. 2016)

▨▨▨Art. L. 424-1▨ Le Défenseur des droits peut être saisi ou se saisir d'office de différends entre le public et l'administration, dans les cas et les conditions prévus par la loi organique n° 2011-333 du 29 mars 2011 relative au Défenseur des droits.

TITRE TROISIÈME LES RECOURS JURIDICTIONNELS

(Ord. n° 2015-1341 du 23 oct. 2015, en vigueur le 1er janv. 2016)

CHAPITRE PREMIER RECOURS JURIDICTIONNELS DE DROIT COMMUN: LES RECOURS CONTENTIEUX

(Ord. n° 2015-1341 du 23 oct. 2015, en vigueur le 1er janv. 2016)

▨▨▨Art. L. 431-1▨ Sous réserve des compétences dévolues à d'autres juridictions, les recours contentieux contre les décisions administratives sont portés devant les juridictions administratives de droit commun, dans les conditions prévues par le code de justice administrative.

CHAPITRE II ARBITRAGE: PRINCIPE DE PROHIBITION ET DÉROGATIONS

(Ord. n° 2015-1341 du 23 oct. 2015, en vigueur le 1er janv. 2016)
⏹⏹

⏹Art. L. 432-1⏹ Sauf dans les cas prévus par la loi, notamment dans ceux mentionnés par l'article L. 311-6 du code de justice administrative, il n'est pas possible de recourir à l'arbitrage, ainsi qu'en dispose l'article 2060 du code civil, sur les contestations intéressant les collectivités publiques et les établissements publics, et plus généralement dans toutes les matières qui intéressent l'ordre public. Toutefois, ainsi que le prévoit ce même article, des catégories d'établissements publics à caractère industriel et commercial peuvent être autorisées par décret à recourir à l'arbitrage.

LIVRE CINQUIÈME DISPOSITIONS RELATIVES À L'OUTRE-MER

(Ord. n° 2015-1341 du 23 oct. 2015, en vigueur le 1er janv. 2016;
Décr. n° 2015-1342 du 23 oct. 2015, en vigueur le 1er janv. 2016)
⏹⏹⏹

Art. L. 500-1⏹ Les dispositions préliminaires du présent code sont applicables dans les collectivités mentionnées dans le présent livre, dans le respect des exigences constitutionnelles et, le cas échéant, des dispositions statutaires les régissant et des dispositions qui suivent.

TITRE PREMIER DISPOSITIONS APPLICABLES EN GUADELOUPE, EN GUYANE, EN MARTINIQUE, À LA RÉUNION ET À MAYOTTE

(Ord. n° 2015-1341 du 23 oct. 2015, en vigueur le 1er janv. 2016; Décr. n° 2015-1342 du 23 oct. 2015, en vigueur le 1er janv. 2016)

CHAPITRE PREMIER
DISPOSITIONS GÉNÉRALES

(Ord. n° 2015-1341 du 23 oct. 2015, en vigueur le 1er janv. 2016)
⬚
⬚⬚Art. L. 511-1⬚ En application de l'article 73 de la Constitution, les dispositions législatives et réglementaires du présent code sont applicables de plein droit en Guadeloupe, en Guyane, à la Martinique, à La Réunion et à Mayotte, sous la seule réserve des adaptations prévues au présent titre.

CHAPITRE II DISPOSITIONS SPÉCIFIQUES RELATIVES AU LIVRE Ier

(Ord. n° 2015-1341 du 23 oct. 2015, en vigueur le 1er janv. 2016; Décr. n° 2015-1342 du 23 oct. 2015, en vigueur le 1er janv. 2016)
⬚⬚⬚

Art. R. 512-1⬚ Pour l'application à la Martinique et en Guyane des articles R. 134-3 à R. 134-30 et R. 134-32:

⬚1° La référence au préfet du département est remplacée par la référence au représentant de l'État;

⬚2° A l'article R. 134-12, les mots: "régionaux ou" sont supprimés et les mots: "dans tout le département ou tous les départements concernés" sont remplacés par les mots: "dans la collectivité".

⬚⬚⬚Art. R. 512-2⬚ Pour l'application à Mayotte des dispositions réglementaires du livre Ier:

⬚1° A l'article R. 134-12, les mots: "régionaux ou" sont supprimés et les mots: "dans tout le département ou tous les départements concernés" sont remplacés par les mots: "dans la collectivité";

⬚2° A l'article R. 134-24, la référence à la chambre d'agriculture est remplacée par la référence à la chambre de l'agriculture, de la pêche et de l'aquaculture.

CHAPITRE III DISPOSITIONS SPÉCIFIQUES RELATIVES AU LIVRE II

(Ord. n° 2015-1341 du 23 oct. 2015, en vigueur le 1er janv. 2016)
⬚
⬚⬚Art. L. 513-1⬚ L'entrée en vigueur et la publication des délibérations de l'assemblée et de la commission permanente de Guyane ainsi que des actes du président de l'assemblée sont régies, outre par les dispositions du chapitre Ier du titre II du livre II, par les dispositions des articles L. 7131-1 et L. 7231-1 du code général des collectivités territoriales.
⬚⬚
⬚Art. L. 513-2⬚ L'entrée en vigueur et la publication des délibérations du conseil général de Mayotte et de la commission permanente ainsi que des actes du président du conseil général sont régies, outre par les disposition du chapitre Ier du titre II du livre II du présent code, par les dispositions du Chapitre VII du titre III du livre IV de la quatrième partie du code général des collectivités territoriales.

CHAPITRE IV DISPOSITIONS SPÉCIFIQUES RELATIVES AU LIVRE III

(Ord. n° 2015-1341 du 23 oct. 2015, en vigueur le 1er janv. 2016;
Décr. n° 2015-1342 du 23 oct. 2015, en vigueur le 1er janv. 2016)

Art. R. 514-1⬚ Pour l'application en Guyane et à la Martinique des dispositions réglementaires du livre III, la référence aux départements et aux régions est remplacée par la référence à la collectivité territoriale de Guyane et à la collectivité territoriale de Martinique et la référence au préfet est remplacée par la référence au représentant de l'État.

Art. R. 514-2⬚ Pour l'application à Mayotte des dispositions réglementaires du livre III, la référence aux départements et aux régions est remplacée par la référence au Département de Mayotte.

TITRE DEUXIÈME DISPOSITIONS APPLICABLES À SAINT-BARTHÉLEMY

(Ord. n° 2015-1341 du 23 oct. 2015, en vigueur le 1er janv. 2016;
Décr. n° 2015-1342 du 23 oct. 2015, en vigueur le 1er janv. 2016)

CHAPITRE PREMIER
DISPOSITIONS GÉNÉRALES

(Ord. n° 2015-1341 du 23 oct. 2015, en vigueur le 1er janv. 2016)

Art. L. 521-1 En application de l'article LO 6213-1 du code général des collectivités territoriales, les dispositions législatives et réglementaires du présent code sont applicables de plein droit à Saint-Barthélemy, sous la seule réserve des adaptations prévues par le présent titre.

Toutefois, n'y sont pas applicables celles qui interviennent dans les matières qui relèvent de la loi organique, en application de l'article 74 de la Constitution, ou de la compétence de la collectivité, en application de l'article LO 6214-3 du code général des collectivités territoriales.

CHAPITRE II DISPOSITIONS SPÉCIFIQUES RELATIVES AU LIVRE Ier

(Ord. n° 2015-1341 du 23 oct. 2015, en vigueur le 1er janv. 2016;
Décr. n° 2015-1342 du 23 oct. 2015, en vigueur le 1er janv. 2016)

Art. L. 522-1 Pour l'application de l'article L. 134-1 à Saint-Barthélemy, les mots: "du code de l'environnement" sont supprimés.

Art. R. 522-2 Pour l'application du livre Ier à Saint-Barthélemy:

1° Aux articles R. 134-3 à R. 134-30 et R. 134-32:

a) La référence au préfet du département est remplacée par la référence au représentant de l'État;

b) La référence au conseil municipal est remplacée par la référence au conseil territorial;

c) La référence au maire est remplacée par la référence au président du conseil territorial;

d) La référence à la mairie est remplacée par la référence à l'hôtel de la collectivité;

2° A l'article R. 134-12, les mots: "régionaux ou" sont supprimés et les mots: "dans tout le département ou tous les départements concernés" sont remplacés par les mots: "dans la collectivité";

3° Le premier alinéa de l'article R. 134-17 est supprimé;

4° A l'article R. 134-24, les mots: "les chambres d'agriculture, les chambres de commerce et d'industrie et les chambres des métiers et de l'artisanat" sont remplacés par les mots: "la chambre économique multiprofessionnelle".

CHAPITRE III DISPOSITIONS SPÉCIFIQUES RELATIVES AU LIVRE II

(Ord. n° 2015-1341 du 23 oct. 2015, en vigueur le 1ᵉʳ janv. 2016)

Art. L. 523-1 Les conditions dans lesquelles les actes administratifs sont publiés à Saint-Barthélemy, de même que celles dans lesquelles les actes administratifs publiés au *Journal officiel* de la République française entrent en vigueur, sont régies par l'article LO 6213-2 du code général des collectivités territoriales.
Par conséquent, les dispositions qui suivent ne sont pas applicables à Saint-Barthélemy:
1° Les articles L. 221-2, L. 221-3 et L. 221-7 du code, en tant qu'ils concernent les actes réglementaires et les décisions qui ne sont ni réglementaires ni individuelles et qui sont publiées au *Journal officiel* de la République française;
2° Les articles L. 221-4 à L. 221-6.

Art. L. 523-2 Les mesures de publicité applicables aux actes pris par les autorités de la collectivité de Saint-Barthélemy et les conditions de leur entrée en vigueur sont régies par les articles LO 6241-1 à LO 6241-4 du code général des collectivités territoriales.

CHAPITRE IV DISPOSITIONS SPÉCIFIQUES RELATIVES AU LIVRE III

(Ord. n° 2015-1341 du 23 oct. 2015, en vigueur le 1ᵉʳ janv. 2016;
Décr. n° 2015-1342 du 23 oct. 2015, en vigueur le 1ᵉʳ janv. 2016)

Art. L. 524-1 Pour l'application de l'article L. 342-2 à Saint-Barthélemy, les dispositions auxquelles renvoie cet article sont remplacées, lorsqu'il en existe, par les dispositions applicables localement.

Art. R. 524-2⬜ Pour l'application des dispositions réglementaires du livre III à Saint-Barthélemy, la référence aux départements et aux régions est remplacée par la référence à la collectivité territoriale et la référence au préfet est remplacée par la référence au représentant de l'État.
⬜⬜⬜
Art. R. 524-3⬜ Pour l'application de l'article R. 312-4, les mots: "recueil des actes administratifs du département ayant une périodicité au moins trimestrielle" sont remplacés par les mots: "*Journal officiel* de Saint-Barthélemy".

TITRE TROISIÈME DISPOSITIONS APPLICABLES À SAINT-MARTIN

(Ord. n° 2015-1341 du 23 oct. 2015, en vigueur le 1er janv. 2016;
Décr. n° 2015-1342 du 23 oct. 2015, en vigueur le 1er janv. 2016)

CHAPITRE PREMIER
DISPOSITIONS GÉNÉRALES

(Ord. n° 2015-1341 du 23 oct. 2015, en vigueur le 1er janv. 2016)
⬜⬜⬜
Art. L. 531-1⬜ En application de l'article LO 6313-1 du code général des collectivités territoriales, les dispositions législatives et réglementaires du présent code sont applicables de plein droit à Saint-Martin, sous la seule réserve des adaptations prévues par le présent titre.
⬜Toutefois, n'y sont pas applicables celles qui interviennent dans les matières qui relèvent de la loi organique, en application de l'article 74 de la Constitution, ou de la compétence de la collectivité, en application de l'article LO 6314-3 du code général des collectivités territoriales.

CHAPITRE II DISPOSITIONS SPÉCIFIQUES RELATIVES AU LIVRE Ier

(Ord. n° 2015-1341 du 23 oct. 2015, en vigueur le 1er janv. 2016;
Décr. n° 2015-1342 du 23 oct. 2015, en vigueur le 1er janv. 2016)

□□□Art. R. 532-1□ Pour l'application du livre Ier à Saint-Martin:
□1° Aux articles R. 134-3 à R. 134-30 et R. 134-32:
□*a)* La référence au préfet du département est remplacée par la référence au représentant de l'État;
□*b)* La référence au conseil municipal est remplacée par la référence au conseil territorial;
□*c)* La référence au maire est remplacée par la référence au président du conseil territorial;
□*d)* La référence à la mairie est remplacée par la référence à l'hôtel de la collectivité;
□2° A l'article R. 134-12, les mots: "régionaux ou" sont supprimés et les mots: "dans tout le département ou tous les départements concernés" sont remplacés par les mots: "dans la collectivité";
□3° A l'article R. 134-24, les mots: "les chambres d'agriculture, les chambres de commerce et d'industrie et les chambres des métiers et de l'artisanat" sont remplacés par les mots: "la chambre économique multiprofessionnelle".

CHAPITRE III DISPOSITIONS SPÉCIFIQUES RELATIVES AU LIVRE II

(Ord. n° 2015-1341 du 23 oct. 2015, en vigueur le 1er janv. 2016)

░░░Art. L. 533-1░ Les conditions dans lesquelles les actes administratifs sont publiés à Saint-Martin, de même que celles dans lesquelles les actes administratifs publiés au *Journal officiel* de la République française entrent en vigueur, sont régies par l'article LO 6313-2 du code général des collectivités territoriales.

░Par conséquent, les dispositions qui suivent ne sont pas applicables à Saint-Martin:

░1° Les articles L. 221-2, L. 221-3 et L. 221-7 du code, en tant qu'ils concernent les actes réglementaires et les décisions qui ne sont ni réglementaires ni individuelles et qui sont publiées au *Journal officiel* de la République française;

░2° Les articles L. 221-4 à L. 221-6.

░░░Art. L. 533-2░ Les mesures de publicité applicables aux actes pris par les autorités de la collectivité de Saint-Martin et les conditions de leur entrée en vigueur sont régies par les articles LO 6341-1 à LO 6341-4 du code général des collectivités territoriales.

CHAPITRE IV DISPOSITIONS SPÉCIFIQUES RELATIVES AU LIVRE III

(Ord. n° 2015-1341 du 23 oct. 2015, en vigueur le 1er janv. 2016;
Décr. n° 2015-1342 du 23 oct. 2015, en vigueur le 1er janv. 2016)
░░░
Art. L. 534-1░ Pour l'application de l'article L. 342-2 à Saint-Martin, les dispositions auxquelles renvoie cet article sont remplacées, lorsqu'il en existe, par les dispositions applicables localement.
░░░
Art. R. 534-2░ Pour l'application des dispositions réglementaires du livre III à Saint-Martin, la référence aux départements et aux régions est remplacée par la référence à la collectivité territoriale et la référence au préfet est remplacée par la référence au représentant de l'État.
░░
░Art. R. 534-3░ Pour l'application de l'article R. 312-4, les mots: "recueil des actes administratifs du département ayant une périodicité au moins trimestrielle" sont remplacés par les mots: "*Journal officiel* de Saint-Martin".

TITRE QUATRIÈME DISPOSITIONS APPLICABLES À SAINT-PIERRE-ET-MIQUELON

(Ord. n° 2015-1341 du 23 oct. 2015, en vigueur le 1er janv. 2016; Décr. n° 2015-1342 du 23 oct. 2015, en vigueur le 1er janv. 2016)

CHAPITRE PREMIER
DISPOSITIONS GÉNÉRALES

(Ord. n° 2015-1341 du 23 oct. 2015, en vigueur le 1er janv. 2016)

☐☐☐Art. L. 541-1☐ En application de l'article LO 6413-1 du code général des collectivités territoriales, les dispositions législatives et réglementaires du présent code sont applicables de plein droit à Saint-Pierre-et-Miquelon, sous la seule réserve des adaptations prévues par le présent titre.
☐Toutefois [,] n'y sont pas applicables celles qui interviennent dans les matières qui relèvent de la loi organique, en application de l'article 74 de la Constitution, ou de la compétence de la collectivité, en application de l'article LO 6414-3 du code général des collectivités territoriales.

CHAPITRE II DISPOSITIONS SPÉCIFIQUES RELATIVES AU LIVRE Ier

(Ord. n° 2015-1341 du 23 oct. 2015, en vigueur le 1er janv. 2016; Décr. n° 2015-1342 du 23 oct. 2015, en vigueur le 1er janv. 2016)

Art. R. 542-1 Pour l'application du livre Ier à Saint-Pierre-et-Miquelon:

1° Aux articles R. 134-3 à R. 134-30 et R. 134-32:

a) La référence au préfet du département est remplacée par la référence au représentant de l'État;

b) La référence au conseil municipal est remplacée par la référence au conseil territorial;

c) La référence au maire est remplacée par la référence au président du conseil territorial;

d) La référence à la mairie est remplacée par la référence à l'hôtel de la collectivité;

2° A l'article R. 134-12, les mots: "deux journaux régionaux ou locaux diffusés dans tout le département ou tous les départements concernés" sont remplacés par les mots: "un journal local diffusé dans la collectivité territoriale";

3° A l'article R. 134-24, les mots: "les chambres d'agriculture, les chambres de commerce et d'industrie et les chambres des métiers et de l'artisanat" sont remplacés par les mots: "la chambre d'agriculture, de commerce, d'industrie, des métiers et de l'artisanat".

CHAPITRE III DISPOSITIONS SPÉCIFIQUES RELATIVES AU LIVRE II

(Ord. n° 2015-1341 du 23 oct. 2015, en vigueur le 1er janv. 2016;
Décr. n° 2015-1342 du 23 oct. 2015, en vigueur le 1er janv. 2016)

Art. L. 543-1 Les conditions dans lesquelles les actes administratifs sont publiés à Saint-Pierre-et-Miquelon, de même que celles dans lesquelles les actes administratifs publiés au *Journal officiel* de la République française entrent en vigueur, sont régies par l'article LO 6413-2 du code général des collectivités territoriales.

Par conséquent, les dispositions qui suivent ne sont pas applicables à Saint-Pierre-et-Miquelon:

1° Les articles L. 221-2, L. 221-3 et L. 221-7 du code, en tant qu'ils concernent les actes réglementaires et les décisions qui ne sont ni réglementaires ni individuelles et qui sont publiées au *Journal officiel* de la République française;

2° Les articles L. 221-4 à L. 221-6.

⊡Art. R. 543-2⊡ Les mesures de publicité applicables aux actes pris par les autorités de la collectivité de Saint-Pierre-et-Miquelon et les conditions de leur entrée en vigueur sont régies par les articles LO 6451-1 à LO 6451-5 du code général des collectivités territoriales.

CHAPITRE IV DISPOSITIONS SPÉCIFIQUES RELATIVES AU LIVRE III

(Ord. n° 2015-1341 du 23 oct. 2015, en vigueur le 1er janv. 2016; Décr. n° 2015-1342 du 23 oct. 2015, en vigueur le 1er janv. 2016)

⊡⊡⊡Art. L. 544-1⊡ Pour l'application de l'article L. 342-2 à Saint-Pierre-et-Miquelon, les dispositions auxquelles renvoie cet article sont remplacées, lorsqu'il en existe, par les dispositions applicables localement.
⊡⊡
⊡Art. R. 544-2⊡ Pour l'application des dispositions réglementaires du livre III à Saint-Pierre-et-Miquelon, la référence aux départements et aux régions est remplacée par la référence à la collectivité territoriale de Saint-Pierre-et-Miquelon et la référence au préfet est remplacée par la référence au représentant de l'État.
⊡⊡
⊡Art. R. 544-3⊡ Pour l'application de l'article R. 312-4 à Saint-Pierre-et-Miquelon, les mots: "recueil des actes administratifs du département ayant une périodicité au moins trimestrielle" sont remplacés par les mots: "*Journal officiel* de Saint-Pierre-et-Miquelon".
⊡⊡⊡
Art. R. 544-4⊡ Pour l'application de l'article R. 330-2 à Saint-Pierre-et-Miquelon, les mots: "dix mille habitants ou plus" sont remplacés par les mots: "cinq mille habitants ou plus".

TITRE CINQUIÈME DISPOSITIONS APPLICABLES EN POLYNÉSIE FRANÇAISE

(Ord. n° 2015-1341 du 23 oct. 2015, en vigueur le 1er janv. 2016;
Décr. n° 2015-1342 du 23 oct. 2015, en vigueur le 1er janv. 2016)

Les dispositions du CRPA qui définissent désormais les conséquences attachées au silence gardé par l'administration sur une demande, et notamment celles des art. L. 231-1 et D. 231-2 de ce code, ne sont ainsi pas applicables aux matières relevant de la compétence de la Polynésie française. • CE , avis, 23 oct. 2017, *M. Diemert*, n° 411260 B: *BJCL n° 11/17, p. 777 à 780, concl. Crepey; BJCL n° 11/17, p. 781 à 782, note Pastorel.*

CHAPITRE PREMIER
DISPOSITIONS GÉNÉRALES

(Ord. n° 2015-1341 du 23 oct. 2015, en vigueur le 1er janv. 2016)

⏹⏹

⏹Art. L. 551-1⏹ Sous réserve des dispositions applicables de plein droit, les dispositions législatives et réglementaires du présent code ne s'appliquent en Polynésie française que dans la mesure et les conditions prévues par le présent titre.

CHAPITRE II DISPOSITIONS APPLICABLES À L'ÉTAT, AUX COMMUNES ET À LEURS ÉTABLISSEMENTS PUBLICS ET AUTRES ORGANISMES ET PERSONNES PLACÉS SOUS LEUR CONTRÔLE

(Ord. n° 2015-1341 du 23 oct. 2015, en vigueur le 1er janv. 2016; Décr. n° 2015-1342 du 23 oct. 2015, en vigueur le 1er janv. 2016)

SECTION PREMIÈRE DISPOSITIONS APPLICABLES À L'ÉTAT, AUX COMMUNES ET À LEURS ÉTABLISSEMENTS PUBLICS

▢▢▢Art. L. 552-1▢ En application de l'article 7 de la loi organique n° 2004-192 du 27 février 2004 portant statut d'autonomie de la Polynésie française, les dispositions législatives et réglementaires du présent code sont applicables de plein droit en Polynésie française aux relations entre le public, d'une part, et l'État, les communes et leurs établissements publics, d'autre part, sous la seule réserve des adaptations prévues au présent titre.

▢▢▢Art. L. 552-2▢ Les conditions dans lesquelles les actes administratifs sont publiés en Polynésie française, de même que celles dans lesquelles les actes administratifs publiés au *Journal officiel* de la République française entrent en vigueur en Polynésie française, sont régies par l'article 8 de la loi organique n° 2004-192 du 27 février 2004 portant statut d'autonomie de la Polynésie française.
▢Par conséquent, les dispositions qui suivent ne sont pas applicables en Polynésie française:

☐1° Les articles L. 221-2, L. 221-3 et L. 221-7 du code, en tant qu'ils concernent les actes réglementaires et les décisions qui ne sont ni réglementaires ni individuelles et qui sont publiées au *Journal officiel* de la République française;
☐2° Les articles L. 221-4 à L. 221-6.

SECTION II DISPOSITIONS APPLICABLES AUX ORGANISMES ET PERSONNES DE DROIT PUBLIC ET DE DROIT PRIVÉ, AUTRES QUE LES ÉTABLISSEMENTS PUBLICS, PLACÉS SOUS LE CONTRÔLE DE L'ÉTAT OU DES COMMUNES

SOUS-SECTION 1 DISPOSITIONS APPLICABLES DU LIVRE Iᴱᴿ

☐☐☐Art. L. 552-3☐ Les dispositions du livre Iᵉʳ mentionnées dans la colonne de gauche du tableau ci-après sont applicables en Polynésie française aux relations entre le public, d'une part, et les organismes et personnes de droit public et de droit privé, autres que les établissements publics, chargés par l'État et les communes d'une mission de service public administratif et, le cas échéant, industriel et commercial, d'autre part, dans leur rédaction indiquée dans la colonne de droite du même tableau.
☐
(mod. par L.   n° 2016-1321 du 7 oct. 2016, art. 112-II-1°; L.   n° 2018-727 du 10 août 2018, art. 2, 4, 23 et 41; Ord.   n° 2020-7 du 6 janv. 2020, art. 10; L.   n° 2020-1525 du 7 déc. 2020, art. 46-IV; *L.   n° 2022-217 du 21 févr. 2022, art. 162*)

Dispositions applicables	Dans leur rédaction
Titre Iᵉʳ	
L. 110-1	Résultant de l'ordonnance n° 2015-1341
L. 111-2 et L. 111-3	Résultant de l'ordonnance n° 2015-1341
L. 112-1 à L. 112-3	Résultant de l'ordonnance n° 2015-1341

L. 112-6 à L. 112-15	Résultant de la loi n° 2016-1321 du 7 octobre 2016 pour une République numérique
L. 113-4	Résultant de l'ordonnance n° 2015-1341
L. 113-12 et L. 113-13	Résultant de la loi n° 2022-217 du 21 février 2022 relative à la différenciation, la décentralisation, la déconcentration et portant diverses mesures de simplification de l'action publique locale
[L] 114-1 à 114-5	Résultant de l'ordonnance n° 2015-1341
L. 114-5-1	Résultant de la loi n° 2018-727 du 10 août 2018 pour un État au service d'une société de confiance
L. 114-6 et L. 114-7	Résultant de l'ordonnance n° 2015-1341 du 23 octobre 2015 relative aux dispositions législatives du code des relations entre le public et l'administration
L. 114-8 et L. 114-9	Résultant de la loi n° 2022-217 du 21 février 2022 relative à la différenciation, la décentralisation, la déconcentration et portant diverses mesures de simplification de l'action publique locale
L. 114-10	Résultant de la loi n° 2018-727 du 10 août 2018 pour un État au service d'une société de confiance
L. 114-11	Résultant de la loi n° 2018-727 du 10 août 2018 pour un État au service d'une société de confiance
Titre II	
L. 120-1	Résultant de l'ordonnance n° 2015-1341
L. 121-1 et L. 121-2	Résultant de l'ordonnance n° 2015-1341
L. 122-1 et L. 122-2	Résultant de l'ordonnance n° 2015-1341
L. 123-1 et L. 123-2	Résultant de la loi n° 2018-727 du 10 août 2018 pour un État au service d'une société de confiance
L. 124-1 et L. 124-2	Résultant de la loi n° 2018-727 du 10 août 2018 pour un État au service d'une société de confiance
Titre III	
L. 131-1	Résultant de l'ordonnance n° 2015-1341
L. 132-1 à L. 132-3	Résultant de l'ordonnance n° 2015-1341

L. 134-1 et L. 134-2	Résultant de l'ordonnance n° 2015-1341
L. 134-31	Résultant de l'ordonnance n° 2015-1341
L. 134-33	Résultant de la loi n° 2020-1525 du 7 décembre 2020 d'accélération et de simplification de l'action publique
L. 134-34	Résultant de l'ordonnance n° 2015-1341
L. 134-35	Résultant de la loi n° 2020-1525 du 7 décembre 2020 d'accélération et de simplification de l'action publique

⌧⌧⌧

Art. R.* 552-4⌧ Les dispositions du livre Ier mentionnées dans la colonne de gauche du tableau ci-après sont applicables en Polynésie française aux relations entre le public, d'une part, et les organismes et personnes de droit public et de droit privé, autres que les établissements publics, chargés par l'État et les communes d'une mission de service public administratif et, le cas échéant, industriel et commercial, d'autre part, dans leur rédaction indiquée dans la colonne de droite du même tableau.

⌧

Dispositions applicables	Dans leur rédaction
R.* 132-4 à R.* 132-7	Résultant du décret n° 2015-1342

⌧⌧⌧

Art. R. 552-5⌧ Les dispositions du livre Ier mentionnées dans la colonne de gauche du tableau ci-après sont applicables en Polynésie française aux relations entre le public, d'une part, et les organismes et personnes de droit public et de droit privé, autres que les établissements publics, chargés par l'État et les communes d'une mission de service public administratif et, le cas échéant, industriel et commercial, d'autre part, dans leur rédaction indiquée dans la colonne de droite du même tableau.

⌧ Les dispositions du Décr. n° 2021-464 du 16 avr. 2021 sont applicables aux procédures engagées postérieurement à leur entrée en vigueur (Décr. préc., art. 4).

⌧

(mod. par Décr.   n° 2016-1411 du 20 oct. 2016, art. 2-1° et 4, en vigueur le 7 nov. 2016; Décr.   n°2017-1728 du 21 déc. 2017, art. 2; Décr.   n° 2019-31 du 18 janv. 2019, art. 2; Décr.   n° 2021-464 du 16 avr. 2021, art. 3)

Dispositions applicables	Dans leur rédaction
Titre Ier	
R. 112-4 et R. 112-5	Résultant du décret n° 2015-1342

R. 112-9-1 et R. 112-9-2	Résultant du décret n° 2016-1411 du 20 octobre 2016
R. 112-11-1 à R. 112-11-4	Résultant du décret n° 2016-1411 du 20 octobre 2016
R. 112-16 à R. 112-20	Résultant du décret n° 2017-1728 du 21 décembre 2017
R. 113-5 à R. 113-11	Résultant du décret n° 2015-1342
R. 114-9-1 et R. 114-9-2	Résultant du décret n° 2019-31 du 18 janvier 2019
R. 114-9-3 et R. 114-9-4	Résultant du décret n° 2021-464 du 16 avril 2021
R. 114-9-5 à R. 114-9-8	Résultant du décret n° 2019-31 du 18 janvier 2019
Titre III	
R. 134-3 à R. 134-30	Résultant du décret n° 2015-1342
R. 134-32	Résultant du décret n° 2015-1342

▨▨▨Art. D. 552-5-1▨ *(Décr. n° 2018-729 du 21 août 2018, art. 2, en vigueur le 1ᵉʳ sept. 2018)* Les dispositions du livre Iᵉʳ mentionnées dans la colonne de gauche du tableau ci-après sont applicables en Polynésie française aux relations entre le public, d'une part, et les organismes et personnes de droit public et de droit privé, autres que les établissements publics, chargés par l'État et les communes d'une mission de service public administratif et, le cas échéant, industriel et commercial, d'autre part, dans leur rédaction indiquée dans la colonne de droite du même tableau.

▨ (mod. par Décr. n° 2019-33 du 18 janv. 2019, art. 3)

Dispositions applicables	Dans leur rédaction
D. 113-14	Résultant du décret n° 2019--33 du 18 janvier 2019
D. 114-12 à D. 114-15	Résultant du décret n° 2018-729 du 21 août 2018

SOUS-**SECTION** 2 DISPOSITIONS APPLICABLES DU LIVRE II

⸮⸮⸮
Art. L. 552-6⸮ Les dispositions du livre II mentionnées dans la colonne de gauche du tableau ci-après sont applicables en Polynésie française aux relations entre le public, d'une part, et les organismes et personnes de droit public et de droit privé, autres que les établissements publics, chargés par l'État et les communes d'une mission de service public administratif et, le cas échéant, industriel et commercial, d'autre part, dans leur rédaction indiquée dans la colonne de droite du même tableau.
⸮
(mod. par L.   n° 2016-1918 du 29 déc. 2016, art. 90-III; L.   n° 2017-258 du 28 févr. 2017, art. 40-VII; L.   n° 2018-727 du 10 août 2018, art. 42; L.   n° 2018-778 du 10 sept. 2018, art. 68)

Dispositions applicables	Dans leur rédaction
L. 200-1	Résultant de l'ordonnance n° 2015-1341
Titre Ier	
L. 211-1 à L. 211-6	Résultant de l'ordonnance n° 2015-1341
L. 212-1	Résultant de la loi n° 2017-258 du 28 février 2017 relative à la sécurité publique
L. 212-2	Résultant de la loi n° 2018-727 du 10 août 2018 pour un État au service d'une société de confiance
L. 212-3	Résultant de l'ordonnance n° 2015-1341
Titre II	
L. 221-1	Résultant de l'ordonnance n° 2015-1341
L. 221-2, L. 221-3 et L. 221-7, en tant qu'elles concernent les décisions qui ne sont ni réglementaires ni individuelles et qui ne sont pas publiées au Journal officiel de la République française	Résultant de l'ordonnance n° 2015-1341
L. 221-8	Résultant de l'ordonnance n° 2015-1341

Titre III	
L. 231-1	Résultant de l'ordonnance n° 2015-1341
L. 231-4 à L. 231-6	Résultant de l'ordonnance n° 2015-1341
L. 232-1 à L. 232-4	Résultant de l'ordonnance n° 2015-1341
Titre IV	
L. 240-1 et L. 240-2	Résultant de l'ordonnance n° 2015-1341
L. 241-1 et L. 241-2	Résultant de l'ordonnance n° 2015-1341
L. 242-1 à L. 242-5	Résultant de l'ordonnance n° 2015-1341
L. 243-1 à L. 243-4	Résultant de l'ordonnance n° 2015-1341

⊞⊞⊞Art. D. 552-7⊞ Les dispositions du livre II mentionnées dans la colonne de gauche du tableau ci-après sont applicables en Polynésie française aux relations entre le public, d'une part, et les organismes et personnes de droit public et de droit privé, autres que les établissements publics, chargés par l'État et les communes d'une mission de service public administratif et, le cas échéant, industriel et commercial, d'autre part, dans leur rédaction indiquée dans la colonne de droite du même tableau.
⊞

itions applicables	Dans leur rédaction
D. 231-2 et D. 231-3	Résultant du décret n° 2015-1342

SOUS-SECTION 3 DISPOSITIONS APPLICABLES DU LIVRE III

☐☐☐Art. L. 552-8☐ Les dispositions du livre III mentionnées dans la colonne de gauche du tableau ci-après sont applicables en Polynésie française aux relations entre le public, d'une part, et les organismes et personnes de droit public et de droit privé, autres que les établissements publics, chargés par l'État et les communes d'une mission de service public administratif et, le cas échéant, industriel et commercial, d'autre part, dans leur rédaction indiquée dans la colonne de droite du même tableau.

☐

(Ord.   n° 2016-307 du 17 mars 2016, art. 3-1°, mod. par L.   n° 2016-1321 du 7 oct. 2016, art. 112-II-2°; L.   n° 2016-1919 du 29 déc. 2016, art. 6; L   n° 2018-727 du 10 août 2018, art. 20;
Ord.   n° 2022-1521 du 7 déc. 2022, art. 20 et 35, en vigueur le 18 déc. 2022)

Dispositions applicables	Dans leur rédaction
L. 300-1 à L. 300-4	Résultant de la loi n° 2016-1321 du 7 octobre 2016 pour une République numérique
Titre I	
L. 311-1 à L. 311-9	Résultant de la loi n° 2016-1321 du 7 octobre 2016 pour une République numérique
L. 311-14	Résultant de l'ordonnance n° 2016-1341
L. 312-1 à L. 312-1-3	Résultant de la loi n° 2016-1321 du 7 octobre 2016 pour une République numérique
L. 312-2	Résultant de la loi n° 2018-727 du 10 août 2018 pour un État au service d'une société de confiance
L. 312-3	Résultant de la loi n° 2018-727 du 10 août 2018 pour un État au service d'une société de confiance
Titre II	
L. 321-1 à L. 321-4	Résultant de la loi n° 2016-1321 du 7 octobre 2016 pour une République numérique
L. 322-1 et L. 322-2	Résultant de la loi n° 2016-1321 du 7 octobre 2016 pour une République numérique
L. 322-5 et L. 322-6	Résultant de la loi n° 2016-1321 du 7 octobre 2016 pour une République numérique

L. 323-1 et L. 323-2	Résultant de la loi n° 2016-1321 du 7 octobre 2016 pour une République numérique
L. 324-1 à L. 324-6	Résultant de la loi n° 2016-1321 du 7 octobre 2016 pour une République numérique
L. 325-1 à L. 325-4	Résultant de l'ordonnance n° 2016-307
L. 325-7 et L. 325-8	Résultant de la loi n° 2016-1321 du 7 octobre 2016 pour une République numérique
L. 326-1	Résultant de la loi n° 2016-1321 du 7 octobre 2016 pour une République numérique
Titre III	
L. 330-1	Résultant de l'ordonnance n° 2015-1341
Titre IV	
L. 340-1	Résultant de l'ordonnance n° 2016-307
L. 341-1 et L. 341-2	Résultant de la loi n° 2016-1321 du 7 octobre 2016 pour une République numérique
L. 342-1	Résultant de la loi n° 2022-217 du 21 février 2022
L. 342-2 à L. 342-4	Résultant de la loi n° 2016-1919 du 29 décembre 2016

🔲🔲🔲

Art. R.* 552-9🔲 Les dispositions du livre III mentionnées dans la colonne de gauche du tableau ci-après sont applicables en Polynésie française aux relations entre le public, d'une part, et les organismes et personnes de droit public et de droit privé, autres que les établissements publics, chargés par l'État et les communes d'une mission de service public administratif et, le cas échéant, industriel et commercial, d'autre part, dans leur rédaction indiquée dans la colonne de droite du même tableau.

🔲

(mod. par Décr. n° 2016-308 du 17 mars 2016, art. 5-1°; Décr. n° 2022-1335 du 19 oct. 2022, art. 4)

Dispositions applicables	Dans leur rédaction
Titre I	
R.* 311-12	Résultant du décret n° 2015-1342
Titre II	

R.* 322-4	Résultant du décret n° 2016-308
R. * 325-6	Résultant du décret n° 2016-308
Titre IV	
R.* 343-4	Résultant du décret n° 2015-1342

◻◻

◻Art. R. 552-10◻ Les dispositions du livre III mentionnées dans la colonne de gauche du tableau ci-après sont applicables en Polynésie française aux relations entre le public, d'une part, et les organismes et personnes de droit public et de droit privé, autres que les établissements publics, chargés par l'État et les communes d'une mission de service public administratif et, le cas échéant, industriel et commercial, d'autre part, dans leur rédaction indiquée dans la colonne de droite du même tableau.

◻ (mod. par Décr. n° 2016-308 du 17 mars 2016, art. 5-2°; Décr. n° 2016-1036 du 28 juill. 2016, art. 2-1°, en vigueur le 1er janv. 2017; Décr. n° 2016-1564 du 21 nov. 2016; Décr. n° 2017-330 du 14 mars 2017, art. 2 et 3, en vigueur le 1er sept. 2017; Décr. n° 2017-331 du 14 mars 2017, art. 3 et 4, en vigueur le 1er avr. 2017; Décr. n° 2017-349 du 20 mars 2017, art. 2-1°; Décr. n° 2017-479 du 5 avr. 2017, art. 3; Décr. n° 2018-1047 du 28 nov. 2018, art. 5 et 7, en vigueur le 1er janv. 2019; Décr. n° 2022-1335 du 19 oct. 2022, art. 4)

◻Le Décr. n° 2018-1047 du 28 nov. 2018 entre en vigueur le 1er janv. 2019. Les circulaires et instructions signées avant cette date sont réputées abrogées au 1er mai 2019 si elles n'ont pas, à cette dernière date, été publiées sur les supports prévus par les dispositions de la section II du Chapitre II du titre Ier du livre III du présent code. Les dispositions de l'art. 7 du Décr. préc. sont applicables dans les îles Wallis-et-Futuna, en Polynésie française et en Nouvelle-Calédonie (Décr. préc., art. 7).

◻

Dispositions applicables	Dans leur rédaction
Titre I	
R. 311-3-1-1 et R. 311-3-1-2	Résultant du décret n° 2017-330 du 14 mars 2017
R. 311-8-1 et R. 311-8-2	Résultant du décret n° 2017-349 du 20 mars 2017 relatif à la procédure d'accès sécurisé aux bases de données publiques
R. 311-10 et R. 311-11	Résultant du décret n° 2015-1342
R. 311-13	Résultant du décret n° 2015-1342
R. 312-6	Résultant du décret n° 2015-1342 du 23 octobre 2015
R. 312-7	Résultant du décret n° 2018-1047 du 28

	novembre 2018
Titre II	
R. 321-5 à R. 321-8	Résultant du décret n° 2017-331 du 14 mars 2017
R. 322-3	Résultant du décret n° 2016-308
R. 322-7	Résultant du décret n° 2016-308
R. 323-3	Résultant du décret n° 2016-308
R. 323-7	Résultant du décret n° 2016-308
R. 324-6-1	Résultant du décret n° 2016-1564 du 21 novembre 2016
R. 324-4-1 à R. 324-4-5	Résultant du décret n° 2016-1036
R. 324-6 et R. 324-7	Résultant du décret n° 2016-308
R. 325-5	Résultant du décret n° 2016-308
Titre III	
R. 330-2 à R. 330-4	Résultant du décret n° 2015-1342
Titre IV	
R. 341-1-1	Résultant du décret n° 2017-479 du 5 avril 2017
R. 341-2-1	Résultant du décret n° 2016-1564 du 21 novembre 2016
R. 341-3 à R. 341-5	Résultant du décret n° 2015-1342
R. 341-5-1	Résultant du décret n° 2022-1335 du 19 octobre 2022
R. 341-6	Résultant du décret n° 2015-1342
R. 341-7	Résultant du décret n° 2016-308
R. 341-8	Résultant du décret n° 2016-308
R. 341-9	Résultant du décret n° 2015-1342
R. 341-16	Résultant du décret n° 2016-1564 du 21 novembre 2016
R. 341-17	Résultant du décret n° 2016-1564 du 21 novembre 2016
R. 342-4-1	Résultant du décret n° 2016-1564 du 21 novembre 2016
R. 342-5	Résultant du décret n° 2015-1342
R. 343-1 à R. 343-3	Résultant du décret n° 2015-1342
R. 343-3-1 et R. 343-3-2	Résultant du décret n° 2022-1335 du 19 octobre 2022
R. 343-5 à R. 343-12	Résultant du décret n° 2015-1342

░░░Art. D. 552-11░ Les dispositions du livre III mentionnées dans la colonne de gauche du tableau ci-après sont applicables en Polynésie française aux relations entre le public, d'une part, et les organismes et personnes de droit public et de droit privé, autres que les établissements publics, chargés par l'État et les communes d'une mission de service public administratif et, le cas échéant, industriel et commercial, d'autre part, dans leur rédaction indiquée dans la colonne de droite du même tableau.

░

(Décr.   n° 2016-308 du 17 mars 2016, art. 5-3°, mod. par Décr.   n° 2016-1617 du 29 nov. 2016, art. 2 et 3, en vigueur le 1er janv. 2017, Décr.   n° 2016-1922 du 28 déc. 2016, art. 2 -1° et 3, en vigueur le 1er janv. 2017; Décr.   n° 2017-638 du 27 avr. 2017, art. 2; Décr.   n° 2018-1177 du 10 déc. 2018, art. 2); Décr.   n° 2018-1177 du 10 déc. 2018, art. 2 ; Décr.   n° 2021-1559 du 1er déc. 2021, art. 2)

Dispositions applicables	Dans leur rédaction
D. 312-1-1-1	Résultant du décret n° 2016-1922
D. 312-1-3	Résultant du décret n° 2018-1117
D. 312-1-4	Résultant du décret n° 2016-1922
D. 323-2-1	Résultant du décret n° 2021-1559 du 1er décembre 2021
D. 323-2-2	Résultant du décret n° 2017-638 du 27 avril 2017
D. 324-5-1	Résultant du décret n° 2016-1617
D. 341-10	Résultant du décret n° 2016-308
D. 341-11 à D. 341-15	Résultant du décret n° 2015-1342

SOUS-**SECTION** 4 DISPOSITIONS APPLICABLES DU LIVRE IV

░

░░Art. L. 552-12░ Les dispositions du livre IV mentionnées dans la colonne de gauche du tableau ci-après sont applicables en Polynésie française aux relations entre le public, d'une part, et les organismes et personnes de droit public et de droit privé, autres que les établissements publics, chargés par l'État et les communes d'une mission de service public administratif et, le cas échéant, industriel et commercial, d'autre part, dans leur rédaction indiquée dans la colonne de droite du même tableau.

░

Dispositions applicables	Dans leur rédaction	
Titre Ier		
L. 410-1	Résultant de l'ordonnance	n° 2015-1341
L. 411-1 à L. 411-7	Résultant de l'ordonnance	n° 2015-1341
L. 412-1 à L. 412-8	Résultant de l'ordonnance	n° 2015-1341
Titre II		
L. 421-1 et L. 421-2	Résultant de l'ordonnance	n° 2015-1341
L. 423-1	Résultant de l'ordonnance	n° 2015-1341

SECTION III DISPOSITIONS D'ADAPTATION

SOUS-SECTION 1 DISPOSITIONS D'ADAPTATION DU LIVRE IER

⬜⬜⬜
Art. L. 552-13⬜ Pour l'application des dispositions législatives du livre Ier en Polynésie française:
⬜1° A l'article L. 112-1, la référence à l'article L. 3 du code des postes et communications électroniques est remplacée par la référence à la réglementation localement applicable;
⬜ *(L. n° 2020-1525 du 7 déc. 2020, art. 67)* «2° L'article L. 114-10-1 est applicable à la délivrance de titres et autorisations qui relèvent de l'État et de ses établissements;
⬜«3°» A l'article L. 134-1, les mots: "en dehors des cas prévus ou renvoyant au code de l'expropriation pour cause publique et au code de l'environnement" sont supprimés.
⬜⬜
⬜Art. R. 552-14⬜ Pour l'application des articles R. 134-3 à R. 134-30 et R. 134-32 en Polynésie française:
⬜1° La référence au préfet du département est remplacée par la référence au haut-commissaire de la République;
⬜2° A l'article R. 134-12, les mots: "régionaux ou" sont supprimés et les mots: "dans tout le département ou tous les départements concernés" sont remplacés par les mots: "dans la collectivité";
⬜3° Le premier alinéa de l'article R. 134-17 est supprimé;

4° A l'article R. 134-24, les mots: "les chambres d'agriculture, les chambres de commerce et d'industrie et les chambres des métiers et de l'artisanat" sont remplacés par les mots: "la chambre d'agriculture et de la pêche lagonaire et la chambre de commerce, d'industrie, des services et des métiers".

SOUS-**SECTION** 2 DISPOSITIONS D'ADAPTATION DU LIVRE III

Art. L. 552-15 *(L. n° 2016-1321 du 7 oct. 2016, art. 112-3°)* Pour l'application des articles L. 311-8 et L. 312-1-2 en Polynésie française, les références aux articles L. 212-2, L. 212-3, L. 213-1, L. 213-2 et L. 213-3 du code du patrimoine sont remplacées par la référence à la réglementation localement applicable.

Art. L. 552-16 Pour l'application de l'article L. 342-2 en Polynésie française, les dispositions auxquelles renvoie cet article sont remplacées, le cas échéant, par les dispositions applicables localement.

Art. R. 552-17 Pour l'application des dispositions réglementaires du livre III en Polynésie française:

1° La référence aux départements et aux régions est remplacée par la référence à la Polynésie française et la référence au préfet est remplacée par la référence au haut-commissaire de la République;

2° La compétence dévolue aux huissiers de justice pour la délivrance des actes prévus au présent livre peut être exercée par un représentant de l'autorité administrative ou militaire.

Art. R. 552-18 Pour l'application de l'article R. 312-4 en Polynésie française, les mots: "recueil des actes administratifs du département ayant une périodicité au moins trimestrielle" sont remplacés par les mots: "*Journal officiel* de la Polynésie française".

CHAPITRE III DISPOSITIONS APPLICABLES À LA POLYNÉSIE FRANÇAISE ET AUX ORGANISMES ET PERSONNES PLACÉS SOUS SON CONTRÔLE

(Ord. n° 2015-1341 du 23 oct. 2015, en vigueur le 1er janv. 2016)

⸉⸉⸉Art. L. 553-1⸉ Les mesures de publicité applicables aux actes pris par les autorités de la Polynésie française et les conditions de leur entrée en vigueur en Polynésie française sont régies par la loi organique n° 2004-192 du 27 février 2004 portant statut d'autonomie de la Polynésie française.

⸉⸉⸉Art. L. 553-2⸉ Les dispositions du livre III mentionnées dans la colonne de gauche du tableau ci-après sont applicables aux relations entre le public et la Polynésie française, ses établissements publics et les autres organismes et personnes de droit public et de droit privé chargés par cette collectivité d'une mission de service public administratif et, le cas échéant, industriel et commercial, dans leur rédaction indiquée dans la colonne de droite du même tableau.
⸉
(mod. par L.   n° 2016-1321 du 7 oct. 2016, art. 112-II-4°)

Dispositions applicables	Dans leur rédaction
L. 300-1 à L. 300-4	Résultant de la loi n° 2016-1321 du 7 octobre 2016 pour une République numérique
L. 311-1 à L. 311-3-1	Résultant de la loi n° 2016-1321 du 7 octobre 2016 pour une République numérique
L. 311-5 à L. 311-9	Résultant de la loi n° 2016-1321 du 7 octobre 2016 pour une République numérique
L. 312-1 à L. 312-2	Résultant de la loi n° 2016-1321 du 7 octobre 2016 pour une République numérique

⸉⸉⸉Art. L. 553-3⸉ Pour l'application de l'article L. 311-8 en Polynésie française, les références aux articles L. 213-1, L. 213-2 et L. 213-3 du code du patrimoine sont remplacées par la référence à la réglementation localement applicable.
⸉⸉

▨Art. R. 553-4▨ *(Décr. nº 2017-330 du 14 mars 2017, art. 2 et 3, en vigueur le 1er sept. 2017; Décr. nº 2017-349 du 20 mars 2017, art. 2-2º)* Les dispositions du livre III mentionnées dans la colonne de gauche du tableau ci-après sont applicables aux relations entre le public et la Polynésie française, ses établissements publics et les autres organismes et personnes de droit public et de droit privé chargés par cette collectivité d'une mission de service public administratif et, le cas échéant, industriel et commercial, dans leur rédaction indiquée dans la colonne de droite du même tableau.

▨

Dispositions applicables	Dans leur rédaction
R. 311-8-1 et R. 311-8-2	Résultant du décret n° 2017-349 du 20 mars 2017 relatif à la procédure d'accès sécurisé aux bases de données publiques
R. 311-3-1-1 et R. 311-2-1-2	Résultant du décret n° 2017-330 du 14 mars 2017

TITRE SIXIÈME DISPOSITIONS APPLICABLES EN NOUVELLE-CALÉDONIE

(Ord. nº 2015-1341 du 23 oct. 2015, en vigueur le 1er janv. 2016; Décr. nº 2015-1342 du 23 oct. 2015, en vigueur le 1er janv. 2016)

CHAPITRE PREMIER
DISPOSITIONS GÉNÉRALES

(Ord. nº 2015-1341 du 23 oct. 2015, en vigueur le 1er janv. 2016)
▨▨▨

Art. L. 561-1⬚ Sous réserve des dispositions applicables de plein droit, les dispositions législatives et réglementaires du présent code ne s'appliquent en Nouvelle-Calédonie que dans la mesure et les conditions prévues par le présent titre.

CHAPITRE II DISPOSITIONS APPLICABLES À L'ÉTAT, AUX COMMUNES ET À LEURS ÉTABLISSEMENTS PUBLICS ET AUX AUTRES ORGANISMES ET PERSONNES PLACÉS SOUS LEUR CONTRÔLE

(Ord. n° 2015-1341 du 23 oct. 2015, en vigueur le 1er janv. 2016; Décr. n° 2015-1342 du 23 oct. 2015, en vigueur le 1er janv. 2016)

SECTION PREMIÈRE DISPOSITIONS APPLICABLES À L'ÉTAT, AUX COMMUNES ET À LEURS ÉTABLISSEMENTS PUBLICS

⬚⬚⬚
Art. L. 562-1⬚ En application de l'article 6-2 de la loi organique n° 99-209 du 19 mars 1999 relative à la Nouvelle-Calédonie, les dispositions législatives et réglementaires du présent code sont applicables de plein droit en Nouvelle-Calédonie aux relations entre le public, d'une part, et l'État, les communes et leurs établissements publics, d'autre part, sous la seule réserve des adaptations prévues au présent titre.

☐☐☐Art. L. 562-2☐ Les conditions dans lesquelles les actes administratifs sont publiés en Nouvelle-Calédonie, de même que celles dans lesquelles les actes administratifs publiés au *Journal officiel* de la République française entrent en vigueur en Nouvelle-Calédonie, sont régies par l'article 6-1 de la loi organique n° 99-209 du 19 mars 1999 relative à la Nouvelle-Calédonie.

☐Par conséquent, les dispositions qui suivent ne sont pas applicables en Nouvelle-Calédonie:

☐1° Les articles L. 221-2, L. 221-3 et L. 221-7 du code, en tant qu'ils concernent les actes réglementaires et les décisions qui ne sont ni réglementaires ni individuelles et qui sont publiées au *Journal officiel* de la République française;

☐2° Les articles L. 221-4 à L. 221-6.

SECTION II DISPOSITIONS APPLICABLES AUX ORGANISMES ET PERSONNES DE DROIT PUBLIC ET DE DROIT PRIVÉ, AUTRES QUE LES ÉTABLISSEMENTS PUBLICS, PLACÉS SOUS LE CONTRÔLE DE L'ÉTAT ET DES COMMUNES

SOUS-SECTION 1 DISPOSITIONS APPLICABLES DU LIVRE IER

☐☐☐
Art. L. 562-3☐ Les dispositions du livre Ier mentionnées dans la colonne de gauche du tableau ci-après sont applicables en Nouvelle-Calédonie aux relations entre le public, d'une part, et les organismes et personnes de droit public et de droit privé, autres que les établissements publics, chargés par l'État et les communes d'une mission de service public administratif et, le cas échéant, industriel et commercial, d'autre part, dans leur rédaction indiquée dans la colonne de droite du même tableau.

☐
(mod. par L. n° 2016-1321 du 7 oct. 2016, art. 112-II-1°; L. n° 2018-727 du 10 août 2018, art. 2, 4, 23 et 41; Ord. n° 2020-7 du 6 janv. 2020, art. 10; L. n° 2020-1525 du 7 déc. 2020, art. 46-IV; *L. n° 2022-217 du 21 févr. 2022, art. 162)*

Dispositions applicables	Dans leur rédaction
Titre Ier	
L. 110-1	Résultant de l'ordonnance n° 2015-1341 [du23 octobre 2015 relative aux dispositions législatives du code des relations entre le public et l'administration]
L. 111-2 et L. 111-3	Résultant de l'ordonnance n° 2015-1341 [du23 octobre 2015 relative aux dispositions législatives du code des relations entre le public et l'administration]
L. 112-1 à L. 112-3	Résultant de l'ordonnance n° 2015-1341 [du23 octobre 2015 relative aux dispositions législatives du code des relations entre le public et l'administration]
L. 112-6 à L. 112-15	Résultant de la loi n° 2016-1321 du 7 octobre 2016 pour une République numérique
L. 113-4	Résultant de l'ordonnance n° 2015-1341 [du23 octobre 2015 relative aux dispositions législatives du code des relations entre le public et l'administration]
L. 113-12 et L. 113-13	Résultant de la loi n° 2022-217 du 21 février 2022 relative à la différenciation, la décentralisation, la déconcentration et portant diverses mesures de simplification de l'action publique locale
L. 114-1 à L. 114-5	Résultant de l'ordonnance n° 2015-1341 [du23 octobre 2015 relative aux dispositions législatives du code des relations entre le public et l'administration]
L. 114-5-1	Résultant de la loi n° 2018-727 du 10 août 2018 pour un État au service d'une société de confiance
L. 114-6 et L. 114-7	Résultant de l'ordonnance n° 2015-1341 du 23 octobre 2015 [du23 octobre 2015 relative aux dispositions législatives du code des relations entre le public e tl'administration]
L. 114-8 et L. 114-9	Résultant de la loi n° 2022-217 du 21 février 2022 relative à la différenciation, la décentralisation, la déconcentration et portant diverses mesures de simplification de l'action publique locale
L. 114-10	Résultant de la loi n° 2018-727 du 10 août 2018 pour un État au service d'une société de confiance
L. 114-11	Résultant de la loi n° 2018-727 du 10 août 2018 pour un État au service d'une société de confiance
Titre II	
L. 120-1	Résultant de l'ordonnance n° 2015-1341 [du23 octobre 2015 relative aux dispositions législatives du code des relations entre le public et l'administration]
L. 121-1 et L. 121-2	Résultant de l'ordonnance n° 2015-1341 [du23 octobre

	2015 relative aux dispositions législatives du code des relations entre le public et l'administration]
L. 122-1 et L. 122-2	Résultant de l'ordonnance n° 2015-1341 [du23 octobre 2015 relative aux dispositions législatives du code des relations entre le public et l'administration]
L. 123-1 et L. 123-2	Résultant de la loi n° 2018-727 du 10 août 2018 pour un État au service d'une société de confiance
L. 124-1 et L. 124-2	Résultant de la loi n° 2018-727 du 10 août 2018 pour un État au service d'une société de confiance
Titre III	
L. 131-1	Résultant de l'ordonnance n° 2015-1341 [du23 octobre 2015 relative aux dispositions législativesdu code des relations entre le public etl'administration]
L. 132-1 à L. 132-3	Résultant de l'ordonnance n° 2015-1341 [du23 octobre 2015 relative aux dispositions législativesdu code des relations entre le public etl'administration]
L. 134-1 et L. 134-2	Résultant de l'ordonnance n° 2015-1341 [du23 octobre 2015 relative aux dispositions législativesdu code des relations entre le public etl'administration]
L. 134-31	Résultant de l'ordonnance n° 2015-1341 [du23 octobre 2015 relative aux dispositions législativesdu code des relations entre le public etl'administration]
L. 134-33	Résultant de la loi n° 2020-1525 du 7 décembre 2020 d'accélération et de simplification de l'action publique
L. 134-34	Résultant de l'ordonnance n° 2015-1341 [du23 octobre 2015 relative aux dispositions législativesdu code des relations entre le public etl'administration]
L. 134-35	Résultant de la loi n° 2020-1525 du 7 décembre 2020 d'accélération et de simplification de l'action publique

░░░Art. R.* 562-4░ Les dispositions du livre Iᵉʳ mentionnées dans la colonne de gauche du tableau ci-après sont applicables en Nouvelle-Calédonie aux relations entre le public, d'une part, et les organismes et personnes de droit public et de droit privé, autres que les établissements publics, chargés par l'État et les communes d'une mission de service public administratif et, le cas échéant, industriel et commercial, d'autre part, dans leur rédaction indiquée dans la colonne de droite du même tableau.

░

Dispositions applicables	Dans leur rédaction
R.* 132-4 à R.* 132-7	Résultant du décret n° 2015-1342

⬚

⬚⬚Art. R. 562-5⬚ Les dispositions du livre Ier mentionnées dans la colonne de gauche du tableau ci-après sont applicables en Nouvelle-Calédonie aux relations entre le public, d'une part, et les organismes et personnes de droit public et de droit privé, autres que les établissements publics, chargés par l'État et les communes d'une mission de service public administratif et, le cas échéant, industriel et commercial, d'autre part, dans leur rédaction indiquée dans la colonne de droite du même tableau.

⬚ Les dispositions du Décr. n° 2021-464 du 16 avr. 2021 sont applicables aux procédures engagées postérieurement à leur entrée en vigueur (Décr. préc., art. 4).

⬚

(mod. par Décr.   n° 2016-1411 du 20 oct. 2016, art. 2-2° et 4, en vigueur le 7 nov. 2016; Décr.   n°2017-1728 du 21 déc. 2017, art. 2; Décr.   n° 2019-31 du 18 janv. 2019, art. 2; Décr.   n° 2021-464 du 16 avr. 2021, art. 3)

Dispositions applicables	Dans leur rédaction
Titre Ier	
R. 112-4 et R. 112-5	Résultant du décret n° 2015-1342
R. 112-9-1 et R. 112-9-2	Résultant du décret n° 2016-1411 du 20 octobre 2016
R. 112-11-1 à R. 112-11-4	Résultant du décret n° 2016-1411 du 20 octobre 2016
R. 112-16 à R. 112-20	Résultant du décret n° 2017-1728 du 21 décembre 2017
R. 113-5 à R. 113-11	Résultant du décret n° 2015-1342
R. 114-9-1 et R. 114-9-2	Résultant du décret n° 2019-31 du 18 janvier 2019
R. 114-9-3 et R. 114-9-4	Résultant du décret n° 2021-464 du 16 avril 2021
R. 114-9-5 à R. 114-9-8	Résultant du décret n° 2019-31 du 18 janvier 2019
Titre III	
R. 134-3 à R. 134-30	Résultant du décret n° 2015-1342
R. 134-32	Résultant du décret n° 2015-1342

⬚⬚⬚Art. D. 562-5-1⬚ *(Décr. n° 2018-729 du 21 août 2018, art. 2, en vigueur le 1ᵉʳ sept. 2018)* Les dispositions du livre Iᵉʳ mentionnées dans la colonne de gauche du tableau ci-après sont applicables en Nouvelle-Calédonie aux relations entre le public, d'une part, et les organismes et personnes de droit public et de droit privé, autres que les établissements publics, chargés par l'État et les communes d'une mission de service public administratif et, le cas échéant, industriel et commercial, d'autre part, dans leur rédaction indiquée dans la colonne de droite du même tableau.
⬚ (mod. par Décr. n° 2019-33 du 18 janv. 2019, art. 3)

Dispositions applicables	Dans leur rédaction
D. 113-14	Résultant du décret n° 2019-33 du 18 janvier 2019
D. 114-12 à D. 114-15	Résultant du décret n° 2018-729 du 21 août 2018

SOUS-**SECTION** 2 DISPOSITIONS APPLICABLES DU LIVRE II

⬚⬚
⬚Art. L. 562-6⬚ Les dispositions du livre II mentionnées dans la colonne de gauche du tableau ci-après sont applicables en Nouvelle-Calédonie aux relations entre le public, d'une part, et les organismes et personnes de droit public et de droit privé, autres que les établissements publics, chargés par l'État et les communes d'une mission de service public administratif et, le cas échéant, industriel et commercial, d'autre part, dans leur rédaction indiquée dans la colonne de droite du même tableau.
⬚

(mod. par L. n° 2016-1918 du 29 déc. 2016, art. 90-III; L. n° 2017-258 du 28 févr. 2017, art. 40-VII; L. n° 2018-727 du 10 août 2018, art. 42 ; L. n° 2018-778 du 10 sept. 2018, art. 68)

Dispositions applicables	Dans leur rédaction
L. 200-1	Résultant de l'ordonnance n° 2015-1341
Titre Ier	
L. 211-1 à L. 211-6	Résultant de l'ordonnance n° 2015-1341
L. 212-1	Résultant de la loi n° 2017-258 du 28 février 2017 relative à la sécurité publique
L. 212-2	Résultant de la loi n° 2018-778 du 10 septembre 2018 pour une immigration maîtrisée, un droit d'asile effectif et une intégration réussie.
L. 212-3	Résultant de l'ordonnance n° 2015-1341
Titre II	
L. 221-1	Résultant de l'ordonnance n° 2015-1341
L. 221-2, L. 221-3 et L. 221-7, en tant qu'elles concernent les décisions qui ne sont ni réglementaires ni individuelles et qui ne sont pas publiées au Journal officiel de la République française	Résultant de l'ordonnance n° 2015-1341
L. 221-8	Résultant de l'ordonnance n° 2015-1341
Titre III	
L. 231-1	Résultant de l'ordonnance n° 2015-1341
L. 231-4 à L. 231-6	Résultant de l'ordonnance n° 2015-1341
L. 232-1 à L. 232-4	Résultant de l'ordonnance n°

	2015-1341
Titre IV	
L. 240-1 et L. 240-2	Résultant de l'ordonnance n° 2015-1341
L. 241-1 et L. 241-2	Résultant de l'ordonnance n° 2015-1341
L. 242-1 à L. 242-5	Résultant de l'ordonnance n° 2015-1341
L. 243-1 à L. 243-4	Résultant de l'ordonnance n° 2015-1341

⏍⏍⏍
Art. D. 562-7⏍ Les dispositions du livre II mentionnées dans la colonne de gauche du tableau ci-après sont applicables en Nouvelle-Calédonie aux relations entre le public, d'une part, et les organismes et personnes de droit public et de droit privé, autres que les établissements publics, chargés par l'État et les communes d'une mission de service public administratif et, le cas échéant, industriel et commercial, d'autre part, dans leur rédaction indiquée dans la colonne de droite du même tableau.
⏍

Dispositions applicables	Dans leur rédaction
D. 231-2 et D. 231-3	Résultant du décret n° 2015-1342

SOUS-SECTION 3 DISPOSITIONS APPLICABLES DU LIVRE III

⏍⏍⏍
Art. L. 562-8⏍ Les dispositions du livre III mentionnées dans la colonne de gauche du tableau ci-après sont applicables en Nouvelle-Calédonie aux relations entre le public, d'une part, et les organismes et personnes de droit public et de droit privé, autres que les établissements publics, chargés par l'État et les communes d'une mission de service public administratif et, le cas échéant, industriel et commercial, d'autre part, dans leur rédaction indiquée dans la colonne de droite du même tableau.
⏍
(Ord. n° 2016-307 du 17 mars 2016, art. 3-1°, mod. par L. n° 2016-1321 du 7 oct. 2016, art. 112-II-2°; L. n° 2016-1919 du 29 déc. 2016, art. 6; L n° 2018-727 du 10 août 2018, art. 20;
Ord. n° 2022-1521 du 7 déc. 2022, art. 32 et 35, en vigueur le 18 déc. 2022)

Dispositions applicables	Dans leur rédaction
L. 300-1 à L. 300-4	Résultant de la loi n° 2016-1321 du 7 octobre 2016 pour une République numérique
Titre I	
L. 311-1 à L. 311-9	Résultant de la loi n° 2016-1321 du 7 octobre 2016 pour une République numérique
L. 311-14	Résultant de l'ordonnance n° 2015-1341
L. 312-1 à L. 312-1-3	Résultant de la loi n° 2016-1321 du 7 octobre 2016 pour une République numérique
L. 312-2	Résultant de la loi n° 2018-727 du 10 août 2018 pour un État au service d'une société de confiance
L. 312-3	Résultant de la loi n° 2018-727 du 10 août 2018 pour un État au service d'une société de confiance
Titre II	
L. 321-1 à L. 321-4	Résultant de la loi n° 2016-1321 du 7 octobre 2016 pour une République numérique
L. 322-1 et L. 322-2	Résultant de la loi n° 2016-1321 du 7 octobre 2016 pour une République numérique
L. 322-5 et L. 322-6	Résultant de la loi n° 2016-1321 du 7 octobre 2016 pour une République numérique
L. 323-1 et L. 323-2	Résultant de la loi n° 2016-1321 du 7 octobre 2016 pour une République numérique
L. 324-1 à L. 324-6	Résultant de la loi n° 2016-1321 du 7 octobre 2016 pour une République numérique

L. 325-1 à L. 325-4	Résultant de l'ordonnance n° 2016-307
L. 325-7 et L. 325-8	Résultant de la loi n° 2016-1321 du 7 octobre 2016 pour une République numérique
L. 326-1	Résultant de la loi n° 2016-1321 du 7 octobre 2016 pour une République numérique
Titre III	
L. 330-1	Résultant de l'ordonnance n° 2015-1341
Titre IV	
L. 340-1	Résultant de l'ordonnance n° 2016-307
L. 341-1 et L. 341-2	Résultant de la loi n° 2016-1321 du 7 octobre 2016 pour une République numérique
L. 342-1	Résultant de la loi n° 2022-217 du 21 février 2022
L. 342-2 à L. 342-4	Résultant de la loi n° 2016-1919 du 29 décembre 2016

⟦⟧⟦⟧⟦⟧Art. R.* 562-9⟦⟧ Les dispositions du livre III mentionnées dans la colonne de gauche du tableau ci-après sont applicables en Nouvelle-Calédonie aux relations entre le public, d'une part, et les organismes et personnes de droit public et de droit privé, autres que les établissements publics, chargés par l'État et les communes d'une mission de service public administratif et, le cas échéant, industriel et commercial, d'autre part, dans leur rédaction indiquée dans la colonne de droite du même tableau.

⟦⟧

(mod. par Décr. n° 2016-308 du 17 mars 2016, art. 5-4° ; Décr. n°2022-1335 du 19 oct. 2022, art. 4)

Dispositions applicables	Dans leur rédaction
Titre I	
R.* 311-12	Résultant du décret n° 2015-1342
Titre II	
R.* 322-4	Résultant du décret n° 2016-308

R.* 325-6	Résultant du décret n° 2016-308
Titre IV	
R.* 343-4	Résultant du décret n° 2015-1342

⬜⬜⬜Art. R. 562-10⬜ Les dispositions du livre III mentionnées dans la colonne de gauche du tableau ci-après sont applicables en Nouvelle-Calédonie aux relations entre le public, d'une part, et les organismes et personnes de droit public et de droit privé, autres que les établissements publics, chargés par l'État et les communes d'une mission de service public administratif et, le cas échéant, industriel et commercial, d'autre part, dans leur rédaction indiquée dans la colonne de droite du même tableau.
⬜

(mod. par Décr.   n° 2016-308 du 17 mars 2016, art. 5-5°; Décr.   n° 2016-1036 du 28 juill. 2016, art. 2-2°, en vigueur le 1er janv. 2017; Décr.   n° 2016-1564 du 21 nov. 2016, art. 2 et 5; Décr.   N° 2017-330 du 14 mars 2017, art, 2 et 3, en vigueur le 1er sept. 2017; Décr.   n° 2017-331 du 14 mars 2017, art. 2 et 4, en vigueur le 1er avr. 2017; Décr.   n° 2017-349 du 20 mars 2017, art. 2-3°; Décr.   n° 2017-479du 5avr. 2017, art. 3; Décr.   n° 2018-1047 du 28 nov. 2018, art. 5 et 7, en vigueur le 1er janv. 2019 ; Décr.   n° 2022-1335 du 19 oct. 2022, art. 4)
Le Décr.   n° 2018-1047 du 28 nov. 2018 entre en vigueur le 1er janv. 2019. Les circulaires et instructions signées avant cette date sont réputées abrogées au 1er mai 2019 si elles n'ont pas, à cette dernière date, été publiées sur les supports prévus par les dispositions de la section II du Chapitre II du titre Ier du livre III du présent code. Les dispositions de l'art. 7 du Décr. préc. sont applicables dans les îles Wallis-et-Futuna, en Polynésie française et en Nouvelle-Calédonie (Décr. préc., art. 7).

Dispositions applicables	Dans leur rédaction
Titre I	
R. 311-3-1-1 et R. 311-3-1-2	Résultant du décret n° 2017-330 du 14 mars 2017
R. 311-8-1 et R. 311-8-2	Résultant du décret n° 2017-349 du 20 mars 2017 relatif à la procédure d'accès sécurisé aux bases de données publiques
R. 311-10 et R. 311-11	Résultant du décret n° 2015-1342
R. 311-13	Résultant du décret n° 2015-1342
R. 312-6	Résultant du décret n° 2015-1342 du 23 octobre 2015
R. 312-7	Résultant du décret n° 2018-1047 du 28 novembre 2018
Titre II	

R. 321-5 à R. 321-8	Résultant du décret n° 2017-331 du 14 mars 2017
R. 322-3	Résultant du décret n° 2016-308
R. 322-7	Résultant du décret n° 2016-308
R. 323-3	Résultant du décret n° 2016-308
R. 323-7	Résultant du décret n° 2016-308
R. 324-6-1	Résultant du décret n° 2016-1564 du 21 novembre 2016
R. 324-4-1 à R. 324-4-5	Résultant du décret n° 2016-1036
R. 324-6 et R. 324-7	Résultant du décret n° 2016-308
R. 325-5	Résultant du décret n° 2016-308
Titre III	
R. 330-2 à R. 330-4	Résultant du décret n° 2015-1342
Titre IV	
R. 341-1-1	Résultant du décret n° 2017-479 du 5 avril 2017
R. 341-2-1	Résultant du décret n° 2016-1564 du 21 novembre 2016
R. 341-3 à R. 341-5	Résultant du décret n° 2015-1342
R. 341-5-1	Résultant du décret n° 2022-1335 du 19 octobre 2022
R. 341-6	Résultant du décret n° 2015-1342
R. 341-7	Résultant du décret n° 2016-308
R. 341-8	Résultant du décret n° 2015-1342
R. 341-9	Résultant du décret n° 2016-308
R. 341-16	Résultant du décret n° 2016-1564 du 21 novembre 2016
R. 341-17	Résultant du décret n° 2015-1342
R. 342-4-1	Résultant du décret n° 2016-1564 du 21 novembre 2016
R. 342-5	Résultant du décret n° 2015-1342
R. 343-1 à R. 343-3	Résultant du décret n° 2015-1342
R. 343-3-1 et R. 343-3-2	Résultant du décret n° 2022-1335 du 19 octobre 2022
R. 343-5 à R. 343-12	Résultant du décret n° 2015-1342

Art. D. 562-11☐ Les dispositions du livre III mentionnées dans la colonne de gauche du tableau ci-après sont applicables en Nouvelle-Calédonie aux relations entre le public, d'une part, et les organismes et personnes de droit public et de droit privé, autres que les établissements publics, chargés par l'État et les communes d'une mission de service public administratif et, le cas échéant, industriel et commercial, d'autre part, dans leur rédaction indiquée dans la colonne de droite du même tableau.

☐

(Décr. n° 2016-308 du 17 mars 2016, art. 5-6°, mod. par Décr. n° 2016-1617 du 29 nov. 2016, art. 2 et 3, en vigueur le 1erjanv. 2017; Décr. n° 2016-1922 du 28 déc. 2016, art. 2 -2° et 3, en vigueur le 1erjanv, 2017; Décr. n° 2017-638 du 27 avr. 2017, art. 2; Décr. n° 2018-1117 du 10 déc. 2018, art. 2; Décr. n° 2021-1559 du 1er déc. 2021, art. 2)

Dispositions applicables	Dans leur rédaction
D. 312-1-1-1	Résultant du décret n° 2016-1922
D. 312-1-3	Résultant du décret n° 2018-1117
D. 312-1-4	Résultant du décret n° 2016-1922
D. 323-2-1	Résultant du décret n° 2021-1559 du 1er décembre 2021
D. 323-2-2	Résultant du décret n° 2017-638 du 27 avril 2017
D. 324-5-1	Résultant du décret n° 2016-1617
D. 341-10	Résultant du décret n° 2016-308
D. 341-11 à D. 341-15	Résultant du décret n° 2015-1342

SOUS-**SECTION** 4 DISPOSITIONS APPLICABLES DU LIVRE IV

☐☐☐

Art. L. 562-12☐ Les dispositions du livre IV mentionnées dans la colonne de gauche du tableau ci-après sont applicables en Nouvelle-Calédonie aux relations entre le public, d'une part, et les organismes et personnes de droit public et de droit privé, autres que les établissements publics, chargés par l'État et les communes d'une mission de service public administratif et, le cas échéant, industriel et commercial, d'autre part, dans leur rédaction indiquée dans la colonne de droite du même tableau.

☒

Dispositions applicables	Dans leur rédaction
Titre Ier	
L. 410-1	Résultant de l'ordonnance n° 2015-1341
L. 411-1 à L. 411-7	Résultant de l'ordonnance n° 2015-1341
L. 412-1 à L. 412-8	Résultant de l'ordonnance n° 2015-1341
Titre II	
L. 421-1 et L. 421-2	Résultant de l'ordonnance n° 2015-1341
L. 423-1	Résultant de l'ordonnance n° 2015-1341

SECTION III DISPOSITIONS D'ADAPTATION

SOUS-SECTION 1 DISPOSITIONS D'ADAPTATION DU LIVRE IER

☒☒☒
Art. L. 562-13☒ Pour l'application des dispositions législatives du livre Ier en Nouvelle-Calédonie:
☒1° A l'article L. 112-1, la référence à l'article L. 3 du code des postes et communications électroniques est remplacée par la référence à la réglementation localement applicable;
☒ *(L. n° 2020-1525 du 7 déc. 2020, art. 67)* «2° L'article L. 114-10-1 est applicable à la délivrance de titres et autorisations qui relèvent de l'État et de ses établissements;
☒«3°» A l'article L. 134-1, les mots: "en dehors des cas prévus ou renvoyant au code de l'expropriation pour cause publique et au code de l'environnement" sont supprimés.
☒☒☒
Art. R. 562-14☒ Pour l'application des articles R. 134-3 à R. 134-31 et R. 134-33 en Nouvelle-Calédonie:

☐1° La référence au préfet du département est remplacée par la référence au haut-commissaire de la République;

☐2° A l'article R. 134-12, les mots: "régionaux ou" sont supprimés et les mots: "dans tout le département ou tous les départements concernés" sont remplacés par les mots: "dans la collectivité";

☐3° Le premier alinéa de l'article R. 134-17 est supprimé.

SOUS-**SECTION** 2 DISPOSITIONS D'ADAPTATION DU LIVRE II

☐☐☐

Art. L. 562-15☐ Pour l'application de l'article L. 222-1 en Nouvelle-Calédonie, les mots: "des articles L. 2131-1 à L. 2131-4 du code général des collectivités territoriales et par les dispositions réglementaires prises pour leur application" sont remplacés par les mots: "de l'article L. 121-39-1 du code des communes de Nouvelle-Calédonie".

SOUS-**SECTION** 3 DISPOSITIONS D'ADAPTATION DU LIVRE III

☐☐

☐Art. L. 562-16☐ *(L. n° 2016-1321 du 7 oct. 2016, art. 112-II-5°)* Pour l'application des articles L. 311-8 et L. 312-1-2 en Nouvelle-Calédonie, les références aux articles L. 212-2, L. 212-3, L. 213-1, L. 213-2 et L. 213-3 du code du patrimoine sont remplacées par la référence à la réglementation localement applicable.

☐☐☐

Art. L. 562-17☐ Pour l'application de l'article L. 342-2 en Nouvelle-Calédonie, les dispositions auxquelles renvoie cet article sont remplacées, le cas échéant, par les dispositions applicables localement.

☐☐☐

Art. R. 562-18☐ Pour l'application des dispositions réglementaires du livre III en Nouvelle-Calédonie:

☐1° La référence aux départements et aux régions est remplacée par la référence à la Nouvelle-Calédonie et à ses provinces et la référence au préfet est remplacée par la référence au haut-commissaire de la République;

☐2° La compétence dévolue aux huissiers de justice pour la délivrance des actes prévus au présent livre peut être exercée par un représentant de l'autorité administrative ou militaire.

☐☐☐Art. R. 562-19☐ Pour l'application de l'article R. 312-4 en Nouvelle-Calédonie, les mots: "recueil des actes administratifs du département ayant une périodicité au moins trimestrielle" sont remplacés par les mots: "*Journal officiel* de la Nouvelle-Calédonie".

CHAPITRE III DISPOSITIONS APPLICABLES À LA NOUVELLE-CALÉDONIE, À SES PROVINCES ET AUX ORGANISMES ET PERSONNES PLACÉS SOUS LEUR CONTRÔLE

(Ord. n° 2015-1341 du 23 oct. 2015, en vigueur le 1er janv. 2016)

☐☐☐Art. L. 563-1☐ Les mesures de publicité applicables aux actes pris par les autorités de la Nouvelle-Calédonie et ses provinces et les conditions de leur entrée en vigueur sont régies par la loi n° 99-209 du 19 mars 1999 relative à la Nouvelle-Calédonie.
☐☐☐
Art. L. 563-2☐ Les dispositions du livre III mentionnées dans la colonne de gauche du tableau ci-après sont applicables aux relations entre le public et la Nouvelle-Calédonie, ses provinces, leurs établissements publics et les autres organismes et personnes de droit public et de droit privé chargés par ces collectivités d'une mission de service public administratif et, le cas échéant, industriel et commercial, dans leur rédaction indiquée dans la colonne de droite du même tableau.
☐
(mod. par L.   n° 2016-1321 du 7 oct. 2016, art. 112-II-4°)

Dispositions applicables	Dans leur rédaction
L. 300-1 à L. 300-4	Résultant de la loi n° 2016-1321 du 7 octobre 2016 pour une République numérique
L. 311-1 à L. 311-3-1	Résultant de la loi n° 2016-1321 du 7 octobre

	2016 pour une République numérique
L. 311-5 à L. 311-9	Résultant de la loi n° 2016-1321 du 7 octobre 2016 pour une République numérique
L. 312-1 à L. 312-2	Résultant de la loi n° 2016-1321 du 7 octobre 2016 pour une République numérique

▢▢▢

Art. L. 563-3▢ Pour l'application de l'article L. 311-8 en Nouvelle-Calédonie, les références aux articles L. 213-1, L. 213-2 et L. 213-3 du code du patrimoine sont remplacées par la référence à la réglementation localement applicable.

▢▢▢

Art. R. 563-4▢ *(Décr. n° 2017-330 du 14 mars 2017, art. 2 et 3, en vigueur le 1ᵉʳ sept. 2017; Décr. n° 2017-349 du 20 mars 2017, art. 2-4°)* Les dispositions du livre III mentionnées dans la colonne de gauche du tableau ci-après sont applicables aux relations entre le public et la Nouvelle-Calédonie, ses provinces, leurs établissements publics et les autres organismes et personnes de droit public et de droit privé chargés par ces collectivités d'une mission de service public administratif et, le cas échéant, industriel et commercial, dans leur rédaction indiquée dans la colonne de droite du même tableau.

▢

Dispositions applicables	Dans leur rédaction
R. 311-8-1 et R. 311-8-2	Résultant du décret n° 2017-349 du 20 mars 2017 relatif à la procédure d'accès sécurisé aux bases de données publiques
R. 311-3-1-1 et R. 311-3-1-2	Résultant du décret n° 2017-330 du 14 mars 2017

TITRE SEPTIÈME DISPOSITIONS APPLICABLES DANS LES ÎLES WALLIS-ET-FUTUNA

(Ord. n° 2015-1341 du 23 oct. 2015, en vigueur le 1ᵉʳ janv. 2016; Décr. n° 2015-1342 du 23 oct. 2015, en vigueur le 1ᵉʳ janv. 2016)

CHAPITRE PREMIER

DISPOSITIONS GÉNÉRALES

(Ord. n° 2015-1341 du 23 oct. 2015, en vigueur le 1er janv. 2016)
🔲🔲🔲
Art. L. 571-1🔲 Sous réserve des dispositions applicables de plein droit, les dispositions législatives et réglementaires du présent code ne s'appliquent dans les îles Wallis-et-Futuna que dans la mesure et les conditions prévues par le présent titre.

CHAPITRE II DISPOSITIONS SPÉCIFIQUES RELATIVES AU LIVRE Ier

(Ord. n° 2015-1341 du 23 oct. 2015, en vigueur le 1er janv. 2016;
Décr. n° 2015-1342 du 23 oct. 2015, en vigueur le 1er janv. 2016)

🔲🔲🔲Art. L. 572-1🔲 Les dispositions du livre Ier mentionnées dans la colonne de gauche du tableau ci-après sont applicables dans les îles Wallis-et-Futuna aux relations entre le public, d'une part, et l'État, ses établissements publics et les autres organismes et personnes de droit public et de droit privé chargés par l'État d'une mission de service public administratif et, le cas échéant, industriel et commercial, d'autre part, dans leur rédaction indiquée dans la colonne de droite du même tableau.
🔲 (mod. par L. n° 2016-1321 du 7 oct. 2016, art. 112-II-1°; L. n° 2018-727 du 10 août 2018, art. 2, 4, 23 et 41; Ord. n° 2020-7 du 6 janv. 2020, art. 10; L. n° 2020-1525 du 7 déc. 2020, art. 46-IV; L. n° 2022-217 du 21 févr. 2022, art. 162).

Dispositions applicables	Dans leur rédaction
Titre Ier	
L. 110-1	Résultant de l'ordonnance n° 2015-1341 [du23 octobre 2015 relative aux dispositions

	législativesdu code des relations entre le public etl'administration]
L. 111-2 et L. 111-3	Résultant de l'ordonnance n° 2015-1341 [du23 octobre 2015 relative aux dispositions législativesdu code des relations entre le public etl'administration]
L. 112-1 à L. 112-3	Résultant de l'ordonnance n° 2015-1341 [du23 octobre 2015 relative aux dispositions législativesdu code des relations entre le public etl'administration]
L. 112-6 à L. 112-15	Résultant de la loi n° 2016-1321 du 7 octobre 2016 pour une République numérique
L. 113-4	Résultant de l'ordonnance n° 2015-1341 [du23 octobre 2015 relative aux dispositions législativesdu code des relations entre le public etl'administration]
L. 113-12 et L. 113-13	Résultant de la loi n° 2022-217 du 21 février 2022 relative à la différenciation, la décentralisation, la déconcentration et portant diverses mesures de simplification de l'action publique locale
L. 114-1 à L. 114-5	Résultant de l'ordonnance n° 2015-1341 [du23 octobre 2015 relative aux dispositions législativesdu code des relations entre le public etl'administration]
L. 114-5-1	Résultant de la loi n° 2018-727 du 10 août 2018 pour un État au service d'une société de confiance
L. 114-6 et L. 114-7	Résultant de l'ordonnance n° 2015-1341 du 23 octobre 2015 relative aux dispositions législatives du code des relations entre le public et l'administration
L. 114-8 et L. 114-9	Résultant de la loi n° 2022-217 du 21 février 2022 relative à la différenciation, la décentralisation, la déconcentration et portant diverses mesures de simplification de l'action publique locale
L. 114-10	Résultant de la loi n° 2018-727 du 10 août 2018 pour un État au service d'une société de confiance
L. 114-11	Résultant de la loi n° 2018-727 du 10 août 2018 pour un État au service d'une société de confiance

Titre II	
L. 120-1	Résultant de l'ordonnance n° 2015-1341 [du23 octobre 2015 relative aux dispositions législativesdu code des relations entre le public etl'administration]
L. 121-1 à L. 121-2	Résultant de l'ordonnance n° 2015-1341 [du23 octobre 2015 relative aux dispositions législativesdu code des relations entre le public etl'administration]
L. 122-1 à L. 122-2	Résultant de l'ordonnance n° 2015-1341 [du23 octobre 2015 relative aux dispositions législativesdu code des relations entre le public etl'administration]
L. 123-1 et L. 123-2	Résultant de la loi n° 2018-727 du 10 août 2018 pour un État au service d'une société de confiance
L. 124-1 et L. 124-2	Résultant de la loi n° 2018-727 du 10 août 2018 pour un État au service d'une société de confiance
Titre III	
L. 131-1	Résultant de l'ordonnance n° 2015-1341 [du23 octobre 2015 relative aux dispositions législativesdu code des relations entre le public etl'administration]
L. 132-1 à L. 132-3	Résultant de l'ordonnance n° 2015-1341 [du23 octobre 2015 relative aux dispositions législativesdu code des relations entre le public etl'administration]
L. 134-1 et L. 134-2	Résultant de l'ordonnance n° 2015-1341 [du23 octobre 2015 relative aux dispositions législativesdu code des relations entre le public etl'administration]
L. 134-31	Résultant de l'ordonnance n° 2015-1341 [du23 octobre 2015 relative aux dispositions législativesdu code des relations entre le public etl'administration]
L. 134-33	Résultant de la loi n° 2020-1525 du 7 décembre 2020 d'accélération et de simplification de l'action publique
L. 134-34	Résultant de l'ordonnance n° 2015-1341 [du23 octobre 2015 relative aux dispositions législativesdu code des relations entre le public

	etl'administration]
L. 134-35	Résultant de la loi n° 2020-1525 du 7 décembre 2020 d'accélération et de simplification de l'action publique

⬜⬜⬜
Art. R.* 572-2⬜ Les dispositions du livre Iᵉʳ mentionnées dans la colonne de gauche du tableau ci-après sont applicables dans les îles Wallis-et-Futuna aux relations entre le public, d'une part, et l'État, ses établissements publics et les autres organismes et personnes de droit public et de droit privé chargés par l'État d'une mission de service public administratif et, le cas échéant, industriel et commercial, d'autre part, dans leur rédaction indiquée dans la colonne de droite du même tableau:
⬜

Dispositions applicables	Dans leur rédaction
R.* 132-4 à R.* 132-10	Résultant du décret n° 2015-1342
R.* 133-1 et R.* 133-2	Résultant du décret n° 2015-1342
R.* 133-14 et R.* 133-15	Résultant du décret n° 2015-1342

⬜⬜
⬜Art. R. 572-3⬜ Les dispositions du livre Iᵉʳ mentionnées dans la colonne de gauche du tableau ci-après sont applicables dans les îles Wallis-et-Futuna aux relations entre le public, d'une part, et l'État, ses établissements publics et les autres organismes et personnes de droit public et de droit privé chargés par l'État d'une mission de service public administratif et, le cas échéant, industriel et commercial, d'autre part, dans leur rédaction indiquée dans la colonne de droite du même tableau:
⬜ Les dispositions du Décr. nº 2021-464 du 16 avr. 2021 sont applicables aux procédures engagées postérieurement à leur entrée en vigueur (Décr. préc., art. 4).
⬜
(mod. par Décr. n° 2016-1411 du 20 oct. 2016, art. 2-3° et 4, en vigueur le 7 nov. 2016; Décr. n°2017-1728 du 21 déc. 2017, art. 2; Décr. n° 2019-31 du 18 janv. 2019, art. 2; Décr. n° 2021-464 du 16 avr. 2021, art. 3)

Dispositions applicables	Dans leur rédaction
Titre Iᵉʳ	
R. 112-4 et R. 112-5	Résultant du décret n° 2015-1342
R. 112-9-1 et R. 112-9-2	Résultant du décret n° 2016-1411 du 20 octobre 2016
R. 112-11-1 à R. 112-11-4	Résultant du décret n° 2016-1411 du 20 octobre 2016
R. 112-16 à R. 112-20	Résultant du décret n° 2017-1728 du

	21 décembre 2017
R. 113-5 à R. 113-11	Résultant du décret n° 2015-1342
R. 114-9-1 et R. 114-9-2	Résultant du décret n° 2019-31 du 18 janvier 2019
R. 114-9-3 et R. 114-9-4	Résultant du décret n° 2021-464 du 16 avril 2021
R. 114-9-5 à R. 114-9-8	Résultant du décret n° 2019-31 du 18 janvier 2019
Titre III	
R. 133-3 à R. 133-13	Résultant du décret n° 2015-1342
R. 134-3 à R. 134-30	Résultant du décret n° 2015-1342
R. 134-32	Résultant du décret n° 2015-1342

▨▨▨Art. D. 572-4▨ Les dispositions du livre Ier mentionnées dans la colonne de gauche du tableau ci-après sont applicables dans les îles Wallis-et-Futuna aux relations entre le public, d'une part, et l'État, ses établissements publics et les autres organismes et personnes de droit public et de droit privé chargés par l'État d'une mission de service public administratif et, le cas échéant, industriel et commercial, d'autre part, dans leur rédaction indiquée dans la colonne de droite du même tableau:
▨ (mod. par Décr. n° 2019-33 du 18 janv. 2018, art. 3)

Dispositions applicables	Dans leur rédaction
D. 113-1 à D. 113-3	Résultant du décret n° 2015-1342
D. 113-14	Résultant du décret n° 2019-33 du 18 janvier 2019
D. 114-12 à D. 114-15	Résultant du décret n° 2018-729 du 21 août 2018.

▨▨▨Art. L. 572-5▨ Pour l'application dans les îles Wallis-et-Futuna des dispositions législatives du livre Ier:
▨1° A l'article L. 112-1, la référence à l'article L. 3 du code des postes et communications électroniques est remplacée par la référence à la réglementation localement applicable;
▨ (L. n° 2020-1525 du 7 déc. 2020, art. 67) «2° L'article L. 114-10-1 est applicable à la délivrance de titres et autorisations qui relèvent de l'État et de ses établissements;
▨«3°» A l'article L. 134-1, les mots: "en dehors des cas prévus ou renvoyant au code de l'expropriation pour cause d'utilité publique et au code de l'environnement" sont supprimés.

▨▨▨Art. R. 572-6▨ Pour l'application du livre Ier dans les îles Wallis-et-Futuna:

☐1° Aux articles R. 134-3 à R. 134-30 et R. 134-32:

☐*a)* La référence au préfet du département est remplacée par la référence à l'administrateur supérieur;

☐*b)* La référence au conseil municipal est remplacée par la référence à l'assemblée territoriale;

☐*c)* La référence au maire est remplacée par la référence au président de l'assemblée territoriale;

☐*d)* La référence à la mairie est remplacée par la référence à l'hôtel de la collectivité;

☐2° A l'article R. 134-12, les mots: "régionaux ou" sont supprimés et les mots: "dans tout le département ou tous les départements concernés" sont remplacés par les mots: "dans la collectivité";

☐3° Le premier alinéa de l'article R. 134-17 est supprimé;

☐4° A l'article R. 134-24, les mots: "les chambres d'agriculture, les chambres de commerce et d'industrie et les chambres des métiers et de l'artisanat" sont remplacés par les mots: "*[la]* chambre du commerce, de l'industrie, des métiers et de l'agriculture".

CHAPITRE III DISPOSITIONS SPÉCIFIQUES RELATIVES AU LIVRE II

(Ord. n° 2015-1341 du 23 oct. 2015, en vigueur le 1er janv. 2016; Décr. n° 2015-1342 du 23 oct. 2015, en vigueur le 1er janv. 2016)

☐☐☐Art. L. 573-1☐ En application de l'article 4-1 de la loi n° 61-814 du 29 juillet 1961 conférant aux îles Wallis-et-Futuna le statut de territoire d'outre-mer, *(Décr. n° 2016-308 du 17 mars 2016, art. 5-7°)* «les articles L. 221-9, L. 221-10, L. 221-14 et L. 221-17» sont applicables de plein droit dans les îles Wallis-et-Futuna aux relations entre le public, d'une part, et l'État, ses établissements publics ainsi que les autres organismes et personnes de droit public et de droit privé chargés par lui d'une mission de service public administratif et, le cas échéant, industriel et commercial, d'autre part.

☐ (Abrogé par Décr. n° 2016-308 du 17 mars 2016, art. 5-7°) «1° Les articles L. 221-9 à L. 221-11, L. 221-14 et L. 221-17;

☐«2° Les articles R. 221-12, R. 221-13, R. 221-15 et R. 221-16».

☐☐☐

Art. R. 573-1-1▨ *(Décr. n° 2016-308 du 17 mars 2016, art. 5-8°)* Les articles R. 221-11, R. 221-15 et R. 221-16 s'appliquent de plein droit dans les îles Wallis-et-Futuna, dans les mêmes conditions que les articles mentionnés à l'article L. 573-1.

▨▨▨

Art. L. 573-2▨ Les dispositions du livre II mentionnées dans la colonne de gauche du tableau ci-après sont applicables dans les îles Wallis-et-Futuna aux relations entre le public, d'une part, et l'État, ses établissements publics et les autres organismes et personnes de droit public et de droit privé chargés par lui d'une mission de service public administratif et, le cas échéant, industriel et commercial, d'autre part, dans leur rédaction indiquée dans la colonne de droite du même tableau.

▨

(mod. par L.   n° 2016-1918 du 29 déc. 2016, art. 90-III; L.   n° 2017-258 du 28 févr. 2017, art. 40-VII, L.   n° 2018-727 du 10 août 2018, art. 42 ; L.   n° 2018-778 du 10 sept. 2018, art. 68)

Dispositions applicables	Dans leur rédaction
L. 200-1	Résultant de l'ordonnance n° 2015-1341
Titre Ier	
L. 211-1 à L. 211-6	Résultant de l'ordonnance n° 2015-1341
L. 212-1	Résultant de la loi n° 2017-258 du 28 février 2017 relative à la sécurité publique
L. 212-2	Résultant de la loi n° 2018-727 du 10 août 2018 pour un État au service d'une société de confiance
L. 212-3	Résultant de l'ordonnance n° 2015-1341
Titre II	
L. 221-1	Résultant de l'ordonnance n° 2015-1341
L. 221-2, L. 221-3 et L. 221-7, en tant qu'elles concernent les décisions qui ne sont ni réglementaires ni individuelles et qui ne sont pas publiées au *Journal officiel* de la République française	Résultant de l'ordonnance n° 2015-1341
L. 221-8	Résultant de l'ordonnance n° 2015-1341
Titre III	

L. 231-1	Résultant de l'ordonnance n° 2015-1341
L. 231-4 à L. 231-6	Résultant de l'ordonnance n° 2015-1341
L. 232-1 à L. 232-4	Résultant de l'ordonnance n° 2015-1341
Titre IV	
L. 240-1 et L. 240-2	Résultant de l'ordonnance n° 2015-1341
L. 241-1 et L. 241-2	Résultant de l'ordonnance n° 2015-1341
L. 242-1 à L. 242-5	Résultant de l'ordonnance n° 2015-1341
L. 243-1 à L. 243-4	Résultant de l'ordonnance n° 2015-1341

▨▨▨Art. L. 573-3▨ Les conditions dans lesquelles les actes administratifs sont publiés à Wallis-et-Futuna, de même que celles dans lesquelles les actes administratifs publiés au *Journal officiel* de la République française entrent en vigueur dans les îles Wallis-et-Futuna, sont régies par l'article 4-1 de la loi n° 61-814 du 29 juillet 1961 conférant aux îles Wallis-et-Futuna le statut de territoire d'outre-mer.

▨Par conséquent, les dispositions du code qui suivent ne sont pas applicables dans les îles Wallis-et-Futuna:

▨1° Les articles L. 221-2, L. 221-3 et L. 221-7, en tant qu'ils concernent les actes réglementaires et les décisions qui ne sont ni réglementaires ni individuelles et qui sont publiées au *Journal officiel* de la République française;

▨2° Les articles L. 221-4 à L. 221-6.

▨▨▨

Art. D. 573-4▨ Les dispositions du livre II mentionnées dans la colonne de gauche du tableau ci-après sont applicables dans les îles Wallis-et-Futuna aux relations entre le public, d'une part, et l'État, ses établissements publics et les autres organismes et personnes de droit public et de droit privé chargés par lui d'une mission de service public administratif et, le cas échéant, industriel et commercial, d'autre part, dans leur rédaction indiquée dans la colonne de droite du même tableau.

▨

Dispositions applicables	Dans leur rédaction
D. 231-2 et D. 231-3	Résultant du décret n° 2015-1342

▨▨▨

Art. L. 573-5⬜ Les mesures de publicité applicables aux actes pris par les autorités de Wallis-et-Futuna et les conditions de leur entrée en vigueur sont régies par la loi n° 61-814 du 29 juillet 1961.

CHAPITRE IV DISPOSITIONS SPÉCIFIQUES RELATIVES AU LIVRE III

(Ord. n° 2015-1341 du 23 oct. 2015, en vigueur le 1er janv. 2016;
Décr. n° 2015-1342 du 23 oct. 2015, en vigueur le 1er janv. 2016)

SECTION PREMIÈRE DISPOSITIONS RELATIVES À L'ÉTAT ET AUX ORGANISMES PLACÉS SOUS SON CONTRÔLE

⬜⬜⬜Art. L. 574-1⬜ Les dispositions du livre III mentionnées dans la colonne de gauche du tableau ci-après sont applicables dans les îles Wallis-et-Futuna aux relations entre le public, d'une part, et l'État, ses établissements publics et les autres organismes et personnes de droit public et de droit privé chargés par l'État d'une mission de service public administratif et, le cas échéant, industriel et commercial, d'autre part, dans leur rédaction indiquée dans la colonne de droite du même tableau.
⬜
(Ord. n° 2016-307 du 17 mars 2016, art. 3-3°, mod. par L. n° 2016-1321 du 7 oct. 2016, art. 112-II-2°; L. n° 2016-1919 du 29 déc. 2016, art. 6; L. n° 2018-727 du 10 août 2018, art. 20; Ord. n° 2022-1521 du 7 déc. 2022, art. 34 et 35, en vigueur le 18 déc. 2022)

Dispositions applicables	Dans leur rédaction
L. 300-1 à L. 300-4	Résultant de la loi n° 2016-1321 du 7 octobre 2016 pour une République numérique
Titre I	

L. 311-1 à L. 311-9	Résultant de la loi n° 2016-1321 du 7 octobre 2016 pour une République numérique
L. 311-14	Résultant de l'ordonnance n° 2015-1341
L. 312-1 à L. 312-1-3	Résultant de la loi n° 2016-1321 du 7 octobre 2016 pour une République numérique
L. 312-2	Résultant de la loi n° 2018-727 du 10 août 2018 pour un État au service d'une société de confiance
L. 312-3	Résultant de la loi n° 2018-727 du 10 août 2018 pour un État au service d'une société de confiance
Titre II	
L. 321-1 à L. 321-4	Résultant de la loi n° 2016-1321 du 7 octobre 2016 pour une République numérique
L. 322-1 et L. 322-2	Résultant de la loi n° 2016-1321 du 7 octobre 2016 pour une République numérique
L. 322-5 et L. 322-6	Résultant de la loi n° 2016-1321 du 7 octobre 2016 pour une République numérique
L. 323-1 et L. 323-2	Résultant de la loi n° 2016-1321 du 7 octobre 2016 pour une République numérique
L. 324-1 à L. 324-6	Résultant de la loi n° 2016-1321 du 7 octobre 2016 pour une République numérique
L. 325-1 à L. 325-4	Résultant de l'ordonnance n° 2016-307
L. 325-7 et L. 325-8	Résultant de la loi n° 2016-1321 du 7 octobre 2016 pour une République numérique
L. 326-1	Résultant de la loi n° 2016-1321 du 7 octobre 2016 pour une République

	numérique
Titre III	
L. 330-1	Résultant de l'ordonnance n° 2015-1341
Titre IV	
L. 340-1	Résultant de l'ordonnance n° 2016-307
L. 341-1 et L. 341-2	Résultant de la loi n° 2016-1321 du 7 octobre 2016 pour une République numérique
L. 342-1	Résultant de la loi n° 2022-217 du 21 février 2022
L. 342-2 à L. 342-4	Résultant de la loi n° 2016-1919 du 29 décembre 2016

⟦⟧⟦⟧Art. R.* 574-2⟦⟧ Les dispositions du livre III mentionnées dans la colonne de gauche du tableau ci-après sont applicables dans les îles Wallis-et-Futuna aux relations entre le public, d'une part, et les organismes et personnes de droit public et de droit privé, autres que les établissements publics, chargés par l'État et les communes d'une mission de service public administratif et, le cas échéant, industriel et commercial, d'autre part, dans leur rédaction indiquée dans la colonne de droite du même tableau.

⟦⟧
(mod. par Décr.   n° 2016-308 du 17 mars 2016, art. 5-9°; Décr.   n° 2022-1335 du 19 oct. 2022, art. 4)

Dispositions applicables	Dans leur rédaction
Titre I	
R.* 311-12	Résultant du décret n° 2015-1342
Titre II	
R.* 322-4	Résultant du décret n° 2016-308
R.* 325-6	Résultant du décret n° 2016-308
Titre IV	
R.* 343-4	Résultant du décret n° 2015-1342

⟦⟧⟦⟧⟦⟧

Art. R. 574-3⍰ Les dispositions du livre III mentionnées dans la colonne de gauche du tableau ci-après sont applicables dans les îles Wallis-et-Futuna aux relations entre le public, d'une part, et l'État, ses établissements publics et les autres organismes et personnes de droit public et de droit privé chargés par l'État d'une mission de service public administratif et, le cas échéant, industriel et commercial, d'autre part, dans leur rédaction indiquée dans la colonne de droite du même tableau.

⍰

(mod. par Décr. n° 2016-308 du 17 mars 2016, art. 5-10°; Décr. n° 2016-1036 du 28 juill. 2016, art. 2-3°, en vigueur le 1er janv. 2017; Décr. n° 2016-1564 du 21 nov. 2016, art. 2 et 5; Décr. n°2017-330 du 14 mars 2017, art, 2 et 3, en vigueur le 1ersept, 2017 ; Décr. n° 2017-331 du 14 mars 2017, art. 2 et 4, en vigueur le 1eravr. 2017; Décr. n° 2017-349 du 20 mars 2017, art. 2-5°; Décr. n° 2017-479 du 5avr. 2017, art. 3; Décr. n° 2018-1047 du 28 nov. 2018, art. 5 et 7, en vigueur le 1er janv. 2019; Décr. n° 2022-1335 du 19 oct. 2022, art. 4)

Le Décr. n° 2018-1047 du 28 nov. 2018 entre en vigueur le 1er janv. 2019. Les circulaires et instructions signées avant cette date sont réputées abrogées au 1er mai 2019 si elles n'ont pas, à cette dernière date, été publiées sur les supports prévus par les dispositions de la section 2 du Chapitre II du titre Ier du livre III du présent code. Les dispositions de l'art. 7 du Décr. préc. sont applicables dans les îles Wallis-et-Futuna, en Polynésie française et en Nouvelle-Calédonie (Décr. préc., art. 7).

Dispositions applicables	Dans leur rédaction
Titre I	
R. 311-3-1-1 et R. 311-3-1-2	Résultant du décret n° 2017-330 du 14 mars 2017
R. 311-8-1 et R. 311-8-2	Résultant du décret n° 2017-349 du 20 mars 2017 relatif à la procédure d'accès sécurisé aux bases de données publiques
R. 311-10 et R. 311-11	Résultant du décret n° 2015-1342
R. 311-13	Résultant du décret n° 2015-1342
R. 312-3-1	Résultant du décret n° 2018-1047 du 28 novembre 2018
R. 312-4 à R. 312-6	Résultant du décret n° 2015-1342 du 23 octobre 2015
R. 312-7 à R. 312-10	Résultant du décret n° 2018-1047 du 28 novembre 2018
Titre II	
R. 321-5 à R. 321-8	Résultant du décret n° 2017-331 du 14 mars 2017

R. 322-3	Résultant du décret n° 2016-308
R. 322-7	Résultant du décret n° 2016-308
R. 323-3	Résultant du décret n° 2016-308
R. 323-7	Résultant du décret n° 2016-308
R. 324-6-1	Résultant du décret n° 2016-1564 du 21 novembre 2016
R. 324-4-1 à R. 324-4-5	Résultant du décret n° 2016-1036
R. 324-6 et R. 324-7	Résultant du décret n° 2016-308
R. 325-5	Résultant du décret n° 2016-308
Titre III	
R. 330-2 à R. 330-4	Résultant du décret n° 2015-1342
Titre IV	
R. 341-1-1	Résultant du décret n° 2017-479 du 5 avril 2017
R. 341-2-1	Résultant du décret n° 2016-1564 du 21 novembre 2016
R. 341-3 à R. 341-5	Résultant du décret n° 2015-1342
R. 341-5-1	Résultant du décret n° 2022-1335 du 19 octobre 2022
R. 341-6	Résultant du décret n° 2015-134
R. 341-7	Résultant du décret n° 2016-308
R. 341-8	Résultant du décret n° 2015-1342
R. 341-9	Résultant du décret n° 2016-308
R. 341-16	Résultant du décret n° 2016-1564 du 21 novembre 2016
R. 341-17	Résultant du décret n° 2015-1342
R. 342-4-1	Résultant du décret n° 2016-1564 du 21 novembre 2016
R. 342-5	Résultant du décret n° 2015-1342
R. 343-1 à R. 343-3	Résultant du décret n° 2015-1342
R. 343-3-1 et R. 343-3-2	Résultant du décret n° 2022-1335 du 19 octobre 2022
R. 343-5 à R. 343-12	Résultant du décret n° 2015-1342

◻◻◻**Art. D. 574-4◻** Les dispositions du livre III mentionnées dans la colonne de gauche du tableau ci-après sont applicables dans les îles Wallis-et-Futuna entre le public, d'une part, et l'État, ses établissements publics et les autres organismes et personnes de droit public et de droit privé chargés par l'État d'une mission de service public administratif et, le cas échéant, industriel et commercial, d'autre part, dans leur rédaction indiquée dans la colonne de droite du même tableau.
◻

(Mod. par Décr. n° 2016-308 du 17 mars 2016, art. 5-11°, mod. par Décr. n° 2016-1617 du 29 nov. 2016, art. 2 et 3, en vigueur le 1ᵉʳ janv. 2017, Décr. n° 2016-1922 du 28 déc. 2016, art. 2 -3° et 3, en vigueur le 1ᵉʳ janv. 2017 ; Décr. n° 2017-638 du 27 avr. 2017, art. 2; Décr. n° 2018-1047 du 28 nov. 2018, art. 6 et 7, en vigueur le 1er janv. 2019; Décr. n° 2018-1117 du 10 déc. 2018, art. 2; Décr. n° 2021-1559 du 1er déc. 2021, art. 2)

> Le Décr. n° 2018-1047 du 28 nov. 2018 entre en vigueur le 1ᵉʳ janv. 2019. Les circulaires et instructions signées avant cette date sont réputées abrogées au 1er mai 2019 si elles n'ont pas, à cette dernière date, été publiées sur les supports prévus par les dispositions de la section II du Chapitre II du titre Iᵉʳ du livre III du présent code. Les dispositions de l'art. 7 du Décr. préc. sont applicables dans les îles Wallis-et-Futuna, en Polynésie française et en Nouvelle-Calédonie (Décr. n° 2018-1047 du 28 nov. 2018, art. 7).

Dispositions applicables	Dans leur rédaction
D. 312-1-1-1	Résultant du décret n° 2016-1922 *[du 28 décembre 2016]*
D. 312-1-3	Résultant du décret n° 2018-1117 *[du 10 décembre 2018]*
D. 312-1-4	Résultant du décret n° 2016-1922 *[du 28 décembre 2016]*
D. 312-11	Résultant du décret n° 2018-1047 du 28 novembre 2018
D. 323-2-1	Résultant du décret n° 2021-1559 du 1er décembre 2021
D. 323-2-2	Résultant du décret n° 2017-638 du 27 avril 2017
D. 324-5-1	Résultant du décret n° 2016-1617 *[du 29 novembre 2016]*
D. 341-10	Résultant du décret n° 2016-308 *[du 17 mars 2016]*
D. 341-11 à D. 341-15	Résultant du décret n° 2015-1342 *[du 23 oct. 2015]*

SECTION II DISPOSITIONS RELATIVES À LA COLLECTIVITÉ DE WALLIS-ET-FUTUNA ET AUX ORGANISMES PLACÉS SOUS SON CONTRÔLE

⬚⬚⬚Art. L. 574-5⬚ Les dispositions du livre III mentionnées dans la colonne de gauche du tableau ci-après sont applicables aux relations entre le public [,] d'une part, et la collectivité de Wallis-et-Futuna, ses établissements publics et les autres organismes et personnes de droit public et de droit privé chargés par cette collectivité d'une mission de service public administratif et, le cas échéant, industriel et commercial, d'autre part, dans leur rédaction indiquée dans la colonne de droite du même tableau.
⬚

(Ord. n° 2016-307 du 17 mars 2016, art, 3-4°; L. n° 2016-1321 du 7 oct. 2016, art. 112-II-6°)

Dispositions applicables	Dans leur rédaction
L. 300-1 à L. 300-4	Résultant de la loi n° 2016-1321 du 7 octobre 2016 pour une République numérique
L. 311-1 à L. 311-3-1	Résultant de la loi n° 2016-1321 du 7 octobre 2016 pour une République numérique
L. 311-5 à L. 311-9	Résultant de la loi n° 2016-1321 du 7 octobre 2016 pour une République numérique
L. 312-1 à L. 312-1-3	Résultant de la loi n° 2016-1321 du 7 octobre 2016 pour une République numérique
L. 312-2	Résultant de l'ordonnance n° 2015-1341
L. 321-1 à L. 321-4	Résultant de la loi n° 2016-1321 du 7 octobre 2016 pour une République numérique
L. 322-1 et L. 322-2	Résultant de la loi n° 2016-1321 du 7 octobre 2016 pour une République numérique
L. 322-5 et L. 322-6	Résultant de la loi n° 2016-1321 du 7 octobre 2016 pour une République numérique
L. 323-1 et L. 323-2	Résultant de la loi n° 2016-1321 du 7 octobre 2016 pour une République numérique
L. 324-1 à L. 324-6	Résultant de la loi n° 2016-1321 du 7 octobre 2016 pour une République numérique

L. 325-1 à L. 325-4	Résultant de l'ordonnance n° 2016-307
L. 325-7 et L. 325-8	Résultant de la loi n° 2016-1321 du 7 octobre 2016 pour une République numérique
L. 326-1	Résultant de la loi n° 2016-1321 du 7 octobre 2016 pour une République numérique

⚪⚪⚪Art. R.* 574-5-1⚪ *(Décr. n° 2016-308 du 17 mars 2016, art. 5-12°)* Les dispositions du livre III mentionnées dans la colonne de gauche du tableau ci-après sont applicables aux relations entre le public, d'une part, et la collectivité de Wallis-et-Futuna, ses établissements publics et les autres organismes et personnes de droit public et de droit privé chargés par cette collectivité d'une mission de service public administratif et, le cas échéant, industriel et commercial, d'autre part, dans leur rédaction indiquée dans la colonne de droite du même tableau.
⚪

TITRE II	
R.* 322-4	Résultant du décret n° 2016-308
R.* 323-5	Résultant du décret n° 2016-308
R.* 325-6	Résultant du décret n° 2016-308

⚪⚪⚪Art. R. 574-5-2⚪ *(Décr. n° 2016-308 du 17 mars 2016, art. 5-12°)* Les dispositions du livre III mentionnées dans la colonne de gauche du tableau ci-après sont applicables aux relations entre le public, d'une part, et la collectivité de Wallis-et-Futuna, ses établissements publics et les autres organismes et personnes de droit public et de droit privé chargés par cette collectivité d'une mission de service public administratif et, le cas échéant, industriel et commercial, d'autre part, dans leur rédaction indiquée dans la colonne de droite du même tableau.
⚪
(mod. par Décr.   n° 2016-1036 du 28 juill. 2016, art. 2-4°, en vigueur le 1er janv. 2017; Décr.   n° 2016-1564 du 21 nov. 2016, art. 2 et 5; Décr. n°2017-330 du 14 mars 2017, art. 2 et 3, en vigueur le 1er sept, 2017; Décr.   n° 2017-349 du 20 mars 2017, art. 2-6°)

◌◌◌Art. D. 574-5-3◌ *(Décr. n° 2016-1617 du 29 nov. 2016, art. 2 et 3, en vigueur le 1er janv. 2017)* Les dispositions du livre III mentionnées dans la colonne de gauche du tableau ci-après sont applicables aux relations entre le public, d'une part, et la collectivité de Wallis-et-Futuna, ses établissements publics et les autres organismes et personnes de droit public et de droit privé chargés par cette collectivité d'une mission de service public administratif et, le cas échéant, industriel et commercial, d'autre part, dans leur rédaction indiquée dans la colonne de droite du même tableau.
◌

Dispositions applicables	Dans leur rédaction
D. 324-5-1	Résultant du décret n° 2016-1617

SECTION III DISPOSITIONS D'ADAPTATION

◌◌◌
Art. L. 574-6◌ Pour l'application de l'article L. 342-2 aux îles Wallis-et-Futuna, les dispositions auxquelles renvoie cet article sont remplacées, lorsqu'il en existe, par les dispositions applicables localement.
◌◌◌
Art. R. 574-7◌ Pour l'application des dispositions réglementaires du livre III aux îles Wallis-et-Futuna:
◌1° La référence aux départements et aux régions est remplacée par la référence à la collectivité et la référence au préfet est remplacée par la référence à l'administrateur supérieur;
◌2° La compétence dévolue aux huissiers de justice pour la délivrance des actes prévus au présent livre peut être exercée par un représentant de l'autorité administrative ou militaire.
◌◌◌
Art. R. 574-8◌ Pour l'application de l'article R. 312-4 aux îles Wallis-et-Futuna, les mots: "recueil des actes administratifs du département ayant une périodicité au moins trimestrielle" sont remplacés par les mots: "*Journal officiel* des îles Wallis-et-Futuna".

CHAPITRE V DISPOSITIONS SPÉCIFIQUES RELATIVES AU LIVRE IV

(Ord. n° 2015-1341 du 23 oct. 2015, en vigueur le 1er janv. 2016)
⬚⬚⬚
Art. L. 575-1⬚ Les dispositions du livre IV mentionnées dans la colonne de gauche du tableau ci-après sont applicables aux îles Wallis-et-Futuna aux relations entre le public, d'une part, et l'État, ses établissements publics et les autres organismes et personnes de droit public et de droit privé chargés par l'État d'une mission de service public administratif, et, le cas échéant, industriel et commercial, d'autre part, dans leur rédaction indiquée dans la colonne de droite du même tableau.
⬚

Dispositions applicables	Dans leur rédaction
Titre Ier	
L. 410-1	Résultant de l'ordonnance n° 2015-1341
L. 411-1 à L. 411-7	Résultant de l'ordonnance n° 2015-1341
L. 412-1 à L. 411-8 [L. 412-8]	Résultant de l'ordonnance n° 2015-1341
Titre II	
L. 421-1 et L. 421-2	Résultant de l'ordonnance n° 2015-1341
L. 421-3	Résultant de l'ordonnance n° 2015-1341

TITRE HUITIÈME DISPOSITIONS APPLICABLES DANS LES TERRES AUSTRALES ET ANTARCTIQUES FRANÇAISES

(Ord. n° 2015-1341 du 23 oct. 2015, en vigueur le 1er janv. 2016;

Décr. n° 2015-1342 du 23 oct. 2015, en vigueur le 1er janv. 2016)

CHAPITRE PREMIER
DISPOSITIONS GÉNÉRALES

(Ord. n° 2015-1341 du 23 oct. 2015, en vigueur le 1er janv. 2016)
▢▢▢
Art. L. 581-1▢ En application des articles 1er-1 et 1er-2 de la loi n° 55-1052 du 6 août 1955 portant statut des Terres australes et antarctiques françaises et de l'île de Clipperton, les dispositions législatives et réglementaires du présent code sont applicables de plein droit dans les Terres australes et antarctiques françaises, sous réserve des exceptions et adaptations prévues au présent titre.

CHAPITRE II DISPOSITIONS SPÉCIFIQUES RELATIVES AU LIVRE Ier

(Ord. n° 2015-1341 du 23 oct. 2015, en vigueur le 1er janv. 2016;
Décr. n° 2015-1342 du 23 oct. 2015, en vigueur le 1er janv. 2016)
▢▢▢Art. L. 582-1▢ Pour l'application dans les Terres australes et antarctiques françaises des dispositions législatives du livre Ier:
▢1° A l'article L. 112-1, la référence à l'article L. 3 du code des postes et communications électroniques est remplacée par la référence à la réglementation localement applicable;
▢2° A l'article L. 134-1, les mots: "en dehors des cas prévus ou renvoyant au code de l'expropriation pour cause d'utilité publique et au code de l'environnement" sont supprimés.

▢▢▢Art. R. 582-2▢ Pour l'application dans les Terres australes et antarctiques françaises des dispositions réglementaires du livre Ier:
▢1° La référence au préfet du département est remplacée par la référence à l'administrateur supérieur du territoire;

☐ *(Décr. n° 2017-1728 du 21 déc. 2017, art. 2)* «1° *bis* A l'article R. 112-17, la référence à l'article L. 100 du code des postes et des communications électroniques est supprimée;»

☐2° A l'article R. 134-12, les mots: "régionaux ou" sont supprimés et les mots: "dans tout le département ou tous les départements concernés" sont remplacés par les mots: "dans le territoire";

☐3° Le premier alinéa de l'article R. 134-17 est supprimé;

☐4° Les références au maire et à la commune sont supprimées.

CHAPITRE III DISPOSITIONS SPÉCIFIQUES RELATIVES AU LIVRE II

(Ord. n° 2015-1341 du 23 oct. 2015, en vigueur le 1er janv. 2016)

☐☐

☐Art. L. 583-1☐ Les conditions dans lesquelles les actes administratifs sont publiés dans les Terres australes et antarctiques françaises, de même que celles dans lesquelles les actes administratifs publiés au *Journal officiel* de la République française y entrent en vigueur, sont régies par l'article 1er-2 de la loi n° 55-1052 du 6 août 1955 portant statut des Terres australes et antarctiques françaises et de l'île de Clipperton.

☐Par conséquent, les dispositions qui suivent ne sont pas applicables dans les Terres australes et antarctiques françaises:

☐1° Les articles L. 221-2, L. 221-3 et L. 221-7 du code, en tant qu'ils concernent les actes réglementaires et les décisions qui ne sont ni réglementaires ni individuelles et qui sont publiées au *Journal officiel* de la République française;

☐2° Les articles L. 221-4 à L. 221-6.

CHAPITRE IV DISPOSITIONS SPÉCIFIQUES RELATIVES AU LIVRE III

(Ord. n° 2015-1341 du 23 oct. 2015, en vigueur le 1ᵉʳ janv. 2016;
Décr. n° 2015-1342 du 23 oct. 2015, en vigueur le 1ᵉʳ janv. 2016)
▢▢▢
Art. L. 584-1▢ Pour l'application de l'article L. 342-2 dans les Terres australes et antarctiques françaises, les dispositions auxquelles renvoie cet article sont remplacées, lorsqu'il en existe, par les dispositions applicables localement.
▢▢▢
Art. R. 584-2▢ Pour l'application des dispositions réglementaires du livre III dans les Terres australes et antarctiques françaises:
▢1° La référence au préfet du département est remplacée par la référence à l'administrateur supérieur du territoire;
▢2° La compétence dévolue aux huissiers de justice pour la délivrance des actes prévus au présent livre peut être exercée par un représentant de l'autorité administrative ou militaire.
▢▢▢
Art. R. 584-3▢ Pour l'application de l'article R. 312-4 dans les Terres australes et antarctiques françaises, les mots: "recueil des actes administratifs du département ayant une périodicité au moins trimestrielle" sont remplacés par les mots: "*Journal officiel* des Terres australes et antarctiques françaises".

Printed in France by Amazon
Brétigny-sur-Orge, FR